Zu diesem Buch

«Der Prophet, der die Katastrophe kommen sah, vergaß sich trotzdem nicht in düsterer Melancholie. Tucholsky konnte auch charmant, liebenswert, helfend sein. Immer war er gescheit und witzig. Dieses Tucholsky-Buch ist die Frucht eines jahrelangen Sammelns – die editorische Notiz Fritz Raddatz' aber ist ein Kapitel deutscher Geschichte nach Tucholsky» (Volksblatt, Berlin).

Kurt Tucholsky, geboren am 9. Januar 1890 in Berlin, studierte dort und in Genf Jura und promovierte 1914 in Jena. Er war einer der bedeutendsten Gesellschaftskritiker unseres Jahrhunderts. Am 21. Dezember 1935 schied er in Hindås/Schweden freiwillig aus dem Leben. Tucholsky war unter den Pseudonymen Peter Panter, Theobald Tiger, Ignaz Wrobel und Kaspar Hauser Mitarbeiter der «Schaubühne» und «Weltbühne», die er mit Siegfried Jacobsohn und dem späteren Friedensnobelpreisträger Carl von Ossietzky zu einem der aggressivsten und wirksamsten publizistischen Instrumente der Weimarer Republik machte.

Von Kurt Tucholsky liegen ferner vor: «Gesammelte Werke» (10 Bde., rororo Kassette 29011), «Republik wider Willen», Gesammelte Werke. Ergänzungsband 2 (Rowohlt 1989), «Ausgewählte Werke» (2 Bde., Rowohlt 1965), «Gedichte» (Rowohlt 1983), «Das Kurt-Tucholsky-Chanson-Buch» (Rowohlt 1983), das Lesebuch «Wir Negativen» (Rowohlt 1988), «Rheinsberg» (Rowohlt 1969 und rororo 261), «Schloß Gripsholm» (Rowohlt 1964 und rororo 4; auch in der Reihe «Literatur für KopfHörer», gelesen von Uwe Friedrichsen, rororo 66006), «Ein Pyrenäenbuch» (rororo 474), «Deutschland, Deutschland über alles» (rororo 4611), «Zwischen Gestern und Morgen» (rororo 50), «Panter, Tiger & Co.» (rororo 131), «Politische Briefe» (rororo 1183), «Politische Justiz» (rororo 1336), «Politische Texte» (rororo 1444), «Literaturkritik» (rororo 5548), «Schnipsel» (rororo 1669), «Sprache ist eine Waffe» (rororo 12490), «Wenn die Igel in der Abendstunde» (Rowohlt 1968 und rororo 5658), «Wo kommen die Löcher im Käse her?» (Rowohlt 1981), «Unser ungelebtes Leben» (Rowohlt 1982), «Briefe an eine Katholikin 1929–1931» (Rowohlt 1970), «Briefe aus dem Schweigen» (Rowohlt 1977 und rororo 5410), «Die Q-Tagebücher» (Rowohlt 1978 und rororo 5604), «Ich kann nicht schreiben, ohne zu lügen», Briefe 1913–1935 (Rowohlt 1989).

In der Reihe «rowohlts monographien» erschien als Band 31 eine Darstellung Kurt Tucholskys mit Selbstzeugnissen und Bilddokumenten von Klaus-Peter Schulz, die eine ausführliche Bibliographie enthält.

Von Fritz J. Raddatz liegt der Essay «Tucholsky – ein Pseudonym» vor (Rowohlt 1989).

Kurt Tucholsky

Deutsches Tempo

Texte 1911 bis 1932

Herausgegeben
von Mary Gerold-Tucholsky
und Fritz J. Raddatz

Rowohlt

Veröffentlicht im Rowohlt Taschenbuch Verlag GmbH,
Reinbek bei Hamburg, Januar 1990

(Gesammelte Werke, Ergänzungsband 1911–1932)
Umschlaggestaltung Barbara Hanke
Gesamtherstellung Clausen & Bosse, Leck
Printed in Germany
1980-ISBN 3 499 12573 0

Als Ernst Rowohlt in der Nacht vom 1. zum 2. Dezember 1960 starb, hatte er tags zuvor den I. Band der «Gesammelten Werke» von Kurt Tucholsky in Händen gehalten – seine verlegerische Tat für einen seiner liebsten Autoren. Das hielt die Widmung des II. Bandes fest.

Die folgenden fast zweieinhalb Jahrzehnte war es Heinrich Maria Ledig-Rowohlt, der mit Leidenschaft, Neugier und Anteilnahme sich verlegerisch für Kurt Tucholsky engagierte; ohne sein Temperament und seine Courage wären die Ausgabe der «Gesammelten Werke» nicht abgeschlossen, der Briefband «Unser ungelebtes Leben» nicht publiziert und dieser Ergänzungsband nicht verlegt worden.

Er ist ihm gewidmet.

Editorische Notiz

Sua fata habent libelli – der alte, schöne, etwas traurige Spruch von den Büchern und ihren Schicksalen heißt in diesem Fall: auch Editionen haben ihr Schicksal.

Das begann im Herbst 1949; da fand der Verfasser dieser Zeilen, frisch immatrikuliertes Erstsemester der Germanistik an der (Ost-)Berliner Humboldt-Universität, in dem herrlichen Antiquariat unter den Bögen des S-Bahnhofs Friedrichstraße einen schmalen weißen Pappband mit einer lautespielenden Karikatur drauf: Theobald Tiger «Fromme Gesänge». (Jahre später erfuhr er, daß Freunde des Mannes mit den 5 PS einen Teil der Auflage in einem Grünauer Laubengrundstück verbuddelt über «die große Zeit» gerettet hatten.) Er verliebte sich in den Ton dieser Bänkellieder, schleppte das Bändchen ins Gotik-Seminar des Herrn Professor Wissmann und zeigte es stolz seinem Kommilitonen Hagen Müller-Stahl. Der sollte später nicht nur die von ferne bewunderte Tochter Eva des Volksbühnen-Intendanten Fritz Wisten heiraten und ein bekannter Regisseur werden – der kannte sich auch damals schon aus: «Was, Sie wissen nicht, daß das Kurt Tucholsky ist», hieß es etwas herablassend, «dann studieren Sie vielleicht das falsche Fach.»

Es begann also mit einer schmerzenden Blamage. So was kann aber auch antreiben; die Scharte sollte ausgewetzt werden. Unter ziemlichen Mühen besorgte sich der Student des falschen Fachs so viele Kurt-Tucholsky-Bücher, wie er auftreiben konnte – er begann, diesen Autor geradezu hartnäckig zu lieben.

«Schönen Gruß an Erich Kästner, und berichten Sie mir von der Reise»: Mit diesen Worten des damaligen DDR-Kultusministers Johannes R. Becher setzte die zweite Phase ein; es waren, im Jahre 1953, in mehrfacher Hinsicht heikle Worte. Der Kalte Krieg war auf seinem frostigen Höhepunkt, Erich Kästner war Präsident des «feindlichen», abgespaltenen

West-Pen-Clubs, und solche Grüße über den Graben vom Staatsdichter, Kulturbundpräsidenten und Minister wollten auf Taubenflügeln übermittelt werden; zumal sie angehängt waren an eine fast spektakuläre, zumindest leicht wunderliche Mission: Der Student des falschen Fachs war Lektor im Ostberliner Verlag Volk und Welt geworden und hatte seine Tucholsky-Besessenheit zu einer Verlagsidee aufwachsen lassen: eine gesamtdeutsche Kurt-Tucholsky-Gesamtausgabe, betreut von den Verlagen Ernst Rowohlt, Hamburg, und Volk und Welt, Berlin.

Die Voraussetzungen waren gut: Ernst Rowohlt hatte mich mehrere Male auf der Durchreise zu (oder Rückreise von) Moskau-Aufenthalten besucht – damals mutige politische Gesten. Mein Verlagsleiter Walter Czollek, gebildeter Berliner Jude mit gräßlichem KZ- und Exil-Schicksal, hatte sich nicht nur heimlich Arthur Koestlers «Sonnenfinsternis» von mir ausgeliehen, sondern ließ sich – wie ein dicker Kater schnurrend auf seinem Sofa eingerollt – nächtelang von mir Kurt-Tucholsky-Texte vorlesen. Er favorisierte den Plan, vermittelte die (dazumal seltene und schwierige) «West-Reise-Genehmigung» und den persönlichen Kontakt zu Becher – der seinerseits den Plan guthieß. Mit 80,– DM West Reisespesen ausgerüstet, einer Rückfahrkarte über den Kontrollpunkt Drewitz und dem Plan einer fünfbändigen Kurt-Tucholsky-Ausgabe in der Tasche, eine Woche nach Anmeldung bei Rowohlt, ging es auf die Reise.

Nur: Ernst Rowohlt war gar nicht da. In den verwinkelten Gängen mehrerer angemieteter Häuser im Hamburger Universitätsviertel fand ich schließlich einen Mann in mittleren Jahren, der hieß «Herr Ledig»; er wußte von der Sache, dem Projekt gar nichts. Er klingelte nach seinem Lektor. Der war zu Tisch. Man empfahl mir, auch «zu Tisch zu gehen». Mit 80 Mark. Als ich also «nach Tisch» wiederkam, erschien, er hatte offenbar gut gegessen und getrunken, Wolfgang Weyrauch; den kannte ich aus Berlin. Er hatte zwar die Unterlagen zu meinem «Projekt», für mich ein Staatsakt – für ihn aber eher eines von vielen wirren Verlagsvorhaben.

Nach einer Stunde ziemlich verlegenen Hin und Hers sagte der Herr Ledig: «Wissen Sie was – fahren Sie an den Tegernsee zu Frau Tucholsky, die hat das sowieso alles in der Hand. Besprechen Sie es mit ihr – und kommen Sie in ein paar Tagen wieder. Dann sehen wir klarer.» – «Zu wem, bitte, soll ich fahren?» – «Na, zu Mary Tucholsky, Kurt Tucholskys Witwe – sie lebt in Rottach-Egern, sie ist die Erbin, sie betreut das Werk.» O Hagen Müller-Stahl: War ich nun auch im falschen Beruf? Ich hatte keine Ahnung, daß es eine Witwe, eine Erbin, eine Mary Tucholsky gab. «Aber ich habe kein Geld für die Reise – und keine Genehmigung, so lange wegzubleiben.» Das mit dem Geld verstand man in Hamburg – das mit der Genehmigung nicht. So wurde das eine an der Rowohlt-Kasse und das andere mit Walter Czollek per Telefon geregelt. «Und wenn Sie mir aus Ostberlin mal ein paar Ernst-Busch-Platten schicken könnten, würde ich mich freuen» – das war die sächsisch-listige Verabschiedung durch den Mann, von dem ich wieder nicht wußte, daß es Ernst Rowohlts Sohn war. Damit begann … aber das ist eine andere Geschichte.

Dritter Klasse fuhr ich auf Holzbänken, die mir vor Aufregung weich schienen, nach München. Umsteigen nach Holzkirchen, umsteigen nach Tegernsee, Bus nach Rottach-Egern: Die nächste Phase begann. Sie hieß (heißt) Mary Tucholsky. Wie aus spontaner Sympathie Freundschaft wurde, das habe ich an anderer Stelle geschildert. Den Plan fand die energische, damals Fünfundfünfzigjährige, heute Sechsundachtzigjährige großartig – und irreal. Nach zwei Tagen des Hinundherdenkens brachte sie mich zum Bus: «Jude und SED – nicht wahr? Passen Sie auf sich auf, Bürschchen.» Das Bürschchen ging einen schweren Gang.

Rowohlt wollte so viele Bände nicht konzipieren. Volk und Welt hatte keine Devisen. Als am 30. Juni 1956 in Ostberlin ein Telegramm aus Rottach eintraf: «Herzlichen Glückwunsch zum schönsten Tucholsky-Band», war das die freundliche Reaktion auf einen Kompromiß – der Verlag Volk und Welt publizierte eine erste größere Sammelausgabe ausgewählter Kurt-Tucholsky-Texte in Einzelbänden, die heute berühmt gewordene, von Werner Klemke liebevoll ausgestattete «gelbe Ausgabe». Sie wuchs schließlich, in der Endphase kundig und liebevoll betreut von Roland Links, auf sechs Bände.

Denn – Zwischenphase: Die Ostberliner Behörden hatten immer wieder Anstoß genommen an bestimmten Texten; da war dies zu pazifistisch, das zu frivol und jenes gar antikommunistisch. Die Herausgeberarbeit glich mehr und mehr einem Wellenreiten – mit dem Höhe-(respektive Tief-)Punkt des auf der Leipziger Buchmesse 1957 ausliegenden Blindbandes von «Deutschland, Deutschland über alles», während die Fertigstellung des Buches bereits verboten war: Das Kapitel «Der Kriegsschauplatz», eine Anspielung auf die heimliche Ausbildung von Reichswehroffizieren in der Sowjetunion, durfte nicht gedruckt werden; damit das Buch nicht. Der (schließlich verlorene) Kampf um eine unzensierte Kurt-Tucholsky-Ausgabe war mit eine Ursache, die DDR zu verlassen.

Die nächste Phase begann im Westen. Unter heute nicht mehr vorstellbaren Schwierigkeiten hatte Mary Tucholsky ein Archiv aufgebaut. Das kleine Haus in Rottach-Egern drohte allmählich aus allen Nähten zu platzen, Akten und Bücher füllten gar die Garage. Als sie, 1945, das Erbe angetreten hatte, stand sie vis-à-vis de rien: Von Kurt Tucholsky gab es nichts. Keine Bücher. Keine Briefe. Die Hefte der *Weltbühne*, Rarissima auf dem nichtintakten Antiquariatsmarkt, mußten Nummer für Nummer, mal drei hier, mal eine dort und mal sieben da, gekauft oder per Gebot auf Auktionen ersteigert werden; 15 Mark pro Heft. Heute, im Jahrzehnt des *Weltbühnen*-Reprints, hört sich derlei wie ein negatives Märchen an – aber in den Jahren nach dem Krieg: wo fand man ein Heft des *Uhu*, eine Ausgabe der *Dame*, eine Nummer des *Prager Tagblattes*? Woher überhaupt und wie konnte man herausfinden, wo Tucholsky wann was veröffentlicht hatte? Er selber hatte keine Listen geführt, eine Bibliographie gab es nicht. In seinem letzten Lebensjahrzehnt hatte niemand in seiner Nähe gelebt, der sich des *Schriftstellers* Kurt Tucholsky angenommen, gar ein Archiv angelegt hätte – das ja die verstreutesten Publikationen, ob in Kabarettprogrammen oder entlegenen illustrierten Zeitschriften, in Almanachen oder Presseballbroschüren, umfassen mußte. Wie eine lauernde Sammlerspinne wob Mary Tucholsky ein riesiges Netz von Kontakten, erjagte dort eine Zeitschrift, da ein Notenblatt, korrespondierte mit den beiden Frauen, die Kurt Tucholsky in seinen letzten Lebensjahren nahegestanden hatten, besuchte sie, hatte sie zu Gast in Rottach – um auf die Spur von Briefen oder Manuskripten zu kommen, gelegentlich auch auf ein Buch aus seiner Privatbibliothek.

Als ich 1958 im Westen ankam, war das Archiv prall, aber nicht voll; will sagen: nicht komplett. Dennoch schlugen wir dem davon begeisterten Ernst Rowohlt eine endlich sorgfältig edierte, große Kurt-Tucholsky-Ausgabe vor – auf dem Materialstand dieser Jahre. Gar nicht begeistert, allein, war Ernst Rowohlts Verlag. Es ist so merkwürdig, wenn heute, dreißig Jahre später und in einer ökonomisch wie wissenschaftlich anders strukturierten Zeit, Studenten in aller Unschuld fragen: Wieso fehlten in der 1960 und 1961 schließlich erschienenen dreibändigen Ausgabe der «Gesammelten Werke» so viele Texte?

Die Antwort ist einfach. Sowenig es zu dieser Zeit Werkausgaben von Walter Benjamin oder Ernst Bloch, Georg Lukács oder Theodor W. Adorno gab, von Kracauer, Marcuse, Mehring oder Kästner zu schweigen – sowenig erkannte man, daß hier nicht lediglich ein amüsanter Plauderer und kesser Charmeur am Werk gewesen war; vielmehr ein geistiger Historiograph der Weimarer Republik. Man erkannte weder Klaus Mann noch Lion Feuchtwanger, weder Anna Seghers noch Joseph Roth, nicht zu denken an Franz Jung oder Erich Mühsam. Die Adenauer-Jahre waren *auch* die Jahre der nicht «aufgehobenen» Tradition, des erstickten und unterdrückten – historischen wie literarischen – Bewußtseins. Im Kurt-Tucholsky-Archiv liegt noch heute das viele Seiten umfassende, *entgeisterte* Gutachten des damaligen Rowohlt-Cheflektors (beiläufig: ein ehemaliger *Weltbühnen*-Mitarbeiter), der alles, was über eine einbändige Tucholsky-Ausgabe hinausginge, geradezu emphatisch ablehnte. Und nicht zu Unrecht auf das beträchtliche finanzielle Risiko einer umfangreichen Ausgabe hinwies. Es waren zwar in den Jahren 1950 bis 1958 vier Sammelbände und das «Pyrenäenbuch» sowie die Taschenbücher «Schloß Gripsholm», «Zwischen Gestern und Morgen», «Panter, Tiger & Co.» und «Rheinsberg» erschienen; aber ob sich auch nur annähernd Käufer für die «Gesammelten Werke» in einer Auflage von 5000 Stück bei dem damals exorbitanten Preis von 64,– DM pro Band fänden?

Es war schließlich Ernst Rowohlt, der sich über die Bedenken hinwegsetzte. Deshalb die Widmung im II. Band:

«In der Nacht vom 1. zum 2. Dezember 1960 starb Ernst Rowohlt. Einen Tag zuvor hielt er den eben erschienenen I. Band der Gesammelten Werke von Kurt Tucholsky in den Händen und begutachtete Anordnung und Ausstattung. An dieser Ausgabe, die auf seine Initiative verwirklicht wurde, hing er mit besonderer Liebe. Es war seine letzte große verlegerische Tat für einen seiner liebsten Autoren.

Herausgeber und Verlag widmen diese Ausgabe in Dankbarkeit und Verehrung dem Andenken des großen Verlegers, Freundes und Beraters.»

Eine *Gesamt*ausgabe konnte und sollte es dennoch nicht werden: Kurt Tucholsky hatte, für verschiedene Zeitungen und Zeitschriften arbeitend, oft dasselbe Thema, dasselbe politische Ereignis in nahezu gleichem Wortlaut mehrfach behandelt – legitim für den politischen Publizisten oder den Literaturkritiker, unmöglich (und Umfang wie Preis der Bände sinnlos in die Höhe treibend) in einer Edition. So wurde – wie bei jeder Anthologie, ob nun der «Schönsten Liebesgeschichten» oder von «100 Gedichten», bei jeder Auswahlausgabe, ob nun von «Meistererzählungen der Moderne» oder von «Antikriegsliedern» – eine subjektive Auswahl der wichtigsten Texte getroffen; von den damals im Archiv erfaßten Texten etwa 80 Prozent. Subjektiv heißt: bestreitbar und strittig. Um solchem möglichen Streit, gar törichten «Zensur»-Vorwürfen zu begegnen, wurden schon damals in der Bibliographie *alle* bis dato bekannten Texte aufgeführt, ihre Quelle angegeben; jeder Interessierte konnte sie also, wenn er sie brauchte und wollte, in einer Bibliothek finden. Unterschlagen war nichts.

Aber – letzte Phase – vieles war gar nicht bekannt. Noch *während* die Edition erarbeitet wurde, kamen immer wieder bisher verschollene Texte ins Archiv; in *einem* Zimmer des Rottacher Knusperhäuschens saßen die Herausgeber und verglichen, ordneten, korrigierten, annotierten – im *anderen* Zimmer arbeitete das «Spinnennetz»: Post, Anfragen, Rückfragen, Suchanzeigen, Antiquariatskataloge. Es galt ja nicht, die irgendwo vorhandenen Romane eines Autors – oder die Erzählungen, Dramen, Gedichte – zusammenzufügen, sondern das unendlich verstreute Werk eines Schriftstellers überhaupt erst zu *finden*, der alles war: Dichter und Journalist, Chansonautor und Pamphletist, Buchrezensent und Possenschreiber. Um nur ein Beispiel zu geben: eine Rubrik in der *Weltbühne* hieß «Antworten». Da schrieben Redakteure wie Mitarbeiter Glossen zu Themen, Ereignissen, Debatten, zu fiktiven Leseranfragen (oder auch zu echten); diese Mosaiktextchen waren nie signiert. Welche also stammten von Tucholsky? Oft ging das aus anderen Zusammenhängen hervor, manchmal aus seinen Briefen, gelegentlich aus einem Bezug zu seinen Arbeiten – und in vielen Fällen eben gar nicht.

Seit Abschluß der Arbeit an den «Gesammelten Werken» (und der zehnbändigen Taschenbuchausgabe von 1975, die einiges Ergänzungsmaterial aufnahm) arbeitete das «Spinnennetz» emsig und erfolgreich weiter. Nicht zuletzt konnten ja in den Jahren 1960 bis 1982 mehrere Bände mit Briefen von Tucholsky erscheinen – und die editorische Arbeit an ihnen ergab wieder Rückschlüsse auf bislang unbekannte, nicht aufgefundene Arbeiten.

Nun sind aber Menschen nicht konsequent, auch wenn sie sich Herausgeber nennen. So tauchte im Jahr 1983 der Gedanke auf, einmal in einem Extraband – gleichsam herausgehoben aus der Edition der «Gesammelten Werke» und des damals schon entstehenden Ergänzungsbandes – einen geschlossenen Band mit sämtlichen Gedichten von Kurt Tucholsky zu präsentieren. Das Wort ist nicht zufällig gewählt – dieses Buch, Kurt Tucholsky «Gedichte», war ein Präsent anläßlich des fünfundsiebzigjährigen Bestehens des Rowohlt Verlages und des im selben Jahr begangenen fünfundsiebzigsten Geburtstages von Heinrich Maria Ledig-Rowohlt; der Verlag wollte dieses Doppeljubiläum nicht ohne ein Buch eines seiner wichtigsten Autoren begehen. Damit waren also inzwischen neu aufgefundene Gedichte nicht für diesen vorliegenden Ergänzungsband aufbewahrt, sondern eben 1983 schon publiziert worden.

Der Rest liegt hier nun auf 842 Seiten versammelt vor: frühe Texte, die Tucholsky unter verschiedenen «Siglen» – wie tu., t., KT. – im *Vorwärts* veröffentlichte (einige davon entdeckte der Stipendiat der Kurt-Tucholsky-Stiftung Hartmut Urban); Aufsätze aus der *Freiheit*, der *Freien Welt*, dem *Prager Tagblatt*, aus *Schall und Rauch*; und natürlich aus der *Weltbühne*. Erneut stellte sich die Frage: Nun endgültig alles? Egal, wie beträchtlich, beiläufig, unverständlich? Nur einem Wahn des Kompletten folgend? Oder besser einen – damit auch in Umfang und Preis erschwinglichen – lesbaren Ergänzungsband? Die Herausgeber entschieden sich für letztere Lösung.

Weder schien ein *Weltbühnen*-«Beitrag» (25.5.1922) – «Komische Oper. Der Meister von Montmartre. Nur 'n nassen Lappen.» – zwischen Leinendeckeln bewahrenswert noch unter dem Titel «Filmschau» eine Sechzehn-Zeilen-Glosse über Gussy Holl aus dem *Vorwärts* (12.12.1913), da genauere Texte über diese Schauspielerin in die frühere Ausgabe integriert sind. Diese kleine Ermahnung von 1922 aus dem *Hamburger Echo* – «Schwarz-weiß-rote Erinnerungen. Wenn es wieder Krieg gibt: alle Hurraschreier gehen wieder mit. Aber diesmal alle in die Etappe. Die Kompanie bestand aus uns. Vor der Front schnarrten die anderen. Auf den lehmigen Landstraßen froren, schlichen, dursteten wir. Hoch zu Roß preschten die anderen. In den Revierstuben warteten demütig, fiebernd, geschüttelt wir. Faule Witze über uns rissen die anderen. Aber wenn wir nicht mehr wollen –: dann gibt es nie wieder Krieg –!» – schien eher läßliche Paraphrase profunderer Artikel. Selbst kleine Scherze aus der *Weltbühne* (24.8.1926) à la «Wetten, daß abgesetzte parlamentarische Minister auch weiterhin eine Pension bekommen, selbst wenn sie sie gar nicht nötig haben?» – muß derlei wirklich in eine Ausgabe aufgenommen werden?

So war von Blatt zu Blatt wieder die Entscheidung zu treffen: Abdruck oder nur Vermerk im Textnachweis. Bei vielen Arbeiten war sie einfach – Unterschriften «Aus einem alten Photographiealbum» oder Textlegenden zu Karikaturen wären ohnehin unverständlich ohne die Abbildungen. Wenn bei bebilderten Artikeln der Text für sich bestand, wurde er auch aufgenommen – zum Beispiel «O alte Burschenherrlichkeit» und «Die Kinderhölle in Berlin». Entgegnungen auf Artikel von Kollegen («Lieber Arthur Eloesser», *Weltbühne*, 13.1.1925) oder Paraphrasen bereits früher edierter, größerer Aufsätze – «Yvette Guilbert», *Prager Tagblatt*, 22.11.1928; «Arno Holz und sein Werk», Beitrag für die Ausgabe des Werk Verlags, Berlin 1923, anläßlich des sechzigsten Geburtstags von Arno Holz – erübrigten sich. Auch winzige Kabarettkritiken oder Berichte über einen Abend im Berliner «Wintergarten» – für eine Buchausgabe schien das entbehrlich, die Akteure vergessen, die Sketche versunken, die Witze schal geworden.

Eine Werkedition ist kein Herbarium und keine Schatulle für verblaßte Erinnerungen, Seidenblumen oder Parfumflacons. Doch dann gibt es eine andere Kategorie: Repliken Tucholskys auf öffentliche Attacken, Stellungnahmen zu publizistischen Fehden. «Hier wurde behauptet: eine Gruppe berliner Plakatmaler macht keine saubere Kunst ...» («Coda» in *Das Plakat*, Juli 1913); «Der *Vorwärts* wunderte sich, daß zuerst keine liberale Zeitung diese Widerlichkeit aufnahm ...» («Das Opfer» in *Pan*, Nr. 29, 6. 6. 1912); «Hans Siemsen hat hier in Nr. 4 auseinandergesetzt ...» («Für Hans Siemsen» in *Weltbühne*, 10. 2. 1921); «Im Gegenteil. Und so schnell wie möglich ...» («Antworten», *Weltbühne*, 11. 10. 1917). – Das wären so ein paar Beispiele für heikle Entscheidungen. Ist es schnöde, derlei «un-verbucht» zu lassen, oder wäre der Kommentar, ohne den diese Splitter unverständlich blieben, nicht länger als der Text selber?

Das ist das nächste, das letzte Stichwort: die Annotationen.

Die Entscheidung *für* ein annotiertes Personenregister war schon früh, 1959, gefallen; sie wurde auch für diesen Ergänzungsband beibehalten. Ohne die Mitarbeit von Regine Stützner, Kurt-Tucholsky-Stiftung, Hamburg, und Andreas Bode, Stipendiat der Kurt-Tucholsky-Stiftung (denen an dieser Stelle gedankt sei), wäre die Aufgabe nicht zu lösen gewesen – es gibt bis zur Stunde weder ein Biographielexikon zur Geschichte der deutschen Arbeiterbewegung noch ein kulturpolitisches Lexikon der Weimarer Republik. Die Schwierigkeit einer solchen Arbeit führen auch andere Editionen vor (zum Teil von großen Stiftungen finanziert); die Herausgeber etwa von Robert Musils oder Stefan Zweigs Tagebüchern mußten vieles unkommentiert lassen. Ganz gelöst also wurde die Aufgabe nicht. Einige entlegene Namen, ob aus dem Varieté, der Justiz, der (Militär-)Beamtenschaft dieser Jahre, sind nicht mehr zu ermitteln; oft tauchen sie auch in peripheren Zusammenhängen auf.

So ist dieser Ergänzungsband zu den «Gesammelten Werken», wie alle bisherigen Ausgaben, chronologisch geordnet, und wie alle bisherigen Ausgaben Fragment – und doch mehr. Sein Titel «Deutsches Tempo», Überschrift eines Tucholsky-Textes, will eben dies Fragmentarische *und* das Umfassende bezeichnen: Die Entwicklung der Weimarer Republik auf das zu, was sie barg von Beginn an und das sie endete: die Katastrophe. Deshalb beschließt dieses Buch eine spät aufgefundene, im schwedischen Exil von ihrem Chronisten selber getippte Vita; des Mannes mit den 5 PS.

Hamburg, Dezember 1984 Fritz J. Raddatz

1911

Kunst und Zensur

Im *Tag* schrieb dieser Tage der Ästhet Oskar A. H. Schmitz über die Zensur. Schmitz ist für den Gegner der Bourgeoisie wertvoll, weil er fast der einzige aus ihrem Lager ist, der sich unverblümt mit den unglaublichsten Ansichten hervorwagt. Seine Ausführungen laufen in diesem Fall auf folgendes hinaus: Die jetzige Zensur ist ja allerdings ein Unfug, weil sie von Ungeeigneten ausgeübt wird. Das Ideal der Zensur wäre die, die der «großen Masse» den «Schmutz in Wort und Bild» entzieht und ihn den Wählern der ersten Steuerklasse reserviert. Ich zitiere:

«Menschen mit sicherem Auskommen sind sozial nicht leicht erregbar ... Es ist bekannt, daß die Frivolität der höheren Gesellschaftskreise nicht annähernd so bedenklich im Interesse der Allgemeinheit ist wie die Verderbnis im Mittelstand oder gar im Volke ... Aber vollkommen begreiflich wäre es, wenn die Polizei zum Beispiel dasselbe Stück im Deutschen Theater verbieten und in den Kammerspielen erlauben würde ... Es ist auch ganz folgerichtig, daß ‹Frühlings Erwachen› von Wedekind in Berlin, – in einem nur zu teuren Preisen zugänglichen Theater erlaubt wird, während es in Mittel- und Kleinstädten – verboten wird ...

Die Frage wird verstummen, ob Zolas ‹Nana› gut oder schlecht ist. Natürlich ist sie gut, aber zu einer Mark pro Band in Warenhäusern verkauft, ist sie ein großes Übel. Was wäre zum Beispiel gegen den *Simplicissimus* zu sagen, wenn er heute nicht das beliebteste Familienblatt des deutschen Volkes wäre? Das Unglück ist nicht, daß wir ihn haben, sondern daß er so billig ist ... – Auf guten Fotografien – ist natürlich bedeutend mehr erlaubt als auf Ansichtspostkarten zu 10 und 20 Pf., auch wenn sie Nachbildungen von Werken großer Künstler wie Correggio enthalten ...»

Also die Fähigkeit, Schmutz von Kunst zu unterscheiden, wäre eine Frage des Einkommens? Jedem Arbeiter sein Gebetbuch und jedem Legationsrat seine Aktstudien! – Die Erziehung zur Kunst geschieht natürlich nicht durch «Verbieten», sondern durch Besserung des Unterrichts (Schulelend, Herr Schmitz!). – Es muß das immer wieder betont werden; denn dieser Schmitz ist der Typ des satten Bürgers: sie sehen auf die ruhige Straße, in der sie wohnen, die Sonne scheint, nun, nach dem Mittagessen, einige kleine Zoten, nicht wahr ...? Warum auch nicht! ... Wenn nur «denen da unten» die Moral erhalten bleibt! – Dabei vergißt man ganz, daß bei uns die Zensur wesentlich *aus politischen Gründen* existiert.

Mögen sich die Damen im Residenz-Theater jeden Abend vor der angenehm gekitzelten Zuhörerschaft an- und ausziehen, wenn nur nicht eine «Freie Volksbühne» es sich einfallen läßt, ein soziales Drama aufzuführen! Das Bildungsbestreben der proletarischen Massen zu unterdrücken, ist das Bestreben der Bourgeoisie. «Frivolität! Unzucht!» rufen sie, während sie es in ihren Kreisen: Freiheit, Sichausleben! nennen. Privilegierte Unsittlichkeit ist schlimmer als eine, die von der Unbildung her kommt, und ein Bauernknecht, der einer Magd ein Kind macht, steht höher als der Greis, der mit zitterigen Händen widerliche Bilder betastet. Wir wollen dahin gelangen, daß Zoten *durch das Publikum* von der Bühne und aus den Büchern verschwinden – dann wird auch die Zensur mit anderem Gerümpel dahin wandern, wohin sie gehört, auf den – Kehricht!

Zahlende Literatur

Neben der wertvollen Literatur läuft schon von jeher ein schmaler oder auch breiter Strom Druckpapiers, in dem schon viele jämmerlich ersoffen sind.

Ich meine nicht Blumenthal oder Fulda, die durch Produktion von einem Hektoliter Makulatur monatlich viel Geld gemacht haben.

Es gibt da einen unendlichen Troß armseliger Schreiber, die

falscher Ehrgeiz und erstaunliche Unkenntnis über fremdes und eigenes Können verleitet, folgendes Puppenspiel aufzuführen:

In stillen Nachtstunden, wenn andere Bürger an nichts Böses denken, kauen diese Tichter an den Federhaltern und legen schlechte Reime auf das Papier. Dann schreiben sie an einen der hierfür unrühmlichst bekannten «Verlage» (besser Druckereien). Gewiß, «wir würden uns freuen, Ihr geschätztes Werk in unseren Verlag übernehmen zu können ...» allerdings -- die Kosten - dafür muß der Tichter garantieren, das heißt sie bezahlen - denn kaufen tut das Buch kein Mensch.

Wobei zu erwägen ist, ob der «Verlag» auch wirklich die nötige Reklame betreibt und vor allem das Buch auch an alle Redaktionen und Sortimenter verschickt.

Tausende sind hier schon ihre Spargroschen losgeworden.

Diese Erscheinung hat sich nun in den letzten zehn, zwanzig Jahren erschreckend gesteigert: das kann nicht nur daran liegen, daß es früher einen solchen kapitalistischen Industriezweig wie diese Druckereien nicht gab.

Es handelt sich aber um dies: Fast alle Benutzer dieser Anstalten sind biedere Bürgersleute des Mittelstands.

Die Herren von der selbstbezahlten Literatur sind keine Proletarier.

Aber der Mittelstand hat doch früher sicher nicht so viel geschrieben! -

Die Hauptschuld an dieser Produktion trägt die bürgerliche Presse. Zeitungen sind neben einigen guten Büchern, die sie nicht verstehen, und vielen schlechten das, was diese Leute hauptsächlich lesen. Die Zeitung ist für sie der Mentor und Leiter in den «Kunstdingen», die Zeitung, das heißt das Feuilleton.

Wie das Feuilleton in bürgerlichen Blättern redigiert wird, das ist unglaublich. Auch in politisch gut gemachten Blättern: unter dem Strich macht sich sentimentale oder gehässige Geschwätzigkeit breit, wird die gute Kunst totgeschwiegen und der Kitsch verherrlicht. – S. M. der Abonnent will es! –

Das geht weit bis nach links: das *Berliner Tageblatt* hat da viel auf dem Gewissen. Ist es ein Wunder, wenn die Empfänglichkeit der Masse für wahre Kunst heruntergedrückt wird durch das ewige Hinweisen auf den alleinseligmachenden Kitsch? –

Die Wochenschriften Scherls haben die zahlenden Dichter gezüchtet.

Nicht einen Namen werde ich hier nennen, denn das schmeichelte ihnen – kritisch, mit Proben, gegen sie zu wüten ... nein!

Aber alle warnen, die nächstens hineinfallen werden, und rufen: Finger weg! – das ist die Aufgabe.

Duo / Eine Selbstanzeige

Ich habe da ein Buch geschrieben, das heißt «Rheinsberg» und ist soeben erschienen. «Rheinsberg. Ein Bilderbuch für Verliebte.» Geschmackvoll, begabt, wie man das von meinen Sachen gewöhnt ist, voll des Liebreizes, den Herr Professor Magendantz als das erste Postulat der Kunst aufgestellt zu haben durchaus im Recht ist. Wie ist doch die Sprache flüssig! – Wie ist alles erfaßt, hingelegt, angepackt! – Wie ist diese blühende Mädchenknospe, in der warmes Blut pulsiert, fein empfunden! Wie nach dem Leben! – Und so würde es ein ungestörter Erfolg werden, wenn nicht die Zeichnungen wären. Die Zeichnungen ruinieren alles. Zu diesem feinen, gleichsam gleitenden Text hat der Kunstmaler Szafranski Bilder angefertigt, deren Dekadenz aufs neue beweist, wohin wir steuern. Wie denn? – Ist nicht Meister Thumann leuchtendes Vorbild genug? – Gibt es in der Natur Unebenheiten? Nein: alles ist gleichmäßig, glatt, glibberig, glänzend, die Blümchen blühen an des Baches Rand, muh – muh sagt die gute Kuh, bäh – bäh das Schäfchen, und diese modernen Zeichnungen (ich habe keinen andern Ausdruck) werden mir noch mein entzückendes Büchelchen verderben. Der Kunstmaler Szafranski – pereat! ... Darf ich einen Rat geben? – Trennen Sie die Bilder heraus – nur so gelangen Sie zu einem vollen, ungestörten Genusse.

Kurt Tucholsky.

Ich habe die Bilder für «Rheinsberg. Ein Bilderbuch für Verliebte» gemalt.

Hat nicht auch Albrecht Dürer, um des Leibes Notdurft zu fristen, Streichholzpackungen entworfen? – Hat nicht auch Lucian Bernhard Madonnenbilder gemalt? –

Ich habe die Bilder für «Rheinsberg» gemalt.

Diese Bilder sind Oasen, Perlen, Lichtpunkte in der Wüste. Zwischen toten unleserlichen Druckseiten glitzern sie wie freundliche Sterne. Der Text! – Du grundgütiger Gott! – Was sind das für erotische Sächelchen, für Rea-, Fata- und Naturalismen! Geschmack? Zurückhaltung? Scham – (wie man sie bei mir stets vorrätig findet)? Nichts von alledem. Prickelnd, aber gehaltlos werden in diesem Buche Liebesfreuden verschwatzt. Es wird dem Absatz der Bilder nicht förderlich sein ... meiner süßen kleinen Bilder, Vignetten und Zierstücke, die das Entzücken jedes Kunstfreundes erregen werden, wenn er nur die Güte besitzen wird, über den wahrhaft ungetümen Text hinwegzulesen. (Am besten, er nimmt die Bilder heraus und legt sie in ein besonderes Mäppchen.)

Die Kunst im Dienste des Handwerks! Pegasus in die Sielen gespannt!

Ich habe die Bilder für «Rheinsberg» gemalt ...

Kurt Szafranski.

1912

Das neue Drama von Gerhart Hauptmann

Am Schlusse des Dramas, als sie die Leiche Gabriel Schillings bringen, stehen die Worte: «Etwas Lautloses, Unwirkliches liegt in dem Vorgang.» So ist das ganze Stück – unwirklich. Kein Satz, der um seiner selbst willen gesprochen wird, keine Person, deren Schicksal für uns das augenblicklich Wichtigste ist...

Der Maler Gabriel Schilling ist auf eine einsame Insel der Ostsee geflohen, zu guten Freunden, zu einem Bildhauer und seinem Mädel – geflohen vor Hanna Elias, die ihn seiner Frau abspenstig machte und (mehr) sein künstlerisches Schaffen verhinderte. Sie reist ihm nach, er bekommt in der Aufregung einen Anfall, seine Frau kommt, Szene zwischen den beiden Rivalinnen, im Fieber geht er ins Wasser. –

Hier heißt es nun glauben oder nicht glauben: Das ist es nicht. Darauf kommt es in letzter Linie nicht an: «Ich kann dir eine andere Empfindung zugeben», sagt im Laufe des Stückes der Bildhauer, «die den meisten Menschen abhanden gekommen ist: das klare Gefühl, das sich hier ununterbrochen meldet, daß hinter dieser sichtbaren Welt eine andere verborgen ist. Nahe mitunter, bis zum Anklopfen.» Um die handelt es sich. Sie hat keinen Zusammenhang mit der wirklichen – wir sehen eine Tragödie und dahinter ist ein grinsendes Loch, wir hören ein Scherzwort von Mann zu Mann über einen sonnigen Platz gerufen, und etwas Grausiges wird vielleicht verdeckt. Gewiß, Gabriel Schilling muß sterben, und er wird von seinen beiden Frauen gequält, der Freund sucht ihn vergeblich zu retten, aber das ist es alles nicht, hier werden (Gott sei Dank) keine Probleme gelöst, keine Weltanschauungen gewälzt. Hier ist beinahe die große Aufgabe gelöst, ein Stück Leben so konzentriert unter Hinweglassung alles Unwesentlichen zu geben, daß wir empfinden wie so oft: Vielleicht ist es alles gleichgültig, was wir tun, und warum stoßen wir uns aneinander, wenn wir doch nicht anders können, warum gearbeitet, Frauen verführt, Aufregungen erlebt, über Büchern geweint? Und nicht nur diese Frage ist in dem Stück, sondern die große Antwort, die in allen Stücken Hauptmanns ist: weil wir leben, weil die Seligkeit des Daseins einzig in diesen (an sich unwesentlichen) Vorgängen steckt, weil wir gerade in diesem Rahmen deutlich empfinden, daß alles in einer Reihe steht: Selbstmord, und Ehebruch und ein Sturm an der See und das Spiel eines Kindes.

In diesem Stück sind noch Schlacken, Stellen, bei denen man einen kurzen Augenblick empfindet: warum – wir haben es ohnehin gewußt – aber das ist fast nicht der Rede wert – du liest das Ganze und vielleicht ist die augenblickliche Wirkung nicht groß, aber plötzlich, wenn du später etwas arbeitest oder küßt oder lachst – dann ist es da, und du weißt auf einmal, was dich mit Gabriel Schilling und dem Bildhauer Mäurer und allen verbindet: – Das Menschheitsgefühl, dieses Unnennbare, der Funke, der von Geschöpf zu Geschöpf überspringt.

Ich halte es für überflüssig, die Struktur des Dramas zu zerfasern, seinen Inhalt näher zu befühlen – es gibt auch keine wertvolle dataillierende Abhandlung über ein Volkslied –, ich weiß nur, daß es zu den Stücken Hauptmanns gehört, die so zum Leben gehören wie das Bewußtsein: die Sonne, das ist etwas Helles, Großes.

Es gibt keine Kunstmittel, mit denen diese Wirkungen zu erreichen sind. Warum stockt der Atem bei den gewöhnlichsten Stellen? Wir wissen genau, was kommen wird, zum Beispiel als Hanna Elias in den Gasthof tritt – sie ist schon in ihr Zimmer hinaufgegangen, und den nächsten Tag oder diesen noch, oder nach einer halben Stunde wird Gabriel Schilling, der seine Ruhe finden wollte, mit ihr zusammentreffen, unten steht das Gepäck, und ein Fischer tritt ins Wirtshaus, wischt sich mit dem Handrücken den Schweiß von der Stirn und sagt zum Wirt: «'t makt warm, Klas Olfers! 't makt wedder warm hüt!» Jeder andere hätte diese erstickende Luft, die drükkende Situation geschildert oder angedeutet und hätte nicht diese aufregende Wirkung erzielt, wie diese einfachen, gleichgültigen Worte es tun, es ist wie ein Dominantakkord, auf dessen Auflösung man schmerzlich wartet.

Diese Sätze vergehen nicht. Wie der Satz nicht vergehen kann, den Frau Käte am Schluß der «Einsamen Menschen» spricht; angstvoll zitternd: «Nur das nicht, ich will ja gern alles tun.»

Worin die ungeheure Wirkung dieser Dramen, zu denen auch der im Jahre 1906 geschriebene «Gabriel Schilling» zu rechnen ist, beruht? Ich weiß es nicht.

Hauptmann will das Drama zunächst nicht aufgeführt wissen. Sein Wunsch ist «eine einmalige Aufführung vollkommenster Art, im intimsten Theaterraum» – unerfüllbar, wie er wissend hinzufügt – unerfüllbar wenigstens für Berlin, das sich mit intensivem Ernst leicht faßbaren Gassenhauern und der klassischen Wasserpantomime zugewendet hat.

Die Mark Brandenburg in Farbenfotografie

Ein wunderschönes Werk beginnt soeben zu erscheinen: In 20 Lieferungen à 1,25 M. bringt die Verlagsanstalt für Farbenphotographie Naturaufnahmen aus der Mark heraus. Um die Mängel vorwegzunehmen: Der Text scheint – nach der ersten Lieferung und den Namen der professoralen Mitarbeiter (Bodo Eberhardt, Voß, Richard Nordhausen) zu schließen – nichts zu taugen. Auch «gereicht es zur besonderen Ehre, mitteilen zu dürfen, daß Ihre Majestät, die Kaiserin und Königin Auguste Viktoria geruht hat, die Widmung dieses Werkes entgegenzunehmen».

Aber das Werk ist trotzdem gut.

Unter Leitung des Direktors Franz Goerkc (Urania) werden die Blätter ausgewählt. Gleich in der ersten Lieferung gibt es prachtvolle Aufnahmen.

Schloß Rheinsberg, der Werbellinsee, Eingang zu Schloß Sanssouci ... Zum Greifen scharf, noch ein klein wenig zu bunt vielleicht – aber nun das Wichtigste:

Wie verhält sich diese fast naturgetreue Wiedergabe zur Malerei? – Gar nicht! – Es sind inkommensurable Größen. Aber diese Fotografie geht bereits ihre eigenen Wege. Sie ist, im Gegensatz zur Malerei, ganz objektiv, nur anschaulich – aber eben dadurch erreicht sie, was der trockne, kitschige Begleittext nicht kann: sie regt an, du *mußt* so ein Bild lange ansehen, du wirst das tun, was sonst der Maler tat –: ergänzen, umfassen, zu verstehen suchen. Wolken siehst du, weiße, wattige Sonnenwolken, kurzes Gras und immer wieder diese unendlich schöne, stille, geschwungene Uferlinie des Sees. Und Rheinsberg ... du *mußt*, wenn du das Bild siehst, weiter denken, an den lauen Sommerwind, an ein Rascheln, es ist reichlich warm, das Sonnenlicht zwinkerte durch alte Bäume – aber ferne, auf den Hügeln, lag es ausgegossen – und neben dir stand die, die du nie vergessen wirst. So lassen dich diese Bilder schwer atmen: Heraus aus der Stadt! Heraus! – Du beginnst, die innere Schönheit einer jungen Birke zu verstehen, eines Schattens, du wirst eins mit der Natur und weißt plötzlich, was das ist: Frühling! –

Die Literatur im Kastanienwäldchen

Am 16. April begann das Sommersemester der berliner Universität. Das Verzeichnis der Vorlesungen umfaßt siebzig Seiten. Alles Fachliche beiseite lassend, suche ich: Deutsche Literatur. Zunächst ist sie nicht zu finden: «Gotisch für Anfänger» ist es nicht, und «Interpretation von Braunes Althochdeutschem Lesebuch» auch nicht. Aber dann kommt es: siebzehn Vorlesungen werden über diesen Gegenstand gehalten. Trübe wird der Blick, traurig der Sinn: Germanische Heldensage – gut! –, aber dann: «Erklärung des Nibelungenliedes mit Erörterung der Sage und ihrer Geschichte», «Mittelhochdeutsche Übungen» im Seminar, Klopstock ...

Diese Vorlesungen sind verfilzt. Wer nie bei dem säuselnden Getön der professoralen Stimme Arabesken in die Bänke schnitt, wer diese Philologen nicht anhörte, ihr Ersaufen in Tatsachen, ihr dünkelhaftes Urteil über Künstler, die sie nie begriffen, – der mag glauben, daß aus dem Besuch der Vorlesung über den deutschen Roman bis zur Gegenwart oder über Politik irgend etwas herausspringt. Es lohnt nicht, die alten Eichen einzeln zu benennen: nicht den Simplicissimusfeind noch den Damenprofessor oder die anderen.

Nur soviel: dies papaliche Verstehen der «menschlichen Schwächen» der Dichter, das Herausklauben von Daten, – widerlich! widerlich! – Die Kärrner haben zu tun.

Für ihre Konstruktionen zwischen Leben und künstlerischem Schaffen müßte man sie einbalsamieren. Aber im Gegenteil: ob Goethe die Friederike oder ob er sie nicht ... Achthundert Federn kritzeln das mit, könnte man auch sonst wohl die Gedichte auf Seite 914 und 915 des zweiten Bandes verstehen? – Man könnte es nicht!

Tintenfinger tasten die Struktur zarter Gedichte ab, was hat der Dichter gewollt, gekonnt, erreicht, gedacht ...? Nichts, was uns angeht, kein Zusammenhang mit den *lebenden* Großen; mißgünstiger Neid gegen die – Dilettanten.

Da wird eine Erläuterung zu Ibsens «Peer Gynt» gelesen: als Hauptsache erscheint dem Dozenten, wie er in Klammern angibt, der vierte Akt wegen des darin enthaltenen Angriffs auf Deutschland! Aber dafür liest er über «den technischen Aufbau in den Hauptdramen Ibsens *auf Grund der Ideen*». Ibsen in einem Briefe vom 4.12.1890: «In diesem Stück («Hedda Gabler») habe ich nicht eigentlich sogenannte Probleme behandeln wollen. In der Hauptsache ist es mir darum zu tun gewesen, Menschen, menschliche Stimmungen und menschliche Schicksale auf Grund gewisser gültiger sozialer Verhältnisse und Anschauungen zu schildern.» –

Eine Wanzenarbeit, die Lächerlichkeiten jeder Vorlesung zu belegen.

Und im Gedächtnis bleibt das einzig nutzbare, ehrliche Kolleg:

Byzantinische Übungen. Mittwoch 6–8 abends. Gratis.

Die moderne politische Satire in der Literatur

Roda Roda sagt: «Humor ist die Verdauung der Satten, Satire der Schrei der Hungrigen.» Das ist das Wesen der Satire, aber wie erreicht sie ihre großen Wirkungen, mit welchen Mitteln arbeitet sie? Ich möchte hier einige Ausführungen des Genossen Eduard Fuchs zitieren: Jede Kunst, sagt Eduard Fuchs, ist Karikatur, wenn man nämlich unter Karikatur Hinweglassung des Unwesentlichen und die dadurch notwendige Betonung des Wesentlichen versteht. In ganz besonderem Maße wendet die Satire die Karikatur als Mittel an.

Aus diesen klaren und richtigen Worten folgt zweierlei: erstens, daß man verstanden haben muß, bevor man karikiert, daß man überhaupt nur *das* satirisch behandeln kann, was man in seinem tiefsten Kern begriffen hat, und zweitens, daß notwendigerweise die rechtsstehenden Parteien keine gute Satire haben können, weil das restlose Kapieren der Dinge Objektivität und oft genug Respektlosigkeit erfordert. Der Satiriker darf keine, aber auch gar keine Autorität anerkennen. Das widerstrebt den Priestern der Autorität und den Halben, Lauen, und niemals werden sie eine künstlerisch gute Satire hervorbringen können (Ludwig Thoma hat das einmal im *März* sehr lustig gegen das Zentrum bewiesen).

Die Satire der rechtsstehenden Parteien ist denn auch danach. Die Witzblätter sind fade, lasch, feige und behandeln alles mehr von der komischen Seite aus, anstatt anzugreifen und niederzureißen. Niemals stehen diese gewerbsmäßigen Witzemacher über der Sache: ihre Pfeile gehen stets von unten nach oben. Da sind die *Lustigen Blätter* in Berlin, die ohne Gesinnung, aber mit viel Ungeschick alles bewitzeln, da ist der *Kladderadatsch*, der sich zu einem langweiligen Witzprofessorenkollegium entwickelt hat, da sind die Bücher bürgerlicher Autoren, die in Vers und Prosa nach links um sich hauen. Wilhelm Hegeler: «Des Königs Erziehung», eine dumme utopistische Geschichte, in der die «Handleute», wie er die sozialdemokratischen Arbeiter nennt, sich als versoffene und verlauste Trottel repräsentieren. Das Gesudel von Max Brinkmann: «Genosse Tuteweit» ist geistloser und sehr schlecht kopierter Busch.

Das wäre die rechte Gegend. Ganz links, auf anarchistischer Seite, steht Erich Mühsam, der eine Zeitlang die *Canaille*, ein wöchentlich erscheinendes Beiblatt zum *Freien Arbeiter*, redigierte. Eines seiner Gedichte, «Der Revoluzzer», ist ausdrücklich der deutschen Sozialdemokratie gewidmet. Die Tendenz ist die bekannte: Ihr seid im Grunde auch zu schlapp! Aber Mühsam ist ein ausgezeichneter Formenkünstler, und der Angriff kann sich sehen lassen.

Die gute politische Satire ist, wie wir gesehen haben, ein Vorrecht der Opposition. Und hier finden sich auch ihre besten Vertreter. In der Partei selbst Rudolf Franz, der hie und da im *Vorwärts* seine Beiträge veröffentlicht, gut pointierte und scharfe Gedichte, und der auch durch sein witziges Buch «Die politischen Märchen» bekannt geworden ist. *Der süddeutsche Postillion*, den Eduard Fuchs zirka sieben Jahre redigiert hat, ist leider eingegangen. Heinrich v. Reder, Otto Erich Hartleben, Henckell, Holz, Ernst Klaar zählten zu seinen Mitarbeitern, und eine Sammlung Aphorismen aus diesem Blatt, die anonym unter dem Titel «Gedanken eines arbeitslosen Philosophen» erschienen ist, enthält das Beste, was in Deutschland in epigrammatischer Form über Politik gesagt worden ist. Politische Satiren gibt es auch von dem großen Stilisten Gustav Meyrink. Eine ist im *März* erschienen, eine ist in seinem Buch «Gustav Meyrinks Wachsfigurenkabinett» nachzulesen. Meisterhaft, wie hier das Grausige und das Scharfe, das fast an Majestätsbeleidigung grenzt, ineinandergearbeitet sind. Bei dieser Gelegenheit eine Bemerkung: gerade in der politischen Satire ist die Form gar nicht hoch genug zu schätzen. Es kommt bei vielen Ideen nur auf die Formulierung an. Es müssen sich die geprägten Schlagworte und Pointen dem Leser sofort einprägen, und man kann sogar sagen, daß das sicherste Kennzeichen für die Güte eines politischen Gedichts ist, daß man Stellen daraus sofort auswendig weiß. Ein Meister in solcher Formulierung ist Roda Roda, der wundervoll Geschichten erzählen kann, wie zum Beispiel die von dem alten Grenadier Pospischill, der vierzehn Jahre lang in derselben Stube in der Kaserne in demselben Bett geschlafen hat und nun in ein anderes Stockwerk übersiedeln soll: «Verfluchtes Zigeunerleben», sagte er. Diese Geschichte ist «Konservativ» überschrieben. Oder die Geschichte von dem Sozialdemokraten: Der Leutnant Franzl kommt bei der Musterung der neuen Rekruten purpurn erregt angelaufen und sagt: «Denkt's euch, – ich hab' an Sozialisten.» – «Was du nicht sagst», antwortet alles wie aus einem Mund. – «Ja. Aber es scheint ein ganz gutartiger zu sein – ich hab' ihn probiert mit'n Säbel in Hintern zu pieken – er hat nichts dergleichen getan.» (Zu finden in «Der Schnaps, der Rauchtabak und die verfluchte Liebe», Schuster u. Löffler, Berlin.)

Neben Ludwig Thoma ist der bedeutendste politische Satiriker Alfred Kerr, dessen Gedichte einhauen wie ein gutsitzender Säbelhieb. Da ist im *Pan*, einer berliner Zeitschrift, seinerzeit ein Gedicht von ihm erschienen: «Der deutsche Schwund», und es hatte Strophen über Moabit, immer mit dem Kehrreim «wenn ihr man Geschäfte macht»:

Wenn sie sanken, wenn sie lagen,
wurden sie halbtot geschlagen;
mancher, wenn sein Krafthieb saß,
scherzte: «Hure, Saustück, Aas!»
Greise haut man über'n Kopp;
rote Suppe ... na und ob.
Leidet's Kinder, gebt nicht acht –
wenn ihr man Geschäfte macht!

Eine Sammlung dieser famosen politischen Gedichte existiert leider nicht. Es wäre zu wünschen, daß sich dieser bedeutendste Kritiker Deutschlands einmal dazu entschließt, diese unglaublich schlagsicheren Verse gesammelt herauszugeben.

Das A und O der politischen deutschen Satire ist der *Simplicissimus*. Dieses herrliche Blatt ist 1896 gegründet worden und hat am Anfang ungeheures Aufsehen und bis heute eine tiefe Wirkung auf das Bürgertum ausgeübt. Die ersten fünf Jahrgänge des Blattes sind vergriffen und werden hoch bezahlt. An ihm arbeitet seit 1899 ein satirisches Genie: Ludwig Thoma. Was dieser grobe und kräftige Mensch in diesen dreizehn Jahren geleistet hat, ist ungeheuer. Er hat überhaupt erst wieder eine gute politische Satire geschaffen, vorbildlich in der Form, rücksichtslos im Inhalt. Wir haben allen Grund, diesem einzigen Künstler dankbar zu sein; er hat unendlich viel Gutes getan. Er schlägt, und die Getroffenen stehen nicht wieder auf. Er lacht, und der Blamierte kann sich in den Erdboden verkriechen. Hier eine Probe:

Die Agrarier

...

Das rafft sich aus des Lebens Schüssel
Und nimmt sich, ohne lang zu schauen
Und will nicht erst ästhetisch kauen
Und trägt die Seligkeit im Rüssel.

Und was euch andre sagen mögen –
So einfach ist ihr ganzes Wesen!
Sie wünschen ohne Federlesen
Allein zu sein an vollen Trögen.

Nichts von Ideen, Interessen!
Nichts in das Allgemeine schweifen,
Nichts Unbegreifliches begreifen
Nein, weiter nichts als einfach fressen.

Und steht das Futter bis zum Rande,
Beginnt's wohl einem aufzustoßen,
So nebenbei ein Wort vom großen,
Von unserm teuren Vaterlande.

Evoë, Peter Schlemihl, Evoë!

Peter Schlemihl – das ist das Pseudonym Ludwig Thomas, und wenn man sieht, daß ein Gedicht so unterzeichnet ist, dann weiß man: hier bekommt es einer ab, aber ordentlich. Vorzüglich ist auch Dr. Owlglaß oder – wie er sich manchmal nennt: Ratatöskr –: niederträchtig und bitter, überlegt und weise. Seine beiden Gedichtsammlungen, die leider nicht alles enthalten, was er geschrieben hat, sondern nur eine Auswahl, heißen: «Der saure Apfel» und «Gottes Blasbalg».

Es ist eine Freude, in den alten Jahrgängen des *Simplicissimus* zu blättern. Immer wieder springt ein gut formulierter Witz heraus; Dinge, die längst die Aktualität verloren haben, sind wieder so lebendig wie am ersten Tag, und man freut sich immer wieder dieser kleinen tapferen Schar, die über aller Tendenz das Künstlerische nie vergessen hat (aber auch über dem Künstlerischen die Tendenz nicht).

Für die Wirkung dieser Satiren gibt es keinen besseren Beweis als die Unterdrückungsversuche der Behörde. Die Satire, die sich ganz systematisch und beinahe abgegrenzt gegen die einzelnen Ressorts der Verwaltung richtet: Justiz, Polizei,

Äußeres, Inneres, Militär, Steuern, Beamte – ist der Zielpunkt vieler (danebengegangener) behördlicher Angriffe gewesen. Auf Grund der §§ 20, 21 und 23 des Preßgesetzes vom 7. Mai 1874 können periodisch erscheinende Druckschriften unter gewissen Voraussetzungen beschlagnahmt werden. Es gibt zwar keine Präventivzensur bei uns; aber die Zeitschriften müssen mit einigen Ausnahmen sofort nach Erscheinen unentgeltlich der Behörde zugestellt werden. Diese hat dann das Beschlagnahmungsrecht und, falls durch richterliche Entscheidung ein bezügliches Urteil erfolgt, auch die Befugnis (§§ 41, 42 Strafgesetzbuch), die Exemplare, die im Besitz des Druckers, Verlegers und Redakteurs sind, oder zum öffentlichen Verkauf ausliegen, zu vernichten, und die zur Herstellung benutzten Formen und Platten unbrauchbar zu machen. Das ist seinerzeit mit Nr. 31 des dritten Jahrgangs des *Simplicissimus* geschehen, die heute eine großen Wert repräsentiert. Der Erfolg dieser Maßnahmen ist gleich Null. Weder die widerliche Schikane, den *Simplicissimus* nicht auf den Bahnhöfen zu verkaufen, noch die Vorstrafen, die fast alle großen Satiriker auf sich sitzen haben, erreichten einen anderen Zweck als das fabelhaft witzige Reagieren der Betroffenen, die die armen Opfer, die als Gegenhilfe nur den Schutzmann und den Richter kannten, völlig in Grund und Boden verhöhnten.

Es ist zu wünschen, daß sich auch in unseren Blättern das Verständnis für gute Satire immer mehr entwickelt, damit man auch von ihr sagen kann, was Ludwig Thoma zum zehnten Geburtstag des toten Simplicissimushundes, des Sinnbilds dieses Blattes, gesagt hat:

Doch wie ich dieses Hundsvieh kenne,
hilft alles nichts:
das Luder beißt!

Wedekind in Berlin

In voriger Woche gab Wedekind in seinem berliner Gastspiel sein Bestes: «Erdgeist». Frau Tilly Wedekind spielte die Lulu, und es gibt wohl keine bessere Lulu als sie. Sie tat nichts, was Schauspielerinnen in dieser Rolle wohl sonst zu tun pflegen: sie war nicht dämonisch und nicht hysterisch und gab nicht durch bedeutungsvolle Seitenblicke dem Parkett zu verstehen, daß sie gewillt sei, alle ihre männlichen Partner zu verderben. Diese Lulu war das Weib schlechthin, meisterhaft, in welch naivem Ton sie auf die hastig hervorgestoßenen Fragen: «… aber du hast doch schon einmal geliebt? – Wen hast du geliebt? – Ja, glaubst du denn überhaupt noch an jemanden?» antwortete, ruhig, selbstsicher, gleichgültig: «Ich weiß nicht.» – Sie war das Weib in Reinkultur (Rein*un*kultur?) – sie lag auf dem Sofa und ließ sich von einem fremden Mann küssen, sie goß lächelnd in der Wohnung ihres Mannes Strolchen die Schnapsgläser voll – und man fühlte, wie alle Einwände an dieser lächelnden Selbstverständlichkeit der Natur versagen würden … Wedekind spielte den Dr. Schön, schlagsicher, ohne Gefühl für die Kontraste, die es da auf der Bühne gab. (So soll die Groteske sein: ohne Rücksicht auf Gegensätze, und seien es die wahnsinnigsten.) Es war der stärkste berliner Theaterabend des Jahres. Wir sind das gar nicht mehr gewöhnt: die Kulissen waren nur Kulissen und spielten nicht mit – ein Spiegel war durch angestrichnes Blech angedeutet, ein Paar Soffitten, Wände – aber in den Worten war Blut und Leben, und jede Handbewegung dieser Frau, ein Stocken im Gespräch war Erlebnis. Als Prolog erschien Wedekind in rotem Frack als Zirkusdirektor, knallte mit der Peitsche, schoß einen Revolver ab: «Hereinspaziert!» – Er pries sich an, er würde feine Bestien zeigen, ein Theaterarbeiter trug auf seinen Schultern Tilly Wedekind im Pierrotkostüm heraus, «die Schlange» – und als Clou vermaß sich Wedekind, einem Untier den Kopf in den Rachen zu stecken. Es beiße nicht, es sei zu feig ... «Wißt ihr den Namen, den dies Untier führt? – – Verehrtes Publikum!! —— Hereinspaziert!» Aber unser berliner Publikum ist kein Untier, – es ist nur dumm. Denn nach wie vor erregten Worte des banalen Lebens und die Tatsache, daß sich jemand hinter einer Gardine versteckt hielt, freudige Heiterkeit. Oben standen Komödianten, aber dahinter war eine Stadt aufgebaut, grau, riesig, vielgestaltig, mit hohen Häusern, in deren Dachgeschossen wer weiß was geschehen mochte, Paris, das Paris des zweiten Kaiserreichs. Leben ... Damals wie immer: über die Denkenden schritt die Frau als Siegerin.

Musiklärm

Karl Kraus sagt einmal irgendwo: «Wenn zwei Deutsche zusammen sind, so gründen sie einen Verein. Stirbt der eine, so erhebt sich der andere zum Zeichen der Trauer von seinem Platz.» Einen «Antilärm» zu gründen, bekommen nur Deutsche fertig. Immerhin, es gibt ihn.

Der Lärm spielender Kinder auf den Straßen ... baut Spielplätze! –

Babygeschrei in den Wohnungen ... Rabitzwände – zwei Schwurfinger der Bauschieber dick.

Teppichklopfen, Hundewauwau, die Straßenbahnen –: alles ist noch zu ertragen.

Aber wie, wenn eine o-förmig den Mund öffnet, eine den Klaviersessel höher dreht, einer das Kolophonium zückt? – Hier läßt uns alles im Stich: die Justiz, die ein Ausziehen nicht für gerechtfertigt hält (auf der Stelle würden die Wirte die Kontrakte ändern), die Verwaltung, die sich, wenn sie Polizei heißt, eher damit befaßt, die Parteiangehörigkeit der Droschkenpferde zu ermitteln, – wir sind geliefert. Das hämmert, das gackert, das kratzt und lärmt. Wenn es noch gute Musik wäre! – Wenn es noch eine stille Stunde wäre, die dem Nachbar eingibt: Du mußt jetzt einmal ein schönes Volkslied spielen, einen Tanz ... Es ist (in den meisten Fällen) die schmierige Eitelkeit, sich durch diesen Lärm herauszustellen. Die Musik wird überschätzt.

Wenn einer zu stumpf ist, je ein ordentliches Buch zu lesen, zu dumpf, sich um Politik zu kümmern: Musik wird in seinem Haus gemacht. (Sie wird gemacht; da ist sie nicht.) – Nichts gegen gute Konzerte, gegen schöne Wanderlieder, rhythmische Lustigkeit – nur nicht dieses kleinbürgerliche: «Meine Tochter muß Klavierstunden haben.» Nein! sie muß nicht. Es ist geradezu fürchterlich, daß man keine drei Häuser weit mehr gehen kann, ohne dieser Musikpest zu begegnen, die die Gesunden, Nichtbeteiligten ansteckt, aber die Ausüber leider nicht tötet ... Es will nichts, aber auch gar nichts heißen, daß eine den Schubert ganz hübsch singen kann, eine andere den Liszt geläufig spielt. Na und –?

Sie tun es nicht, sicher nicht, nur, um ihre Mitmenschen mit der fertigen Leistung zu erfreuen. Es ist eine liebe, aufgeblasene Eitelkeit, die uns das Leben, nein, die Wohnung zur Hölle macht.

Künstler tun das nicht. Es sind bourgeoise Dilettanten, die sich und die Musik überschätzen. Man sollte sie in ihre Klaviere sperren.

Harun-al-Raschid

Ein berliner Polizeipräsident hatte die Angewohnheit, sich gleich jenem glorreichen Kalifen Harun-al-Raschid in minderer Kleidung unter das Volk seiner Stadt zu mischen, um daselbst die Meinungen und Klagen des gemeinen Mannes höchst persönlich zu vernehmen. Eines Tages begegnete es ihm, daß er an einer Pferdetränke stand und dort mit anhörte, wie der Kutscher – wie es nun einmal die Art dieser Leute ist – sich in unziemlichen Worten über die Gesetze und Bestimmungen, die Pferdelenkkunst betreffend, ergingen und dieselben heftig schmähten. Harun-al-Jagow trat herzu und gab seiner

Meinung dahin Ausdruck, daß die Klagen der Supplikanten wohl auf Übertreibungen beruhten. Darauf trat einer aus dem Haufen heraus und sprach also: «Nu will ick Ihnen mal wat sa'n. Nu setzen *Sie* sich ma uff'n Bock un kutschieren, und ick wer drinsitzen, un denn passen Se mal uff, wat passiert.» Der glorreiche Harun-al-Raschid tat also, und siehe, es begab sich, daß er nach einer halbstündigen Fahrt 71mal wegen Übertretung der Droschkenfahrpolizeiordnung aufgeschrieben wurde. Er wandte sich darauf ein wenig erstaunt (aber trotzdem seinen Adel nicht vergessend) zu dem im Fond des Wagens lehnenden Rosselenker und sprach: «Nun wohl! Ich sehe es. Aber sage mir doch, wer versteht denn eigentlich bei euch die Bestimmungen dieser Verordnung?» –

«Die Pferde», sagte der Mann des Volkes.

In Zivil

Dieser Tage sah man in der illustrierten Scherl-Presse ein Bild: König Alfons von Spanien in London. Das wäre nun weiter nichts Merkwürdiges, aber die Fotografie zeigt den erhabenen Herrscher in Zivil. Mein Gott! – er sieht ein bißchen jämmerlich aus, wie ein Zigarettenreisender etwa, dem gerade gekündigt worden ist ... Dabei sitzt der Rock tadellos, und von seinem Kragen läßt sich sogar feststellen, daß er fleckenlos ist ... Und doch ...

Und doch sieht der ganze Junge so unendlich bemitleidenswert aus, so – verunglückt, so – bestellt und nicht abgeholt. In Uniform strahlt der Habsburger repräsentierend, und seine Unterlippe wirkt ausgesprochen historisch ... In Uniform.

Und man ist versucht, sich so allerhand Herrschaften in Zivil vorzustellen. Nicht bloß so in bürgerlicher Kleidung. Nein: so ganz losgelöst von ihren Hintergründen, wie Villen, Diener – von denen sich diese Gattung Menschen auf das wirkungsvollste abzuheben pflegt. Ein paar würden ja die Probe aushalten – aber bei den meisten gäbe es ein klägliches Schauspiel. Wie wenn man eine ägyptische Königsmumie auf den Potsdamer Platz stellte.

Denn gerade bei uns, in Deutschland, kann nicht oft genug daran erinnert werden, daß ein buntgekleideter Unteroffizier – zivilistisch gesehen – nur ein ehemaliger Fuhrknecht ist, der peitschenknallend seinen Mist fuhr …

Gleichzeitigkeit

… Das ungeheure Wunder der Gleichzeitigkeit … Sie ist eines. Dies zu denken: du sitzt auf dem Hof der Fabrik und frühstückst, hier in Berlin, etwa in der Köpenicker Straße, und gleichzeitig, während du das tust, weht – heute angenommen, morgens ½11 Uhr – der Wind oben auf einem Gletscher der Jungfrau ein bißchen Schnee zusammen, rings ist es totenstill … und zur gleichen Zeit kochen wirbelnd dreitausend Mexikaner im Rund einer Arena wie in einem Topf um einen irrsinnigen Stier und die Eingeweide zweier Pferde … und zur gleichen Zeit stehen sich in einem hohen Haus zu Chicago zwei Männer gegenüber, Blick in Blick, die Hände fest auf dem Tisch … und irgendwo brüllt einer auf, im Echo des Waldes, und Wilde stoßen auf Kanus vom Lande ab, und einer sagt: Claire … nicht, nicht weinen! Ruhig sein, so … so … Alles, während du frühstückst.

Das ist so eine Sache mit diesem Wunder: Da steht zum Beispiel in prächtiger Uniform der Herrscher eines Landes auf einem gelbsandigen Platz, der weit von Menschen umsäumt ist, und spricht: Ehre des Vaterlandes … sagt er … und: jedem das Seine! … und: Bürgerrechte und Frieden – – und während alledem pufft und knufft ein Wachmann einen armen Inhaftierten auf der einsamen Polizeistube, tausend Meilen entfernt von dem redenden Herrscher, aber zur gleichen Zeit … Oder in einer Gerichtsverhandlung erhebt sich der Staatsanwalt und sagt krähend: «– und so haben diese Burschen das Leben der Arbeitswilligen verletzt! Das Leben aber und die Gesundheit der Bürger ... schützen ... – –» und während alledem wirbeln in einem entfernten Bergwerk, tief unter der Erde, Knochen und Arme und Köpfe durcheinander, schwarzer Rauch stickt das Stöhnen Zerrissener ... Alles zu gleicher Zeit. Und man kann es dem lieben Gott, der doch von oben alles übersehen kann, nicht verdenken, wenn er hier und da, wenn sie ihm die *Kreuzzeitung* zu lesen bringen, ein bißchen lächelt ...

Die Wand

(Mehr zum Vergnügen als für die Praxis:) So wie es Romane gibt, die auf dem Prinzip der trennenden Tür aufgebaut sind – sie können zusammen nicht kommen, sei es, weil das Wasser zu tief ist, oder weil eine alte Tante dagegen ist, oder die Moral, oder das Geld –, fiele die trennende Tür, wir wüßten nicht, wo das Buch bliebe –; so gibt es auch Badeverwaltungen, die ein richtiges Familienbad für einen – wie sagt man? – einen Pfuhl halten. An der Nordsee hat man beim Baden keine Zeit, auf schlechte Gedanken zu kommen: man übersieht das meiste, freut sich, wenn man einen Menschen mit einem schönen Körper sieht, und planscht im übrigen im Meer.

Mecklenburg (dessen Wappen man schon an der Stirn ansieht, mit wem man es zu tun hat) ist noch nicht soweit. Mühsam, und wohl auch nur, weil das zahlende Publikum es so gewollt hat, ist man zum Bau eines Familienbades geschritten. Das heißt: baden dürfen die (Pardon!) Geschlechter schon (Pardon!) zusammen – aber zum Trocknen werden sie – gesondert, nach Maßgabe ihrer Zugehörigkeit zum einen beziehungsweise zum anderen – in viereckig eingezäunte Sandplätze gelegt. Frauen und Männer, getrennt durch eine Bretterwand. Man muß es dem asthmatischen Rechnungsrat und dem mit Hämorrhoiden behafteten Badedirektor lassen – der Einfall ist grundlos, aber witzig genug. Kann sein, daß sie an die wirklich scheußlichen Frauenkörper gedacht haben, die man hier zu sehen bekommt, es ist nicht jeder Frau Sache, sich große Füße und einen übervollen Busen, einen ungepflegten Leib begaffen zu lassen – der Einfall ist witzig genug. Zeigt aber, daß es allemal die Mucker sind, die schon frühmorgens um 10 Uhr nicht mehr Herr ihrer Begierden sind.

Eine Wand ist die Mutter des Astlochs.

Berliner Nachtkultur

Nacht! Nacht! – nicht Nackt … (Mit der Nacktkultur ist das so eine Sache, sie ist im Aussterben, ihre Jünger waschen sich nicht mehr so häufig …) Mit der berliner Nachtkultur aber ist es so bestellt:

In einem Raum mittlerer Größe sitzen an den Tischen die Lehrlinge und jüngeren Angestellten der bedeutenderen berliner Firmen, untermischt mit Studenten, die durch Einklemmen eines runden Glases in eins ihrer Augen und durch eine saloppe Haltung eine vornehme Abkunft vorzuspiegeln sich bemühen – und andererseits sitzen an den Tischen jene Art Frauen, die der kundige Beobachter, dem mittleren Bürgerstande und der Provinz entsprossen, nicht zu Unrecht als leichtfertig und zweifelhaft zu bezeichnen liebt. Die Vertreter beider Geschlechter stehen in regem Ge … Gedankenaustausch: es kann sogar im Laufe des Abends vorkommen, daß ein munteres Scherzwort, wie: «Na, Kleener!» – einen Heiterkeitssturm bei den Umsitzenden auslöst. Auffallend für den nicht Einheimischen ist das Bestreben, mehr zu scheinen, als man ist: der Kommis gibt vor, ein Graf zu sein – was ihm oftmals nicht allzu schwer fällt – junge Leute, die tagsüber Seidenrollen in die richtigen Fächer zu transportieren haben, legen hier das sorglose Benehmen eines «Lebemannes» an den

Tag, und die Damen ...! Es ist ganz erschrecklich, wie diese armen Wesen sich anstrengen müssen, um den anwesenden Herren eine Eleganz, einen Duft von – großer Welt vorzutäuschen, einen Stil, den diese einst ehrsamen Töchter fleißiger Handwerker nicht von entfernt gerochen haben. –

In der Mitte ist Tanz. Man beliebt, offen das Letzte der Liebe hierbei anzudeuten ... Musik gibt es, helles Licht, Leute, die hinausgehen, und solche, die prüfenden Auges hereinkommen ...

Und ich kann nicht umhin, zu betonen, wie sehr traurig das alles ist. Es hat nicht den Ton unbefangener Fröhlichkeit, aber auch nicht die Kultur einer durchtriebenen pariser Kokotte – Ladenschwengel, Frauenzimmer, Pack, das sich mit Gewalt höher schrauben will und sich vornehm dünkt ...

Es ist zu blöde, um unmoralisch zu sein.

Wofern aber einer hier mit dem mittelalterlichen Geschütz der «Moral!» aufrücken wollte, so fällt mir der Hund auf der Straße ein, der sich flöht; sein Herr verbietet es ihm. Er sollte ihn baden!

Die Pensionierten

Nur mit milder Rührung siehst du den alten, etwas ergrauten Herrn jeden Morgen auf seinen Gichtbeinen die Promenade entlang wandeln ... Sein Scheitel ist auf eine unmögliche Art nach hinten gezogen, bis zum Kragen herunter, seine Schultern sind eckig, aber noch erinnert eine hölzerne Haltung daran, daß dieser Mann jahrelang der Schrecken Hunderter junger, in eine bunte Uniform gesteckter Leute war. –

Dies zu denken: einst marschierte er starken Schritts durch die muffigen Korridore der Kaserne, und wo seine machtvollen Schnurrbartspitzen erschienen, setzte es Bestürzung und Arrest. Seinetwegen mußten viele tagelang in schlecht gelüfteten Zimmern auf einem niedrigen Bett hocken (den Rock bis oben hin zugeknöpft), seinetwegen litten hundert, zweihundert Mann brennenden, wütenden Durst, weil er, der Gott, der sich satt getrunken hatte, es so wollte. Und nun …

Es gibt nichts Kläglicheres als die alten pensionierten Soldaten. Ihrer Abzeichen und damit ihrer Macht entkleidet, gehen sie herum, meist sind sie leberleidend, denn sie haben früher gern ein bißchen getrunken, was kann ihnen das Leben noch bieten, da es ihnen nun nicht mehr gestattet ist, ihre Mitmenschen anzubrüllen und ein wenig zu quälen, durch einen Gewaltmarsch etwa …? Schreien sie nunmehr einen an, einen jungen kräftigen Mann zum Beispiel, sie könnten ihre Knochen aufsammeln. Denn sie haben ja nie durch die Macht ihrer Persönlichkeit gewirkt, da war ja keiner, der sich nicht getraut hätte, wenn eben nicht das Kriegsgericht gewesen wäre. Solche Kerle waren es nicht. Es waren Militärbeamte.

Und das drückt sich nun herum, in Tölz oder in Aachen oder zu Oeynhausen, badet den alten Körper in heilkräftigen Quellen – und hier, im Zivil, wenn alle anderen arbeiten, oder mit frischen Augen wenigstens von einem Leben zu erzählen wissen, das aufgebaut hat und geschafft und gewirkt – sitzen sie trübe herum, erinnern sich an alte Reglements und zeigen so recht, was hinter den schnauzbärtigen Majors und den gefürchteten Hauptleuten steckte: eine helle Stimme und ein halbes Hirn.

1913

Drei neue Bücher

Verbunden durch den Gleichklang der Melodien erklingen diese drei Bücher im sanftem Trio. Wenn das Wort nicht kompromittiert wäre, so laßt sie uns Weihnachtsbücher nennen: leise tönt das, was das Jahr über schwieg, betäubt wurde ...

Am stärksten bei Max Brod, in seinem Buch: «Die Höhe des Gefühls» (1913, Ernst Rowohlt Verlag, Leipzig). Und hierin am stärksten, am reinsten in der Szene, die für Franz Werfel geschrieben ist: die Szene im Dorf. Unvergeßlich, wenn wie eine feine Flötenstimme die nachtwandelnde Bauerstochter anhebt:

Bin ich eine Fee
Oder eine Seele,
Daß ich aus den Kissen
In den Mond gerissen
Über Schindeln geh,
Keinen Schritt verfehle?
...
Daß die Gans nichts wittert,
Daß der Hund nicht belle,
Hab ich sie gefüttert.

Und wie dazu die rauhe Stimme des trunkenen Bauernsohnes hörbar wird und die milden Reflexionen des Städters, eines Weltfreundes, – das ist herrlich. Volksliedmäßiges taucht auf:

Wird mich jetzt der Kaiser wollen,
Muß ich zu den Landesschützen,
Wird mir hinter sieben Bergen
In Trient kein Seufzer nützen.

(Nur noch einmal so schön in Brods «Lied des Stubenmädchens im Hotel»:

Ich muß früh um fünf Uhr aufstehen,
    Da ist es noch kalt.
Meinen Schatz hab ich in Przemysl stehen
    Bei der Festungsartillerie.

Inzwischen macht mich das Arbeiten müd und alt
Und er vergißt mich bald.)

Die Szene im Dorf also ist vollendet schön, und es wäre zu wünschen, daß sie uns recht oft gesprochen und vielleicht einmal vorgeführt wird: ganz naiv klingend, piano, verhallend ... mit einer feinen, wechselnden Musik.

Gleichfalls ein Prager: Franz Kafka. Sein Erstlingswerk: «Betrachtung» (1913, Ernst Rowohlt, Leipzig) zeigt noch Einflüsse, – aber da ist schon sehr viel Neues. Es gibt nur noch einen, der diese singende Prosa schreiben kann: Robert Walser. Wie ist das hier: Kafkas «Ausflug ins Gebirge». Ein Ausflug mit einer Gesellschaft von lauter Niemand. «Wie sich diese Niemand aneinander drängen, diese vielen quer gestreckten und eingehängten Arme, diese vielen Füße, durch winzige Schritte getrennt! Versteht sich, daß alle in Frack sind. Wir gehen so la la, der Wind fährt durch die Lücken, die wir und unsere Gliedmaßen offen lassen. Die Hälse werden im Gebirge frei! Es ist ein Wunder, daß wir nicht singen.» Eine Fülle guter Einzelbeobachtungen enthält das Buch. Es ist ein bißchen Laforgue, und der Franzose hätte es überschrieben: Beklagung des Junggesellen, und Kafka sagt: «... sich im Aussehen und Benehmen nach ein oder zwei Junggesellen der Jugenderinnerungen auszubilden.» Es ist Melodie in dem, was er sagt, und wenn sich über die Berechtigung solcher Literaten streiten läßt, so bestimmt das nicht über das große Können Kafkas. Am schönsten der Shakespearesche Schluß von «Kinder auf der Landstraße»: «Ich strebte zu der Stadt im Süden hin, von der es in unserem Dorfe hieß:

‹Dort sind Leute! Denkt Euch, die schlafen nicht!›
‹Und warum denn nicht?›
‹Weil sie nicht müde werden.›
‹Und warum denn nicht?›
‹Weil sie Narren sind.›
‹Werden denn Narren nicht müde?›
‹Wie könnten Narren müde werden!›»

Hier scheint mir der Weg zu liegen, der zum Parnaß führt: so etwas ist tief und mit den feinfühligsten Fingern gemacht.

Ein junger berliner Literat, Ernst Blaß, hat seine längst bekannten, aber zerstreuten Gedichte zu einem Band vereinigt. «Die Straße komme ich entlang geweht» (Heidelberg 1912, Verlag von Richard von Weißbach). Die Literaten werden wissen aus den Zeitschriften, aus den Gedichten, aus den Aufsätzen von ihm und über ihn, was er ist. Aber ich denke mir so oft, man müsse einmal keinen vom Fach, sondern einen Unbefangenen vor dieses Buch setzen. Vielleicht würde er es lieben. Gewiß, er würde viele dieser Gedichte lesen und manche sogar auswendig können. Wie schön ist das: «Dezembermarsch». Er erinnert sich eines verstorbenen Kameraden.

Ein Fahrrad führte oft die Hände dein.
Mein Leben kann noch viele Stunden währen.

Ich halte das für den ehrlichsten Ausdruck von Trauer, den ich kenne. Trauer hat so leicht etwas Verlogenes, weil die Zurückbleibenden nie aussprechen, daß sie sich kräftig als Zurückbleibende empfinden. Aber hier ist das: Mein Leben kann noch viele Stunden währen. Darin ist noch leise Trauer, aber zugleich ein (wie es im Vorwort heißt) träumerisches Reagieren «auf das Ganze dieses Daseins, weil dieses Chaos so voll von Hinreißendem ist, und, aus einiger Ferne gesehn, als etwas in seiner Art Einziges blüht» ... Und an einer anderen Stelle: «... das ganze Sternschnuppenhafte einer Menschenexistenz, diese Einmaligkeit, das Umwogtsein – und das Stürzen und die Lust und die Melodei –.» Es ist umgekehrt proportioniert wie in den anderen Lyrikbüchern: hier ist ein klein wenig Kopf und zu wenig das andere. (Das andere, das ist nicht Gemüt, Kitsch ... Man könnte es vielleicht mit Kurt Hiller Magie nennen.) Das sind die Höhepunkte: Abendstimmung, Sonntagnachmittag, Vormittag.

Und in allem ist Rhythmus, ein leiser Unterton, nicht Faßbares; und eine Inkarnation des Ernst Blaß sind diese Zeilen:

Im Schatten setzt du dich auf eine Bank;
Die ist schon morsch; – auch du bist etwas krank –
Du tastest heiter, daß ihr nicht ein Bein birst.
Und fühlst auf deinem Herzen deine Uhr,
Und träumst von einer schimmernden Figur
Und dieses auch: daß du einst nicht mehr sein wirst.

Und wenn dieser feine, zarte Mund einmal nicht mehr nötig haben wird, eine Kampffanfare zu sein, – noch schmettert das Vorwort ein Trompetensignal – dann! dann! –

Der Nachwuchs

In Dresden hat es an der technischen Hochschule zwischen den studentischen Korporationen und den Nichtinkorporierten einen Krach gegeben. Ein buntbemützter Junge hatte einen Norweger beleidigt und statt einer Duellforderung ein paar hinter die Ohren bekommen. Der Norweger wurde relegiert. Das Duell ist strafbar. «Ein Student dürfe einem anderen keinen Schlag mit der Hand zufügen.» Er hätte die Faust nehmen sollen. Ein junger korporierter Herr hatte die «Freistudenten» denunziert, weil sie ein sozialdemokratisch aufreizendes Plakat ausgehängt hätten. Richtig, das Fähnchen wurde konfisziert. Derart.

Dieser Zwiespalt klafft überall. Und es ist überall dasselbe: die Freistudenten unterliegen überall mit Recht. *Sie sind feige.* Sie sind in der Überzahl: aber diese wahrhaft Deutschen ziehen es vor, mannhaft zu versichern, daß ihnen nichts, aber auch nichts die freudige Mitarbeit am Bismarckkommers oder am Geburtstag des Kaisers verderben werde. Niemals haben sie den Burschen den Kram vor die Füße geworfen! Politik? Aber nein! Tendenz? Gott bewahre, Herr Universitätsrichter! Und der, ein alter Korpsstudent, tut das Seine.

Daß auf den Fotografien in der berliner Aula, bei Empfängen des Kaisers, die breiten Banner der Minorität paradieren – Gott segne sie! – Aber daß dahinter die ängstlichen Köpfe zukünftiger Richter, Oberlehrer, Beamter hervorgukken dürfen – das ist die deutsche Freistudentenschaft.

Von jedem Arbeiter könnten sie lernen.

Brief an einen Plakatmaler

Lieber Söderström!

Sie und die Ihrigen sind ja nunmehr am Werke, dem deutschen Kino die Kräfte zu leihen, die ihm noch gefehlt haben. Sie wollen «reformieren». Das heißt: die Plakate, die bisher irgendein Vorstadtschmierer hergestellt hat, werden Sie jetzt anfertigen, aber die Titel werden dieselben bleiben, nämlich: «Dreimal entehrt» und «Die Windmühle im Freien» und «Emmy, das Gorillaweibchen». Sie werden also Ihre manuellen Fertigkeiten in den Dienst einer Sache stellen, die davon lebt, Konzessionen zu machen (und was für welche).

Sie gehören einem neuen Typ an: Sie sind der amerikanisierte Spießer.

Sie argumentieren so: Unser Film ist dreizehnhundertmal verliehen worden, eurer nur achtzigmal – also sind wir besser. Unsre Zeitschrift hat siebenhunderttausend Abonnenten, eure nur zwanzigtausend – also sind wir besser. Schon sind Sie amerikanischer als die Amerikaner, denen es nie einfallen würde, ideellen Wert und Erfolg ineinander zu verweben. Geht drüben eine Sache nicht, so ist sie abgetan – aber nur wegen des mangelnden geschäftlichen Erfolges! Der Wert oder Unwert kommt nicht in Frage.

Sie sind weit gefährlicher. Zu feige, ein Ding nur um des Erfolges willen zu preisen, kleben Sie ihm Werte an, die es nicht hat – und so ergibt sich ein verdammter Mischmasch von Geldmacher und Heuchler.

Früher hätte niemand gewagt, sein Geldverdienen mit der Berufung auf eine Kulturmission zu verkleiden, und tat er es doch, so wandte man sich angewidert ab. Heute gehört es zum guten Ton, vor dem Großkapital auf dem Bauch zu liegen, aber nicht etwa, weil man müßte, sondern weil Sie und Tausende masochistisch die bloße Macht überschätzen.

Erfolg ist nur Argument in wirtschaftlichen Erscheinungen. Bewundern Sie ruhig Ullstein oder Pathé oder Scherl. In wirtschaftlicher Beziehung. Aber lassen Sie die Werte aus dem Spiel!

Sagen Sie nicht: Weil die *Illustrierte Zeitung* besser geht als die *Neue Rundschau*, darum ... Folgern Sie nichts, was den Wert angeht. Der Erfolg spricht dafür nicht (die Erfolglosigkeit freilich ebensowenig). Auch die Hure genügt der Nachfrage von Hunderten. Aber sie rühmt sich dessen nicht. Es ist keine Schande, aber auch kein Ruhm.

Und jetzt bewundern Sie den Kino und entdecken «Möglichkeiten» und setzen als Schiedsrichter das Sonntagsnachmittagsausgehmädchen ein, dem Sie zu dienen bestrebt sind. Versteht sich, nur in der Öffentlichkeit. Zu Hause lesen Sie weinselig und schlapp den Hermann Hesse (den nur ein elender Zufall auf die ihm gebührende Stelle gerückt hat) und den Willy Speyer ...

Draußen handelt es sich um das, was die Leute «brauchen». Also um das, was sie ohne Anstrengung und Mühen herunterschlucken können.

Unterschätzen Sie den Einfluß dieser kleinen Dinge nicht! Der Film von heute ist verdammenswert, weil er – wie die schlechten Schwänke – «allmählich das Ethos verdirbt». Was heißt denn das: Die Tugend siegt? Doch wohl dies: nachdem wir uns einen Abend lang gar nicht schlecht über das Laster amüsiert haben und manchen um manches beneidet haben, scheiden wir in dem frohen Bewußtsein, daß es mit dem Laster nichts ist, sondern daß man noch am weitesten kommt, wenn man geruhig lebt, Kinder zeugt und sich auch sonst eines tätigen und strebsamen Lebens befleißigt ...

Das trifft zu, ob Sie einen Film mit Moral oder nur zum Gaffen herstellen.

Kunst, Niveau, Anständigkeit, Gesinnung – es ist nicht leicht!

Daß es aber mit Geld allein nicht zu machen ist, darauf können Sie sich verlassen.

Herzlichst Ihr

Ignaz Wrobel

Wintergarten

Die Saison ist aus. Aber das eine Varieté, das wir in Berlin haben, wird durchspielen, weil jetzt die Amerikanersaison ist und das Kaiserjubiläum und viele Fremde in Berlin sind. Wenngleich nun der gewissenhafte Rezensent selbst im heißen Sommer hingehen wird – es erscheint mir doch an der Zeit, einen Dankeschoral zu blasen, aber auch die Trompete abzusetzen und eine kleine Rede zu reden.

Choral: Dank! Vielen Dank! Selten, daß man einem Geschäftsbetrieb am Schluß des Winters dankt. Aber der Laden hat nie ein Hehl daraus gemacht, daß es sich hier ums Geldverdienen dreht. Er hat immer gesagt: Amüsiert euch, kommt alle herein, zahlt gehörig, und ich werde dafür sorgen, daß es so unterhaltsam wie möglich wird. Und das war es. Wir alle verdanken dem Varieté ja soviel, Literaten, die jungen Maler, alle, alle. Ist es nicht eine eigene Atmosphäre? Ist es nicht prickelnd, aufreizend, seltsam? Es ist.

Nehmt etwa das Maiprogramm. Nicht einmal besonders gut; alte Nummern aus dem vorigen Monat, was für die Stammgäste immer ein bißchen langweilig ist. Aber, aber: war da nicht ein Wunderpapagei, der traurigen Soprans zur Orchesterbegleitung Liedchen sang? So etwas, wie die kleinen Kinder singen, wenn Mama sie dem Besuch vorführt, leise, ein bißchen mißgestimmt, und die wesentlichen Bestandteile des Gesanges in eine Silbe zusammengezogen? Und saß nicht ein Kakadu dabei, der seinerseits das Entree übernommen hatte? Er konnte nur ein Wort: Papagei. Und er sah aus wie Julius Sachs, so kleine Äugelchen hatte er und eine mächtige Nase, über die er verschmitzt und blinkernd herübergucken mußte. Ein wackerer Vogel. Er kaute Nägel, wenn die klügere Konkurrenz Loohrra sich leer redete, und er mauschelte und bebberte und plusterte sich auf. Und ein Elefant war auch da, der eine Komik entfaltete, wenn er abschob, um die ihn jeder Komiker von Beruf beneiden konnte. Schlurchend und wiegend zog er den heimatlichen Ställen entgegen, obgleich er es gar nicht mehr nötig gehabt hätte – denn das Erforderliche hatte er schonst auf der Bühne besorgt. Gott, Sie kennen ja alle diese Programme: Rena Parker, die amerikanische Sängerin, die ihr Lied so hübsch sang, wie es sich für sie gehörte, und der Kunstpfeifer und der Springer …

Noch nie haben wir uns dort gelangweilt. Immer war es bunt und lustig und manches Mal unheimlich, aber fast immer gut. Gestern zum Beispiel: denken Sie, die Bühne war ganz leer, und aus einem unterirdischen Loch spritzten viele Papierschnitzel, als ob ein Vulkan sie herauspustete, blau waren sie beleuchtet, und lila und rot. Und erst viel später kam «De Dio» und tanzte und flog, bis ein bunter Bänderregen über sie herabfiel …

Und ich hebe meine Fanfare an den Mund und blase ein schmetterndes Dankgebet dem lieben Gott und der Direktion des Wintergartens.

Aber nun kommt doch die versprochene Rede. Id est: der Schrei nach der Varietékritik. Diese Beschäftigung ist bei uns etwas heruntergekommen. Zeilenreporter verüben sie, und auch ich werde sicherlich, ebenso wie sie, in den Verdacht kommen, dies nur um der Freibillets willen geschrieben zu haben. Aber hier handelt sichs um etwas andres. Nämlich: wir wollen unsrer Stadt das einzige Varieté bewahren, das Kino und Phantasielosigkeit der Bürger ihr übrigließen.

Wenn es so weiter geht, ist in ein paar Jahren der Wintergarten nicht mehr. Nicht, als ob er schlechte Geschäfte machte. Aber das Interesse läßt allmählich nach, die Leute haben nicht mehr die Augen für einen genialen Körper, für die Schauer der Komik, für die Lustigkeit der Farben. Wer hat es ihnen je gezeigt? Wenn einer ein neues Drama nicht kapiert, darf er sich nicht beschweren – denn er fände hier und da Erklärungen. Dem Varieté «zollen» die Tageszeitungen unbedingte Anerkennung und schaden ihm damit mehr, als es der größte Nörgler vermöchte. Die Leute geben natürlich nichts mehr auf diese Waschzettel, und wenn einmal wirklich etwas Hervorragendes da ist, verpufft jede Ankündigung, weil sie als unwahr empfunden wird. Wer sagt dem Wintergarten, daß das letzte Programm neben vielem Schönen Kitsch in Masse enthält? Nicht den Kitsch, der zum Varieté gehört, wie die Pleite zu einem berliner Theater – wer sagt, daß dies und das in jeder Nummer besser gemacht werden könnte, daß die «De Dio» schlechte Klischees im Scheinwerfer hat, daß die lebenden Bilder «Porcellaine» unerlaubt dumm sind? Wer sagt es? Der Reporter wird sich hüten, denn er verliert Freibillet und Zeilenhonorar und seine Zeitung das Inserat. Aber es wäre doch nötig. Der Bürger würde zum Sehen erzogen, und die Direktion würde lernen.

Und wir hätten – Fanfare! – unsern alten guten Wintergarten in neuem Glanz. Denn hier ist heute schon Kultur, saubere Arbeit, kein Schwindel, kein Dilettantismus, kein ganz Unberufener – hier ist all das, was wir in den meisten Theatern entbehren müssen. Hosiannah!

Unterhaltungsliteratur

Unterhaltungsliteratur ist in diesen bewegten Zeiten fast ein Schimpfwort geworden. Und dabei wäre es sehr heilsam, wenn recht oft bei uns jene Mittellinie gezogen würde zwischen den «Nur-Literatur»-Leuten und der englischen Bücherindustrie, die von Sherlock Doyle bis zu den Tauchnitz-Verlobungen doch immer ein gutes Milieu ohne Prätention wiedergibt und (aber das mag an der Sprache liegen) so schön knapp sein kann.

Wir haben das nicht. Wir haben nur Dreck und das ganz schwere Geschütz. Und ich glaube nicht, daß es eine Schande ist, wenn ein müder Mann abends bei der Lampe einfach nicht mehr fähig ist, Conrad Ferdinand Meyer in sich aufzunehmen. Was aber muß der Arme dann tun? Es gibt ja heute noch Leute, die, wie meine alte Tante, bei der Marlitt den süßen Schlaf finden können – wir andern sind auf die *Woche* angewiesen und auf die schlechten Romane, deren Autoren ihre eigenen langweiligen Probleme nur aus Zeitungsartikeln kennen.

Hans Olden hat soeben zwei Novellen bei Georg Müller in München erscheinen lassen, die so recht das Ideal dieser gewünschten Literatur sind. «Das Frühstück auf Blue Island» und «Ein ekelhafter Kerl». Dort ist besonders in dem famos gelungenen Anfang das, was Kellermann mit seinem «Tunnel» versucht und nicht gekonnt hat: die Romantik der großen Betriebe. Es handelt sich um ein großes Restaurant, und es ist hübsch, wie Olden ohne jeden Überschwang so eine Organisation zeigt, mit der Freude am Tempo, am Allegro, am Klappen. Die Geschichte wird nachher ein bißchen weinerlich, aber man empfindet es kaum, denn alles ist gut, was über Deutsche in Amerika drinsteht, diskret, kurzweilig. Die zweite Novelle ist eine Schulangelegenheit. Bis auf die stilistische Gewandtheit könnte sie ein Junge geschrieben haben – so natürlich frisch ist sie, so ohne Psychologie, die ja nie da war in einer Zeit, wo wir alles klischeehaft empfanden, gottgewollt, felsenfest.

Seltener Fall: man liest, freut sich und schämt sich hinterher nicht, bei der Sache gewesen zu sein. Spannung ohne Katzenjammer.

Kunst und Kaufmann

Seit ein paar Jahren fehlt es nicht an Bestrebungen, die darauf ausgehen, den unüberbrückbaren Zwischenraum zwischen Kapital und Kunst, zwischen Geld und Geist zu verwischen. Früher verdiente der Kaufmann sein Geld, und damit war es gut. Heute genügt das nicht mehr. Da hören sie so viel von Intellektuellen, und von Kunst und von Geist ... und allen solchen schönen Dingen ... Das müssen sie auch haben. Man läßt sich doch nicht lumpen. Nun aber ergibt sich, daß man das nicht so einfach kaufen kann wie einen Packen Baumwolle. Man bekommt ja viel fürs Geld heutzutage, auch Schmöcke, Kunsthändler, Zeitungen, die dem Kaufmann bestätigen, daß er viel mehr tut als nur sein Geld verdienen. Er erfüllt eine Kulturarbeit!! Jawohl!! Wenn man vielleicht denkt, es ist ihm um die Bilanz zu tun, so irrt man. Er ist kein Krämer, er ist ein Pionier!

Man verstehe nicht falsch. Die unbeabsichtigten kulturellen Wirkungen eines großen Handels wird niemand leugnen, aber es ist nicht wahr, daß der Kaufmann auch nur im Traum daran denkt, Kultur oder auch nur Zivilisation zu verbreiten. Verdienen will er – und widerlich ist nur, daß er's nicht sagt.

Dieser Wahnsinn, der den Prinzipal als Lichtbringer darstellt, hat zur Folge gehabt, daß die Formen, die äußerlichen Formen, unter denen Geld gemacht wird, sauberer geworden sind. Man richtet sich anständiger ein, man hat hübsche Briefbogen, weil man es sich leisten kann, weil die Konkurrenz es auch hat, und weil das Publikum so etwas liebt. Aber ist man deswegen kultureller geworden? Mit nichten.

Das Kapital beginnt heute das Schlimmste zu tun, was es gibt: es kauft sich – nicht die Köpfe, die kann man nicht kaufen, – aber die Mäuler. Der Deutsche hat nicht den Mut des Amerikaners, Geld und nur Geld zu machen, – er muß das bemänteln. Er muß sagen, warum er es tut. Und engagiert sich allerlei Leute, die das Kapital und die Industrie als Kulturveranstaltungen preisen. Aber das Kapital hat mit Kunst und Kultur nichts zu schaffen.

Berliner Konzertsaison

Die Blätter färben sich, es wird trübe, und man nennt das schlechte Wetter nun Herbst. Und noch um ein weniges ... «Dulde, gedulde dich fein! Über ein Stündlein» – ist deine Kammer voll Sonne, – heißt es im Gedicht weiter. Aber wir sind nicht im Gedicht: noch um ein weniges, ach: ist Berlin voll Musik. Was geht vor?

Die Konzertagenturen arbeiten fieberhaft, die Künstler sind außer Rand und Ordensband, sie lassen sich fotografieren ... rastlos. Es gilt, wohlan! Denn es steigen in Berlin im Winter ungefähr 1800 Konzerte, und davon sind nur 150 gewinnbringend. Alle anderen kosten Geld. Aber warum werden sie dann veranstaltet?

Zunächst aus wirtschaftlichen Gründen. Mit den paar armseligen Zeilen berliner Kritik laufen die Sänger usw. in die Provinz, um dort zu unterrichten, um dort wiederum zu konzertieren. Und da man in der Provinz – speziell im Osten, der arm an Großstädten ist – abenteuerliche Vorstellungen von Berlin hat, so bildet man sich wirklich ein, diese große Stadt habe sich tatsächlich auch nur mit einem kleinsten, wichtigen Teile um diesen Rummel gekümmert. Wer einmal gesehen hat, wie geängstigte Klavierlehrerinnen sich das «Schwarzseidene» angezogen haben, um halb im Taumel ein Lied von Schubert zu grölen, während die Freundinnen den Berichterstatter des *Täglichen Donnerwetter* an den Rockschößen in den Saal zogen – der weiß genug.

Der Grund der Musikseuche sitzt tiefer. Das Künstlerproletariat verdankt seine Existenz der maßlosen Überschätzung der Musik. Der Bürger redet sich und anderen ein, es sei bereits etwas, wenn jemand ein Klavierstück schön daherspiele, ein Lied zu singen verstände – mit Seele vulgo Schmalz. Es ist aber nichts.

Einer der wenigen, die einmal gut und treffend nachwiesen, daß man sehr wohl ein Philister sein und gleichzeitig Bach und Beethoven schätzen könne, war A. H. Schmitz. Er wurde nicht gehört. Nach wie vor läuft der deutsche Bürgerstand jedem langhaarigen Klavierhauer nach, pflegen die alternden Töchter zum Entsetzen der Nachbarn den Gesang, heulend wie eine Lokomotive im Tunnel ... aber dieselben Leute, die mit ergriffenen Gesichtern im Konzert sitzen, sind stumpf und dumpf allen anderen Fragen gegenüber, bei denen es gilt nachzudenken.

Nichts gegen die Musik. Aber es liegt in ihrem Wesen, daß sie zu nichts verpflichtet. Man kann versinken in das Meer der Töne – und wenn man herauskommt, ist man wieder Exzellenz, Schulmeister, alte Jungfer ... je nachdem.

Der Politiker, der Literat, der Philosoph, – sie alle müssen Farbe bekennen. Der Musiker wird gefeiert und denkt sich nichts dabei. Der Musiker denkt nicht, sondern macht Musik.

Und diese maßlose Überschätzung einer Kunst, die soviel Dilettanten verträgt, hat ein Haufen Leute emporgewirbelt, die, zu allem andern unfähig, nur von ihrer Eitelkeit und den falschen Vorstellungen ihrer Mitmenschen leben.

Die bürgerliche Presse hält sich für verpflichtet, die liebe Eitelkeit zu unterstützen ... und um ein weniges wird Berlin wieder voll Musik sein.

Aber nicht voll Kultur. Denn das ist zweierlei.

Sommerliches Berlin

Die Jalousien sind herabgelassen, Peter Panter sitzt allein in der Stube. Draußen ist heller Sommer, mit weißen Stäubchen, die die leere Straße herunterfliegen, einem hellblauen Pastellhimmel und Sonne, Sonne ...

Das ist eine Stadt! Jetzt, da alle fort sind, fühlt man erst, welche Unruhe sie mitgenommen haben, wieviel Hast und wieviel Randal. Alles scheint ein ruhigeres Tempo eingeschlagen zu haben, die Elektrischen und die Zeitungen und die Zurückgebliebenen.

Ja, ein Theater gibt es auch. Man sollte es nicht für möglich halten, aber es ist so. Da liegt der Wannsee, und viele andre Seen gibt es in der Mark, die jetzt in der Sonne glitzern, während der Wind ein bißchen in den langen Ufergewächsen rauscht. Eins schließt das andre nicht aus, Gott hat das so gewollt – in der Stadt spielen sie Theater. Manche noch, manche schon wieder, und einige haben überhaupt nicht aufgehört.

An den Säulen, die schlafend Lanolin und «Gent Ia – Die neue Dreipfennigzigarette» anzeigen, brüllt es: Sylvester Schäffer!!! Das größte Kunstgenie aller Zeiten!!! Wer spricht da? Der Impresario – nicht doch: der «Impresa» S. Rachmann. Und prompt denkt man – Namen verpflichten – an Rachenmandeln, dicke Gaumenlaute, Prusten beim Essen und ein langgezogenes Püüühh!! Dabei kann der Junge nicht allzuviel, nur vieles.

Wir hier in der Großstadt aber haben viel mehr verloren als die Luft und die Weite und die Wolken – man sieht sie nur stückweis, dann ist es nichts – und all das. Die Beschaulichkeit haben wir verloren.

So, wie ihr jetzt lebt, Abonnenten, so solltet ihr das ganze Jahr leben: ruhig, sachte, bedächtig. Die Dinge bekommen einen andern Aspekt, das Meer lehrt einen lächeln, während man sich hier gebost hat, die Berge lassen erkennen, wie klein vieles war, was uns groß dünkte, und wenn erst der Wind weht: dann gibt es kein Problem, das uns noch beunruhigen könnte.

Nicht wahr – ihr möchtet schon? Ihr könnt auch.

Wir sind fast alle gezwungen, in dieser großen Stadt zu arbeiten, weil wir leben müssen. Aber wir sollten das zackige Tempo, das die Besseren zerrüttet und die Besten abstößt, auf ein menschenwürdiges Maß reduzieren. Es ist ja nicht einmal amerikanisch, dazu haben sie bei uns nicht die Kraft und nicht die Rücksichtslosigkeit – das Ganze gebärdet sich nur wie ein wahnwitzig gewordenes Dorf. Es ist eine kleine Stadt geblieben, die erst in das Kleid nachwachsen muß, das ihr Bauschieber angemessen haben. Und das hat noch gute Weile.

Vorläufig bauen sie einen Kino neben dem andern auf und stehen ängstlich an der Kasse, wie es gehen wird. Wird es ...? So nicht.

Da zappelten die Herrnfelds auf dem Film an uns vorüber, die Leute lachten ein bißchen – im Theater der beiden selbst brüllen sie. Aber da gibt es auch hinterher kein Cowboy-Drama, bei dem einen die Tränen in die Augen kommen, so muß man gähnen.

Man läuft hinaus. Draußen am Potsdamer Platz spielen sie im «Grand-Luxus-Gala-Palast-Café» oder wie das Ding heißt, ein Lied, das alle Dienstmädchen beim Tellerspülen heulen, eine volksliedmordende Weise. Und doch ist überall Sommer, laue Luft, und ein wenig von der freudigen Beschaulichkeit, die dieser Stadt sonst so sehr fehlt.

Der Varieté-Staatsmann

Der amerikanische Staatssekretär des Auswärtigen, Herr Bryan, tritt augenblicklich in einem Varieté auf. Er hält dort einen Vortrag, in Wirklichkeit läßt er sich begaffen, so wie er es tat, als er Filme von sich herstellen ließ: «Der Staatssekretär verhandelt mit den Großmächten» (in seinem Arbeitszimmer aufgenommen). «Der Staatssekretär unterschreibt einen Vertrag» und so. Seine Nummer im Varieté liegt zwischen einem Jongleur und einem Jodlerquartett, und er macht sich sehr gut da, findet er, zumal da er sein Einkommen nicht unbeträchtlich vergrößert.

Dafür fehlt uns der Maßstab, und schließlich kann es uns auch gleich sein, ob ein amerikanischer Staatsmann sich für eine Schaustellung hergibt oder nicht. Leise kommen Ähnlichkeiten, Gleichheiten, Anklänge ...

Bethmann Hollweg im Wintergarten ... Eine feine Nummer. Aber langweilig. Denn der Lange wird auftreten, mit einem Kaiserwort ein bißchen jonglieren, über Strohhalme stolpern, den Dummen markieren – aber eigentlich Neues wird er nicht bringen ... Und das Publikum wird pfeifen, und in so einem Varieté muß der gehen, der ausgepfiffen wird.

Oder der Kriegsminister ... Die Musik spielt einen kräftigen Marsch, jener stürmt auf die Bühne, zieht den Sabul und donnert unter stürmischem Gelächter des Parketts eine Rede über «zersetzende Elemente» ... Tusch. Paukenschlag. Vorhang.

Zu denken sind sie alle. Gäben aber nicht sehr lustige Programm-Nummern ab: im Wintergarten. Denn viel komischer sind sie bei sich zu Hause, in der Natur, im Amt. Man sehe sie sich an, in ihrer grotesken Wichtigkeit, die vermeint, eine preußische Ausführungsbestimmung habe irgend etwas mit Vernunft oder Kultur zu tun, gehe noch jemand an außer dem beteiligten Assessor ... Man sehe den Landrat, wie er arbeitet, den Polizeipräsidenten mit dem Schutzmannsfaktotum. Typen, Kinder, Typen! Die ihres Beifalls gewiß sein können. Nicht aber ein ernster Amerikaner, der im Vergleich zu diesen ein Geschäftsmann ist und ein Mann und ein ganzer Kerl.

Notschrei

Lieber Gott! Beschere uns doch nur einmal in Berlin ein «Soupertheaterchen»! Eine kleine oder große Bühne, die mich unterhält, ohne mein Gehirn in Anspruch zu nehmen. Ist das nicht aufzutreiben? Es scheint, daß es nicht möglich ist.

Was gibt es denn jetzt? Ein einziges Varieté. Aber, wenn ich nun nicht ins Varieté gehen möchte, wenn ich nun einmal etwas andres zu sehen gewillt bin?

Dann muß ich mir «Lustspiele» betrachten, deren erster Akt ... Er enthält eine sorgfältige Disposition, endlose Erzählungen alter Jugendfreunde werden durchgenommen, langsam macht man uns mit den Eigentümlichkeiten der in Betracht kommenden Schwiegerväter und -mütter vertraut, und schließlich spitzt sich nach mühevoller Arbeit die Situation so weit zu, daß sie für die große Verwechslungskomödie im zweiten Akt reif ist. Heiliger Vater! Und was die weibliche Hauptrolle betrifft, so hat dieses Mädchen schon auf der Schule immer ihre Gedichte so schön aufgesagt.

Oder ich muß in die Theater gehen, in die die jungen Mädchen sooo gern einmal gehen möchten, aber doch nicht dürfen – und was sehe ich dort? Eine lächelnde Kokotte mit großen Vorderzähnen und viel Busen, ein Bett und viele Umschreibungen für medizinisch interessante Vorgänge.

Wir wollen aber gern ganz etwas andres sehen. Wir wollen uns angenehm unterhalten an kleinen anspruchslosen, witzigen Dingen, die gegen kein Ethos verstoßen, die voraussetzen, daß man ein anständiger Mensch zu sein hat, und uns auf dieser Basis zum Lachen bringen. Denn es ist ein großer Unterschied, ob man auf Provinzschlächtermeister und Schieber wirken will oder auf Herrschaften, die über alles zu lächeln bereit sind und auch selbst nicht geschont werden wollen. Wo sind die kleinen Einakter, die mir mein Abendbrot verdauen helfen? Die Kunst im Leben des Bürgers. Gewiß. Aber Unterhaltung ist keine Schande, und ich mag lieber einem Kasperletheater zusehen als einem schwerfälligen Schwank. Wo ist der Pierrot, der mit irrsinnig weit geöffneten Augen in das schwarze Zimmer Colombinens tritt? Seine Hände sind schief und beschwörend nach vorne gestreckt, weil ihn der Flügel irritiert. Der große schwarze Flügel, auf dem die Obertasten weiß und die andern schwarz sind. Oben aber, auf der polierten Ebenholzfläche, liegt eine weiße Puderquaste, ein großes flaumiges Ding – und beginnt zu tanzen. Und ist Colombine.

Solche grausigen und lächerlichen Sachen will ich sehen. Nicht immer auf Viertelstunden selig entschlummern. Öffne ich aber die Äuglein, siehe, dann ist noch immer der Briefträger auf der Bühne und hat zum Gaudium aller seine Schuhe nicht an, weil er dieselben nicht finden kann.

Ist es denn gar nicht möglich? Sollten sich denn wirklich nicht soviel Leute finden, die sich abends auf geschmackvolle Weise unterhalten wollen? Unterdrücken denn die Kaffern auch hier, indem sie uns zwingen, uns bei ihren Belustigungen zu langweilen?

Eine neue Bühnengründung? Um Gottes willen. Wir wissen doch, wie so etwas in Berlin endet. Von der Reklamenotiz bis zum Konkurs ist nur ein Schritt.

Aber eins könnt ihr tun: wenigstens dies eine. Versagt diesem unangenehmen Abendamüsement euern Beifall. Verreißt sie, wo ihr könnt. Sie sollen unter sich bleiben. Sie sollen sich nicht einbilden, das sei Witz oder Grazie. Sie sollen erkennen, daß es eine Art Abendtotschlag à la bourgeoise ist.

Wir aber wollen warten, bis unsre Zeit gekommen ist. Und da können wir lange warten.

Die Girls

Sie sind auf der ganzen Welt gleich: in Sydney, in Singapore, in London – sogar in Berlin haben sie ihre Eigenart bewahrt. Wie sind sie? – So:

Die Bühne bleibt noch einen Augenblick leer, die Musik hat ein Stück unter mit Gegenrhythmus und süßlichen Geigentönen. Dann, von rechts und links, sie. Gewöhnlich in Babykostümen, oder in Wadenstrümpfchen, jedenfalls alle gleich, unwahrscheinlich geschminkt und kindlich aufgemacht. Alle vierzehn tänzeln nun an die Rampe und singen ihr Lied. Kann mir nicht jemand sagen, was diese Mädchen eigentlich singen? Ich weiß es nicht. Niemand weiß es. Jedenfalls singen sie, und es ist lieblich anzuhören. Ihre Stimmchen sind aus zartestem Blech, ihr Piano heiser, aber sie singen rein. Ihre Köpfchen liegen schelmisch schief – und stets bieten sie den Anblick einer Photochrom-Ansichtskarte.

Man darf sie nicht individualisieren. Der deutsche Zuschauer pflegt davor zu sagen: «Sieh mal, die dritte von links, die ist niedlich!» und sieht nun die ganze Nummer über bloß die dritte von links. Falsch. Die dritte ist überhaupt nicht vorhanden, sie ist nur da, wenn die andern da sind. So, wie es nicht eine Parallele allein gibt, so gibt es auch kein Sunshine-Girl allein, ohne die andern. Nicht vergleichen müßt ihr, nicht abwägen, welche besonders nett ist. Alle miteinander, alle miteinander, so, wie sie da sind.

Und wer möchte sich nicht von den kleinen Vogelleibern umdrängt wissen, einmal, im Traum meinetwegen, ihre Stimmchen allzumal hören, ihre Händchen fühlen, alle achtundzwanzig? Und im zierlichsten Sopran umtrippelten sie den gewaltigen Mann, den Riesen, den Gott.

Am Tage sehen sie dick, aufgequollen aus. Mögen sie – was gehen mich ihre Privatschicksale an? Nichts. Sie drehen ihre Schirmchen, sie springen durch ein Schnürchen, sie wiegen die Lockenperückchen – Sonnenscheinmädchen, Sunshinegirls.

Fauste! Fauste!

Die Marionetten sind wieder in Berlin. «Paul Branns Marionetten aus München sind hierselbst eingetroffen und werden einem hohen Publiko, Adel pp. im großen Saal von Keller & Reiner etwas vorzuagieren die Ehre haben» … Ach, niemand rufts aus. Aber eigentlich dürfte der Gemeindediener mit der Schelle und der versoffenen Amtsstimme nicht fehlen – und eine Stadt, in die er nicht hineinpaßt, kann auch diesen Versuch, das alte Faust-Spiel wieder aufzuführen, nur eben als einen kulturhistorisch interessanten Versuch auffassen. Ein sauber geleckter Ausstellungsraum, ein sauberes Theaterchen, elektrisches Licht: das alles will nicht zu dem Puppenspiel passen, das man sich nur im Tanzsaal einer Dorfwirtschaft vorstellen mag, bei blakenden Öllampen und untermischt mit derben Späßen des Wurschtl. Der war direkt stubenrein geworden und nicht wiederzuerkennen.

Das mag man auf einem modernen Marionettentheater nicht sehen. Viel lieber möchte man eine richtige kleine Liebesgeschichte haben, so ein zierliches Ding mit Trennung und kleiner, feiner Musik; und wenn es schon etwas Historisches sein soll – dann Mozart und ein glöckleinklingendes Rokoko. Nur der Feuilletonist vermöchte hier die Drähte symbolisch aufzufassen: wir andern fanden alles zu lang und zu schwer. Zu schwer für die Puppen und – für den Regisseur. Denn auch hier ist Rhodos; und was bei den erwachsenen Schauspielern nicht richtig ist, wirkt hier doppelt verkehrt. Zudem wurden die Puppen nicht sehr gut bewegt; neulich bei Puhonny, im Theater der Moden, wackelte jedes viel differenzierter mit den Holzgliederchen und schlenkerte amüsant mit den Beinchen und gab ausdrucksvoller wieder, was es sagte. Hier aber sagte die Puppe nichts – sondern man fühlte, wie einer sprach und einer bewegte.

Nein, nein. Wir wollen Sinnfälligeres, bessere Musik, einen tapfern Cassian und eine verliebte Serva padrona.

Kritik des Parketts

Wenn fromme Reden das Geschäft begleiten, dann fließt die Arbeit munter fort; und weil man sich nicht gern die Einflußlosigkeit der Kritik in diesen Dingen zugesteht, kaschiert der Pressemensch unter Witzen, daß er gezwungen ist, achselzuckend zuzugeben, die neue Posse im Berliner Theater sei zwar ... aber –. Und das macht ja der Freundschaft kein Loch, deswegen gehen geht sie doch.

Und so wollen wir weniger die Bühne als das Parkett rezensieren. Denn was aus diesem Possenstoff hätte herausgeholt werden können, ist sorgfältig vermieden: der Werdegang Berlins. Man hatte knapp das äußerlichste Kolorit getroffen und ... Pfui, Panter, ich glaub gar, du duckst dich zum Sprung!? Schnurre, leck dich und spinne träumerisch die Geschichte des Publikums von 1913.

Siehe, die Zahl der zuschauenden Mitarbeiter war größer als die der einfachen Zuschauer. Die Lieferanten saßen in der Loge und die Konfektionäre im Parkett und die Hausdiener im zweiten Rang. Man klatschte. Es gab aber kaum etwas zu beklatschen. Denn weinerliche Sentimentalität und Radaumusik läßt man sich gefallen, wenn beides aus dem Herzen kommt; aber es kam aus dem Direktionsbureau und der Routine, und so etwas ist lieblos. Irgendwie ist dies verlogen: so wie man sich gegenseitig suggerierte, man sei ein gesellschaftliches Bild, weil man im Smoking und mit nackten Schultern dastand, so suggeriert man sich den Schlager und den Tango und die Modenschau. Etwas stimmt nicht. Man hörte die Scharniere knacken. «Wenn Bismarck mal zur Regierung käme, das wäre ein schönes Unglück», sagt einer. Aha! denkt der aufgeklärte Zuschauer und fühlt sich überlegen. «Diese neumodische Eisenbahn» ... und wieder wirft sich jener in die gestärkte Brust, weil er morgens mit einer Untergrundbahn zu fahren gewohnt ist. Das goldene Herz wird in den Laden gestellt, die Demokratie der achtziger Jahre – so wie überhaupt die Possenbühne bestrebt ist, dem Berliner einzureden, seine Stadt habe sich seit dreißig Jahren nicht verändert. Alles ist hier nicht 1913, sondern eine trübe Vortäuschung einer nun doch vergangenen Epoche. «Wenn ick man auch 'n einfacher Schlosserlehrling bin ...», sagt Sabo. Das läßt tief blicken. Niemand empfindet mehr so. Man ist nicht mehr Schlosserlehrling, sondern Monteur bei der AEG, und legt Wert darauf, durchaus nicht einfach zu sein. Aber liegt schließlich für die Großindustriellen der Possenfabrikation ein Grund vor, sauberer zu arbeiten, solange der Markt aufnahmefähig für die alten Modelle ist? Und so werden wir noch eine Weile die Surrogate einer berliner Posse erleben – das Original aber ist tot, und es scheint heute keinen Standpunkt mehr zu geben, von dem aus man diese scheinbar unzusammenhängende Vielheit von Berlins fassen könnte.

Die Darsteller schnitten gut ab, lösten ihre Aufgaben zur Zufriedenheit, waren ansprechend oder entsprechend, zeichneten sich aus und sind überhaupt zu nennen. Wirklich komisch aber: Fräulein Sabo in der Krinoline und Señor Josef Dora in unglaublichen spanischen Hosen. Aber als sie, die Dora, einmal – die einzige am ganzen Abend – richtig spielte, als sie, eine hundertzweiundachtzigjährige Greisin, fauchend und kratzend im Modesalon ihren Mann anzischte, ohnmächtig, zahnlos und eitel-wunderlich: da schwieg das Haus. Nicht vor Ergriffenheit, sondern weil es sich den Namen der Modefirma, die da ausstellete, zuzuflüstern hatte.

Max Ulysses Pallenberg

Der heimgekehrte König Odysseus im Theater am Nollendorfplatz ist Pallenberg, und er verdunkelt alles und alle. Er stelzt wie ein Hahn auf dem Mist umher, er singt meckernd ein Antrittslied, bei dem er aufgeregt, aber symmetrisch von links nach rechts läuft und sich selbst sehr wohl klar ist, daß diese Pflicht des Tenors, jeder Seite des Hauses etwas Stimmgold zu geben, widersinnig ist – aber er machts mit. Er macht überhaupt immer alles nur mit. Er rast in Assoziationen, die zwar mit der Sache nichts mehr zu tun haben – aber hübsch sind sie doch. Alte liebe Volkslieder fallen ihm ein: wenn zufällig im Text das Wort «Kamerad» vorkommt – gleich singt er heiser, aber ausdrucksvoll: «Ich hatt' einen

Kameraden, einen bessern findst du ...» – lange Pause, und dann, verachtungsvoll: «nit!» Er schmeckt dieses seltsame Wort erst auf der Zunge, bevor er es herausgehen läßt, er zerbeißt es und spuckt den Rest aus.

Er ist häßlich wie eine Schildkröte. Gelobt sei der Zahnarzt, der ihm diese Menge Goldplomben einsetzte – das macht erst den König. Hei, wie die in der Sonne glitzern! Und aus diesem Mund fallen (beiseite) laut und deutlich Unfreundlichkeiten gegen die Mitspieler heraus, diese Hände greifen ununterbrochen nach dem roten Läufer, den er mit sich herumträgt, und wickeln ihn zusammen, und heben den Tuchballen wie eine etrurische Vase auf die Königsschultern und –: zierlich steht er da.

Über diesen Großen, der mit seinem Ziegentenor noch einen mauschelnden Tonfall ins Pathetische zu ziehen vermochte, der einmal, am Schluß, bloß mit der linken Augenbraue bewirkte, daß beinah alles ins Tragische umkippte – über dieses Genie vergaß man auch die Massary, die doch kein Blut, sondern Irroy in den Adern hat. Und wenn noch hier und da Ansätze sich zeigten, Walzerchen aufhüpften, Flöten und Fagotte Unfug trieben, und ein ganzer Chor jubelnd rief: «Länder – Länder – Länder – Länder –»: dann wippten wir auf den Sitzen mit und bedauerten nur, daß Offenbach diese besten Spieler seiner Marionettenbühne nicht mehr erlebt hat.

Der alte Fahrer

Da sagen die Leute immer, der moderne Verkehr hebe alle Poesie auf. Das ist gar nicht wahr. Ich meine nicht die Romantik der Eisenbahnen, eines Bahnhofs bei Nacht und all der Dinge, in denen Gott Maschine eine beängstigende Rolle spielt. Nein, auch die Idylle ist noch nicht ausgestorben.

Ich stand vorn auf der Plattform eines Wagens der elektrischen Straßenbahn zu Berlin. Ich war mit dem Fahrer allein, –

und wir sausen so die schnurgerade Straße herauf bis zur Haltestelle. Da stieg ein Mann auf, mit einem fröhlichen, roten Gesicht, blauen Augen, in ganz anständiger Kleidung. Wir fuhren weiter ... «Na», sagte auf einmal der Mann zu dem Fahrer, «ick habe auch ma jefahren bei euch!» – Das durfte er aber gar nicht sagen, denn die Unterhaltung ist strengstens verboten. Er tats aber doch. Und der Fahrer überschritt seinerseits auch die Schweigevorschrift, drehte sich interessiert um und sprach: «So? – Wo denn?» Der andere nannte die Linie, und gleich begannen sie sich über die Einzelheiten des Dienstes zu unterhalten, über die strengen Vorgesetzten, über die Gewohnheiten, die Handgriffe des Personals, – und es hagelte Fachausdrücke und mir unverständliche Abkürzungen ... Der Wind pfiff uns um die Ohren, – alles konnte ich nicht hören. Aber einmal, da leuchteten dem Zivilisten die Augen. Sie sprachen von der Schnelligkeit der verschiedenen Wagen. – Das hatte ich nun wieder nicht gewußt, daß nicht alle Wagen gleich schnell fahren. Nein, das taten sie nicht. «Mensch», sagte er, «wie fährt denn die Nummer 6734?» – Die Nummer wußte er auch noch! – «Das war ein Renner!» – Und von 6714 wußte er noch und von 6857 und 4532 – das waren die Wagennummern, die hatte er behalten! – Und als sie alle alten Erinnerungen ausgetauscht hatten, – da bat er den Kollegen: «Laß mich doch noch einmal fahren!» – Und weil er gar so bat, tat ders – obgleich er geflogen wäre, wenns herausgekommen wäre. Und stolz trat der Zivilist an den Führerstand und drehte die Kurbel und bremste und ließ den Wagen laufen, wie dunnemals, als er noch Fahrer war.

Der Parademarsch im Kino

Man war sich eigentlich nie so ganz klar, was es zu bedeuten hatte, wenn preußische Grenadiere die Beine starr in die Luft warfen, daß es den Anschein hatte, als würden sie sie nie wieder herunterbekommen ... Man wußte nicht so recht – und dachte an Massenwahn und dergleichen. Jetzt ists heraus. Für den Film war das, für den Kino und für Zentralasien. Die Sache verhält sich nach der *Köln. Zeitung* so:

In einer Stadt Zentralasiens hatten die Europäer die Freude, den «Parademarsch des 81. Infanterieregiments» auf dem Film eines Kinos, dens da auch gibt, zu sehen. «Schon fliegen die Beine, daß ein echtes Soldatenherz vor Freude hüpfen müßte, die weißen Hosen flattern wie Fahnentücher, ein General mit wallendem Federbusch hebt wie ein Automat die Hand unausgesetzt zum Gruße auf und ab.» Worauf die Muselmänner wie verrückt: «Noch mal!! Noch mal!!» brüllen – und richtig: die Paradebeine fliegen dreimal hintereinander hoch und wieder zurück. Und nun der Berichterstatter: «Der preußische Parademarsch war der Glanzpunkt des Abends, das mögen sich seine Feinde in Deutschland gefälligst merken.»

Aber gewiß merken wirs uns. Das haben wir allerdings nicht geahnt. «Der Glanzpunkt des Abends» ... da kann man nichts machen. Wir dachten nun immer, der Parademarsch sei ein Symbol der preußischen Militärerziehung: dumm, zwecklos und unpraktisch – aber immerhin ein Symbol. Jetzt kommt heraus, daß er der Glanzpunkt von Abenden zu sein hat, daß deswegen deutsche junge Leute aus Mangel an anderer Beschäftigung auf den Boden stampfen müssen, damit sich die Muselmänner in den Kintöppen amüsieren. Haben sie sich vielleicht über (über!) den Parademarsch amüsiert? Mag sein – aber vielleicht schießt der Berichterstatter einmal vor den fremden Völkern Kobolz –, dann wird nämlich das der Glanzpunkt des Abends und zugleich ein Abbild deutscher Kultur.

1914

Rin in die Escarpins!

Berlin liegt zwar an der Spree, aber wenn man so nach einer «Nacht der Bälle» die Zeitungen liest, könnte man denken, es sei an die Donau gerutscht.

Früher ging man tanzen, amüsierte sich und ließ Gott einen guten Mann sein. Dagegen ist nichts einzuwenden. Seit aber Tanzen eine Ehrensache geworden ist, bei der man nicht mehr aufs Mädel, sondern nur noch auf vier Beine sieht, geht das nicht mehr so einfach vonstatten. So ein Ball ist das, was der Berliner eine «Sache» nennt, man muß an die schönen Verse Peter Schers denken … «Wenn wir Berliner eine Lust entfachen, Denn jehn wir feste ran (Verschtehste: Schwung!) Natürlich aber doch mit Mäßigung – Da gibt es nischt zu lachen.» Gibt es auch nicht, es sei denn, man sieht sich am nächsten Morgen die Zeitungen durch.

In einer Reihe mit Ein- und Beinbrüchen, mit Kulturwerken und Klatschgeschichten stehen Ballberichte, die der selige Pietsch nicht besser hätte mit der Hand herstellen können. Ungeniert werden den Damen zweifelhaftester Provenienz – auf die niemand einen Stein werfen soll, solange sie bei ihrem Leisten bleiben – Kränzchen gewunden, und die Fräcke der Herren Schieber und Karikaturisten, die längst Modezeichner sind, werden hübsch genau abgemalt. Der Nachfolger des alten Pietsch in der *Vossischen Zeitung* – der Altmeister war berühmt wegen seines Schmalzes, das er gleichermaßen auf Gerechte und Ungerechte träufeln ließ – dieser Nachfolger ist tobsüchtig geworden ob des reizenden Anblicks, der sich ihm darbot.

Während Hunderte in der großen Stadt nicht wußten, wo sie den nächsten Tag das Essen herbekommen sollten, während kräftige arbeitswillige Arbeitslose bettelnd von Tür zu Tür zogen, tobten die jungen Leute bei Sekt und Tanz durch die Nacht. Gut. Aber man muß diese anstrengende Tätigkeit nicht als «Eleganz» oder «Kultur» oder sonst etwas Hervorragendes hinstellen. Man muß nicht von irgendeiner dunklen Dame, die wir erst wieder beim nächsten Schieberprozeß als Zeugin oder – wills Gott – als Angeklagte auftauchen sehen werden – sagen: «Ihr gertenschlanker Körper atmete Musik.» Es bleibt jedem überlassen, sich dies schöne Bild auszumalen.

Aber die Höhe des angeregten Rapports ist doch die Stelle – und ganz Berlin liegt drin –, wo jener sich gegen die schwarzen Fräcke ausspricht. Bunte Fräcke müßt ihr tragen! Rokoko! – Kurz: «Raus aus der schwarzen Trauerkluft und rin in farbenfreudige Escarpins und hellseidene Fracks mit Spitzenjabots!» So ists richtig. (Bis auf die Mehrzahl von «Frack», die «Fräcke» heißt.) Nun wird also der Ladenjüngling oder Konfektionär am Tage sich vom «Alten» anschnauzen lassen, selbst den Hausburschen ankrähen, und abends ... Abends wird er mit der Puderquaste über das rosige Ferkelgesicht fahren, rin in die Escarpängs, un denn los! Der Berliner Schieber mit Spitzenjabots!

Und wenn diese ganze Nachtunterhaltung nicht so dumm, so geistlos, so ohne jede Grazie (trotz der Ballberichte) wäre, möchte man ein bißchen lächeln. Aber es genügt, das Treiben dieser Jungens gelegentlich zu betrachten – aus der Ferne – und als vernünftiger Mann abends ein Buch zu lesen, ein gutes Wort mit einem anderen zu sprechen und früh in die Klappe zu gehen.

Das Synonymenlexikon

Den dicken Söderström hat es schon immer geärgert, daß er für alle Leute nur immer der Kunstmaler sein soll. Er war doch ein denkender Mensch, Teufel nicht noch einmal! Und er hatte Ideen, und er hatte einen Füllfederhalter, und es war eigentlich nicht einzusehen, warum er nicht auch schreiben sollte.

Ich tat alles, um ihm das auszureden. Ich sagte ihm: «Sieh

mal, malen kannst du ja auch nicht, aber du hast eine gewisse Fähigkeit im Durchpausen, und das ist auch etwas wert. Aber das mit dem Schreiben, das laß nur lieber sein. Dazu bist du viel zu klug», sagte ich zu ihm. Aber selbst das zog nicht, er antwortete gar nicht, sondern ging schweren Schrittes an seine Malkiste, wo die Farben lagen und die Pinsel und die Fotografien aus den illustrierten Blättern zum Abzeichnen, und fischte ein Stück Papier heraus. «Ich werde es dir mal vorlesen», sagte er. Gott behüte! Über die ersten drei Zeilen ließ ich ihn nicht weg. Er hatte eine Art, die Präposition «mit» anzuwenden, daß es einen jammern konnte. Dieses Zauberwort verknüpfte alle Dinge, er backte sie aufeinander, das war seine Paradenummer. «Das Haus mit seinen kleinen Fensterläden, mit seinen Türen, mit seinen Einwohnern, mit seinen Blumenstöcken auf den Balkons ...» Ich schlich mich auf den Zehen aus dem Zimmer, und als er anfing, das zu merken und mit Malgerät zu werfen, war ich längst draußen.

Aber nun muß ich sagen, daß unser gemeinsamer Freund Eduard eines Tages eine entsetzliche Entdeckung machte. Er bekam nämlich heraus, daß es ein Synonymenlexikon gebe, ein dickes Buch, in dem alle gleichgearteten Wörter nebeneinander aufgereiht waren, und wenn man um einen Ausdruck verlegen war, so sah man eben nach. Ich benutze nun dergleichen gar nicht, mein Wortschatz ist klein, aber rein, und ich beabsichtige nicht, bei meinem hohen Alter noch etwas dazuzulernen. Dagegen bat ich Eduard dringend, dieses höllische Buch dem dicken Söderström auf keinen Fall zu zeigen. Es würde ein Unglück geben.

Aber man kann nicht immer so, wie man will. Der erwähnte Kunstmaler hat nämlich die Angewohnheit, ins Zimmer zu treten und alles, bis auf den Papierkorb, abzutasten. «Was ist das für ein Buch? Warum steht das hier und nicht auf dem Regal? Da ist ja ein neuer Fettfleck im Atlas! Warum hast du mir den noch gar nicht gezeigt? Und sieh mal hier, ein Stecknadelkissen! Wozu brauchst du ein Stecknadelkissen? Wenn es noch eine Schachtel wäre, nein ...»

«Aber, Söderström, das gehört mir nicht, es gehört meiner Schwester.»

Er hörte schon gar nicht mehr zu. «Das Blau hier ist kein hübsches Blau. Wer wird denn eine blaue Decke haben, Ultraviolett, mein Lieber!»

Also auf einem dieser Pirschgänge entdeckte Söderström, der mit einem fabelhaften Instinkt alles Neue witterte, auch das Synonymenlexikon, das bei Eduard leider frei herumstand. Aber nun ging es los. «Was ist das? Warum ist das? Wo hast du das her? Was hat es gekostet? Brauchst du das oft?» Einen Regenschirm gegen dieses Fragengewitter gab es nicht, und nachdem die ersten Niederschläge vorüber waren und Eduard wieder jappen konnte, stürzte der Maler ans Telefon. Das mußte er auch haben! Und bestellte es.

Was dann geschah, ist nicht ganz klar geworden. Söderström sprach auch nie davon. Als Eduard einmal das Synonymenlexikon erwähnte, wurde der Dicke auffallend rot und lenkte gewaltsam ab. Er habe sich maniküren lassen! Er sagte das, weil er wußte, welche Sensation das war, offenbar wollte er uns mit seinen sauberen Fingern auf andere Gedanken bringen.

Und jahrelang hinterher sollte ich dem verreisten Söderström eine Tube Karmoisinrot nachschicken, und dabei mußte ich an die Malkiste. Zuunterst auf dem Boden lag ein Stoß Papiere. Ich zog sie ans Licht ...

Als ich ausgelacht hatte, verließ ich mit wehem Kreuz das Gemach. Zwei Manuskripte nahm ich mit: sie waren zerknittert, als ob sie viele, viele Postsendungen mitgemacht hätten. Das eine kannte ich. Es war der Anfang einer kleinen Novelle, an der sich der Kunstmaler versucht hatte, und hieß so:

«Der Vater und die Mutter saßen in munterem Gespräch beim Nachmittagskaffee. ‹Weißt du vielleicht, wo die Kinder sind?› Der Angeredete mit seinem stattlichen Vollbart, seinen blitzenden Augengläsern und seiner kühnen Adlernase erwiderte sogleich: ‹Ich glaubte, sie seien zu Hause.› Dann stand er auf, drückte seiner Frau die Hand und hob warnend den Zeigefinger. ‹Viel Vergnügen, aber bitte keine Übertreibungen heute abend beim Ball.› Dann zog er sich den Mantel an, setzte sich den Zylinder auf und verließ die Wohnung.»

Gott weiß, was in der Novelle noch alles passierte. Wie aber aus dem zweiten Manuskript hervorging, muß sie Söderström an Hand des Synonymenlexikons gänzlich umgearbeitet haben, und nun sah sie so aus:

«Der Erzeuger und die Brutstätte kauerten in himmelhoch jauchzendem Wortstreit beim Fraß. ‹Ist dir vielleicht ein Licht aufgegangen, Gespons, wo die Guckindiewelts vorhanden sind?› Der Angebrüllte, mit seiner stattlichen gebauten Behaarung, mit seinem brillanten Fernstecher und seinem tollkühnen Geruchsorgan entgegnete laufenden Jahres: ‹Ich wähnte sie in der Mutter Schoß.› Dann reckte er sich in die Höhe, preßte seinem Eheweib den Arm und stellte seinen Daumen auf die Hinterfüße. ‹Reichliche Wonnen, aber, ich flehe dich an, keine Hyperbeln heutigen Tags in der Nacht beim Hopser.› Dann schlüpfte er in das Leibchen, stülpte den Dreispitz aufs Haupt und stürzte aus dem häuslichen Herd.»

Ich hatte es gleich gesagt, ich hatte es gleich gesagt. Und jetzt weiß ich auch, warum den Söderström seine liebe Braut verlassen hat. Er hat ihr bestimmt seine Liebesbriefe nach dem Lexikon geschrieben. Und da er es liebt, ihre Gliedmaßen einzeln zu besingen, so kann ich mir ungefähr vorstellen, was da herausgekommen ist.

Wie sie starben

Das dicke kleine Buch, um das es sich hier handelt, ist bei Gottlieb Friderich Jenisch in Stuttgart, Franckfurt und Leipzig 1753 erschienen und hat einen Titel, der sich, wie es in jener Zeit üblich war, über die ganze Seite erstreckt. Man erfährt aus ihm, daß in den folgenden 900 Seiten die «Seeligen letzten Stunden von 31 Personen» geschildert sind, «so unter des Scharfrichters Hand gestorben: Vor der Welt, als Kindes- und andere Mörder, Duellanten, Jauner, Diebe, Mordbrener, Viehisch-Unzüchtige, und Militar-Verbrechere; vor GOtt aber, als in dem Blute JEsu gerechtfertigt und abgewaschene, oder doch gnadenhungrige Seelen.»

Geschrieben haben es die jeweiligen Seelsorger, die um die Verurteilten zuletzt bemüht waren. Wenn Ludwig Thoma einmal gefragt hat, wie solch ein Mann es fertigbringe, die Mordtat des Staates mit den Lehren seiner Religion in Einklang zu bringen – hier würde er, wenn auch keine Antwort, so doch eine grauenerregende Demonstration finden.

Das Schema, nach dem verfahren wird, ist folgendes: Der Geistliche kommt zu der verurteilten Person und befragt sie zunächst um ihre Sünden (in irdischer Beziehung), dann setzt er ihr auseinander, daß sie mit diesen ihren Taten auch gegen die göttlichen Verbote verstoßen habe, und beginnt zu beten. Zwanzig Druckseiten, dreißig Druckseiten werden in den Berichten mit Sätzen gefüllt, die man nicht lesen mag, weil sie in langweiliger Wiederholung göttliche Namen, Bibelfloskeln und Psalmenbruchstücke enthalten. Manchmal sind die herzigkindlichen Antworten und Fragen des Opfers mit angegeben.

Aber das ist ja alles nicht wahr: denn die armen Dienstmädchen, die ihre Kinder in die Mülleimer steckten, und die Mörder, die nach unseren Rechtsbegriffen wohl meist Totschläger waren, werden in den letzten zehn Tagen kaum noch gewußt haben, was sie vor Angst brabbelten. Oder sie mögen zynisch und kalt geblieben sein bis zuletzt. Aber das ist in dem Buch nicht vermerkt. Alle sind als arme, aber von Jesu begnadigte Sünder in die selige Ewigkeit übergegangen. Amen.

Was uns fesselt, ist also nicht der endlose Monolog des Geistlichen mit einem, der schon nicht mehr zuhörte, weil er längst etwas Schlimmeres war als nur tot. Uns interessiert: Was haben sie getan? Wie sind sie gestorben?

Folgen wir den Berichten, so müssen die Verbrechen sehr uninteressant gewesen sein. Mörder, Kindermörderinnen, Deserteure. Die Darstellung beschränkt sich darauf, kurz und aktenmäßig anzugeben, was die Leute verbrochen hatten.

Aber wie starben sie? Je nachdem man sie hinrichtete. Einer, «welcher sich in Potsdam vor dem berlinischen Thore wider GOtt auf eine mehr als Sodomitische Art versündiget hatte, und deßwegen gefänglich eingezogen war, auch nach Urteil und Recht lebendig verbrannt werden sollte», bewies bis zuletzt eine Ruhe, die man nur begreift, wenn man die Verlogenheit derartiger Berichte kennt. Dieser «herzlich und rechtschaffen bekehrte Andreas Lepsch, so um viehischer Unzucht willen das Leben lassen» mußte, hat angeblich überhaupt kein Zeichen der Furcht von sich gegeben. «Als wir nun zuletzt mit ihm an der Gerichts-Stätte gebetet hatten, und der Scharffrichter ihn mit gebundenen Händen zum Scheiterhauffen führen wollte, fragte ich ihn: Wie ist Euch? Antw. Recht wohl! Fr. Wo werdet Ihr nun hingehen? zum Leben oder zum Tode? Antw. Ich gehe zum Leben, denn Jesus Christus ist in mir. Als er nun an den Pfahl angebunden war, fragte ich ihn zu allerletzt: Andreas, wie ist Euch? Antw. Recht sehr wohl! Fr. Wer hat Euer Herz? Antw. Mein Herz ist bey dem HErrn JEsu. Darauf war der Scheiterhauffen angezündet, und dise begnadigte Seele ging zu Christo ihrem Erlöser.» Das war der Pastor Schubert und der Sodomit Lepsch, und man soll sie niemals auf eine Stufe stellen.

Und es war am 18. September 1738, da der Soldat Christian Friedrich Ritter nach seiner Bekehrung ein herrliches Ende nahm, maßen man ihn von unten auf räderte. «Seine Arme und Füße streckte er selbst aus. Die Augen aber tat er zu, ohne Zweiffel darum, damit er sein nach der Seligkeit recht brennendes Herz desto besser für allen Zerstreuungen bewahren möchte. Der Scharffrichter meynete er thäte solches aus Furcht, und sagte daher zu ihm, er solle sich nicht fürchten, und seine Augen nur aufthun, der sel. Ritter schlug dann seine Augen ganz frölich auf, und sprach zum Scharffrichter: O ja! Ich darf meine Augen wohl aufthun: Denn ich sterbe in JEsus Nahmen. Dises waren seine letzten Worte. Darauf gieng sofort die Exekution an, mit welcher man zugleich zu singen anfieng. Wenn ich einmal soll scheiden, so scheide nicht usw. Er empfieng etwan 17. biß 18. Stöße mit dem Rade und gab hiermit seinen Geist auf.» Man denkt an Goya und alle Schrecken der Welt. Es ist sicher nicht Hohn, das mit den geschlossenen Augen. Der Pfaffe mag immerhin geglaubt haben, daß der Mensch nicht ohnmächtig war, sondern der Bekehrung bedurfte. Aber daß sie ein schönes Lied sangen, das war Berechnung: denn das gräßliche Brüllen mochte wohl im Gegensatz zu den öligen Worten der Priester gestanden haben.

Rührend ist der Soldat Blühdorn gewesen. Dem zerstießen sie auf dem Rad erst Arme und Beine, was er «gedultig» über sich ergehen ließ und «ohne ungedultiges Schreyen». Dann wurde er, noch lebend, aufs Rad gelegt. Dann ein unglaubliches Bild: «Die Herren Prediger traten wechselweise zu ihm hinauf auf eine Leiter mit ihm zu beten usw. und das Rad mußte ihnen da gleichsam zur Canzel dienen, indem sie auch das Volck zu einer gründlichen Buße und rechtschaffenen Bekehrung ernstlich ermahneten. Der arme Sünder betete noch immer mit lauter Stimme und sang darzwischen, da ihm bißweilen von dem Prediger das Gesangbuch vorgehalten wurde, und man sahe, wie er sich dazu bequemte, indem er den Kopf in der Höhe zu halten mit dem zerbrochenen Arm bemühet war.» Dann marschierten seine Kameraden ab, und am Abend gab noch einmal der Garnisonprediger eine Freivorstellung am Rad. Er betete ständig. Einmal brüllte Blühdorn um Wasser. Der Pfaffe verwies ihn auf den dürstenden Heiland. Schließlich setzte man durch – ein Läufer wurde an den König geschickt –, daß er erwürgt wurde. Er hat siebzehn Stunden auf dem Rad gelegen. Der Prediger Grothausen, «so bey des Malificanten Ende gewesen», hat es uns selbst berichtet.

Der Rührendste von allen aber ist der Obrist Wartmann gewesen, der im Schwäbischen anno 1721 hingerichtet wurde, weil er seinen Wirt, den Herrn Zillhaardt von Beylstein, mit der Pistole erschossen hatte. Der Mörder ging nach der Tat, so schnell als es seine Gichtbeine erlaubten, in das nächste Dorf; er wollte über die Grenze, nach Württemberg – aber schon waren sie ihm auf dem Hals, fingen ihn und steckten ihn in Arrest. Er wurde zum Tode verurteilt. Der Ortspfarrer beschreibt auf den 76 Seiten genau die Wirkungen des langwierigen Verfahrens auf den Delinquenten, das Todesurteil, die responsa der Juristenfakultät und all das. Sie führten fromme Gespräche – tagelang, wochenlang.

Und dann kam der letzte Nachmittag. «... fiengen wir wieder an zu discourieren; der Obriste nahm mich endlich auf eine Seite und fragte mich: Ob der Scharffrichter schon hier wäre? Ich sagte: Nein! Aber er wird bald kommen. Der Obriste sprach: Ich möchte gern selber mit ihm reden, wann ich anderst Erlaubnuß hätte.» Dem Pfarrer schien dies mißlich – was er denn von ihm wolle? Er wolle sitzend hingerichtet werden, und auf ein Zeichen, «dieß solle geschehen durch Ausruffung des Nahmen JEsu». Aber sie brachten ihn davon ab, und schließlich konzedierte er: «Nun dann, so mag er zuhauen, wann ich den Hals über sich recke.» Und dann kam die Nacht und viele Gebete, und es steht nicht in dem Bericht, daß der Obrist Wartmann weich geworden sei. Und der Himmel wurde grau und hell und «endlich so wurde es sowohl vor unserer Stuben, als auf der Gassen, ziemlich laut und die Leute fiengen an, sich zu versammlen, man ließe mir auch andeuten, wir sollten uns zu dem Ausgang parat machen». Und was nun begann, ist das Merkwürdigste und Ergreifendste des ganzen Buches.

Der Mörder fing an, auf eine naive und täppische Art sich noch ein paar Lebensminuten zu verschaffen. Er trödelte herum, er suchte nach allerhand Vorwänden, um noch sechzig Sekunden weiterleben zu können. «Mein GOtt! es ist noch finster und nichts zu tun, wie leicht könnte von dem Scharffrichter ein Miß-Streich geschehen! es hat geheißen, um vier Uhr soll es erst angehen, man wird mich ja nicht übereilen!» Er wußte schon, daß die «Gutsche» vor dem Tor stand, und wollte noch nicht einsteigen. Da war noch sit venia verbo etwas zu erledigen, und bei dieser Gelegenheit gelang es ihm, mit dem Scharfrichter zu sprechen. Sitzend und auf das verabredete Zeichen wollte er hingerichtet werden. Dann kam er zurück und fiel zum erstenmal um. Sie trösteten ihn. Darauf suchte er seine Schlafmütze zusammen, schob sie in seine Tasche und brach auf. «Behüte Euch GOtt alle miteinander!» sagte er zu den Zuschauern, die an der gegenüberliegenden Kirchhofsmauer standen. Er wollte zu Fuß gehen, aber sie schlugen ihm diesen Wunsch ab, bei dem er sicherlich seine zwölf Minuten profitiert hätte. Und als er im Wagen saß, «ruffte er dem Knecht selber zu, er solle ganz gemach fahren». Seine Hand war eiskalt, aber er fragte doch noch, wem der Wagen, die Pferde und die Knechte gehörten und wo man ihn beerdigen würde.

Und Menschen setzten einen Menschen auf das Stühlchen, und der Name JEsu wurde öfters als in einer Kirche ausgesprochen, und bevor sie ihn töteten, versprachen sie ihm die ewige Seligkeit. Den letzten Juni 1721, früh zwischen drei und vier Uhr.

Café-Kultur

«Daß das wahrhaft Gute sich immer durchsetzt, dafür liefert einen eklatanten Beweis das ... Café, welches sich trotz der Hochflut von Neuerscheinungen dauernd in der Gunst des Publikums auf dem Berliner Westen behauptet. Und dies kann auch bei der Originalität dieses Cafés kaum Wunder nehmen. Man empfindet immer wieder die wohltuende Wirkung abgetönter Beleuchtung, stilvoller Dekorationen und all dessen, was eine gediegene Innenarchitektur anregend und doch maßvoll geschaffen hat. Speisen und Getränke entsprechen der Fashionabilität des Lokals. Über dem ganzen schweben die Harmonien der Musik eines ..., eines Meisters fein anregenden Stils, während jeden Nachmittag der aus Rußland engagierte berühmte Geigenkünstler ... konzertiert. Inmitten dieses Milieus von nobler Ästhetik und wonnigem Behagen bei einer exakten Bedienung der nach Art der Pariser Boulevard-Cafés gekleideten Kellner seine Melange zu schlürfen, ist ein wahrhaft kultivierter Genuß. Und so hat sich denn auch das ... Café zu einem bleibenden Rendezvous der Leute von Geschmack in Berlin W. herausgebildet.»

Das ist eine Annonce, und das sind Phrasen. Gut. Aber ein Lokal, in dem man eigentlich nur etwas zu essen und zu trinken bekommt, wird wirklich von den Leuten von Ungeschmack so echt empfunden, wie es das Reklamegeschwätz unecht ausdrückt. Das Café hat in dieser Stadt eine ganz eigentümliche Entwicklung durchgemacht. Was es in Wien ist, weiß man, und wir Norddeutschen haben wohl von München gehört, daß Schriftsteller oder Schauspieler dieses oder jenes Café bevorzugten. Hier kannten wir dergleichen früher nicht. Es gab wohl eines, dessen Besucher auch nach außen hin nichts unterließen, um ihre inneren Fähigkeiten zu dokumentieren, aber im großen und ganzen hatten wir doch mehr Konditoreien, artige kleine Räume mit roten Samtmöbeln, in denen sich Liebespaare trafen, küßten und einen Apfelkuchen verzehrten.

Heute ...! Heute sind wir so weit gekommen, daß der Berliner, der abends zu Hause bleibt, nächstens noch polizeilich bestraft wird. Man geht aus. Und die Psychologie der Ausgeher ist merkwürdig und unverständlich, wie ihr ganzes Gehaben. Das Café, das immer phantastischere Namen bekommt – wir haben schon ein Luxus-Café –, wird von diesen Menschen wirklich als ein sympathischer Kulturträger der Moderne empfunden. Nicht wahr, da ist ein rauchiger Raum, mehr oder weniger bunt, denn auch das gute Kunstgewerbe hat sich der Cafés angenommen, und meist sind sie hübsch und aufdringlich eingerichtet, dicke Rauchschwaden ziehen durch die Luft, hinten schnarrt und quiekt eine Kapelle, es riecht nach Bier, Kaffee, Speisen und vielen menschlichen Parfums. Ich habe eine Menge Cafés gesehen, solche mit Brillantenschiebern und Kokotten und einem biederen Künstlerpublikum und solche mit ausschweifenden Bourgeois und mit Ladenjünglingen und ihren Verhältnissen ... Ich habe nie begreifen können, was die vor Langeweile glotzenden Besucher in diesen Räumlichkeiten wollten. Wahrscheinlich muß man einmal unter Menschen sein und sich den Wind der Großstadt um die Nase wehen lassen, und überhaupt etwas sehen, wofür der Berliner einen ungemein bezeichnenden Ausdruck geprägt hat: den Betrieb. Betrieb ist etwas Undefinierbares, erinnert leicht an das geschäftsmäßige Gebaren in einer Fabrik und faßt das Café wohl nicht zu Unrecht als Amüsier-Werkstatt auf. «Da ist ein mächtiger Betrieb» – das heißt: da gehen viele Leute hinein, kommen viele heraus. Das Ganze ist etwas lärmend, laut, knallig und durchaus nicht sehr wohlfeil. Die Caféhausbesitzer plakatieren geradezu: «Stimmung! Humor! Betrieb!» Es ist verwunderlich, woher sie das vorher so genau wissen. Sie wissens, weil der Berliner, gehorsam, wie er ist, sich sogar seine inneren Gefühle oder das, was er dafür hält, durch ein Reklameschlagwort oktroyieren läßt.

Aber wenn man schon oktroyiert: vielleicht reden wir dem Berliner noch das Heim auf? – Das eigene Heim ... wie er seine Mietswohnung zu titulieren beliebt? – «Heut gehn wa nich nach Hause, – heut gehn wa nich zu Bett ...!» – Passé, meine Lieben, passé! «Man» bleibt jetzt wieder zu Hause, in der letzten Zeit! – In England, die feinsten Leute, alles zu Hause! – Und ich bin überzeugt, wenn einmal *die* Mode aufkommt, die dem Berliner auferlegt, zu Hause zu bleiben, weil das schick sei, – er bekommt es fertig, sich um einen fingierten Kamin zu placieren, ein Buch hervorzuholen und gemütlich zu Hause zu bleiben. Das wäre der einzige Weg, ihn daran zu erinnern, daß er auch eine Wohnung besitzt. Und es steht zu hoffen, daß er an ihr so viel Geschmack gewinnen wird, daß er auch noch zu Hause bleibt, wenn es wieder schick ist, auszugehen.

Vom alten Stamm

So heißt eine Sammlung, die der Jüdische Verlag in Berlin herausgegeben hat. In dem kleinen Bändchen sind so allerhand Geschichten zusammengestellt, und wenn sie auch nicht formvollendet sind, so geben sie doch ungefähr einen Begriff vom jüdischen Wesen. Wers kennt, weil er selbst Jude ist, wird lächeln, hier in kleinen, anspruchslosen Geschichten meistens auf lustige Art das wiederzufinden, was er schon immer gewußt hat. Die Trambahngeschichte, die in dieser Nummer steht, ist aufschlußreicher als alle Chamberlains. Wie da nichts getan, sondern nur geredet wird! «Einen Fahrschein!» sagt der Schaffner. «Ich höre!» sagt der Fahrgast, aber das ist auch alles. Bezahlen? Nein, aber in dem darauffolgenden Gezänk wird der Schaffner kritisch gewertet –: «Sieh mal an, hat sich einen Messingknopf aufgesteckt und kommandiert!» Das ist so jüdisch: dieses Hindurchsehen durch alle Begriffe, die sich der Mensch erst selber gemacht hat. Der Jude läßt sich nicht schrecken: er sieht durch alle Löcher das Menschliche schimmern und sagts auch. Und all das geht unter ständiger Selbstkontrolle und Selbstironie vor sich. Mitten in der ärgsten Schimpferei sagt der Kutscher: «Weißt du was? Soll sie der Teufel holen mit ihrer ganzen Trambahn. Gib lieber Tabak her, wenn du welchen hast!» Und vergessen ist der unflätige Radau; was sich liebt, das neckt sich; es kommt ihnen selbst schon komisch vor. Und dies scheint der Vorzug und der große Fehler dieses Volkes zu sein: es kommt ihnen selbst schon komisch vor. Sie sind nicht fähig, simpel und eindeutig eine Sache durchzudenken; sie schweifen ab, sie sind überscharf, sie sehen auch alle Nebenumstände mit, nichts entgeht ihnen – außer dem gewünschten Resultat, das nicht so lange gewartet hat, und das der Arier oft genug ohne Analyse einheimst. Sie wissen schon immer, sie nehmen alles nicht mehr so ernst, weil sie es zugleich von vorn und von hinten sehen, und das ist eben auch wieder ein Vorzug. Sie sind skeptisch, vorsichtig, bewußt. «Daß man sich durch dergleichen bürgerliche Tugenden nicht viel beliebter macht als Ratten und Mäuse, ist allerdings selbstverständlich», sagt Busch. Und kurz und gut: all das und noch viel mehr könnt ihr in den kleinen Bändchen lesen. Sie seien bestens empfohlen.

Erotika

Der preußische Staat ist grade dabei, die erotische Literatur wieder aus der Baisse in die Hausse zu treiben. Die Sittenschutzleute laufen herum und konfiszieren abwechselnd Büstenhalter, Faust und den Boccaccio, manchmal aber auch Gummiwaren und ein bißchen Tizian. Und das Interesse für die Ware, die der Buchhändler dem guten Kunden zwinkernd im Privatkontor vorzulegen pflegt, wird wieder gesteigert.

Ich glaube, der Hauptreiz der erotischen Literatur liegt in ihrer Unbekanntheit. Je weniger einer davon kennt, desto mehr ist er hinter diesen Bänden her. Nachher legt sich das. Er lernt dann unterscheiden, daß es zweierlei Arten gibt. Erstens: Kunst, die sich einen erotischen Stoff hergenommen hat. Die ist selten; das Wesentliche davon hat Franz Blei (den man nun aber nicht immer und immer wieder als Erotiker abstempeln soll) auf eine sehr graziöse, Eduard Fuchs auf eine sehr ungeschickte und klobige Art gesammelt. Es ist nicht allzuviel: unter den Malern an erster Stelle Klimt und Zichy; die Wortkunst der Erotik steht in den «Opalen» und im «Amethyst».

Zweitens gibt es, sagen wir, Gebrauchsgegenstände.

Ein Handwerker sagte mir einmal trocken: «Sowat braucht man eben manchmal», und damit hatte ers getroffen. Ob das nun Aktfotografien sind oder etwas gradlinige Dinge, Terrakotten oder japanische Holzschnitte – man bekommt das sehr schnell über, und schließlich interessieren nur noch die kleinen Menschlichkeiten, die Environs solcher Atelieraufnahmen und dergleichen. Aber nachher schwindet auch das, und im Kriminalmuseum des berliner Polizeipräsidiums verweilten wir nur einen Augenblick vor den alten Bildern von 1880, wo die Damen noch die Kleidung unserer Großtanten trugen, Puffärmel und biedere Kapotthütchen. Der Rest der Bilder kontrastierte dann einigermaßen.

Aber letzten Endes sind das doch alles Kindereien. Kleinpaul hat einmal sehr gut bemerkt: «Die Menschheit ist liebestoll. Man kann nicht umhin, ihre ewig auf das Geschlechtliche gerichtete Phantasie halb krankhaft, halb lächerlich, am Ende langweilig zu finden. Das Männliche, das Weibliche will ihr gar nicht mehr aus dem Sinn: sie kann keinen Stiel und kein Loch sehen, ohne daran zu denken.» Man sollte, wie Chesterton will, nicht mit Gegenargumenten irritieren, sondern den Gesichtskreis erweitern und zeigen, daß es etwas Reineres, etwas Erfrischenderes außerhalb der erstickenden Atmosphäre gibt. Aber ob sich grade der Trinker zum Abstinenzlerhirten eignet, ist fraglich, und wir kleben schließlich alle an der Erde. Zur Höhe des lieben Gottes können wir uns nur aufschwingen, wenn wir als Normale einen Masochisten beobachten. Das ist das Tollhaus, denn wir empfinden nicht, warum der wimmert, der Zweck seiner Übungen ist uns dunkel, und wir habens leicht, ihm gutmütig auf die Schulter zu klopfen: «Du guter, alter Narr!» Und es ist schrecklich, sich auszudenken, daß uns auch wieder einer, bei dem Wohlbefinden und Fortpflanzungstätigkeit nicht verknüpft sind, auf die Schulter klopfen und sprechen könnte: «Guter, alter Narr!»

Es empfiehlt sich vielleicht, mit den Eroticis nicht gar so feierlich zu verfahren. Ich habe eine ganze Menge, aber sie sind eingestaubt, und wenn nicht ein Freund sie besichtigen will – ich ziehe sie kaum noch hervor. Ich denke da immer an die kleine Geschichte, die Albert Moll erzählt hat: In seiner Schulzeit trieb ein Buchhändler sein Unwesen mit pornographischen Büchern; um den Ankauf zu erleichtern, setzte er den Jungen auf die Rechnung die Reden des Isokrates. Wir haben alle einmal Isokrates gelesen, aber man muß nicht zeitlebens bei der Jugendlektüre stehenbleiben. Die soll man getrost den Sittlichkeitsvereinen überlassen.

Demonstranten-Briefe

«... Am Vorabend eines Krieges! Er wird, er muß kommen! Dafür werden wir schon sorgen. Gestern abend haben wir den Anfang gemacht – mit einer Demonstration! Es war glänzend! Entblößten Hauptes sind wir zwei und eine halbe Stunde in der Stadt herumgezogen und haben gelärmt wie Tollhäusler. Herrlich! Ich habe persönlich ein Hoch auf den Krieg ausgebracht, unmittelbar vor dem Kanzlerpalais. Ich hoffe, er hat es gehört. Er *muß* jetzt kommen, der Krieg. Du ahnst gar nicht, wie ich mich darauf freue. Ich höre schon den Donner der Kanonen von ferne in meinen Ohren; mein geistiges Auge sieht schon das Schlachtgewühl: Reiterattacke, die Säbel sausen, gespaltene Schädel, spritzendes Blut, quellende Eingeweide ... Herrlich! Großartig! Welchem Patrioten schlägt das Herz nicht höher, wenn er sich vorstellt, wie Deutschland so einmal wieder kriegerischen Lorbeer pflückt.

Ach, was gibt es Schöneres als den Krieg?! Faul und matt sind wir geworden durch den langen Frieden. Stickig und schwül ist die Luft ... Nun aber soll es kommen, das erlösende Gewitter, reinigend, beglückend. Gewiß, es wird Opfer fordern. Aber – süß und ehrenvoll ist es, für das Vaterland zu sterben! ... Wer wollte zögern, wenn die Stunde der Entscheidung schlägt? ... Frisch auf, mein Volk, die Flammenzeichen rauchen! Vorwärts immer, rückwärts nimmer! Deutschland, Deutschland, über alles –!

Leb wohl, ich kann nicht mehr.

Dein begeisterter

Emil.

(Landsturm ohne Waffe)»

1918

Etwas vom Humor

Beim alten Schopenhauer steht, wie alles, so auch das: «Denn näher betrachtet, beruht der Humor auf einer subjektiven, aber ernsten und erhabenen Stimmung, welche unwillkürlich in Konflikt gerät mit einer ihr sehr heterogenen, gemeinen Außenwelt, der sie weder ausweichen, noch sich selbst ausweichen kann; daher sie zur Vermittlung versucht, ihre eigene Ansicht und jene Außenwelt durch die selben Begriffe zu denken, welche hierdurch eine doppelte, bald auf dieser, bald auf der andern Seite liegende Inkongruenz zu dem dadurch gebrachten Realen erhalten, wodurch der Eindruck des absichtlich Lächerlichen, also des Scherzes entsteht, hinter welchem jedoch der tiefste Ernst versteckt ist und durchscheint. Fängt die Ironie mit ernster Miene an und endigt mit lächelnder, so hält der Humor es umgekehrt.» Das ist keine Kathederdefinition eines Pedanten, sondern die tiefste Erkenntnis eines Stoffes, der alle lachen und so wenige nachdenken macht. Das ist seine Erklärung. Das ist Humor.

Die nordischen, die germanischen Völker haben Humor – die Engländer zum Beispiel einen grotesken (den der ernsthafte Deutsche leicht albern findet, was er aber nicht ist); jener englische Humor macht sich über das menschliche Gehirn und seine Funktionen lustig und schlägt die gedankliche Abstraktion mit der platten Nüchternheit der realen Welt. Das ist nichts Ausgedachtes – jeder gute Clown beweist es immer aufs neue.

Wir Deutschen haben Humor – ja, man kann fast versucht sein, zu sagen, deutscher Humor, das sei fast ein Pleonasmus, so wie deutsche Musik. Und beinahe ist es in der Tat auch so.

Doch haben wir nicht viele Humoristen. (Der oben zitierte alte Herr: «Demgemäß heißt heut zu Tage ein Humorist, was ehemals ein Hanswurst genannt wurde.») Jeder Humorist ist ein Philosoph, und ein solcher arbeitet nicht schludrig. Gerade er muß das feinste Gefühl für die Form haben, für die

Sprache – und er muß nicht nur fühlen, er muß auch arbeiten können. Daher sind in der Kunst die Humoristen so selten.

Nun gibt es aber – wie in der Lyrik – ein Naturburschentum des Humors, das mit Kunst nur sehr mittelbar etwas zu tun hat, insofern sein Niederschlag aufgeschrieben wird wie ein literarisches Kunstwerk auch. In den meisten Fällen wirds aber gar nicht aufgeschrieben.

In Walter Rathenaus «Reflexionen» stehen zwei gute Seiten, auf denen er sagt, daß der Mann des Lebens überhaupt nicht schreibt. (Wenn ers einmal tut, belügt er sich meist.) Er schweigt und lebt. Taut ihm aber einmal die Zunge auf, in einer gemütlichen Kneipstunde um einen runden Tisch herum, am Kaminfeuer, unterwegs auf einer stillen Wanderung zu zweien – dann kommen Köstlichkeiten ans Tageslicht, von denen sich der Literat nichts träumen läßt. Behaglich Tiefgeschautes, lächelnd Beobachtetes, schmunzelnd Festgestelltes. Und abermals: auch das ist Humor.

Wir haben uns der seltenen Fälle zu freuen, wo ein solcher Mann das aufgeschrieben hat, was er sonst – krafterfüllt und auf alles andere bedacht als auf Wirkung – seinen Freunden, mit der Pfeife in den Zähnen, zu erzählen pflegte. Solcher: das ist zum Beispiel Stefan v. Kotze; und was er erzählt hat, heißt «Australische Skizzen» (im Verlage der *Täglichen Rundschau* in Berlin neu herausgegeben). Stefan v. Kotze ist tot, berühmt ist er nie gewesen. Man darf ihn auch gar nicht literarisch werten; das verträgt er weder, noch kommt man ihm damit einen Schritt näher. Und doch strotzt er von Leben, und doch ist er ein Humorist.

Es sind einfach kleine Skizzen, Geschichtchen, lose Schilderungen Australiens der achtziger und neunziger Jahre. Kotze hat verteufelt wenig von Nationalökonomie und Prinzipien der Geschichte, von Geographie und Geologie gewußt, und vielleicht hat er auch nicht daran «geglaubt». (Denn mit manchen Wissenschaften ist es wie mit dem Schwimmen: man muß daran glauben.) Er erzählt einfach so hin. Aber was ist für ein Saft und für eine Kraft in diesen kleinen Dingern!

In anekdotengespickten Aufsätzen macht er sich daran, das Leben und Tummeln fremder Menschen im fremden Erdteil zu ergründen. Was ihm sofort und zuallererst auffällt, ist das Getue. (Gustav Wied: «Der Mensch unterscheidet sich vom Tier hauptsächlich durch sein Getue.») Wie die einfachen Cowboys ihre eingefleischten Sitten haben, wie sie spucken und wie sie sprechen, das hat er ihnen trefflich abgeguckt. Obgleich, nein, weil er von außen kommt, ist ihm die Komik ihrer ernst gemeinten Tätigkeiten aufgegangen. Jahrzehntelang treiben sie ihr Spiel, immer mit denselben Gebräuchen, denselben Worten, denselben Gedankenverbindungen und denselben Regeln. Und dann kommt einer und schöpft die Sahne ab: und wir müssen lächeln. Und spüren bei jedem Wort: das ist humoristisch, weil es so lebensecht ist.

Da ist eine Geschichte von einer Känguruhjagd – mir kullern noch jedesmal die hellen Tränen heraus, wenn ich das lese. Die Sache fängt ganz vergnügt an, die Reiter reiten aus, das Wetter ist gut, das Wild ist da; aber allmählich geht das Ding schief, der «alte Mann», wie das Känguruh dort genannt wird, boxt beinahe den Herrn Viehstationsvorsteher zu Tode, es wird mit Mühe erlegt, ein Pferd geht durch, eins bockt, und schließlich rast die unvermutete Flut das bisher ausgetrocknete Flußbett herunter und verschlingt: Frühstück, Hunde, wahrscheinlich einen Nigger und die Hoffnung aufs Nachhausekommen. Und wie nun alles in die Binsen gegangen ist, wie auch nicht eine Sache bei dem ganzen Jagdausflug geklappt hat, da – «Der Vorsteher blickte wehmütig auf das wirbelnde Wasser. Dann drehte er sich langsam im Sattel um und sagte, ehrfurchtsvoll seinen Hut hebend: ‹Gott segne dieses Land!›» Das ist Humor.

Und es gibt eine andere Geschichte von einem, der von einem Baum halb totgeschlagen wurde, aber eben nur halb, und er warf seinen Lasso nach seiner Flinte, die ein paar Fuß davon lag, und er bekam sie nicht. Und dann kamen die großen Ameisen … Und so fanden sie ihn denn. Der Kutscher, der Kotze das erzählt, zeigt ihm auch das Grab. Und Kotze liest: «‹Tantalus. 15.12.1890.› ‹Tantalus?› wiederholte ich erstaunt. Der Alte schmunzelte. ‹Und da ich ihn nicht selbst kannte, so schnitt mein Passagier das ausländische Wort da in die Rinde. Das wäre sein Familienname, sagte er. Aber er grinste dabei, und ich glaube, er hat mich aufziehen wollen. Haben Sie je so einen Namen gehört?› setzte er hinzu, mit der Peitsche knallend. Ich klammerte mich vorbereitend an die Lehne meines Sitzes. ‹Ja›, antwortete ich leise. ‹Das ist sogar eine sehr weit verbreitete Familie.›» –

Wem es da nicht den Buckel herunterläuft, dem ist nicht zu helfen. Und auch dies ist Humor.

Und Humor ist es, die tausenderlei Arten des Fluchens (im Englischen eine Art Eintrittbillet für das Fegefeuer) so pedantisch und scheinbar gewissenhaft zu schildern. «Er fluchte wirklich schön. Und offenbar tat es ihm wohl.»

Und Humor ist es, in all dem herzbrechenden Jammer, den das Wort Australien einschließt – die Menschen quälen sich und rackern sich ab, eigentlich nur, um sich auch weiterhin abquälen zu dürfen –, fast sachlich und bis zum Symbol gesteigert, still den Werdegang eines Buschreiters, eines Arbeiters festzustellen. Der Ritt, den ein Goldwäscher alljährlich mit gefüllter Brieftasche in die Stadt unternimmt, in die Freiheit, aber nicht an der nächsten Buschkneipe vorbeikommt, aus der er am nächsten Tage zerschunden, verkatert und mit leerem Beutel herausfliegt, das ist mehr als eine Allegorie.

Stil hat Kotze gar nicht. Wenn er bewußt spaßig sein will, erinnert er an den barocken Humor der Romantiker – aber das ist nichts. Am lustigsten bleibt er, wenn er so schnoddrig-koddrig seins hinschreibt, wie ihm der Schnabel wuchs. «Bewaffnet war er mit einem penetranten Geruch.» Oder von einem Wasserloch, in dem ein toter Ochse liegt, getrunken wird aber doch draus: «‹Geben Sie mal den Topf her!› Der

Squatter nahm das Geschirr, stieg in das Loch hinab und holte sich eine Quantität des flüssigen Düngers heraus, gerade wo ehemals der Magen des Seligen gewesen war.» Wer sich so über eine verdammte Mühsal lustig machen kann, der hat Humor.

Und Kotze war ein Mann. (Es gibt noch so einen unter den Weltenbummlern; ja nicht Hännschen Heinzchen Ewerschen, diesen Poseur der Roheit. Ich meine den Reichsfreiherrn Eugen v. Binder-Krieglstein, der sich zu Beginn des Krieges erschossen hat. Seine beiden Bücher sind im Verlage von Egon Fleischel erschienen. Sie heißen: «Zwischen Weiß und Gelb» und «Im Lande der Verdammnis».) Kotze war ein Mann und erkannte das, was in ihm war, auch bei anderen: die Kraft. Und er kannte die Frauen – nicht so die Damen, aber das Weib. Allein den Satz «Hysterie ist keine Romantik, selbst bei einem Backfisch nicht!» – den kann man sich nicht ausdenken, den muß man aus einem ganzen Leben herausdestillieren.

Er war ein Mann, und er sah. So, wenn er von dem überflüssigen Missionswesen spricht, von der Wilhelmstraße und dem berliner Assessor (ein schmerzliches Thema!) – so, wenn er vorausschaut, welch ein großer Kampf sich einmal am Stillen Ozean abspielen wird. (Diese Prophezeiung steht auch bei Wilhelm Raabe, in den «Leuten aus dem Walde».) Er war ein Mann und ein ganzer Kerl mit rotem deutschem Herzblut.

Man hat ihn zu Unrecht mit dem amerikanischen Erzähler Bret Harte verglichen. Das trifft nur die Form – manchmal glaubt man in der Tat, eine Übersetzung aus dem Englischen vor sich zu haben. Aber zutiefst in der Seele war Kotze kein Literat und kein Schriftsteller. Ihm schlug in der Brust das ewig unruhige, nie zufriedene, in Sehnsucht emporverlangende Herz des Deutschen. Und in einer Kammer dieses Herzens: da wohnt der Humor.

1919

Fratzen an den Mauern

Ihr schimpft immer so über die Kubisten – aber geht doch einmal durch Berlin! Da werdet ihr euer blaues Wunder erleben, was euch da alles von den Häuserwänden entgegengrinst! Ich kannte einen alten Feldwebel, der war die Ruhe selbst. Und wenn sich unser Kommandeur so recht ausgeschrien hatte, so ganz und gar stockheiser war vor lauter Wut und Eifer, und die Tür war hinter ihm zugeknallt, dann sagte der Weibel, still und verwundert: «Was er nur hat?» – Daran muß ich denken, wenn ich diese Plakate sehe.

Da schleichen schauerliche Gespenster mit Affenarmen einher, im Maul halten sie zwei Säbel und eine kleine Kanone, mit dem linken Hinterfuß ermorden sie eine fünfköpfige Beamtenfamilie, mit dem rechten zertreten sie zwei Regierungsbezirke, daß die Flammen nur so herausschlagen ... Da sitzen Kinder auf Särgen herum, weil kein Stuhl da ist; wilde Tatarenfratzen sehen dich böse an, weil du morgen abend um acht Uhr nicht in einen Vortrag gehen willst, und grauenhaft geschwungene Mordmesser sind noch das mindeste ... Was er nur hat?

Die Liga zur Abwehr des Bolschewismus und andere zu lobpreisende Organisationen bekleben seit Wochen die Mauern Berlins mit diesen scheußlichen Zetteln, aber ich glaube nicht, daß das irgendeinen Sinn und Verstand hat. Der Bolschewismus ist kein Bürgerbubu, den man an die Wand malt, um den kleinen Kindern angst zu machen. Diese unselige Stimmungsmache stammt noch aus der Zeit der Kriegsanleihen; ich denke, der vaterländische Unterricht hat gründlich gezeigt, daß man mit der Methode, den Deutschen für ein kleines Kind zu halten, nicht weit kommt.

Der Bolschewismus ist ein wirtschaftliches, ein politisches Problem, das ernsthaft geprüft zu werden verdient – an diese Fratzen da glaubt kein Mensch. Der Gegner der Bolschewisten wird dadurch nicht geschreckt – und der Freund lacht darüber. Jetzt sind sie dabei, das alte schauerlich-schöne Gemälde «Die Jagd nach dem Glück», eine bessere Zahnbürstenreklame, in ein Antibolschewistenplakat umzugestalten; ein Preisausschreiben ist schon in die Welt gegangen.

Wen wollt ihr überzeugen? «Die Massen ...» Ja, glaubt ihr, ihr gehört nicht selbst dazu? Glaubt ihr, ihr bedürft nicht der Aufklärung? Und wer ist denn heute – nach dem widerwärtigen Feldzug des verstorbenen Kriegspresseamts – noch so dumm, an Plakate und an allerhand Allegorien zu glauben, nur, weil sie eben gedruckt und an die Mauern gepappt sind? Höchstens die Verfertiger.

Klärt die Deutschen auf, aber macht sie nicht mit Mauerfratzen kopfscheu. Hätten die Droschkenpferde Kunstverstand – sie gingen durch. Das wäre dann eine Wirkung der Plakate. Es gibt so viele schöne Dinge anzupreisen: Klaviere, Reitsessel, Schreibmaschinen, Spielklubs und Ballokale, Syndetikon und Schlagschaum und beides in einem – muß es gerade der Bolschewismus sein?

Die Ursachen

Wie mit unserer Arbeitskraft umgegangen wurde

In den vielen tiefgründigen Untersuchungen unserer Professoren über den Krieg habe ich ein einziges kluges Wort gefunden, das die Unbeliebtheit der Deutschen im Auslande besser erklärt als ein dickleibiger Wälzer. Ein Franzose, so erzählt der Professor, habe auf die Frage, warum man uns denn allenthalben nicht leiden könne, einfach geantwortet: «Ils travaillent trop. Sie arbeiten zu viel!» – Arbeiteten wir? Wir schufteten. Und mit welchem Erfolge? Mit welchem Erfolge?

Bei den «Preußen», wie die Soldaten mit Recht in Deutschland genannt wurden, wurde unsinnig gearbeitet: unsinnig viel und unsinnig unnötig. Wenn ich im folgenden einige Kriegserfahrungen erzähle, so beschränke ich sie auf ein Mindestmaß, weil ich glaube, daß es gar nicht so sehr auf die Erlebnisse eines einzelnen ankommt – die immer zufällig sind –, sondern darauf, was unsereiner, der nicht vom Kommiß verbildet ist, mit klaren, blanken Zivilaugen im Kriege gesehen hat.

Worunter wir in erster Linie litten, das war ein unmäßiges Schreibwerk. Dieses Schreibwerk lastete wie ein Block auf aller praktischen Arbeit und lähmte sie. Es wurde viel mehr geschrieben als getan – ja, es wurden manche Dinge überhaupt nur getan, um «gemeldet» zu werden.

Ich leitete anderthalb Jahre lang im Osten eine kleine Felddruckerei –, und wir druckten für unsere Formation von 4000 Mann monatlich bis zu 23 000 Bogen Papier für Formulare. Jeder Feldwebel hatte seine eigenen Formulare, auf die er besonders stolz war, jeder Kompanieführer dachte sich extra schöne Verpflegungsbescheinigungen, Stärkenachweisungen, Rapporte und Meldeformulare aus. Kam dann nach ein paar Monaten ein neuer Mann an die Spitze, so warf er den Apparat des alten weg, und es ging alles wieder von frischem an.

Dieser «Schreibfimmel», um es einmal mit einem soldatenmäßigen Ausdruck zu benennen, hatte seinen Grund in der sinnlosen bureaukratischen Organisation, mit der alles angefaßt wurde. Die Leute waren unfähig, anders als in verwickelten Einrichtungen zu denken, sie konnten sich gar keine Ordnung vorstellen, wenn sie nicht ungeheure Verzeichnisse, Register, Meldungen und tägliche Rapporte hatten. Nun ist Ordnung eine sehr schöne und notwendige Sache – Organisation ist es auch –, aber dies war Wahnsinn, war Überorganisation.

Ich stand einmal bei den «Schippern» – da ließ sich der Divisionär jeden Tag melden, wieviel Unterstände gebaut waren, wieviel Meter Schützengraben und all das. Gut und schön. Aber sei es nun, daß er sonst nichts zu tun hatte, sei es, daß sich ein Offizier im Stab besonders beliebt und unentbehrlich machen wollte: die Meldungen wurden von Woche zu Woche komplizierter, und schließlich lagen auszufüllende Formulare vor uns, die die stramme Arbeitskraft eines gebildeten Menschen während zweier Stunden erforderten, um richtig erledigt zu werden. Was sollte das?

Dieses System hat unendlich viel Kraft und Lust verschwendet. Es fing in Berlin bei den Zentralstellen an und hörte im Graben im Bataillonsunterstand auf. Unser Terminkalender wuchs und wuchs – wir hatten bis zu hundertundfünfzig Meldungen im Monat – ich bin davon überzeugt, daß viele nie gelesen worden sind. Eines Tages – das war bei den Fliegern – kam aus Berlin von der Inspektion der Fliegertruppen ein Formular, das war – ungelogen – einen Meter lang; wir haben es nachgemessen. Es war so lang, daß wir den Nachdruck nicht auf unserer Steindruckpresse besorgen konnten und arge Schwierigkeiten hatten; es enthielt achtundsechzig Rubriken. Wem nützt dergleichen? Das war eine Ordnung, die schließlich in Unordnung ausartete.

Die Schreibsucht grassierte in allen Formationen, und je weniger sie zu tun hatten, desto mehr schrieben sie, um ihre Existenzberechtigung nachzuweisen. Ich besinne mich, daß ich manchen Federhalter bei der politischen Polizei zerkaute, um den fälligen Bericht, den Schrecken aller Dienststellen, ans Tageslicht zu fördern. Hätten wir die Wahrheit geschrieben: «Hier ist nichts los» – ich glaube, der Chef hätte uns aufgefressen. Nun, und so schrieben wir denn, wie es verlangt wurde.

Das Schreibwesen richtete sich selten nach den Anforderungen des Feldlebens und hat manchem Soldaten den Dienst zur Hölle gemacht. Ehe einer einen Zahn gezogen bekam, ehe er einen Nagel erhielt, ehe er eine Drillichjacke fassen konnte – was wurden da für Zettel aufgeschrieben und für Listen ausgefüllt! Und die «Kerls» warteten, bis ihnen die Beine steif wurden – das schadete nichts. Die Hauptsache war die schöne Liste. Und dabei nutzte das nicht einmal etwas: wollte der Offizier etwas haben, so bekam er es gleich, reichlich und ohne allen Listenkummer. Kisten wurden gestohlen, und um einen Nagel wurden Korrespondenzen geführt.

Dazu kam ein eigenartiger Erbfehler aller Dienststellen: sie hatten alle Tafeln, aus denen ersichtlich sein sollte, wo sich jedes Glied der Dienststelle – sei es Pferd, totes Material oder Mann – gerade befand. Da hingen bunt angemalte Lappen mit den gefährlichsten Zeichnungen und Quadraten und Linien, und Schemata – und es klappte natürlich niemals genau, weil man eben das lebendige Leben nicht in Schemata hineinpressen kann, und weil jede, auch die feinste Organisation nicht ganz auf das Leben herunterreicht. Aber das kümmerte die genialen Organisatoren nicht. Wenn sie nur ihre Listen hatten –!

Aus Listen allein läßt sich aber gar nichts ersehen. Das Leben triumphierte: in diesem Falle die Schiebung. Was ist nicht alles bescheinigt worden! Was wurde nicht alles registriert! Alles, einfach alles! Da sprachen sich Fliegeroffiziere die Zulage von 150 Mark monatlich zu, die ihnen nicht zustand – aber man fand irgendeinen Dreh, die Angelegenheit buchstabengerecht zu machen – da fuhren Offiziere auf «Urlaub zur Wiederherstellung der Gesundheit», weil sie dann irgendeine Fahrgeldvergütung hatten – – bescheinigt? bescheinigt wurde alles. Da hagelte es ärztliche Atteste, da regnete es Bescheinigungen, – war nur das Papier da, dann war alles in Ordnung.

Oh, wir arbeiteten! Oh, wir haben gearbeitet! Aber fragt mich nur nicht, wozu und zu welchem Nutzen! Unsere Kriegskorrespondenten und Berichterstatter konnten gar nicht genug Rühmens machen von der musterhaften Sauberkeit und Ordnung unserer Feldgrauen – ach! wenn sie hinter die Kulissen gesehen hätten! Wo hat der deutsche Soldat wirklich bequeme und leicht zu erreichende Badegelegenheit gehabt, wer von uns hat sich täglich von Kopf bis zu Fuß waschen können? Ich rede nicht von den Grabenbesatzungen in «schönen Gegenden» – die konnten es nicht, aber was wurde in der Etappe gebaut und gebaut, und wie wenig hat der Mann von der ganzen Schufterei gehabt! Kennt ihr das Schild: «Nur für Offiziere?» Ich kenne es.

Gebaut wurde immer. Ich erinnere mich noch mit Schaudern und mit Vergnügen, wie es niemals abbrach: wir konnten ein halbes Jahr, ein ganzes Jahr in einer Ortsunterkunft liegen – es wurde immer weiter und immer wieder gebaut! Wieviel Material ist da verschleudert worden! Welche Unsummen von Geld und in Deutschland so notwendigen Baumaterialien sind da draufgegangen und sind jetzt in fremden Händen! Nur damit der betreffende Kompanieführer den Inspizierenden durch «seinen» Laden führen konnte: «Dies alles ist mir untertänig!» Welch Stolz, wenn die Muschkoten wochenlang geschuftet hatten, und sich die Landschaft nun dem entzückten Auge des besichtigenden Beschauers präsentierte: kleine Gartenwege, geharkt und gekiest – alles, auch die unsinnigsten Sachen, in einer Reihe aufgebaut (wenn die Preußen einmal die Sterne in ihre Gewalt kriegen, bauen sie die auch in einer Reihe auf), und vor allem: die Birkenzäunchen! Wer entsinnt sich ihrer nicht! Was wurde aus den Birken für alberner Schmuck hergestellt! Nebenbei gesagt, waren die Dinger alle geschmacklos: diese Gartenläubchen und diese Stege, diese Bismarckbrücken und diese Pförtchen zu Ehren irgendeines Generals! Dafür war Zeit vorhanden, dafür war Arbeitskraft vorhanden, dafür waren die Kerls gut genug! Kam die nächste Formation, riß die den Plunder zusammen und baute sich etwas ganz Neues. Und so verging die schöne und große Zeit …

Dieser Wahnsinn steckt tief im deutschen Volk. Er muß herausgetrommelt werden – er hat uns unzählige Millionen in bar gekostet, und der Schade, den der Unfug der Überorganisation in unseren verärgerten und verbitterten Gemütern angerichtet hat, läßt sich zahlenmäßig gar nicht ausdrücken – so groß ist er. Es war hirnverbrannt, neben dem Maschinengewehr im Graben kleine Blumenrabatten anbringen zu lassen –

und das geschah nicht etwa, weil sich die Mannschaft langweilte. Sie langweilte sich nicht – o nein – sie ruhte sich aus ... Aber die Stabsoffiziere mußten doch einen fröhlichen Kriegsschauplatz dargeboten bekommen! Und sie bekamen ihn. Es ist hirnverbrannt, überall ein Riesenbureau aufzumachen; es ist hirnverbrannt, das Geschäftszimmer zum gefürchteten Mittelpunkt all und jeder Tätigkeit zu machen.

Haben wir gelernt? Ist die Überzeugung von der Unsinnigkeit des Militarismus schon ganz allgemein in Deutschland? Fast scheint es nicht so. Ich habe in der *Weltbühne* in den Nummern 2 und 4 bis 9 dieses Jahrganges die «Militaria» beleuchtet – und ich hatte allerdings erwartet, daß die Getroffenen aufschreien würden. Aber ich hatte nicht geglaubt, daß ihrer so viele wären. Wer meldete sich da nicht alles! Stellenjäger und Stelleninhaber, Offiziere und Etappenschweine mittleren Kalibers, sie waren alle, alle noch da. Verstehen kann man es, wenn denen unsere Kritik in die Knochen fährt: denn ihre große Zeit ist dahin. Dahin die durchtollten Nächte in den Kasinos, dahin die Befehle an den Küchenunteroffizier, dahin die gemüselosen Tage, dahin der billige Sekt und dahin die dunkeln Lebensmittelgeschäfte. Die Zeit ist wieder klein geworden, nicht wahr? Aber wir wollen aufpassen, daß sie nicht wieder groß wird – denn wir haben gesehen, wieviel Schufte in so eine große Zeit hineingehen!

Was allein für uns von Belang ist, das ist die Gesinnung. Da helfen keine Paragraphen, das wissen wir alle von unserem beruflichen Leben her. Jeder machts doch nur so, wie er wirklich will – und stören ihn Bestimmungen, dann dreht er sich die zurecht, bis sie passen.

Pflegt die Gesinnung! Wer hat sich im Kriege um den Geist der Leute gekümmert? Wer hat wirklich den Dingen auf den Grund gesehen und sich den Teufel um die Paragraphen geschert? Keiner.

Und weil wir denselben Jammer, wie wir ihn beim Militär kennengelernt haben, immer wieder und wieder auch im Zivil bei der Verwaltung sehen, deshalb rufe ich: Nieder mit der Überorganisation! Es lebe der gesunde Menschenverstand!

Max Adalbert

ist – was? Die reinste Inkarnation des neuen Berlinertums. Welch sprudelnde Hast! Welche Trockenheit! Welche Kodderschnauze!

Er ist eigentlich immer aggressiv und immer auf dem Sprunge, und seine schauspielerischen Mittel werden immer feiner und immer lustiger und immer verblüffender. Er braucht gar keine Pointen, er macht sich welche.

Zwei Augenblicke sind es besonders, die das Parkett jedesmal in ein Meer von Lachen verwandeln, in dem rettungslos alles ersäuft: seine Kräche und seine Bemerkungen à part. Das geht so vor sich. Er, Max Adalbert, der neue Urberliner aus Posen, verkracht sich mit wem. Dann nimmt er dessen Worte auf und jongliert zornig und hastig mit ihnen. «Gengans zue, Herr Schulze!» hat einmal eine Münchnerin zu ihm zu sagen, «seins doch stad!» Au backe! Gengans zue! «Sie! Vastehn Sie! Gengans zue! Ich werd Ihnen das mal zeigen, gengans zue! Ich schmeiß den Kerl raus, gengans zue!» Und kollert und tobt und kullert und rummelt – der Berliner auf der Elektrischen, das Schulbeispiel von Unsachlichkeit. Die Sache hat er längst vergessen, aber sein Mund spricht noch immer weiter und weiter. Oder er ist ein feiner Mann und arrangiert die kleinen Zufälligkeiten des Lebens hinter den Kulissen durch halb gemurmelte Bemerkungen zu seinen näheren Angehörigen. Ich habe noch nie einen Schauspieler gesehen, der in die hastig hervorgestoßenen Worte zu seiner Frau: «Geh weg!» eine solche Fülle von Heiterkeit hineinlegt wie dieser kesse Junge. Es ist die Komik Donat Herrnfelds: in Augenblicken der höchsten Spannung irgendeine kleine Äußerlichkeit heranzukriegen. Er ist das Tollste an Herz- und Gemütlosigkeit.

Wenn die ganze Familie auf dem Kopf steht, hat er doch noch Zeit, ganz schnell seiner ehelich Angetrauten zuzuflüstern: «Geh ab, du siehst verboten aus!», und der bleibt die Spucke stehn. Unvergeßlich der Ton, mit der er seiner Frau von ihrer verstorbenen Jugendfreundin vorschwärmte, die er zu heiraten leider zu unschlüssig gewesen sei ... Und auf ihren schüchternen Einwurf: «Na, laß man, du bist auch ganz komisch!» Das geht alles ganz schnell, hingehuscht, keine Zeit, keine Zeit: Berlin.

Und dazu Napoleonsblicke des kleinen Mannes, immer auf dem Posten, immer startbereit, immer mit einem Bein im Auto und mit dem andern im Telefon und mit dem dritten sonstwo. Nichts possierlicher als der Gegensatz des alten Berliners aus den Weißbierpossen und dieses Sohnes unsrer lieben Stadt. Und obgleich man sonst nichts von dem erzählen soll, was ein Schauspieler außerhalb seines Berufs tut – hier sei eine Ausnahme gemacht, weil der ganze Adalbert in der kleinen Geschichte sitzt. Als Hans Waßmann einmal grausam verrissen wurde, ganz besonders von der *BZ*, da hockte er im Bühnenklub und muckschte in einem Klubsessel und sprach kein Wort. Unfern von ihm saßen drei ernste Männer und spielten Skat, darunter auch Adalbert. Und obgleich sie genau wußten, was die einsame Träne bedeuten sollte, sprachen sie eine halbe Stunde kein Wort. Bis schließlich Adalbert, mit der Zigarre im Mund, hinüberwarf: «Na, Waßmann, wer lißt schon die *BZ*!»

Er ist immer quick und kregel und Gott erhalte ihn und uns diese Fröhlichkeit!

Buschkämpfer

Es begann so, daß im November vorigen Jahres das Faß zum Überlaufen voll war und nun überlief: der Katerschnurrbart preußischer Strammheit fiel schlaff herunter, der Kaiser floh, die Soldaten ließen Kanonen und Offizierkasinos stehen und liegen – der Krieg war aus. Revolution?

Wie, wenn es nun eine wirkliche Revolution geworden wäre?

Und damit die nicht etwa eines Tages kommen könnte – denn noch ist sie nicht gekommen –, deshalb erstand uns ein Retter, und dieser Retter ist der Antibolschewismus.

Was gibt es nicht alles! Da gibt es Arbeitsbünde und allgemeine deutsche Heimatschutzorganisationen, Osthilfevereine und Bünde zum Schutze der deutschen Kultur und Ligen zum Zusammenschluß der Volkskraftverbände – und das schießt wie die Schimmelpilze aus dem Boden und vermehrt sich wie die Karnickel, nur ohne so nützlich zu sein wie diese.

Oh, diese Vereinigungen waren nicht müßig. Sie verschandelten ganz Berlin mit derart fürchterlichen Plakaten, daß die kleinen Hunde an den Straßenecken, die mit den Plakaten geschäftlich zu tun hatten, den Blasenkatarrh bekamen: sie überschwemmen uns mit Drucksachen, sie halten Versammlungen ab und vertreiben sich auf die reizvollste Art die Zeit. Denn weiter haben sie nichts zu tun.

Wer sie bezahlt, das weiß man nicht.

Nun ginge uns das Ganze nichts weiter an, wenn es nicht eine verdammt ernste Seite hätte.

Dieses Treiben vergiftet den anständigen politischen Kampf. Dieses Blatt hier steht gewiß nicht in dem Verdacht, bolschewistische Ideen zu begünstigen, und meine Kameraden und ich haben hier immer, wenn es uns nötig erschien, kräftig auch nach links hin die Wahrheit gesagt, selbst auf die Gefahr hin, daß es dort manchen Ohren nicht gefällig erklang. Wir sind auch heute noch der Meinung, daß eine uneingeschränkte Räterepublik für Deutschland nicht das richtige wäre. Aber wir erörtern diese Frage doch sachlich. Wir erkennen an, daß die Vertreter des Rätesystems ernsthafte Politiker sind, mit denen zu reden ist, daß sie das Beste wollen und erstreben, und daß letzten Endes im Bolschewismus ein tief religiöser Gedanke steckt – der nur nicht zu verwirklichen ist. Das Ganze wird im ehrlichen Meinungswechsel ausgemacht. Aber diese anderen da –?

Sie stehen nicht an, mit den plumpsten und dümmsten Mitteln seit Monaten den braven Bürgern und auch den gutgläubigen Arbeitern in die Köpfe zu trommeln, daß jeder, der auch nur um Haaresbreite anderer Meinung sei als sie, ein Schuft wäre, ein Verbrecher, ein versoffener Lump, ein Dieb, ein Mörder und ein Plünderer – kurz: ein Bolschewist. Sie verbreiten systematisch den Glauben, daß jeder politisch Radikale eine Bombe bei sich trägt, einen kleinen Schlagring und eine Taschenkanone. Meine Lieben, das waren die Waffen des alten Systems, und es ist noch gar nicht so lange her, daß mit diesen Vorstadtmitteln solche verfolgt wurden, die da glaubten, es gäbe doch noch etwas Höheres als jenes stumpfsinnige «Durchhalten», das diesem Lande die Existenz gekostet hat.

Davon aber wollen die Antibolschewisten nichts wissen. Die schlimmsten und übelsten Fälschungen sind ihnen gerade gut genug.

Wer sie bezahlt, das weiß man nicht.

Sie predigen tagaus, tagein. Sie sind unermüdlich, Drucksachen zu verschicken, Tabellen an die Mauern zu pappen, die Leute in großen und kleinen Versammlungen zu betrügen. Denn immer mehr wird deutlich, wohin sie zielen und wen sie eigentlich meinen. Sie meinen den Fortschritt.

Pensionierte Majore und alte Beamte, denen das ein Dorn im Auge ist, daß nun endlich einmal Ernst gemacht werden soll, daß nun endlich – vor allem auf dem Lande, wo es am bittersten not tut – ein paar bevorzugten Familien das Heft aus der Hand geschlagen werden soll – diese Kreise, unterstützt durch Mächtigere, malen den Teufel an die Wand. Mit einem Bubu aber schreckt man Kinder. Keine erwachsenen Politiker.

Wer sie bezahlt, das weiß man nicht.

Und es ist eine maßlose politische Unanständigkeit, den

Gegner jeder kriminellen Straftat zu verdächtigen, ihm alle Ausschreitungen aufs Konto zu setzen, die den Umständen so sehr wie der Zeit entspringen. Es ist unwahr. So hat man seinerzeit unter dem Sozialistengesetz gearbeitet –: der Sozialdemokrat (der heute Ministerpräsident ist) wurde den schaudernden Bürgern als Säufer, als Nichtstuer und Tagedieb, als Strolch und Lumpenkerl vorgestellt. Das verbitterte, und der Erfolg war schließlich der neunte November 1918.

Wer sie bezahlt, das weiß man nicht.

Aber man ahnt es. Denn wenn Kaufleute mit neuen Waren das Land bereisen und die Straßen durchwandern, wer bezahlt dann Buschkämpfer, die die ahnungslos des Weges Ziehenden aus dem Unterholz her anzuschießen bestellt sind?

Eine alte, untaugliche, mit Recht des Landes verwiesene Konkurrenz.

Herren und Kerls

«Hallo, Tomkins!»
«Hallo, Präsident!»

In Deutschland gab es zwei Sorten von Menschen: Herren und Kerls.

Die eine Sorte hatte Pflichten, und die andere hatte Rechte. Die eine hatte es bequem, und die andere übel. Die eine nahm Bildung, gute Umgangsformen und alle äußeren Vorteile für sich in Anspruch, die andere mochte sehen, wie sie auskam. Mußte das sein?

Gefördert wurde diese Teilung durch den Militarismus, der sich tief in das Bürgertum hineingefressen hatte. Die abgrundtiefe Kluft zwischen dem Offizier und Mann griff über: es war so hübsch, die Menschheit in zwei Klassen zu teilen – hier wir, und da die anderen, und eine Brücke gibt es nicht.

Was beim Militär manchmal bis zum verbrecherischen Wahnsinn gesteigert war, das tobte sich nun im bürgerlichen Leben, wo es ging, aus: stellten sich zwei Leute vor, so streckte der eine nach dem andern seine Fühler aus, ob er auch das Abitur habe, ob er also auch zur Klasse der «Herren» gehöre, ob er auch ein Mensch sei, mit dem «man» reden könnte ... Und gnade ihm Gott, war er das nicht! Pfui! Dann war er ja ein «Kerl».

Man muß hören, wie solch ein Herr das Wort «Volk» ausspricht – wenns nicht so traurig wäre, dann wäre es lächerlich. Gehört er nicht dazu? Ist er denn nicht auch Volk? Nein, er bildet sichs wenigstens nicht ein. Denn noch herrscht in unzählig vielen Köpfen diese Bilderbuchvorstellung vom Volk, dieser ungebildeten Masse, die abends mit Kind und Kegel sauft oder grölt oder sonst etwas Gemeines treibt. Daß aber in jeder Schicht Proleten gedeihen, und Träumer und feine Menschen und Idealisten und unbekümmerte Dummköpfe, daß die soziale Umgebung viel, aber bei weitem nicht alles am Menschen ausmacht – das wissen sie nicht und wollen sie nicht wissen.

Sie wollen es nicht, denn es ist bequem, die Kerls von den Herren zu scheiden. Wir haben das ja alle Tage im Kriege erlebt: mußten die Kerls Kalbsbrägen essen? Nein, das mußten sie nicht. Es war ja auch so wenig vorhanden ... Und anstatt ihn den Kranken zu überweisen, aßen ihn die Herren, weil sie so wenig waren, daß sich das lohnte ...

Und es ist ja so maßlos einfach, die Güter der Welt nach diesem Maßstab zu produzieren und aufzuteilen: die Sahne den Herren, das Wasser den Kerls.

Ich denke, es lassen sich doch Brücken schlagen, und schlagen sie die Herren nicht –: die Kerls sind dabei, und es hat gar nichts mit Politik zu tun, sondern ist eine primäre Forderung der Demokratie, beim Brückenbau dabeizusein.

Der oberste Grundsatz: das Amt schafft keinen Unterschied. Der liebe Gott hat die Menschen wahrhaftig nicht gleich gemacht, und es wird immer so sein, daß die Stärkeren die Schwächeren leiten. Aber es seien das die von Natur Stärkeren, es seien das Leute, die moralisch oder intellektuell überlegen sind. Da es aber nicht möglich ist, daß jeder Beamtete diese Eigenschaften restlos erfüllt, da der bekannte Satz heute so lautet: «Wem Gott Verstand gibt, dem gibt er auch ein Amt!» – so empfiehlt es sich, wir täten diesen Aberglauben ab, als sei ein Oberregierungsrat ein Gott und ein Moloch und ein Briefträger eine Fußbank seiner Vorgesetzten. So gehts nicht mehr.

Das war einmal. Es mag sein, daß die Hohenzollern zu Potsdam im achtzehnten Jahrhundert einmal so regieren konnten – heute gehts nicht mehr, und es ist Pflicht jedes Demokraten, dafür zu sorgen, daß dieser preußische Untertanentyp ausstirbt, der so viel Elend angerichtet hat. Er hat seine Aufgabe mehr schlecht als recht erfüllt, und er kann gehen.

Was wir brauchen, das ist eine Arbeitsgemeinschaft freier Menschen. Die Tatsache, daß der eine dem andern sachliche (sachliche!) Vorschriften macht, berechtigt ihn keineswegs, sich nun auch als menschlich überlegen zu fühlen. Wie schwer geht das hier in die Köpfe! Wie mühsam, ihnen beizubringen, daß es keine Vorgesetzten außer Dienst gibt! Sie glauben immer noch an den «Herrn» Leutnant und sprechen immer noch von «dem» Albert Müller, der sich zu melden hat. – Die Zeit ist vorbei.

Spotten unsere Reiseschriftsteller über den Abscheu der indischen Kasten voreinander? Unsere Kasten sind weitaus schlimmer. Unsere wissen nichts voneinander, und wollen nichts voneinander wissen und glauben, der Titel «Exzellenz» sei etwas. Er ist aber nur eine Reihe Buchstaben, die zu nichts anderem berechtigt, als seine Pflicht zu tun.

Fort mit der Kluft! Warum gehts bei den anderen? Warum nicht bei uns? Einmal erzählt Holitscher die Geschichte eines Eisenbahnaufenthalts in Amerika: an der Maschine ist etwas nicht in Ordnung, und der Präsident der Gesellschaft, der zufällig im Zuge sitzt, springt an die Lokomotive und will wissen, was da vorgeht. Und sie rufen sich an, der Zugführer und der Präsident: «Hallo, Tomkins!» – «Hallo, Präsident!» – Bei uns? Du großer Gott –!

Den deutschen Militarismus werden wir wohl loswerden. Was aber keine Friedensbedingung diktieren kann, das ist der Geist, in dem wir weiter leben. Solls wieder der alte werden?

Er darf es nicht. Der verärgerte Feldwebel, dem die Felle fortgeschwommen sind, der Offizier, der heute nicht recht weiß, was beginnen – sie alle dürfen die Entwicklung nicht aufhalten. Es darf nicht deswegen gemordet werden, weil Messer da sind. Es muß in die Köpfe hinein, daß Militarismus auch noch anderswo als auf dem Kasernenhof existiert, und dieser andere ist der gefährlichere.

Wir erkennen keine «Herren» an – und wir wollen nichts von den «Kerls» wissen. Wir wollen andere Typen.

Was wir wünschen, ist, daß sich aus den beiden unmöglichen Arten eine neue entwickelt. Wir haben genug und übergenug von dem Herrn und auch von dem Kerl.

Wir erhoffen den Mann.

Geschichten

sind doch das Allerschönste, und ich kann stundenlang zuhören, wenn einer welche erzählt. Diese beiden habe ich von Gussy Holl gehört.

Als der Graf Stürgkh von Friedrich Adler beim Mittagessen in dem Restaurant Meisl & Schaden erschossen worden war, da begab sich – schweren Herzens, und bibbernd, wie ers dem greisen Kaiser beibringen sollte – ein Graf aus dem Gefolge hinaus nach Schönbrunn und traf dort den alten Herrn im Garten. Der winkte schon von weitem und war guter Laune. «Ah, grüß Gott, grüß Gott –!» Ein schwerer Fall – aber es mußte sein. Nach dem üblichen Hinundher entschloß sich der Graf. «Majestät! Ich muß Eurer Majestät eine traurige Mitteilung machen.» – «No, was denn?» – «Majestät, der Graf Stürgkh, der Graf Stürgkh – ist erschossen worden!» – «Der Stürgkh? Aber der war ja gar nicht an der Front!» – «Nein, Majestät, er war gewiß nicht an der Front! Er ist bei Meisl & Schaden erschossen worden!» Und darauf der Kaiser langsam und nachdenklich: «Meisl und Schaden? Ja – is denn das noch in unserm Besitz?»

Die andre Geschichte spielt viele Jahre vorher, in der Zeit, wo der alte Kaiser Franz Joseph noch galanten Abenteuern nachgehen konnte. Da war eine Hofdame, die er mit seinem Besuch beehrte; auch als sie dann später an einen Grafen von Soundso verheiratet worden war. Der Kaiser pflegte abends um halber neun zu kommen, plauderte oben zwei Stündchen oder drei und ging spätestens um halb zwölf wieder nach Hause. Kleine Uniform, strenges Inkognito. Nun weiß jeder gebildete Mensch, daß Wien, die Stadt der Lieder, ihren Einwohnern keinen Hausschlüssel anvertraut; sondern jeder, der nach neun Uhr ins Haus oder wieder heraus will, muß sich durch ein Sperrsechserl beim Hausmeister auslösen. Der Kaiser gab nie ein Sechserl, die Frau Gräfin schickte allmonatlich ein paar Gulden an den Hausmeister hinunter, und soweit war die Sache in Ordnung. Nun traf es sich, daß ein neuer Hausmeister in das gräfliche Haus einzog, der von diesem Abkommen nichts wußte, und als der fremde Offizier das erste Mal ins Haus und wieder hinaus wutschte, da wunderte sich der Neuling und sprach zu seinem Weib in der Hausmeisterloge: «Also bittä! Es kommt da ein Generalischer, der niemals nicht keinen Sperrsechserl geben tut. Bittä, wenn der Generalischer noch einmal zum Haus hinausgeht, so bittä ihm zu sagen: wo ist der Sperrsechserl?» Gesagt, getan. Punkt halb zwölf steigt der Offizier mit hochgeschlagenem Kragen die Treppe herunter und klingelt nach dem Hausmeister. Es erscheint die Frau: in Babuschen, mit wirren

Haaren, im Nachtjäckchen, und in der Hand eine kleine, matt leuchtende Lampe. Sie öffnet die Tür, sie krümmt die Hand ... Der General tut nichts dergleichen. Da faßt sie sich ein Herz und spricht: «Bitte, Herr Generalischer! Also wo ist –» Der Sperrsechserl, wollte sie sagen. Aber da leuchtet sie näher hinzu, ihr Blick fällt auf die so oft geschauten Züge, die Lampe zittert in ihrer Hand, und, eingedenk des fast begangenen crimen laesae maiestatis, singt sie mit Stimme Nummer drei, meckernd und doch loyal melodisch: «Gott erhalte – Franz – den Kaiser –!»

Gussy Holl hat schön gelacht, als ich sie gefragt habe, ob diese Geschichten auch wahr seien.

Das politische Plakat

«Das Plakat» (Charlottenburg, Kant-Straße 138) gibt im amtlichen Auftrag ein Heftchen heraus: «Das politische Plakat».

Mir liegt ein Brief Paul Zechs an den Herausgeber vor, worin er auseinandersetzt, was er als Chef des Werbedienstes der deutschen Republik alles gewollt und erreicht hat und nicht erreichen konnte. Die Schwierigkeiten und den besten Willen zugegeben: das sind gar keine politischen Plakate.

Wie schon einmal hier in den «Antworten» auseinandergesetzt worden ist, wiegelten diese Blätter alle ab und waren mehr oder minder für Geld i. A. angefertigt. So gehts aber nicht.

In dem ganzen sauber ausgestatteten Heft findet sich nicht ein Blatt, aus dem etwa der Haß gegen das alte Regime flammte. Das aber wäre Revolution, das wäre ein politisches Plakat. Sie setzen bieder und brav auseinander, daß man nun arbeiten müsse – und man riecht förmlich den Geheimrat dahinter, der dem Graphiker gesagt hat, was er machen solle.

So entsteht nimmermehr etwas Brauchbares und Gescheites.

Und es wirkt auch nicht. Ich persönlich halte die Verwendung Pechsteins und der Expressionisten zur Plakatverfertigung für einen Mißgriff – denn die Augen der Massen sind gar nicht erzogen, so zu sehen, und so einfach ist das schließlich nicht, aus einem Wirrwarr des Malers Richter sich erst den Mann herauszuklauben, der inmitten roter Fahnen auf ein paar umständlich formulierte Abstrakte deutet: «Drei Worte: Ungestörte Demobilmachung, Aufbau der Republik, Frieden.» Abgesehen davon, daß es Friede heißt: ehe man das begriffen hat, ist der Mond schon auf die Erde gefallen.

Das sitzt nicht. Das haut nicht. Das peitscht nicht. Und kann es das denn, wenn die Überzeugung fehlt?

Und wenn selbst die Überzeugung da wäre, wo sollte man sie denn plakatieren? Und hier kommen wir auf ein außerordentlich bedenkliches Gebiet.

Ich halte es für selbstverständlich, daß Firmen, die ein Monopol haben, keine Zensur ausüben dürfen. Sie wird aber – stillschweigend – ausgeübt. Das geht nicht und darf nicht sein. Es darf keiner, der im freien Handel tätig ist – zum Beispiel: ein Buchhändler –, gezwungen sein, dieses oder jenes Werk zu vertreiben: es darf aber auch keiner, der allein an bestimmten Stellen verkaufen darf, zensieren. Wir haben immer noch nicht begriffen, daß Litfaßsäulen und Bahnhofsbuchhandlungen dem öffentlichen Leben gehören, allen gehören, und daß die Regierung klug und weitherzig genug sein sollte, auch ihren Feinden eine öffentliche Propaganda nicht zu verwehren, die im geheimen weit wirksamer, also gefährlicher ist.

Ich glaube aber, daß es diese Widerstände aus Gummi nicht allein waren, die das politische Plakat bisher in Deutschland gar nicht aufkommen ließen und uns an seiner Statt zahme Fibelsprüche, übers Bett zu hängen, bescherten.

Uns fehlt der volkstümliche Zeichner, der hassen kann und

sie alle mitreißt: den Droschkenkutscher und den Obstverkäufer und den Eisenbahner und den geworbenen Soldaten und alle. Bei den Antibolschewisten drängen sich die Meister des Kitsches und erreichen nichts. Was müßte einer bewirken, der die Sprache des Volkes auf seinen Blättern spricht und dann noch seiner oppositionellen Überzeugung Form verliehe!

Daumier! Wo bist du? Aber ach, es meldet sich ein Berliner aus Breslau und zeichnet auch hierfür ein hübsches, gefälliges, nettes Vierfarbenplakat.

Alte Plakate

Man sollte eine Ausstellung machen: Alte Plakate. Und darin müßten alle die bunten Fetzen Papier aus der Kriegszeit ausgestellt sein, mit den vollen Namen ihrer Anfertiger und Besteller.

Die Plakate der neun Kriegsanleihen, die da Unmögliches versprachen, und die logen, logen, logen. «Die Kriegsanleihen sind sicher!» – «Die Kriegsanleihen sind bar Geld!» – «Durch Sieg zum Frieden!» – «Noch eine letzte Anstrengung!» Und dann immer dringlicher, immer hilferufender, immer großmäuliger!

Die Plakate, die da bewiesen, daß wir Belgien haben müßten, müßten, wollten wir nicht verhungern, verdursten, sterben und elend untergehn. Die Plakate, so die Verluste der feindlichen Handelsflotten – jetzt müssen wir sie bezahlen – mit schönen kleinen und großen Schiffen ausmalten und ankreideten.

Die Plakate – aber nun kommen wir in die neue Zeit, und was gestern noch ein Plakat, ist heute ein schlechter Witz: die Plakate zur Werbung für die Freiwilligenverbände, die morgen alle aufgelöst werden müssen. Die Plakate gegen einen Bolschewismus, von dem die Besteller einmal etwas hatten läuten hören, und unter dem sie sich so eine Art tatkräftigen Sozialismus vorstellten – Gott sollte sie bewahren, alle miteinander! Die Plakate, die da bewiesen – das dürfte vier Monate her sein –, daß dieser Friede niemals unterzeichnet werden könnte, dürfte, solle! O schöne Zeit –!

O schöne Zeit! Man pappte seins an die Mauern und ging befriedigt nach Hause. Das Papier! Das Geld! Die Arbeit! Der Leim! Aber der war noch das Realste bei der ganzen Geschichte.

Präsentiert das ... Gwä!

Die bisher unwiderlegten Feststellungen über das deutsche Offizierkorps, die ich in diesen Blättern zu wiederholten Malen getroffen habe, lassen die Freunde eines Systems nicht ruhen, das den deutschen kleinen Privatmann einmal herrlich über sich selbst hinaushob.

Da ist bei Scherl eine Flugschrift erschienen – «An alle Frontsoldaten» heißt sie –, in der bekomme ich es aber ordentlich. Ich bringe nun bei Polemiken niemals die erforderliche Rage auf, weil ich weiß, daß man stets aneinander vorbeispricht. Ich habe gesagt, daß deutsche Offiziere im Kriege dem Manne Essen gestohlen haben. Wer draußen war, wird das bestätigen. Soll ich mich deshalb öffentlich mit einem auseinandersetzen, der in etwas quietschigem Pathos aufschreibt: «Ignaz, bekenne dich als Juden oder Christen, als Katholiken oder Atheisten, egal, egal. Judas Ischarioth bleibt doch dein erster Ahn!»? «Egal, egal» ist ja nun ganz ulkig; aber ich bekenne mich nur als einen, der den Vorgesetzten in jedem Deutschen bis zur Siedehitze haßt. Was ist denn hier gesagt worden?

Es ist gesagt worden, daß deutsche Offiziere – und damit auch die von ihnen benötigten Militäranwärter und Unteroffiziere – allemal dann, wenns ihnen gut ging, den Versuchungen nicht widerstanden, die gehobene dienstliche Lage ihnen darbot. Ich habe niemals über die wenigen Fälle von Feigheit gesprochen, die überall vorkommen und vorkommen können – ja, ich habe sie ausdrücklich ausgenommen. Behauptet wurde: deutsche Offiziere haben ihre Pflicht als Vorgesetzte nicht getan. Und sie haben sie nicht getan, weil Welten sie von ihren Untergebenen trennten.

Die Unterscheidung: Etappe – Front ist falsch. Die Offiziere wurden alle nach einem Schema, in einem Korps, nach einem Plan ausgebildet – wo blieb die Erziehung? Da, in Warschau, in einem kleinen belgischen Dörfchen, da hätte sie sich zeigen können. Der Hauptmann, der im Graben mit seinen Leuten Feldküchenessen ißt, kann keinem imponieren – denn verhungern wollte er nicht, und andres war nicht da. Aber der Offizier, der auch dort, wo Weiber, Sekt, Kasino-Nächte und fette Diners winken, sich bescheidet, um den Leuten, die es nicht so haben können, mit gutem Beispiel voranzugehen – der wäre ein Kerl gewesen. Wo gab es ihn?

«Von den Offizieren der Etappe handle ich nicht», sagt die Flugschrift. Aber ich. Denn was wir von dieser Führerschaft – auch im Frieden, besonders im Frieden – zu erwarten gehabt hätten, ist nicht auszudenken. Sie sahen im eignen Landsmann ein Instrument, «sie hetzten ihren Willen durch die Räume», wie einmal so gut bei Latzko steht, sie betrachteten das Ganze lediglich vom egozentrischen Standpunkt aus und ließen sich das bißchen Dienst mit Geld, Ehren und sehr guten Lebensumständen in einer lächerlichen Weise überzahlen.

Schuld sind immer die andern. Fragt man einen Frontsoldaten, dann sagt er: Ja, die Etappe! Fragt man einen Stabsoffizier, so sagt er: Ja, die radikale Wühlarbeit! (Ich habe in dreieinhalb Jahren nichts von ihr zu sehen bekommen.) Fragt man die Heimat, so sagt die: Ja, das Heer –! Mich will es schier bedünken ...

Es handelt sich nicht um das einzelne Stück einer Flugschriften-Reihe, in der die dümmsten und unverfrorensten Vertreter der alten Firma munter weiter schreiben: jener Oberst Bauer,

Otto Ernst, der noch im August 1918 England für völlig niedergerungen erklärt hat (es wußte es nur noch nicht) – sie alle sind auf dem Plan, werden gehört und genießen Achtung. Es handelt sich nicht um das Heftchen. Das ruft in freundlicher Weise nach dem Staatsanwalt wider Wrobeln (als ob sich dergleichen in einer preußischen Gerichtsverhandlung abzuwikkeln hätte), zitiert ein Kitschgedicht von Otto Anthes als Argument für den Leutnant und ist im ganzen bestrebt, Löcher in der Logik mit Bombast zu verdecken.

Dieses Blatt wendet sich an euch, die ihr unter ihnen gelitten habt. Es wird nichts weiter übrigbleiben, als sie nie wieder hochkommen zu lassen. Sie rühren sich. Habt acht! Und bleibt frei!

Logik? Sie wollen nicht. Ihr Resultat steht von vornherein fest: für den deutschen Ungeist zu zeugen, der dieses Land vernichtet hat.

Wir andern wollen weiter gegen ihn streiten.

Bakterienkultur

Am 10. Oktober 1919 (in Worten: neunzehnhundertundneunzehn) wurde in Gleiwitz, Oberschlesien, ein Bootsmannsmaat von Offizieren verhaftet, die er nicht gegrüßt hatte. (Was er auch nicht nötig hatte.) Er wurde von den «Herren» angepöbelt, in einem Ton, der noch aus der großen Zeit stammte, auf die Wache gebracht, dort wiederholt beschimpft und beflegelt und schließlich von einigen Angestellten der dortigen Militärinnung blutig geschlagen. Von einer Untersuchung oder Bestrafung verlautet bisher nichts.

So darf das nicht weitergehen. Noske sollte für seine angegriffene Gehörkraft etwas tun – versteht er nicht, was immer wieder hier und von anderen gemeint ist? Bestreiten wir, daß *Ordnung* sein muß? Daß die Regierung eine *Macht* haben muß? Gar nicht! Aber Herr Noske, der jetzt in der Nationalversammlung so erheblich für seinen recht großen Etat eingetreten ist, weiß nicht, daß er die Bakterien, die das Land verseucht haben, nicht ausrottet, sondern nur ein bißchen an dem Glas herumkratzt, in dem sie aufbewahrt sind. Er soll den *Boden*, auf dem sie gedeihen, nicht düngen. *Er soll ihre Kultur vernichten!*

Es ist nicht wahr, daß er heute noch Leute in seiner Reichswehr braucht, die sich ihm nur zur Verfügung gestellt haben, weil ihnen das Handwerk und das Gehalt Spaß machen und die – vor allem – *politische Nebenabsichten* haben. Wie wäre es, wenn einer zu ihm käme und sagte: «Gustav, ich bin zwar im Privatberuf *Kommunist*, aber zur Zeit stehe ich auf dem Boden der gegebenen Tatsachen, und da tue ich bei dir so ein bißchen mit.» Er würde ihn *herausjagen*, und das mit Recht!

Die *Rechten* aber behält er. Dieselben Männer, für die Disziplin gleichbedeutend mit Unterdrückung ist, dieselben, die die Deutschen heute noch in «Herren» und «Kerls» einteilen, dieselben, die – in Uniform oder nicht in Uniform – nur arbeiten können, wenn sie andere unterdrücken.

Das Land ist krank. Und Gustav ist ein schlechter Arzt.

Kaiserbilder

Die Anhänglichkeit und Treue der Mannen ist rührend. Auch unerklärlich? Gar nicht, wenn man genau hinsieht. Sie meinen nämlich nicht den Kaiser. Nicht den da. Nicht Wilhelm den Zweiten.

Das Kaiserbild sagt: «Ich war eine schöne Zeit. Ich strahlte über euch allen, aber ich lieh jedem ein bißchen Glanz, mit dem ihr prunken konntet, nach unten hin. Ich erhöhte jeden, damit er die andern erniedrigte. Jeder galt etwas, und zwar immer ein bißchen mehr als sein Hintermann. Ich war eine schöne Zeit.»

Die gesträubten Schnurrbartspitzen sagen: «Heil und Sieg! Wessen Heil und wessen Sieg – das gilt uns gleich. Wir brauchen nach des Tages Last und Arbeit ein idealähnliches Geräusch, mit dem wir uns betäuben. Wir brauchen etwas, zu dem wir aufsehen, etwas, dem wir die Stiefel lecken können, etwas, an dem wir unsre Treue auslassen können. Denn wir haben einen ganzen Bauch voll Treue. Wem waren wir nicht schon alles treu! Heil und Sieg!»

Die Brust voll Orden sagt: «Der Mann alleine ist nichts. Nur ein Mensch ... Ich mache euch erst zu etwas. Ich gebe euch Bedeutung, Orden, Rang und Sprossennummer. Durch mich werdet ihr etwas, könnt euch heraustrauen, weil ihr abgestempelt seid, dürft herauskriechen aus der engen Häuslichkeit, ohne euch lächerlich zu machen; weil ihr ein Teil von mir seid, ein Teil vom Ganzen. Erhabenes Gefühl der Angehörigkeit! Wurm von einem Mensch, der du dich vermissest, einsam und allein zu stehen! Ich – ich mache dich zum Supernumerar. Der Mann alleine ist nichts.»

Und die Leute sagen: «Als *der* noch da war –.» Und sehen leuchtenden Auges zur Wand.

Warum eigentlich? Es ist doch noch alles beim alten.

Die Konstantin

Eine kräftig gerundete Frau tritt hinter die Theke und schenkt aus. «Was darf ich Ihnen alles anbieten? Ich habe da ein picksüßes Kinderlächeln, erstaunte Füßchen, eine sprudelnde Redegabe mit unterschlagenem Atem – oh! ich habe alles – was befehlen der Herr? Zorn? Haß? Liebe? Eifersucht? Das alles gemischt? Bitte sehr, bitte gleich!» Und mischt und sprudelt und schnattert und gluckst und kichert und piepst und weint und lacht und tut so, als wenn sie nur täte ... Aber ich kaufe nichts und gehe einen Laden weiter.

Der schrecklichste der Schrecken ist wohl der Star, der gar

keiner ist. Ich kann mir allenfalls denken, daß ganz Burg (bei Magdeburg) dieser Frau zu Füßen liegt, da gehört Burg hin. Aber daß ein berliner Parkett sich dieses Stück Unnatur gefallen läßt, daß es Versager belächelt und Töne beklatscht, die es nicht gibt – ich habe sie gehört, aber ich glaube nicht daran –: das scheint unbegreiflich. Man ziehe von der Bernhardt die Persönlichkeit und die Technik ab – dann bleibt die Konstantin.

Der armselige Schreiber, den das Zeitungsgewerbe ins Theater schickt, haspelt sich Komplimente von «Virtuosität» ab. Wenns die noch wäre! Aber es ist Kälte und Mangel, und das ist ein bißchen viel auf einmal. Eine einzige Kraft hat diese Frau: einem die Schreibmaschine zu lähmen. Sie entwaffnet völlig. Man kann ihr nicht böse sein. Nach dem zweiten Akt der «Cyprienne» sind wir still aus dem Deutschen Künstler-Theater gegangen, und die ersten Worte, die die Garderobenfrau zu uns sprach, waren ein Labsal, ein Quickborn, eine Freude.

«Was haben Sie gegen die Frau?» Fontane: «Man soll artig, verbindlich, galant sein, keiner schönen Dame den Erfolg, die Gage, das Engagement oder den ‹Ruhm› verderben, aber was unsereinem alles verdorben wird, darum kümmert sich niemand; und wenn man auch halbtot geödet würde, dazu ist man da.»

Die beiden Bindelbands

Gebrüder Rotter haben den Menschendarsteller Wegener als Schauspieler zu sich engagiert und zahlen ihm für zwei Monate eine Gage, die sonst nur das Kino zu zahlen in der Lage ist. (Allerdings muß er dafür Sudermann spielen.) Ich glaube aber, daß dieser Fall mit Wegener und den beiden Bindelbands ... Setzer, halten Sie die Maschine an! – es geht nicht mehr – gedruckt ist gedruckt ... gemeint sind die Rotterschen – daß dieser Fall etwas Symptomatisches an sich hat.

Der Lauf der Dinge ist gewöhnlich der, daß sich eine geistige Stätte – in unserm Fall ist es Reinhardt gewesen – dafür einsetzt, einen Mann aus idealen Motiven zu «machen». Jahre harter Arbeit gehen dahin. Der Künstler ringt. Sein Direktor (oder Verleger oder Redakteur) setzt den Mann mit allen Mühen langsam durch. Verfolgt von höhnischen Stimmen, von den Spöttereien der Besserwisser, von böswilligen Kritiken derer, die nur Fertiges anerkennen, aber nichts Werdendes – gegen dieses alles wird der neue Mann durchgehalten. Endlich ist die Zeit der sieben magern Jahre um. Die fetten folgen. Fett für wen –?

Fett für die andern. Fett für das Kino. Fett für die Bindelbands. Den, welchen groß werden zu lassen sie niemals imstande gewesen wären, den, der jahre- und jahrelang bei seinem Entdecker und Förderer geschuftet hat in harter geistiger Arbeit, aber in dem erleichternden Gefühl der künstlerischen Sicherheit – den nehmen sich die Bindelbänder und zeigen ihn dem erstaunten Publikum vor. Seht –! Da ist er –! Unser Wegener! Unser Moissi! Unser … Ihrer wars nicht. Es ist ein erpumpter Ruhm.

Wir erleben täglich die trübe Ernte, die das Kino unter den Gewordenen hält. Wir erleben täglich, wie sich die ganze Rotte der Rotters vergeblich bemüht, auch nur einmal einen solchen Mann aus ihren Reihen erstehen zu lassen. Das kann man nicht, wenn man ins Publikum schielt. Das kann man auch nicht, wenn man keine geistige Spannkraft und Bildung hat. Aber es ist so einfach, mit dem dicken Geld den andern *den* wegzunehmen, den *die* gemacht haben. Ein feiner Gärtner zieht eine wundervolle Maréchal Niel auf, mit unendlicher Mühe, mit hingebender Sorgfalt – gekauft wird sie von Herrn Generaldirektor Vegesack, der schenkt sie seiner Betthäsin. Die schöne Rose …

Aber Gottes Mühlen mahlen so langsam wie ein preußischer Instanzenzug und wesentlich sicherer. Ein Fluch lastet auf diesem Tun. Der also Weggekaufte strahlt, lacht womöglich des alten Herrn (ich spreche jetzt nicht etwa von Wegener), freut sich, wie kinderleicht alles beim neuen läuft, und eilt auf Flügeln des Gesanges froh einher. Bis er plötzlich merkt – oder bis die andern plötzlich merken, wie er schlecht und schlechter wird, wie die künstlerische Sorgfalt schwindet, und wie nach ein paar Jahren ein leergepumptes Wrack dasteht. Dahin, dahin.

Aber das ist der Lauf unsrer Welt. Kunst? Feinheit? Fingerspitzen? Das geht ein paar Jahre, bis die Leute darauf aufmerksam geworden sind, bis auf diese feinen Töne alle Welt lauscht, bis man sie erzogen hat, zu lauschen ... Und dann?

Und dann: Großaufnahme! Licht! Bewegung!

1920

Brief nach Wien

Lieber Herr!

Wir hören hier so viel von Wien, und davon, wie schlecht es dieser sterbenden Stadt nun geht, und wie hilfsbedürftig sie geworden ist, und wie orientalisch: es gebe nur ganz oben und ganz unten, und zwischen Lumpenproletariat und gleißendem, lackiertem Reichtum zuckt eine ganze Mittelschicht in der Agonie. Aber Sie wissen doch wenigstens – bei allem Elend –, woran Sie sind. Wir wissens nicht.

Bei uns liegen die Dinge so, daß noch niemand ahnt, was aus der Entwicklung des neuen Berlin herauskommen wird. Nur: daß etwas unsagbar Scheußliches herauskommt, das wissen wir schon. Aber alles ist noch im Lauf, alles fließt, und so sieht es jetzt hier aus:

Dem Mittelstand gehts am schlechtesten. Er zehrt vom alten Ruhm, vom alten Glanz und von der Erinnerung an den alten Kempinski (der eine spezifisch berlinische Erscheinung gewesen ist und so recht ein Symbol für diesen alten luxuriösen Mittelstand). Das ist dahin. Sie laufen noch auf den alten Stiefeln – aber wie lange sollen die halten? Was dann kommt, ist die schmerzlich-bittere Erkenntnis, daß es nun aus ist mit der bescheidenen Lebenshaltung («Sechserdasein» nannte es Fontane), mit jenem kargen Leben, das aber immer noch reich war, weil man billig Butter und noch billiger geistige Werte einkaufen konnte. Und bei allem leisen Lächeln über die *Kunstwart*-Leute: sie haben doch immerhin ein Licht in ihr Leben hineingetragen, und wenn ich das Neue alles mit ansehe, dann kann ich über die Leute von damals nicht mehr lächeln.

Denen gehts also nicht gut, und über ein Weilchen werden sie klaftertief in ihrer Lebenshaltung gesunken sein. Und die Neuen? Und die Heraufgekommenen?

Sehen Sie, lieber Herr, das ist ja das Traurige, wer da heraufgekommen ist. Wenn früher einmal solch große Umwälzungen vor sich gingen, dann stiegen vielleicht Freibeuter auf, politische Abenteurer oder starkknochige Geschäftsleute der Fugger-Zeit, deren Väter wohl noch den Pflug gelenkt hatten. War das schlimm? Für die grade Unterliegenden sicherlich. Aber es kam frisches, unverbrauchtes Blut in die Gesellschaft, es kamen neue, windumwehte Leute herein, breitbeinige Kerls, deren Söhne dann die Verfeinerung rasch weghatten, doch auch noch lange Generationen hindurch die Stärke vom Stammvater, der Muskeln wie Eisen gehabt hatte. Bei uns?

Bei uns ist ein schwacher und verbrauchter Großstadttyp heraufgekommen – Leute, die zwar viel Skrupellosigkeit, aber doch verhältnismäßig wenig Kraft aufzuweisen haben. Was sind denn das meist für Menschen, diese neuen Reichen? Bauern? Ach, wären sies! Um die reich gewordenen Bauerngenerationen ist mir nicht bange. Aber die Mehrzahl, das sind doch kleine Krämer, denen eine richtige Konjunktur die richtigen Waren in die Hände gespielt hat und die nicht so dumm gewesen sind, die nun von der Hand zu weisen. Schlechtes Blut. Keine Rasse. Und vor allem: keine Kraft.

Und das nun bestimmt hier den Ton, das hat Geld und gibt es mit vollen Händen aus. Man sieht in den elegantesten Lokalen Berlins Gesichter mit Mündern – Münder können einem ja nichts vormachen –, mit Mündern, lieber Herr, wie sie früher die Nachtportiers nicht gehabt haben. Das ist obenauf, das kauft Bilder und füllt die Logen. Noch halten die guten alten Familien, soweit sie nicht ausgestorben sind, noch halten sie Stange, noch leisten sie Widerstand, noch spürt man hier und da kleine Hemmungen. Aber wie lange wird das anhalten? Schließlich ist ja doch Geld eine Waffe, der die Gesellschaft auf die Dauer der Jahre nicht widerstehen kann – und dann? Und dann?

Dann haben wir die Verpöbelung Deutschlands, nicht nur Berlins in vollem Maße. Denn dieses neue verbrauchte, nicht gute Blut wird natürlich in der zweiten Generation noch übler werden. Es ging mit diesen neuen Reichen allenfalls an, solange sies noch nicht waren, damals, als sie um jedes Markstück sich quälen mußten. Aber nun sehen Sie sich diese dikken, in Samt gequetschten Frauen an, sehen Sie diese blutleeren, pinselblonden Söhnchen, denen heute Vaterns Geld alles leicht macht, und die nicht mehr zu kämpfen brauchen, also noch widerstandsunfähiger werden. Und es ist nicht einmal das schöne Schauspiel einer Dekadenz: es ist einfach Schwäche, die sich hinter Frechheit verbirgt. Und stillose Schwäche.

Das Malheur kommt erst. Es ist dann da, wenn diese kurzstirnige, kleinkalibrige Rasse – ob Christen oder Juden, ist ganz gleichgültig – fest im Sattel sitzt, wenn die kleinen Unsicherheiten abgestreift sein werden, und wenn dem Sohn die kleinen faux pas, die heut alle Welt beim Vater belächelt, nicht mehr passieren. Er ißt Hummer nicht mit dem Suppenlöffel, o nein! Er weiß, was sich gehört. Mit Rilke wird er nicht ganz so richtig umgehen.

Doch er wird sich da auch ein Air geben. Aber daß diese Schiebermoral, diese Selbstvergottung, diese Anbetung des alten schlechten deutschen Geistes («Bei uns herrschte damals doch wenigstens Ordnung» – notabene: eine, die sie reich gemacht hat ...), daß diese unbedingte Sicherheit, herrührend von der Annahme, daß zwar nicht alles mit Geld, aber alles mit sehr viel Geld zu machen sei – daß diese neue Welt die alte in Grund und Boden korrumpieren wird: darauf können Sie sich verlassen.

Unser Elend ist groß. Ob es wirtschaftlich je eure Not erreichen wird, steht dahin. Aber daß wir in dreißig Jahren eine nette Gesellschaft an der Spitze haben werden – wo sitzt heute Geld! –: das weiß ich gewiß.

Grüßen Sie Wien von mir, lieber Herr. Ich kenne es gar nicht – aber grüßen Sie es. Grüßen Sie den großen Schriftsteller und grüßen Sie die paar guten. Grüßen Sie die lustige Zeichnerin Ada und grüßen Sie sich recht herzlich. Und sagen

Sie allen, daß es Berlin noch nicht so schlecht geht wie Wien. Aber wir werden sehen, was sich tun läßt.

Ihr

Peter Panter

Berlin! Berlin!

Der berliner Volkshumor hat in wenigen Jahrzehnten große Wandlungen durchgemacht. Bewußt ist den Berlinern dieser Humor eigentlich erst seit der Mitte des neunzehnten Jahrhunderts, seit Glaßbrenner, und aus dieser Zeit datiert sein Niedergang.

Es ist eine merkwürdige und oft beobachtete Tatsache, wie dem kernhaften *Volkshumor* die Literatur schadet, und wie das Lachen gleich dünner wird, wenn mans im Grammophon auffängt. Glaßbrenner hatte es noch verhältnismäßig leicht: er hörte scharf, schrieb gut, und der Weg vom Ohr bis zur Hand war bei ihm kurz. Ganz abgesehen von seiner politischen gut demokratischen Gesinnung (man darf da nicht an unsre *heutigen Demokraten* denken, sondern an *Männer*), ganz abgesehen von seiner politischen Gesinnung, hatte er wie kaum ein zweiter den humoristisch trockenen Ton der Berliner weg. Er hörte förmlich die Musik, die darin lag, daß ein berliner Eckensteher den Versuchen des Droschkenkutschers, sein gefallenes Pferd wieder in die Höhe zu bekommen, still und pomadig zusah, keine Hand aus der Tasche nahm und schließlich das fachmännische Urteil abgab: «Dies Ferd scheint hinjefallen zu sin!» – Ehe der Kutscher zu Fluch und Peitsche greifen konnte, war er schon eine Ecke weiter geschlendert …

Das Volk war damals in seinen Worten saftiger und lebenskräftiger als heute. In den Empfindungen wird sich nicht viel gewandelt haben, denn unerschöpflich ziehen die untern Volksschichten, die auch in der großen Stadt der Natur und Mutter Grün näherstehen als alle andern, ihre Kraft aus dem

Boden der Erde. Presse und Schule, Papier und Tinte mögen das Ihrige dazu beigetragen haben, Ausdrucksweise und damit den Humor blaß anzukränkeln. So richtige vollsaftige berliner Bemerkungen sind immer seltener zu hören, und wir alle kennen ja den bekannten Typ des «Berliners» im Felde, der das größte Mundwerk der Kompanie aufzuweisen hatte, und alle seine Aussprüche, auch die plattesten, so tat, als sagte er damit den besten Witz der Weltgeschichte.

Nun ist es eine bekannte Tatsache: was ein richtiger Berliner ist, stammt aus Posen oder aus Breslau. Der Zuzug aus den östlichen Provinzen ist immer sehr groß gewesen, und die Reichshauptstadt bekam dadurch ein Gepräge, das nicht wurzelecht war und immer ein wenig landfremd, wie man heute sagt. (Viele böse berliner Eigenschaften sind diesen Zugezogenen aufs Konto zu schreiben.)

Der alte *Weißbierhumor* ist dahin. Er war selbst noch im Proletariat kleinbürgerlich und immer ein bißchen behäbig, ja selbst noch in der kessesten Frechheit von menschenfreundlicher Gutmütigkeit. Daneben blühte schon damals ein bescheidenes Pflänzchen, der *berliner Witz,* ein von jenem ganz verschiedenes Gewächs; er war scharf und schneidend, blutig und manchmal roh, und es ist kein Wunder, daß mit der Ausbreitung der Großstadtmassen der berliner Humor ab- und der berliner Witz zunahm.

Dieser Witz griff an, er schonte keinen, auch den ersten «Diener» des Staates nicht, den er, hinterhältig und von der Zensur verfolgt, immer wieder mit Nadeln ins Gesäß piekte. Schrie der Getroffene «Au», war der Lausejunge längst über alle Berge. Aus diesem Witz quoll das ganze Maß Verachtung und Hohn, Spott und Haß heraus, das sich in dem Großstadtproletarier angesammelt hatte. Die geringfügigste Gelegenheit genügte, um ein Geschoß abzufeuern, das nur darauf gewartet hatte, herausgeschleudert zu werden. Am schärfsten und schlagkräftigsten arbeitete dieser Witz, wenn es galt, gegen eine «Feunheit» zu demonstrieren, die jenem Kleinbürgertum entsprossen ist, das so gern möchte und nicht kann. So zum Beispiel in der Geschichte von dem Mann, der in der Untergrundbahn vor einer dicken Frau steht und bei einer Kurve gerade auf ihren Busen fällt. Er hat zwar das Gleichgewicht, aber nicht seine «Büldung» verloren und ist gleich mit dem in der Schule gelernten Motto des englischen Hosenband-Ordens bei der Hand: «Honny soit qui mal y pense!» (Verflucht sei, wer sich Böses dabei denkt!) – Und darauf die Dicke: «Wat hat er jesagt? Halt dir lieber senkrecht!»

Der fette, etwas ältliche Mann mit den zu weiten Hosen, der nie aus der Ruhe zu bringen ist und immer noch Rat weiß, wenn die andern schon alle wirr durcheinanderlaufen, ist eine «Marke», die ganz unbezahlbar ist. Diese Leute pflegen nicht viel Worte zu machen: fragt man ihn, wie er dies oder jenes gedeichselt habe, so antwortet er: «Na, ick habe da son bißchen Pi-pa-po jemacht …», aber er rühmt sich selten seines Geschicks und setzt mit unbeirrbarer Sachlichkeit seinen Dickkopf durch. Das ist die eine Gattung. Die andre ist leicht beweglich (heutzutage Schieber) und erledigt alles Nötige mit flottem Mundwerk und flinker Erregbarkeit. Bedenken gibts da nicht.

Wirkliche Tiefe erreicht der berliner Witz manchmal auf der Basis grauesten Elends. Die Säuferphilosophie ist imstande, manchmal wirkliche Weisheiten zutage zu fördern. «Die einen machen Klamauk und die andern leben davon», hat so einer mal gesagt.

Das Ewigweibliche spielt in diesem Kapitel eine gar kleine Rolle. Es werden Witze über dasselbige gemacht, aber selbst macht es keine, oder wenig charakteristische; und nur wenn die Flamme verglüht ist und aus der ehemals vielbegehrten Nutte eine alte Frau mit rundlichem Bauch oder eine mit klapperdürrem Gestell geworden ist, träuft von den Lippen dieser Mütter wohl hier und da ein gutes berliner Wort.

Obgleich wir ihn so nötig hätten, fehlt uns immer noch der

große satirische Zeichner berliner Prägung, einer, der das Proletarierelend versteht und nun anklagend peitscht. Zille in seiner besten Zeit hat Ansätze dazu gemacht. Käthe Kollwitz schildert ergreifend, aber sie spottet nicht. Sie klagt klagend an.

Und doch ginge einem Maler der Stoff nicht aus. Wenn sich auch die Verhältnisse stark gewandelt haben, wenn auch durch den Krieg viel Gemütlichkeit verlorengegangen und viel Bitterkeit hinzugekommen ist, bleibt doch immer noch genug, um das ganze Lebenswerk eines solchen Malers sicherzustellen.

Geh in die Versammlungen, mein Lieber, und sieh dir die Gesichter an: pockennarbige und verklebte und ovale und runde und verdorbene und kindliche. Und stell dich neben das Podium und sieh in dieses Meer von Bewegung und rauschendem Volk; wie es von den Worten des Redners hin und her geschleudert wird und, paßt der ihm nicht, ironisch zwinkert und zweifelnd grinst. Geh in die kleinen Restaurants, die sich heute Bars nennen, und sieh die selbstverständliche Gassenwürde jener Damen und ihre Unbeirrbarkeit, wenn sie einen Handel abschließen, geh auf die Plattformen der Straßenbahnen und mach einem «Krach» mit: sieh zu, wie sich der aufgeregte Berliner mit dem dickfelligen zankt, und wie es der Schaffner plötzlich mit der Amtswürde bekommt und beide trennt, und wie die vierzehn Zuschauer, die da außer dir noch stehen, dem Chor der griechischen Tragödie gleich ihr Volksurteil abgeben. Sieh dir den Berliner an, wie er mit Tieren umgeht, diese teils merkwürdig naive, teils derbe Art, Tiere wie seinesgleichen zu behandeln, nur etwas von oben herunter und so, als seien sie leider von Natur aus etwas dumm und «mit der Muffe jeschmissen». (Besonders bei Kutschern findet man das häufig.)

Zu einem großangelegten politischen Witz hat es der Berliner trotz dem neunten November noch nicht gebracht. Der bürgerliche Witz von rechts nach links ist eine klägliche Unmöglichkeit, der Witz von links nach rechts stellenweise ausgezeichnet, aber noch lange nicht genügend populär und noch immer viel zu sehr gemacht. Die politisch einsichtigen Arbeiterkreise bringen es, wenn sie irgendeinen ihrer alten Quäler in gebügelter Uniform und mit Eichenlaub sehen, allenfalls zu einem vernichtenden Hohn. Der politisch sarkastische Witz steht aber eine Stufe darüber, und den haben sie noch nicht, und er wäre uns so nötig ...!

Wohin wir steuern, ist ungewiß. Die politische und wirtschaftliche Entwicklung des Landes ist dem Entstehen einer großen Witzära abhold. Auf der einen Seite fürchten die Bürger viel zu sehr für ihr verdienstreiches Fortkommen, als daß sie an frechen Witzen über die heiligsten Güter ihres Portemonnaies Gefallen fänden; auf der andern Seite ist der Haß nicht scharf, nicht schneidend, nicht blutig genug, um den ganz großen politischen Witz hervorzubringen. Kitzeln genügt da nicht – man müßte zuschlagen.

Und die *Zensur*? – Die schlimmste Zensur saß nicht am Alexanderplatz, saß nicht in den Polizeipräsidien der deutschen Städte, sie saß und sitzt im Herzen der Deutschen. Politisch gebildete Arbeiter werden ein Lied davon zu singen wissen, wie beschränkt ihre eigenen Kollegen manchmal sind, und wie schwer es ist, Widerstände und Hemmungen manchmal zu besiegen, die Schule und falsche häusliche Erziehung eingepflanzt haben.

Die politische Zensur ist scheintot und wird sich, wie wir die Brüder kennen, eines Tages schon wieder hochrappeln. Die andre Zensur aber, die weitaus gefährlichere, die, die jeder im Herzen trägt, ist wert, von jedem einzelnen erschlagen zu werden, denn sie hat unendlich viel auf dem Gewissen.

Dann, aber erst dann, werden wir einen politischen berliner Witz haben.

Berliner Geselligkeiten

Wenn ich an den alten Fontane und sein Berlin denke, fällt mir immer Apfelsinensalat ein. Ich weiß nicht recht, warum – aber diese geschliffene Kristallschüssel mit den gelblichnassen Scheiben, ihr herber und doch harmloser Geschmack, dazwischen einige Apfelstücke, die artig und zuckrig darin umherschwammen: daran erinnert dieses Berlin, das längst vergangen ist.

Oh, wir hatten ein neues bekommen!

Es blühte vor dem Kriege, gedieh und lärmte; es lärmte vielleicht mehr, als ihm und uns gut war. Und heute –? Heute, nach dem Kriege –?

Laßt uns einen Rückblick tun, lieben Freunde, und wir sehen mit Schrecken, daß die Satire und der Gesellschaftsspott der Stadt aus dem vorigen Frieden dahin sind. Hieb und Lob lassen uns heute fast kalt, muten uns an wie ein Märchen aus immer derselben Nacht. Aber sie sind nicht tot. Poppenberg ist dahingegangen, Rideamus ist heute so weit, daß ihn unsere Kinder in den Schullesebüchern lesen werden – ihre Stoffe aber leben, ihre Figuren sind noch da: ein Scheinleben.

Die Geselligkeit – ach, Oskar Bie, muß ich deine dicken entzückenden Bücher wälzen, um den Leuten noch einmal klarzumachen, was Geselligkeit ist? Die Geselligkeit ist ja nicht jene Summe von zartem Rehbraten, schwerem Burgunder, Importen, Tanz und Klatsch und jungen Mädchen, jungen Frauen und jungem Mittelalter – wenn es mit rechten Dingen zugeht, dann soll sie mehr sein. So, wie ein Verein nicht gleich der Summe seiner Mitglieder ist, sondern etwas neues, andres, Geheimnisvolles.

Die berliner Geselligkeit trennt aber heute nur noch eine oblatendünne Schicht von jener realen Summe: sie ist kaum mehr als diese.

Gib mir die Hand, eleganter Leser – du, schöne Leserin, warte züchtig in meinem Arbeitszimmer – ich will mich anziehen, und dann gehen wir weg. Ich habe noch meinen alten Frack. (Auf diesem «noch» beruht ein Drittel der berliner Gesellschaft.) Ich stürze mich in jenes Hemd, das schon so manchen Strauß erlebt, ich zaubere leicht hingehaucht den weißen Selbstbinder an den Kragen, ich besprenge mich mit ein wenig, ach, so wenig Lavendel – und ergreife den stumpfen Zylinder und, mit einer erhaben gleichgültigen Miene, meine Brieftasche, und dann steigen wir selbdritt in einen Wagen und fahren davon.

Und stellen beruhigt fest: es hat sich nichts geändert. Es sind dieselben Leute da, dieselben Gesichter wie vor dem Krieg, dieselben dekolletierten, ein wenig magern, ein wenig fetten Hälse – nur der Zug um den Mund bei den Herren ist schärfer und härter geworden, nur die Augen sind noch ein wenig unbeteiligter, jetzt, da es nicht ums Geldverdienen geht, gleichgültiger, kälter. Noch kälter ...

Es ist viel Börse da, und du weißt also, in welchen Salons du dich befindest. Das ist eine ganz bestimmte Luft – die sich ja auch in Oberhof nicht verleugnet, in Westdeutschland nicht und nicht in Binz. Noch heute: alles ein wenig zu neu, zu laut, zu bunt, oder – sehr schick – zu diskret. Und erschreckend ungeistig. Ein «Salon» wie der Rahelsche ist heute in Berlin undenkbar, weil er augenblicks in Snobismus ausarten würde. Theater, das unerläßliche Kino, Ballett und Oper sind Themen, deren Variationen der Gewandte mühelos spielt – aber so, wie er auch aus der Fuge: Frau Bertelsheimer ist ihrem Manne nicht ganz treu – mühelos ein entzückendes Arpeggio heruntertändelt, daß die Tischnachbarin ganz beseligt lauscht ... In einer alten berliner Sozialistenversammlung stand einmal ein Schutzmann auf und sagte gravitätisch: «Über Thema darf nicht gesprochen werden!» – Es wird in der berliner Gesellschaft ein bißchen viel über «Thema» gesprochen.

Und erschreckend ungeistig. Dabei waren wir wohl stehengeblieben. Der Magen des Kopfes ist groß: da geht Sudermann hinein und Hasenclever und Pfitzner und Gilbert – alles geht hinein, was gut und teuer ist und Erfolg hat. Erfolg muß es gehabt haben – sonst wirds nicht verdaut.

Und was machen wir, wenn wir das immer noch gute Diner oder schon wieder gute Diner gegessen haben? Wir stehen auf und warten, bis getanzt wird.

Sieh dir die Gesichter an –! Ein neuer Typ ist darunter, den es früher nur vereinzelt hier gab: der Kinotyp. Modebilder und Kinobeaux sind Ideale und Vorbilder; sie sagen: «So müßt ihr aussehen, junge Leute!» – Und sie sehen so aus, und sie wollen so aussehen, und sie können so aussehen. Glatt, eiskalt, elegant – aber nicht soigniert –, irgendwie immer ein wenig, ein ganz verteufelt klein wenig, an Friseur erinnernd. Fatal, wenn sich diese Marke mit geistigen Dingen befaßt, die sie verfälscht, für den bürgerlichen Gebrauch adaptiert, umlügt – aus dem Blut der andern sich eine sanfte Limonade quirlend ... Und da tanzen sie.

Nun, sie tanzen schon viel, viel angenehmer als damals vor dem Kriege, als es durchaus noch nicht unpassend war, in der Gesellschaft zu «schieben». Das ist vorbei. Man tanzt sehr ruhig – auch der Foxtrott wird vorbeigehen – man tanzt elegant, aber man tanzt nicht freudig. Die Damen vielleicht, die Herren tun ein Gesicht machen, wie als ob sie eine schwere Arbeit verrichteten. Sache –! Die Unmittelbarkeit ist beim Teufel, Kultur ist es noch nicht – das Ganze hängt zappelnd in der Mitte und weiß nicht genau, was es werden soll. Dünkt sich aber, eine Menge zu sein.

Unberührt davon ist jene preußische Geselligkeit, die wohlhabende Beamtenfamilien alten Stils noch immer pflegen. Da wimmelt es noch von Titeln – heute noch –, da herrscht noch eine subtile Rangordnung nach Anciennität, Dienstgrad und einer Stufenfolge, für die nur Frauen und sehr junge Regierungsassessoren das untrüglich richtige Gefühl haben. Dies ist noch Potsdam – leicht angekränkelt von Berlin, aber doch würdig, sehr selbstbewußt, gerade so ungeistig wie das andere auch –, aber doch im Grunde bedeutend sympathischer, weil es von einem Hauch Kultur überzogen ist.

Du blätterst in diesem Almanach, du siehst dir die bunten Puppen an, die der freundliche Illustrator in diesen Aufsatz hineingezeichnet hat – und du vermeinst, Peter Panter solle nur kräftig «die ätzende Lauge seines Spottes» über den berliner Geselligkeitsbetrieb ausgießen. Ach, man kann nur spotten, wenn Kultur prätendiert wird und keine da ist. Es ist keine da – aber sie pfeifen auf Kultur. Der ist da und die und der – und man weiß von denen, daß sie ... und von denen, daß sie nicht ... Werdet ihr nicht müde? – Sie sind wach wie je. Überwach. Und unverwüstlich.

Das ist aber so auffällig in Berlin: wie wenig der bürgerliche Gesellschaftskreis von angefaulten Dingen, von Bar und Nachtamüsement getrennt ist. Früher, zu Zeiten unserer Papas, gingen die Ehemänner, deren Frauen auf Reisen waren, und die jungen Herren zur Erholung und Entspannung aus der gutbürgerlichen Gesellschaft in die Bar. Heute haben sie das nicht mehr nötig. Die Bar im Haus erspart den Zimmermann.

Lockerung der Sitten ist kein Gewinn und kein Verlust – es fragt sich, was und wie sie gelockert werden. Bei uns wird gerissen. Es ist kaum noch Geheimnis um die Dinge (wie ja die Berlinerin überhaupt keine Geheimnisse hat, sondern eine rationelle Dame ist) – und während die alten Herrschaften ein département pour Cythère veranstalten, haben wir das nicht mehr nötig, weil wir ja die gelobte Insel in eine Achtzimmerwohnung verlegt haben. Aber das geht nicht, und darum gibt es in Berlin wenig ausgesprochenes Laster (welch ein Papierwort), und die ganze Welt und die halbe treffen sich genau in der Mitte und verstehen sich au fond recht gut miteinander.

Schade. Denn was die Geselligkeit im Haus verloren hat, hat sie außerhalb des Hauses nicht gewonnen.

Vielzitierte und oft geschilderte, in die Provinzzeitungen telegrafierte Nachtbars: werft mich einmal um! Ich bitte euch so: verdreht mir nur einmal den Kopf – aber nicht mit dem Preis von zehn Mark für einen Flip – macht mich einmal jung, lustig und töricht. Sie tuns nicht, dudeln ihre zuckersüßen Geigenwalzer weiter in die rauchige Luft und sind ein Geschäft. Ein kaltes, nicht immer reines, nichtsnutziges Geschäft.

Eine unterirdische Geselligkeit tobt sich in dieser Stadt aus. Die neue Regel besagt: Wo es nach halb zwölf Uhr hell ist, da ist nichts los; denn nach halb zwölf Uhr ist es nirgends hell. Aber wo es dunkel ist ... da ist was los. Was denn?

Eine kaum unverhülltere Aphrodite als jene vor der Polizeistunde. Sollen die Paare auf den Tischen sitzen und mit den Beinen strampeln? Dazu sind wir viel zu fein. Das Risiko der Nachtlokale läßt die Preise in die Höhe schnellen – das Amüsement kaum. Werft mich um! Werft mich um! – Und ich kann lange bitten, und stehe nach wie vor auf meinen zwei Beinen.

Berlin ist nicht mehr Berlin, auch das gesellige nicht. Wir tun noch alle so, als wären wir die alten – aber es ist nicht wahr. Man bemüht sich krampfhaft, an die alten Formen und Vorstellungen anzuknüpfen – sie entgleiten einem unter den Händen, sind brüchig geworden, passen nicht mehr und stimmen nicht mehr. Es ist da ein neues Berlin, das erschreckend schnell herauf- und heranwächst, und niemand kann sagen, wie es aussehen wird. Es wird scheußlich aussehen.

Vor mir liegt – fleißig, wie ich mich habe – ein altes Buch: «Berlin und die Berliner. Leute. Dinge. Sitten, Winke.» Das Buch ist steinalt; es stammt aus dem Jahre 1905. Einen Verfasser hat es nicht; ich habe mal auf den verstorbenen Walter Turscinsky geraten – aber das wird wohl nicht stimmen. Es ist amüsant zu lesen, wie sich da schon ganz allmählich etwas herausgebildet hatte, das man beinahe berlinische Kultur zu nennen veranlaßt gewesen wäre – wenn man nicht genau wüßte, daß es so etwas in unserm Jahrhundert bisher wirklich nicht gegeben hat. Da steht nun alles aufgezeichnet, ironisch und mit jenem bissigen berliner Akzent, aber doch immerhin: was man tue und nicht tue, welche Gesichter man und wann man sie schneide, wie man den tituliere und den, wie man schreibe, gehe, fahre, Tennis spiele, in Premieren die Logen bevölkere – dahin, dahin! – Denn man kann heutzutage alles auch ebensogut ganz anders machen – und das ist das Gegenteil von Kultur.

Schadet es dir heute, wenn du in Henny Porten verliebt bist? Nein. (Dein Dienstmädchen ist es auch.) Schadet es dir, wenn du als Salonbolschewist verkleidet einhergepoltert kommst? Gar nicht. Schadet es, wenn du Fulda liebst? Nein. Darfst du expressionistische Revolutionäre schätzen? Ja. Darfst du einen schwarzen Schlips zum Frack ... Erlauben Sie mal! Wir haben doch Kultur!

Zeichne, Zeichner, zeichne! Zeichne die kleinen Mädchen, die ausgeführt werden und sich ausführen lassen, zeichne die Damen, die ins Opernhaus fahren und gut in der Loge wirken, solange sie sitzen, zeichne die Tänzerinnen, die aussehen wie Damen, und die Damen, die nicht so aussehen, und die sich beide wenig unterscheiden, zeichne die Gesellschaftsleute, die sich am Tage angestrengt haben und das des Nachts weiter tun, zeichne, zeichne! Zeichne die Herren undefinierbaren Alters, die jung aussehen wollen und es auch durchsetzen, und zeichne die Gesichter der zweiten Generation, die so schrecklich gern mit zweiundzwanzig Jahren Papas Habitus aufweisen möchte und es auch durchsetzt; zeichne die Mamas, die mit einem Erlösungsseufzer in den Fauteuil sinken, wenn die letzte Tochter glücklich verlobt ist – Kinderarzt, gute Praxis, wenig Vorleben, bescheidene Ansprüche – zeichne den Mann, der immer Geld hat – warum, keine Ahnung, wie? – und den, der immer keins hat – (und die sich beide wenig unterscheiden) – zeichne, zeichne! Und so hübsch du zeichnen wirst und so genau du beobachtest, so nervös und so klar, so prickelnd und so beschaulich –: du wirst diesen berliner Ton von Gefühlskälte nicht erreichen, diese unbedingte Unbeteiligtheit an allen Dingen, diese Kälte, die keine Blasiertheit, sondern Schwäche ist. Zeichne, zeichne!

Und du, Leserin? Bist du mir böse –? Habe ich unrecht getan? Ist Berlin anders? Bin ich nur ein fetter, unzufriedener, literarisch angehauchter junger Mann, der hinten heruntergefallen ist und die sauren Trauben schilt? Spotte nicht! Erstens ist fett sein keine körperliche Eigenschaft, sondern eine Weltanschauung, und zweitens: der zopfigste Stil hamburger Kreise ist diesem da vorzuziehen. Wir entwickeln uns, gewiß – aber frage nicht, wohin, Leserin. Kennst du es anders?

Du bist gereist. Ja, du bist gereist – aber du hast – einer Zauberin gleich – jene Luftschicht mit dir genommen, die ich dir hier vormalte, und die dich umgab wie eine Glaskugel. Du kennst es nicht anders. Komm in die deutschen Städte, geh nach Genf, geh nach Rußland, wo es noch heil ist, geh nach Budapest ... Ah, da sind Flecke und manches so ganz anders, wie man es sich wünschte. Aber Leben ist da, meine Liebe, und manchmal – verzeih das harte Wort – Kultur. Nur freilich: man muß sie aufzusuchen verstehen und nur sich, und nicht diese Stadt, im Koffer mitbringen.

Das hast du gelesen, und die Saison ist auf ihrer Höhe, du blätterst und rauchst eine Zigarette und wunderst dich, was es wohl für wunderliche Männer auf der Welt gibt. Gib mir deine Hand. Ich will sie dir sehr lange und ernsthaft küssen, gar nicht so, wie man sonst in Berlin jemandem die Hand küßt – innerlich widerstrebend oder für den Fotografen. Ganz, ganz anders.

Und erlaube, daß ich mich verbeuge und entlaß mich – denn du gehst jetzt wahrscheinlich in eine Gesellschaft und wirst um dich sehen. Hat Peter Panter gelogen –?

Die Hausgeister

«Doch siehe! da stehet ein winziger Wicht,
Ein Zwerglein so zierlich mit Ampelenlicht,
Mit Rednergebärden und Sprechergewicht ...»
Goethe

Das war so, daß Emmy die Tür zuklappte und nach hinten schlurchte. Sie ging ins Bett. Und dann war es in der großen Achtzimmerwohnung ganz still, so still, daß du die Hypotheken auf dem Dache knistern hören konntest. Die große Abzahlungsuhr im Wohnzimmer tickte. Eine Fliege, die nur wenig Pension zahlte und deshalb nicht ins Eßzimmer durfte, flog schläfrig hin und her, hin und her ...

Was war das für ein Stimmlein? Wer burrte durchs Zimmer? Was klang für ein Glöckchen?

Von bläulichem Schein umflossen, stand ein winzig kleiner Gnom, noch nicht einen Bezugscheinstiefel hoch, mitten auf dem Tisch, im Marmoraschbecher neben der Zigarrenkiste, und schwang unermüdlich ein silbern zirpendes Glöcklein. Pingelingelingelingelingeling – machte das Glöcklein, und da wurde es überall lebendig.

Es schurrte hinter den Gardinen und rumorte in den Ritzen, es summte auf den Schränken und purzelte über die Simse, es kletterte an Stühlen hinauf und wieder hinunter und witschte durch die Schlüssellöcher – das ganze große Wohnzimmer war in Aufregung.

Und weil es deutsche Hausgeister waren und keine Botukuden, gruppierten sie sich artig und ordentlich um ihren Vorsitzenden, den Klingelmann, auf dem Tisch, nahmen Plätze ein und vergaben sie wieder, ordneten und teilten ein und saßen schließlich da: ein kleines zierliches Parlament. Es waren ihrer eine ganze Menge, wohl an die fünfzig, Männlein und Weiblein, und sie saßen jeweils um ihren Stubenältesten herum und trugen die Tracht ihrer verschiedenen Berufe. Wir werden bald sehen, welche.

«Pingelingeling!» machte der mit dem Glöckchen. Das Summen und Schnattern der Stimmen legte sich, man hörte nichts als das Surren der wenig bemittelten Fliege. «Pingelingelingeling!»

«Meine Damen und Herren!» sagte der Klingelmann. «Ich habe Sie durch die Mäusepost hierher gebeten, um uns wieder einmal die Freude zu machen, einander von Angesicht zu Angesicht zu sehen. Die Zeiten sind ernst. Wir werden nachher unsere politischen Sachverständigen hören, den Wohnzimmermann und den WC-Mann, die ja leider Zeitungen lesen müssen – aber soviel kann ich Ihnen jetzt schon sagen: So geht es nicht weiter. Auch wir Hausgeister haben unsere Rechte (Bravo!), und wir werden sie zu wahren wissen. Ich habe Sie einberufen – (hier reckte sich der Klingelmann erheblich, und das sah sehr ehrfurchtgebietend aus) –, um einen Hausgeisterrat ins Leben zu rufen!»

Ein ungeheurer Tumult brach aus. Kleine Männer im Arbeitsanzug warfen mit Juchhe ihre Mützen in die Luft, eine dicke Badefrau hob ein wenig ihren runden Rock und walzte vergnügt ein paar Schritte, die besseren Herren saßen da und amüsierten sich mit eingeklemmtem Monokel über das harmlose Vergnügen des niederen Volkes – kurz: es war sehr heiter.

Der Klingelmann gebot Ruhe. «Pingelingelingeling!» – «Meine Damen und Herren! Bevor wir zur Konstituierung schreiten, erteile ich unseren Spezialreferenten das Wort zur Berichterstattung über die Lage der einzelnen Ressorts. Herr Salonmann von Nippes.»

Der Salonmann bestieg das Zigarrenkistenpodium. Er war sehr vornehm gekleidet: er trug blauseidenen Frack, kleines Plüschmützchen und einen Antimakassar auf dem Hintern. Er war Herr über zweihundertdreiunddreißig Nippsachen aus allerlei Materialien, die aber alle etwas anderes vortäuschten, als sie wirklich waren – und nun hub er an zu sprechen.

«Verehrte Anwesende!» sagte er. «Ich komme geradeswegs aus dem Salon und muß Ihnen sagen, daß es so nicht weitergeht. Der Staub türmt sich in meinem Reiche meterhoch. Die Abfuhr ist ganz ungenügend. Es wachsen Geister auf in meinem Salon, die überhaupt nicht wissen, was ein Staublappen ist. Auch ist der Salon in der letzten Woche zweimal benutzt worden! Ist der Salon vielleicht ein Wohnraum? Der Salon ist von je in der deutschen Familie das unumstrittene Reich der Hausgeister gewesen und soll es auch bleiben fürderhin. Herrscht Wohnungsnot? Haben die Menschen Platzmangel? (Der Salonmann war ein ausgezeichneter Redner, er las gern feingeistige und daher goldgeschnittene Bücher, die auf dem Mitteltisch lagen, und wendete sein Wissen gut an.) Mangelt es den Menschen an Platz? Dann sollen sie anbauen, für sich und ihre Kinder. Der Salon aber – den Hausgeistern!»

Donnernder Applaus lohnte den Redner. «Pingelingelingeling!» machte der Glockenmann. «Das Wort», sagte er, «hat der Wohnmann, Herr Schaukel. Ich bitte.»

Der Wohnmann Schaukel betrat das Podium. Er war ein fetter, mürrisch dreinschauender Mann, der immer beleidigt war, denn er beherbergte zumeist die gesamte Familie in seinen Räumen.

«Meine Herren!» brummte er. (Von den Damen wollte er offenbar nichts wissen.) «Mir paßt es nicht mehr. Hier ist das historische Sofa, auf dem Tante Julla saß und übelnahm – niemand sitzt mehr drauf. Tante Julla ist zerplatzt, und nur das jüngste Kindermädchen und Erwin sind manchmal die einzigen, die abends zu Hause bleiben. Und wie lange kann auch das noch so gehen? Dann kommt die Geschichte heraus, das Mädchen fliegt und Erwin kommt in eine Pension. Er hat zwar erzählt, sie hätten in der Schule jetzt Aufklärung, und wenn sie ihn erwischten, wollte er sagen, er mache gerade seine Schularbeiten – aber was hilft das? Und alle anderen liegen in den Kinos, im Theater, im Klub und in Betriebsversammlungen. So geht das nicht weiter. Es muß etwas geschehen. Es muß etwas geschehen!»

Gemurmel erhob sich. Manche Damen bargen ihr Gesicht

hinter ihrem Fächer. Dann aber wurde es still, und es erhielt das Wort der Eßmann Wurstmax.

Der Wurstmax sprach etwas Berlinisch, hielt aber auf feine Ausdrücke. «Indem», so führte er etwa aus, «nu doch det Essen imma schlechta werden dut, weil die Schiebapreise nich zu bessahlen sin, beantrage ick, det uns zehn Prozent von die Reste missen schtantepeh aufbewahrt wern. Indem wir sonst wie Bolle aufm Milchwagen dasitzen un gucken inn Rauch! Diss wollte ick jesagt haben!»

Die Versammlung stimmte zu.

Es sprach nunmehr der Kindermann, der Beherrscher des Kinderzimmers. Er war unzufrieden wie sein Vorgänger. So ginge es nicht weiter. Ebenso der Fremdenmann. Und es sprachen die Männer aus dem Zimmer des ältesten Sohnes, der nachts manchmal nicht nach Hause kam, weil er geschäftlich in der Stadt zu tun hatte – dann schlief er gewöhnlich von morgens acht Uhr bis mittags um eins –, und es sprach der Hausgeist der ältesten Tochter, die unter ihrem Kopfkissen den Casanova liegen hatte und am Fußende des Bettes «Was muß ein junges Mädchen von der Ehe wissen?». (Dieses Buch war unter den Hausgeistern von Hand zu Hand gegangen.) Und sie sagten alle, alle dasselbe. So ginge es nicht mehr weiter!

Nun traten auf, mit großer Spannung erwartet, der Schlafmann und seine Frau – die Beherrscher des ehelichen Schlafzimmers, zu dessen Bewirtschaftung ein Hausgeist nicht ausreichte – dazu waren zwei nötig. Und sie erstatteten ihren Bericht. Und es sprach die Frau:

«Meine Damen und Herren! Wenn wir so abends in den Betten liegen und das mit anhören, was sich unser Ehepaar erzählt, da muß ich denn doch sagen: So geht das nicht weiter! Wo ist die alte Zucht und Sitte geblieben? Das war ja nun früher immer so, daß sie Männe fragte, was denn das für ein unanständiger Witz gewesen sei, den Herr Fritschke heute bei Tisch erzählt habe, und dann versuchte er, ihn ihr zu erklären – und dann schwieg sie und verstand ihn nicht und sagte: Pfui – und dann hatte er es, und dann schliefen sie ein … Aber heute! Das wird Ihnen mein Mann auseinanderdefendieren. Meine Zunge vermag es nicht.»

Und der Schlafmann setzte es auseinander. Er schilderte – aber das könnte Ihnen so passen, daß ich das alles aufschreibe, wie? Er schilderte Szenen, wie man sie nur in Aufklärungsfilms für Jugendliche zu sehen bekommt; ich werde rot und blaß, wenn ich nur daran denke. Pfui –! Aber es war ganz interessant, und wenn Sie, freundliche Leserin, an den Herausgeber des «Almanachs» eine Postkarte mit bezahlter Rückantwort schreiben, wird er Ihnen gewiß sagen, wo Peter der Panter wohnt, und dann ließe sich vielleicht … Aber das nur nebenbei. Und als der Schlafmann ausgeschildert hatte, da ging ein Schauer durch die Versammlung über die große Verderbnis der Zeiten, und ein gewaltiges Kopfschütteln und Händeschwenken hob an, bis das Glöcklein um Ruhe rief. «Pingelingelingeling!»

Das Wort hatte der Mädchenzimmermann. Er sagte: «Ich kenne keine Dienstmädchen mehr, ich kenne nur noch Aushilfen!» Und er sagte, er könne ja nicht klagen – er hätte es ganz gut; bei ihm sei den ganzen Tag Fröhlichkeit und eitel Freude und viel Geld, und die Mädchen hätten offenbar einen Schatz, der hieße Achtstundentag, und …

Und dann sprang die Versammlung auf und warf den zufriedenen Hausgeist von dem Zigarrenkistendeckel herunter.

Und es stieg auf die Schachtel der Bademann. Der Bademann war in ein kleines Stückchen Frottiertuch gehüllt, das er irgendwo entwendet haben mochte – und seine Haare fielen ihm in nassen Strähnen ins Gesicht.

«Hadschi!» machte er. «Wenn die Menschen innen so sauber wären wie außen, dann mags angehen. Baden baden sie ja, und doch geht das nicht so weiter. Die Seife ist ja besser geworden – aber was ich da alles sehen muß – na, ich danke!»

Und es erschien der Speisekammermann und sagte, er

wolle nun bald nichts mehr mit der ganzen Wirtschaft zu tun haben. Zucker habe er schon seit Wochen nicht mehr gesehen, und zum Totlachen sei es mit den Lebensmitteln überhaupt nicht, und er müsse bessere Verpflegung beantragen, und er wolle versetzt werden!

Und es erschien zum Schluß der WC-Mann, und er sah die Versammlung lange an und sagte dann endlich: «Meine liebe Versammlung! Das Leben ist kurz und ...!»

Und das konnte ihm ja von seinem Standpunkt aus niemand verdenken.

«Pingelingelingeling!» machte der Glockenmann und erhob sich zu voller Höhe.

«Wir wollen uns nunmehr zusammentun, um zu einem Ziele zu kommen!» sagte er. «Mit den Menschen ist es nichts mehr. Wir werden unsere angestammten Rechte nur wahren, wenn wir geeint vorgehen. Wir verlangen:

Freie Liebe,

½ Pfund Zucker wöchentlich,

Badezimmerbenutzung,

freie Kleidung,

Erhöhung der ethischen Forderung (des sogenannten früheren «Trinkgeldes») auf 20 Prozent,

Abschaffung der Mausefallen, die unsere Postverbindungen stören,

Anerkennung des großen Hausgeisterrates.» –

Und bei diesen Worten erhob sich die ganze Versammlung wie ein Mann und defilierte an einer Streichholzschachtel vorbei, und jeder nahm ein Streichholz hinaus und steckte es an, und dann formierten sie sich zu einem Fackelzug und gingen dreimal langsam und feierlich um den Tisch herum, bis die Streichhölzer abgebrannt waren. –

Und daß die Geschichte wahr ist, könnt ihr daraus ersehen, daß die Streichhölzer bei meinem Onkel Julius immer noch auf dem Teppich liegen. Denn die heutigen Mädchen ... aber das ist ein anderes Kapitel.

Die Hausgeister aber sind seit jener Nacht streng organisiert, und wenn ihr im Leben Glück haben wollt und zu Hause Frieden und Ordnung, dann rate ich euch sehr, ihre Forderungen zu erfüllen.

Alte Zeitungen

Der Herausgeber schickt mir eine Wurst, eingewickelt in alte Zeitungen, die – wie die Wurst – noch aus dem vorigen Frieden stammen. Und während ich die Wurstzipfel träumerisch in der Stube verstreue, denke ich nach. Hat nicht schon Goethe …? Richtig, er hat. «Wenn man einige Monate die Zeitungen nicht gelesen hat, und man liest sie alsdann zusammen, so zeigt sich erst, wieviel Zeit man mit diesen Papieren verdirbt. Die Welt war immer in Parteien geteilt, besonders ist sie es jetzt, und während jedes zweifelhaften Zustandes kirrt der Zeitungsschreiber eine oder die andre Partei mehr oder weniger und nährt die innere Neigung und Abneigung von Tag zu Tag, bis zuletzt Entscheidung eintritt und das Geschehene wie eine Gottheit angestaunt wird.»

Alte Zeitungen sind spaßig. 1910, 1911 – Gott schenke uns solche Sorgen, solche Liliputanersorgen. «Der sozialdemokratische Hofbericht.» «Rücktritt des Erbprinzen Hohenlohe aus dem Reichstagspräsidium.» (Der Reichstag hatte nichts zu sagen, sein Präsidium hatte nichts zu sagen, also was hatte es zu sagen, wenn …?) «Der Kampf gegen Hermann Nissen.» Ach ja, es war eine fröhliche, eine harmlose, eine gute alte, eine kleine Zeit.

Alte Zeitungen sind spaßig. Wie kommts, daß man bald traurig wird, wenn man sie liest?

Weil man sieht, wie schlecht sie ihre Aufgaben erfüllt haben. Weil man sieht, wie wenig Voraussicht sie hatten, wie sie die Welt nicht kannten, wie sie es nicht einmal fertigbrachten, gute Nachrichtenblätter zu sein, die Bewohner der Erde objektiv und zuverlässig voneinander zu unterrichten. Wie sie durch Lyrik und Schmalz ersetzten, was ihnen an Korrektheit und Information abging.

Denn es war damals so, daß die meisten Zeitungen gegen ihre eigne Zeit arbeiteten, deren Herzschlag sie vielleicht hörten, aber nicht hören wollten.

1910 – man möchte, heute, rufen: Aber um Gottes willen! Noch vier Jahre! Tut etwas! Es glimmt! Gießt Wasser drauf! Ihr Glücklichen, ihr habt noch Zeit! Und dann? «Der Kampf gegen Hermann Nissen.» Und gradezu grotesk wird das Bild, wenn man die Zeitungen aus dem Juli 1914 durchblättert: wie da acht Tage vorher noch kein Zeilenschinder etwas von der großen Zeit weiß, die da gleich über ihn hereinbrechen wird, wie da kein Annoncenteil, kein Bildredakteur, kein Chef, kein Politiker auch nur irgend etwas von dem Zusammenbruch einer Kultur ahnt, der dicht bevorsteht, näher rückt, immer näher rückt ... Am zweiten August waren sie im Bilde und wateten in Blut und Phrasen.

Die leidige Ephemere ... Nun ja, über alte Zeitungen bringe ich euch alle zum Lachen. Wie mache ich es, daß ihr zu dem Schluß kommt: da die alten Zeitungen nichts getaugt haben, da sie sich inzwischen nicht geändert haben, so ...?

Aber ich sehe schon die Manuskripte, die sich auf dem Herausgebertisch zuhauf türmen. Eins trägt den Titel: «Die deutsche Presse als kulturfördernder Faktor in der Weltwirtschaft.» Von Professor Nöhleken. So lob ich mir den Mann: erst Deutscher, dann Abonnent, und dann, so abends zwischen neun und zehn, wenn er die Hausschuhe anhat –: Mensch.

Und nun ist die Wurst alle, und ich wickle nachdenklich die alten Zeitungen zusammen und lege sie unter den linken Vorderfuß meines Schreibmaschinentischchens, das wackelt, und so erfüllen sie doch einmal in ihrem Dasein einen guten und vernünftigen Zweck.

In einer Bar

Das ist eins dieser kleinen Lokale auf dem Kurfürstendamm – ein bißchen bunt, ein bißchen kitschig, mit jener gewollten Eleganz, wie sie nur in Berlin und den norddeutschen Mittelstädten zu finden ist. Die Musik spielt leise einen, die Leute trinken alle sehr teure Sachen und kommen sich sehr fein vor ...

An einem Tisch sitzt ein Mann mit einer Hure. Wenn ich nun ein gebildeter Schriftsteller wäre, einer, der viele Worte um eine eindeutige Sache zu machen weiß, so würde ich ja nun ein netteres Wort finden – aber wir wollen einmal bei der primitiven Bezeichnung bleiben. Es ist wirklich nichts anderes. Und da kommen noch zwei Herren an das Tischchen, zwei Marineoffiziere – von oben bis unten mit Metallblechen und gestickten Kreuzchen und allerhand Indianerabzeichen besteckt, die sie Orden nennen. Und sie reden den Herrn, der da sitzt, mit «Herr Leutnant» an. Ich sehe ein bißchen zu.

Ja, der Herr Leutnant ist recht animiert. Er hat, wie der Berliner zu sagen pflegt, einen kleinen weg. Er ist ziemlich rot im Gesicht, seine blonden Haare sitzen ein wenig unordentlich. Und er beginnt, leise und dann lauter, mit der Musik mitzusingen.

Und die da bei ihm sitzt, bettelt ihm ein Tatarbeefsteak ab, und er läßt es ihr kommen und bestellt es immerhin so laut, daß es alle hören müssen, was er für ein Kerl ist, der sich nicht lumpen läßt – und dann singt er weiter, unbekümmert und forsch, vergnügt, und mit Stimme Nummro vier.

Und ich muß ihn immerzu angucken. Wo habe ich das schon gesehen?

Erinnerungen kommen. Wo? Aber im Kasino. Aber in tausendundein Feldnächten, in jenen verfluchten Mordjahren, die uns das Land gekostet haben und Deutschland die Weltgeltung. Da saßen sie und sangen.

Wie erkenne ich diese Augen! Sie sagen: Morgen um acht

Uhr Stiefelappell. Sie sagen: Drei Tage Kasten – weg! Sie sagen: Was sind Sie? Komponist sind Sie? Mist sind Sie! Sie sagen: Hier sind wir die Herren. –

Ich weiß schon. Nicht alle Offiziere sitzen in den berliner Bars und geben ihr Geld – woher haben sie das, heute? – für Sekt und andere süße Dinge aus. Ich weiß schon, wie ihr sagt: Es gibt doch auch ...

Ja, es gibt auch anständige Offiziere. Aber: soweit sie Offiziere waren, taugten sie nichts. Wenn so einer, der sein Leben heute davon fristet, daß es Leute gibt, die Angst vor den Bolschewisten – welch ein fabelhafter Begriff! – haben, wenn so einer mal in die Betrunkenheit rutscht: dann kommt er ganz heraus, dann ist er ganz nackt, enthüllt sich ganz und ist er ganz er selbst: ein preußischer Offizier.

Und das hat dich und mich und uns alle vier Jahre lang kujoniert und gequält und beherrscht – das ist vier Jahre lang in Größenwahn und Menschenverachtung bestärkt worden ... Eine feine Klasse.

Der Herr Leutnant singen noch immer. In allerhöchster dritter Person, blaurot im Gesicht und heftig grölend. Die kostümierten Kameraden werfen siegesbewußte Blicke im Lokal umher. – –

Und ein Volk sitzt dabei und läßt es sich gefallen und wartet geduldig auf das nächste Unheil, das die Herren anzurichten gedenken.

Das Couplet

Ein Couplet zu schreiben: das ist eine mühselige und eine ernste Sache. Es ist vielleicht schrullig, über eine so lustige Sache, wie es doch das Couplet (für den Zuhörer) ist – mit gefurchter Stirne zu reden und gar zu sagen, daß auch diese kleine Kunstgattung ihre ganz besondern Gesetze hat, die man mühsam erhorchen und noch mühsamer erlernen muß.

Im Couplet muß die Sprache selbst dichten. Das ist ein so dünner Bretterboden, das Lied, das sie da oben singen – und es verträgt nicht viel. Leicht und ungezwungen müssen die Worte einander folgen, leicht und klar die Gedanken – und verwickelte und zusammengekoppelte Gedanken verträgt das Couplet überhaupt nicht. Es reicht grade nur für die einfachsten Dinge, wenns im Fluge verstanden werden soll – man kann allerlei sagen in einem Couplet, aber man muß es sehr einfach sagen. Und ehe man Rhythmus und Reim und Gedankengang glücklich vereinigt hat, vergeht manchmal eine ganze Nacht.

Was man aber nicht merken darf. Erst wenn die Leute sagen: «Das haben Sie gewiß aus dem Ärmel geschüttelt!» – erst dann ist das Couplet gelungen. (Und wenn die Leute erst wüßten, wie holperig und langweilig das aussieht, was man so aus dem Ärmel schüttelt ...!)

Viele fragen, was zuerst da sei: der Text oder die Musik. Das ist ganz verschieden. Es gibt Melodien, die sagen etwas, wenn du sie oft hörst – und wenn du hören kannst, dann fangen sie auf einmal zu sprechen an und sagen dir den Text, den einzig möglichen Text. Manchmal aber ist es förderlich, die Worte aufzuschreiben und sie von dem Herrn Komponisten unter Musik setzen zu lassen.

Ist dies eine Enzyklopädie? Dies ist ein kleines Programmheftchen, und «Die Geschichte des deutschen Couplets (mit Sachregister)» ist noch nicht geschrieben worden. Wenn wir vom alten Kalisch absehen: die besten Couplets der letzten Jahre hat Rudolf Bernauer geschrieben – «Und Meier sieht mich freundlich an» ist ein klassisches Fundament, dergleichen wir nicht viele haben, ein Lied, an dem sich schon Generationen gesund gelacht haben. Das kennen Sie nicht? Schade – es ist wirklich sehr lustig.

Das politische Couplet gedeiht nicht recht bei uns – die Deutschen mögen das nicht – und wenn der charmante Otto Reutter nicht seinen politischen Versen irgendeinen

Refrain anhängte, der ebensogut auch auf andere Dinge paßt, so hätte er wohl nicht viel Glück mit seiner Coupletpolitik.

Der Refrain ...! Das Schmerzenskind aller Coupletgoethes –! Da ist jedes Wort von Bedeutung, eins zuviel, und die Wirkung ist dahin.

Und dann: richten Sie sich nie nach der Wirkung des gedruckten Couplets. Was ein richtiges Couplet ist, das sieht gedruckt so blöd aus, daß jeder vernünftige Mensch sagt: «Das ist wohl hervorragend dummes Zeug!» Und umgekehrt: Verse, die sich auf dem Papier gut ausnehmen, fallen auf dem Podium so herunter, daß es eine Freude für den Konkurrenten ist.

Aber nun haben Sie genug von der blassen Theorie gehört – jetzt wollen Sie lebendige, bunte Couplets.

Bitte. Da oben.

Zwei Einbrecher

Herr Kriegskotte lag in seinem Bett. Eben hatte er sich bei der traulichen Lampe von H. St. Chamberlain bescheinigen lassen, daß er und seinesgleichen direkt nach dem lieben Gott und Richard Wagner rangierten (was ihn mit großer Genugtuung erfüllte) – als ihn bleierne Müdigkeit befiel. Es soll das bei der Lektüre dieses Philosophen manchmal vorkommen. Kriegskotte löschte das Licht und wartete auf den Schlaf.

Der Schlaf kam nicht. Sei es, daß der noch in den Universitätsräumen zu tun hatte, wo Professor Dr. Colonius ein Kolleg über den «Sternhimmel in Oberschlesien» las – sei es, daß der Schlaf selbst müde war, weil er den ganzen Vormittag lang in zahllosen Kriegsgesellschaften gewirkt hatte – er kam nicht. Kriegskotte wartete. Er zählte die donnernden Elektrischen, die vor seinem Hause vorbeitosten, er hörte, wie im Nachbarhaus eine Jungfrau ihren ledigen Stand das

Klavier entgelten ließ – der Schlaf kam nicht. Lange lag Kriegskotte so wach.

Was – –? Ein Geräusch – –? Peterte da jemand an der Korridortür? Eine Sinnestäuschung, sagte er sich. Nein – es peterte wirklich jemand. Die Tür ächzte. Das Schloß knirschte, die Tür wurde leise geöffnet.

Erst wollte Kriegskotte schreien. Dann besann er sich. Man muß doch erst feststellen ... (Der Deutsche muß immer erst feststellen.) Jemand schlich in das Arbeitszimmer. Kein Zweifel – man brach bei ihm ein.

Kriegskotte erhob sich geräuschlos. Er tapste durch sein Schlafzimmer, das breite niedrige Bett lag im Mondlicht hinter ihm. Auf Zehenspitzen und im Hemde stelzte er an die Tür und sah durchs Schlüsselloch.

Alles da. Da stand – ganz wie im Bilderbuch – ein schwerer Junge an seinem Schreibtisch und mühte sich, die Schubladen aufzubrechen. Neben ihm war eine Acetylenlampe aufgebaut und warf einen hellen Lichtkegel auf den Schauplatz und auf die blinkenden Stahlwerkzeuge, die daneben lagen ... Noch hielten die Schlösser. Der Mann stöhnte leise.

Kriegskotte überlegte. Vorstürzen –? Der Einbrecher mochte schießen. Kriegskotte war seinerzeit ein berühmter Kaisergeburtstagsredner gewesen und daher g. v.-Heimat. Mit der Courage war es nicht so furchtbar doll bei ihm. Zurückschleichen und Hilfe holen –? Dann räumte der Bursche inzwischen den ganzen Laden aus, und man hat das Nachsehen. Warten – warten war wie immer das Beste. Kriegskotte wartete.

Knack – machte es im Schreibtisch. Das mittlere Schubschloß hatte es aufgegeben, der Mann, ein stattlicher Dreißiger, zog jetzt die Schublade heraus. Und gleich darauf auch die beiden anderen ... Kriegskotte biß die Zähne zusammen. Verdammt –! Da war das Geld, das lag ganz links, und es war die Frage von Minuten, daß der es entdeckte – Kriegskotte überrieselte es kalt. Der Einbrecher kramte.

Was – –? Ein Geräusch – –? Peterte da jemand an der Korridortür? Eine Sinnestäuschung, sagte sich Kriegskotte. Nein – es peterte wirklich jemand. Die Tür ächzte. Das Schloß knirschte. Die Tür wurde leise geöffnet. Schritte tappten auf dem Läufer des Ganges.

Da stand so einer. Noch so ein schwerer Junge – und starrte auf den ersten, der so in seine Arbeit vertieft war, daß er nichts sah und nichts hörte. Der zweite räusperte sich. Blitzschnell fuhr der andre herum und sprang auf. Sie sahen sich an.

Der zweite stellte sich vor. «Gestatten: Cibulla. Ferien- und Wohnungseinbrüche. Mit wem habe ich das Vergnügen?»

Der erste klappte mit den Hacken. «Rudolf Schilzke. Wohnungen, Bodenräume und Garagen. Sehr angenehm.» –

«Ja, Herr Kollege», sagte der Ankömmling. «Was machen Sie denn hier –?» – «Das sehen Sie ja: ich arbeite», sagte Herr Schilzke. – «Das ist mir außerordentlich peinlich», sagte Herr Cibulla. «Ich komme direkt aus Reinickendorf – die Spesen – der weite Weg – ich möchte nicht gern unverrichteter Sache wieder abziehen – –»

«Ich dächte doch, daß ich das Vorrecht habe», sagte Herr Schilzke. «Vielleicht sehen Sie sich mal in der Nachbarschaft um ...» – «So einfach ist das nicht, wie Sie glauben», sagte Herr Cibulla. «Sind Sie organisiert –?» – «Natürlich», sagte Herr Schilzke. «D. E. B. Deutscher Einbrecher-Bund. Und Sie?» – «V. B. K. Verband Berliner Klemm-Eden. Ich habe diese Adresse aus unserm Fachorgan *Dietrich und Stemmeisen*. Ich muß doch sehr bitten ...» (Hier begann Kriegskotte zu zittern.)

«Alaum Se mal!» (Herr Schilzke verfiel in das Idiom seiner Heimatstadt. Paris war es nicht.) «Det Ding is so: Wir vom D. E. B. ham janz Jroß-Balin in Beßirke einjeteilt. Na – un det is hier mein Beßirk. Den hat ma da Vorstand zujewiesen. In de jestrige Vabandsitzung ...» – «Ja, lieber Kollege», sagte der andre. «Das ist ja alles recht schön und gut. Aber die diesfallsigen Beschlüsse des D. E. B. sind für uns vom V. B. K. in keiner Weise maßgebend. Ich war früher Austräger bei einem Rechtsanwalt – ich weiß das also ganz genau: hier liegt ein sogenannter Kompetenzkonflikt vor. Ja.» – «Heren Se ma …!» rief Herr Schilzke. – «Nicht so laut!» zischte Herr Cibulla. «Wollen Sie das ganze Haus zusammentrommeln?» – «Mein Recht will ich und weiter nischt! Merken sich det!» – «Der D. E. B. steht in Fusionsverhandlungen mit dem V. B. K.», sagte Herr Cibulla träumerisch. «Und dann machen Sie hier solche Kisten …! Wo bleibt da das Kollegialitätsgefühl?» – «Wees ick nich!» maulte Herr Schilzke. «Wennt Ihn nich paßt, kenn sich ja beschweren!» – «Wer ick ooch!» berlinerte Herr Cibulla, wobei ihm mit der Feinheit ein Stein von der Seele fiel. «Wer ick ooch! Bei unsan Betriebsrat! Nanu –! Und nu brech ick hier ein!»

Der leise Sommerwind spielte lind mit dem Nachthemdzipfel Kriegskottes, der hinter der Tür lauschte. Er sah eine neue, aber eine deutsche Welt.

«Det wern Se nich, Sie! Vastehnse? Sie wern den Zaun pinseln, Herr! Sie nich! Wissen Se, wat mir Ihr V. B. K. kann?» – «Na?» erkundigte sich Herr Cibulla. – «Mir janich imponiahn!» sagte Herr Schilzke. – «Nu – nu – nu –», mahnte Herr Cibulla. «So is det nich! Fachblatt is Fachblatt – det kenn Se nich ijnorieren! Sie mit Ihrn D. E. B.!» – «Det wern wa sehn!» sagte Herr Schilzke so laut, daß Kriegskotte hinter der Tür zusammenzuckte. «Und wenn ick bis zum Kaiser – und wenn ick bis zum Präsidenten soll jehn – ick will mein Recht! Rayon is Rayon!» – «Los! Da komm Se mit! Wir jehn in de Flotte! – Da tagt heut nacht unsa Vaband mit Ihrn Vaband – da wern wa frahrn! Det wär jelacht! –» – «Wärt ooch: Ordnung muß sinn! Allemal! Also nischt wie hin!» rief Herr Schilzke. Und packte seine Werkzeuge zusammen, schloß die Schubladen, löschte die Lampe und folgte dem voraneilenden Kollegen. «Bitte nach Ihnen!» sagte Herr Cibulla, ein Mann von weltmännischen Formen, an der Tür. Und dann gingen sie.

Kriegskotte hatte bis jetzt kaum geatmet. Aber nun gings los! Himmelherrgottdonnerwetter! Das sollte ihm passieren! In seiner eigenen Wohnung! Wo war die vom Staat garantierte Sicherheit des ruhigen Bürgers? Wozu zahlte man seine Steuern? Nein! Das gabs nicht! Er bekam Mut. Wenn jetzt noch einmal einer käme, dann schlüge er ihn – Licht! Telefonbuch! Pi – Pa – Po – Polizei ... Das wär ja die – –

Ging die Tür? Licht und Mut des Herrn Kriegskotte erloschen jäh. Augenblicks hockte er unter dem Schreibtisch. Da kam einer.

Kam leise und wühlte furchtbar in den Schubladen. Klapperte mit den drei bis heute gehamsterten Goldstücken, ließ ein Bild fallen, daß die Scheibe klirrend brach, und verschwand. Pause. Und grade wollte sich Kriegskotte erheben und wutschnaubend und mutig – – Da öffnete sich die Tür noch einmal, und wieder kam einer.

«Wat hat er jesacht?» sprach eine bekannte Stimme. «Seinen Bohrer hat er vajessen? So ein ... Det dachte ich mir doch! Es jibt keine Ehrlichkeit mehr uff die Welt! Na warte! – Und die Hälfte hat der Dusselkopp liejen jelassen! Wat is der? Einbrecher is der? Valleicht wird er mal einer – aber ick wern!» Sprachs und wirtschaftete seinerseits so erschrecklich in den Schubladen, daß es Herrn Kriegskotte tief ins Herz schnitt. Und verschwand.

Und da stand Kriegskotte, begossen, im Nachthemd, im Mondlicht und sah seinen leer ausgeraubten Schreibtisch und begann, eine Nachtverbindung mit dem Polizeipräsidium aufzunehmen, die da dauerte von nachts zwölf Uhr bis – –

Und hatte bei aller Trauer um den entschwundenen Besitz die tröstliche Versicherung, daß alles – sogar das Einbruchswesen – wohl geordnet und wacker organisiert sei in seinem Vaterlande.

Und wenn er nicht gestorben ist, dann telefoniert er heute noch.

Wirtinnen-Verse

In Klabunds Sammlung «Das deutsche Soldatenlied» lautet eine Anmerkung: «Es steht ein Wirtshaus. Aus dem Rheinland. Durch ganz Deutschland. Es existieren noch ungefähr 200 rein erotische Strophen.» Gemeint ist das vielgerühmte Wirtshaus an der Lahn, und zweihundert stimmt nicht, mein Freund Karlchen weiß allein zweihundertundeine. Und da der Deckel dieser Zeitschrift schon rot ist, wollen wir uns das einmal begucken.

Ich kann mir denken, daß es junge Leute gibt, die dieser Abkühlung nicht bedürfen. Unsern aber schadets nicht. Bei dem unseligen Hang der Deutschen, die allerrealsten Dinge mit dem Zauber einer falschen Romantik, mit einem ganz falschen Pathos zu umgeben, steht der Trieb obenan, die Liebe – nicht etwa zu veredeln, sondern mit einem Pelzbesatz zu verbrämen, den sie nur sonntags tragen. Den reißt das Wirtshaus allerdings herunter. Diese plumpen Derbheiten zeigen dem Jüngling zum erstenmal die Komik in der Erotik, die groteske Außenseite, sie zeigen ihm, wie sie der Unbeteiligte sieht. Dieser feierliche Ernst, in dem «das» Thema abgehandelt wird, diese unbeirrbare Sachlichkeit, die noch an die verdrehtesten Vorgänge eine Moral anhängt – das sind die lustigsten Strophen –: all das kühlt ab. Ich kann mir denken, daß es Leute gibt, die zugleich das Heilige und das Skurrile in der Liebe sehen – aber sie sind selten. Und für die andern ist es eine Brause.

Und eine Kinderkrankheit. Schrecklich, wenn ein ausgewachsener Mann die Masern hat, schrecklich, wenn ein alter Spießer von diesen Dingen seiner Jugend nicht lassen kann. Das sollte nicht sein. Aber für die ersten Semester scheint mir jenes Hotel an der Lahn nicht eben gefährlich, eher heilsam zu sein.

Und ich habe immer gefunden, daß der später mit Frauen am zartesten und liebevollsten umzugehen versteht, der einmal jenes Moorbad genommen hat. Er ist gefeit.

Bestätigung

Das macht immer Freude, sich bestätigt zu sehen. Und es macht doppelt Freude, wenn man hört, daß die Wahrheit so alt ist wie das Geschehnis, und wenn man sieht, daß es von Anfang an kluge und einsichtige Männer gegeben hat, die den Mut zu eben dieser Wahrheit hatten. Manche haben ihn heute noch nicht.

Der freiburger Universitätsprofessor Dr. Hermann Kantorowicz, ein Jurist, hatte ihn aber. Im September 1916 hat er bei höheren deutschen Dienststellen – bei Zivil- und Militärämtern – eine Denkschrift eingereicht, die nun – im Verlage von J. Bielefeld in Freiburg – gedruckt vorliegt. Und sie enthält Punkt für Punkt das, was hier so oft gestanden hat und stehen mußte, wollte man nicht, daß Geschichtslügen und dumme Fälschung Besitz von den Köpfen ergriff. Sie bestätigt genau das, was meine Kameraden und ich hier so oft sagen durften: daß der «Offiziershaß im deutschen Heer» (so heißt die Broschüre) ein erheblicher Faktor der Niederlage gewesen ist. Manche leugnen ihn heute noch.

Nun, er bestand. Er bestand in dem Maße, daß ... Aber hört! «Er frage Feldsoldaten aus dem Volke, deren volles Vertrauen er besitzt, was sie vom Gegner halten: er wird in den meisten Fällen eine kühle, sachliche Antwort bekommen. Dann frage er sie, wie sie gegen den Offiziersstand gesinnt seien: er wird in den meisten Fällen das Auge auch der ruhigsten aufflammen sehen im inneren Leid, vor ingrimmiger Empörung.» So war es.

Ich kann euch das Buch nicht ausschreiben – Ihr müßts selber lesen; es ist sehr lehrreich. Aber wenn ihr die Kapitelüberschriften hört, die damals, als das geschrieben wurde, noch wie Revolutionsaufrufe wirken mußten, dann wißt ihr Bescheid: «Die Ungerechtigkeit in der Verpflegung.» – «Die Ungerechtigkeit in der Besoldung.» – «Die Ungerechtigkeit in der Verteilung der Auszeichnungen.»

Habt ihr vergessen?

Ihr habt nicht vergessen. Und ich würde diese alte, mutige Schrift eines deutschen Professors – welche Ausnahme! – gar nicht zitieren, wenn nicht jetzt, vor den Wahlen, wieder die alten Lügen auftauchen werden: von der Marine, die das Heer verriet – das glaubte und sagte sogar der verflossene Herr Noske! –, von der Heimat, die das Heer erdolcht hat – von allem möglichen, das schuld gewesen sein soll. Aber über Agitatoren, Reaktionäre und kindliche Broschürenschreiber hinweg leuchtet die Wahrheit. Die Wahrheit von einem Volk, das unter seinen eigenen Landsleuten zusammengebrochen ist, von einem Volke, das neben seinen unzähligen Feinden draußen einen schrecklichen im Lande hatte: den eigenen Offizier.

Säße Herr Kantorowicz unter dem verkappten Rektor Meyer an der berliner Universität: wer weiß, vielleicht hätte ihn dieser Wackere schon geschaßt. So ist er noch da und wir haben allen Grund, ihn zu seiner Tat zu beglückwünschen. Wenn ihr wissen wollt, wie man gleichzeitig gerecht und scharf über den deutschen Offizier urteilen kann, dann lest dieses Buch.

Das politische Kino

Heute ist es ganz unpolitisch. Scheinbar. Denn vor dem Kriege und im Kriege war das übliche Maß Patriotismus so selbstverständlich, daß über einen Aktschluß mit Kaisermarsch und über das Interesse für Militär und die Herrlichkeit des Reiches überhaupt nicht zu reden war. Das Kino war ungefähr so unpolitisch wie der *Berliner Lokalanzeiger*. Aber es könnte anders sein.

«Die Massen können nur in Bildern denken und lassen sich nur durch Bilder beeinflussen. Bloß diese schrecken oder verführen sie und werden zu Motiven ihres Handelns. So haben denn auch die Theatervorstellungen, die das Bild in klarster

Sichtbarkeit geben, auf die Masse stets einen ungeheuren Einfluß. Durch nichts wird die Phantasie der Massen aller Art so stark erregt als durch Theatervorstellungen.» Das steht bei Gustav Le Bon in der «Psychologie der Massen», und es ist sehr richtig. Wenn wir uns an die Masse als Ganzes wenden und, was nicht immer möglich sein wird, an das Individuum durch persönliche Propaganda, so bleibt uns gar nichts weiter übrig, als die Gesetze der Massenbeeinflussung zu befolgen. Die Mächte aller Zeiten haben das getan.

Was fehlt, ist das politische Kino und der politische Film. Der Wege und Mittel sind viele: meiner Ansicht nach wird in Deutschland mit der Fotografie dasjenige viel zuwenig gemacht, was zum erstenmal unsere *Freie Welt* mit Erfolg begonnen hat: die Fotografie als Tendenzbild zu benutzen. Keine Karikatur kann in gewissen Fällen so wirken, wie es das einfache Wirklichkeitsbild des Fotografen tut. Es gibt Lagen, in denen das fotografierte Bild eines zerschossenen Arbeiters, einer stockigen Proletarierwohnung, eines gedunsenen Reichen mehr wirkt, als Wort und Zeichnung es je zu tun vermögen. Das Bild sagt zum Leben «So siehst du aus!» – und eine kleine Unterschrift genügt, um noch einmal auf das aufmerksam zu machen, worauf es ankommt. «Was G'lehrte durch die Schrift verstahn, das lehrt das G'mähl (Gemalte) dem g'meinen Mann.»

Der Wege und Mittel sind viele: es lassen sich sehr wohl Tendenzfilme ersinnen, die aber nun nicht etwa den Hurrakitsch mit umgekehrtem Vorzeichen äffen dürfen, sondern die schlagkräftig und wahr durch geschickte Gruppierung von Zustandsschilderungen pazifistische, sozialistische und radikale Tendenzen aller Art erkennen lassen können.

Die Hauptschwierigkeit liegt in der Schwerfälligkeit der Organisationen, die an diesem neuen Wege, weil sie die eintretenden Hindernisse wohl erkennen, nicht recht heran wollen. Aber Hindernisse sind dazu da, um überwunden zu werden, und es wäre wohl zu wünschen, daß sich die interessierten Verbände einmal dazu aufrafften, das vorläufig in den Händen der Reaktionäre befindliche Kino zu erobern. Denn reaktionär ist der Film nicht nur da, wo er politisch wirkt (wir haben nur ganz wenige politische Filme), sondern reaktionär sind Anschauungsweise, Weltbild und Lebensauffassung des bürgerlichen Kinos. Es lohnte sich also schon.

Es ist ganz zweifellos, daß, wenn wirklich unsere politische Opposition sich des Kinos bemächtigte, die unfreieste aller Republiken ihren ganzen Verwaltungsapparat aufbieten würde, um eine solche Betätigung unmöglich zu machen. Und wenn der preußische Verwaltungsbeamte nichts kann: schikanieren kann er.

Eine Möglichkeit gibt ihm dazu zunächst einmal das neue Filmzensurgesetz von 1920, in dessen § 1 sich die dehnbare Bestimmung befindet: «Die Zulassung eines Bildstreifens (das ist die sprachlich falsche Preußenübersetzung des Wortes Film) erfolgt auf Antrag. Sie ist zu versagen, wenn die Prüfung ergibt, daß die Vorführung des Films geeignet ist, die öffentliche Ordnung oder Sicherheit zu gefährden, die Religion oder religiöse Einrichtungen herabzuwürdigen, verrohend oder entsittlichend zu wirken, das deutsche Ansehen oder die Beziehungen Deutschlands zu auswärtigen Staaten zu gefährden.» Mit dieser Begründung kann man jeden politischen Film verbieten. Der Zusatz, der da folgt, hilft auch nicht viel: «Die Zulassung darf wegen einer politischen, sozialen, religiösen, ethischen oder Weltanschauungstendenz als solcher nicht versagt werden. Die Zulassung darf nicht versagt werden aus Gründen, die außerhalb des Inhalts des Bildstreifens liegen.» Wir kennen die preußische Zensur «als solche». Da in der kaiserlichen Republik Deutschland noch die lächerlichsten Büttelbestimmungen aus der Zeit der alten preußischen Könige für die Polizei in Geltung sind, so hat der Staat außer den Kautschukbestimmungen dieses Zensurgesetzes auch noch die Möglichkeit, einem Film durch Verwaltungsmaßnahmen das Kinolicht auszublasen. Es brauchte bei der schwachsinnigen Auffassung des Begriffs «Öffentlichkeit» durch die preußische Behörde nur eine Schlägerei bei der Vorführung eines solchen Films vorzukommen – und das Verbot wäre da. Wir wissen, wie das gemacht wird. Wozu hätten wir unsere Assessoren?

Die Filmzensur, die da nach dem Grundsatz «Frauen haben keine Beine» zensiert, wird also Schwierigkeiten machen.

Aber eben dagegen wäre anzukämpfen. Wir haben ja schließlich im Laufe der Jahrzehnte dies und das erreicht – warum sollte es nicht möglich sein, dieser Paragraphenbehörde mit politischer Gewalt klarzumachen, daß die Öffentlichkeit uns allen und nicht ihr gehört, und daß es jedem unbenommen ist, Filme, die ihm nicht gefallen, nicht anzusehen. «Da müßte denn doch die Polizei – –!» Sie müßte eben nicht, Herr Meyer. Sondern es muß den Staatserhaltenden und den Radikalen klar sein, daß jeder Gegner jeden politischen Film drehen darf.

Der Staat würde Schwierigkeiten machen. Aber diese Schwierigkeiten wären durch planvolles Zusammenwirken aller Organisationen zu überwinden.

Schwierig wird es ferner sein, Filmgesellschaften für solche neuen und zunächst etwas gewagten Pläne zu interessieren. Weil sich aber in diesen Filmgesellschaften der Kapitalismus am heftigsten offenbart, so wird es einfach eine Sache des Geldes sein, die Branche für diesen neuen politischen Zweck dienstbar zu machen. Unerläßlich wäre dazu freilich, daß sich die interessierten Parteien und Gruppen ein paar Kinotheater pachteten, denn das normale bürgerliche Kinotheater würde sich sicherlich bedanken, gute sozialistische Filme vorzuführen. Der Herr Reichswehr-Feldwebel, der sonntags mit Fräulein Feldwebelin ausgeht, dürften böse werden.

Dies ist keine Utopie. Dies ist kein Plan, der unausführbar oder gar nur spaßig zu nehmen wäre. Die Aufklärung durch das Bild und vor allem durch das Kinobild kann gar nicht hoch genug veranschlagt werden. Lesen mag einer, was er will

– die Anschauung ist mächtiger. Was der Mann des praktischen Lebens einmal gelesen hat, kann er möglicherweise vergessen; was er gesehen hat, nie. Der Weg zum Herzen der Masse geht nicht durch den Verstand, er geht durch die Sinne. Und weil wir wissen, daß der Verstand auf unserer Seite ist, dürfen und müssen wir diesen Weg gehen: den Weg zum politischen Kino.

Arno Holz

Das Deutsche Verlagshaus Bong in Berlin hat «Das ausgewählte Werk» von Arno Holz herausgegeben. Es ist eine vorzüglich geratene Ausgabe geworden – buchtechnisch hervorragend, der Preis ist nicht hoch, die Notenbeilagen (einige Lieder, von Stolzenberg komponiert) gut, zwei Bilder Holzens von Karl Bauer ... Es ist alles da. Nein – alles nicht. Wirklich: alles nicht. Aber dafür kann der Verlag nicht.

Ich habe Arno Holz hier zu seinem Fünfzigsten gratulieren dürfen – und wenn ich zurückblättere und nachlese – ich kann heute nichts andres sagen. Nichts andres als: der gute Wille allein tuts nicht. Die Theorie tuts nicht. Nicht die Tatsache, daß einer den Naturalismus erfunden hat (großer Prioritätskampf zwischen ihm und Schlaf – aber ich bin gar nicht neugierig): darauf kommts nicht an. Es gibt nur ein Kriterium: gut oder schlecht.

Wie verstaubt diese Wälzer von Dramen, diese minuziös ausgemalte Miniaturtablette der Jugendzeit – diese endlosen Reime der «Blechschmiede», zu denen Kuno Fischer, Bielschowsky und Lewes erst einmal Kommentare schreiben müßten. Und was bleibt, sind die ganz unprogrammatischen Dinge.

Was bleibt, ist das Berlinisch der «Sozialaristokraten». Das ist nie wieder geschrieben worden. Da hörst du das Herz dieser Stadt klopfen. Was bleibt, sind einige Lieder des «Phantasus» – das ist beste Fortsetzung von Fontanes altem Stamme. Und was bleibt, ist der ganze «Dafnis»-Spaß.

Ist das viel? Das ist sehr wenig, wenn man den literarhistorischen Apparat betrachtet, der um den Mann gebaut worden ist – von andern übrigens; er selbst ist einer der anständigsten und konsequentesten deutschen Schriftsteller und läßt sichs lieber weiter schlecht ergehn, als daß er nachgibt. Ave –. Und das ist sehr viel, wenn man bedenkt, was überhaupt bei einem Lebensfazit zu bleiben pflegt, und was wohl von unsern jungen Helden bleiben wird, wenn die einmal in die Jahre kommen werden ... Ein bißchen Staub, ein paar abgestandene Reklamenotizen ... Hasenclever, Hosenkläffer ...

Hat sich Arno Holz überlebt? Das, was er von sich am meisten geschätzt hat, den von ihm erfundenen Naturalismus, das ist tot. Der Dichter lebt.

Erinnert ihr euch?

Das endlose polnische Land. Kaum gewellt, ist es eintönig ausgebreitet, traurig, lehmig, schmutzig. Und nun ist dieses Land leer.

Kilometer auf Kilometer kein Mensch. In ganz großen Zwischenräumen begegnet dir wohl einmal ein Bäuerlein mit einem Wagen und seinen zwei kleinen Pferdchen. Er zieht demütig die Mütze. Seine Augen sind nicht freundlich.

Kilometer auf Kilometer kein Mensch. Was dir auffällt, sind die zahlreichen Schilder an allen Ecken und Kanten: «Zur Etappen-Kommandantur», «Zur Entlausungsanstalt», «Für Mannschaften verboten», «Nur für Offiziere». Was ist das? Die Preußen sind im Land.

Da, hinten an der Scheune, Menschen. Ein Trupp von vielleicht vierzig oder fünfzig Mann steht faul und in nachlässiger Haltung in zwei Reihen. Mißmutig. Gelangweilt. Ohne Hoffnung. Mit Recht in Grau gekleidet. Die Anzüge sind nicht mehr gut. Die Hosen lange nicht gewechselt. Viele Jakken geflickt. Die Augen blicken trübe. Die Gesichter sind lehmgelb oder farblos. Die Leute sehen nicht gut aus.

Nun kommt Bewegung in die kleine Gesellschaft. Ein fetter und wohl aussehender Mann ist vor sie hingetreten. Sein praller Waffenrock umschließt ein stattliches Bäuchlein. Er ruft etwas. Die Leute rucken zusammen und stehen wie die Mauern. Der Mann vor ihnen schimpft. Du stehst nicht nah genug und kannst nicht alles hören. Du hörst: «Lümmels! Auf den Trab bringen ...! Alle ins Zuchthaus! ... Verdammte Bande –!» Nun werden gewiß die Beschimpften sich auf den fetten Mann stürzen und – – Nichts. Sie stehen wie die Mauern.

Aus dem kleinen Hause hinter der Scheune kommt noch ein Mann. Er ist im Gegensatz zu allen anderen elegant angezogen und hat brillante Gesichtsfarbe. Im Auge hat er einen Scherben. In seiner Hand wippt nachlässig eine Reitgerte. Der fette Mann brüllt entsetzlich. Die Köpfe fliegen herum. Nach links. Zu dem Mann mit dem Scherben. Der sieht gar nicht hin. Dann schlendert er langsam vor die Front.

Du kannst nicht hören, was er sagt. Du kannst es nicht verstehen. Du kannst vielleicht all das, was da geschieht, nicht verstehen ...?

Dann laß dir sagen, daß diese da – diese vierzig da – eine sinnlose und unnütze Arbeit schon seit Jahren hier im fremden Lande verrichten. Für wen? Das wissen sie nicht. Wie lange schon? Das wissen sie nicht. Wie lange noch? Das wissen sie nicht. Diese vierzig da – sie sind nur eine kleine Truppe.

Aber so wie sie – so treiben sich Tausende und Hunderttausende in Polen, in Flandern, in Rumänien, in ganz Europa herum – zum Ruhm ihrer Fahnen. (Die Fahnen stehen zu Hause im Zeughaus. Sie haben sie nie gesehen.) Tausende und Hunderttausende stehen und liegen hier mißmutig – arbeiten hier mißmutig und umsonst für eine Sache, von der sie nichts haben, von der sie niemals etwas haben werden – die ihnen gleich ist. Aber sie wissen: vor ihnen steht der Feind. Und hinter ihnen das Zuchthaus. Das ist ihre Welt.

Aber wie ging es so lange? Es ging so lange, weil auf vierzig immer einer kam, ders besser hatte als sie. Weil auf zweihundert immer einer kam, der wie ein Gott lebte, wie ein Gott geehrt und wie ein Priester bezahlt wurde. Die treiben. Und lassen nicht nach.

Erinnert ihr euch –? Wollt ihr das noch einmal –? Diese Jahre voller Qual, voll stillen Märtyrertums, voll Plackerei und Schindens? Noch einmal? Wenn ihrs nicht wollt –: *vergeßt nicht*.

Karl Kraus

Am Freitag las Karl Kraus im Bechstein-Saal aus seinen Schriften – Karl Kraus, der wiener Herausgeber der *Fackel*, die im Kriege so vielen dunklen Köpfen vorangeleuchtet hat. Er las künstlerisch Gestaltetes aus der großen Zeit.

Gestank steigt auf, es war, als ob ein geschichtliches Grammophon zurückgedreht wurde, die herrliche, die große Zeit stand noch einmal da im bunten Glanze all ihrer Uniformen – Hurra! Fürsten, Könige, Universitätsprofessoren, Durchhalter aller Kaliber, Presselumpen, Schmöcke, Offiziere und Huren – all das Gelichter ließ er noch einmal erstehen. Und es erstand und war lebendig – Kraus sagt einmal selbst, es sei die tragische Pflicht seiner Figur, vor alles, was wirklich geschehen sei, nur die Anführungsstriche zu setzen, und dann glauben die Leute, er habe es erfunden. So etwas gebe es nicht – so etwas könne man nur erfinden ... Aber es ist immer wahr gewesen.

Tot ist die Zeit, und so lebendig! Hat sich denn etwas geändert? Wenn man diese Vorlesung hörte, muß man sagen: kaum. Kraus las aus seinem gewaltigen Drama «Die letzten Tage der Menschheit» – das in Zeitungsausschnitten, Reden, Zitaten und Presseberichten das Jammerbild dieser großen Jammerzeit in fotografischer Treue wiedergibt. Ein Tosen ging durch den Saal, als Kraus meisterhaft leise und klar von der Audienz vortrug, die Seine Majestät der Kaiser dem wiener Schriftsteller Hans Müller in der wiener Hofburg gewährt hatte und nach der beide, hoch voneinander entzückt, geschieden waren: «Daß der Kaiser auf einen Brünner Juden hereinfällt, das ist ja weiter kein Wunder – aber daß ein Brünner Jud auf den Kaiser hereinfällt ...!» Nur eine schüchterne Pfeife sang leise das Lied von der deutschen Mannentreue in den Jubel ...

Aber der Höhepunkt des Abends war doch der Brief, den Rosa Luxemburg im Jahre 1917 aus dem preußischen Weibergefängnis in Luckau an Sophie Liebknecht geschrieben hat. Wie in diesem Brief da das Weh einer ganzen Menschheit klagt, wie die Leiden der aus Rumänien geraubten Büffel, die vor Kommißwagen gespannt waren, der unvergessenen Frau Tränen entlockten – «und ich weinte *ihre* Tränen!» –, das brannte sich in die Herzen. Und bei diesen Worten: «Und der ganze herrliche Krieg zog an mir vorbei» dachten wir der Toten.

Hat sich etwas gewandelt? Der Saal erbrauste, und Kraus verneigte sich. Hier in Berlin wäre er längst ein toter Mann – er hätte sich sicherlich seiner – ungesetzlichen – Verhaftung durch die Flucht entzogen und wäre unterwegs auf einem Transport abhanden gekommen. Wohl ihm, daß er in Wien lebt.

Hat sich etwas gewandelt? Nein. Und wir schieden von Karl Kraus, im Ohr diese Worte:

«Und Kaiserreiche haben Präsidenten an der Spitze!»

Richter

Die Göttin der Gerechtigkeit hat eine Binde vor den Augen. Ist sie blind? Sie tut wenigstens so. Und wir wissen alle, wie täppisch sie oft zuschlägt, wie sie oft daneben trifft und wie wenig sie in der Tat sieht (auch wenn manchmal die Binde ein bißchen verrutscht).

Mag sie den grauen Star haben: sicher ist, daß sie in Deutschland in Zivil- und Strafprozessen allgemeiner Natur unparteiisch ist, ja so uninteressiert, daß das alte Witzwort, sie entscheide häufig ohne Ansehen der Person und Sache, nur allzu wahr ist. Richter glauben häufig, Objektivität sei gleichbedeutend mit «gänzlicher Schnuppigkeit» – aber dem ist nicht so. Man kann von brennendstem Interesse für eine Sache und für ihren Ausgang erfüllt sein, ohne deshalb Partei nehmen zu müssen.

Aber manchmal wacht Justitia auf. Manchmal läßt sie Binde Binde sein, die Waage schwankt, und mit weitaufgerissenen Augen starrt sie den armen Sünder an, der da vor ihr steht und auf Gerechtigkeit hofft ... Gerechtigkeit? Er bekommt eins auf die Nase. Und all das geschieht in deutschen politischen Strafprozessen.

Der Richter des alten Regimes bewegte sich in seiner politischen Überzeugung zwischen den Nationalliberalen und den Konservativen. Seine Erziehung auf der Hochschule und dem juristischen Vorbereitungsdienst seiner Referendarzeit waren dazu angetan, ihm die alleinige Geltung der preußischen Gedankenwelt einzuimpfen und seine Überzeugung von der Überlegenheit des preußischen Juristen über andere Lebewesen zu verstärken. Dazu kam, daß das Reserveoffiziertum in den Richterkreisen beliebt und fast eine Notwendigkeit zur Karriere war. All das galt in verstärktem Maße für die Staatsanwaltschaft, bei der die vorgesetzte Behörde Tüchtigkeit und korpsstudentisch-militaristische Erziehung in den günstigsten Fällen als gleichberechtigt nebeneinanderstellte.

Es ist töricht und sachlich falsch, wenn der Richterstand jedesmal in ungeheure Aufregung gerät, weil ihm einer seine Erziehung als nicht ganz unbeträchtlich für die Ausübung des Richteramtes vorhält. Der Richter macht keine Ausnahme unter allen andern Menschen: sein Fühlen und Denken wird von seiner Erziehung und seinem Umgang stark mitbestimmt. Also werfen wir dem deutschen Richter Parteilichkeit vor? Er ist ein Mensch, nehmt alles nur in allem, und die kleinen Schwankungen der Magnetnadel des Gefühls, diese haarfeinen Abweichungen vom starren Wege des Paragraphen, die Summe all dieser kleinen Augenblicke, in denen bei jedermann das Menschliche über das Berufliche Macht gewinnt – all das wird bei ihm nach rechts ausschlagen. Es ist eine Überheblichkeit, zu behaupten, nur der deutsche Richter verwandle sich nach Jahren nationalistischer Erziehung, nach Jahren eingekerkerten Kastenlebens, nach Jahren einseitiger Weltbetrachtung mit seiner Ernennung nun plötzlich in einen objektiven Automaten, der mathematisch Recht sucht und findet. Mathematisches Recht gibt es nicht. Die Begriffe wandeln sich, die Grenzen fließen, und gerade die Entscheidung jener im Gesetzbuch nur dogmatisch festgelegten Fragen, was im gegebenen Fall Mord sei und was Totschlag, was Diebstahl und was Raub, was eine Beleidigung und was Hochverrat – all das entscheidet letzten Endes nicht der Juristenrichter, sondern der Mensch. Die Seele der Rechtsprechung sitzt unter dem Talar.

Der preußische Richterstand war vor dem Kriege reaktionär. Im Kriege hatte er keinen Anlaß, sich zu wandeln, und nach dem Kriege vollzog sich etwas Seltsames mit ihm. Der deutsche Richter war, von seinen demokratischen Ausnahmen abgesehen, über den Ausgang des Krieges und vor allem über das, was man hierzulande Revolution nennt, verärgert. Er hatte vier Jahre lang als Offizier im Felde gestanden, er hatte jahrzehntelang das absolute monarchistische System theoretisch und praktisch zu verteidigen gewußt und mußte nun erleben, daß eine ihm fremde und feindliche Richtung die Bestimmung der politischen Geschicke wenigstens dem Namen nach in die Hand bekam. Die Gefahr rückte ihm unmittelbar auf den Leib: Wer wurde nun Justizminister? «Am Ende irjend'n jüdischer Rechtsanwalt!» Wonach machte man Karriere? Welche Überzeugung war maßgebend?

Der Richterstand und die Staatsanwaltschaft schlossen sich der übrigen deutschen Verwaltungspraxis an. Sie sabotierten die Republik.

Sie haben nur eine Gelegenheit, sie zu sabotieren, und das sind die politischen Prozesse. Da zum Beispiel Moabit auch auf der Erde liegt, und der liebe Gott dort keine andern Menschenexemplare geschaffen hat, so glaube ich einfach nicht daran, daß, zumindest im Unterbewußtsein, im Helfferichprozeß, in den Aufruhrprozessen der Januarrevolution, in hundert und aberhundert politischen Beleidigungsprozessen der Richter nicht die Sachlage so beurteilt, wie sie eben ein mutiger und zur politischen Opposition verurteilter Mann sieht.

Hier liegt keine Rechtsbeugung vor. Aber, daß ein wegen satirischer Bildangriffe auf die Reichsminister angeklagter Redakteur mit der Motivierung freigesprochen wird, wir lebten ja nun heute in einem freien demokratischen Staat, dieser dankenswerte Richterspruch ist nicht aus der uns bekannten Seele des deutschen Richters zu erklären, sondern das ist Scherz, Satire, Ironie und tiefere Bedeutung.

Vom Richterstand ist plötzliche Umstellung kaum zu verlangen. Er wird einwenden, für ihn habe sich nichts gewandelt, und die Tatbestandsmerkmale eines Verbrechens seien unter Wilhelm II. dieselben wie unter Ebert. Eben daß er dies einwendet, beweist seine völlige Verständnislosigkeit für die psychologische Seite der Rechtsprechung. Er hat zum Beispiel bisher immer seinen Staat gegen Revolutionäre verteidigen helfen, und bei dem § 81 des Strafgesetzbuches, der die hochverräterischen Unternehmen aufzählt, schwebte ihm immer ein roter Sozi mit der Ballonmütze vor. Daß der Staat aber die Verkörperung des nationalen Mehrheitswillens zu sein hat, geht ihm nicht ein. Und er würde einen Offiziersputsch in den geheimsten Winkeln seiner Seele nicht als ein Verbrechen, sondern als den Wiederherstellungsversuch eines rechtmäßigen Zustandes empfinden. Wie ein preußischer Staatsanwalt, hervorgegangen aus dem Korpsstudententum, das einzig den preußischen Offiziersstand als gleichberechtigt empfand, denselben Offizieren gegenüber in einer politischen Strafsache funktioniert, kann ich mir nicht recht vorstellen.

Das politisch rechtsprechende Richtertum ist heute ein politischer Faktor und wird, je nach der Partei, als willkommene Unterstützung oder als hemmender Fremdkörper empfunden. Objektiv kann es nicht sein – seiner Erziehung nach nicht und seiner politischen Stellung nach nicht.

Es ist heute üblich, den politischen Gegner mit dem kindlichen Vorwurf der Beleidigung zu fassen, wenn man gar nicht mehr weiter kann. Der Richter stellt dann eine Formalbeleidigung fest, und wenn er ganz geschickt ist, geht er auf den tatsächlichen Untergrund der Sache überhaupt nicht ein. Wie solche Urteile ausgenutzt werden, ist bekannt.

Da oben steht Justitia. Starr hält sie die Waage in der Hand, ihr Schwert glitzert in der Sonne, und eine ehemals weiß gewesene Binde ist ihr stramm um den Kopf gebunden. Tritt näher heran. Tipp die Figur mit dem Finger an, schlage mit dem Knöchel dagegen: sie ist hohl. Befühle das Schwert: es ist bronzierte Pappe. Die Waage fällt klirrend zu Boden, die ehemals weiß gewesene Binde löst sich, da glänzt ein Monokel auf, gerötete Schmisse durchziehen eine feiste Backe, und vor deinen erstaunten Augen taucht ein dir so bekanntes Antlitz auf, eines, das du hundertmal im Kasino und in den Landratsstuben gesehen hast: das preußische Gesicht.

Politik im Cabaret

Es gilt nicht für taktvoll in Deutschland, im Cabaret Politik zu machen. Die Cabaretleute sind böse, weil sie sich amüsieren und keine Leitartikel hören wollen, und die Politiker sind böse, weil die heilig ernste Sache ihrer Politik ins Cabaret heruntergezogen wird. In diesem Lande wird die Politik bestenfalls im Kegelverein gemacht (der sich auch monistisch geben kann).

Ruiniert durch eine rettungslos verblödete Zensur, sah insbesondere das berliner Publikum des vorigen Friedens gar nicht mehr, wie sehr ihm ja doch immer wieder in den Coupletgesängen Politik, wenn auch eine von seichtester Sorte, verzapft wurde. Der schmetternde Bierbauch im Frack pries dem Publikum die preußische als die beste aller Welten, die Soubrette umtänzelte voller Begeisterung das Militäridol, ihren Herren Leutnant, und kräftige Hiebe fielen allerseits auf die weichlichen Welschen, die tabakspuckenden Ingos und die großkarierten Briten. Traugott von Jagow, der noch jüngst im Ministerium des Innern ein- und auszog wie der alte Knauer persönlich, jener selbe Traugott verfügte sofort Verbot und Fegefeuer, wenn in einem Sang oder in einem Brettlspaß eine der herrschenden Gewalten des Landes auch nur leise angepflaumt wurde. Lieber ließ er zehn Ferkeleien durchgehn als einen politischen Witz. «Das Cabaret dient dem Verkehr. Ich warne Neugierige!»

Dieser Traugott sitzt den Berlinern heute noch sehr in den Knochen. Sie sind persönlich erbost, wenn der Cabaretier politisch überhaupt Stellung nimmt, die natürlich nicht immer mit der ihren übereinstimmen kann. Aber ich kann mir sehr wohl denken, daß ich eine witzige deutschnationale Parodie – allerdings ist mir diese Verbindung noch nicht untergekommen – mit anhöre, mich über ihre Frechheit scheckig lache und ihre Tendenz doch nicht billige. Ein Parteicabaret freilich ist ein Unsinn – ein politisches Cabaret sollte es schon geben.

Weil wir aber durch den Rotstift und Rotkoller jenes Jagow (siehe oben) in Jahrzehnten dazu erzogen worden sind, uns mit bloßen Namensanspielungen zu begnügen, wo ein Hieb und ein Stich hätten sitzen müssen, will es heute noch nicht recht in die Köpfe, daß man nicht gleich Zetermordio zu schreien braucht, wenn da oben einer etwas aufsagt, das im Parteiprogramm der Gegner zu finden ist. Und es wäre hübsch, wenn alle begriffen, daß nicht jeder freche Vers nun gleich den Kommunismus heraufführt, und daß man gegen das Achselstück demonstrieren kann, ohne die allgemeine Güterteilung zu wollen, und daß sich nun mal leider die Kunst, die immer revolutionär und oppositionell gewesen ist, der Unterdrückten und der Schwächeren annimmt. Und das sind noch immer die, die gerade nicht an der parlamentarischen Regierung sitzen …

Wie dem immer auch sei: Werft mit faulen Äpfeln. Das Recht hat jeder. (Wenn auch nicht immer die Äpfel.) Aber macht es nicht so, wie ich es schon ein paarmal las: Bringt ein Cabaret etwas Nationalistisches, dann lobt die *Deutsche Tageszeitung* die Gesinnung, das Cabaret, Kunst und Künstler und Gott den Herrn. Bringt ein Cabaret etwas Oppositionelles, dann fragt die *Deutsche Zeitung*, ob es vielleicht eine Heldentat sei, vor geputzten Kavalieren und ihren Dämchen das Pfaterland in den Staub zu zerren …

Auf meinem dicken alten Punschglas steht in Goldschnörkeln der schöne Satz:

«WIE MANS MACHT, ISTS FALSCH»

Einen vollen Zug daraus auf euer aller Gesundheit!

Erotische Films

Feinschmecker und solche, die es werden wollen, versammeln sich wohl um die mitternächtige Stunde, vieles Geld an einen unbekannten Unternehmer bezahlt habend, in einem kleinen Kino oder einer größern Privatwohnung, um sich eine «ganz dolle Sache» anzusehen. In betretenem Schweigen versammelt sich die kleine Gesellschaft; es wird geflüstert, wie im Vorraum eines Heiligtums.

Es sind immer dieselben: ein paar junge Leute, denen es beim besten Willen nicht glücken will, blasiert auszusehen, weil sie an den kommenden Vorgängen nicht uninteressiert sind; ein oder zwei ältere Kavaliere, die die Nacht totschlagen wollen; ein paar fette Damen, die vielleicht glauben, in der so prädisponiert gemachten Herrenwelt etwas zu finden, für sich oder ihre Schützlinge – eine ganz kalte und hohe schlanke Dame undefinierbaren Alters mit ihrer Freundin ... Das Spiel beginnt.

Spaß machen immer nur die Environs, das Nebensächliche, das Beiwerk. (Das andere wissen wir.) Die wissen es auch – aber sie versprechen sich doch allerhand von dieser Marktsexualität, von diesem Bett auf dem Potsdamer Platz, von dem Bachanal, von der Orgie. (Ach ... Orgie ... Wenn mir nur ein Mensch in Berlin sagen könnte, was eine Orgie ist. Diese Pflanze wächst nicht an der Panke.)

Spaß machen nur die Environs. Die Kulissen des Filmfabrikanten, mit denen er aufs geflissentlichste bestrebt ist, uns einen ha! Harem vorzutäuschen, die Ungeschicklichkeit der Mitwirkenden, wenn es sich um naturalistische Spiele handelt, die vollkommene Unbeteiligtheit und Bezahltheit der weiblichen Hauptrollen – («Wat? Interesse ooch noch?») – Spaß machen nur die Environs.

Der Vorgang selbst ist ein bißchen dagewesen.

Und Spaß macht das Publikum. Diese entzückende Mischung von Verbergenwollen und nicht Können, dieser Flip aus Sinnlichkeit, Scham – wirklich: Scham! – und Sachverständnis, gemischt mit Reminiszenzen –, all das macht es viel lohnender, in die Gesichter der Parkettleute zu sehen statt auf die Leinwand oder auf die Szene.

Es ist jene sachliche Sinnlichkeit, dieselbe, mit der der

Meßonkel sich die unanständigen Ansichtskarten beguckt. Es ist die Mathematik der Liebe. Der Liebe? Des Berufs der Liebe.

Und die Polizei stellt sich auf den Kopf, und das ehrsame Bürgertum gerät in Presse und Versammlungen außer sich ... Ich glaube, man überschätzt das. Nein – man soll diese Ferkeleien gewiß nicht propagieren. Aber man muß auch nicht solchen Tam-Tam aus ihnen machen, als sei dies alle eine Welt. Es ist nur eine halbe, ach – eine Viertelswelt.

Aber, ihr wollt eine Kritik? Eine ernsthafte Kritik? Bitte.

«In dem dreiaktigen Lustspiel ‹Das gerutschte Strumpfband› taten sich in den Hauptrollen hervor die Damen Emma Brösicke und Ludmilla Pachulla. Dieselben erfüllten ihre schwierigen Aufgaben mit hingebendem Eifer, – im zweiten sagen wir ruhig Akt hätten etwas mehr Leidenschaftlichkeit und echt südliches Temperament nichts geschadet. Dieses Temperament bot Herr Alois Naujoks in vollem Maße. In kleineren Rollen gefielen Frau Plempe, Fräulein Piepsam und eine Chaiselongue.»

Äh – kein Film für mich! –

Der Pinscher am Grab

Hans Paasche ist ermordet worden. Er fiel auf dem Felde der Ehre, gehaßt von den deutschen Militärs, also verehrt von anständigen Menschen.

Dr. jur. Hermann M. Popert, der Herausgeber des *Vortrupp*, kann es nicht unterlassen, dem Ermordeten eine Geisteskrankheit zu bescheinigen, die nie bestanden hat. Paasche hat dem Popert schon vor einem Jahr seine Ahnung mitgeteilt, daß er infolge der Hetzereien gegen ihn, wie sie auch der *Vortrupp*-Herausgeber betrieben hat, einmal dasselbe Schicksal erleiden werde wie Liebknecht, Eisner und Rosa Luxemburg. Das nennt Herr Popert krankhaft – wahrscheinlich, weil die

Ahnung eingetroffen ist und weil Herr Popert wohl jeden politischen Instinkt, der größer ist als sein eigener, krankhaft zu nennen gesonnen ist.

Popert nennt Hans Paasche nach der Besudlung seines Namens seinen «lieben toten Freund». Danke. Die deutsch-professorale Geste dieses Vollbarts, einen Idealisten überheblich einen guten, aber verstiegen sanften Irren zu schimpfen, ist nicht nur menschlich eine Niederträchtigkeit – sie ist auch politisch gemein.

Popert mußte wissen und weiß, wie solche Dinge in dieser deutschen Öffentlichkeit wirken. Er mußte wissen, daß dieses Gesindel, das Paasche ermorden ließ und ermordet hat, krampfhaft nach einer Entschuldigung für seine Untat sucht. In dem traurigen Bericht der amtlichen Stellen – nicht einmal ordentlich lügen können diese Burschen! – heißt es an einer Stelle: ... «daß er auch zweifellos ein Hauptmitglied in der kommunistischen Partei gewesen ist, der er auch Geldmittel zur Verfügung gestellt hat.» Und der Spießer seufzt befriedigt: «Na also!» –

Popert mußte wissen, daß ein großer Teil der Deutschen nunmehr, nachdem man ihm scheinbar klargelegt hat, Paasche sei geisteskrank gewesen, die Tat noch mehr zu billigen geneigt ist als vorher. Geisteskrank? Und ein Kommunist? Also: vogelfrei.

Daß die deutschen Offiziere nicht umsonst dieses Verbrechen verurteilen, wundert uns nicht. Mit Ausnahme der Offiziersvereinigung der Deutschen Republik, die unter dem Vorsitz des achtenswerten und anständigen Hauptmanns Willy Meyer arbeitet, haben die zahllosen Offiziersbünde, die sonst das Maul erschrecklich voll nehmen, noch keine Zeit gefunden, sich zu diesem Verbrechen, das letzten Endes ihre Kaste trifft, zu äußern. Ein Kommunist ... Und ein Geisteskranker ...

Daß aber ein angeblicher Pazifist wie dieser Doktor Popert statt eines Kranzes am Grabe Paasches etwas anderes niederlegt, darf wohl schamlos genannt werden. (Hierzulande ist es üblich, in solchen Fällen wegen Beleidigung zu klagen. Bitte.) Popert hat «deutschen Pazifismus» erfunden, ein Ding, das die Vorteile einer menschenumfassenden Verbrüderung und die Muffigkeit des deutschen politischen Kegelklubs auf das reizvollste vereinigt.

Ein Toter sank dahin: Der Pinscher steht am Grab, bellt leise Wau-Wau und hebt ein Bein. Was würdet ihr tun, wenn ihr dazu kämt? –

Das politische Feigenblatt

Das Buchhändler-*Börsenblatt* ist das einzige Blatt, in dem nach den Satzungen des deutschen Buchhandels die Verleger den einzelnen Buchhändlern, den Sortimentern, ihre Bücher anzeigen können. Das Buchhändler-*Börsenblatt* weigert sich, Anzeigen aufzunehmen, die die aufklärenden Werke von Richard Grelling sowie andere rein pazifistische Werke ankündigen. Begründung: diese Werke fallen unter die Rubrik «unsittliche Literatur».

Die Beurteilung dieser Werke durch den Vorstand des Buchhändler-Börsenvereins steht hier nicht zur Diskussion. Es ist jedem unbenommen, die Bücher Grellings, die die Frage der deutschen Kriegsschuld aufgerollt haben und bis heute noch nicht widerlegt sind, mit den schmierigen Büchern aus Budapest «Lolotte im Bett» und «Geheimnisse eines Schlafzimmers» gleichzustellen. Über Geschmacklosigkeit ist nicht zu streiten.

Anders liegt die Berechtigung der Herren. Der Schutzverband Deutscher Schriftsteller, der sich dieser Angelegenheit in dankenswerter Weise angenommen hat, fragte beim Buchhändler-Börsenverein dieserhalb an. Er bekam zunächst eine etwas dunkle Antwort und dann, als er bestimmter wurde, eine neue. Und die war offen.

«Der genannte Schriftsteller», stand darin, «hat es sich angelegen sein lassen, nach Möglichkeit den deutschen Namen zu verunglimpfen.» Und: «Es hieße den Begriff der Unsittlichkeit verengen, wenn man ihn ausschließlich auf sexuelles Gebiet beschränken und nicht auch diejenigen Schriften dazu rechnen würde, die es sich zur Aufgabe gestellt haben, Deutschland noch tiefer zu erniedrigen und in den Sumpf zu ziehen.»

Wir haben es hier mit einem unerhörten Fall selbstherrlicher und ungesetzlicher Zensur zu tun, die um so schlimmer ist, als sie die Betroffenen auch wirtschaftlich tot macht. Nicht angekündigte Bücher verkaufen sich schwer.

Das *Börsenblatt* hat bereits einmal matt und ergebnislos versucht, den Vorwurf einer Einmengung in geistige Dinge zurückzuweisen. Wie es aber verfährt, wenn es «sittliche» Werke anzeigt, geht daraus hervor, daß es am 10. Mai 1920 eine Schrift des ehemaligen Obersten und jetzigen Hochverräters Bauer anzeigt. «Der 13. März 1920. Eine Aufklärung über Kapp-Lüttwitz von beteiligter und deshalb berufener Seite.» Ich weiß nicht, ob dieses sittliche Organ nicht nächstens auch Werke anpreisen wird wie etwa dieses: «Mein letzter Lustmord. Von Raubmörder Hennig. Eine Aufklärung über die sensationelle Bluttat in der Derfflinger Straße von beteiligter und deshalb berufener Seite.» (Aber das ist wohl hierorts so üblich: erst richtet man sein Land zugrunde, und dann schreibt man darüber ein Buch und holt die Spesen wieder heraus. Und nicht nur die Spesen ...)

Ich fordere nicht, daß das *Börsenblatt* die Anzeige Bauers zurückweist. Wenn der Staatsanwalt sich das gefallen läßt, daß ein von der Reichsregierung durch Steckbrief gesuchter und unauffindbarer Mann einen Verleger hat und mit der Schilderung eines Verbrechens Geld verdient – uns wunderts nicht.

Wohl aber wäre es Sache der beteiligten Arbeiterorganisationen der Buchdrucker und der Buchhandlungsangestellten, das *Börsenblatt* zur Rede zu stellen, mit welchem Recht es sich erdreistet, eine – nebenbei nationalistische – Zensur zu treiben! Es hat Bücher anzukündigen – weiter nichts. Es hat Bücher anzukündigen – nicht das Volk zu erziehen. Mag es Werke und ihre Anzeigen ausschließen, deren Inhalt nach der Gesetzgebung strafbar ist – was sonst «unsittlich» oder «sittlich» ist, überlasse es zur Entscheidung den Lesern.

Die Schriftsteller sind heute noch nicht so mächtig, daß sie allein etwas ausrichten. Die Sortimenter scheinen nicht helfen zu wollen. Die Verleger unternehmen nichts. So wird – wie so oft in Deutschland – der Knüppel beim Arbeiter stehen bleiben. Auf ihn wird es ankommen. Er mag die Herren fragen, ob sie die alten seligen Zensurzeiten wieder heraufführen wollen.

Es kann eines Tages diesem sittlichen Blatt beikommen, arbeiterfreundliche Werke als unsittlich auszuschließen. Kameraden von der Buchdruckerzunft! Wo seid ihr?

Erinnerung für die Wahl

«5. Oktober 1917. Kalbsbrühe – Kalbsschnitzel in Aspik – Lendenschnitten – Grüner Salat und Bratkartoffeln – verschiedene Gemüse – Gefüllte Omelettes – Butter und Käse – Trauben – Belegte Brötchen – Weine – Sekt – Bier. Menü der Hindenburg-Feier im – – Lazarettkasino.»

Was das ist? Das ist ein Auszug aus dem Tagebuch eines Krankenpflegers, das unter dem Titel «Der Etappensumpf» (mit einer schauerlichen Titelzeichnung) im Verlag der Jenaer Volksbuchhandlung, Jena, Teichgraben 4, erschienen ist.

Was das ist? Dieses Heftchen ist eine Erinnerung aus der großen Zeit. Und Erinnerungen sind manchmal sehr gesund, besonders vor so einer Wahl.

Ich habe das Heft in einem Zuge heruntergelesen, und auf jeder Seite entschlüpfte mir der Ausruf: «Aber das sind ja wir! Das war ja genau wie bei uns! Das sind wir! Das sind wir!» So lebten sie alle Tage.

Dieses Gemisch aus Streberei, Ordensschiebung, Urlaubsverweigerung, Huren, Saufen und Fressen, dieser ekle Brei von Monokelleutnants der trübsten Etappe (wenn man den Versicherungen der aktiven und der Reserveoffiziere Glauben schenkte, so gehörten die Etappenoffiziere keinen von beiden an) – diese Suppe aus Roheit, Mannschaftsfresserei und Dünkel – das war die alte kaiserliche deutsche Armee.

Erinnert euch!

Erinnert euch! Es gilt ja nicht mehr für fein, vom Krieg in dieser unbequemen Art zu sprechen, wie wir es hier tun – es gilt nicht für taktvoll – man dürfe das nicht, mit Rücksicht auf das Ausland, sagen sie. Aber *tun* durfte man es, mit Rücksicht auf das Ausland, nicht wahr? Und diese vier unvergeßlichen Jahre, diese schwarzen Flecke in unser aller Leben – davon darf nicht mehr gesprochen werden, weils schief ausgegangen ist? (Wärs gutgegangen, so hätten sie uns hundert Jahre lang mit patriotischen Büchern überschwemmt.)

Wir wollen sprechen. Wir haben vier Jahre lang schweigen müssen – jetzt wollen wir sprechen. Wir wollen diese ungeschminkten Heftchen auf dem elenden Papier, diese armseligen Aufzeichnungen ohne schriftstellerisches Geschick, *diese Wahrheiten* – wir wollen sie immer wieder ans Licht holen, unermüdlich, unverdrossen tausend und tausendmal. Erinnert euch!

Die schlechte Luft, die aus diesem Buch aufsteigt – wie macht sie die Vergangenheit lebendig! So war es, genau so. Die traurige Rolle, die deutsche Ärzte dabei spielen, diese Offiziere, die nachts bei den Krankenschwestern und Küchenmädchen schöntun und tags bei den Mannschaften so gar nicht schön – wie bekannt kommt uns das alles vor! Lests. Lests.

Und das soll alles vergessen sein? Es sei nicht vergessen. Es sei gerade heute nicht vergessen, heute, so kurz vor der entscheidenden Wahl zum ersten deutschen Reichstag.

Ihr müßt selbst wissen, wen ihr wählen wollt. Aber einen dürft ihr nicht wählen: das ist der, der euch den Jammer eingebrockt hat, das ist der, der ihn vier Jahre lang wonneschmunzelnd auskostete, indes euch vor Wut die Zähne knackten, das ist der, der euch dünne Dörrgemüsesuppen und dicke Phrasen zu fressen gab – das ist der Deutschnationale. Und sein Bruder: der deutsche Volksparteiler.

Wählt. Und seid ihr Soldaten gewesen: erinnert euch!

Vier Jahre und ein Tag

Die meisten Leute überlegen sich weitaus sorgfältiger, was für eine Frau sie heimführen, als welche Liste sie für den Reichstag wählen. Die Tolpatschigkeit eines verliebten jungen Bräutigams ist philosophische Ruhe, verglichen mit der Unbedachtsamkeit, mit der manche Männer und Frauen an die Urne gehen. Wissen sie, daß jeder einzelne Briefumschlag mithilft, den Lauf von vier Jahren zu lenken? Manche wissen es nicht.

Nun kann man nicht von jedem Menschen verlangen, daß er überlegt und bedächtig ist, daß er in die Zukunft sieht und daß er vorsorgt, für sich, und durch die Gesetzgebung für seine Kinder. Aber könnt ihr euch nicht erinnern?

Vier Jahre und ein Tag. Aber wir wollen einmal nicht an die vier Jahre der nächsten Reichstagssession denken, sondern an andere vier Jahre. An vergangene vier Jahre. An die große Zeit von 1914 bis 1918.

Als wir auf dem Marsch in die Stellungen von Suwalki waren, der tropenkollerige Offizierstellvertreter umjagte die gehorsame Herde auf seinem Gefechtsesel, der Hauptmann kollerte, und die Unteroffiziere taten ihr Menschenmöglichstes, um sich wichtig und die Mannschaft madig zu machen – als wir auf diesem Marsche verschwitzt, müde und dreckig einherkrochen, hörte ich meinen Nebenmann vor sich hinmurmeln: «Wenn ich hier wieder rauskomme ...!» Ich sehe noch die grimmige Bewegung, mit der er sich den Tornister hochzog.

Wenn ich hier wieder rauskomme ...! Ein Fluch und ein Aufschrei von Millionen, vier Jahre lang. Eine dumpfe gequälte Hoffnung, vier Jahre lang. Träges Abwarten von Urlaub zu Urlaub, von Offensive zu Offensive – vier Jahre lang. Generalstabsberichte und andere Lügen, Verunglimpfungen der Feinde durch die Heimkrieger, verschmockte Offiziere und beförderte Journalisten, betrunkene Etappenkommandanten, verhurte Helferinnen und schnauzende Bahnhofsfeldwebel –– und unter alldem, gequält, keuchend und plattgedrückt von der Last eines verruchten Systems – der Mann.

Wenn ich hier wieder rauskomme ...! Bei jedem Kantinenskandal, bei jeder sinnlosen Arreststrafe, bei Schikanen und preußischen Spektakelstücken, bei Drillübungen unter feindlichem Feuer und bei Komödien, inszeniert von uniformierten Pfaffen, ordenverleihenden satten Militärbeamten und bei der verkitschten Auffahrt des Tatütata –: immer wurden diese Worte gesprochen und gedacht: Wenn ich hier mal wieder rauskomme ...!

Denn dies war die allgemeine Überzeugung: es müsse nach Abschluß des Krieges eine Generalreinigung erfolgen. Es müsse einmal den Machthabern, den großen und den kleinen, gezeigt werden, daß man nicht ungestraft vier lange Jahre auf Leibern und Seelen herumtrampeln dürfe, daß man nicht ungestraft Glanz, Ehre, Ruhm, Geld und Fleischportion (Goulasch und Weiber) für sich in Anspruch nehmen dürfe, dabei dem wehrlosen Landsmann das überlassend, was es Unangenehmes in der Kriegführung gab: den Sturmangriff, das Postenschieben, den Marsch und die Latrinenreinigung. Vom Appell zu schweigen. So glaubten alle.

Im Augenblick wehrte sich keiner. Vielleicht konnte sich keiner wehren, vielleicht gehörte der ganze schwere Fanatismus von Karl Liebknecht und den wenigen anderen dazu, sechsundsechzig Millionen die Stirn zu bieten und vor seinem Geschrei von wahnsinnig gewordenen Professoren, dekorierten und reklamierten Schriftstellern, Militärs und Granatenlieferanten, kühl und knapp zu sagen: *Nein.* Der Sandhaufen war den Neinsagern gewiß, und dazu hatte nicht jeder das Format. Ich habe kein Recht, jemand daraus einen Vorwurf zu machen – denn ich habe das Format auch nicht gehabt. Auch ich habe geschwiegen und bei mir gedacht: Wenn ich hier mal wieder rauskomme ...!

Und nun sind wir draußen. Und jetzt –?

«Die Zeit, die eilt, die Zeit, die eilt. Weis deine Wunden! O Schmerz und Blut! Wird alles wieder gut: Kühl wehen die Stunden.» Es ist das durchaus Merkwürdige geschehen, daß alle drauf und dran waren, alles zu vergessen. (Es wäre bestimmt alles vergessen worden, wenn das Schützenfest gut ausgegangen wäre.) Man war schon im besten Zuge, alles zu vergessen, da machten die Offiziere, die an ihrer Stellung klebten, wie die Fliegen am Honig, den taktischen Fehler, sich durch Krawall, Putsch und Übergriffe so unliebsam in Erinnerung zu bringen, daß alles wieder auf sie aufmerksam wurde. Und eine Erinnerung steigt auf ...

Die Erinnerung an das, was gewesen ist. Die Erinnerung an einen übermenschlichen Druck, der die Adern fast zum Platzen und die Gefäße der Seele zum Überlaufen brachte. Die Erinnerung an eine Zeit, in der wir Material waren, rollendes und eingesetztes, in der der Mensch beim Leutnant anfing – und aufhörte. So aufhörte, daß dieses uniformierte Stück Roheit überhaupt nicht mehr fühlte, daß ein bärtiger Landsturmmann durch Frau und Kinder und Berufsarbeit an das menschliche Leben gekettet war, daß auch er immerhin, entschuldigen Sie das harte Wort, ein Mensch war. Der Koksfritze, der, als Kompanieführer verkleidet, mit verschränkten Armen vor so einem stramm aufgebauten Elend dastand und ihm erklärte: «Ich, Ihr Kompanieführer, verweigere Ihnen den Urlaub, und wenn der Kaiser kommt, da kann er nichts machen!» – der Rittmeister, der einem kotigen und todmüden Mann, der aus der Offensive vor Verdun kam, hinter die Ohren schlug, weil er einen Lattenzaun umgebrochen hatte – die Monokelknaben, denen in Lille kein Küchenmädchen zu schlecht und keine Brüsseler Spitze zu gut war – all das steigt noch einmal auf. Habt ihr vergessen?

Ihr habt nicht vergessen. Und wenn ihr nicht vergessen habt und wenn ihr wie die Tiere vier Jahre lang gelitten habt, immer mit der einen Hoffnung, daß der Krempel doch einmal ein Ende haben müsse und daß ihr doch einmal herauskommen würdet und einmal mit der Gesellschaft das tun könntet, was die Intendantur immer vorhatte und nie ausführte: Abrechnung – wenn ihr das gefühlt habt, dann könnt ihr nicht vergessen haben.

Und geht heute zur Urne heran und denkt an vier Jahre. An vier Jahre, die gewesen sind, und an vier Jahre, die kommen werden. An vier Jahre schmutzigster Vergangenheit und an vier Jahre folgenschwerster Entwicklung. Dieser Stimmzettel ist beides: eine Quittung und ein Wechsel auf die Zukunft.

Ich weiß, daß sich viele von uns im grimmigen Herzen die Abrechnung mit manchen ihrer bunten Peiniger noch anders vorgestellt haben als so – mit diesem einen Briefumschlag. Aber dieser eine Briefumschlag kann genügen, um eurem Willen, der in der großen Zeit gebändigt und gefesselt am Boden lag und nun aufflammt, Geltung zu verschaffen.

Vier Jahre liegen hinter euch, vier Jahre Reichstagssession liegen vor euch. Zwischen diesen beiden Zeiten steht der 6. Juni. Denkt vorwärts und rückwärts. Vier Jahre und ein Tag.

Stammbuchblatt

Dem deutschen Pfahlbürger nach der Wahl dargebracht

«Ein schönes Herz hat bald sich heimgefunden.»
Johann Christoph Friedrich v. Schiller

Wenn du diese Worte unseres großen Schiller liest, dann denk an das Wahlresultat des Jahres 1920. Du hast dich schon oft blamiert – aber so noch nie. Du hast schon oft politisch ahnungslos danebengeschlagen – aber so noch nie. Ich muß es dir ins Stammbuch schreiben.

Sofern du und dein Durchschnitt deutschnational gewählt haben, wirst du nun freundlich grinsen und behaupten, ich sei verärgert wegen der Wahl, die du getroffen hast, und ich sei böse, weil es nicht die meine ist. Nein.

Nicht, *was* du gewählt hast, ist so traurig, sondern *wie* dus tatest. Nicht, daß du dich für die Reaktion entschieden hast, ist schlimm (das ist dein gutes Recht) – sondern warum dus tatest.

Hör zu. Wir haben einen Krieg verloren, angezettelt, geführt, verschuldet und künstlich verlängert durch nationale Leute. Die Revolutionsregierung trat an: eine Konkursverwalterin. Du verwechseltest den Konkursverwalter mit dem Pleitemacher und schobst dem einen zu, was der andere verschuldet hatte. Du sahst, wie deine nationalen Freunde, in Angst und Kummer um ihre politische Stellung, jeden gewaltsamen Putsch einer ruhigen Entwicklung vorzogen, du wurdest vor den Verschwörungen einer Offizierskamarilla gewarnt – du schliefst. Um sich unentbehrlich zu machen, hatte dir die Rotte eingeredet, der Bolschewik stände vor den Toren Berlins, hatte dir Greuel und Scheuel aufgebunden, die nie stattgefunden hatten – und dann kam Kapp. Du schliefst immer noch. Unwillig legtest du dich auf die andere Seite. Und wachtest nur auf, um am 6. Juni 1920 die größte Dummheit deines Lebens zu machen – und das will etwas heißen. Du hattest keine politische Einsicht. Du hattest Angst.

Manche von deiner Familie waren verärgert und töricht und wollten nicht einsehen, daß eine Koalitionsregierung, die das Erbe einer verkrachten Firma zu verwalten hat, keine großen Taten vollbringen kann. Aber das waren noch die Politischen aus deiner Familie. Der Rest hatte die Hosen gestrichen voll. Der Rest hatte einfach sinnlose Angst, daß nun die bewaffneten Arbeiterbanden mit Spektakel und Getös in die Häuser einbrechen würden, und daß ein Angriff auf Stellung, Ämter, auf aufgeblasene Würde bevorstände – das alles hättet ihr noch hingenommen – aber du hattest Furcht, daß ein Angriff auf das Heiligste erfolgen könnte, wo der Mensch hat: auf den Kassenschrank. Und da gingst du hin und wähltest schlotternd national.

Wärst dus! Die wenigen anständigen Menschen, die die nationalen Politiker zu den Ihren zählen, vertreten schließlich einen politischen Gedanken wie andere auch. Daß er veraltet ist, ist eine Sache für sich. Wärst du national! Aber du bist ein Angstmeier, ein trauriger Geselle, der die Ladenkasse in der einen und eine nicht mehr ganz saubere schwarzweißrote Fahne in der anderen Hand hält. Und so stehst du Jammerbild da: «Jetzt haben wirs aber den Roten ausgewischt!»

Und in dieser sinnlosen Angst um dein Geld, um das dich in Wirklichkeit der national-monarchistische Krieg gebracht hat, wirfst du sie alle in einen Topf, die Demokraten und die Kommunisten, auch die Sozialisten – und in heilloser Furcht klammerst du dich an ein System, unter dem du einmal zu essen gehabt hast. Das System grub sich selbst sein Grab – du hebst die Totengräber auf einen Thron, den du lieber heute als morgen wieder aufrichten möchtest.

Das ist deine Grundgesinnung? Das deine Seele? Das dein Herz? Aber du hörst gar nicht mehr zu, weißt nicht, daß uns weniger das Resultat als dein politischer Stumpfsinn schmerzt, der nicht geprüft hat, nicht geprüft haben kann. – Hör nicht zu. Es ist manchmal unbequem, zuzuhören.

Jetzt bist du bei den Deinen. Die Folgen wirst du ausfressen müssen. Wir leider alle mit.

Du aber bist selig und zufrieden und strahlst voll Stolz. «Ein schönes Herz hat bald sich heimgefunden.»

Dies wünscht dir in treuem Gedenken

dein

Ignaz Wrobel

Kaiserallee 150

Sie suchen eine Wohnung? Aber ich weiß zufällig eine – bitte, ich befasse mich hier und da ein wenig mit solch kleinen Nebenverdiensten – ja, ich weiß eine. Sie liegt sehr gut – nun, nicht gerade im Zentrum der Stadt – man ist ja froh, wenn man überhaupt eine bekommt ... Aber doch auch nicht sehr weit draußen – nein. Sie liegt – das Haus, in dem die Wohnung frei ist, liegt auf der Grenze zwischen Wilmersdorf und Friedenau. In der Kaiserallee. Kaiserallee 150.

Sie sehen das Haus schon, wenn Sie vom Kaiserplatz kommen und unter der Bahnüberführung hindurchgehen – Sie sehen es schon von weitem. Es ist ein großer gelber Kasten – ich will Ihnen das Haus nicht besser machen, als es ist. Es ist ganz schmucklos und einfach und hat nicht einmal Stuckverzierung aufzuweisen. Man sagt, daß die Leute in England so bauen. Aber die Leute in England haben keinen Geschmack. Ich bitte Sie: ohne Stuck! Nein, da lob ich mir unsere hochherrschaftlichen Häuser im berliner Westen! Da weiß man doch, wen man vor sich hat.

Das Haus ist also ganz einfach gehalten, ein paar große Bäume stehen davor – aber nicht so, daß dadurch die Aussicht aus den Fenstern gehemmt oder daß die Zimmer etwa dunkel wären. Dergleichen würde ich Ihnen gar nicht empfehlen. Sie treten ein – – Ganz recht: es ist die Wohnung im zweiten

Stock rechter Hand, die jetzt frei geworden ist. Zum fünfzehnten Mai ist sie frei geworden; ich werde Ihnen erzählen, warum.

Aber Sie wollen nun gewiß zuerst wissen, in was für ein Haus Sie da ziehen – Sie kennen mich nicht ... Eigentlich sollten Sie mich kennen, mich und meinen renommierten Ruf in der Immobilienvermittlung. Also nun das Haus.

Unten links im Erdgeschoß wohnt der Portier. Der Wirt hat ihm diese kleine Wohnung angewiesen, nicht etwa die muffige Kellerwohnung. Der Mann ist Buchbinder, bastelt den ganzen Tag an seinem Werkstattisch und bedient die Tür. Sie treten ein und fragen ihn nach den Bewohnern. Ich habe ihn bereits angewiesen, und er gibt freundlich und bereitwillig Auskunft. (Auch riecht es aus seiner Wohnung nicht nach dem Mittagessen.)

Gegenüber, rechts im Erdgeschoß, sagt er, da wohnt ein pensionierter höherer Verwaltungsbeamter. Ein sehr fortschrittlicher Mann soll es sein. In den Tagen des Kapp-Putsches hat er durchaus nicht mitgemacht, sondern die schwarzweißrote Fahne entfernen lassen, die irgendein Gassenjunge ihm ans Fenster gepappt hat. Nein, Kinder hat er nicht. Er lebt mit seiner Frau allein. Sie tun sehr viel Gutes.

Im ersten Stock wohnt ein Großgrundbesitzer. Dies ist seine Stadtwohnung. Er bekommt keine Sendungen von seinem Gut – nein, er empfängt hier in der Stadt seine Lebensmittelkarten und ißt nur, was ihm darauf zusteht.

Auf der anderen Seite im ersten Stock wohnt ein berliner Theaterdirektor. Er gibt immer den Leuten im Haus Freikarten, ist stets für alle seine Schauspieler zu sprechen und verteilt die Rollen gerecht und richtig. Sagen seine Schauspieler.

Nun weiß der Portier nicht weiter. Aber ich kann Ihnen dienen. Wenn Sie einziehen und mir die kleine Provision von 4 Prozent nicht vorenthalten wollen – – Nein, das wollen Sie gewiß nicht, nicht wahr?

Also im zweiten Stock wohnte bis jetzt der Herausgeber eines – ja – eines nicht sehr sauberen illustrierten Wochenblattes. Sie können sich denken, Nuditäten ... und so. (Aber in der Wohnung ist nichts zu sehen – seien Sie unbesorgt!) Und der sah nun eines Tages, daß es so nicht weiterginge, und daß es sich im Grunde doch nicht schicke, solche Dinge herauszugeben – und da ließ er es, und nun bewohnt er an der See ein kleines, vierzehnzimmeriges Häuschen ... Der Mann paßte gar nicht in das Haus.

Das wäre also Ihre freie Wohnung. Eine schöne, ruhige Fünfzimmerwohnung, mit Bad und Zentralheizung ... Doch. Sie geht. Nein – jetzt natürlich nicht. Aber im Winter – das werde ich Ihnen erzählen, wenn wir vom Wirt sprechen. Die Türen schließen, die Wände sind so dick, daß sie in einem Zimmer nicht hören, was im anderen gesprochen wird; die Badewasserleitung funktioniert, die Wanne ist ganz. Solche Wohnung ist das.

Im dritten Stock wohnt der Wirt. Der Wirt wohnt selbst im Haus. Ja – es ist ein berliner Wirt, oder vielmehr ein friedenauer Wirt, und trotzdem hat er die Mieten noch nicht weiter gesteigert, als die allgemeinen Vorschriften besagen. Das Mietseinigungsamt hat da noch keiner angerufen. Es ist auch gar nicht nötig. Der Mann läßt alle Reparaturen freiwillig ausführen, ohne Prozeß und Quengelei. Er läßt heizen wie im Frieden. Er geht alle Vierteljahr im Haus herum, macht bei den Mietern Besuche und fragt sie, ob sie auch zufrieden wären, und wo es denn fehle ...

Im vierten Stock wohnt links eine junge Witwe (mit Einrichtung). Sie will nicht mehr heiraten. Sie ist allein glücklich. Im vierten Stock rechts wohnt eine junge Dame, eine unverheiratete junge Dame. Sie wohnt nun schon zwei Jahre in diesem Hause – aber – das weiß nun wieder der Portier – sie hat noch nie Herrenbesuch gehabt. Und wenn sie abends ausgeht, so kommt sie spätestens um zwölf Uhr allein nach Hause. So ein Haus ist das.

Das wären so die Mieter. Halt! Da habe ich noch vergessen, daß der Großgrundbesitzer von seiner großen Doppelwohnung – er hat zehn Zimmer – vier freiwillig abgegeben hat, und nun haben sie ihm da einen Philosophieprofessor hereingelegt, für den man kein Unterkommen gefunden hatte. Der Mann hat seit dem Jahre 1914 seine Philosophie niemals dazu benutzt, um zu beweisen, daß der Krieg ... Aber das gehört nicht hierher.

So ein Haus ist das. Nein, Musik wird nicht gemacht. Die Frau des Wirts übt viel, aber sie hat sich eine stumme Klaviatur machen lassen, aus Rücksicht auf die Mieter. Und die wenigen Kinder, die im Hause sind, gehen gesittet umher und spielen außerhalb. Babys schreien nicht. Teller klappern nicht. Teppiche werden nur freitags und sonnabends geklopft – aber meist arbeitet ein Vakuumreiniger. Papageien kreischen nicht. Dienstmädchen klatschen nicht. So ein Haus ist das.

Sie haben mir bis hierher geduldig zugehört – ich will Ihnen die Wahrheit sagen. Ich habe die zweite Hypothek auf dem Hause – (es hat nur zwei). Daher bin ich ein wenig interessiert, die Wohnung bald zu vermieten. Wollen Sie? –

Also Sie fahren am besten, wenn Sie mit der 66 oder mit der F...

Aber nun lachen Sie und sagen, heller Kopf, der Sie sind, etwas – – – Etwas, das leider stimmt:

«Das Haus gibts ja gar nicht!»

O alte Burschenherrlichkeit!

Der Student des Mittelalters war eine Nummer für sich: der Gelehrtenlehrling unterstand in all seinen Lebensbeziehungen dem Rektor seiner Universität, der ganz andere Befugnisse hatte als ein heutiger Rektor. Die Universitätsbehörde griff damals weit mehr in das Leben des einzelnen Studenten ein als heute, und der Gegensatz zwischen dem «Philister» und dem Studenten war fast so groß wie der zwischen dem Bürger und dem Landsknecht. Der mittelalterliche Staat herrschte nicht unumschränkt, sondern überdachte eine Reihe von staatsähnlichen Gruppen und Gebilden: die Kirche, die Heere und unter anderm auch die Studenten.

Auf diesen alten Hochschulen war nun wirklich alles zu finden, was in der Nation an Geist überhaupt da war (soweit es nicht die Kirche verschluckt hatte). Der Geistliche, der Verwaltungsbeamte, die Hochschullehrer und vor allem ein Heer von teils herumstreichenden und teils seßhaften Gelehrten – wir würden sie heute Literaten nennen –: diese alle vereinigten sich an den Universitäten und gaben hier die Tonart des Geisteslebens an. Wie in einem Brennspiegel vereinigte sich hier alles. Es gab kaum ein geistiges Leben, das nicht von hier seinen Ausgang genommen hätte.

Die Wichtigkeit der deutschen Universität reicht bis in die Mitte des 19. Jahrhunderts. Da änderte sich das Bild. Mit den politischen Umwälzungen erwachten auch anderswo die Geister. Auch außerhalb des Bürgertums, das ja die Universität stets völlig beherrscht hatte, machte man sich daran, Menschen geistig zu bilden. Der dritte Stand hatte einst im Mittelalter in den Städten gegen den Ritter und mit der Kirche die Universitäten durchgesetzt: jetzt fing der Bürger an, wie damals der Ritter, ein immer wachsendes Hindernis der Entwicklung zu werden, und auch er wurde überrannt. Vom vierten Stande.

Die politische Einstellung der Universitäten war von vornherein gegeben. Von den Landesfürsten, die ein Interesse daran hatten, zur Erziehung gehorsamer Staatsdiener und zur Überwachung ihrer Untertanen überhaupt die Mittelpunkte des geistigen Lebens zu kontrollieren, von diesen Fürsten gegründet und subventioniert, konnte die Universität natürlich niemals revolutionär werden. Sie war aber nicht immer unbedingt das ganz und gar gefügige Werkzeug der Fürsten. (Wohl aber der Bourgeoisie.) Es gab doch unter den deutschen Professoren stets aufrechte Männer, die ihre wissenschaftlichen Fähigkeiten nicht nur dazu benutzten, der jeweils regierenden Dynastie eine Fanfare zu blasen. Im Jahre 1837 wurden sieben Göttinger Professoren, darunter die Brüder Grimm, abgesetzt, weil sie mit der Aufhebung der Verfassung durch den Welfen Ernst August nicht einverstanden gewesen waren. Das war allerdings vor dem Jahre 1914 ...

Die Stellung des deutschen Studenten war demnach gegeben. Als es noch ein revolutionäres Bürgertum in Deutschland gab – zu Anfang des 19. Jahrhunderts –, war diese Studentenschaft unter den besten Vorkämpfern für ein einiges Reich: viele unter ihnen – so Fritz Reuter – riskierten durch das Tragen der verbotenen Farben Schwarz-Rot-Gold Kopf und Kragen. Daß diese Studentenschaft ebenso anständig gesinnt wie politisch aktiv gerichtet war, geht aus der unversöhnlichen Feindschaft Metternichs gegen sie hervor, der sich nach der Ermordung Kotzebues durch den Studenten Sand und nach dem Wartburgfest im Jahre 1817 in Verfolgungen der Studenten gar nicht genug tun konnte. Das war allerdings vor dem Jahre 1914 ...

Wenn in einer Kaste etwas faul ist, so ist das erste, was sie tut, daß sie für sich besondere Ehr- und Rechtsbegriffe fordert und aufstellt. (Zum Beispiel auch das deutsche Offizierkorps.) Die allgemein geltende Anschauung von dem, was gut und böse ist, gilt dann hier nicht, und so schuf sich der Student seine Ehrengerichte, seinen Zwang zum Saufen und seinen Zwang zum Zweikampf.

Über das Studentenleben ist ebenso viel wie verlogen geschrieben worden. Den Ton im Studentenleben gab früher überall das Korps, die Burschenschaft, die Verbindung an. Das ist heute nur noch in kleinen Universitäten so. Ich glaube, daß man bei aller grundsätzlichen Abneigung gegen diesen Betrieb die wenigen guten Seiten, die er hat, nicht vergessen darf. Die Bestimmungsmensur stählt bei vielen unbedingt den Willen; sie versagen in schwierigen Situationen, bei denen es auf einen harten Kopf ankommt, in Erinnerung an die «Säbelkisten» vielleicht weniger, als sie es sonst täten. Die Korpserziehung stärkt die Selbstbeherrschung; die Leute haben fast alle ihre Nerven und ihre Gefühle fest in der Hand. Dem gegenüber steht eine Fülle von schlechten und geradezu katastrophalen Wirkungen der Burschenschaftserziehung.

In dem Verbindungsstudenten wird meist ein heute geradezu lächerlich anmutender Standesdünkel großgezogen. Es ist ja kein Wunder, wenn ein großer Teil unserer Verwaltungsbeamten, Staatsanwälte, Ärzte und Richter sich einbildet, «zur Herrlichkeit geboren» zu sein – hat man es ihnen doch in jenen Jahren, in denen die Seele am weichsten ist, ununterbrochen gepredigt. Der lächerliche Formelkram der Verbindungserziehung überträgt sich aufs Leben; diese ehemaligen Studenten sind später schwer imstande, das Wesen der Dinge zu sehen, weil sie viel zuviel mit den Formen zu tun haben. Daß sich ein Teil auch heute noch mit der Sauferei Gehirn und Körper verdirbt, ist bekannt. Das Trinken hat übrigens nachgelassen: teils weil nichts da ist, teils weil die Temperenz- und Abstinenzbewegung auch auf den Universitäten gewirkt hat.

Was uns andern das Leben erst wertvoll und lebenswert macht: die Wissenschaft oder irgendeine Kunst oder die Liebe zur sozialen Arbeit – davon war oder ist in diesen Kreisen wenig zu merken. Die sozialen Studentengruppen, die so ziemlich die Elite dieser Welt vertreten, sind bei der letzten berliner Studentenwahl jämmerlich durchgefallen – die Mehrheit war stramm völkisch, und das bedeutet soviel wie Bier, Bums, Mensur und Ludendorff.

Seht ihr diese Bilder? Das war die Blüte der Nation und bildet sich noch heute ein, sie zu sein. Hier, bei den Bonner Borussen, hat der Kaiser seine Söhne «studieren» lassen – aus diesen Kreisen gingen diejenigen hervor, die euch verwalten und regieren wollen. Das gerät allemal außer sich, wenn ein Landrat nur ein lebenstüchtiger Kerl und nicht als Fuchsmajor auf die Welt gekommen ist. Und hat doch im Jahre 1914 so unendlich kläglich versagt!

Wie aber niemand in Unterhosen ein Held ist, so enthüllt sich dieses Geschlecht von ehrsüchtigen Duellanten und in den Kneipgebräuchen bewanderten Studikern ganz, wenn es sich unbeobachtet glaubt. Diese Aufnahmen der «Lokalitäten» der Rostocker Universität – das ist mein Preußen. «Juden raus!» – «Man mache ein Pogrom!» – «Haut die Juden tot!» Den Rest lest ihr wohl lieber selber.

Am klarsten und hübschesten aber zeigt sich, wie mannhaft und stark dieses Volk seinen alten Idealen nachhängt, in jener Inschrift, die gleich links vom Wasserkasten des Spülklosetts mit mutiger Hand eingekratzt ist: «Hoch das Kaisertum!» Und so wäre denn die monarchistische Propaganda der Rostocker Studentenschaft endlich einmal dahin gekommen, wohin sie gehört.

Rechenexempel

«Wenn», sagte mein guter Onkel Fritz, «2 Offiziere und 60 Reichswehrsoldaten nötig sind, um einen Pazifisten – wie zum Beispiel Hans Paasche – zu töten, wieviel Soldaten und Offiziere muß dann die neue Reichswehr haben?» – «Ich weiß es nicht!» sagte ich. «Paß gefälligst auf!» sagte der gute Onkel. «Es gibt annähernd zweitausend Leute in Deutschland, die für die Militärs sehr, aber sehr unbequem sind – denn sie haben den Rummel erkannt, können reden und schreiben, und die Arbeiter hören auf sie. Also –?» – Ich rechnete angestrengt. «Zweiundsechzigtausend Mann», sagte ich schließlich. «Zweitausend Offiziere und sechzigtausend Mann. Das genügt.» – «Dummer Junge!» sagte Onkel Fritz. «Das ist zwar richtig multipliziert. Aber was machen wir mit den fünfzigtausend Offizieren, die noch untergebracht werden müssen?» – Ich sagte: «Lieber Onkel, da haben wir noch die Abwicklungsstellen und die persönlichen Stäbe und die Bolschewistenbekämpfungsnachrichtenstellen und die Einwohnerwehren und die Sicherheitswehren – die Wolfgang-Heineschen Sicherheitswehren, Onkel!» – «Wer ist Wolfgang Heine?» sagte der Onkel mürrisch. «Ein Sozialist?» – «Er war einmal einer», sagte ich. «Aber als er einmal im Regen draußen stand, da ging die Farbe ab – und seitdem gründet er Sicherheitswehren. Das ist ein sehr feiner Mann.» – «Aber wir dürfen doch diese Unsumme von Offizieren gar nicht unterbringen – wir haben doch einen Friedensvertrag unterschrieben?» sagte der Onkel.

Da aber lachte ich sehr und klopfte dem guten alten Onkel Fritz auf die Schulter und sagte: «Du bist noch sehr jung, lieber Onkel Fritz. Denn sonst würdest du wissen, daß wir nicht unterschrieben haben, um zu halten, sondern um zu umgehen. Erst kommen die militärischen Dienststellen. Und dazu haben wir den Heine. Hast du nicht die Heineschen Verse in der Schule gelernt? ‹Nennt man die besten Namen – wird auch der meine genannt.›»

Und da spuckte der gute Onkel dreimal kräftig aus, und ich weiß gar nicht, warum er das getan hat.

Berliner Gefängnisse

Man muß drin gesessen haben, um über sie schreiben zu können. Man muß diese Justizpflege am eigenen Leibe erfahren haben, um etwas Wirksames über sie aussagen zu können. Man darf sie nicht mit den Augen eines berichtenden Landgerichtsdirektors betrachten. Man muß sie von unten her sehen.

Hans Hyan tut das in einem Büchelchen «Berliner Gefängnisse». (Verlag von Puttkammer u. Mühlbrecht, Berlin 1920.)

Die Strafen der deutschen Justiz sind keine Strafen. Strafe muß etwas sein, das in irgendeiner Beziehung und in irgendeinem Verhältnis zum Delikt steht. Strafe muß irgendeinen Zweck haben. Diese deutschen Strafen regnen auf dich herab wie die Hagelkörner, niemand weiß vorher, wie sie ausfallen werden, und niemand weiß, wen sie treffen. Man müßte einmal zusammenstellen, was man in Deutschland alles für sechs Monate Gefängnis begehen darf. Es kämen die erstaunlichsten Dinge zusammen. Und diese Strafen nützen auch nichts. Sie zerbrechen vielleicht den Menschen (wenn er wertvoll ist; der Zuhälter trägt diese Freiheitsunterbrechungen als Geschäftsrisiko und Betriebsspesen). Die Strafverhängung ist neben dem deutschen Militarismus der dunkelste Punkt dieses Landes. Eine vom Monarchismus und dem Klassenstaat gezüchtete Kaste fällt unbeirrbar auf Grund ihrer alten Weltanschauung die alten Urteile weiter, und niemand fällt ihr in den Arm. Aber das ist ein weites Feld. Die Strafvollstreckung liegt nun aber so im argen, daß sie jede, und sei es die kleinste wohltätige Wirkung der Rechtsprechung in ihr Gegenteil verkehrt. Ob der Richter bei uns unabhängig ist, steht dahin. Daß es der Exekutivbeamte sicherlich ist, scheint gewiß.

Hyan kennt seine Gefängniswelt. In Preußen ist doch das so: Wenn einer etwas ausgefressen hat und man klappt ihn dabei, so ist er von diesem Augenblick an rechtlich so gut wie vogelfrei. Die Kinder auf der Straße spielen Räuber und Gendarm, und das erste, was der Gendarm mit dem Räuber tut, ist, daß er ihn fürchterlich verhaut. Das ist dem Leben nicht schlecht abgelauscht, dem deutschen Leben, wo der Arrestant zu einer Menschengattung zweiten Stils heruntersinkt. Für das Publikum ist der Arretierte eine Art Kinderschreck, der vollkommen außerhalb des bürgerlichen Lebens steht. Für ihn gelten nicht Gesetz und Recht – während sie doch in Wirklichkeit gerade für ihn gemacht sind – und es verstärkt sich das alte Bild und die alte Vorstellung, daß der deutsche Gerichtssaal gewissermaßen die gute Stube darstellt und die Strafanstalten Küche und Kammer. Da unten aber ists fürchterlich …

Hyan beleuchtet das alles. Er erzählt von den einzelnen Gefängnissen Groß-Berlins: von Tegel, wo es für die Gefangenen noch nicht einmal Wasserklosetts gibt, von Plötzensee, wo die altertümliche Bauart des Hauses Mißhandlungen begünstigt, von Moabit, wo Preußen seine Untersuchungsgefangenen wie die letzten Canaillen behandelt und vor allem wie Schuldige behandelt, von Moabit, wo man die Strafrechtsmaschine klappern hört. Und alle, alle Staatsanwälte und Richter und Referendare und Assessoren: sie haben nur den einen Wunsch, den Armen schuldig werden zu lassen. Hyan erzählt vom Frauengefängnis in der Barnimstraße, von der Fürsorgestelle im Polizeipräsidium und vom wichtigsten Punkt des ganzen Gebietes: von der Beamtenschaft.

Er läßt dieser Beamtenschaft alle Gerechtigkeit widerfahren. Er bespricht ihre erbärmlichen Lohnverhältnisse, er weist ganz ausgezeichnet darauf hin, wie die «Beamtenwürde» ein Äquivalent für die mangelhafte Entlohnung war und ist, und die demokratische Republik arbeitet ja mit den lächerlichsten Chinesentiteln genauso weiter wie der alte kaiserliche Laden. Und vor allem sagt Hyan, daß diese alten Militäranwärter, diese sogenannten «Zwölfender» (so genannt nach der Zahl der Jahre, die sie bei den Preußen heruntergerissen hatten) – daß dieses Beamtenmaterial im großen und ganzen für seine Aufgabe ungeeignet ist. Eine militaristische Erziehung, die immer und überall nur Rangunterschiede sieht und sehen lehrt, ist nicht die Schule für einen der schwierigsten Berufe, die es überhaupt gibt. Das, was sich da bei diesem mangelhaften Gefängnisapparat, der in den Arbeitshäusern zum Skandal wird, herausgebildet hat, ist gar nichts anderes als eine Maschine zum Menschenschinden. Die jungen Studenten lernen allerhand Theorien über das Wesen der Strafe: sie könne Abschreckung sein oder Vergeltung oder Besserung. Sie ist in Wahrheit keins von den dreien. Die schönen Symbole, die, in Stein gehauen, die Fassaden der deutschen Gerichtshäuser zieren, sind Puppenkram und fauler Kulissenzauber. Die Strafe wird ausgesprochen von solchen, die sie nicht kennen, und vollstreckt von solchen, denen der Eingelieferte ein rechtloses Stück Vieh ist. Reglements helfen da gar nichts. Es kommt auf die Betrachtungsweise an.

Das Buch von Hans Hyan ist für jeden Kriminalforscher als Material wertvoll. Dicke gelehrte Wälzer tuns nicht; es sind die kleinen Züge, die Wert und Ausfall, Wirkung und Verlauf einer solchen Strafe bestimmen. Nach der Lektüre des Büchelchens kochen einem die Adern: oben wirft der Richter grau und stumpf lebendige Menschen in den Trichter einer ungeheuren Maschine – und gerädert, mit zermalmten Knochen, zerschlagen und seelisch zerprügelt, speit sie dieser fürchterliche Apparat wieder aus und überweist sie dem Verein zur Besserung entlassener Strafgefangener. Ihr erfahrt, wenn ihrs noch nicht wußtet, daß die dümmsten und widerwärtigsten Bestimmungen von den Disziplinarstrafen und von der Polizeiaufsicht heute noch bestehen, und daß dieses stumpfsinnige Paragraphenvolk lieber Tausende von Menschen unglücklich werden läßt, als daß es die schlimmsten Auswüchse der Strafjustiz beseitigt. Die bedächtigen Politiker mit dem demokratisch hängenden Hosenboden vertrösten uns auf die große Strafrechtsreform. Und inzwischen zuckt das und krümmt sich in den Dunkelarrestzellen deutscher Gefängnisse. Was kommts drauf an? Lumpen und Verbrecher, Diebe oder am Ende Kommunisten ...

Die Zustandsschilderungen Hyans sind lesenswert, weil wir alle wissen wollen, auf welcher schönen Erde wir spazieren. Man kann hier viel ändern und reformieren und bessern. Im einzelnen. Letzten Endes aber wird eine großzügige Strafrechtsreform und damit eine Reform der Strafvollstreckung überhaupt erst möglich sein mit einer vollkommenen Umwälzung dieser faulen und morschen Welt: durch eine wahre Revolution.

Der Bürgergeneral

Im Verlag der Freiheit (zu Berlin, Breite-Straße 8/9) ist ein lustiges kleines Heft von Felix Stössinger und Karl Holtz erschienen: «Das System Noske. Eine politische und satirische Abrechnung». Die negativen Qualitäten Erich Ludendorffs sind bekannt. Die des deutschen Spießbürgers auch. Doch wo das Strenge mit dem Zarten, wo Starkes sich und Mildes paarten ... Donnerwetter: welch ein Klang! Der Traum, der Lebenstraum des verprügelten Bürgers, auch einmal ..., nicht immer nur die Hand in der Tasche ballen zu müssen, sondern selbst auch einmal ...: dieser Traum hat sich an Gustav Noske im November 1918 erfüllt. Er durfte auch einmal. Die ganze Radfahrernatur des deutschen Menschen: hier konnte sie sich aufs herrlichste bewähren. Ein kleiner Mensch, ein kleines Gehirn, ein Kerl ohne jedes Format und ohne Größe, ein Bourgeois-Ludendorff, ein Commis-Brigadier, ein Bürgergeneral: so steht er in diesem hübschen Heftchen da – lang, haarig, dußlig und unerhört impetuos. Die Zeichnungen von Karl Holtz sind gut; es kann nicht jeder (George) Grosz sein. Die ernste Vorrede von Felix Stössinger durchleuchtet den alten Knaben ganz. Eine lustige Prophezeiung Moszkowskis aus dem Jahrgang 1907 der *Lustigen Blätter* ziert das Buch – eine Prophezeiung, die so merkwürdig ist, daß ich sie ganz hersetzen muß:

Hervé will Soldatenstreik,
Liebknecht spricht so ähnlich,
Ledebour zeigt sich dem Heer
Auch nicht sehr versöhnlich;
Doch der Hoffnung letzten Rest
Soll man nicht verlieren,
Eins steht heute bombenfest:
　Noske wird parieren!

Geht es mal in ferner Frist
Ans Kanonenfuttern,
Denkt so mancher Reservist:
«Nee – ick bleib' bei Muttern!»
Doch das soll uns Kampf und Schlacht
Nimmermehr vergällen
Denn es ist heut ausgemacht:
  Noske wird sich stellen!

Kommandiert der Herr Major:
«Feuer vorn und hinten!»
Ruft ein arbeitsscheues Corps:
«Schmeiß' mer fort die Flinten!»
Aber dennoch, Mut! nur Mut!
Laßts euch nicht verdrießen,
Denn wir wissen absolut:
  Noske, der wird schießen!

Noske schnallt den Säbel um,
Noske geht aufs Ganze,
Noske feuert bum, bum, bum,
Noske stürmt die Schanze,
Noske schreit hurra! hurra!
Noske hält die Wachen,
Noske schießt Viktoria,
  Noske wirds schon machen!

Er hats gemacht.

Und die Wirkung? Die Intelligenz, die gesamte anständige Arbeiterklasse ist sich über die Ethik eines Mannes klar, der, viel zu dumm, den revolutionären Gedanken des Antimilitarismus zu begreifen, seine frühern Klassengenossen durch ihre erbittertsten Feinde im Namen der Republik erschießen, erstechen, einsperren, ins Wasser werfen, treten und beleidigen ließ. Wie ein Schrei ging das im März 1919 durch das

Land: Der Mann muß weg! Man enthob ihn offiziell seines Amtes, ließ ihn widerrechtlich in seiner Dienstwohnung hausen und hat ihn nun zum Oberpräsidenten der Provinz Hannover ernannt. Die Hannoveraner müssen das als eine Provinzial-Angelegenheit mit sich abmachen. Ich weiß nicht, ob sie so sehr damit einverstanden sind, diese Type als ihr Oberhaupt zu verehren.

Wir andern aber sprechen vor uns und vor dem Ausland aus: Es gibt zwei Preußen. Verwechselt uns nicht mit denen da: so sind wir nicht. Verwechselt uns nicht mit ihnen, die einem miserablen Individuum die schlechte Ethik nachsehen (das wäre noch verständlich) – die ihm aber auch die schlechte Geschäftsführung nachsehen und den politischen Unverstand und eine Kurzstirnigkeit, die ein halbes Land ins Verderben riß. Und die ihm das alles nachsehen, nur, weil er einmal mit ekelhaft verspritztem Blut, Weiberleichen und langen Zuchthausjahren ihre Banken beschirmte. Er häufte Fehler auf Fehler, er stolperte sogar über seine eignen Mißgriffe und fiel. Sie haben ihm verziehen. Sie rechneten dem kleinen Geschäftemacher Erzberger jeden halben Pfennig nach und besonders die Hunderttausende, die er nicht verdient hat: Diesem, der keine staubigen, der rote Finger hat, haben sie verziehen.

Die Schufte, die unter Napoleon durch ihre Schuftigkeit etwas geworden sind, waren Formate. Es genügt heute, in Preußen ein kleiner Bürgergeneral zu sein, um Oberpräsident zu werden.

Pressestellen

Was ein richtiger Kolonialwarenhändler ist, so hat derselbe heute seine eigene Pressestelle. Wie viele solcher Dinger wir in Deutschland haben, entzieht sich zum Glück der Statistik, aber auf jeden zweiten Mann wird wohl eine kommen. Woher kommt sie? Und was tun sie alle?

Als der Ludendorffsche Laden im Jahre 1914 fühlte, daß es ohne einen gelegentlichen Saisonausverkauf nicht abgehen würde, schuf er sich das Kriegspresseamt, einen Ausschank, der ausdrücklich dazu da war, in die Presse diejenigen lügenhaften Nachrichten einzuschmuggeln, die nötig waren, um dem Volke das gewisse Quantum Kriegsbesoffenheit einzutrichtern. Es gelang. Das Kriegspresseamt machte Schule, und jedesmal, wenn ein preußisches Ressort Magenbeschwerden bekam, gliederte es sich eine Presseabteilung an, die den Zeitungen mitzuteilen hatte, daß das Befinden des Patienten ausgezeichnet sei.

Diese Pressestellen haben sich nach dem Kriege karnickelhaft vermehrt, und eine Armee von kriegs- und lebensuntauglichen Schreibern, von Brillenmenschen, von Registratoren, Schmöcken und Bureaubeamten ergoß sich stellenlos über Deutschland, hatte keine Arbeit und machte sich welche.

Das Wesen der Presse wird durch diese korrumpierenden Pressestellen völlig umgekrempelt. Der Reporter und der Journalist, die von Berufs wegen die Augen aufzumachen hätten, um das Leben so abzuschildern wie es ist, und dazu ihre Bemerkungen zu machen, telefonieren heute die zuständige Pressestelle an und bekommen von ihr – also von interessierter Seite – fix und fertig einen Salat vorgesetzt, der den Leser so unterrichtet, wie es die Macht, die hinter der Pressestelle steht, haben will. Also falsch unterrichtet.

Wenn man unsere allzu vielen Organisationen jedweden Gebiets betrachtet, so muß man glauben, daß das gesamte Leben nur noch der Zeitung wegen da ist. Jedes Theater, jedes Amt und jedes Bataillon uniformierter Nichtstuer hat eine Pressestelle. Die Pressestelle wird entweder von einem Journalisten oder einem ansonsten arbeitslosen Offizier kommandiert. Sie besteht aus je zwei Schreibmaschinen, acht Tippfräuleins, zwei Journalisten, einem Registrator – und sie gründet sich auf die Angst vor der Presse. Die Pressestelle hat zweierlei Aufgaben: einmal macht sie den Zeitungen und damit der zu täuschenden Öffentlichkeit die Notwendigkeit der Dienststelle klar, der sie angegliedert ist. Sie wird also dauernd von der emsigen Arbeit der Dienststelle, von ihrem Bienenfleiß und ihrer großen kulturellen Bedeutung im öffentlichen deutschen Leben zu schreiben haben. Die Pressestelle hat zweitens die Aufgabe, etwaige Fehlgriffe der Dienststelle – also ungefähr die Hälfte ihrer Tätigkeit – vor der Öffentlichkeit zu beschönigen, zu bemänteln oder abzuleugnen. Beides tut die Pressestelle. Beides druckt die Zeitung. Der Landsknecht verachtete früher den Schreiber als etwas Minderwertiges. Heute kann er ohne ihn gar nicht bestehen. Das erste, was die Mörderliga des späteren Hochverräters Lüttwitz im Hotel Eden tat, war, daß sie eine Pressestelle errichtete, die ja dann auch prompt funktionierte. Sie war es, die den Mord an Liebknecht und Rosa Luxemburg der Öffentlichkeit zunächst als einen kleinen Betriebsunfall darstellte. Die Pressestellen der deutschen Militärorganisationen verfolgen ja sonst in erster Reihe den Zweck, für die Vergrößerung ihrer Dienststellen anläßlich des Etats Stimmung zu machen. Sie gaben die üblichen lächerlich aufgeplusterten Tätigkeitsberichte, die jeder vom Kommiß her kennt, sie malen in den dicksten Farben die Gefahren an die Wand, die ohne die Existenz ihrer Dienststellen heraufziehen würden (Antibolschewismus) – sie bestätigen vor allem die Zahl der etatsmäßigen und damit pensionsberechtigten Stellen.

Der Machtkreis der wirtschaftlichen Pressestellen ist nicht kleiner. Sie haben in erster Linie die Aufgabe, das Publikum über den Stand des Marktes zugunsten der Produzenten zu täuschen und die Ursache der wirtschaftlichen Notlage auf die andern abzuwälzen. Es entstehen dann manchmal die bekannten Kleinkriege der Produzenten, aus denen der unbefangene Betrachter häufig das Bild gewinnt, daß am Ende der Konsument an der Teuerung schuld sei. Die wirtschaftliche Pressestelle arbeitet entweder für die ganz großen Verbände oder – und dann ist ihr Wirken deutlicher erkennbar – für kleinere Organisationen.

Die Pressestellen sind deshalb so unendlich gefährlich, weil ihre Auslassungen die Quelle natürlich nicht erkennen lassen. Die völlig einseitigen Darlegungen der Interessenten werden ja gerade zu dem Zweck in die Presse lanciert, damit es den Anschein hat, als hätten sie eben «in der Zeitung gestanden», wie tausend andere Dinge so «in der Zeitung» stehen. Und weil ja für die meisten Menschen die Zeitung außer den Filmtiteln das einzige ist, was sie lesen, so kann man die Wirkung dieser verlogenen und zurechtgemachten Nachrichten gar nicht genug überschätzen.

Der Interessent hat ganz recht. Er wehrt sich eben seiner Haut, will Offizier bleiben oder Kohlen teuer verkaufen und benutzt dazu jedes Mittel – auch die Presse. Aber die anständige Presse sollte es sich nicht länger gefallen lassen.

Hier wächst eine Gefahr herauf, die so groß ist, daß sie das Wesen der unabhängigen Berichterstattung überhaupt zunichte machen kann. Ich halte es für eine Ehrenpflicht der deutschen Journalistenwelt, darauf zu dringen, daß Auslassungen von Pressestellen als solche gekennzeichnet werden. Es ist gar nichts dagegen einzuwenden, wenn eine Zeitung eine Mitteilung aus dem Reichswehrministerium bringt, aber dann möge sie dazusetzen, daß diese Mitteilung von Interessenten stammt. Tut sie es nicht, so haben wir ja aus dem Fall der Pinkerton-Gesellschaft gesehen, was dabei herauskommt, wenn skrupellose Schmierer im Solde irgendwelcher Stellen die Presse mit Lügennachrichten überschwemmen. Für viel zu viele ist die Zeitung immer noch der Hort objektiver Nachrichten. Sie ists heute weniger denn je. Was aber nicht, wie bei der Parteizeitung, aus der Überzeugung herausfließt, muß mit der Herkunftsbezeichnung abgestempelt sein.

Dann verlieren sich die Pressestellen ganz von selbst, denn ihr ganzes Interesse und ihre ganze Kunst geht dahin: zu täuschen. Sie wollen ja gerade, daß ihre Auslassungen *nicht* gekennzeichnet werden, damit man nicht weiß, daß sie der öffentlichen Meinung von interessierter Seite eingeflüstert sind.

Die deutsche Presse, die auf Sauberkeit hält, sollte sich die Pressestellen abschminken.

Organisierte Beamte

Die Polizeibeamten Preußens haben jüngst ihren Verbandstag gehabt und da beschlossen, einen gewerkschaftlichen Zusammenschluß der Polizeibeamten anzustreben. Das ist höchst bedeutsam. Denn hier haben wir den Anfang einer Art Organisation, wie sie von der alten Regierung Wilhelms stets klüglich verboten wurde: eine Beamtengewerkschaft. Auch die Reichswehrsoldaten tun sich jetzt so zusammen; und auch nicht etwa aus politischen Gründen, sondern weil die Not der Zeit es ihnen gebietet, und weil sie keine andre Möglichkeit mehr sehen, auf ihren Arbeitgeber: die Regierung den wirtschaftlichen Druck auszuüben, den sie für nötig halten.

Es ist nun noch nicht ganz klar, welcher Gewerkschaftsgruppe sich solche Beamtengewerkschaften anschließen wollen. Für die Afa kommen sie nicht in Frage. Viele andre Gruppen werden ihnen politisch zu sehr bestimmt sein, und so bliebe denn schließlich wohl nur der Gesamtverband Deutscher Beamten- und Staatsangestelltengewerkschaften übrig.

Wie dieser Gesamtverband und wie vor allem die übrigen Gewerkschaftsgruppen über eine Gewerkschaft von Polizisten und Soldaten denken, wird die Folge zeigen. Ich glaube aber, daß es klug ist, den Beamten und Soldaten den Eintritt in eine festgefügte fortschrittliche Gewerkschaftsgruppe so sehr wie möglich zu erleichtern.

Die sozialistische Propaganda hat ja oft den Fehler gemacht, den im Dienst einer kapitalistischen Regierung angestellten Proletarier – denn der Beamte und der Soldat ist seiner Herkunft nach weiter nichts – persönlich zu verärgern. Der Beamte des alten Systems hatte bei den wirtschaftlichen Verhältnissen nicht das brennende Interesse des Proletariers am Lohnkampf, und es schied ihn von diesem vor allem auch seine gesicherte Zukunft, sein gesicherter Lebensabend. Durch seine Beamtentätigkeit erarbeitete er sich ein zinsentragendes Vermögen – das er nur, zum Unterschied von dem Kapitalisten, später nicht zur freien Verfügung hatte, sondern von dem er nichts als die Zinsen (eben seine Pension) bekam. Er war also über den bittersten Kampf um die Existenz erhaben, verstand den streikenden oder demonstrierenden Proletarier, zumal in wirtschaftlicher Beziehung, nicht recht und war demzufolge immer auf seiten seines Arbeitgebers: das feste Fundament eines kapitalistischen Staates.

Das hat sich gewandelt. Der Staat ist unter den neuen Verhältnissen gar nicht mehr in der Lage, den Subalternbeamten eine so auskömmliche Pension zu zahlen, daß sie für ihren Lebensabend mit ihrer Familie völlig gesichert dastehen. Der Beamte hat also heute viel mehr wirtschaftliches Verständnis für die Zeit und seine eigne Notlage. An diesem Verständnis ist er zu packen.

Der einzelne Schutzmann und der einzelne Reichswehrsoldat steht dem Proletarier heute nicht mehr so fern, wie es nach ihrem Verhalten oft scheint. Die Sache liegt doch so: Der Mann wird dafür bezahlt, daß er als Polizist oder Wachtmeister der Sicherheitspolizei oder Reichswehrsoldat die Banken schützt (denn darauf läuft seine politische Tätigkeit letzten Endes hinaus). Je besser er diesen Dienst ausfüllt, je härter er in den Einzelfällen des täglichen Lebens das arbeitende Volk anfaßt: um so schneller wird er Karriere machen, um so besser wird ihn sein Arbeitgeber bezahlen. Nun kann ihn aber sein Arbeitgeber heute nicht übermäßig gut bezahlen. Das könnte die Schwerindustrie, und sie würde sich mit Freuden eine solche Leibwache halten, wie sie es ja auch in den Freikorps dauernd getan hat. So lächerlich gut wie die Besoldung der Freikorps wird die der Beamten niemals sein können. Der Polizeibeamte und der Wehrsoldat haben also nicht mehr ein so brennendes Interesse für ihren Arbeitgeber, mit dem sie ja, wie die Verhandlungen zeigen, oft in offenen Streit über die Bezahlung kommen. Hier ist einzuhaken.

Man wird den im Staatsdienst angestellten Proletarier, der durch seine Anstellung heut nicht mehr völlig dem Bereich des Proletariertums entrückt ist, nicht nur sagen müssen, daß er nicht auf Vater und Mutter zu schießen hat. Er wird bei den schwierigen wirtschaftlichen Umständen heute mehr denn je Verständnis für die Lage der arbeitenden Klassen bekommen, und hier ist der Punkt, wo man einsetzen kann und muß.

Die unangenehme preußische Wichtigmacherei des altgedienten Unteroffiziers in den Büros der Polizei wird zwar, wenn der Typ dieser Unteroffiziere einmal ausgestorben ist, nicht ganz verschwinden. Aber den Nachfolgern kann man doch viel schneller begreiflich machen, daß sie ihrer ganzen Struktur nach mehr zu uns, den Regierten, als zu den Regierenden gehören, wenn man sie nur an ihre wirtschaftliche Lage erinnert. Das heißt nicht: sie gegen ihren Arbeitgeber aufhetzen. (Das besorgt schon die Not.) Aber es heißt: sie darauf aufmerksam machen, daß die Schnauzerei und das schlechte Benehmen gegen das Publikum ein etwas billiges Vergnügen ist, das früher wohl eine angenehme Zugabe zum Gehalt war, heute aber auch nicht darüber hinwegtäuschen kann, daß die Abendbrotstulle dünn belegt ist. Das Beamtentum der Subalternen muß sich zum Proletarier mehr hingezogen fühlen als zur Regierung.

Erwecken wir in den Köpfen der Polizisten und Soldaten erst einmal die klare Erkenntnis ihrer wirtschaftlichen Lage, haben sie erst mehrere Male mit dem Proletariat Schulter an Schulter in einem politischen Streik gestanden, wie das, zum Beispiel, mit Teilen der Sicherheitspolizeimannschaften während des Kapp-Putschs der Fall war: dann haben wir der kapitalistischen Regierung eine mächtige Waffe aus der Hand gewunden.

Wir haben aber noch mehr. Wir können vor allem darauf hinwirken, daß die kleinen Könige auf den Polizeirevieren verschwinden oder sich doch etwas kleiner machen, die hochfahrenden und unangenehmen Typen einer Beamtenschaft, die der glorreiche Hohenzoller den Schnurrbart deshalb stark nach oben bürsten ließ, damit die Plebs im Rinnstein zitterte. Hier wird nicht gezittert. Das Bürgertum ist viel zu schwach und zu feige, um sich gegen eine schlechte Behandlung in den Geschäftszimmern der Polizeistellen, Lebensmittelbüros, Standesämter und Reichswirtschaftsstellen zu wehren. Der Bürger macht das in diesem Falle so, daß er sich auf Grund seines hohen Kragens oder seines hohen Namens eine Ausnahmebehandlung zusichert und im übrigen Gott einen guten Mann und den Wachtmeister einen rohen Patron sein läßt. Auf das Grundsätzliche kommts ihm nicht an.

Uns kommts aber auf das Grundsätzliche an. Beschwerden bei der nächsthöhern Dienststelle sind in fast allen Fällen erfolglos, weil ein Beamter dem andern Beamten, wenns um das Ansehen nach außen geht, nicht gern ein Auge aushackt. Die hunderttausend kleinen Fälle aber, die sich täglich in Preußen ereignen, und in denen man sieht, wie ein Staatsangestellter sich immer noch einbildet, persönlich und sachlich eine «Obrigkeit» darzustellen – diese Fälle werden erst dann aufhören, wenn die freien Gewerkschaften auf einer erträglichen Basis mit den Beamtengewerkschaften zusammenarbeiten. Der preußische Beamte wird sich in schweren und leichten Lagen gegen den Proletarier nur dann anständig benehmen, wenn er weiß: der ist mein Bruder.

Der Zusammenschluß zwischen dem preußischen Proletarier und dem preußischen Beamten wäre das Ende einer verhaßten preußischen Welt.

Die Herren Veranlasser

«Adjutant!»
«Herr Hauptmann?»
«Notieren Sie den Fall!»
«Zu Befehl, Herr Hauptmann, ich werde das Nötige veranlassen.»

Beim deutschen Militär gab und gibt es eine Menge Leute – meist in Offiziersstellen –, die davon leben, daß sie Befehle weitergeben. Sie sind Durchgangsstellen für die Übermittlung von Willenserklärungen nach unten hin. Sie veranlassen das Nötige.

Der Regimentskommandeur hat die Stirn gerunzelt, und es hat sich zwischen ihm und seinem Adjutanten ungefähr so eine Unterhaltung abgespielt, wie sie da oben aufgeschrieben ist. Der Adjutant ist mit rotem Kopf zu dem zuständigen Bataillonskommandeur gelaufen und hat dem den Willen des Gewaltigen verkündet. Der Bataillonskommandeur langt sich seinen Adjutanten, Unterhaltung wie oben, Krach beim Kompanieführer, Adjutant des Kompanieführers, siehe oben, Spektakel mit dem Feldwebel, und die Sache endete meist damit, daß irgendein brummeliger Gefreiter und zwei Mann das in Ordnung brachten, was den «Alten» so erregt hatte. Letzten Endes hatte der Alte befohlen, und die drei Leute hatten gehorcht. Die Zwischenstellen hatten das Nötige veranlaßt.

Dieses Deutschland von 1920 ist überschwemmt mit den Angehörigen der heimgekehrten Armee. Die wildesten Propagandakämpfe stellungsloser Offiziere haben zwar die Zahl der militärischen Abwicklungsstellen, wo die uniformierten Nichtstuer die Steuergelder aus den Lohnabzügen der Arbeiter schneller verzehren, als ein Mensch arbeiten kann – die wilde und verzweifelte Notwehr der zu entlassenden Offiziere aller Kaliber hat diese und jene Sicherheitswehr, diesen und jenen Ortsschutz geschaffen und Stellen und abermals

Stellen –: aber es ist doch unverkennbar, daß die glorreiche kaiserliche Armee einen großen Teil ihres Menschenmaterials in das Zivilleben hat abgeben müssen.

Armes Zivil! Nun haben wir die Herren Veranlasser im eigenen Lager. Es ist ausgeschlossen, daß der deutsche Militärbeamtentypus (denn diese kampfbewährten Okkupations- und Etappenoffiziere hatten ja viel mehr Ähnlichkeit mit Beamten als mit Soldaten), es ist ausgeschlossen, sage ich, daß dieses bunte Volk sich von heute auf morgen umstellt. Sie geben zusammen mit den ebenfalls verbildeten Formaljuristen eine besondere deutsche Klasse ab, eine Klasse, die nicht arbeitet, die von keinerlei Sachkenntnis getrübt ist, die nicht selbständig und produktiv schafft – sondern die veranlaßt.

Wir sind nun heute glücklich so weit, daß ungefähr ein Zehntel der männlichen werktätigen Bevölkerung aufschreibt, was die übrigen neun Zehntel tun. In keinem Lande werden so viele Listen geführt wie hier, in keinem Lande ist der Apparat des Lebens so verwickelt, in keinem Lande – außer vielleicht der rückenmarksschwindsüchtigen Donaumonarchie – wird soviel registriert, verwaltet und veranlaßt. Es ist das nicht allein das Resultat eines Denkprozesses, der etwa ein solches dauernd von der Obrigkeit überwachtes Leben für notwendig hielte – es ist das einfach die Folge dessen, daß ein großer Teil der kampferprobten Militär- und Paragraphenmänner keine andere Arbeit zu leisten imstande ist: als eben zu veranlassen.

Der Jurist hat für alles, was es auf der Welt gibt, den Rahmen seiner abstrakten Vorstellungen. Der Militärbeamte (der sich Offizier nennen läßt) glaubt gleichfalls, alles mit der straffen preußischen Organisation erfassen zu können. Beide trennt vom praktischen Leben eine Glaswand. Sie arbeiten nicht. Sie veranlassen.

Lustig und beschämend zugleich ist die gänzliche Hilflosigkeit dieser Brüder, wenn sie ins Ausland kommen. Das

Ausland – besonders der Angelsachse und der Amerikaner – ist gewöhnt, ausschließlich und nur auf den positiven Enderfolg zu sehen, und kümmert sich um das Zwischenstadium der Verwaltung und der Veranlassung einen Teufel. Das begreifen unsere Veranlasser nun gar nicht. Das Reichsamt für den Wiederaufbau hat aber doch ...! Der Präsident des Rückwanderungsamts ist doch darüber benachrichtigt, daß ...! Beim Beauftragten für die Verteilung der Kohlen schweben doch aber Erwägungen ...! Und derweilen geht die Zeit weiter, und das Ausland lacht sie aus, und unsere Veranlasser stehen da: begossen, verwundert, patriotisch bis aufs Hemde und ohne jedes Verständnis für die «Feinde», die in ihrer maßlosen Ungebildetheit den preußischen Instanzenzug nicht kennen.

Die Herren Veranlasser kosten uns Milliarden. Sie kosten uns das einerseits durch die Dinge, die sie nicht tun, durch ihre Versäumnisse, ihre Zeitverluste, ihre Tintentrödeleien. Sie kosten es uns andererseits durch ihre Gehälter, denn die meisten dieser Geheimräte, Assessoren, Verwaltungsmenschen, ehemaligen Offiziere werden, wenn auch nicht fürstlich, so doch im Vergleich zu ihrer ganz unfruchtbaren Arbeit lächerlich überbezahlt. Sie sind im Grunde überflüssig.

Bei der Reichswehr ist das augenblickliche Verhältnis der Zahl der Unteroffiziere zu der Zahl der Mannschaften wie eins zu drei, das heißt, auf je drei Leute kommt immer ein Unteroffizier, und auf ungefähr fünfundzwanzig Mann, einschließlich der Unteroffiziere, ein Offizier. In den Verwaltungsstellen ist das noch viel schlimmer. Die Zahl der Geheimräte, die einen einzigen Fortbildungsschuldirektor beaufsichtigen, verwalten, regieren, registrieren und das Nötige mit ihm veranlassen, gibt leider keine indiskrete Hand der Öffentlichkeit preis. Es wäre gut, zu wissen, wie viele es sind, die da dem produktiven Arbeiter lähmend in die Hand fallen. Wenige sinds nicht.

Dann geh einmal durch die bürgerlichen Familien: in jeder, aber fast ausnahmslos in jeder, sitzt ein alter und ein junger

Herr, die morgens in geblähter Wichtigkeit mit der dicken Ledermappe «aufs Amt» gehen. Ich habe mich früher immer gewundert, wenn ich hörte, dieser oder jener mir bekannte Assessor beschäftige sich plötzlich mit Schulangelegenheiten oder arbeite bei der Steuer oder untersuche die Wiedergutmachungsansprüche von beschädigten Kriegsreedern. Ja, verstehen sie denn das? Ich weiß sehr wohl, daß sich ein anschlägiger Kopf überall einarbeiten kann, aber diese preußischen Gehirne und dann die Fixigkeit des Ressortwechsels? Ich Tor! Heute weiß ich, daß in allen diesen Stellen, mag es sich um Müllabfuhr, Bordellaufsicht oder den Gemeindekirchenrat handeln, «verwaltet» wird. Verfügungen gehen durch, die man bestempeln muß, Unterschriften werden gemacht, Verordnungen erlassen, um die sich meist kein Mensch kümmert – kurz: es wird veranlaßt.

Und weil Generationen deutscher Brillenmenschen nicht fähig sind, anders zu leben als so, und eine andere Arbeit zu leisten als diese unfruchtbare da, deshalb haben wir ein Heer und eine Herde von Veranlassern, die mich immer an ein unvergeßliches Bild aus dem Kriege erinnern:

Auf einem Hofe in Kurland stand eine Lokomobile, die sägte Holz. Und mit diesem Holz wurde sie geheizt.

Das sind unsere Herren Veranlasser.

Kino-Zensur

Die Herstellung von Filmen hat in keinem Stadium etwas mit Kunst zu tun: sie ist eine Industrie. Danach ist jeder Eingriff der Behörden in die Produktion zu beurteilen, und der Ausdruck «Kino-Zensur» führt leicht irre. Ob die Paragraphen 184, 184a, 104, 110, 111, 112, 130, 131 und andre des Strafgesetzbuches nicht ausreichen, den Mißbrauch des Kinos zu unsittlichen, aufrührerischen, verleumderischen und klassenhetzerischen Versuchen zu verhindern, steht dahin. Das

Reichslichtspielgesetz vom 12. Mai 1920 sieht in großen Zügen so aus:

Filme dürfen nur zensiert öffentlich vorgeführt werden. Wissenschaftliche Filme in Forschungsanstalten sind zensurfrei. Die Zulassung zur öffentlichen Vorführung eines Films erfolgt auf Antrag. § 1: «Sie ist zu versagen, wenn die Prüfung ergibt, daß die Vorführung des Bildstreifens geeignet ist, die öffentliche Ordnung oder Sicherheit zu gefährden, das religiöse Empfinden zu verletzen, verrohend oder entsittlichend zu wirken, das deutsche Ansehen oder die Beziehungen Deutschlands zu auswärtigen Staaten zu gefährden. Die Zulassung darf wegen einer politischen, sozialen, religiösen, ethischen oder Weltanschauungstendenz als solcher nicht versagt werden. Die Zulassung darf nicht versagt werden aus Gründen, die außerhalb des Inhalts der Bildstreifen liegen.» Die Prüfungsstelle darf Teile aus den Filmen herausschneiden und den Rest zulassen. Eine verschärfte Zensur findet für Kinder unter achtzehn Jahren statt: für sie werden alle Filme verboten, «von welchen eine schädliche Einwirkung auf die sittliche, geistige oder gesundheitliche Entwicklung oder eine Überreizung der Phantasie der Jugendlichen zu besorgen ist». Die Jugendämter oder Gemeinden können engere Leitsätze für die Kino-Zensur ihres Bezirkes festsetzen. Die Ortspolizeibehörde regelt nach den Grundsätzen dieses Gesetzes neben den Prüfungsstellen die Kinoreklame. Die Ortspolizeibehörden können Filme über Tagesereignisse und Landschaftsfilme selbständig zulassen. Die Prüfungsstellen, deren Zahl nach Bedarf festgesetzt wird, besteht aus einem beamteten Vorsitzenden und Beisitzern. (Die Zahl ist im Gesetz nicht bestimmt.) «Von den Beisitzern ist je ein Viertel den Kreisen des Lichtspielgewerbes und der auf den Gebieten der Kunst und Literatur bewanderten Personen, die Hälfte den auf den Gebieten der Volkswohlfahrt, der Volksbildung oder der Jugendwohlfahrt besonders erfahrenen Personen zu entnehmen.» Die Mitglieder der Prüfungsstellen werden auf die Dauer von drei Jahren vom Reichsminister des Innern ernannt. Es können auch Frauen darunter sein. Entscheidungsfähig ist die Prüfungsstelle nur, wenn außer dem Vorsitzenden mindestens vier Beisitzer anwesend sind. «Bei Prüfung der Bildstreifen, die zur Vorführung in Jugendvorstellungen bestimmt sind, sind auch Jugendliche im Alter von achtzehn bis zwanzig Jahren nach Bestimmung der Ausschüsse für Jugendwohlfahrt zu hören.» In ganz einfachen Fällen kann der Vorsitzende auch ohne Beisitzer die Zulassung aussprechen. Beschwerde-Instanz gegen die Entscheidungen der Prüfungsstellen ist die Oberprüfungsstelle, die endgültig in der Besetzung von fünf Mitgliedern entscheidet. (Ein Beamter und vier Beisitzer.) Die Zensur ist gebührenpflichtig. Übergangsbestimmungen regeln die Zensur der Filme, die vor dem Gesetz fertiggestellt sind. Die Strafbestimmungen sehen Gefängnisstrafen bis zu zwei Jahren und Geldstrafen bis zu hunderttausend Mark vor. Objektives Verfahren gegen die Filme ist zulässig.

Soweit die Gesetzesbestimmungen. Welcher puristische Assessor sich übrigens das scheußliche Wort Bildstreifen ausgedacht hat, weiß ich nicht; die Regierung sollte aber nicht die Narretei dieser Sprachvereinler mitmachen, die immer, wenn sie populäre Fremdworte verdeutschen wollen, falsche und häßliche Wörter bilden. (Es müßte selbstverständlich Bilderstreifen heißen.)

Im großen ganzen ist zu sagen, daß die Beratungen der Kommission (Berichterstatter, Gott behüte, Abgeordneter D. Mumm) eher zu einer Verschärfung der Zensurbestimmungen geführt haben als zu ihrer Milderung. In vielen Fällen waren die Abgeordneten, und zwar die Abgeordneten aller Parteien, kleinlicher als die Regierung, und so ist denn dieses Gesetz zustande gekommen. Wie alle Zensurbestimmungen ist auch dieser § 1 des Filmzensurgesetzes guter Inlandskautschuk, und es wird nichts von seinem Wortlaut und alles davon abhängen, wie ihn die Praxis auslegt. Daß die

Worte «das deutsche Ansehen gefährden» den ersehnten politischen Tendenzfilm gänzlich unmöglich machen können, ist jedem klar, der weiß, wie in Preußen zensiert wird. Vielleicht ist dieses und jenes am Zensurapparat verbesserungsfähig – die Hauptsache bleibt die Praxis.

Was wollen wir denn? Wir wollen die Ausbreitung des Schlechten hindern. Aber das ist keine Konstatierung, sondern ein verkapptes und subjektives Werturteil, und diese Göttin der Schönheit, die man da dem Volk errichten will, wird doch nur sehr roh zubehauen sein. Eine graziöse kleine Ferkelei scheint mir nicht so gefährlich wie ein aufgelegter dicker Kitsch, der die Anschauungen von Tausenden vergiftet, denn das Publikum liebt es, an unrechten Stellen seine unrechten Anschauungen, die es aus dem Kino bezogen hat, ins Leben zu übertragen. Des weitern ist natürlich eine bürokratische Auswahl der Zensurvertreter vom Übel und doch notwendig; eine solche Kommission von Bäuchen mit Uhrketten, Vollbärten und Brillen wird natürlich als ewige Gesetze für Hunderttausende *das* stabilisieren, was sie bis zu ihrem sechzehnten Lebensjahr auf der Schule gelernt haben. Ferner scheint mir ein großer Fehler der preußischen Bevormundung zu sein, sich jede Volkserziehung durch ein Verbot zu ersparen. Gibt es in einem Kino Randal, weil ein antisozialer Streikfilm den Arbeitern mißfällt, so wäre es Pflicht aller öffentlichen Organe, den Arbeitern klarzumachen, daß es mit Pressepolemik, Boykott und Flugblattverteilung genug sein müsse, und daß umgestürzte Bänke und zerschlagene Scheiben keine Argumente sind; toben brave Bürger, weil ihr Kaiser, ihre Kirche oder sonst etwas, was ihnen heilig erscheint, verletzt ist, so hat man sie desgleichen zu belehren. Mit diesen Verboten kurzer Hand ist gar nichts getan. Wir sind kein Volk von kleinen Kindern. Auf die Öffentlichkeit hat jeder Anrecht.

Allzu viel Bevormundung ist immer vom Übel. Solange sich in diesem Volk bei einer Ernennung fast jedermann vom

Menschen in einen Beamten verwandelt, wärs schon besser, wenn die Ämter sich etwas weniger um die «Wohlfahrt der Jugendlichen» und etwas mehr um handgreiflichere Dinge wie die Tuberkulose und die Lues kümmerten. Mit den Seelen werden wir schon allein fertig werden.

Unter den Kommissaren des Reichsministeriums, die an der Beratung des Filmgesetzes teilgenommen haben, befindet sich auch der Professor Brunner vom preußischen Ministerium für Volkswohlfahrt. Um den Mann wird viel gestritten, und Künstler, die ich kenne, tadeln seine gänzlich amusische Denkart. Man muß von einem Feldkanonier keine Filigranarbeit verlangen. Ein Gutachten Brunners und des seligen Traugott von Jagow über einen Dichter will mir ja auch nicht recht eingehen. Aber blind, in der Nacht um zwei, ohne einen Augenblick zu zaudern, ergreife ich Brunners Partei im Kampf gegen seine Feinde.

Ich halte es für meine Pflicht, hier einmal auszusprechen, daß unsere berüchtigten Sensationsorgane, illustrierte wie unillustrierte, die sich mit Vorliebe auf die künstlerische Freiheit gegen die Beengung der Zensur berufen, dazu unter gar keinen Umständen ein Recht haben. Soweit es sich nicht um käufliche Skandalblätter handelt, sind es Spekulationen auf die schmutzigste und niedrigste Gassensinnlichkeit. Eben weil sich derartige Schandblätter moralisch und gut bürgerlich geben, statt offen und sachlich wie eine budapester Atelieraufnahme, sind sie so widerlich. Der preußische Zensor ist oft (und in politischen Dingen immer) eine üble Erscheinung: gegen derartige Schmutzereien ist kein Rotstift zu spitz und keine Polizeifaust zu hart. Das ist keine Angelegenheit der Zensur. Es ist eine der künstlerischen Straßenreinigung.

Über die Frage der Kino-Zensur für Kinder braucht nicht gesprochen zu werden. Sie ist notwendig. Für die Ausnutzung der sexuellen Konjunktur durch ein skrupelloses Unternehmertum langt das Strafgesetzbuch. Dieses Lichtspielgesetz ist gar nicht einmal so schlecht. Es scheint mir nur überflüssig.

Der Staatsanwalt mit dem Zeigefinger

Im Weißenseer Kommunistenprozeß hat ein Staatsanwalt Rammin im Verlaufe einer Rede gesagt: «Die Staatsanwaltschaft wird sich auch mit Persönlichkeiten, die jetzt täglich Spalten der linken Presse füllen, beschäftigen, so daß bald Verhandlungen gegen sie stattfinden werden. Die Persönlichkeiten werden zwar durch diese meine Worte gewarnt, aber ich muß es hier im Interesse der Sache betonen.»

Schade, daß sich der Staatsanwalt Rammin nicht deutlicher ausgedrückt hat. Ich möchte gerne wissen, wen er mit diesen Persönlichkeiten gemeint hat. Wir wollen ihm deutlicher kommen.

Der Richterstand ist der einzige, der Angriffe auf sich dadurch abwehren kann, daß er, der Angegriffene, zu Gericht sitzt. Weil das jedermann weiß, unterbleibt vieles, was man gegen deutsche Richter und Staatsanwälte zu sagen hätte. Das wenige, das gegen sie gesagt wird, ist jenem zu viel. Uns nicht.

Der preußische Richterstand ist durch Erziehung und Abstammung konservativ. (Alles, was hier von den Richtern gesagt wird, gilt in weit höherem Maße für die freier gestellten Staatsanwälte.) Es ist ein Unfug, wenn sich die alten Korpsstudenten hinter dem Gerichtstisch in die Brust werfen und ihre politische Neutralität betonen. Politisch neutral kann heute kein denkender Mensch sein. Immer – bei Amtshandlungen, Verfügungen und Urteilssprüchen – wird der letzte Ausschlag, das letzte feine Schwanken des Züngleins an der Waage nicht vom Gehirn, sondern vom Herzen ausgehen.

Auf den Universitäten mit dem Hakenkreuz abgestempelt, von teutonischen Festrednern am Sedantag umbrüllt, ebenso besoffen wie stramm, steigt dieses Volk ins Referendar-Examen und besteht es. Es weiß nun um alle Formalien: von seiner eigenen Nation weiß es wenig oder nichts. Sie erklären dir haarscharf den Unterschied zwischen Eigentum und Besitz – den Unterschied zwischen einer Hure und einem gefallenen Mädchen wissen sie nicht. Aufgewachsen in Studentenvereinigungen, die als einzige Idee nur noch die Vorstellung in sich tragen, besser zu sein als die anderen, lernen sie kalt und preußisch-herzlos die Menschen verachten und jenen stumpfsinnigen Egoismus anwenden, der da glaubt, man müsse sich «durchsetzen», ohne Rücksicht auf die anderen. Wohin das führt, hat der Krieg gezeigt. Denen hat ers nicht gezeigt.

Sitzt der Referendar mit den Honoratioren der kleinen Stadt, in der er seine erste Station absolviert, zusammen, so umweht ihn jene Luft von Bier, Tabak und nationalem Muff, in der die Hämorrhoiden und die Landgerichtsdirektoren gedeihen. Hier wird er groß, hier ist seine Welt. Es ist Ehrensache für die jungen Herren, es dem Ersten Staatsanwalt an Strammheit und korrektem Gesichtsausdruck gleichzutun. Die Unglücklichen, die ihnen zur Aburteilung in die Finger fallen, sind, was sie dem Ludendorff waren: Menschenmaterial.

Man muß einmal in irgendeiner politischen Angelegenheit mit einem Staatsanwalt in der Vorvernehmung gesprochen haben, um dieses Niveau ermessen zu können. Es sind keine dummen Leute, beileibe nicht. Sie sind sogar auf ihre Weise anständig, sie haben einen Comment, der ihnen geläufig ist, etwas rechteckige Formen – und es sind doch Preußen vom reinsten, schlechtesten Wasser. Es fehlt ihnen irgend etwas, das die richtigen Menschen haben: das Verständnis für das Leiden der Welt und für den Schmerz und für alles, was über Sauerkraut, Frauenbrüste und das Strafgesetzbuch hinausgeht. Das dünkt sich welterfahren, weil es einmal mit einem Kriminalkommissar durch ein paar Kaschemmen gegangen ist, und weil es weiß, wo der Einbrecher seine Beute verkauft, und weil es ein paar Fachausdrücke beherrscht – und weiß doch in den meisten Fällen von der Welt weniger als ein kluger, warmherziger berliner Kneipenwirt. Und richtet über Menschen.

Über den Wert eines Richterstandes entscheidet das Volk. Nicht irgendein kleiner Staatsanwalt. Durch keinen Urteilsspruch ist der Eindruck aus der Welt zu wischen, daß diese Leute jedem Politisch-Radikalen mißgünstig und feindlich gegenüberstehen. Und sie hängen aneinander wie die Kletten. Als die Type Marloh damals die 28 Matrosen ermorden ließ, fand er im Kriminalgerichtsgebäude gleich zwei Staatsanwälte, die ihm Entschuldigungsberichte schreiben halfen. «Ein Hurenhaus geriet in Brand. Schnell sprangen, um zu helfen und zu retten, zwei Dutzend Mönche aus den Betten. Wo waren die? Die waren bei der Hand.»

Die unheimliche Gewandtheit, mit der noch die letzte kleingedruckte Anmerkung in Olshausens Strafgesetzbuchkommentar gegen das, was diese da «Kommunisten» nennen, hergeholt wird, die unheimliche Gewandtheit, mit der dieselbe Anmerkung für die Freikorps, für die Liebknecht-Mörder, für die Monocle-Träger, für jedes Achselstück angewandt wird – diese affenartige Fixigkeit hat das Vertrauen des Volkes zu seinen Richtern untergraben.

Unmöglich ist die Ausbildung dieses Richterstandes, unmöglich seine Stellung im Strafprozeß. Es gibt mitunter *einen* Angeklagten – aber immer *zwei* Staatsanwälte. Einer heißt Vorsitzender. Man muß hören, mit welch überheblichem, feindseligem und mißtrauischem Ton der, der doch unbefangen richten soll, die Angeklagten anspricht. Nun ist allerdings Berlin verrufen dafür – und mir sagten Anwälte in Hamburg, daß man diesen Unteroffizierston, der sich ja in Moabit auch auf die leider stramm stehenden Verteidiger erstreckt, dort nicht kenne. Aber uns jedenfalls ist Großzügigkeit fremd, und wenn ich auch weiß, daß den Richtern mitunter ein unglaubliches Gelichter unter die Finger kommt, daß sie mindestens viermal am Tage über den Abhub einer Großstadt zu urteilen haben, so vermisse ich doch das Verständnis für die Schuld des sozialen Milieus und vor allem das Verständnis für die Wirkung einer Strafe. Würfeln die Herren Strafmaße aus?

Der Staatsanwalt Rammin ist aufgestanden und hat den Zeigefinger emporgehoben und hat gedroht. Er mag sich wieder hinsetzen. Der Stand des deutschen Richters ist fast der einzige im ganzen Reich, der sich seine Unbestechlichkeit auch in dieser Zeit bewahrt hat. Das soll ihm nicht vergessen sein. (Schlimm genug, daß das heute ein Lob ist.) Aber es gibt schlimmere Korruption als die des Geldes – es gibt eine Verderbnis der Seele: die Trägheit des Herzens.

Die Korpsstudenten sangen: «Sind wir nicht zur Herrlichkeit geboren?» Ihr seid es nicht. Ihr könnt euch beleidigt fühlen, mit dem Zeigefinger drohen und strafen. Vertrauen erzwingen könnt ihr nicht.

Stranderlebnis

Eines heißen Sommertages fand ich im weißen Sand ein kleines Bleipferdchen. Das mochte ein Kind beim Spiel verloren haben – und nun tauchte es auf einmal als etwas Hartes in meinen Fingern auf, im Sand, den ich spielerisch durch meine Hände hatte gleiten lassen. Es war grau und hatte ein possierliches Hintergestell. Ich stellte es auf den Kopf, baute ihm einen Stall – und weil die Sonne schien und ich schließlich gar nichts mehr mit ihm anzufangen wußte, glättete ich mit der Hand eine kleine ebene Fläche und drückte die flache Gestalt des Pferdes darin viele Male hintereinander ab: einmal, zweimal, dreimal, viermal ..:

«Weißt du, was du da machst?» fragte mein gelehrter Freund Jakopp. «Nein», sagte ich verwundert. «Du ahmst dem alten Gutenberg nach – so hat der auch angefangen: eine starre Form und dann ihr unveränderter Abklatsch. Das da, deine Figuren im Sande – sie sind die Anfänge der Druckschrift, des Buches, der Presse.»

Und ich sah mir die weiße Sandfläche an mit den vielen Pferdchenabdrücken – eins, zwei, drei, vier – und ich sah auf das eine Pferdchen in meiner Hand und dachte so, wie ich mühelos und mit ein paar Griffen aus einem Tier vier gemacht hatte …

Und da wußte ich, daß Jakopp recht hatte: das war wirklich das Wesen der Presse.

Die Obdachlosen

Im städtischen Asyl für Obdachlose zu Berlin hat es neulich Spektakel gegeben: «Eine Rotte halbwüchsiger und älterer Asylisten drang ein …» – «Sicherheitswehr säuberte …» – «Die Beamten hatten alle Hände voll zu tun …»

Als vor Jahren der holländische Journalist Heijermans, als Penner verkleidet, das Asyl für Obdachlose aufsuchte und seine Erlebnisse im *Berliner Tageblatt* beschrieb, brauste jener wehmutsvolle Mitleidssturm durch die Bürgerherzen, der allemal dann säuselt, wenn es zu spät ist. Er legte sich auch bald wieder. Denn die städtische Verwaltung schickte Berichtigungen, und es brach, glaube ich, ein großer Zank aus, wieviel Handtücher den einzelnen Asylisten zuständen – aber dann war doch alles gut und erledigt, und niemand dachte mehr an das Asyl für Obdachlose.

Was allabendlich an dem großen Gebäude zusammenquillt – wären es keine Menschen, sondern nur Kleidungsstücke, man hätte sie längst fortgeworfen. Viele sind dabei, die wollen noch arbeiten – viele wollen gar nicht mehr, weil sie nicht mehr können. Schlag du dich mit preußischen Behörden und ihren Paragraphen herum, bis du nach wochenlangem Herumsitzen und Warten auf den schmutzigen Korridoren und Anschnauzern und Herumgeschicktwerden 22,64 M. in Händen hältst. Und dann? Dann kannst du wieder von vorn anfangen.

Oben laufen die großen Maschinen, und unten fällt die Menschenschlacke heraus. Damit oben einer wohlleben kann, leiden unten zehn, zwanzig, hundert. Und wenn auch unbestritten ist, daß es Menschen gibt, die immer sinken, auch unter den günstigsten Umständen, wenn es auch selbstverschuldetes Unglück gibt und Veranlagung und schlechtes Blut – so viel davon, wie allnächtlich der Besen der Not ins Asyl kehrt, gibt es nicht ohne fremde Schuld.

Diese da sind nicht einfach so. Sie sind geworden. Der Bürger aber (und zum Bürger gehört immer einer mehr, als jeder denkt) sieht die Dinge nur statistisch: das heißt, er sieht den Zustand, nicht die lebendige Bewegung, die ihn herbeigeführt hat. Und ist also unfähig, vorzubeugen.

Und ist es wohl auch, weil er fürchtet, ihm könne etwas abgehen, und soviel Platz sei nicht auf dem besetzten Schiff. Das ist es nicht, wenn einer allein auf dem Sonnendeck sich rekelt. Und im Zwischendeck wimmeln Hunderte.

Was immer die neue Stadtverwaltung für das Asyl tun möge – und hoffentlich wird sie recht viel tun –, nichts kann jene ungeheure Schuld sühnen, die diese Leute zu dem gemacht hat, was sie sind.

Der Kleinstadtphilister

Spitzweg hat sie gemalt, der alte Maler Spitzweg: wie sie mit der weißen Zipfelmütze und einer langen, langen Pfeife zum Fenster heraushängen, am Schlafrock baumeln die Quasten, und geruhig und bedächtig sieht sich ein kleiner Dickbauch mit kugelrunder Nase sein Weltbild an. Der Hund am Eckstein, der Posten mit dem Schießgewehr, das Dienstmädchen mit dem Marktkorb – das ist seine Welt. Und er kennt nur das eine: daß sie ihm so, genau so, wie er sie seit Kindesbeinen gewohnt ist, erhalten bleibt, jede Störung scheint ihm ein Verbrechen. So hat sie der alte Maler Spitzweg in den mittleren Jahren des vorigen Jahrhunderts dargestellt, und heute lacht jeder Ausstellungsbesucher über die putzigen Figuren.

Der Philister der modernen kleinen Stadt ist ein faul gewordener Polizeihund gegenüber jenen alten Pudeln und Möpsen. Nun besteht das Wesen des Philisters vor allem darin, daß er nicht weiß, wie sehr er zur Gattung gehört, und daß er sich einbildet, sein eingelernter Kram von Fortschritten der Technik, Geschichtsdaten, Zeitungsnotizen und geschäftlichen Handgriffen sei etwas Rechtes. Diese Gattung hat vor allem immer in Deutschland geblüht, wo unter Wilhelm der handgreifliche Erfolg alles und das Herz nichts war.

Der Philister der modernen kleinen Stadt ist unduldsam und hartköpfig. Was da allabendlich in die gleichförmigen langweiligen Bierhäuser, in diese unpersönlich eingerichteten Stammtischzimmer rollt, will nichts von der fremden Welt wissen und weiß nichts von ihr. Es ist heute so weit gekommen, daß diese Leute eigentlich nur einen wirklichen Feind haben: den Arbeiter. Es ist nicht nur Geldinteresse, das diese Leute bewegt, den Arbeiter zu bekämpfen, es ist auch jene grauenhafte deutsche Art, das eigene Wesen nur durch Verachtung der andern zur Geltung zu bringen. Hätten alle den weißen hohen Kragen, säßen alle am Stammtisch wie er, würden alle mit «Herr Kalkulator» angeredet –: das Leben machte ihm keinen Spaß mehr. Welche Glatzköpfe! Welche Gespräche an diesen Stammtischen, um die sich prall nationale Hosenboden wölben! Welches Tempo, in dem sich ein stumpfsinniger Einfall schwerfällig in die Runde wälzt! Unbelehrbar die Gehirne, stumpf die Augen, niedrig die Stirnen. Das Lebensgefühl dieses Volkes ist völlig verrostet: sie haben zu Feld, Wald und Wiese kein Verhältnis mehr, so wie sie zu den Frauen und zum lieben Gott keines mehr haben. Alles, was auch nur ein bißchen das Gebiet des bloßen Geldverdienens überschreitet, ist mit einer lächerlichen Romantik überkleistert, ist verlogen und zutiefst unwahr. Noch glauben sie alle, ‹deutsches Wesen› zeige sich in jener alten romantischen kleinen Stadt, die es nur auf ihren Holzschnitten, aber nie in der Wirklichkeit gegeben hat.

Am allerschlimmsten aber ist, daß sich bei dem größten Teil dieser deutschen Philister die nationale Politik als eine gute Manier von selbst versteht. Und das Schlimme, daß diese und ihre Presse in Unparteilichkeit macht, wo unduldsamste und härteste Partei ist. All jene Inserats-Unternehmen, all jene General-Anzeiger haben nur ein einziges Bestreben: beim Spießer nicht anzuecken und das selbstverständlich auf der Grundlage einer stramm nationalistischen Politik. So ist jede Lokalnotiz, jede Überschrift gefärbt, so sind Unterhaltungen, Telefongespräche und Briefe. Wären es noch klumpige Landsknechte! Es sind Sechsundsechzig-Klopper, die sich nicht viel dabei denken, wenn sie Hurra schreien, und die sich nur etwas denken, wenn es an den Geldbeutel geht.

Frauen sind Spiegelbilder des Mannes. Was willst du von jenen erwarten, die seine Kinder in die Welt setzen und die den lieben langen Tag mit kleinlichsten Hausfrauenarbeiten, die sie maßlos überschätzen, zu tun haben, mit billigem Putz, Rangstreitigkeiten und Klatsch. Diese Frauen bewirtschaften nicht das Haus – das Haus bewirtschaftet sie. Das Dienstmädchen ist ‹aus niederem Stande›.

Und so die Frauen. Und so die Kinder – also die nächste Generation. Und so das Leben all dieser Hunderttausende des kleinen deutschen Mittelstandes, dessen ganzer Ehrgeiz befriedigt ist, wenn der Sohn Beamter werden kann und einen Titel hat, der auf Vater abfärbt ... und so das Leben in den kleinen Städten, die auf Berlin schimpfen und es anschielen, um es nachzuahmen ... und so seine sittliche Verlogenheit, die den Beischlaf nur als Zote kennt und die ein Haus rein hält, um eine ganze kleine Gasse mit roten Laternen zu beschmutzen.

Erneuerung eines Volkes liegt nicht in politischen Programmen. Wie viele Arbeiter heute noch verhinderte Unteroffiziere und sehnsüchtige Bürger sind, wissen Proletarier am besten. Erneuerung eines Volkes liegt nicht in Mord und Totschlag, liegt am allerwenigsten bei Ludendorff und anderen uniformierten Verbrechern – sie liegt in euch.

Wenn ihr, junge Leute, euch darauf besinnt, daß die Stunden im Jünglingsalter, wo man glaubte, die Welt einrennen zu können, die besten waren, wenn ihr glaubt, daß man die Welt wirklich einrennen kann, so ist eine kleine Gewähr gegeben, daß die nächste Generation dieses Landes Menschen gebiert. Verachtet jene, lernt sie begreifen und vergeßt die Forderungen eurer Jugend nicht!

Spott und Hohn über jene ewigen Käsehändler der kleinen Stadt nützen nichts: der, der darüber lacht, gehört meist dazu.

Vor den Fenstern des Städtchens ist in vielen braven Bürgerwohnungen ein kleiner Spiegel, «Spion» genannt. Man kann damit – für viele das halbe Leben – sehen, was die anderen machen. Wollt ihr einen lebendigen Philister sehen? Seht in den Spion, da geht einer.

Gehaltsempfänger

Die meisten Menschen in diesem Lande sind gar keine Menschen, sondern Gehaltsempfänger. Sie sehen alle Dinge vom Standpunkt ihres Amtes aus und haben für die Nöte anderer wenig Verständnis. Schwer lastet auf diesem Volke die wirtschaftliche Not; schwerer seine Bureaukratie.

Seit Jahrhunderten ist in Deutschland auf dem Papier alles in Ordnung. Tief wurzelt im Preußen, der bisher die größte Schnauze im Reich repräsentierte, der Drang, durch geschriebene Paragraphen des praktischen Lebens Herr zu werden. Seine Befehle waren meist nur Wünsche. Schmuggel? Unrechtmäßiges Abfließen der Waren von einem Wirtschaftsplateau auf das nächst tiefere? Das verbieten wir. Wir spüren nicht den Ursachen des Schmuggels nach, kümmern uns nicht um das Wesen derer, die dies gefährliche Handwerk betreiben – wir verbietens. Dann ist der Schmuggel nicht mehr auf der Welt. Erschossene Schmuggler ...? Wenn Übergriffe untergeordneter Organe vorkommen, so ist die Aufsichtsbehörde nach Maßgabe der bestehenden Bestimmungen nicht für dasselbe verantwortlich zu machen ... Welch preußische Melodie!

Vier Jahre lang hat die von Ludendorff reklamierte und mit dem weiß-schwarzen Bändchen dekorierte Presse geheult: Organisieren! Das können wir! – Ich will euch etwas sagen: Ihr habt keinen Schimmer davon. Alles, was ihr organisiert, ist vom Beamten her gedacht, niemals für den Benutzer. Ihr aalt euch wohlig in der Tatsache, daß ihr mit staatlichen Mitteln, die euch nichts kosten, herumwirtschaften könnt – ihr kommt euch mächtig vor, und wenn alles fertig organisiert ist, haben wir einen Haufen Gehaltsempfänger und einen Dummen: das Publikum.

Es liegt tatsächlich so, daß die Bedürfnisse des praktischen Lebens, die sich ja immer trotz der preußischen Beamten gebieterisch Bahn brechen, heute nur noch durch Schiebung zu erfüllen sind. Früher waren die Kommunalbehörden darin ein wenig besser als die staatlichen – heute braucht man nur die Amtsführung unserer Stadtbehörden anzusehen, um sich zu wundern, daß die gepeinigte Bevölkerung in ihrer Wut nicht alles kurz und klein schlägt. Das ist eine Temperamentssache, und wir sind in Norddeutschland. Grund genug wäre vorhanden.

Der einzelne Beamte ist weder ein Blutsauger noch ein gemeiner Hund, als der ihn der verärgerte Arbeiter leicht anzusprechen geneigt ist. Er ist ein Gehaltsempfänger. Die Leute sind durch jahrhundertelange Tradition, durch die deutsche Familie, durch die deutsche Schule so erzogen, daß sie kein Gefühl mehr dafür haben, wie sehr doch der ganze staatliche Apparat durchaus nicht um seiner selbst willen, sondern für den einzelnen da ist. Der Glaube an ihre Bestimmungen, die uns gar nicht interessieren, ist ehern. Neulich sagte mir am Alexanderplatz ein Klempner, dem es so erbärmlich geht, daß Frau und Kinder wie die Tiere in einem Kellerloch hausen: «Meta ist fort. (Meta war die elfjährige Tochter.) Sie ist nach dem Gesundbrunnen in die Kohlenstelle, wo wir angemeldet sind. Da soll sie aus einem Geschäft einen halben Zentner Kohlen herfahren!» Nun stelle man sich das vor: Das unterernährte, in Lumpen gekleidete Mädchen keucht und friert sich einen halben Tag durch die berliner Straßen, und das nur, weil irgendein Schafskopf von Beamter zu faul oder zu unintelligent ist, einen seiner 2000 Paragraphen zugunsten dieses Falles auszulegen. Der Mann hat vielleicht selbst Frau und Kinder zu Hause und würde sich mit Recht schwer entrüsten, wenn jemand mit ihm so spielte. Aber die andern? Auf den Gedanken kommt er gar nicht. Er erledigt von neun bis drei seine Amtsgeschäfte nach Schema F, und so ist denn niemand mehr für die «Bestimmungen» verantwortlich: der nicht, der sie gemacht hat, und der nicht, der sie ausführt. Schuld sind beide.

Wenn sich nicht dieses gequälte, arbeitslose und immer am Verhungern vorüberstreifende Großstadtvolk durch Taten, die der gebildete (und satte) Normaljurist als «strafbar» bezeichnet, weiterhelfen würde: die Leute könnten nicht leben. Ein halber Tag vergeht, wenn man all diesen Bestimmungen wirklich nachkommen wollte. Ich sehe ganz von dem Kasernenhofton ab, der in einzelnen Bureaus und besonders bei der in dieser Beziehung schlecht disziplinierten grünen und blauen Polizei herrscht – ich halte mich nur an die Tatsachen. Und das allerschlimmste ist, daß diese verrotteten Regierer *wissen*, daß sich kein Mensch an diese Bestimmungen halten kann, weil sie unausführbar sind. Sie melden aber nach oben munter weiter, daß sie die Paragraphen verfügt haben, und für den Oberregierungsrat ist dann alles in Ordnung. In Wirklichkeit stinkts zum Himmel.

In Wirklichkeit liegts so, daß diese tausend Fettversorgungsstellen, Mieteinigungsämter, Fürsorgeausschüsse usw.,

usw. – daß alle diese der geplagten Bevölkerung wie eine Faust im Nacken sitzen. Ratlos irren zwischen diesen Dienststellen die gepeinigten Mütter und Hausfrauen hin und her. Man scheucht sie von einer in die andere. Geholfen wird ihnen nirgends.

Lügt nicht. Lügt nicht. Ihr könnt mit all eurer Staatsautorität nicht einmal erzwingen, daß der Landmann so viel abliefert, wie die Großstadt benötigt. Ihr spielt: Staat. Und seid in Wahrheit machtlos. Es langt gerade zum Schikanieren.

Die Tatsache, daß heute in Berlin alles, aber auch alles ohne weiteres für Geld zu haben ist, erbittert den Mittellosen nur noch mehr. Er fühlt deutlich, daß das Gewurstle, das sich da um seinen Viertelliter Milch für das Neugeborene auftut, gar nicht nötig wäre, wenn er sich unter Umgehung von Dienststelle und Vorschrift das Nötige anderweitig besorgt. Blast euch nicht auf: man kann sichs jeden Tag in Berlin besorgen. Auch ohne euch.

Das wahre Leben geht über diesen schmutzigen Wust einer verstaubten Staatsspielerei hinweg. Es kümmert sich den Teufel um euern Kram von Paragraphen, Bestimmungen und Instanzen. Ihr regiert? Ihr quält die Kleinen. Die Großen lachen euch aus.

Was ist heute der Staat?

Der Staat ist das summierte Interesse seiner Gehaltsempfänger.

Und keine Erkenntnis scheint denen gefährlicher als diese eine: Es ginge auch ohne sie.

Reichswehrsoldaten zweiter Klasse

> Die eine Stimme: «Hier Reichswehrminister Geßler.»
> Die andere Stimme: «Hier von Seeckt.»
> Die eine Stimme: «Ach bitte ... Ich möchte Sie mal sprechen –»
> Die andere Stimme: «Ich habe jetzt keine Zeit!» (Hängt ab.)
> (Telefongespräch aus dem Reichswehrministerium)

Im Juli dieses Jahres erließ das Reichswehrministerium einen Entwurf zu einem deutschen Reichswehrgesetz. Der Entwurf wurde nach den Verhandlungen in Spa zurückgezogen und für die neue Reichswehr von 100 000 Mann umgearbeitet. Der zweite Entwurf wurde auf der letzten Tagung der Heereskammer vom 29. September bis zum 1. Oktober beraten.

In beiden Entwürfen findet sich eine gefährliche Bestimmung. Der § 33 (im ersten Entwurf § 32) bestimmt:

«Die Angehörigen der Wehrmacht dürfen sich innerhalb ihres Dienstbereichs politisch nicht betätigen. Den Soldaten ist die Zugehörigkeit zu politischen Vereinen und die Teilnahme an politischen Versammlungen verboten. – Sie dürfen nichtpolitischen Vereinen mit Genehmigung des Vorgesetzten angehören. Untereinander dürfen sie sich mit Genehmigung der Vorgesetzten versammeln oder vereinigen. Für den Soldaten ruht das Recht zum Wählen oder zur Teilnahme an Abstimmungen im Reiche, in den Ländern und in den Gemeinden.»

Diese Fassung muß fallen.

Der offizielle Geist der Reichswehr ist schlecht. Geführt wird sie von dem preußischen Generalstäbler unseligen Gedenkens, dessen Typ sich augenblicklich bis zu den Bataillonsstäben herunter überall breitmacht. Dieser Offizierstypus hat bewußt und voller System den Frontoffizier aus seinen Stellungen verdrängt, weil der aus dem Kriege immerhin eine gewisse Portion demokratischen Empfindens mitgebracht hatte und die Leute nicht als Kerls, sondern als Männer behandelte. Davon will der zur Zeit maßgebende Teil des Offizierkorps in der Reichswehr nichts wissen. Noch herrscht da der schlechte preußische Ton: Anrede des Vorgesetzten in der dritten Person, das «Aufspritzen», wenn ein Achselstück naht; der neue Reichswehrgruß, der den Mannschaften erlaubt, den Vorgesetzten stets durch den Mützengruß seine Ehrenbezeugungen zu machen, ist in vielen Garnisonen verboten, wo man vorzieht, den Mann nach wie vor wie eine Holzpuppe strammstehen zu lassen. Äußerlichkeiten? Gott sieht aufs Herz. Und wenn er aufs Herz sieht, entdeckt er hier eine Art von Soldatenspielerei, die kostspielig, politisch gefährlich und antidemokratisch ist.

Der Reichswehrminister zählt nicht. Wie sich ein Demokrat dazu hergeben kann, diese Offizierswirtschaft mit seinem Namen zu decken, muß er mit sich selber abmachen. Wir halten uns an Herrn von Seeckt und seine Offiziere in der Bendlerstraße, deren politische Gerissenheit ebenso groß ist wie die Leichtigkeit, mit der sie für eine Arbeit gegen die Republik von der Republik Geld nehmen.

Der Reichswirtschaftsverband deutscher Berufssoldaten will mit allen Kräften einen neuen deutschen Soldatentypus schaffen. Er hat bei aller Anerkennung der menschlichen Qualitäten einzelner Kapitulanten die Untauglichkeit des alten preußischen Unteroffiziers erkannt und mißt die Schuld an dessen Verhaßtheit und seinem kulturellen Unwert ausschließlich dem System bei. Hier will der Reichswirtschaftsverband einhaken. Er ist unpolitisch. Er will die straffe wirtschaftliche Organisation der Berufssoldaten, um ihre billigen Ansprüche als Arbeitnehmer gegen ihren Arbeitgeber, den Staat, durchzudrücken. Er will ihre Zusammenfassung aber auch, weil er sich mit Recht sagt, der Zivilversorgungsschein allein, das gesetzliche Muß allein genüge noch nicht, um dem entlassenen Reichswehrsoldaten nach fünfundzwanzigjähriger Dienstzeit diejenige Stellung im Beamtenkörper der Republik zu verschaffen, die ihm not tut. Das ist richtig erkannt: Der Reichswehrsoldat ist während seiner Dienstzeit einmal der bewaffnete Schützer der Ordnung und zum andern ein Beamtenaspirant. Soll er, stumpf und dumpf gehalten, nachher von Kollegenschaft und Publikum mit scheelen Augen angesehen werden? Der Reichswirtschaftsverband will seine Soldaten zu guten Republikanern erziehen.

Die Reichswehr tut nichts. Man hat nach Spa wiederum zwei Sichtungen angesetzt, in denen man «auf Grund der moralischen Beschaffenheit» wiederum Zehntausende auf die Straße gesetzt hat (dieser Scherz kostet der Republik 40 Millionen), und der Hieb der Entlassung hat vor allem jene Unteroffiziere und Mannschaften betroffen, die in den Tagen des Kapp-Putsches ihren hochverräterischen Offizieren die Gefolgschaft verweigert haben. Man kann jede Schiebung, wie wir alle aus dem Kriege wissen, «militärdienstlich» begründen, und man tut es auch. Beweisbar ist so etwas nicht. Aber keine Beleidigungsklage kann aus der Welt schaffen, daß eine ganz bestimmte politische Tendenz der Bendlerstraße aus der Reichswehr einen nationalen Kriegerverein zu machen entschlossen ist.

Die anständige Mannnschaft leidet darunter. Sie leidet unter dem alten Kasernenhofton und unter einer neuen Kriecherei, die sich natürlich überall da einstellt, wo der Vorgesetzte über Sein oder Nichtsein: über die unkontrollierbare Entlassung zu entscheiden hat.

Die anständige Mannschaft der Reichswehr lehnt es ab, sich wiederum als Kriegsmaschine abrichten zu lassen, und wenn eine amtliche Werbebekanntmachung neulich einmal ausgesprochen hat, die erste Pflicht des Reichswehrsoldaten sei der Gehorsam, so ist demgegenüber zu sagen: Nein. Gerade jener hündische Geist, dessen schlechteste Resultate in den Generalstäblertypen des alten Heeres vorliegen, soll nicht wieder in die Reichswehr einziehen. Die Berufung auf die Disziplin ist ein Vorwand. Zwar kann nicht über das Kommando «Die Augen – links!» abgestimmt werden, aber die Front soll nicht aus Gewehrträgern, sondern aus Männern bestehen. So erzieht man keine. Man erzieht keine, wenn man die offenen und ehrlichen Kundgebungen des Reichswirtschaftsverbandes unterdrückt und verbietet. Man erzieht keine, indem man eine Heereskammer errichtet, wo 4000 Offiziere und 96000 Mann gleich viel Stimmen haben. (Und selbst in dieser Heereskammer wurde der § 33, der den Soldaten eine Koalitionsfreiheit nimmt, die jeder Güterbodenarbeiter hat, niedergestimmt.) Man erzieht keinen neuen Soldatentypus, indem man wieder und wieder den Rang und nicht die Persönlichkeit sprechen läßt. Wohin das geführt hat, zeigt dieser Krieg: in die Niederlage. Herr von Seeckt schweige von jenem Schlagwort: «Im Felde unbesiegt.» Die militärische Leitung hat versagt, weil sie Kriecher erzog und keine weit ausschauenden Männer.

Dieser Reichswehr tut als Gegengewicht eine straffe unpolitische Organisation der Reichswehrsoldaten bitter not. Schon ist es dem Reichswirtschaftsverband Deutscher Berufssoldaten geglückt, durch Zusammenarbeit mit den Gewerkschaften die verhängnisvolle Kluft zwischen Zivil und Militär zu überbrücken. Die Generalstabsoffiziere reißen sie wieder auf, Tag um Tag. Man hat den Soldaten das Wahlrecht genommen und sie damit auf eine Stufe mit den Zuchthäuslern gestellt, und man sagt: Die Politik dürfe nicht in das Heer hineingetragen werden. Aber sie ist drin. Es wird in dieser Reichswehr eine bewußt nationalistische Politik gemacht, und es wird wieder, nach solchen vier Jahren, ein verächtlicher Menschentypus großgezogen. Wenn sich diese Offiziere nicht denken können, wie man nebeneinander und miteinander arbeitet, sondern nur eine stumpfsinnige Kastenordnung kennen, dann mögen sie abtreten. Ihre Zeit ist vorbei. Und wenn die Hälfte der Arbeit, die von den Kommandeuren und höheren Offizieren der Reichswehr darauf verwandt wird, immer neue Stellen und Ämter zu schaffen und diesen Fünfmilliardenetat weiter aufzuplustern, für eine verständige Förderung der Mannschaften eingesetzt würde, hätten wir berufsfreudigere Soldaten und – nach ihrer Entlassung – bessere Beamte.

Dem Reichswirtschaftsverband Deutscher Berufssoldaten gehören rund 60000 Reichswehrsoldaten an. Die lassen sich nicht einfach verbieten, denn es sind zum großen Leidwesen der Offiziere keine dummen Rekruten, sondern ausgereifte Männer.

Die Unterdrückung einer solchen Berufsvereinigung, die wirtschaftlich und kulturell die Soldaten fördern kann, ist der erste Schritt auf schlechter Bahn abwärts. Der Offizier mit dem Gesicht wie ein Sektplakat hat noch allemal als Untergebenen einen dämlichen Bauernburschen gebraucht, der aussieht wie ein Gesäß mit Ohren. Wir haben genug davon. Was sich da in der Bendlerstraße automobilfahrend und monokelbekleidet herumdrückt, ist nicht berufen, die militärische und menschliche Erziehung von 96000 Unteroffizieren und Mannschaften zu übernehmen.

Der § 33 des geplanten Reichswehrgesetzes muß fallen. Wenn der Mantel fällt ... Es wäre nichts dagegen einzuwenden, wenn wir statt des Herrn Geßler einen Reichswehrminister bekämen, der hier und da auch etwas zu sagen hat – und statt des Herrn von Seeckt und seiner Kavaliere Männer, die das Vertrauen der Wehrmacht und des Volkes haben. Dieser hat nur einen hohen Kragen.

Und es wäre hübsch, wenn sich der wirkliche Chef des Reichswehrministeriums Herr von Seeckt (und nicht sein Nachtportier) von den 14000 Mark Aufwandsgeldern, die er laut Kapitel 1 Titel 1 der Abteilung VIII a seines Etats bezieht, unter anderm anschaffte:

Die Bibel,
das Strafgesetzbuch,

Leo Tolstoi und
Knigges «Umgang mit Menschen».

Der Berufsvereinigung Deutscher Soldaten ist zu wünschen, daß sie das, was jene andern unter Disziplin verstehen, so schädigen, daß sie nicht mehr wackeln kann und daß sie an ihre Stelle etwas anderes setzen: Die freie Selbstverantwortung eines gewissenhaften Republikaners.

Die Kinderhölle in Berlin

Wer einen Erwachsenen leiden sieht, kann allenfalls noch hartherzig vorbeigucken. Aber wer ein Kind leiden sieht, dem läuft es, wenn er noch ein einigermaßen anständiger Kerl ist, dreimal den Buckel herunter.

Beim Kind liegt noch offen zutage, was der liebe Gott mit den Menschen eigentlich vorgehabt hat. Beim Kind wirkt Schmerz und Elend doppelt stark, weil es in den meisten Fällen ganz wehrlos ist und weil die großen Augen sagen: Warum denn nur?

Warum?

Der Graf Harry Keßler, der bekannte Pazifist, hat fortgesetzt, was früher in langen Jahren regelmäßig Albert Kohn im Auftrage des Vorstandes der Ortskrankenkasse für den Gewerbebetrieb der Kaufleute, Handelsleute und Apotheker tat: er hat berliner Proletarierwohnungen mit ihren Bewohnern, und vor allem mit den Kindern darin, fotografiert. Ich war bei einigen dieser Aufnahmen dabei.

In den Indianerbüchern steht immer etwas von dem Gefangenen, der sich, in einer Höhle auf Stroh und Lumpen, gefesselt, wälzt. Aber ich muß sagen: dieses hier war viel schlimmer. Denn doppelt rührend und doppelt ergreifend wirkt in diesem entsetzlichen Elend das Bestreben dieser kümmerlichen Armut, doch immer noch in all dem Jammer so etwas wie Ordnung oder gar Behaglichkeit herzustellen. Natürlich geht es nicht. Und es kann nicht gehen, weil nichts mehr da ist: keine Wäsche, keine Möbel, keine Beleuchtung und keine Heizung.

Nicht mehr ... Denn was da an Hausrat auf manchen Bildern noch zu sehen ist, das stammt ja alles aus dem Frieden, ist alles damals, als man den Preis für solche Sachen noch erschwingen konnte, zusammengekauft und steht nun heute da: von der Zeit und den Mäusen angefressen, verdreckt, abgestoßen und halb unbrauchbar. Aber nichts kann weggeworfen werden.

Und in diesem Milieu wachsen Menschen auf, entstehen Kinder.

Der Mann für Ruhe und Ordnung fragt entrüstet, warum denn diese Leute so viele Kinder hätten. Diese Kinder des niedersten Proletariats verdanken ihre Existenz, so brutal das klingt, der Wohnungs- und der Bettennot, dem Mangel an Heizmaterial und der Unbeholfenheit der Frauen, sich gegen den Kindersegen zu wehren (was ein überholtes Strafgesetz heute noch verbietet). Diese Kinder leben, weil ... Es gibt ein bitteres Wort einer alten Zeitungsverkäuferin, die auf die Frage, warum sie denn in ihrer Armut noch zehn Kinder in die Welt gesetzt habe, geantwortet hat: «Die *reichen* Leute jehen abends ins Theater ...»

Da leben Kinder. Wir haben Kinder gesehen, Mädchen von sechs und sieben Jahren, die waren 90 Zentimeter hoch, und andere, die den ganzen Tag nicht auf die Straße gehen konnten, weil sie mit Ausnahme eines kleinen Kittels ganz nackt waren. Der Ernährungszustand ist durchweg trostlos: die Kinder leben von Brot und Margarine und Kohl. Ein Mädchen schlief zwei Meter von einer Kellertür entfernt neben Lumpen auf dem Steinfußboden. Die Tür schloß nicht, sie ließ einen handbreiten Spalt frei. Daß ein Kind in dieser Proletarierwelt im Bett allein schläft, kommt kaum vor. «Die sittliche Verderbnis der unteren Stände» – man sollte jedem Pastor, der so etwas in den Mund nimmt, die Bibel um die Ohren hauen.

Mag er hingehen und sehen: die Wohnungen, in die kein kaiserliches Marstallpferd hereingegangen wäre, diese muffigen, schwarzdunklen Kellerlöcher mit ein paar alten Bettstellen darin, wo Kinder schlafen, sollte er sehen!

Und das Allerschlimmste an diesen Dingen ist: daß es sich hier *nicht* nur um Arbeitslose handelt, sondern um Familien, deren Erwerber eine kleine Stellung haben und verdienen. Und es nützt ihnen gar nichts. Wer früher in die Fabrik ging, zählte kaum zum Lumpenproletariat. Und heute?

Die Kinder rachitisch, tuberkulös, skrofulös, heruntergekommen. Die Mütter leben zum Teil von den Resten der Quäkerspeisung, die die Kinder übriglassen. (Wie ist es mit ein bißchen Spott gegen Amerika, ihr Witzblätter?) Die Kinder sehen alles, hören alles, sind bei allem dabei. Was für Menschen werden das?

Die bürgerliche Presse, die sonst von diesen Dingen wenig Notiz zu nehmen pflegt, hat diesmal, weil sie in Keßler nicht den Pazifisten, sondern nur den Grafen sieht, ein wenig reagiert. Zum Wohl dieser Unglücklichen. Es wird eine Hilfsaktion eingeleitet werden. Und jeder Tausendmarkschein sei gesegnet – gleichviel, von wem er kommt. Denn es handelt sich um deutsche Kinder.

Aber hier ist der Augenblick, sich zu erinnern. Angesichts dieser Bilder sollt ihr nachdenken, wer das deutsche Arbeitervolk in diese Hölle gejagt hat! Wer hat vier Jahre lang mit dem Blut und dem Geld dieser Menschen gewüstet? Wer hat in größenwahnsinniger Vermessenheit halb Europa zum Schlachtfeld gemacht, halb Europa zur Etappe mit Stabsquartieren, in denen man die Butter fingerdick aß, und soff, bis den Herren der Alkohol zu den Augen hinauslief? Wer hat sinnlos Milliarde auf Milliarde verschwendet, verfahren, verschossen, verludert?

Hindenburg, Ludendorff, Helfferich und die Seinen.

Aber auch ohne diesen Krieg tobsüchtiger Preußen klagen diese Bilder an. Der normale Bürger wird, wenn er ein Herz hat, jene Regung weinerlichen Mitleids verspüren, die ihn da sagen läßt: Wie entsetzlich! Wie schrecklich!

Aber nicht einer von denen, die aus dem Elend dieser Wehrlosen ihre Bezüge haben, nicht einer von denen, deren breite Betten auf Kinderleichen stehen, wird sich auch nur einen Pfennig vom kapitalistischen Ertrage wegnehmen lassen. Hilfe! Bolschewismus! Und jener vierundzwanzigjährige Lümmel, der gestern geheiratet hat und in Papachens Geschäft eintrat, wo man Massenkonfektion macht: er wäre empört und verstände es nicht, wenn du ihm sagst, daß seine hundertzwanzigtausend Mark Jahreseinkommen in der Kehrseite so aussehen.

Die Bilder klagen eine Welt an. Die Kinderhölle in Berlin? Die Kinderhölle des Kapitalismus.

«Das alte Heer»

Als neulich einmal ein alter Oberst von einem Freund gefragt wurde, ob er für die Deutschnationale Volkspartei einen politischen Posten bekleiden würde, antwortete er entrüstet: «Sie können doch von mir nicht verlangen, daß ich mich mit einer so linksstehenden Partei einlasse!»

Diese wahre Geschichte charakterisiert am besten die politische Stellung der alten Offiziere. Sie bestätigt, was ich immer und immer gesagt habe: Der Offizier des alten Heeres ist im Grunde ganz und gar unpolitisch, er ist nicht konservativ im Sinne der Partei. (Nur kommt die konservative Partei seinem Fühlen am nächsten.) Er will gar keine Politik, er will seine Machtstellung, und Politik nur soweit, als er dadurch nicht gehemmt wird. Der größte Teil der alten Offiziere verficht heute noch den Grundsatz, einer im Felde unbesiegten Armee angehört zu haben – was also den gemeinsten Vorwurf gegen die eigenen Landsleute bedeutet. Gegen Landsleute, die nicht im Kasino Butter, sondern zu Hause Kohlrüben gegessen haben ... Aber es gibt Ausnahmen. Der Hauptmann von Wrochem, der den uniformierten Herren mit dem auswechselbaren Boden der Tatsachen, auf dem sie herumhüpfen, die harte Wahrheit gesagt hat – und vor allem ein schreibender Offizier, der, namenlos geblieben, im In- und Auslande mit seinen Arbeiten, die er in der *Weltbühne* veröffentlicht hat, großes Aufsehen erregte. Diese Aufsätze liegen jetzt gesammelt vor. («Das alte Heer» von einem Stabsoffizier, Verlag der *Weltbühne*, Charlottenburg 1920.)

Dieser Stabsoffizier ist deshalb ein guter Kronzeuge für uns andere Kritiker des Heeres, weil er uns in fast allen Einzelheiten (nicht in seinem Gesamturteil) bestätigt.

Das außerordentlich interessante Buch zerfällt in drei Teile: «Das Räderwerk», «Die Führer», «Vor, in und nach dem Kriege».

Es beginnt mit einer vernichtenden Kritik des preußischen Kadettenkorps und zeigt, wie die junge Pflanze schon als Sproß falsch aufgezogen wurde. Kriegsakademie, Kriegsministerium und Generalstab folgen, und in allen Schilderungen der militärischen Friedenseinrichtungen ist es immer wieder dasselbe Bild: eine Sonderkaste, die von der deutschen Welt nichts weiß und nichts wissen will. (Der Stabsoffizier erwähnt die entzückende Geschichte, wie ein Posten einmal berichtet: «Nachts um zwei Uhr flog aus einem Bordell ein nackter Zivilist heraus.») Zivilisten? Was war das? Das war eine ziemlich traurige Sippschaft, die die Gelder für die Heeresmaschine zu bewilligen und im übrigen das Maul zu halten hatte. Und wie sah es innerhalb der Heeresmaschine aus?

In ein paar Stellen – besonders im Generalstab und in der Kriegsakademie – wurde von guten Leuten gut gearbeitet. Die Beschränkung auf das Fach war so groß, daß fast alle Urteile, auch die der höchsten Führer, über die Dinge des täglichen Lebens grotesk zu nennen waren. Die Stellung des Militärkabinetts, das vollkommen selbständig und unfehlbar wie der Papst arbeitete, wird mit fesselnden und neuen Einzelheiten belegt. Die Stellung des Frontoffiziers im Frieden war traurig, am traurigsten die des Kompanieführers. Immer in Angst, «abgesägt» zu werden – wie sagte einmal ein inspizierender Regimentskommandeur zu einem Major? «Warum holen Sie nicht mehr aus Ihren Kompanieführern heraus? Die Leute sind doch alle verheiratet!» – Es war ein bitteres Brot. Kompott: gottähnliche Stellung über den Zivilisten.

Die Führerportraits, die der Stabsoffizier aufmalt, sind ungemein fesselnd. Schlieffen, Hindenburg, Ludendorff, der alte Haeseler, die dekorativen Führer: die Fürsten – all diese stehen noch einmal auf. Schmeichelhaft sind die Bilder nicht. Aber für uns um so wertvoller, als sie ein Fachmann gezeichnet hat. Es ist ein wenig Kasinoperspektive in diesen Bildern, aber die räsonierenden Offiziere, die von Stab zu Stab geworfen wurden, waren nicht die unerfahrensten Kritiker. Das Buch ist eine unschätzbare Quellensammlung.

Wie sich dieses Heer im Kriege bewähren mußte, wie es versagt hat und warum es versagt hat, geht aus den Aufsätzen klar hervor. Kastenführer befehligten gepreßte Deutsche. Daran scheiterte es.

Die Einzelheiten dieses Buches sind von seltener Qualität. Seine Gesamttendenz teile ich nicht. Nicht darauf kommt es an, ob Falkenhayn ein kalter Streber war und nur Helfferich Herrn Ludendorff hier und da die Wahrheit andeutete, nicht darauf, daß der alte Haeseler wirklich noch fritzisch war und der Kaiser, dieser erste und letzte Commis voyageur auf dem Thron, die ganze Armee mit seiner überlauten Einschätzung des plumpen Erfolges verdorben hat, nicht darauf, daß der verstorbene Generalstabschef Moltke zu Beginn des Krieges den Vormarsch auf Paris nicht zu lenken verstand, nicht darauf, daß die Etappe verschweint war und die Heimarmee korrumpiert – auf den *Geist* kommt es an. Und der war schlecht. Daß der Stabsoffizier, dessen Verdienste um die Kritik des alten Militarismus ganz unbestritten sind, die Militärjustiz verteidigt, kann man einem Manne, der unter jenem System in Ehren grau geworden ist, nicht verargen. Daß er dem neuen Heer den Geist des alten wünscht, ist nach diesem Fiasko unverständlich.

Eine solche verständnisvolle, saftige und in allen kleinen Zügen lebensechte Kritik wie diese muß zu einem andern Ergebnis führen.

Lest das Buch – es lohnt sich! Und ihr werdet entgegen dem letzten Kapitel über das neue Heer mit mir zu dem ganz selbstverständlichen Resultat kommen: Nie wieder –!

Wozu haben wir einen Reichstag?

> «Herr Schlesinger! Herr Schlesinger!
> Wir haben Konkurs anmelden müssen!
> Sie haben auch Geld verloren:
> 270000 M. 45 Pfennig!»
> «Wieviel Pfennig?»

Der Hauptausschuß des Reichstages berät augenblicklich den Fünf-Milliarden-Etat der Hunderttausend-Mann-Reichswehr. Die Beratung geht so vor sich, daß sich bei jedem Posten schüchtern ein Volksvertreter erhebt, leise eine Kleinigkeit an den Millionen zu bemängeln wagt – und dann erhebt sich in voller Kriegsbemalung einer der Generale mit den alten kaiserlichen Abzeichen, wickelt den Laien ein: Bewilligt. Der nächste Posten …

Man hat einige kleine Abstriche vorgenommen. Man hat ein paar von den 125 Obersten gestrichen, man hat hier ein bißchen reduziert und da ein bißchen weggenommen, man hat sogar einmal die Kosten für Waffen und Heeresgerät um 65 Millionen verringert … Bewilligt wurden: Pferde, Seelsorger, Heeresanwälte, Brieftauben, Musiker und Stellen, Stellen, Stellen.

Man glaube nicht, daß es an einer Opposition gemangelt hat. Herr Stücklen von der Mehrheitssozialdemokratie machte den revolutionären Vorschlag, für den Titel Oberintendantursekretär die Bezeichnung Verwaltungssekretär einzuführen. Aber schließlich haben wir keinen Bolschewismus in Preußen.

Wozu haben wir einen Reichstag? Ist das Verantwortlichkeitsgefühl der Volksvertreter so klein, daß keine Mehrheit fühlt, wie hier mit den Steuergroschen des Volkes Schindluder getrieben wird? Dieser Etat ist kein Etat. Er ist ein Skandal.

Der Abgeordnete Bolz vom Zentrum bezeichnet das Reichswehrministerium mit Recht als eine typische Überorganisation. Und dann wird bewilligt.

Ist keiner da, der fühlt, wie alle diese Sprüche der Militärs über die Notwendigkeit von Heeresämtern, von Waffenämtern, über die Notwendigkeit «zweier Vizeadmirale für die Stationskommandos der Ost- und Nordsee, eines dritten Vizeadmirals für die schwimmenden Streitkräfte, zweier Amtschefs in der Marineleitung, eines zweiten Kontreadmirals als Unterführer für Linienschiffe und Kreuzerverband» – daß dieses ganze Gerede ein lächerlicher Unfug und eine Verschleierung der Offizierskreise für ihr Bestreben ist, sich und den Kameraden Posten zu verschaffen? Ist keiner da, der das fühlt?

Wie ein Vampir lastet diese Armee auf dem bankrotten Lande. In Hennigsdorf kann die AEG sofort 3000 Arbeiter einstellen, wenn sie bis Ostern 1921 150 Wohnungen auf dem Gelände des Artilleriedepots Niederneuendorf bekommt. Das Reichswehrministerium antwortet: «Solange noch eine Granate auf dem Platze liegt, können Gelände und Gebäude für Wohnungszwecke nicht hergegeben werden.» Und die Granate wird, solange Platzkommandanten ihren Posten lieben, nicht abgeholt werden.

Was ist diese Reichswehr? Eine Pensionsanstalt? Vereinigung zur Pflege des Rennsports? Eine Aktenmaschine, die nur Arbeit in sich leistet? Ein Kriegerverein? Mehr und schlimmer als all dieses. Sie ist *ein kulturelles Unglück für Deutschland* und kostet jährlich *fünf Milliarden Mark*. Wer zahlt das? Du und ich.

Es geht ja nicht darum, daß diese deutsche Heeresleitung es wagt, noch im Jahre 1919 Eiserne Kreuze Erster Klasse «für Tüchtigkeit vor dem Feinde» zu verleihen (der Feind: das sind deutsche Landsleute); es geht nicht darum, daß ein Kappist wie der General von Hülsen befördert wird; es geht nicht darum, daß diese gerissenen Militärpolitiker die Streichung einiger Offiziersstellen mit der Sabotage von Mannschaftsbeförderungen beantworten; nicht darum handelt es sich, daß auch das Volk, der Arbeiter, nach vollbrachtem Lebenswerk nicht «befördert», sondern höchstens mit einer Rente abgefunden wird, deren jährlicher Betrag nicht hinreicht, um auch nur ein Dienstpferd der Generalstabler zu bezahlen –: das haben wir alles gewußt.

Aber wir glaubten bisher, es gäbe in diesem nachrevolutionären Reichstag immerhin soviel Männer von Verantwortungsgefühl und Kenntnis der deutschen Finanznot, daß sich eine Mehrheit, gleichviel auf welcher Grundlage, zusammenfindet, die da sagt:

Wir lehnen den Etat des Reichswehrministeriums ab. Er stellt eine sinnlose und ungeheuerliche Verschwendung des Volksvermögens zugunsten einiger tausend Offiziere und Beamten dar, er ist undurchsichtig, und er ist sachlich nicht gerechtfertigt. Dieses Heer kommt niemals vor einen Feind. Eine Polizeitruppe benötigt all diese Einrichtungen nicht, die schon eine Etappenarmee im feindlichen Lande unnötig belästigen würden. All diese Aufstellungen, all diese Ämter und Dienststellen, all diese Chefs und Leiter des ganzen Spiels mit protzenden Fachausdrücken, die dem bewilligenden Laien imponieren sollen, *all das ist Humbug*. Die Arbeit des Hunderttausend-Mann-Heeres nach außen hin ist gering und nicht sehr belangvoll. Die Offiziersgehälter sind eine Art Arbeitslosenunterstützung, der Verwaltungsapparat eine Pensionsversorgung, die bunt angemalte Wichtigkeit Schwindel. Hier wird gelogen.

Ist eine solche Mehrheit im Reichstag nicht möglich? Wozu haben wir ihn denn? Lohnt die Arbeit im Haus mit dem goldenen Dach, wenn der Hauptausschuß wie ein Dreimännerskat wirkt, den ein General, ein braver Bürger und ein leise tadelnder Bürger spielen, während die anderen kiebitzen?

Es ist keine Frage der politischen Stellung zum Heer. Es ist eine Frage der deutschen Lebenshaltung. Jetzt, in diesen Wochen, wird für die verelendeten Kinder der Großstädte gesammelt. Aber hier liegt das Geld auf der Straße, es liegt in den Kasernen! Wie vielen armen Familien könnte geholfen werden, wenn diese viertausend Offiziere und ihr überflüssiger Apparat das Land nicht aussaugten!

Wozu haben wir den Reichstag? Auf den Reichswehrminister setzen wir längst keine Hoffnung mehr. Er ist eine Puppe, mit der der Chef der Heeresleitung, Herr v. Seeckt, spielt.

Das Plenum des deutschen Reichstages trägt die Verantwortung für das, was kommt. Das Land ist nah an der finanziellen Verelendung. Haben wir Deutsche heute fünf Milliarden für Kindereien übrig?

Menschenmaterial

Was aus der Maschine Kapitalismus zerbrochen und unnütz durch den Rost auf die Aschenplatte fällt, ist auch «Menschenmaterial». Um das kümmert sich der Staat nicht allzuviel: denn er will augenblicklich keinen Krieg führen, und die Leute sind auch meist über 45 Jahre, und so ist er denn nicht so ängstlich besorgt um die Gesundheit der Volksgenossen, wie ers in der großen Zeit gewesen ist.

Die Fürsorge, die die Kommune, Bundesstaat und Reich dem untersten Proletariat angedeihen lassen, kann natürlich nur klein sein. Die Finanzen der Allgemeinheit werden ja hierzulande so verwaltet, daß erst einmal satte Posteninhaber und dann verhungerte Kinder an die Reihe kommen. 54 Generale der Reichswehr sind wichtiger als verreckte und verdorrte deutsche Mütter.

Das berliner Asyl für Obdachlose tut alles Mögliche, aber was ist das für so viele? Der Menge nach ist alles, was gegeben wird, natürlich viel zuwenig. Und dem Geiste nach?

Heißes Bemühen eines sozialdemokratischen Magistrats kann keine Weltordnung umstoßen, und wie fast überall in Preußen den Armen gegeben wird, das ist so gar nicht im Geiste des Erlösers, dessen Bild die warm geheizten Stuben der frommen Inspektoren schmückt. Wohltaten empfangen: das ist in Preußen *Dienst*. Und so empfinden denn auch mit Recht noch die letzten Brüder aus der Palme die warme Suppe und das Stück Brot als einen hingeworfenen Brocken, mit dem eine gewaltige Maschinerie die um ihr Leben Betrogenen abfindet. Das empfinden sie. Wenn sie noch der Empfindungen fähig sind ...

Denn die meisten von ihnen sind schon stumpf und ohne Hoffnung. Es ist eine Frage der Zeit, wann sie in einer Fabrikhofsecke oder in einem eisernen Bettgestell des Krankenhauses verlöschen – bis dahin kommen nur noch Tage und Wochen und Jahreszeiten, in denen es sich darum handeln wird, kleine Happen und etwas Spiritus anderen Unglückskameraden wegzuschnappen.

Und nie allein sein –! Wie soll sich das Wesen eines Menschen, und sei er noch so gedrückt, entfalten, wenn er nicht einmal, in Arbeit oder in Ruhe mit sich und dem Himmel allein ist! Diese kennen nur die große Stadt, ohne die sie überhaupt verhungern würden, und das Brodeln ist um sie her, und ein ewiges Kommen und Gehen ... Aber das ist ihr kleinstes Leid. Viel wichtiger ist, im Winter abends ein Dach über dem Kopf haben, und um in diese Räume hineinzukommen, wo man die Luft nachts durchschneiden kann, stehen sie an, stundenlang von einem Fuß auf den andern tretend, und dann Gedrängel und Essenempfang und hingehauen und geschlafen ...

Manchmal werden ihre Lumpen im Asyl ein wenig in Ordnung gebracht. Es gibt ein kleines Landstreicherbuch von Hans Ostwald – das ist vor dem Kriege erschienen, und in dem sehen die Vagabunden ihrer Kleidung nach wie die Landgerichtsräte aus. Wenn einer damals barfuß ging, lachte man ihn fast gutmütig aus. Was waren denn ein Paar Socken? Die hätte er überall bekommen können. Heute fällt den Leuten die Kleidung in Stücken vom Leibe, und neulich meldete sich auf einer Fürsorgestelle ein alter stellungsloser Schauspieler, der um Himmels willen um ein neues Hemd bat. Seins war schwarz: er hatte es seit sechs Wochen nicht mehr gewechselt. Und immer wieder erstaunlich ist, woher die Leute doch noch ihr letztes bißchen Energie hernehmen, um überhaupt noch die notwendigsten kleinen Lebensarbeiten vorzunehmen. Und die Heiligkeit der Mutterschaft bei diesen Menschen sieht lange nicht so feierlich aus, wie sie in den Weihnachtsnummern der bürgerlichen Presse in Wort und Bild dargestellt wird.

Im großen und ganzen sind es ideale preußische Untertanen. Sie haben zu kommen, sie haben zu gehen, sie haben zu schlafen, und man befiehlt ihnen zu essen. Es gibt ein Wort von der Schriftstellerin Ricarda Huch: «Der Organisator will für alle.» Diese haben keinen eigenen Willen mehr. Wer hat sie soweit gebracht?

Man muß nicht alles mit dem Milieu erklären wollen. Es gibt Entartete des Blutes, auf die Ort, Zeit und Arbeitsgelegenheit ohne Einfluß sind, es gibt Verfluchte und Gescheiterte, die die Natur gezeichnet hat, und wir kennen die Ursachen nicht. Aber Millionen und Millionen gehen unter, weil sie gar nicht die Möglichkeit haben, aufzusteigen. Die heimliche Sehnsucht des Proletariers nach dem Kleinbürgertum ist ganz verständlich – denn da ist gesicherter Besitz, Ordnung und ein einigermaßen garantierter Lebensabend. Was haben diese da? Es ist sinnlos, wie sich so ein mit Lumpen bedeckter menschlicher Organismus von Amt zu Amt schiebt, ißt, schläft, sauft, stiehlt, bettelt, betrügt und betrogen wird – was soll das alles? Die Krise *einer* einzigen Arbeitslosigkeit: und Hunderte von Leben sind aus dem Geleise geworfen. Es ist eine göttliche Weltordnung.

Daß manches im Asyl für Obdachlose verbessert werden kann, daß man mit diesen schwierig zu behandelnden Menschen nicht immer richtig umgeht, daß Geld und Arbeitskraft der Stadt nicht ausreichen, um ein Elend zu mildern, das nicht sie verschuldet hat: das wiegt dagegen nicht schwer.

Seht euch die Gesichter auf den Bildern an! Kommunisten und andere Verelendungstheoretiker predigen, es könne gar nicht schlimm genug kommen. Je schlimmer, desto besser, und aus dem großen Kladderadatsch werde sich wie der Vogel Phönix aus der Asche der Sieg des Proletariats erheben. Seht euch diese Gesichter an!

Der reiche Mann empfindet heute mehr denn je Haß und Verachtung für die Armen, der Bürger – besonders an hohen Fest- und Feiertagen – weinerliches Mitleid.

Wir wollen Verständnis zeigen und sagen: nicht das Elend kann die Massen zu sozialistischen Kämpfern machen – nur die Einsicht.

1921

Der T.-I.

Das ist eine Menschengattung, die in Deutschland wild vorkommt: der Tatsachen-Idiot.

Der Tatsachen-Idiot ist ein Mensch, dems immer nur auf das Wie ankommt, nicht auf das Warum. Selbiger hat sein ganzes Leben lang furchtbar zu tun, um bei allen Manipulationen, technischen Vorrichtungen, Organisationen und Einrichtungen aller Art zu wissen, «wie es gemacht wird». Das wäre ja an sich ganz löblich; aber der Tatsachen-Idiot fängt das Ding immer von hinten an: bei den Fachausdrücken der letzten Jahre, ohne vom Grundprinzip der Dinge eine bescheidene Ahnung zu haben. Du hörst den T.-I. auf allen Eisenbahnfahrten, an allen Stammtischen, in allen Zigarrenläden begeistert streiten. Denn der T.-I. weiß nicht nur alles: er weiß es auch besser. Der T.-I. ist immer rechthaberisch. Er beweist alles. Wenn er ohne Kopf hinter einer entgleisten Lokomotive liegt, beweist der stattliche Rest des T.-I., daß die Lokomotive gar nicht entgleisen konnte. «Sie wern mir doch nicht erzählen ...»

Eine ganz besondere Wonne des T.-I. sind Verfügungen. Er kennt alle Reglements aller Behörden und liebt sie zärtlich. «Die Bestimmung lautet aber nun einmal so ...», sagt er dreimal hintereinander. Er weiß Bescheid mit der Stufenleiter und den Rangverhältnissen aller Beamten, und all das hat für ihn die Gültigkeit von Naturgesetzen. «Was? Ihr Schwager ist Oberleutnant geworden?» sagt der T.-I. «Kann er ja gar nicht! Denn ...» – und nun hebt er an.

Er ist erst beruhigt, wenn er weiß, daß alles nach der Regel gegangen ist. Der T.-I. ist begeisterter Rationalist. «Was? Christus hat Wasser in Wein verwandelt? Kann er ja gahnich! Das wär ja auch noch schöner, wenn da jeder ohne behördlichen Wunderschein –! Nein, mein Lieber!»

Sport begünstigt die Anlage zum T.-I. Gaffen und sich nur an das rein Tatsächliche halten: das ist die Freude des T.-I. Er wacht eifersüchtig über die Natur, daß nichts geschieht, was er nicht – genau nach den geltenden Bestimmungen – verstanden und somit auf den vorliegenden Fall angewandt hat. Gewitter, der Regenbogen, das Finish, die Beförderung, das Haltesignal auf der Eisenbahn, Uniformen, Postmarken, Steuervorschriften, die Polizeistunde – wie ungeheuer wichtig ist das alles! Er kennt nur eins: den Apparat. Kurz: ein idealer deutscher Untertan.

Aha!

«O weiser, o gerechter Richter.»
Shakespeare

Es gibt noch Richter in Berlin.

Der Arbeitslose Friedrich Heidenreich klemmt einem Trödler in der Grenadierstraße ein Paar alte Stiefel, weil seine Zeugschuhe zerrissen und durchlöchert sind. Neue kann er sich nicht kaufen. Er wird erwischt, verhaftet, vorgeführt, vernommen. Es kommt zur Verhandlung.

Von diesem Augenblick an ist der Arbeitslose Friedrich Heidenreich ein rechtloses Objekt. Er hat beim Diebstahl ein Verschlußbrett an einer Wendeltreppe herausgebrochen – da standen die Stiefel –, und der Staatsanwalt hat schweren Diebstahl herauskonstruiert. Paragraph 243. Also Strafkammer. Also ein Richter als Verhandlungsleiter und vier Beisitzer (auch Beischläfer genannt). Ein Herr macht etwas verglaste Augen, zweie erledigen Akten, einer hört zu. Die ganze Zeit spricht der Verhandlungsleiter.

Es sitzt da auch noch ein Mann, ein junger Assessor, der den Staatsanwalt vertritt, aber er ist eigentlich ganz unnötig. Die Geschäfte des Staatsanwalts besorgt uns der Richter. Dem Friedrich Heidenreich wird es langsam schwül: es herrscht von vornherein eine so stark ausgeprägte Stimmung gegen ihn, daß er nicht viel tun kann. Einen Verteidiger hat er nicht; es ist das dritte Mal, daß er wegen Diebstahls vor Gericht steht, und er kann keinen Verteidiger beantragen. Was soll er sagen?

Er kann nicht viel sagen. Der Richter spricht. Der Richter ist ausgeruht, satt, gut ausgeschlafen, gewaschen und fühlt sich durchaus auf der Höhe der Situation. In Heidenreichs Zelle sind Wanzen, der Kübel stinkt, die Zelle ist kalt und das Essen miserabel. Ihm ist nicht sehr komisch zumute. Was soll er sagen?

Wenn er etwas sagt, bekommt er in einem niederträchtig ironischen und scharfen Tone zu hören: «So? Sie haben also keine Arbeit bekommen? Ach! Na ham Se sich denn auch drum bemüht?» Ja, bemüht hätte er sich, sagt Heidenreich; aber bei den jetzigen großen Aussperrungen sei es ihm nicht möglich gewesen ... «Ist das richtig, daß Sie ein intimes Verhältnis mit der Tochter ihres Hauswarts haben?» Heidenreich wird bis unter die Haarspitzen rot. Ja, sagt er gedehnt, das sei richtig ... «Aha!» sagt der Richter. «Aha!» Dieses «Aha» löscht das letzte Fünkchen Hoffnung Heidenreichs aus. Ist er geliefert?

Er ist geliefert.

Ich habe absichtlich einen Fall dargestellt, bei dem die strafrechtliche Schuld des Angeklagten eindeutig klar liegt. Und doch muß ich sagen, daß ich, der ich viele solcher Heidenreichschen Fälle miterlebt habe, jedesmal aufs neue die furchtbare Grausamkeit des staatsanwaltlichen Richters empfinde.

Die Dinge liegen doch so: Der Staatsanwalt hat durch seine Ermittlungen den Tatbestand eines Delikts festgestellt. Wer die ausführenden Organe dieses Ermittlungsganges kennt, wird sich leise bekreuzigen. Eine andere Strafkammer als die erkennende bekommt die Akten vorgelegt und entscheidet, hopp, hopp, hopp, ob eine Hauptverhandlung stattfinden soll oder nicht. Hier schon, bei diesen fünf Männern, die die Eröffnung der Hauptverhandlung beschließen, fällt uns der unerschütterliche Glaube an die unfehlbare Autorität staatlicher Organe auf. Nun ist Tatsache, daß von ungefähr hundert Anzeigen annähernd sechzig bis achtzig vom Staatsanwalt nicht weiter verfolgt werden, weil das Material nicht ausreicht. Die Beschlußkammer denkt nun also so: Wenn der Staatsanwalt uns diesen Kram vorlegt, wird wohl schon etwas dran sein. Diese Beschlüsse über Eröffnung einer Hauptverhandlung, die außerordentlich rasch gefaßt werden, fallen also zumeist zuungunsten des Beschuldigten aus.

Jetzt verschlimmert sich die Lage für ihn. Denn das erkennende Gericht ist seinerseits wieder von dem Glauben besessen, Staatsanwalt und Beschlußkammer hätten schon gewußt, warum sie es zur Hauptverhandlung hätten kommen lassen. Die Waage des Angeklagten sinkt immer tiefer.

Weitaus am schlimmsten aber ist die Haltung der meisten deutschen Richter im mündlichen Verfahren des Strafprozesses, weil fast alle glauben, der Angeklagte sei so ein Stück Feind von ihnen. Ich habe hundertmal im Zuschauerraum das Empfinden gehabt: Warum macht ihr überhaupt noch eine Verhandlung? Sperrt den Mann doch ein! Ihr seid doch schon beim Namensaufruf der Zeugen von der Schuld des zitternden Opfers vollkommen überzeugt! Wo wird das Urteil gemacht? Im Beratungszimmer? Es steht in euren Herzen vorher fest.

Man muß erlebt haben, wie häufig in diesem moabiter Fabrikbetrieb der Mann im Talar seinen mäßigen Witz an einem wehrlosen Angeklagten unter beifälligem Grienen der Zuschauerschaft übt. «Sie sind also vorgestern in der Stehbierhalle von Klampmann gewesen? Aha!» – «Ihre Mutter hat Ihnen vorher geschrieben, daß Sie nicht nach Berlin kommen sollten, weil die Zeugin damals schwanger war? Aha!» – «Sie haben ... Sie sind ... Aha! Aha!» Diese «Ahas» fallen wie Beilhiebe auf den entblößten Kopf des Menschen hinter der Holzbarriere. Ich weiß sehr wohl, daß in dieser Aburteilungsindustrie den Kammern häufig genug professionelle

Verbrecher und ein Lumpenproletariat unter die Finger kommen, bei dem wirklich kaum noch etwas zu machen ist. Aber ich vermisse nicht nur das Verständnis für die sozialen Ursachen solcher Existenzen (sie sind die notwendig bedingte Kehrseite kapitalistisch organisierter Industrie und Landwirtschaft) – ich vermisse vor allem etwas anderes. Ich vermisse am deutschen Richter den Takt des Herzens.

Daß diese Richter heute das Volk überhaupt nicht erziehen, sei nebenbei erwähnt. Man fürchtet ihre Urteilssprüche, haßt sie, versucht, sich herauszudrehen – aber niemand nimmt sie für ethisch vollwertig. Es ist eine Paragraphenlotterie. Und in diesem wüsten Spiel um Freiheitsjahre von Menschenleben fehlt der Takt des Herzens.

Was der deutsche Richter in politischen Prozessen zu interessiert ist, das ist er in unpolitischen zu kalt. Was soll diese Strafe? Bessern? Legt das Ohr an die Gefängnismauern, und ihr werdet ein Lachen zu hören bekommen, daß es euch kalt über den Buckel läuft. Abschrecken? Flausen. Und das Recht zur Vergeltung wird wohl diesem Staat und dieser Gesellschaft heute niemand mehr aussprechen. Also was soll diese Strafe? Es ist eine mäßige Schmierkur im dritten Stadium.

Ich möchte diesen Richtern auch in einem harmlos unpolitischen Prozeß nicht in die Hände fallen. Wie soll ich mit Leuten um Schuld und Unschuld, um Strafmaß und bedingte Begnadung kämpfen, wenn sie von ihrer pharisäischen Unfehlbarkeit und meinem schwarzen Schurkentum von vornherein überzeugt sind? Ich stehe da mit entblößter Brust, und auf der Sehne liegt, zum Abschnellen bereit, der Pfeil: Aha!

Es gilt in Millionen von deutschen Köpfen den immer noch fest wurzelnden Glauben an diese Richterschaft zu erschüttern. Sie ist unbestechlich, das ist wahr. Aber sie ist nicht gut.

Woher sollte sie es sein? Warum soll ich denn an die politische Unvoreingenommenheit und warum soll ich vor allem an den ethischen Wert von Menschen glauben, die ich bis zum Augenblick ihrer Ernennung als Gymnasiasten, Studenten,

Referendare und Assessoren ungestraft als das habe bezeichnen dürfen, was sie waren: als einen schlechten Teil des Deutschtums? Die Schule, die Universität, der Amtsrichtertisch der kleinen Stadt und die Privatgespräche im Staatsanwaltszimmer: Welch eine Welt! Und das richtet?

Jeder sechste Mann in Deutschland ist bestraft. Müde geprügelte Hunde bekommen eine Lederhaut. Sie stumpfen ab. Wir sollten heute so weit sein, daß ein Verständiger ja nicht die Tatsache einer erfolgten Bestrafung zum Anlaß nimmt, einem Mitmenschen sein Mißtrauen auszusprechen. Die deutsche Kriminalstrafe will an sich noch gar nichts bedeuten: auf den einzelnen Fall kommt es an. Der Bund der Vorbestraften, der sich gebildet hat, verdient von allen Einsichtigen jede Förderung. Ich bin nicht stolz darauf, noch nicht bestraft zu sein. Es ist Zufall.

Machts umgekehrt. Richtet ihr. Und wenn euch einer erzählt, er sei in Not gewesen und wieder in Not und habe gestohlen und wieder gestohlen, um zu essen und um zu leben, und man habe ihn hartnäckig zu Gefängnis verknackt und wieder zu Gefängnis, dann denkt an die preußischen Zimmer, in denen das geschehen ist, denkt an die Richter, die kalten Herzens solche Urteile aussprechen, und sagt: «Aha!»

Solidarität

Wenn die Hutmacher heute einen Streik beginnen, so haben sie die Aussicht, ihn siegreich zu beenden – durch ihre Solidarität. Wenn die Setzer einer großen Zeitung ihre Lohnforderungen erhöhen, so wird ihr Streikbeschluß, einmal gefaßt, den Unternehmer zu Verhandlungen zwingen, denn die Setzer sind solidarisch. Wenn aber die geistigen Arbeiter einen Streik inszenierten ... ach! sie fangen gar keinen an.

Das Gefühl der Solidarität unter geistigen Arbeitern ist nicht vorhanden. Die Sache liegt heute so, daß jeder, aber ausnahmslos jeder Schriftsteller seinen Kollegen literarisch wertet und danach mit ihm verkehrt: er tadelt oder lobt ihn, er nimmt ihn für voll oder tut ihn verächtlich ab. Aber weiß er denn nicht, daß die geistige Arbeit mit dem Augenblick, wo sie das stille Studierzimmer verläßt und auf dem Markt gehandelt wird, Ware ist, Ware, und weiter nichts als Ware? Das weiß er nicht, und das will er auch nicht wissen.

Der geistige Arbeiter glaubt, ein Künstler müsse allein stehen. Und nun lehnt er ab, mit seinen Nachbarleuten, die neben ihm schaffen, zusammenzugehen, weil das seiner nicht würdig sei. Ist es das wirklich nicht?

Die bekannt elenden Verhältnisse, die den Schriftsteller umgeben, sind nur zu erklären aus der übergroßen Leichtigkeit, mit der der Unternehmer den einzelnen aushöhlen kann. Der kann sich ja nicht wehren – und die andern helfen ihm nicht. Der ist ja nur einer – und einer ist gezwungen, das Honorar zu schlucken, das man ihm vorwirft, die Bedingungen anzunehmen, die man ihm stellt – ein braves Hampelmännchen in der Hand des geschickten Kaufmanns.

Gibt es dagegen kein Mittel? Es gibt eines.

Dieses Mittel ist die absolute Solidarität der geistigen Arbeiter. Man muß das Epitheton «absolut» hinzusetzen, weil ja in der Tat bei uns die eigentümlichsten Verhältnisse auf diesem Gebiete herrschen. Jeder nämlich erkennt die Forderungen, die alle unsere Organisationen stellen, gern an – nur ... «Nur», sagt er, «für mich – also mit mir ist das so eine Sache – sehen Sie – ich kann da nicht – –» Und jeder ist ein Ausnahmefall, und jeder ist etwas ganz Besonders, und jeder kann nicht und möchte und ist leider verhindert.

Hier ist eine Aufgabe – hier ist ein Weg – hier ist eine Hilfe. Das erste, was den Arbeitern einen wirtschaftlichen Kampf überhaupt erst ermöglichte, war das Gefühl für Solidarität. Der Streikbrecher ist ein Schuft – dieser Satz stand ehern fest. Und es gab keine Ausnahmen. Bei uns?

Ich besinne mich, daß in einer Redaktionskonferenz einer

aufstand und sagte: «Wer den Beschlüssen unseres Ausschusses zuwiderhandelt, sollte geächtet werden!» – Und es erhob sich ein andrer und sprach also: «Geächtet … meine Herren Kollegen … ist das nicht ein etwas hartes Wort? Wir sind doch Künstlernaturen …»

Nein, sie ächten nicht, diese Künstlernaturen. Merkwürdig, wie sie nur künstlerisch in Honorarangelegenheiten empfinden – aus ihren Werken spricht so häufig der Merkantilist … Nein, sie ächten nicht.

Ja, es fällt gradezu auf, wenn einmal einer von uns Korpsgeist bezeigt. Die münchner Zeitschrift *Zeit im Bild* zankte sich eines Tages mit W. Fred – unsere Organisation nahm sich Freds an, und ich zog daraufhin alle meine Beiträge zurück. Die Redaktion war baß erstaunt: «Sie werden doch nicht», hieß es in ihrem Brief, «für Herrn Fred die Kastanien aus dem Feuer holen …» Und: gebildete Menschen tun derlei nicht! Diese Melodie tönt durch alle die zartgemeinten Lieder eines Unternehmertums, das instinktiv fühlt, von woher ihm die größte aller Gefahren droht: von der Solidarität der geistigen Arbeiter.

Wie steht es denn um uns? Nehmen wir doch einmal an, die gesamte Redaktion eines Pressekonzerns träte in den Streik. Heute stehen die Sessel leer – morgen sind sie alle besetzt – das Haus würde gestürmt werden von Streikbrechern. Alle, alle kämen gelaufen: Professoren und «freie» Schriftsteller und Dilettanten und Stellungslose und Gott weiß wer. Und die streikenden Redakteure würden auf der Straße verrecken.

Zwei Gefahren bedrohen den wirtschaftlichen Aufschwung unseres Berufs auf das ärgste: der Dilettant – und wir selbst. Wir selbst sind uns die größte Gefahr – wir selbst bewirken, daß der Unternehmer unserer zwölf für ein Dutzend hält – wir selbst sind schuld daran, daß wir alle gar so leicht zu ersetzen und gar so billig zu haben sind.

Es sind immer dieselben traurigen Erscheinungen: der zu Ruhm und Geld gekommene Dichter, der geschmeichelt den

Aufforderungen der Redaktionen nachkommt, ohne sich jemals seiner Kollegen anzunehmen; der Dilettant, der noch Geld dazugibt, wenn er nur gedruckt wird; der Zeilenschinder, der schreiben muß, weil ihm der Hunger im Nacken sitzt. Und wir andern –?

Wir sollten nicht länger zusehen. Wir haben nun täglich aus der Arbeit anderer Organisationen lernen können, wie die Arbeit und ihre moralische Wertung gar nichts mit dem zu tun hat, was sie darstellt, wenn sie Ware geworden ist. Wir singen nicht mehr, wie der Vogel singt, der in den Zweigen wohnet. Denn die Angelegenheit hat ein doppeltes Gesicht: wer bei der Arbeit an das Publikum und an sein Honorar denkt, ist ein Schmierer. Wer aber beim Vertrieb nicht an sein Honorar denkt, ist ein Dummkopf.

Diese Anschauungen nutzen nichts, wenn ihr sie nicht in unsere Organisationen hineintragt. Wirkt! Tut euch zusammen! Schärft die Gewissen! Seht das Ziel: eine große Gewerkschaft, ein Bund, der den Markt beherrscht! Wir wollen nicht tyrannisieren – wir wollen für uns menschenmögliche Lebensbedingungen schaffen, unter denen sich arbeiten läßt. Der Unternehmer sei gezwungen, nur organisierte geistige Arbeiter einzustellen – so rotten wir den Dilettanten aus. Und zwingen wir uns, einer für alle und alle für einen zu stehen – so rotten wir den Ausbeuter aus.

Eine Provinzzeitung hat vor kurzem einen Mann gesucht, der den Leitartikel zu schreiben hatte und den lokalen Dienst versehen und nachts telefonieren und Kritiken verfassen mußte – dafür sollte er ein viertel Jahr umsonst arbeiten – in der Gaunersprache nennt man das «volontieren» – und dann wurde ihm ein Gehalt von einhundertfünfzig Mark monatlich zugesagt. Jammert ihr? Zieht ihr einen bitteren Mund? Es ist an uns allen, das zu verhindern. Es gibt keine Ausnahmen – glaubt einer im törichten Übermut, ohne den Stand wirtschaftlich arbeiten zu können, dann stoßt ihn aus – sei es, wer es sei. Wir können keine Primadonnen brauchen – dazu ist die

Zeit zu hart. Und wir werden Erfolg haben, wenn wir uns zusammenschließen, jeder, jeder, jeder – und wenn uns das Standesinteresse über alles Persönliche geht. Denn einzig das wäre Solidarität.

Der gestohlene Briefträger

Dienstag den 9. August 1921 erschien in der Morgenausgabe des *Berliner Lokalanzeigers* folgender Scherz:

Gespräch auf der Treppe

Er ist das genaue Gegenstück einer Reckengestalt, mein Briefträger. Knapp Mittelgröße; mager; möglicherweise zäh, aber eher ungesund aussehend. Hin und wieder habe ich kleine Gespräche mit ihm gehabt. Belanglose. Was man eben in solchen Fällen so sagt.

Heute ging er vor mir die Treppe hinunter. Er trug eine der Hitze sehr entsprechende Gewandung, die sich beim näheren Hinblicken als eine der Unteroffizierstressen beraubte Drillichlitewka erwies, wie sie seinerzeit während des Krieges meinen Muschkotenneid erregten.

«Na, wohl auch vom Militär?»

«Jawohl, ich habe noch eine andere. Und noch eine ganze Uniform.»

«Sehen Sie, soviel habe ich von den Preußen nicht mitgebracht. Aber Sie waren wohl bis zum Schluß dabei?»

«Von Anfang bis zu Ende draußen. Ich habe das Eiserne Kreuz I. und II. Klasse und die König-August-Medaille. Wissen Sie, das hätte ich mir selbst gar nicht alles zugetraut.»

Ein Abschiednicken. Er verschwand in einem neuen Hauseingang. – –

Das war das ganze Gespräch, der ganze Vorgang. Irgendwie hat es mich aufgerichtet.

Da ist nun dieser kleine magere Sachse, dem kein Mensch große Soldatentaten zutrauen würde. Den man kaum als felddienstfähig nähme. Seit eineinhalb Jahren oder noch länger wieder als Briefträger bei meinem Postamt tätig. Dies und das haben wir schon miteinander gesprochen – nie hat er etwas von seinem Felderleben gesprochen. Jetzt, da der Zufall eine unmittelbare Frage veranlaßte, erfahre ich auf einmal, daß er einer von denen ist, durch die das deutsche Volk vier Jahre lang der Welt von Feinden standhalten konnte. Eisernes I. und II. Klasse und die sächsische August-Medaille!

Und wie er das gesagt hat, fürchtete er schon halb, für einen Renommisten genommen zu werden, und fügt diesen Satz hinzu: «Das hätte ich mir selbst alles gar nicht zugetraut.»

Und nun sich sagen: dieser Briefträger hier, dieser einfach seine Pflicht tuende, stille und einfache Mann aus dem Volke ist ja keine Sondererscheinung, ist ein Typus. Täglich gehen wir an Tausenden und Tausenden vorüber, die ebenso wie dieser mein Briefträger die selbstverständliche Pflicht ihres Heldentums erfüllt haben – und jetzt davon schweigen. Die kaum je das schwarz-silberne Band, nie außer an höchsten Festtagen ihres Lebens das silbern geränderte dunkle Kreuz auf der Brust tragen. Wir gehen an ihnen vorbei, ohne um sie zu wissen, und sie sind die letzten, uns in Erinnerung zu rufen, was sie litten und taten.

An Tausenden solcher gehen wir täglich vorbei, zu Hunderttausenden gibt es sie unter uns. Und ein Volk, in dem solche Menschen das gewöhnliche sind, sollte um seine Zukunft gebracht werden können?

Irgendwie hat es mich erhoben, das kurze Gespräch mit meinem Briefträger.

Künftighin aber werde ich vor dem Manne meinen Hut sehr tief abnehmen.

Gegen diese kleine Arbeit ist weiter nichts zu sagen, als daß sie das äußerste Maß an Volksverdummung darstellt; daß sie – selbstverständlich – erlogen ist; daß dem Briefträger nicht damit geholfen ist, daß irgendein kleiner Zeilenschinder vor ihm den Deckel abnimmt – und daß wir alle wissen, wie das Stückchen Eisenblech, von dem der da soviel Wesens macht, im Kriege erworben worden ist. Aber sonst ist dies Feuilleton sehr schön.

Berliner Zeitungen brauchen einen Tag, ehe sie nach Königsberg kommen, dann muß man sie lesen, das Gelesene verstanden haben, dabei kommt man auf allerlei Gedanken, man schreibt vielleicht selbst ein bißchen ... Darüber vergehen Tage.

Sonntag den 21. August 1921 stand in der *Ostpreußischen Zeitung* dieses:

Königsberger Nachrichten
Königsberg, den 21. August 1921

Das kleine Band

Bisweilen treffe ich auf dem Treppenflur oder vor dem Hause unseren Hausmann oder – um mich verständlicher auszudrükken – unsern «Portier». Er ist immer tätig und beschäftigt, dabei freundlich, höflich und im übrigen völlig unscheinbar. Schlägt keinen Krach, weist die Kinder, die unerklärlicherweise gerade nach dem Mittagessen, wenn manch einer etwas übernippt, ihren Lärm- und Spielbetrieb zu entwickeln pflegen, in aller Güte zurecht – ist kurz gesagt: das Musterexemplar eines Hausmannes. Diesen schmächtigen und bescheidenen Menschen habe ich schon lange in mein Herz geschlossen, und oft nahm ich mir vor, ihm außer dem üblichen Tagesgruß etwas Gutes zu sagen und mit ihm zu plaudern. Aber es kam nie dazu. Er war durchaus nicht redselig und aufdringlich. Und unnützen Worten schien er aus dem Wege gehen zu wollen.

Letztens aber traf ich ihn – der Tag war recht heiß – in einem leichten Drillichanzug, dem man noch die feldgraue Urfarbe ansehen konnte. Das erschien mir sympathisch und erinnerte mich an die Zeit, wo ich in Stunden, da man wenig Wert auf schnittige Bügelfalten zu legen pflegte, dasselbe

Kleid trug. «Na», meinte ich, «auch noch eine Erbschaft von den Preußen?» – «Ja, ja», sagte er gemütlich und wandte sich mir zu. Da bemerkte ich ein kleines Stückchen jenes schwarzweißen Bandes an einem Knopfloch. Arg mitgenommen und keineswegs sauber. «Ach, das E. K. haben Sie auch?» – «Herrje, das hab' ich ganz vergessen abzunehmen. Es ist so heiß und da hab' ich den Anzug gleich so angezogen.» – «Ist Ihnen denn dies Bändchen so wenig wert?» forschte ich. – «Oh, sehr sogar, aber weshalb soll das jeder wissen? Das andere trag' ich nur zu Hause, wenn es meine Kinder sehen wollen.» – «Das andere? Also die erste Klasse haben Sie sich auch geholt? Wobei denn?» – «Ach Gott, ich weiß auch nicht», und er wurde sichtlich verlegen, «damals in der Champagne bei Ripont, da ...» und er brach ab. «Das ist nun lange her. Heut', wenn ich's trage, glaub' ich, ich werde ausgelacht. Es hat ja doch nichts genützt.» Und mit flüchtigem Gruß war er treppab.

Das war alles. Aber irgendwie hatten mich diese Worte gepackt. Also dieser stille scheue Mensch ist einer von jenen, mit denen man im Trichterfeld lag. Er sieht aus, als ob er keiner Mücke ein Leid antun könnte, und hat das Eiserne Kreuz erster und zweiter. Er ist also – das Wort erschien mir mit einemmal gar nicht abgegriffen – ein Held; und wenn man ihn nach seinen Taten fragt, wird er verlegen und sagt, er wüßte nicht, was er getan. Und er hielt sich schon für einen Aufschneider, weil er überhaupt davon gesprochen. Und weiter: an solchen Leuten, die ohne prunkende Worte ihre Tagespflicht tun, gehen wir auf der Straße vorbei, ohne es zu merken. Und sie sprechen nicht davon. Ist es nicht schön zu wissen, daß Tausende und Tausende ihr kleines schlichtes Ordensband zu Hause liegen haben und nie damit protzen, und es nur an hohen Feiertagen tragen – dieses kleine Band, über das manche glaubten spotten zu dürfen. Und sie denken daran und halten es in Ehren und – glauben. Dutz.

Das wird hier nicht abgedruckt, weil ein literarischer Diebstahl vorliegt. Dies wird hier abgedruckt, um einmal klar zu zeigen, wie man nationalistische Propaganda macht. Aus dem nicht existierenden Briefträger ist ein Portier geworden, dens nicht gibt – und wenn der «Dutz-Freund» Glück hat, dann stiehlt ihm ein besonders betriebsames Blättechen in Angerburg oder Allenstein auch den Portier noch einmal und wandelt ihn in einen Landarbeiter um. Dem Volke muß das Eiserne Kreuz erhalten bleiben.

Man soll aber daraus lernen.

... Alle die rührenden Geschichten vom braven Kaiser Wilhelm, vom greisen Hindenburg (der sich nicht geschämt hat, erst in diesen Tagen dem toten Erzberger ins Grab nachzuspucken) –, die kleinen lieben Fabeln von dem ollen ehrlichen Landsturmmann, von dem biedern ostpreußischen Muschkoten, der die Knochen zusammenreißt und selig ist, wenn ihm der indianerbunte General nur auf die Schulter tippt –, all das ist so verlogenes Zeug, wie die kleine Geschichte da oben, die – in diesem Falle nachweisbar – gestohlen ist.

Damit wird eine Nation betrogen. Mit solchen Mätzchen und Anekdoten sind heute noch unsere Lesebücher angefüllt, das lesen Schulkinder und glauben es. Weil sie nie die Wahrheit gesehen haben: nie die Telefongenerale in den Stäben bei guter Verpflegung, nie die «Kerls» in den Ackergräben bei klitschigem Brot und Heldenfett, nie die Mache in den Zeitungen, nie die Schiebungen auf den Intendanturen, nie das Kujonieren von erwachsenen Menschen durch grüne Jungens, die gar keinen Verstand, aber zwei Achselstücke hatten ...

Ein Arbeiter, der in die Welt paßt, ein zielbewußter Republikaner – sie alle werden solche Zeitungen wie die *Ostpreußische* in kleine viereckige Stücke schneiden, fein säuberlich auf einen Nagel hängen und ... Aber diese Zeitung wird auch von Frauen gelesen.

Hanns Heinz Vampir

«Der geborene sentimentalisch-witzlose Oberkellner des Wirtshauses an der Lahn.» Nanu? Und: «Wenn er Arsenik schrieb oder dachte, war es doppelkohlensaures Natron.» Wer ist das?

Das sagt über Ewers Hans Reimann, in seinem witzigsten Buch. («Ewers. Von Hanns Heinz Vampir», bei Paul Steegemann in Hannover.) Aber so haben wir lange nicht gelacht.

Diese Parodie ist fast schon Leichenschändung. Ewers, eine nette kleine Journalistenbegabung aus der Zeit des Spätnaturalismus, sah bald aus den Abrechnungen seiner Verleger und aus den Briefen jener Verehrerinnen, die nicht alle werden, daß eines sich in Deutschland – und vielleicht auf der ganzen Welt – immer lohnt: durch heimliche Andeutungen mit satanischen Lastern zu prunken. Es gibt lasterhafte Menschen; solche, die schreiben, sind selten darunter; und gar solche, die mit Emphase von ihren Lastern schreiben, dürfte es gar nicht geben. Denn wesentlich an einem Menschen ist das, was ihm selbstverständlich ist, das, wovon er überhaupt kein Wesens macht, weil es ihm Natur ist. (Der Marquis de Sade zählt nicht – denn in solchen Fällen ist auch Schreiben eine Befriedigung.) Aber wir wollen den Vollbart wieder abhängen.

Der Blondin ist ein Poseur. Wenn er bedeutender wäre, müßte es ganz lustig sein, aus seinen Büchern zusammenzustellen, womit er, persönlich oder als Romanheld verkleidet, umherprotzt: mit Duellen, mit Weibern jeder Gattung, mit sexuellen Anomalien, mit tollkühnen Taten. Unangenehm, daß nichts davon wahr ist: ein paar Cook-Reisen, amerikanische, hier nicht nachzuprüfende Vaterlands-Propaganda (Wirkung gleich Null) – es ist nicht viel mit ihm. Die Redensarten, mit denen man bürgerliche Hysterikerinnen aufregt, schreibt ein begabter Mensch, wenn er das wollte, im Schlaf. Er hätte doch Referendar bleiben sollen. Denn er ist geschaffen, einem Stammtisch des Amtsgerichts Driesen monatelang Gesprächsstoff zu bieten. Man sagt mir, es sei ihm Ernst mit seinem Geschreibe. Also nicht einmal ein Bluff!

Diesem Edschmied des Grauens hat Hans Reimann den Garaus gemacht. So witzig ist seit Meyrinks «Hilligenlei» keiner angepflaumt worden. Schon die Nachahmung der von dem Sataniker bevorzugten erschrecklich gelehrten Motten (Plural von: Motto) ist entzückend. So nach der Melodie: Erstens kennts keiner, und zweitens wirds schon imponieren. Reimann: «Bnut ist ein ganz besondrer Saft. Druckfehler (XXII. Jahrhundert). – Agnis est felicis urbis lumen inoccidum. Petrus Damianonus. Erzbischof von Nowawes. – Montez, montez, voilà l'échelle! A. de Musset, Minjemann in Paris.» Und der Text ist ein einziger großer Lacher.

Abgesehen von den Wortspielen, von denen einige ausgezeichnet sind, die aber im ganzen ermüden, und die Reimann gar nicht nötig hat – abgesehen davon fällt man aus dem Lachen nicht mehr heraus. Alles hat er gefaßt: dieses alberne Wort «irgendwie», das Ewers und andre schlechte Feuilletonisten anwenden, um dem Ding einen Schuß Mystik zu geben; die lächerliche Überbetonung der Sexualität; die Ruhmesfanfare eines königlich preußischen vereidigten Beischläfers – «feine perverse Grazie» rühmt dem Ewers Olga Wohlbrück nach, die es wissen muß. Ein paar Proben:

«Er biß seine wunden Lippen, stieg in das sinnliche Auto.» «... daß er in El Paso mit einem texanischen Kuhreiter um Kopf und Schwanz gewürfelt und dabei den Kopf verloren habe ...» «Er saß da, ewerste vor sich hin ...» Und am Schluß, weil ja der Meister auch nie verfehlt, anzugeben, wohin alles ihn sein Daimon geführt habe, ein Verzeichnis sächsischer Stationen, auf denen dieses Buch entstanden sei ... «Kleinere Einfügungen: im D-Zug hinter Wurzen, Frauenabteil.»

Dieses unbegabte Stück Gaudemiché, das nicht einmal

seine Quellen anständig verarbeiten kann (daher solch ein Schmarren wie der «Teufelsjäger»), hat es hier ordentlich abbekommen.

Und wie gut die Parodie ist, dafür ein Kriterium:

Ich kenne den «Vampir» nicht und habe mich doch schekkig gelacht. Und auch für den Leser, der nie einen Roman von Ewers genossen hat, wird aus Reimanns Prachtband die Kunde von einer ulkigen Kruke aufstehen: Von einem, der auszog, das Gruseln zu lehren, und der ein primitives Hännschen geblieben ist sein Lebelang.

Das Hüsterchen

Die Volksbühnen, sagt man, beständen aus dem empfindlichsten Theaterpublikum, und das ist wohl richtig. Wie hübsch wäre es, wenn es sich noch den einen Fehler abgewöhnen wollte, den es mit allen andern Theaterbesuchern teilt: das Hüsterchen.

Wenn die Gardine beiseite rauscht und das gelbe Viereck da vorn der einzige helle Fleck im Hause ist, dann sind die zweitausend Köpfe eine einzige Sache. Atemlos, regungslos hockt ein großes schwarzes Tier und ist nur Auge und Ohr ... Atemlos?

Ich weiß schon: von soviel Menschen haben wirklich einige einen bösen Katarrh, und sie wollten deshalb den Theaterbesuch, auf den sie sich so gefreut haben, nicht aufgeben. Ich weiß schon: manche Menschen haben die Angewohnheit, sich von Zeit zu Zeit zu räuspern ... Zugestanden. Aber für den Theatermann ist es nicht sehr possierlich, zu hören, wie das tausendköpfige Tier schnauft und hustet – manchmal hustet es, daß du glaubst, in einem Sanatorium zu sein.

Es gibt manche Arten von Hustern. Männer, die donnernd und polternd die Schleusen ihres Innern öffnen –

Frauen, die im Sopran, aber achtmal hintereinander hüsteln – Dauerhuster und Leute, die kollern, daß alles denkt, jetzt ersticken sie –– und inzwischen ist vorn auf der Bühne eine schöne, leise, lyrische Stelle davongegangen ... Prost!

Und doch geht es auch anders. Ich habe in allen Theatern – und besonders in der berliner Volksbühne – die Erfahrung gemacht, daß der Publikumshusten allemal dann jäh verstummt, wenn auf der Bühne etwas geschieht, wenn etwas vor sich geht, wenn einer kommt, wenn sie einen wegtragen – kurz: bei handgreiflichen dramatischen Szenen. Monologe und lange Gespräche scheinen dagegen zum Husten zu reizen.

Ich meine, daß das Hüsterchen nicht nur etwas ist, was die andern Leute, die Parkettnachbarn und die Schauspieler stört – ich glaube, das Hüsterchen ist eine Art Kunstbetrachtung. Es ist sehr oft die Betrachtung des Mannes, der auf alles hustet, was nicht – im Sinne des Kinos – rein dramatisch ist. «Was erzählt er da vorn? Na, das wird ja wohl nicht so wichtig sein ...!» Prost!

Von guten Manieren abgesehen: gerade der Theaterbesucher der Volksbühne sollte sich diese Kunstbetrachtung nicht zu eigen machen. So wichtig die Handlung eines Stückes ist, so gewiß das Theater keine Schwatzbude sein soll – aber das Theater ist nun auch nicht nur zur Abwicklung irgendwelcher Handlung da. Es ist schon von Wichtigkeit, was sich die Leute da vorn erzählen – und es ist merkwürdig, wie wenig Leute imstande sind, ein Kunstwerk als Ganzes zu erfassen. So viele glauben, ein Theaterstück bestehe aus lauter kleinen Flicken und Szenen, aus Einfällen und Witzen, aus rührenden und erheiternden Stellen, die man einzeln betrachten, einzeln belachen und einzeln beweinen müsse. So ist es aber nicht.

In einem englischen Stück, einer Dramatisierung des Kiplingschen Romans «Das Licht erlosch», gibt es eine Stelle, wo der erblindete Held einen Stuhl umwirft. Die Londoner Galerie lachte darüber Tränen. Sie hielt das Tappen des Mannes für einen Clownscherz. Das wäre ja nun in Deutschland kaum möglich – aber es ist ein bißchen davon in den falschen Lachern und in den unaufmerksamen Hustern derer, die immer noch meinen, ein Stücke müsse sie in jeder Minute unterhalten und spannen – und die Einzelheiten des Theaterspiels seien dazu da, Stück für Stück einzeln zu amüsieren. Das ist Kino.

Wir sollten gerade beim Theaterspiel der Volksbühnen, die ein ganz bestimmtes künstlerisches Programm ihr eigen nennen, den Faden des Gesamten nicht aus dem Auge verlieren. Ein leiser Monolog bei Tagore, ein stummes Spiel bei Raimund, ein spielerisches Hin und Her bei Shakespeare – all das bringt vielleicht im Augenblick die Handlung nicht vorwärts.

Aber es ist notwendig, es ist mit voller Überlegung vom Dichter erfaßt, damit wir die Leute liebgewinnen, die da vor uns spielen, also leben – damit wir später um so mehr Anteil an ihren Schicksalen nehmen. Ein großer Schicksalsfall, an den Anfang eines Abends gestellt, würde keinen Menschen interessieren, weil er sich mit Recht sagen würde: was geht mich jene erdachte Gestalt an, was jener geschminkte, verkleidete, engagierte Schauspieler? Das macht: er hat noch keine Fühlung zu ihm. Die muß er erst gewinnen.

Freilich: er muß zuhören. Und darf nicht alles zerhusten, was nicht Haupt- und Staatsaktion ist. Wenn ein Kind von den Wölfen gefressen wird – dann lauscht alles atemlos: aber die Klage der Mutter um ihr Kind zerhustet manches Haus, das dann eher einer Poliklinik gleicht als einem Theater.

Erst wenn wir das Kino und seine Kunstanschauung aus dem Herzen verbannt haben – erst dann wird die Aufmerksamkeit ganz ungeteilt sein. Und nur schüchtern und vereinzelt, wenn ganz unvermeidlich, wird es sich dann hier und da hervorwagen: das Hüsterchen.

1922

Städte

> «Es ist ein unabänderliches Gesetz intellektueller Betätigung, daß jede Verengerung des Gesichtskreises eine Konzentration des Interesses mit sich führt, die für die Wertbeurteilung der Gegenstände entscheidend ist.»
> Wilhelm Wundt

Die deutschen Städte wissen nicht mehr viel voneinander. Jede liegt da, hält sich für den Mittelpunkt des Landes und ignoriert alle übrigen. Und das kam so:

Die Nation, nach dem Kriege von einem unendlichen Ruhebedürfnis beseelt, packte sich in Watte und kapselte sich ein. Nie waren die Deutschen partikularistischer als heute, und niemals wurde der «Landfremde» mit so viel Mißtrauen angesehen. «Landfremd» – das ist der Dortmunder dem Nürnberger, dem er die ängstlich gehütete Wohnmöglichkeit kürzt, und «landfremd» ist der Berliner dem Bremer. Noch nie waren die Kirchtürme so hoch wie heute.

Nun müßte man glauben, dieser aufs neue verstärkte Partikularismus sei heilsam für das Wachstum der lokalen Eigenarten und halte der nivellierenden Reichseinheit die Waage. Dem ist nicht so. Es ist nämlich merkwürdig, zu beobachten, wie alle deutschen Mittelstädte die Unarten Berlins, von den Behördenwasserköpfen bis zum Nachtleben, prompt nachahmen, ohne an Landestracht und Landeskolorit zu andern als den Festtagen auch nur zu denken. Denn das große Geschrei von der Provinzautonomie heißt auf deutsch nichts andres als: «Wir wollen auch unsre kleine Wilhelm-Straße haben! Ihr habt lauter Esel in den Zentralbehörden – das können wir auch! Ich will auch Staat spielen, Mama!» So rufen alle kleinen Provinzkinder. Von den Bundesstaaten zu schweigen, die es höchlich bedauern, daß in fremden Erdteilen keine bayrischen, keine mecklenburgischen, keine thüringischen Gesandtschaften zu finden sind.

(Aber nur gemach: Wem Gott Verstand gibt, dem gibt er auch ein Amt.)

Da liegen die Städte. Früher polterte die Diligence durch die dicke Stadtmauer – heute fährt der D-Zug durch eine Umwallung, die grade so fest ist wie die alte historische. Denn der gewöhnliche deutsche Städter aller Kaliber kann heutzutage mit seinen Landsleuten im Reich schwer in Verbindung treten. Und er will es auch nicht.

Er kanns kaum. Wer reist heute? Wer schreibt zum Vergnügen Briefe? Wer telefoniert zum Scherz seine Leute in Altona an, um zu fragen, wie es ihnen gehe? «Die Zeiten sind ernst – die öffentlichen Verkehrsmittel sind kein Spaß.» Nein, weiß Gott, das sind sie nicht. Dieses übervölkerte, am Boden liegende Land hat noch immer für alles, was es je erlitt, eine ethisch-philosophische Beschönigung gehabt – erleben wir doch jetzt das widerliche Schauspiel, wie dieselben Hurraschreier, die im Kriege den Sieg Deutschlands logisch bewiesen haben, heute das «Lob der Armut» singen und dir klipp und klar demonstrieren, das Heil deiner Seele sei besser bei Margarine und in den Niederungen des Lebens aufgehoben denn in Glanz und Herrlichkeit. Die Anschauung, daß der Mensch um des Apparats willen da sei, ist hier sehr verbreitet, und sie gilt nur dann nicht, wenn es sich um die Klassen handelt, die davon profitieren. Man erinnert sich vielleicht ähnlicher Erscheinungen aus dem Kasinokriege ... Nein, die Zeiten sind ernst, und wenn man das Ganze überblickt, hat man immer mehr das Gefühl: Die Leute bekommen ein «Quartier» zugewiesen, dazu die Möglichkeit, ihren Lebensunterhalt zu verdienen (oder auch nicht) – und nun hat der Deutsche seinen Teil dort abzuleben, wo man ihn hingesetzt hat.

Das hat ihm noch gefehlt. Das einzige, was besonders den Mittelstand früher vor dem Verrosten bewahrt hat, war die Reise, die doch die Augen wenigstens manchmal ein wenig öffnete. Aber heute?

Wer reist denn heute? Der Kapitalismus reist.

Die Möglichkeit, herauszukommen und ein Stückchen von der Welt und nun gar von der außerdeutschen Welt, die es ja immerhin auch noch geben soll, zu sehen, hat hauptsächlich der große Kaufmann und der von ihm Angestellte, insbesondere die Angehörigen der Filmbranche sowie ein gewisser Teil der Beamten. (Das ist auch der Grund, weshalb in Deutschland solche Funktionen so leicht zum Selbstzweck ausarten – die Funktionäre benutzen eine Möglichkeit, die ihnen sonst verschlossen bleibt.) Die Fäden, die die Städte miteinander verbinden, sind hauptsächlich kapitalistisch oder offiziell.

Die Folgen sind leicht zu sehen.

Jede Stadt ist Rom und sich selbst genug. Der am Reisen behinderte und künstlich eingeklemmte Einwohner zeigt eine bekannte soziologische Erscheinung: er will nicht mehr, was er nicht mehr kann. Er sagt von Braunschweig etwa: «Ja – da war ich mal vor dem Kriege.» Das ist lange her, und heute hockt er zu Hause. Daher die maßlose Überschätzung aller Lokalgrößen, daher die treudämliche Unwandelbarkeit der Kollektiv-Vorstellungen – da Vergleichsmöglichkeiten fehlen, ändern sich diese Bilder nie: Der Königsberger ißt immerzu Klops, der Bayer ist gemütlich und rauft, und der Italiener – der tanzt Tarantella und ist heißblütig, soweit er nicht den ganzen Tag über – Santa Lucia! – mit Schellen klingelt. Dem Lübecker ist die Schande der münchner Polizei Hekuba – und ob Erich Ziegel in Hamburg anständiges Theater macht, das ist dem Breslauer ganz gleich. Sie haben voneinander entweder gar keine Vorstellungen oder antiquirierte oder falsche. Auf einer kleinen holsteinischen Insel fragte mich vorigen Sommer in einer Molkerei ein Schweizer: «Na – und Berlin? Alles ruhig? Keine Straßenkämpfe mehr?» Weil wir das Jahr 1921 schrieben, sagte ich ihm, das sei lange vorüber, und niemand in Berlin dächte an Straßenkämpfe. Er lächelte ungläubig und erkundigte sich dann eingehend nach dem Begräbnis der Kaiserin, das er für das wesentlichste berliner Ereignis hielt. Nun schön, es war auf dem Lande, und da hatte die Kreisblattpresse, von der Republik subventioniert und daher kaisertreu bis auf die Knochen, gut gearbeitet – aber man muß nicht denken, daß es in den Mittelstädten besser sei. Ein großer Teil der Leute lebt in einer Hühnerstallatmosphäre.

Daher die Metapher, eine gute Stadtleistung als die «beste von ganz Deutschland» anzusprechen – daher die völlige Interesselosigkeit am Kommunalleben andrer Städte, an ihren Versuchen und Erfolgen, Niederlagen und Lehren. Und begannen früher die Erlebnisse, die ein Schriftsteller zu erzählen hatte, etwa mit den Worten: «In Tirol hatte ich einmal eine Wirtin ...», so erschöpft sich heute die deutsche Geistigkeit des Alltags in kleinen Geschichten, die alle so anfangen: «Sitze ich da jüngst in der Elektrischen ...»

Die Berichterstattung aus der Provinz gleicht ungefähr der aus Timbuktu: es liest ja doch keiner, und außerdem ists gleich. Und so hockt jedes Gemeinwesen in seinem Kram und weiß vom andern nichts.

Berlin macht durchaus keine Ausnahme. Wenn wir von der Quantität absehen, ist doch das, was hierorts viele Cliquen bewegt, recht kleinstädtisch und unterscheidet sich nur in der Form, aber nicht in der Anschauung vom Milchkannenklatsch auf den krummen Straßen Posemuckels. Asphalt oder Kopfpflaster: es ist kein großer Unterschied.

Und reisen die Berliner, die sichs heute leisten können, wirklich fort, dann nehmen sie ihr Berlin mit, färben ab, sehen und sprechen wieder nur sich und fühlen sich auch nur da wohl, wo ihre Melodien, ihre Speisen, ihre Redensarten und ihre Leute zu finden sind. Es gibt an der See und im Gebirge eine ganze Menge Berlins ...

Vom Ausland zu schweigen. Daß für Deutschland die fremde Literatur, daß die fremde Kunst, daß die Kenntnisse fremder Wirtschaftsformen mit dem Jahr 1914 aufgehört haben – wer bedenkt das, wenn er sich sein Weltbild macht? Der

Literat, einige Journalisten, wenige Politiker, die Kaufleute, die das Fremde brauchen, und dieser und jener. Der Rest trottet stumpfsinnig seinen alten Trott. New York? Aber sie wissen ja nicht einmal von Hessen-Darmstadt sehr viel.

Und pfeifen auf den guten Europäer und sind sich selbst genug.

Jedermann sein eigner Globus.

Die eine Zeitung

Das Malheur ist nicht, daß die Leute Zeitungen lesen. Das Malheur ist, daß sie meist nur eine Zeitung lesen. Ihr Blatt. Das Blatt.

Was in dieser Zeitung steht, ist ein für allemal wahr, stabilisiert wie ein rocher de bronze, festgestellt und erledigt. Es ist ganz erstaunlich, wie wenig Leute dahintergekommen sind, daß auch die Zeitung ein Produkt wirtschaftlicher und geistiger Strömungen ist, daß sie durchaus nicht immer nur spiegelt, sondern auch ihresteils kleine Lampen anzündet, die die Öffentlichkeit für Reflexe hält, und kurz und gut: daß man die Meinung des Lesers machen kann, wie man Strümpfe herstellt. Ein alter berliner Chefredakteur hatte Grundzug und Tendenz der Zeitung, lapidar in Goldschrift auf einen weißen Porzellanteller gemalt, über seinen Schreibtisch gehängt: «Das Publikum ist noch dümmer.»

Das Niveau eines Menschen ist außer an andern Dingen auch daran zu erkennen, wieweit er fähig ist, über seine Gruppe hinauszusehen. Nur der kann für voll genommen werden, der sich zwar aus Utilitarismus oder Überzeugung seiner Gruppe anschließt, aber doch genau weiß: man kann es auch anders machen, denn anderswo wird es anders gemacht.

Davon steht in der Zeitung kein Wort. Die ist im Gegenteil bestrebt, den Leser ja nicht aus den Pantinen kippen zu lassen und ihm immerdar die Überzeugung einzuträufeln, daß alles auf der Welt genau so und nur so vor sich gehe wie in Buxtehude, Miesbach oder Berlin. Es gibt auch einen radikalen Konservativismus, und jede Zeitung hat Maukbeene: sie kann schlecht vom Fleck. Die jahrelang gewohnten Typen und Satzbilder, die feststehende Anordnung des Stoffes wirken lähmend und einschläfernd.

Herr Oborniker sitzt morgens im Schreibsessel und blättert, bevor er die Post öffnet, in seinem von Kindesbeinen an gelesenen Journal. Er weiß genau: Die Welt zerfällt in groß und klein Gedrucktes, Deutschland steht vorne, Amerika hinten und Bitterfeld in der Mitte. Und was die fünf Männerchen, die fünf Hampelmännerchen: Leitartikler, Lokalredakteur, Theaterkritiker, Handelsredakteur und Feuilletonplauderer ihm zu sagen haben, das geht ihm selig ein, und er schwört darauf wie auf die Bibel, die seine Vorfahren (entweder den ersten oder den zweiten Teil) ebenso fromm und eifrig gelesen haben wie er sein Blatt. Aber ich glaube fast: die Leute waren besser aufgehoben, als der verantwortliche Hauptschriftleiter noch Paulus hieß.

Redakteur und freier Schriftsteller

Das Verhältnis des Redakteurs zum freien Schriftsteller ist nicht so, wie es sein sollte.

Der Redakteur, dem freien Schriftsteller in mehr als einer Hinsicht nahe verwandt, mit ihm aus demselben Boden entsprossen, betrachtet den freien Schriftsteller nicht so als Berufskollegen, wie das wohl wünschenswert wäre, sondern sieht ihn vielmehr leider mit Verlegeraugen an.

Der vom Unternehmer angestellte geistige Arbeiter wertet sehr häufig schon nach kurzer Praxis den ökonomisch unsicheren, frei arbeitenden Berufsgenossen so wie sein Brotherr: von oben herunter.

Diese Sätze beruhen auf meinen Erfahrungen als Mitglied

einer berliner Redaktion, und ich muß hinzufügen, daß ich als freier Schriftsteller im allgemeinen über die Kollegen in den Redaktionsstuben in keiner Weise zu klagen habe. Ich spreche also nicht pro domo. (Obgleich das kein Schade wäre.) Es sind mir aber sehr wohl die Klagen vieler freier geistiger Arbeiter bekannt, die sich – meiner Meinung nach mit Recht – über die Haltung der Redakteure beklagen.

Neben der unangenehmen Wertschätzung der sogenannten «großen Namen» läuft eine Mißachtung der weniger großen parallel. Da ist zunächst die Frage der überlangen Fristen bei Offertenbeantwortungen. Der aktuelle Artikel, der aus irgendwelchen Gründen vom Redakteur zu lange in der Schublade behalten wird, ist nach vierzehn Tagen bei seiner Rückgabe für den Schreiber unbrauchbar geworden, er kann ihn nirgends mehr anbieten, und so haben wir das seltsame Schauspiel, daß ein geistiger Arbeiter (der Redakteur) das Werk seines Kollegen (des freien Schriftstellers) fahrlässig vernichtet.

In der Frage der durchaus unzulänglichen Honorare, die von den Zeitungen an die Mitarbeiter gezahlt werden, ist der Redakteur doch nicht ganz so einflußlos, als es den Anschein hat. Es ist mir in meiner Praxis soundso oft gelungen, den Widerstand des sparenden Verlages zu brechen und für die freien Schriftsteller (und Zeichner) wenigstens einigermaßen zureichende Bezüge durchzusetzen. Es kann auf keinen verständigen Unternehmer ohne Einfluß bleiben, wenn ihm sein Redakteur, der Geschäftsführer seiner Ressorts für geistige Arbeit, auseinandersetzt, daß er für schlechte Honorare nur mittelmäßige Schriftsteller zu Mitarbeitern bekommt, und daß er mit der dauernden Unterbietung der Preise Qualität und Niveau der geistigen Arbeiter drückt und sich so letzten Endes selber schadet. Demgegenüber habe ich leider feststellen müssen, daß es eine Reihe Redakteure gibt, die sich durch Überbetonung des Unternehmerstandpunktes ihren Kollegen gegenüber beim Verleger lieb Kind machen und sich lediglich als Angestellte des Unternehmers und nicht auch als Angehörige einer weiteren geistigen Gruppe betrachten. Das Angestelltenverhältnis dem Verleger gegenüber ist nicht zu leugnen, und es involviert sicherlich die Pflicht, die Interessen des Verlages nach außen hin wahrzunehmen. Das geschieht aber häufig mit einer Rücksichtslosigkeit, die jede geistige Artverwandtschaft mit dem freien Schriftsteller leugnet und ein vorhandenes Vertragsverhältnis über das Kollegialitätsgefühl triumphieren läßt.

Es ist mir sehr wohl bekannt, mit wieviel faulen Elementen, die sich als «Schriftsteller» ausgeben, der Redakteur zu tun bekommt; ich weiß auch, wie groß die Menge der taktischen Rücksichten und Hemmungen ist, denen der Redakteur nun einmal unterworfen ist. Ich glaube aber doch, daß es anders und besser sein könnte, als es augenblicklich ist. Der Redakteur, der heute seine Stellung verläßt, kann morgen freier Schriftsteller sein, und der freie Schriftsteller, der heute beim Redakteur antichambriert, kann morgen auf seinem Platz sitzen. Sie sind beide geistige Arbeiter. Sie sollten mehr zusammenhalten, und besonders der Redakteur sollte mehr zum freien Schriftsteller halten, damit sich manifestierte, was latent vorhanden ist: ihre Kollegenschaft.

Wo sind sie –?

Was an wirklichen Führerqualitäten im deutschen Volke steckt, hat man während des Krieges in brenzlichen Situationen dann gesehen, wenn der abgestempelte Achselstückträger Fehlanzeige gemeldet hatte und die Leute – besonders auf kleinen Kommandos – auf sich angewiesen waren. Die alles niedertrampelnde Militärpädagogik hatte immerhin doch noch einige richtige Kerls übriggelassen, die nicht wegen ihrer, sondern trotz ihrer wirkliche Männer geblieben waren. Um diese scharte sich, wenns drauf ankam, die

Gruppe der Kameraden, die ja, wie jede Gesamtheit, ein sehr feines Gefühl für psychische Stärke hatten.

In den Revolutionstagen, in jener kurzen Zeit, wo das alte Preußen den Atem anhielt und sich nicht aus den Löchern hervortraute, in die es sich verkrochen hatte – da zeigten sich hier und dort überraschende Erscheinungen, die plötzlich ohne Vorkenntnisse, ohne Erfahrung und ohne Ausbildung alle Grade des preußischen Tschins überhüpft hatten und kraftvoll und spielend zugleich das in sechs Stunden erledigten, was ein königlich preußischer Oberregierungsrat in einer Woche lahm zu verkorksen pflegte. Mir sind viele solche Beispiele bekannt geworden, wo einfache Leute in ihrer Eigenschaft als Vorsitzende des Soldatenrates, als «Kommandanten», als Leiter und Führer jedes Grades eine Geschicklichkeit, eine Menschenkenntnis, eine Umsicht und eine Energie entwickelten, die bewiesen, daß man diese Dinge nicht nur lernen, sondern auch besitzen kann. Zugegeben, daß viele, einmal zur Macht gelangt, nur die Untugenden ihrer verhaßten Vorgesetzten übernahmen und mit Geschäftsordnungsdebatten, preußischen Schikanen und jenem dämlichen Dünkel pensionsberechtigter Spießer all das weiter trieben, was sie von jenen zu erleiden gehabt hatten. Aber eine Reihe von Männern war doch ersten Ranges und wußte Menschen zu führen, zu lenken, anzufeuern und zu bremsen.

Wo sind sie –?

Wo sind alle diese, die durch ihre Existenz der brillentragenden Juristenclique einen Schreck ins Gebein jagten, weil die durch bunte Bierbänder geeinte Beamten-Genossenschaft mit beeidetem Hintern deutlich fühlte, wie hier Leute ans Ruder zu kommen drohten, die gar keine Paragraphenkenntnis, aber sehr viel gesunden Menschenverstand besaßen. (Man braucht nur zu beobachten, wie findig und vernünftig irgendein gewandter Chauffeur eine Sache anfaßt, und wie stumpfsinnig, verlogen und verdreht dasselbe von einem verbrauchten Schreiber der Verwaltung exekutiert wird.)

Wo sind sie –? Der erste Schreck ist gewichen. Und die Schlangenklugheit der preußischen Beamtenschicht hat über den gesunden Impetus der neuen Männer, die von unten kamen, gesiegt. Blutauffrischung? Aber man hat die Unbequemen längst abgeschoben, durch Beförderungen auf rein repräsentative Posten unschädlich gemacht, eingesperrt, verleumdet, ermordet ... Wo sind sie? Da, wo sie waren ... Unten.

Die von der Revolutionswelle nach oben gespülten Korkmännerchen hatten nicht einmal die Tüchtigkeit, sich gute Gehilfen auszusuchen, wohl aber die Dummheit, sich von den Männern mit den guten Manieren, den Paragraphenbrocken, der Aktienroutine imponieren zu lassen. Wolfgang Heine war gar nicht mehr zu sehen, so hatten sie ihn eingewickelt; Noske war böswillig, und nur Braun verstand es, sich überzeugungstreue Männer zur Arbeit heranzuziehen. Gegen einen sozialistischen Schulrat in Berlin liefen sie alle Sturm, weil ihm irgendwelche Papiere fehlten, die eine Prüfung mit durchschwitztem Frack anzeigten – aber daß dreißig Jahre lang ein Commis Kaiser gewesen, und daß die Vorbildung der meisten Minister von der Bureaugewandtheit ihrer Geheimen Expedierenden Sekretäre übertroffen wird, stört eine Nation nicht, die allemal den Grad über das Herz, die Formelexamina über die innere Beziehung setzt, und die, wo es sich um den Kopf handelt, ingrimmig auf die Hämorrhoiden starrt.

Und so erzieht sie Männer. Und wundert sich, daß keine da sind, wenn das Schiff in Not ist. Und jagt die paar, die aus der Mannschaftskombüse gelaufen kommen, wieder weg, weil ihnen die goldenen Streifen auf dem Ärmel fehlen, und will lieber unter einem planmäßig angestellten Staatssekretär der Gehaltsklasse XI zugrunde gehen als leben bleiben unter vernünftigen Männern, die gesund und volkstümlich denken.

Kriegsdienstverweigerer

Die Irrlehre, daß der Staat die Berechtigung habe, von seinen Angehörigen im Kriegsfalle Arbeit und Leben zu fordern, hat zwei Gegner: die Utilitaristen, die nachweisen, welche wirtschaftliche Sinnlosigkeit ein Krieg ist, und die idealen und tatkräftigen Pazifisten, die nicht töten wollen, weder um diesen lächerlichen Preis noch überhaupt. Während aber den Feldgeistlichen und den Universitätsprofessoren gelungen ist, die Brücke zwischen Christus und den Traditionskompanien der Reichswehr zu schlagen, gibt es doch schon eine Reihe Leute, die den Mut aufbringen, sich lieber einsperren zu lassen, als auf Befehl des geistig minderwertigsten Teils ihres Staates Löcher in andersgefärbte Uniformen zu schießen und die Aktiven der Händler, die die Helden bezahlen, zu erhöhen. Was in der Korrektionsanstalt Preußen–Bayern eine Ketzerei ist, war während des Krieges in England bei vielen eine Selbstverständlichkeit: das ausgezeichnete Heft «Die englischen Kriegsdienstverweigerer» von Martha Steinitz (im Verlag Neues Vaterland zu Berlin) gibt darüber Auskunft.

6312 CO sind wegen Kriegsdienstverweigerung in England seinerzeit verhaftet worden (CO = Conscientious Objectors, so hießen die Kriegsdienstgegner aus Gewissensgründen). 6312 Helden – denn es hat sicherlich mehr Mut dazu gehört, einer Nation und ihrem Wahnsinn zu widerstehen, als sich wie ein Stück Vieh von hinten nach vorne treiben zu lassen. Das Heftchen setzt lehrreich auseinander, von welch verschiedener Art diese Menschen waren, welche Organisationen sie gebildet hatten, wie tapfer und anständig sie sich in Gefangenschaft benahmen, und wie nur ganz wenige sich schließlich dem Zwange der Mordorganisation fügten. Bei den andern half nichts: Haft nicht, Geldstrafen nicht und auch nicht jener gemeine Versuch der englischen Militärbehörden, siebenunddreißig Männer mit Gewalt nach Frankreich zu verschleppen und dort in ein Strafbataillon einzureihen. «Wir wurden alle mit dem Rücken gegen ein Gerüst gestellt, das aus senkrechten Stangen in Abständen von 4 oder 5 Yards und Querbalken bestand, die etwa 5 Fuß über der Erde befestigt waren. Unsre Knöchel wurden zusammengebunden und unsre Arme dann hochgezogen und an den Handgelenken an die Querbalken sehr fest gebunden, in welcher Haltung wir zwei Stunden aushalten sollten.» Eine senkrechte Stange – und ein Querbalken: man nennt das ein Kreuz ...

Die große Ausnahme Bertrand Russell (unsre Professoren heißen Hofmiller und wetteifern an guter Gesinnung mit dem letzten Feldwebel, der so einen wieder an Ehrlichkeit übertrifft) – Russell war eine Insel im Meer der vom Vaterlandskollaps Geschlagenen. In England.

Und bei uns? Die Verfasserin beklagt mit Recht die immer noch geringe Verständnislosigkeit in den Kreisen des braven deutschen Pazifismus, der da glaubt, mit Vereinsgründungen und Resolutionen, die W. T. B. nicht um die Welt verbreitet, seine Aufgabe erfüllt zu haben. Ein klares Bekenntnis zur Kriegsdienstverweigerung ist die Basis für allen Pazifismus. Der Rest ist Literatur. Wir haben schon einen Bund der Kriegsdienstgegner – mit Bünden ist gar nichts getan –: aber diese Bewegung kann gefördert werden, wenn der, der sie billigt, sie auch ins Praktische umsetzt. (Man wende sich an Dr. Armin T. Wegner. Neu-Globsow in der Mark. Postscheckkonto Berlin 80907.)

Es ist unsre Menschenpflicht, gegen die allgemeine Wehrpflicht nicht mit dem ärztlichen Attest und den Beziehungen anzugehen, sondern sie zu verweigern, sie bedingungslos zu verweigern – auch dann, wenn sie Gesetz wird.

Unsere Zeitgenossen, die Raffkes

Ganz Europa lacht über seine neuen Reichen. Wer das Rennen macht, ist noch nicht heraus, denn sie liegen alle in gerader Linie vorn: der «Gulaschkönig» (Dänemark) und der «Haifisch» (Italien) und «Raffke» (Deutschland). Und drumherum sitzt ein Riesenauditorium und ruft: «Schieber –!» – Warum eigentlich?

Reichtum reizt. Darum haben die Vertreter der guten alten Familien in der Öffentlichkeit immer jene leise Zurückhaltung geübt, die beinahe dafür um Entschuldigung zu bitten schien, daß einer so viel Geld haben könnte – und wer nicht grade zu neidisch veranlagt war, kam dann rasch über die Tatsache hinweg, daß der andere so sehr viel reicher war. Nicht so Raffke. Seit er die Weltjahrmarktspreise erreicht hat, ist er obenauf und «macht» die Sache. Er schlägt seine Schlachten am Telefon, in den Likörstuben, an tintenbefleckten Bürotischen – und siegt immer um eines Mundes Länge. Denn ein Gott gab ihm zu sagen, was er leidet ... Hemmungen hat er nicht. Die Zitrone bis aufs letzte auspressen: *das* ist die Kunst. Raffke preßt. Und wenn er nach Hause kommt, tätschelt er Muttern zärtlich auf den Specknacken und sagt in unnachahmlich fettem Ton: «Na, Olle ...!» Dieses «Na, Olle ...» heißt: Wir haben ihn. Während das geschäftliche Wirken der Raffkes in kleinen Kreisen, ängstlich behütet vor der Öffentlichkeit, vor sich geht, spielt sich ein Teil ihres Privatlebens vor unser aller Augen ab, und da geht der Spaß los. Wenn Raffke dies hier liest, wird er sicherlich seine Zigarre (mit zwei Ringen) abklopfen und murmeln: «Nur kein Neid! Wer hat, der hat –!» Aber er vergißt, wie immer, daß man denn doch nicht *alles* für Geld kaufen kann. Die hinten Heruntergerutschten, die hinter Raffke her rufen: «Ach – der weiß ja nicht einmal, wer Goethe ist –!» – die haben nicht recht. Recht haben sie nur, wenn sie die Unbedenklichkeit verlachen, mit der die ganze Familie glaubt, für einen Scheck sei alles auf der Welt zu haben. «Kellner, einmal Bildung –!» Denn das hat Raffke bald heraus: so, wie bisher, gehts nicht weiter. Und so, wie er nun nicht mehr bei seinem alten Schneider fertig «von der Stange» kauft, so eignet er sich mit dem neuen Anzug (Gürtel hinten, aufgesetzte Taschen vorne) die feinere «Benehme» an. Und dann wird er unwiderstehlich komisch. Wer jemals Raffkes mit den immer noch etwas blutärmlichen Kindern in eine Loge rauschen sah, wer gesehen hat, wie sie durch ein Museum schieben, wie sie einen Aussichtsturm bewundern, vor dem Kolosseum lärmen und immer, überallhin den Ladentisch mit herumtragen: der weiß, was die Uhr geschlagen hat. Und will er ein übriges tun, dann möge er ein bißchen zuhören, was sich Raffkes zu erzählen haben. «Ja», sagt Frau Raffke und ordnet sich weit, weit vorn auf ihrem Busen die roten Rosen, «da liegt ja nun gewissermaßen die Sittlichkeit mit der Moral im Streite –!» – Und inzwischen sieht Vater Raffke nach dem aluminiumbeschlagenen Auto, an dessen Haube der Chauffeur gerade herumbastelt ... «Haste die neuen Zündkerzen drauf, Franz?» Da kann man nun Raffken nichts vormachen. Schlossern hat er gelernt. Und diese ehrliche Beziehung zum Handwerk ist wieder ein netter Zug und versöhnt mit vielem. Es geht furchtbar schnell. Vorgestern noch saure Gurken für die Kundschaft eingelegt, gestern die großen Vermittlungsgeschäfte im Kriege – heute zwei Fabriken und eine etwas merkwürdige Auslandstransaktion ... sie können schon kaum mehr zurückdenken, wie das damals war. Aber eines ist geblieben, durch alle die Jahre hindurch: die Kellerperspektive, die Angewohnheit, die Dinge noch so anzusehen wie damals, aus dem kleinen Lädchen heraus. Das geht nicht so schnell weg. Daher auch die Neigung, alles nach dem Gewicht zu beurteilen: Hummern, Kunst, Schmuck und Bücher. (Unter Umständen auch Frauen.) Je mehr, desto besser. «Wat? Drei Gramm Chinin soll das Kind haben? Jehm Se 'n Pfund! Viel hilft viel!» Raffke hats und zahlt alles. Und morgen? Es wird sich erst erweisen, ob die vielen, die in diesen wilden Jahren verdient haben, nun auch wirklich Kaufleute sind und bleiben, und es ist ja ganz sicher, daß die Sippe der Raffkes in stetem Wechsel begriffen ist: mal liegt er oben, mal liegt er unten. Es sind nicht immer dieselben, die wir die dicken Ananasscheiben geräuschvoll lutschen sehen ... Der gute alte Herr «Protz» aus den *Fliegenden Blättern* ist tot. Raffke ist zäher, bösartiger, fixer und viel lebenstüchtiger als jener arme Rentner. Sein Vergnügen sieht aus wie seine Arbeit: hart, laut, rücksichtslos und immer vorneweg. Und er hat noch eine Süßigkeit des Daseins, die ihn mit schwerer Freude erfüllt: das ist von Westerland bis Rapallo der Neid und der Ärger der andern, die «sichs nicht leisten können». Und mit der ganzen Gewitztheit, die ihn auszeichnet, weiß der dicke Mann mit dem blitzenden Brillantring, wenn er durch ihr Spalier vom Auto ins Hotel geht: Sie möchten ja auch alle so gern! Es sind lauter verhinderte Raffkes.

Eins, zwei, drei – g'suffa –!

> «Aber wehe, wer euch und euern Fleischermessern mit anderen Dingen als mit Roastbeefs und Kuttelfleck in die Quere kommt! Ihr zerhackt und zermetzgert ihn in der entsetzlichsten Weise. Schon eure Schimpfnamen ‹Dünng'selchter›, ‹Dickg'selchter Hanswurst!› sind alle der Metzgerinnung entnommen. *Bluttriefend muß derjenige von euch sich zurückziehen,* der die frevelhafte Zumutung an eure Gehirnchen gestellt hatte. Und eure Rache ist komplett.»
> Oskar Panizza, «Abschied von München», 1897

Wenn im vorigen Frieden der Bayer zu viel Knödel gegessen hatte, die im dick eingebrauten Bier durch seinen Magen schwammen, dann erschien als Albdruck seiner beängstigenden Träume nicht der leibhaftige Gottseibeiuns, sondern etwas viel, viel Schlimmeres. Dann erschien ihm der «Saupreuß».

Der Preuße – und insbesondere der Berliner – war dem Bayer der Inbegriff alles Bösen und Furchtbaren. Nun haben wir verschrienen Berliner ja die gute Gabe der Selbstironie, und wir wollen uns nichts vormachen: es gibt viele Exemplare unter uns, die, besonders auf Reisen, die ganze Innung blamieren. Aber wenn der Bayer nach Berlin kam, dann wurde er auch dann gut aufgenommen, wenn er grade kein feiner Herr war; kam aber der Berliner nach Bayern, so ging es ohne einige leichte «Pflaumen» nicht ab. Aus den Pflaumen sind heute Patronen geworden. Und Schlimmeres.

Hellmut von Gerlach hat hier das vorige Mal gesagt: «Jetzt endlich muß ohne Zaudern das Nötige zum Schutze der Republik geschehen – *ohne Rücksicht auf Bayern.*» Das ist ein gutes Wort. Denn die Sache ist heute so weit gediehen, daß man sagen muß: Lieber ein Ende mit Schrecken, als den Schrecken ohne Ende.

Ich weiß, daß so etwas den feingeölten Herren einer Diplomatie, die in allen Personalfragen glänzend, und in allen sachlichen sehr mäßig beschlagen ist, wie ein Steinwurf in einen geschliffenen Spiegel vorkommt. So etwas sagt man doch nicht –! Nein, aber man läßt sich vier Jahre von Bayern auf der Nase rumtanzen – mit einem Resultat, das wir gleich betrachten werden. Und daher soll hier stehen:

Die Republik steht uns höher als die Zusammengehörigkeit mit Bayern!

Was geht in Bayern vor?

Seit die Militärpolitik Ludendorffs vor dem größeren Soldaten Foch zusammenstürzte und Erzberger auslöffelte, was jener uns eingebrockt hatte, war Bayern das Pensionopolis der verkrachten Preußenoffiziere. Die Pickelhaube, die die Bayern früher gar nicht genug beschimpfen konnten, ist seitdem über München gestülpt, und wie die *Weltbühne* neulich berichtet hat, soll ja inzwischen Erich Ludendorff von den Bayern zum «Ehren-Saupreußen» ernannt worden sein. Die verstiegene Räterepublik gab der Stadt und einem Teil des Landes den Rest. Unter der Räterepublik wurden 14 Menschen von den Kommunisten erschossen, eine Schändlichkeit, für die es keine Entschuldigung gibt; die «Befreier» Münchens, das gar nichts auszustehen gehabt hatte, mordeten bei ihrem Einzug unter Herrn von Oven 184 Menschen. (Darunter Gustav Landauer, der in einer Weise «hingemacht» worden ist, daß noch der Frauenmörder Großmann hätte lernen können.) Seitdem hatten sich Monarchisten aller Arten in Bayern konzentriert.

Hier saßen Ehrhardt und Genossen, hier Ludendorff, da gingen Fäden zu salzburgischen und ungarischen Stellen herüber und hinüber – da fanden russische Weißgardisten, die auf einmal gar keine «landfremden Elemente» mehr waren, Unterstützung – da wurde Gareis hingeschlachtet, weil er etwas von jenen unterirdischen Dingen gewußt hatte – da saßen die Mörder Erzbergers, da hatten sie ihre Komplicen, Geldleute, Paßfälscher und guten Freunde. Wer sollte auch eingreifen? – Etwa dieselben Justizbeamten, die die armen Opfer von Niederschönenfeld schikanieren? (Vier Tage vor dem Kapp-Putsch warf man die ganze Gesellschaft in die Keller – es müssen gute Wetterpropheten da sitzen in Niederschönenfeld.)

Das antirepublikanische Treiben zeigte sich auch nach außen. «Nichtbayrische Deutsche» (ein verfassungswidriger Begriff) wurden in der widerlichsten Weise drangsaliert: die ungehobelten Mannen der Fremdenpolizei drangen früh morgens in die Hotels ... Pässe wurden abverlangt und verweigert ... Und heute warnt bereits die amerikanische Gesandtschaft in Berlin ihre Landsleute, in dieses Bayern zu fahren, wo man sie neppt und anrüpelt.

Wir haben kein einheitliches Reich mehr. Das ist nicht

wahr. Und alle feine Regierungskunst wird das nicht beweisen können.

Die Bayern pfeifen auf die Verfügungen des Reichsjustizministers, der sich unter den heutigen Verhältnissen gar nicht durchsetzen kann. Der Mörder Eisners, Herr Graf Arco, wird zur Landarbeit «beurlaubt» (nächstens werden sie noch ihre Verbrecher mit Altersschwäche hinrichten) – der Reichsjustizminister ist machtlos. Den Organen des Reiches werden alle nur erdenklichen Schwierigkeiten gemacht – die Republik steckt das ein. Die Bayerische Volkspartei gibt dem Reichskanzler auf seine Fragen, ob sie denn nun monarchistisch sei oder nicht, erst eine ausweichende und dann gar keine Antwort. *Und das ist eine.* Die münchener Politiker treiben mit ihrem verstorbenen Ludwig einen Gottesdienst; er «mußte aus dem Lande fliehen», schreiben sie in den Nekrologen. Kein Wort davon ist wahr. Der alte Herr ist weggefahren, weil es ihm unbehaglich war. Die Studenten Münchens proklamieren ganz offen ihren Rupprecht als künftigen Fridericus Rex. Das Reich sieht zu.

Und sieht zu, wie Mörder und ihre Gehilfen nach Bayern gehen: ins «feindliche Ausland». Am Main hörts auf.

Es hört aber nicht am Main auf. Wir machen, glaube ich, den Fehler, immer von einem einheitlichen Bayern zu sprechen. *Es gibt aber zwei.*

Es gibt auch in Bayern ehrliche und mannhafte Demokraten (wodurch sich nicht Herr Müller-Meiningen getroffen fühlen möge, dem das kein Mensch beweisen kann). Es gibt auch in Bayern Sozialisten und Republikaner, und man darf nicht alle über einen Leisten hauen. Nordbayern, Franken, fast alle Kreise bis zur Donau treiben den münchener Wahnsinn nicht mit und bedanken sich dafür. Das neue Preußen fängt *an der Donau an.*

Und hier ist zu sagen: Will man es südlich der Donau so weiter treiben: *dann ohne uns.* Wir haben es satt. Die «Realpolitik» hat da versagt. Heute die Reden nach der Ermordung

Erzbergers zu lesen ist ein hoher Genuß. «Wir wollen es mit Geduld und gegenseitigem Verständnis versuchen ...» G'suffa! Sie essen einen Radi und tun uns das, was man eben nach einem solchen Essen tut.

So geht das nicht weiter. Wenn die mit Bier und Begeisterung angefüllten Herren an der Isar ihre Donauföderation haben wollen –: Baden tut nicht mit, Württemberg tut nicht mit, die Pfalz tut nicht mit – sie stehen allein. Und können sich mit Tirol amüsieren und Österreich in noch schwerere Katastrophen treiben. *Und wir tun nicht mit.*

Sie geben sich ja kaum noch Mühe, ihre tatsächlich bestehende Selbständigkeit zu verbergen. Es ist Gottes Wunder, daß sie unsere Schnellzüge noch hereinlassen. Lerchenfeld ist nicht der Schlimmste – aber entweder kann er sich nicht durchsetzen – oder er wird von Berlin aus nicht richtig behandelt. Darüber muß man sich klar sein: fällt er, dann ist es aus. Dann haben wir Kahr oder noch schlimmere Knaben. Und das bedeutete das Ende.

Ich halte es für sauberer, ehrlicher und besser, dieses Ende. Es ist doch für alle Beteiligten gut, wenn Klarheit geschaffen wird. Das Fortwursteln, auf das manche Politiker in Berlin sicherlich unendlich stolz sind, führt zu gar nichts. Die Bayern werden immer unverschämter – und das Reich wird immer machtloser. Denn es ist ja nicht wahr, daß diese Obstruktion gegen Preußen geht (das von früher her gewiß viel auf dem Kerbholz hat). *Es geht gegen die Republik.* Gegen eine Republik, in der doch Bayern genauso viel Einfluß hat wie jeder andere Bundesstaat auch.

Wenn in Berlin Rathenau von Offizieren und Studenten ermordet wird, dann schreit unten ganz Bayern mit dem englischen Journalisten Ludendorff und dem famosen Herrn Dr. Heim an der Spitze: «Bolschewismus!» – So sieht er aus, genau so hat ihn sich Lenin immer vorgestellt. Und gegen diesen Bolschewismus rüstet Bayern ein Freikorps nach dem andern.

Joseph Wirth! Du lebst mit Bayern in einer unglücklichen Ehe. Die Frau wirft dir seit Jahren das Bügeleisen an den Kopf, wenn du dich ihr nur näherst – Kinder werdet ihr kaum noch kriegen. Sie sauft, krakeelt und liebelt mit einem andern.

Weißt du was? Nimm ihr den Ältesten, den Franken, weg und laß sie wandern, laß sie wandern –!

Das Reich und die Länder

«Die Juristen und Räte, das ist die Pest; treiben ihre Herren in Unrat und Verderben.»
Gerhart Hauptmann, «Florian Geyer»

In den deutschen Bürgerwohnungen stand vor dem Kriege gewöhnlich ein Raum ganz leer. Darinnen befanden sich unsagbar scheußliche Seidenmöbel, die die sorgliche Hausfrau mit Tüchern zu verhängen pflegte, von den Wänden grüßte der süßeste Kitsch, und die Nippesfiguren, die da herumstanden, riefen die Sehnsucht im Beschauer wach, sie einzeln abzuschießen. Das war der «Salon» oder die «gute Stube». Die «gute Stube» war nur für sonntags. Sie saßen auf kleinen goldlackierten Stühlchen, unter die der Gast, wenn er ein feiner Mann war, seinen Zylinder zu setzen pflegte – und ganz wohl wurde allen erst wieder, wenn sie nebenan im gemütlichen Eßzimmer saßen und sich Vater nach Tisch mit einem «Sie erlauben wohl» die Weste aufknöpfte ...

Das Reich ist die gute Stube der Republik. Es ist nur für sonntags da. In den Ländern wird wochentags über geschoben und sabotiert, was das Zeug hält. Das Reich strahlt in sonntäglicher republikanischer Reinheit.

Der Artikel 14 jenes Papiers, das die Deutschen lustigerweise Verfassung nennen, obwohl sich außer den Verfassern noch kein Mensch mit ihr befaßt hat, besagt:

«Die Reichsgesetze werden durch die Landesbehörden ausgeführt, soweit nicht die Reichsgesetze etwas anderes bestimmen.» Und hier liegt das Malheur der ganzen Republik.

Man braucht gar nicht an Bayern zu denken. Es liegt in der Tat so, daß solche Reichsgesetze, die durch die Länder angewandt werden, jedesmal ein Lotteriespiel bedeuten: wenns trifft, ists gut, und wenns nicht trifft, kann man auch nichts machen. Der Reichstag beschließt, und die Landesregierung feixt sich eins.

Der Revolutionsersatz vom 9. November hat ja alle Bundesstaaten getreulich übernommen, ohne zu bedenken, daß ein großer Teil von ihnen gerade nur so begrenzt ist, wie die Dynastien einmal geheiratet haben. Nahm ein Großherzog von Hessen die Tochter eines Herzogs von Greiz-Reiz-Schleiz zur Frau, so bekam er drei Dörfer und ein Kloster zur Mitgift, und die betreffenden Bauern und Städter hatten ihren Landespatriotismus umzustellen, daher denn nichts lächerlicher ist als der kindliche Stolz der Länder auf ein Vaterland, dessen Gestalt sie im wesentlichen der Schieberpolitik ihrer Fürsten verdanken.

Ich habe den leisen Verdacht, daß manche Länder ihre «bodenständige Eigenart» allemal dann betonen, wenn ihnen die Republik zu republikanisch ist, und daß die Betonung jenes bekannten «gesunden Föderalismus» allemal dann einsetzt, wenn man von Reiches wegen der Reaktion wirklich zu Leibe gehen will. Denn das Wesen eines Reiches besteht doch gerade darin, daß sich die Vertreter aller örtlichen Kreise auf eine mittlere Linie einigen, die sie dann aber auch alle innezuhalten haben. Davon ist bei uns gar keine Rede.

Nun ist das Mißtrauen besonders der süddeutschen Bundesstaaten gegen Preußen von früher her verständlich: Preußen hatte mit seinen siebzehn Stimmen im damaligen Bundesrat ein solches Übergewicht, daß es oft genug den anderen seinen Willen aufzwang. Und dieser Wille war nicht immer gut. Aber heute liegt das doch anders, und man muß feine

Ohren haben, um aus dem Geschrei gegen den «Zentralismus» die richtigen Töne herauszuhören.

Jeder Gewerkschaftler wird wissen, wie schwer es mitunter ist, die übereifrigen Leiter von Lokalsektionen in Einklang mit den Interessen des Ganzen zu bringen. Und er wird ebenso wissen, daß die Beweggründe zu solch eigenmächtigem Vorgehen manchmal etwas dunkler Natur sind.

Die Ministerien in ganz Deutschland schimpfen auf die Wilhelmstraße. Ich habe auch schon mal freundlichere Straßen gesehen und weiß, daß vieles, was von da kommt, auf ähnlicher geistiger Höhe steht wie der Namenspate der Straße. Aber das große Geschrei gegen Berlin ist in vielen Fällen nichts anderes als der brennende Ehrgeiz der Lokalgötzen, selber Wilhelmstraße zu spielen. Oder, um mich gebildet auszudrücken, der Wille, für das große angefeindete Organisationszentrum lauter kleine Organisationszentren zu setzen. Und es sollte mal ein Dorfschulze wagen, gegen *seinen* Landesminister so zu stänkern wie der gegen das Reich, dann würde ihm sehr schnell beigebracht werden, daß «nur eine straff zentralistische Verwaltung ihren Aufgaben genügen könne».

Wilhelm hat seinen Krieg verloren, und Deutschland ist nicht größer geworden. Aber was wir noch alles haben, und wofür in diesem Lande, das von der Tuberkulose durchseucht ist und dessen Säuglingssterblichkeit nicht kleiner wird, noch Geld übrig ist, das ist schon ganz lustig. Hamburg hat einen Gesandten in Berlin (ob der auch einen Dolmetscher hat, ist noch nicht ganz heraus), – Preußen hat einen Gesandten in Dresden, jedes kleine Ländchen hat den ganzen Aufbau der großen Ministerialmaschine noch einmal, und ich kann mir die von Stolz und Wichtigkeit geschwellte Brust eines solchen Mannes vorstellen, wenn auch er ganz wie ein richtiger Erwachsener Minister spielt. Daß es im Lande Behörden geben muß, ist ja selbstverständlich. Unmöglich kann auch der beste Reichsminister des Innern wissen, wie die Durchführung einer Verfügung, die für das platte Land ganz erträglich sein mag, an der Wasserkante aussieht. Aber was bei uns getrieben wird, läuft heute letzten Endes in vielen Fällen auf eine Sabotage der Republik hinaus.

Das Reich ist machtlos. Und daher ist die Republik machtlos. Hat ein Land nicht zufällig eine arbeitsfähige sozialistische Mehrheit, wie Sachsen, dann ist es einfach dem guten Willen der betreffenden Landesregierung überlassen, wie sie ein Reichsgesetz durchführt. Denn der Aufsichtsrat des Reiches aus dem Artikel 15 der Verfassung sieht doch in der Praxis recht kümmerlich aus.

Was sich früher vielleicht durch ein Handschreiben des Kaisers an seinen «lieben Vetter» jenseits der schwarz-weißen Grenzpfähle hinten herum schieben ließ, ist heute einfach undurchführbar. Und daher sieht es denn so aus:

Der Reichstag beschließt, eine Rede im ganzen Reich anschlagen zu lassen: einzelnen Ländern paßt das nicht, und entweder kommen die Plakate gar nicht bis zu den Dorfgemeinden herunter, oder der Gendarm wischt sich – die Augen damit aus. Die Republik wünscht ein Verfassungsfest: die Länder blasen ihr eins. Die Republik ordnet dieses an, will jenes, verlangt Entwaffnung, Meldung, Durchführung einer Verfügung des Reichskabinetts: die Länder sabotieren. Und berufen sich immer dann auf ihre Stammeseigenart, wenn und weil ihnen die Republik nicht paßt.

Wenn früher einer mit der Postkutsche von Hamburg nach Kassel reiste, mußte er vor achtundzwanzig Schlagbäumen halten und zahllose Zollplackereien über sich ergehen lassen. Er kam nur beschwerlich durch. Solch Reisender ist heute sehr oft ein Reichsgesetz. Man muß sich nur wundern, daß die in Bayern noch einen Meter haben und nicht den bayerischen Fuß, und daß Ostpreußen trotz seiner Stammeseigenart dieselbe Spurenweite für die Eisenbahnen zuläßt wie Schlesien.

Auf vielen Gebieten haben wir überhaupt noch kein Reich.

Der Widerstand, die in der deutschen Seele stets schlummernde Oppositionslust und ihr Hang zur Eigenbrödelei überwuchern alles praktische Bedürfnis. Und der Widersinn geht so weit, daß sich die Bayern von landfremden Preußen in ihrer Obstruktion gegen die Republik unterstützen lassen. Das Reich ist häufig guten Willens. Es hat nicht die Macht. Es hat nicht die Macht, die nötig wäre, um mit dem Zwiespalt von Salon und Wohnstube aufzuräumen, und eine einheitliche, sauber gelüftete und für alle praktischen Bedürfnisse verwendbare Behausung herzustellen.

Reformiert wird bei uns im Salon: im Reich. Und da, wo es am nötigsten wäre, bleibt alles beim alten. Reformen, die nur am Haupt geschehen und nicht an den Gliedern, taugen nichts. Denn gerade die kleineren und kleinsten Gruppen eines Staatskörpers sind die wichtigsten: die Länder, die Kreise, die Dörfer und die Familie.

Berlin hißt Schwarz-Rot-Gold. Krähwinkel weiß nichts davon. Und so viel kann das Reich auf allen Gebieten gar nicht gutmachen, wie die Länder sabotieren.

Nie wieder Krieg!

Der Major Zimmermann stand, an den Rahmen seines Fensters gelehnt, und blickte trübe und nachdenklich in den grauen Regenabend. Heute … Heute vor sechs Jahren … Das war 1916 gewesen, und er stand damals in Belgien – nach langen Märschen und bösen Gefechtsmonaten in Belgien, in der Etappe. Ja, damals …

Seine Augen leuchteten, wenn er daran dachte. Er sah noch den Unterstand vor sich, den ihm seine Pioniere für Fliegerdeckung gebaut hatten … Alles tadellos mit weißen Birkengeländern verziert – Gott ja, die Flieger konnten das sehen – aber es machte sich doch hübsch … Wenn es nach ihm, dem Major Zimmermann, gegangen wäre, dann hätte man den ganzen Kriegsschauplatz mit weißen Birkengeländern umrahmt. Und immer tadellos ausgerichtet, natürlich! –

Ja, und die Unterkunft selber – famos, famos! Sie lagen damals in einem herrlichen Schloß, er und der Stab – nie in seinem Friedensleben hatte er je so gewohnt. Der Eßsaal war allein eine Sehenswürdigkeit – na, und schlafen tat man da auch nicht schlecht. Der Koch war von Kempinski in Berlin, – der zitterte, wenn er nur an die Front dachte. Dem brauchte man nichts zu sagen. Der gab sich Mühe.

Er brauchte aber auch das gute Essen, der Major Zimmermann. Er hatte mächtig zu tun. Was das allein für eine Arbeit war, jeden Morgen nach dem guten Frühstück die zwei dikken Unterschriftsmappen zu unterhauen, die ihm der diensteifrige Adjutant auf den Tisch legte! Zu lesen brachte man ja das Zeug nicht – wozu waren denn die Schreibstubenhengste da. Nur auf die zweifingerbreiten Abstände oben und unten auf den Seiten – da paßte er mächtig auf. Denn Ordnung muß sein! – Und wenn das erledigt war, dann vertrat er sich im Ort ein bißchen die Beine – und wehe dem Soldaten, der seine Ehrenbezeugung nicht anständig machte! Alte Landstürmer – pinselblonde Rekruten – ganz gleich – wenn man nicht die Knochen krachen hörte, dann setzte es unfehlbar drei Tage Mittel! Waren die Leute hier, um Krieg zu führen und zu faulenzen oder um Dienst zu machen? Na also. Da war mal so ein Schnösel von Unteroffizier gekommen, der latschte so vorüber – die Haltung hatte er schon gern. Er stellte ihn. Da hatte der was von «vierzehn Tage Trommelfeuer» gemurmelt. Aber da hatte ihn der Major angepfiffen! Der ganze Markt war zusammengelaufen! Ob er vielleicht glaube, daß hier hinten, in seiner Ortsunterkunft, die Bummelei weiterginge? Hier sei er nicht an der Front! Hier herrsche Zucht, Ordnung und die gute alte preußische Disziplin! Jawoll.

Draußen ging ein Mann vorüber und pfiff sich eins. Na, wollte denn der Kerl keine Ehrenbezeugung ...? Ach so – das war ja nun vorbei.

Gewiß, man hatte so seinen kleinen Ersatz: die «Arbeitsgemeinschaft» – und dann neulich die Besichtigung auf dem Gut seines Vetters – und das famose Festessen, als sie dem Rathenau, diesem ollen Juden, eines aufgebrannt hatten. Ja, das war alles recht schön und nett. Aber das da – diese herrliche, diese wundervolle, diese *große* Zeit – die kam doch nicht wieder ...

Und wenn ihr, Kameraden und Genossen, wollt, daß sie nicht wiederkommen, der Major Zimmermann nicht und seine Kollegen nicht, wenn ihr wollt, daß wir von der Wehrpflicht verschont bleiben, daß wir als *freie* Männer leben und nicht als uniformierte Knechte – dann bitte ich euch, an diesem schrecklichen Tage, an dem vor acht Jahren alle Gassen und Plätze von der Massenbesoffenheit des Patriotismus widerhallten, derer zu gedenken, die für den Machtwahnsinn des ausgerissenen Kaisers gefallen sind und für die Unfähigkeit seiner Beamten! *Ein Gruß an die toten Kameraden!*

Wir aber, die wir leben, wollen – für uns und für unsere Frauen und vor allem für unsere Kinder – geloben, gegen alle Hetzer und Helfferiche –: *Nie wieder Krieg –!*

An die Jungen

«Deutsche, glaubet euren Sehern,
Unsere Tage werden ehern,
Unsere Zukunft klirrt in Erz;
Schwarzer Tod ist unser Sold nur,
Unser Gold ein Abendgold nur,
Unser Rot ein blutend Herz!»
Georg Herwegh

Daß Ihr noch anständig seid, ist alles Mögliche. Die Voraussetzungen dazu sind wirklich nicht gegeben: man hat Euch Jungen in vier entscheidenden Jahren Eures Lebens mit Kohlrüben und patriotischen Lügen hochgefüttert, Eure Lehrer standen im Felde, die, die noch übrig waren, mußten und wollten Euch vorerzählen, daß Ihr um des Staates willen auf der Erde seid und dem alles zu geben hättet: Verstand, Blut, Knochen und Gesinnung. Ein Teil von Euch hat es nicht getan.

Aber auch, wenn Ihr nur wollt, unsere zünftigen Nationalisten wissen, warum sie die Faust auf der Schule halten: da wächst das neue Deutschland heran, da sitzt die Generation, die um das Jahr 1940 schaffen und arbeiten wird, da tummeln sich unsere zukünftigen Richter, Verwaltungsbeamte, Ärzte, Priester und Kaufleute.

Aber auch, wenn Ihr nur wollt, unsere zukünftigen Pioniere.

Es ist für einen jungen Menschen von heute nicht leicht, Stange zu halten. Was man Euch lehrt, ist zum großen Teil nationalistischer Unfug; was Ihr um Euch herum seht: Schiebung, Schlechtigkeit und Schande. Ihr kennt kaum noch die alten Führer aus der Zeit des Sozialistengesetzes, die Freiheitskämpfer waren, als es noch etwas kostete – Ihr wißt kaum noch, wie das ist, wenn einer zu seiner ganzen Umwelt nein sagt, ohne damit Erfolg zu haben. Ihr lebt in einer Welt, die nur den ernst nimmt, der Erfolg hat. Und wenn Ihr dennoch die rote Fahne hochhaltet, so sei Euch Ehre und Dank dafür.

Als Krieg war, habt Ihr in den vier blutigen Mordjahren vom Militarismus zuerst nur das Stück glänzende Außenseite gesehen, das für unerfahrene Kinder und nationalistische Tröpfe so bestechend ist: mit Bum bum und Tschingdara zogen Eure Väter und älteren Brüder durch die Straßen, und Ihr lieft, wie Kinder einmal sind, jubelnd mit und wart stolz auf sie. Erst als der Vater auf Urlaub kam und Mutter immer häufiger weinte, weil sie nicht wußte, wovon sie die Kartoffeln bezahlen sollte, und als dann jener Brief kam, jener traditionelle, einfache und amtliche Brief, worin der Empfängerin der ordnungsmäßige Heldentod ihres Ernährers mitgeteilt wurde, und als sie zusammenbrach –: da wußtet Ihr, was das ist: Krieg. Und seitdem habt Ihr wohl nachdenken gelernt.

Wenn Ihr Euch sozialistisch und menschlich fortbilden wollt, so müßt Ihr Euch schon ein Beispiel aneinander nehmen. Denn es ist ein Jammer und eine Schande, was heute noch auf den deutschen Schulen mit Euch getrieben wird. «Durch die straffe Zucht werden die Kinder erst recht nichtsnutzig. Man muß den Kindern freie Aussprache gönnen. Wenn man die Kinder auf der Straße anspricht, dann tun sie grade, als ob sie Angst hätten, daß sie wieder etwas auf den Hosenboden bekämen. Verbrecher werden nie geboren, sie werden immer erst gemacht. Können die Kinder sich einmal in der Natur einen ganzen Tag herumtollen, dann haben wir zu Hause leichtes Spiel mit ihnen, dann tun sie für einen alles.» Das sind Worte eines einfachen Bergmannes, eines von denen aus dem Ruhrgebiet, die F. Fehr einmal befragt hat, wie sie über die Erziehung ihrer Kinder dächten. Der Mann hat ganz recht.

Der gute Schüler ist in Deutschland stets der gehorsame Schüler und meistens ein Duckmäuser. (Also ist der gute Lehrer ein fauler Lehrer. Denn es ist ein Zeichen von Bequemlichkeit, verprügelte Kinder als Ideal aufzustellen.) So wollen Euch jene schlechten Deutschen, die immer noch viel zuviel zu sagen haben: Ihr sollt zusammenschrecken, wenn sie Euch ansprechen. Ihr sollt strammstehen, Ihr sollt immer sechs Vorgesetzte haben, treue Untertanen Eurer Beamten, die Ihr nicht gewählt habt. Diese Kasernenhoferziehung ruft dann natürlich auf der andern Seite großbramsige Jungen hervor, die nun glauben, überhaupt kein Buch mehr anfassen zu sollen, und die den Sozialismus falsch verstanden haben: weil wir ihnen gesagt haben, der Respekt vor diesen Unteroffiziersgehirnen sei fehl am Ort, deshalb glauben sie, Respekt sei überhaupt eine überflüssige Sache, und tiefere Einsicht und Verehrung überlegener Menschen seien überholte Dinge. Ich brauche Euch nicht zu sagen, daß das falsch ist. Die Jugend braucht so nötig Führer. Sie hat aber keine. Sie hat fast nur Erziehungsbeamte.

Wie es in den meisten deutschen Fürsorgeanstalten aussieht, weiß man. Wenn so ein Junge infolge schlechter Anlagen und einer gradezu widersinnigen Gesellschaftsordnung gestolpert ist, dann nimmt ihn Vater Staat in die liebevollen Arme und verdirbt ihn vollends. Viel mehr hat er für Euch nicht übrig. Denn er muß eine ganze Reichswehr und einen ganzen Kapitalismus unterhalten.

Hinter den roten Fahnen zieht Ihr singend durch die Straßen und laßt den Sozialismus leben und gebt Eurem Abscheu über Wilhelms Mörderoffiziere kräftigen Ausdruck. Das ist gut. Aber es genügt nicht.

Ihr – gerade Ihr – habt die Aufgabe, die Reinheit Eurer sozialistischen Gesinnung zu verbreiten. Ihr müßt diese Gesinnung bei Euch selber sauber erhalten. So schwer es auch sein mag, mit diesen beschränkten Mitteln überhaupt noch anständig zu sein: Ihr müßt in Fragen der Geschlechter, des Alkoholmißbrauchs, der Körperpflege, der Liebe zur Natur – Ihr müßt und könnt da bahnbrechend wirken!

Ihr seid die Hoffnung.

Ihr seid aber auch die Furcht der andern. Euch fürchten hunderttausend Beamte und jene ganze Clique von hochnäsigen Militärs, kleinen Gutsfürsten und großen Fabrikkönigen. Daß sie Euch fürchten, beweist die feine Aufmerksamkeit, die sie Eurer Schule widmen. Sie geben nicht etwa Geld dafür – sie bezahlen nicht etwa Eure Lehrer anständig – sie sorgen nicht etwa dafür, daß deren Ausbildung besser und fortschrittlicher werde als heute – Gott bewahre! Im Gegenteil. Sie unterdrücken mit allen Mitteln jede sozialistische Regung in der Schule – in den Lesebüchern verpesten noch heute fromme Hohenzollernanekdoten die Luft, und noch immer wird den Arbeiterkindern gelehrt, daß man nicht töten solle. Und zugleich: daß man töten müsse. Ihr seid eine Macht. Sie fürchten Euch. Seid Euch dessen immer bewußt.

Haltet zusammen! Ihr seid die junge Republik! Ihr der junge Sozialismus! Fallt Euren Eltern nicht in den Rücken und schändet das Gedächtnis Eurer Vorfahren nicht, indem Ihr ins bürgerliche Fahrwasser abschwenkt. Daß Ihr heute wenigstens ungehindert durch die Straßen ziehen könnt, das habt Ihr der jahrzehntelangen Arbeit der alten sozialistischen Führer zu danken.

Ehrt sie durch die Tat!

Deutsches Tempo

«Und aber in fünfhundert Jahren
Will ich desselben Weges fahren.»
Chamisso

Wenn du Sonntag nachmittags in einem Park auf das grüne Gras gehst, obgleich eine Tafel mit dem deutschesten Wort davor steht: *Verboten!* – dann stellt dich bestimmt irgendein Aufseher, ein Schupomann, ein Kriminalbetriebsassistent, kurz: ein von dir bezahlter Beamter, und du glaubst gar nicht, wie schnell du dein Strafmandat in der Tasche hast. Vorladungsfristen, Zahlungsfristen – es geht bei der großen Menge ähnlich wichtiger Geschäfte ziemlich rasch.

Wenn aber ein strammer Deutschnationaler Waffen ansammelt und verbirgt, um dereinst glorreich gegen Frankreich zu ziehen (und die andern als Helden sterben zu lassen) – dann rührt sich nichts. Justitia, diese Göttin der Gerechtigkeit in der kaiserlich deutschen Republik, lehnt dann müde an der Wand, das Schwert hat sie in eine Ecke gelehnt, die Augenbinde auf die Stirn hinaufgeschoben, und die Waage, die schon immer ein bißchen nach rechts ausgeschlagen hatte, abgestellt. Sie schlummert. Ab und zu spricht sie aus dem Schlaf. Aber es hört keiner hin.

Wo sind die Prozesse gegen die Waffenschieber?

Man glaubt gar nicht, wie sorgfältig, wie subtil, wie unendlich genau die deutsche Justiz arbeitet, wenn es sich um Leute handelt, die ihrem Herzen nahestehen. Und ihr Herz sitzt rechts! – Auf hundert Waffenschiebungen mag *eine* Verurteilung kommen, alles andere versickert in den Akten. Tatsächlich liegen die Dinge zur Zeit so:

Oberschlesien starrt vor Waffen. Ostpreußens Gutsbesitzer denken gar nicht daran, die Waffen abzuliefern, die sie da noch aufgestapelt haben. Die Geheimorganisationen, die sich nach dem Rathenaumord neue Namen gegeben haben, besitzen große, über das ganze Land verzweigte Waffenplätze. Die Gesinnung in diesen Kreisen ist folgende:

«Man kann nie wissen. Waffen brauchen wir auf alle Fälle: einmal gegen die Republik, der wir eines Tages, wenn wir das radikale Volk in den Städten genügend ausgepowert haben, an den Kragen gehen werden – und zum andern gegen Frankreich.» Das ist eine fixe Idee in diesen Köpfen, die sich allen Ernstes einbilden, dieses am Boden liegende Land könne noch einmal – unter diesen Verhältnissen! mit diesen Menschen! mit diesem Dalles! – gegen Frankreich ziehen. Im Osten benutzt man als Plakat zur Verbergung seiner innerpolitischen Pläne abwechselnd die Polen oder die Bolschewisten, wie es ja diesen schlechtesten aller Deutschen niemals an Ausreden gefehlt hat, um ihre altkonservative Gewaltpolitik zu rechtfertigen. Tatsache ist, daß sie zusammenhalten wie die Kletten.

Den einzelnen lockt vor allem die brillante Stellung, die Uniform und der Machtkitzel. Geldgeber sind genügend da: das Ganze ist, um jenen preußischen Kasinoausdruck zu gebrauchen – glänzend «aufgezogen». Mit der Summe Arbeit, die diese Leute bis jetzt auf ihre verbrecherischen Ziele verwandt haben, hätte man ein gutes Stück Wiederaufbauarbeit leisten können. Aber dafür haben sie keine Zeit und kein Geld. Und auch nicht die Spur guten Willens.

Ihre Tüchtigkeit kommt ein bißchen spät. Wenn man sich so die Helden ansieht, die damals die abzuliefernden Schiffe bei Scapa Flow versenkt haben, alle die Jungens, die heute noch die Abmachungen mit Frankreich sabotieren, wo sie nur können, die erst kürzlich Fahnen, die an Frankreich abgehen sollten, gestohlen haben: dann muß man immer an einen Jockey denken, der sich noch lange auf seinem Pferd abstrampelt, wenn das Finish längst vorbei ist. Wir sind um viele Helmeslängen geschlagen worden. Es wäre klug, das endlich einzusehen und nicht jene Politik aus den politischen Gründerjahren von 1870 bis 1914 zu wiederholen, die uns diese Niederlage eingebracht hat. Mehr blamieren als das kaiserliche Regime kann man sich nicht gut.

Doch von politischer Einsicht ist keine Rede. Es gilt bei den Nationalen aller Schattierungen als eine Ehrenpflicht, der Reichsregierung so viel Schwierigkeiten wie nur möglich zu machen. Den Eindruck im Ausland kann man sich vorstellen. Kein Kaufmann würde mit einem andern verhandeln, der sich so doppeldeutig, so unzuverlässig, so faul benähme wie diese Brüder. Mir sagte jüngst ein Mitglied der französischen Kommission: «Wie sollen wir zu Ihnen Vertrauen haben, wenn sogar bei einem deutschen Offizier, einem Oberleutnant, der uns in Stettin als Verbindungsmann beigegeben wird, Waffen gefunden werden!» Ich konnte ihm nichts entgegnen – denn er hatte recht.

Sie organisieren auf Teufel komm raus. Denn sie haben nichts zu riskieren. Und das ist das unbegreiflichste Vorkommnis in dieser viel zu weichlichen Republik, die die Gefühle ihrer schlimmsten Feinde schont, statt Politik zu machen: Warum faßt sie nicht wenigstens die Staatsanwälte, die da sabotieren –? Die Staatsanwälte, die viel gefährlicher sind als die Richter, die Staatsanwälte, die Untersuchungen verschleppen, die es an der nötigen Energie fehlen lassen, wenn es gegen die Angehörigen ihrer Bierfamilien, *der Korps*, geht, die Staatsanwälte, die ihren alten Reserveoffiziersstandpunkt noch heute im Amt vertreten dürfen? Der Staatsanwalt untersteht seinen vorgesetzten Behörden und den Justizministern ganz anders als der Richter: er ist dauernd zu kontrollieren, weil er verpflichtet ist, auf Anweisung zu handeln. Den Richter kann man nur sehr schwer fassen, wenn er Politik macht – und er macht sie. Er wird sich immer auf seine Überzeugung berufen. (Und hat sich jedes Vertrauen verscherzt.) Der Staatsanwalt ist ein juristischer Beamter, der gerade so wie der Verwaltungsbeamte auszuführen hat, was ihm aufgetragen wird. Die Justizminister – und besonders die der Länder – zucken die Achseln. Und dies ist das Resultat:

Die Antirepublikaner haben Waffen die Hülle und Fülle. Wieweit die Reichswehr mit diesen Bestrebungen sympathisiert, ist dunkel. (Kein Wunder, wenn Herr Geßler noch immer im Amt ist. Es soll ihm gesundheitlich nicht gut gehen, und wir wünschen ihm gute Besserung. Aber ob grade eine Krankenschwester wie der Major von Schleicher die richtige Medizin ist, steht dahin.) – Der Bursche, der das Attentat auf Maximilian Harden begangen hat, ein früherer Oberleutnant und jetziger Zuhälter, geht unmittelbar nach der widerlich rohen Tat ins Bureau der Deutschnationalen Partei und meldet: «Ich habe befehlsgemäß Harden erledigt.» Was hatte er da zu suchen –? Warum meldete er es gerade da –? Die beiden Herren des Bureaus, Herr Graf Yorck und Herr von Dryander, der Sohn des früheren Oberhofpredigers, befinden sich in Freiheit. Welcher Beamte hat den Haftbefehl da nicht ausgefertigt –?

Der in die Mordsache Rathenau verwickelte Student Günther hat als Student einen «Deutschnationalen Studentendienst» organisiert, der mit Helfferich, Hergt und dem Dreschgrafen Reventlow in Fühlung stand. Aus dem Programm: Sprengtrupps für Versammlungen, Spitzeldienst in Verbindung mit der politischen Polizei, Unterstützung der Zeitfreiwilligenorganisationen, Fühlungnahme mit den Nationalisten fremder Länder.

Wenn man übrigens diese Studenten ansieht, weiß man nicht genau, wofür ihnen eigentlich der Staat – also wir, die Steuerzahler – diese horrenden Summen zuschustert, die ihr

Studium heute kostet. Was tun sie eigentlich? Sie organisieren und schreiben Verfassungen und erkennen sie an und erkennen sie nicht an, und richten Verbände ein, die gar nichts mit ihrer Arbeit zu tun haben, und unterstützen die Technische Nothilfe und stehen unter der Leitung von Professoren, die mit den Mitteln der schlechtesten Wissenschaftlichkeit dartun wollen, daß ihre Schwäger und Onkel und Neffen auf dem Lande und in den Industrie-Konzernen weiterhin herrschen sollen. Über die Masse der verhaßten Volksgenossen. Davon weiß der Kultusminister, Herr Boelitz, nichts.

Ein Herr de la Croix organisiert seinen «Reichsbund Schwarz-weiß-rot» munter weiter; es geschieht ihm nichts. (Er hat übrigens inzwischen die alte *Berliner Gerichtskorrespondenz* von Oskar Thiele übernommen – irgendeine Glaubwürdigkeit wird also dieser Korrespondenz in politischen Prozessen nicht mehr zukommen.)

Und das geht jetzt vier Jahre so –. Und die Republik findet keine Mittel und Wege, dem abzuhelfen. Es gibt aber welche.

Besserung ist nur zu erhoffen, wenn man sich endlich entschließt, annähernd vier- bis fünftausend der höheren und mittleren Beamten zu pensionieren. Und zwar ausdrücklich wegen ihrer antirepublikanischen, also staatsfeindlichen Gesinnung. Den Herrschaften ist noch immer nicht aufgegangen, daß die Zeit *ihres* Staates endgültig vorbei ist und daß sie nicht wiederkommt – wenn wir nur wollen!

Solange man mit solcher verderblichen Gesinnung noch Karriere machen kann, solange noch jeder entlaufene Offizier aus dem Freiwilligen-Korps «unterkommt» –, solange das Reichsarbeitsministerium gesteckt voll ist von ehemaligen Militärs, die natürlich glauben, ein Bureau sei ein Reitstall und eine Arbeiterbelegschaft eine Kompanie Soldaten, der man kommandieren darf –, solange diese Reichswehr mit Herrn von Seeckt an der Spitze in dieser Form weiterbestehen darf –, und solange vor allem auf den Universitäten ein solches Schindluder mit der Republik getrieben werden darf –:

so lange haben wir Republikaner nicht unsern Staat, sondern eine Maschine, die wir bezahlen, verdammt hoch bezahlen – und die eines Tages gegen uns anfahren kann. Und die das heute schon, wo sie nur kann, tut.

Geht man zu den Reichsbeamten, so sieht man in vielen Amtszimmern zweifellos guten Willen. Aber tausend Ressort-Rücksichten gibt es da – und viele Länder pfeifen auf das Reich. Bayern voran. Und wir –?

Wir sehen zu und denken: es wird schon werden – und stehen dabei, wie der Staatswagen gemütlich, in deutschem Tempo, immer hübsch langsam voran, dahinbummelt. Wir sollten dem Kutscher seine schwarz-weiß-rote Peitsche aus der Hand nehmen, den Wagenschlag öffnen und rufen: «Alles aussteigen –!» Und die Tafeln abreißen, auf denen zu lesen ist: «Rechts fahren!» – Und nicht dulden, daß wir eine Fahrt bezahlen, die, wenn sie so weitergeht, auf den Rieselfeldern enden wird.

Frankreich und wir

Berlin, 17. August

Wir sind mit dem Verfasser des nachstehenden Aufsatzes einig in der Ansicht, daß es in Frankreich nicht an vernünftigen Männern fehlt, die endlich eine friedliche Verständigung mit dem deutschen Nachbarvolk herbeiführen wollen. Aber solange es eine französische Kammer gibt, die einem Poincaré und seiner Gewaltpolitik durch dick und dünn folgt, ja ihn zu immer größerer «Energie» aufpeitscht, so lange muß man, leider, annehmen, daß die Mitglieder dieser Kammer auch die tatsächlichen Repräsentanten des französischen Volkes sind, das sich doch seine Vertretung so gewählt hat. Die Ereignisse der letzten Tage haben diese bittere Erfahrung erneut bestätigt; man hat – um nur *ein* Beispiel zu nennen – von drüben kaum eine Stimme des Protestes gegen die Vertreibung der Elsaß-Deutschen, diesen unerhörten Rechtsbruch im Frieden, gehört.

Die Redaktion

Es gehört in Deutschland zum guten Ton, bei Beginn einer politischen Debatte erst einmal seine Visitenkarte gegen Herrn Poincaré abzugeben. Daß der Konkursverwalter mit dem Vorsitzenden des Gläubigerausschusses nicht konform geht, ist verständlich – aber jeder Geschäftsmann weiß, was dann zu tun ist. Nicht Skandale führen da zum Ziel, sondern nur ruhige, sachliche Verhandlungen.

In einer außerordentlich geschickten Rede hat der unabhängige Reichstagsabgeordnete Rudolf Breitscheid zu Paris den Standpunkt der deutschen Sozialisten den Franzosen gegenüber klargelegt. Poincaré schädige, so sagte er, die Republik und die Reichsregierung, die sich heute schon zu erheblichen Teilen ehrlich bemüht, ihren Verpflichtungen nachzukommen, und er stärke – zum mindesten durch seine Reden – Ludendorff und die Waffenschieber der Mordorganisationen.

Nun ist Poincaré nicht Frankreich. Es ist einfach nicht wahr, daß das gesamte Land drüben so denkt wie dieser sehr gerissene Politiker, dem sein Parlamentsprestige wichtiger ist als das Wohl der sechzig Millionen hinterm Rhein. Der seit acht Jahren geistig blockierte Deutsche weiß nicht, daß es drüben – im Gegensatz zu Deutschland – unter den Intellektuellen, auf den Universitäten und im gebildeten Mittelstand eine wirkliche Opposition gibt, deren Einfluß durch jeden deutschen Waffenfund und durch jede deutsche Unvorsichtigkeit gemindert wird. Die chauvins drüben und die Nationalisten hüben haben das größte Interesse, alle Leute, die für die internationale Verständigung (nicht für Deutschlands Unterwerfung) arbeiten, als einflußlose Theologen und Schwärmer hinzustellen. (Wenn nicht als Schlimmeres.)

Nur der schlechte Kaufmann hält seine Geschäftsfreunde für dumm – es empfiehlt sich immer, zu glauben, daß auch der andere mindestens so klug ist wie wir selbst. Und es gibt niemand, der so gut über Deutschland unterrichtet wäre wie die französischen Kommissionen. Sie sehen sehr viel, sie hören sehr viel, und es ist eine politische Kindlichkeit, anzunehmen, der Gesamtzustand des Landes könne ihnen verborgen bleiben. (Wie weit ihr Einfluß in dem zentralistisch gerichteten Paris reicht, ist eine andere Sache. Tatsächlich ist da ein Gegensatz vorhanden.)

Wenn wir Republikaner es für einen Fehler halten, daß sich in diesem Lande eine antirepublikanische Nebenregierung in diesen Zweigen der Verwaltung, in der Reichswehr und in der Justiz, ganz besonders aber *auf den Universitäten*, bemerkbar macht, so halten wir es für unsere Pflicht, das auszusprechen, was hier vor sich geht. Daß auch die sachlichste Kritik drüben falsch ausgenutzt werden kann, ist kein Grund, Wunden zu vernachlässigen, die dadurch nicht besser werden, daß man sie unter einem Pflaster zu verbergen sucht. Wir glichen dann dem Arzt, der sich schämt, einen Ausschlag energisch zu behandeln, und der dem Patienten den Rat gibt: «Wickeln Sie nur ein Tuch herum, damit man nichts sieht!»

Bismarck hat gewiß seine Politik wohl nur selten nach der Melodie gemacht: «Der Mensch ist gut», aber wer das Lebenswerk dieses Mannes aufmerksam verfolgt hat, der weiß, daß er niemals geblufft hat, sondern daß letzten Endes hinter seinen Forderungen immer eine reale Macht stand. Was will man denn vom Reichskanzler? *Soll er mit etwas bluffen, was gar nicht da ist?* Politik ist kein Pokerspiel, bei dem unter feinen Leuten die Karten nicht gezeigt werden; der Gegner weiß ganz genau, was wir in der Hand haben.

Es ist ein Verbrechen, in dieser Situation der Reichsregierung mit Handgranaten und Hetzartikeln in den Rücken zu fallen. Sie will erfüllen, weil sie erfüllen muß. Und es geschieht zu ihrem und unser aller Nutzen, wenn wir darauf aufmerksam machen, daß noch eine große Anzahl Beamter und Bürger offenbar nicht weiß, daß wir in einer Republik und nicht in einer verkappten Monarchie leben. Diese Leute müssen um der Ruhe des Landes willen unschädlich gemacht werden. Und ein Regime, das diesen Krieg so geführt und so verloren hat und sich heute vergeblich herauszulügen versucht, hat allen Grund, zu schweigen. (Und sollte nicht noch seine Gegner der Käuflichkeit bezichtigen. Das *8-Uhr-Abendblatt*, dessen Gast ich heute bin, hat in dankenswerter Loyalität die irrige Annahme berichtigt, ich hätte dem *Eclair* in Paris Material gegen die deutsche Schutzpolizei übergeben. Weil die reaktionäre Provinzpresse keinen journalistischen Anstand besitzt, wird dieses Gerücht wohl noch lange im Lande herumschwirren.)

Der deutsche Stammtisch hat in den letzten vierzig Jahren immer eine Politik gutgeheißen, die sich auf einen imaginären Zwist zwischen Frankreich und England stützte, ohne ihn, wenn er wirklich einmal, wie bei Faschoda, vorhanden war, richtig herauszufühlen. Der deutsche Stammtisch schilt jeden, der ausspricht, was ist, einen Landesverräter, und will jede Kritik mit dem Hinweis auf den *Temps* und den *Matin* unterbinden. Das ist eine Politik des Bierseidels.

Durch eine Wolke von Haß, Unverstand, Verachtung und Kabalen sehen wir das Bild Frankreichs nur verschwommen. Frankreich und wir: Es ist an der Zeit, durch sachliche und ruhige Arbeit die Luft zu reinigen.

Der General auf Rädern

> «Hier in München wird es täglich mießer. Am Montag kommt Hindenburg. Da wird es besser.»
>
> Aus einem lustigen münchener Brief

Wir haben in Deutschland so eine Art patriotischer Feuerwehr: Wenn irgendwo etwas los ist, dann wird der gute, alte Papa Hindenburg aus der Schachtel geholt und ein bißchen aufgebaut. Jetzt war er – im Salonwagen – in München.

Man muß in der *Münchner Zeitung* die «Richtlinien» gelesen haben, die da für die Empfangsfeierlichkeiten des geschlagenen Generals veröffentlicht waren. Wie im tiefsten

Frieden. Der Rummel war ganz genau organisiert: mit der strengen Trennung von Herren und Kerls, mit der sauberen Scheidung von gewöhnlichen Offizieren und Stabsoffizieren, mit den Vorschriften über Anmarsch, Abmarsch und Anzug (für Fahnendeputationen dunkler Anzug und hoher Hut!) – und es braucht nicht betont zu werden, daß es die alte schnarrende Kasinosprache war, in der alles geschrieben stand. Man hörte ordentlich die Stimme, die das diktiert hatte: «Unbedingt muß vermieden werden, daß einzelne Vereine für sich selbständig zum Hofgarten marschieren ...» und: «Die versäumte Zeit kann durch Überstunden oder in sonstiger Weise eingebracht werden.» (Durch dieses «In sonstiger Weise» haben wir den Krieg verloren. So war alles organisiert. Nur nicht Ludendorffs Flucht.)

Ja, also München. Wer an diesem Jahrmarkt teilnahm –? Nun, Mitglieder jener in anderen Bundesstaaten verbotenen Mordorganisationen. Mitglieder aller möglichen und unmöglichen Offiziersbünde und ähnliche Überflüssigkeiten. Das rottete sich zusammen und begeisterte sich vorschriftsmäßig. Nicht ohne dabei – gewissermaßen von Amts wegen – einen wehrlosen Republikaner, den tapferen Hauptmann Schützinger, in Massen zu überfallen.

Soweit der deutsche Mannesmut.

Was die Reichswehr anging, so hatte Geßler, der gänzlich abgeseeckte Geßler, nicht die Macht, die Teilnahme der republikanischen Wehrmacht an einer rein monarchistischen Demonstration zu verbieten. Und weil er durch seine Unfähigkeit diese Macht nicht mehr in Händen hat – ob er sie je besessen hat, ist fraglich –, deshalb erlaubte er der Reichswehr, die ihn in Bayern gar nicht mehr fragt, sie dürfe Hindenburg an einem «abgesonderten Ort» empfangen. Was darunter zu verstehen ist, weiß ich nicht: die Herrentoilette des münchener Hauptbahnhofs wird es wohl nicht gewesen sein. Und wiederum ereignet sich der Skandal, daß dieser abgetakelte General mit der schlechten Tradition des schlechtesten Preußens (das doch Bayern angeblich so haßt) – daß dieser Mann die Parade vor Leuten abnimmt, die wir bezahlen. Aber schließlich: er bekommt ja für seine jetzige Tätigkeit auch von uns die Pension, und so ist denn alles in schönster Ordnung.

Aber es muß einmal im Ernst hier ausgesprochen werden:

Wenn dem alten Mann keiner in Güte sagt, daß es eine politische Takt- und Geschmacklosigkeit ist, in solchen brenzlichen Stunden, in Zeiten solcher Spannung verbrecherische Hetzdemonstrationen abzuhalten, dann müssen sie ihm eben verboten werden. *Hindenburg in Ostpreußen – Hindenburg in Bayern – wie lange noch?*

Von seiner Person sehe ich dabei ganz ab. Ich kann beim besten Willen und bei aller Rücksichtnahme auf die grauen Haare des Mannes keinen deutschen Offizier achten, der es fertigbekommen hat, den toten Erzberger zu beschimpfen und ihm ins Grab nachzurufen: Wie? Man sagt, daß ich Ihnen einmal, nach dem Waffenstillstand, die Hand gedrückt habe? Das ist nicht wahr! Ich habe Ihnen niemals die Hand gegeben!

Seit die Weltgeschichte steht, haben noch immer *Generale ihren Waffenstillstand unterzeichnet* und nicht Zivilisten vorgeschickt, die das ausfressen durften, was jene ihnen eingebrockt hatten. *Die Kapitulation ist Sache des Feldherrn.* Dazu war Herr Hindenburg zu feige. Er hatte mit Foch zu verhandeln – er hatte jenen Waffenstillstand zu erbitten, den er bei der deutschen Regierung dringlichst gefordert hatte. Schlechte Mittelware.

Wir lehnen das erste Mitglied der Obersten Heeresleitung, dieser deutschen Unterschätzungskommission, ab. Und wir rücken nachdrücklich von einem Vertreter der plattesten Ungeistigkeit ab, die heute noch nicht begriffen hat, was unter ihm angerichtet worden ist – und wir grüßen voller Ernst und Scham die belgischen Witwen und Waisen, deren Männer und Väter damals ermordet worden sind.

Hindenburg übt augenblicklich seinen Beruf im Umherziehen aus. Kaum ist das Land ruhig, kaum gelingt es, unter den schwierigsten Umständen zur gedeihlichen Zusammenarbeit zu kommen, dann taucht irgendeine uniformierte Schießbudenfigur auf und hetzt die Leute auf. Ein geplagter Mann – aber die Auftraggeber lassen nicht locker. Ein General auf Rädern. Er muß feste ran. Die Frage taucht auf: «Habt ihr bloß den einen?» – Nein, sie haben noch einen. Herrn Ludendorff. Weitaus das kleinste Gehirn und das größte Mundwerk im Lande. Ein Verleumder und Hochverräter (Kapp!), der dem von ihm zitierten Buche «Die Weisen von Zion» ein neues: «Die Dummen aus dem großen Hauptquartier» entgegenzustellen hätte.

Freuen wir uns, daß wir zwei solche Kerle haben!

Unser Militär und unsere Presse

Die *Bremer Nachrichten*, ein Generalanzeiger mit bezahlter Vorderseite und deutschnationaler Hinterseite, befassen sich in ihrer Nummer vom 2. Dezember mit meiner Person. Zwischen einer albernen Ente aus Moskau («Ein wirklicher Eispalast») und einer lügenhaften Nachricht aus Berlin («Ausschreitungen im Berliner Schauspielerstreik») wird da ein «erbärmlicher Volksvergifter» entlarvt. Das bin ich.

Die Sache liegt so:

Seit dem Jahre 1913 habe ich in Wort und Schrift dargetan, daß der Geist des wilhelminischen Deutschlands eine Schande und eine Schmach gewesen ist. Die Hauptstütze dieses grauenhaften Typus von Prahlhans und Kommis, von Radaumacher und Schnapsreisenden, jenes Typus, der immer zwischen einem katzbuckelnden Kellner und einen hochfahrenden Assessor hin- und herpendelte, war der deutsche Offizier. In jener großen Zeit, in der auch die Generalanzeiger der Provinz derart logen, wie sie noch nie gelogen hatten, und in der wir wöchentlich zwei dicke Siege und eine dünne Kriegsanleihe hatten – in jener großen Zeit erfuhren Hunderttausende von deutschen Männern, was das mit jenem deutschen Offizier auf sich hatte, dessen Lob ihnen jedes Schullesebuch übermittelte. Vorher hatten vielleicht manche daran geglaubt. Nach dem Kriege wußten wir alle Bescheid. Zu viele hatten zu tief in den inneren Betrieb des Militarismus hineingesehen – uns konnte keiner mehr etwas vormachen. Das versuchte im November 1918 auch niemand. Kein Ludendorff, kein Kaiser, kein Generalanzeiger. Nicht einmal die *Bremer Nachrichten*.

Im Laufe der Monate, als sie sahen, daß niemandem etwas geschah, sammelten sie sich. Und logen, daß sich die Druckmaschinen bogen. Da kam das Märchen von der erdolchten Front – nie hatte auch nur einer dieser Telefongenerale und Maulhelden einen revolutionären Flugzettel an der Front oder in der Etappe gesehen –, da entlud sich die ganze Wut des Spießers über den, der ihm seinen geliebten Militärpopanz wegnahm, vor dem es sich so entzückend strammstehen ließ.

Mich haben sie ganz besonders beim Wickel. Als sich herausgestellt hatte, daß alle Beleidigungsklagen nichts halfen, auch nicht das Geschrei der politisch interessierten Presse, die immer – im deutschen Stil wie im militärischen Stoff – den kürzeren zog, versuchten sie es mit persönlichem Kram.

Irgendein kleiner Pinscher ließ in einem Käseblatt der Kriegervereine Kompanieklatsch aus dem Jahre 1915 über mich drucken – schlecht stilisiert, verlogen und maßlos kindlich. Die Presse druckte nach. Ich ließ das in ein paar Zeitungen, soweit sie mir nicht zu unsauber erschienen, berichtigen. Hatte die Provinzpresse den Angriff mit Behagen abgedruckt, so verwehrte es ihnen ihre deutsche Heldenbrustgesinnung, auch die Berichtigung abzudrucken. Wie hatte der Vorsitzende neulich vor dem Staatsgerichtshof des Reichsgerichts gesagt? «Verlogenheit mag völkisch sein – deutsch ist sie nicht.» –

Die *Bremer Nachrichten*, deren journalistische Ehre es ihnen sicherlich nicht erlaubt, zu berichtigen, was sie gelogen haben, sind an sich so uninteressant wie ihr «demokratischer» Chefredakteur. Ich weiß, daß sich solche tapferen Männer immer auf die trübe Quelle berufen werden, aus der sie – mit Pinsel und Schere – schöpften. Für uns andern aber, die wir glauben, daß auch ohne jene bunt angemalten Hanswürste ein neues Deutschland erstehen solle, sei festgestellt:

1. Ich habe niemals im Felde meine Kameraden «Kerls» tituliert.
2. Ich bin niemals «Leiter einer Soldatenzeitung» gewesen.
3. Ich habe weder mit noch ohne Stolz das E. K. getragen – denn ich habe es gar nicht besessen.

Aber darum handelt es sich auch gar nicht. Denn es dreht sich überhaupt nicht um meine Person.

Meine militärische Sachkenntnis, die mich berechtigte, ein vernichtendes Urteil über den deutschen Offizier abzugeben, beruht auf einer Erfahrung von dreieinhalb Jahren. Ich habe sie kennengelernt – ohne mit ihnen je in Konflikt zu geraten. Und das kann sich kein Schmock vorstellen, daß man um der Sache willen einen angreift.

Hier wird das Kampffeld verschoben. Nicht ich bin angegriffen – jene sind es. Nicht um mich handelt es sich, der ich niemals behauptet habe, Heldentaten für eine Sache begangen zu haben, die meinem Herzen immer fremd gewesen sind. Nicht um mich handelt es sich – sondern um den Kneifer Ludendorff mit der blauen Brille. Nicht um mich, sondern um seinen Hindenburg, der sich von Hakenkreuzlern antelegrafieren läßt, ihnen dankt und so das Blut Tausender gefallener jüdischer Soldaten beschimpft – nicht um mich handelt es sich, sondern um einen Monarchen, der in dem Augenblicke, da es sich erweisen sollte, ob er Herrscher war oder nur ein oft fotografiertes Schaustück, ausriß und Stück für Stück die Republik um Häuser, Schmuck und Geld betrog. Nicht um mich handelt es sich, sondern um jenen Militarismus, der das Volk bis ins Mark vergiftet hat und aus kleinen Subalternbeamten und harmlosen Kaufleuten tobsüchtige Rohlinge gemacht hatte, die keinen größeren Stolz kannten, als «Vorgesetzte» zu sein, und keine größere Freude, als nach unten zu treten. Wir alle haben unter ihnen gelitten.

Darum handelt es sich. Meine Person ist nicht wichtig. Meine Sache ist es sehr. Den Fahnenträgern der Kriegervereine, denen ich so oft den Kaiser-Wilhelm-Gedächtnis-Zylinder eingetrieben habe, mögen sich beruhigen. Der Glaube an den deutschen Offizier ist dahin. Trotz einer Pressereklame, die verdammt nach Odol schmeckt: Aufdringlich und gut bezahlt.

Wie steht in den *Bremer Nachrichten*? – «Vergeßt nicht, daß wir unsere geraubten Kolonien wieder haben müssen!» – Ein Volk ruft dagegen:

«Vergeßt nicht, daß wir unsern zerschlagenen Militarismus nie wieder haben wollen! Nieder mit der Wehrpflicht! Nie wieder Krieg!»

Die Zwölf auf der Bank

«Ick wunder mir über jahnischt mehr –!»
Otto Reutter

Der Prozeß Harden ist vorüber. Er trägt seinen Namen nach seinem bedeutendsten Teilnehmer – daß die Angeklagten Weichardt und Grenz heißen, hatten wir alle schon beim Verlassen des Saales vergessen. Die hehre Gerechtigkeit sieht nach diesem Prozeß etwas ramponiert aus: die Binde ist verrutscht, die Waage hängt schief, das Schwert hat sie versetzt, und die ganze Person sieht aus, als ob sie einen «Lebenswandel» führe – aber keinen schönen. Es waren die grauenhaftesten drei Tage, die ich in Moabit erlebt habe.

Geschehen ist folgendes:

Es liegen mündliche und schriftliche, einwandfreie Eingeständnisse der Angeklagten vor, daß sie Harden (dessen früheren bürgerlichen Namen sie besser buchstabieren konnten als die Fremdwörter in der *Zukunft*) töten wollten: Das Wort «töten» ist in diesen Geständnissen, in diesen Briefen oft enthalten – meist ist von «Beseitigen», von «Erledigen» die Rede. Briefe und Geständnisse wurden von den Angeklagten nicht bestritten. Trotzdem erging ein Urteil, wonach hier kein Mordversuch vorliege, sondern nur eine schwere Körperverletzung, zu der der eine angestiftet und der andere seine Hilfe geleistet habe. Ein Fehlspruch.

Nun wird sich die gesamte Juristenwelt wie ein schwacher Mann erheben und mit ausgestrecktem Zeigefinger sprechen: «Da habt ihr eure Volksgerichte! Da habt ihr sie –!»

Volksgerichte –?

Diese Geschworenengerichte sind gar keine Volksgerichte.

Sie kommen so zustande: In einer sogenannten Urliste sind alle Bürger eines Bezirks eingetragen, die sich im Besitz der bürgerlichen Ehrenrechte befinden, also Geschworene werden können. Nun tritt ein Ausschuß zusammen, bestehend aus einem Amtsrichter, einem Verwaltungsbeamten und sieben Einwohnern, die dazu gewählt werden. Dieser Ausschuß siebt: er stellt aus der Urliste eine Vorschlagsliste zusammen, das heißt soviel Geschworene, wie er voraussichtlich brauchen wird. (Die Zahl wird vorher bestimmt.) Nun tritt ein anderer Ausschuß zusammen, bestehend aus dem Landgerichtspräsidenten und den Landgerichtsdirektoren. Dieser Ausschuß siebt: er stellt aus der Vorschlagsliste eine Jahresliste zusammen. Aus dieser Liste wird eine Spruchliste ausgelost – und *nun erst* erfolgt, zum ersten Male öffentlich, die bekannte Ablehnung einzelner Geschworenen durch Staatsanwaltschaft und Verteidigung.

Das heißt also:

In geheimen, ganz unkontrollierbaren Wahlverfahren werden Jahr um Jahr Steuerzahler um die Ausübung eines ihrer wichtigsten Staatsbürgerrechte gebracht. Denn wonach geht es, wonach sieben denn diese Ausschüsse –?

Fragen Sie einmal in Ihrer Bekanntschaft die gebildeten Leute, die politisch frei denkenden Leute, ob sie in ihrem Leben schon Geschworene gewesen sind! Nicht einer wird darunter sein. Keiner der mir nahestehenden geistigen Arbeiter ist, zum Beispiel, jemals Geschworener gewesen.

Die Richter suchen sich – mit Respekt zu sagen – die Harmlosesten heraus. Die «Gutgesinnten». Die Besitzer und Eigentümer. Die kleinen, braven Bürger, die «richtige» Anschauungen haben. Die sich imponieren lassen. Die, von denen man im Kriege sagte: «Gute Leute! Nicht schießen!» – Keine freien Menschen. Kaum freie Berufe. Und vor allem: *So wenig Arbeiter wie möglich –!*

Der Arbeiter und der frei denkende Mann ist bisher tatsächlich – genau wie der Zuchthäusler – vom Geschworenenamt ausgeschlossen.

Dieselben Richter, die ja gerade durch die Geschworenen beaufsichtigt werden sollen, wählen sich diese Männer selbst aus, schalten sie aus, wenn sie ihnen unbequem sind (was man besonders auf dem Lande beobachten kann, wo grundsätzlich keine Arbeiter auf die Geschworenenbänke kommen). Und dann wagen es die Juristen, sich auf diese mißgestalteten Karikaturen von Volksgerichten zu berufen und das Volk anzuklagen, wenn die Zwölf falsch urteilen.

Und das ist auch kein Wunder, wenns nicht klappt. Der Gang der Verhandlung läuft an den Geschworenen vorüber – sie haben nicht viel Einfluß auf ihn. Zum Schluß legt man ihnen die meist sehr verzwickt ausgedrückten und sehr zahlreichen Fragen vor. Während der sogenannten «Rechtsbelehrung» haben die Geschworenen diese Fragen nicht in der Hand – sie sind also in den meisten Fällen gar nicht in der Lage, den theoretischen, juristischen Ausführungen des Vorsitzenden zu folgen. Und so – verwirrt, mäßig unterrichtet, geduckt durch die falsche Autorität des Vorsitzenden – entläßt man sie in das Beratungszimmer.

Sind die Zwölf aus dem Harden-Prozeß wirklich ein Spiegelbild des deutschen Volkes –? Eines Teils gewiß.

Das ist die typische Muffluft eines gewissen Mittelstandes: jene Blickweite, die nicht weiter reicht als bis zum Geschäft und zur Kneipe, jener Horizont, jener Geist, der vom Ausland nur weiß, daß «deutsche Männer» und «deutsche Tüchtigkeit» die Welt erobern werden. Man kennt das.

Der Angeklagte Grenz, der zum Mordversuch – denn um einen solchen handelt es sich – angestiftet hatte, schloß sein Schlußwort so: «Fünfzig Prozent des deutschen Volkes stehen hinter mir. Die Geschworenen werden wissen, was sie dem deutschen Volk schuldig sind!» – Er hat sich nicht getäuscht.

Wir rücken ab. Wir rücken ab von den Mordbuben, die da glauben, jeden politisch Andersdenkenden anfallen zu können wie die wilden Tiere – und schlimmer als die, denn der Löwe kommt meist von vorn. Wir rücken aber noch mehr ab von solchen Geschworenen, wenn auch alle zwölf Männer, die mitgewirkt haben, auf ihre Art in gutem Glauben abgestimmt haben.

Und mit jenem Teil unseres Volkes, der solche Lumpen wie die Verurteilten weiterhin für gesellschaftsfähig erachtet, ihnen «das kleine Malheur» nicht weiter nachträgt, sie womöglich noch bewundert – mit dem wollen wir nichts zu tun haben.

Wenn der Stammtisch in Guben und Oldenburg, in München und Königsberg Strolche, wie die da, für «national» ansieht – dann steht er auf derselben Stufe wie sie. Und ist nicht wert, den deutschen Namen zu tragen.

Zu fordern ist die sofortige Aufhebung und Abänderung der §§ 85 und der folgenden des Gerichtsverfassungsgesetzes.

Wofür zahlt ihr denn eigentlich Steuern –?

1923

Hausmusik

«Oh! ce piano, ce cher piano.
Qui jamais, jamais ne s'arrête.
Oh! ce piano qui geint là-haut
Et qui s'entête sur ma tête!»

Wenn sich die Trauer über eine nicht zustande gekommene Verlobung oder die Enttäuschung über eine zustande gekommene Ehe in die Musik flüchten –: das ist eine rechte Plage für die Umwelt. Hören Sie genau hin: durch ganz Europa, deutlich vernehmbar in den Ausrufen der Devisenhändler auf den Börsen und in den Krachen der Politik in den Parlamenten, hallt das Schreien der Gesangmädchen und der Klavierjungfrauen. Wer ein Piano hat, der läßt es fröhlich erschallen, und er tut es wenig, aber oft – und dann viel.

Es gibt mancherlei Spezies.

Da ist der «übende Künstler» – sein langjähriges Toben auf dem wehrlosen Klavier lockert zwar nicht seine Finger, wohl aber die Tasten des unglücklichen Instruments und die Schrauben im Kopfe des Zuhörers. Welch eine Plage! Fliegen jagt man weg – für Musiker wird Entree bezahlt.

Da ist das Familienmitglied, das die Schlager der Saison spielt – oh, käme der Komponist dieser Volkslieder in die Hölle und spielte ihm dort ein tausendstimmiges Orchester seinen Kram tausend Jahre hindurch vor! Das walte Gott.

Da ist die junge Dame aus gutem Hause, die in die Lüfte singt, daß alle Milch in der Umgegend sauer wird. Laßt uns lauschen.

«Ich heiße zwar nur Käthchen Schmidt», sagt die Stimme der Sängerin. «Aber jetzt, im Augenblick habe ich alle Bande frommer Scheu gelöst und wiege mich auf den Flügeln des Gesanges. Mir ist alles gleich – ich träume und denke an gar nichts und ein bißchen an Otto. Schade, daß er das nicht hören kann, wie ich hier singe. Und wie schön hoch ich singen kann und wie laut –! Es ist eben so übel nicht – ich hätte doch sollen zur Operette gehen! Das ist eine hübsche Passage – die wollen wir doch gleich noch einmal singen! Man beachte die perlende Leichtigkeit, mit der ich das alles hinlege! Wie ein Vögelchen ...!»

Wie eine Ente. Meist singen sie so, wie ein bösartiger Parodist sänge, der sie kopieren wollte. Das kann doch nicht ihr Ernst sein? Es ist ihr Ernst. Wieviel Eitelkeit, wieviel Verlogenheit, wieviel falsches Selbstbewußtsein ist in diesem Gesang!

Ich weiß schon: «Die Pflege der Hausmusik ist ein Haupterfordernis ...» Nein, solche nicht. Was soll das, wenn Menschen, die offenbar nichts Besseres zu tun haben, hundert- und hundertmal dieselbe Arie, dasselbe Lied zu singen anheben, ohne daß sie dadurch musikalischer würden? Wem ist damit gedient?

Uns nicht. Die Gedanken in Ihrem Kopf werden einzeln in Stücke zerschlagen – Sie können nicht mehr überlegen – ob Sie wollen oder nicht – Sie müssen alles im Takt des dummen kleinen Liedes denken, das da unten geheult wird ... Großer Gott! hören Sie?

Sie stoßen auf den Boden, Sie schlagen an die Decke, Sie schließen das Fenster, Sie schütteln die amusische Faust ... Es hilft nichts. Jener ist im siebenten Himmel –– Oh, wäre ers!

Und wenn Sie diese Musik hören – es gibt zweierlei, aber diese da ist die falsche, und zu ihr gehört immer einer mehr, als jeder denkt –, dann fällt Ihnen vielleicht ein kleiner Spruch ein, den Sie einstmals mit Schmunzeln irgendwo gelesen haben:

Zwei Mädchen saßen am Klavier.
Da sagt die eine: «Denke dir,
was ich nicht alles spielen kann!»
Die andre nahm sich einen Mann.

Um neune ist alles aus

Mein alter Freund Franz Erich Xaver Gl. sagte neulich: «In Berlin ist das so. Wenn das Sechstagerennen auf seinem Höhepunkt angelangt ist, sind die Leute gar nicht zu halten – am sechsten Tage fallen sie vor Aufregung aus der Loge. Und dann – dann war überhaupt kein Sechstagerennen!»

Das ist sehr wahr. Hier war überhaupt kein Sechstagerennen.

Eine Zeitlang war es die Börse – da las alles den Kurszettel. Dann war es die Politik – da brachten sich die Leute um, wenn sie mal keinen umgebracht hatten. Früher war es das Theater – da hatte jeder seine Premiere im Topf. Dann wars die Ruhr. Im Augenblick ist es gar nichts.

Ich habe früher gelernt, daß die sinnlichen Wahrnehmungen in den Windungen des Gehirns Eindrücke hinterlassen, den Furchungen des Grammophonstifts vergleichbar. Da müssen hier seltsame Gehirne sein – denn von Eindrükken ist nichts zu spüren. Ist zu viel darauf geschrieben worden?

Sie haben alles vergessen. Vergessen philosophische Lehren, Grundsätze, Erfahrungen, vergessen Niederlagen und ihre Gründe, falsche Siege und ihre Aufmachung, vergessen Haltungen und Predigten und verdorrte Hände, vergessen Morde und pensionsberechtigte Villenbesitzer (Villa «Zur fröhlichen Verantwortung») – vergessen, vergessen. Als ob es nie gewesen wäre.

Es ist auch nicht üblich, darauf hinzuweisen, daß früher jemand das Gegenteil von dem geschrieben, gesagt, gelebt habe, was er heute … «Na, dann macht ers eben jetzt so! Ändert sich das Wetter nicht auch?»

Es ändert sich. Hier ist das ganze Jahr April.

Und die Leute greinen, wenns regnet, und grienen, wenn die Sonne scheint, fürchten sich vor dem Gewitter und klappen den Kragen hoch bei Schneegestöber. Und nehmen das Wetter hin als eine von Gott geschickte Fügung.

Und wenns aus ist, haben sie alles vergessen. Vier Jahre Krieg? Vier Jahre Nachkrieg? Hier ist nie Sechstagerennen gewesen.

Die Konferenz

«Was macht er eigentlich jetzt?»
«Sich wichtig!»

Früher war das so: Wenn einer mit seinem Geschäftsfreund schriftlich nicht handelseins wurde, dann ging er mal zu ihm rüber und besprach die Sache mit ihm. Und wenn er in dieser Zeit besucht wurde, dann sagte der «junge Mann» zum Besuch: «Bedaure sehr. Herr Kuhlhage hat grade Besuch!» oder: «Leider geht es jetzt nicht. Herr Kuhlhage spricht grade mit einem Herrn.» Das war früher. – Heute?

Heute haben alle Leute eine Konferenz. Woher dieses wichtigmacherische Wort stammt, ist nicht ganz klar. Ob es aus alten Schulerinnerungen gequollen ist – heiliger Himmel, hatten wir vor der Versetzungskonferenz immer eine Angst, auf Zehenspitzen schlich alles umher! –, ob es aus der Politik kommt: genug, seit ein paar Jahren spielen sie alle: «Konferenz». Wenn der Chef mit dem Treuhänder berät, wie das Auto am schnellsten über Geschäftsunkosten läuft; wenn deine Waschfrau dich mahnen kommt und dir einen längeren Vortrag über ihre Fahrspesen hält; wenn der Filmdirektor durch seinen Privatsekretär einen fetten Schauspieler krumm und lahm reden läßt, um aus einem Vertrag herauszukommen; wenn der Prokurist seinen Onkel, der ihn besucht, fragt, wo man eigentlich jetzt die billigen Zigarren kauft; wenn der junge Mann zum ersten Devisenhändler hereingerufen wird, um eine furchtbare «Zigarre» verpaßt zu bekommen – – immer, immer haben sie «Konferenz».

Man stellt sich das so nett vor: Um einen gewichtigen braunen Tisch sitzen ernste Männer mit stattlichen Gesichtern und reden über ihre Bärte und Doppelkinne hinweg die schwierigsten Sachen; der Protokollführer in der Ecke schreibt, daß die Feder nur so übers Papier hinfliegt, die Lampen strahlen und spiegeln sich in den Glatzen – und alles ist furchtbar feierlich. Stühlerücken, gedämpfte Schritte auf Teppichen, «Meine Herren!» – Konferenz? Ach, keine Spur. Jeder kleine Pinscher, der etwas auf sich hält, hat heute «Konferenz». Es wird gar nichts konferiert, daran denkt auch kein Mensch; die Leute erzählen sich ihrs ganz gemütlich, wie sie es immer getan haben – sie handeln, versprechen, halten nichts und mogeln – ganz wie immer. Aber nach außen – wie schön hört es sich doch an: «Konferenz.»

So ist eigentlich alles. Man pumpt sich die großen Worte für die kleinen Sachen. Ruf mal Herrn Meier an! «Hier Meier, wer dort?» – Ja, Mahlzeit. «Hier Zentrale.» (Die mußt du gesehen haben – nicht jedem ist es gegeben, drei Stöpsel richtig zu bedienen.) – «Welche Abteilung wünschen Sie?» – (Gereizt, denn das hast du zu wissen.) Das weißt du nicht. Nun gut: «Ich werde Sie mit dem Sekretariat verbinden!» – Und dann meldet sich die obengenannte «Abteilung». – Die «Abteilung» sitzt in einem Popelzimmer und murkst in zwei Ordnern umher. «Ich werde Sie mit dem Privatsekretariat verbinden.» – Und dann, endlich – gelobt sei sein Name – meldet sich Meier. Meier persönlich. Die Freude am Apparat ist unendlich groß. Es ist nicht einmal so sehr Protzentum – es ist eine wirklich kindlich-kindische Freude am Apparat. Früher hatte einer die Auslandspost zu bearbeiten; heute «hat er das alles unter sich». Ich kenne keinen Menschen im Geschäftsleben, der nicht etwas «unter sich» hätte – aber noch nie habe ich einen getroffen, der mal einen über sich hat. Es sind alles, alles Industriekapitäne. «Ich habe das meinem Tresorverwalter übergeben – –» Seinem. Und tief entringt sich dir der Seufzer: «Aufgewachsen bei grünen Jalousien.»

Das kostet ein Heidengeld. Das verschlingt eine Unsumme Zeit. Aber es hört sich doch so schön an! Wenn du aufpaßt, kannst du die «Konferenz» überall finden. Kein Mensch sagt mehr, er habe mit dem und dem darüber oder darüber gesprochen. I wo. Er hat «die Frage angeschnitten». Man sagt auch nicht mehr: Wir wollen die Tür nachts besser bewachen lassen. Sondern man sagt: «Das Problem der Nachtbewachung kann nur dadurch gelöst werden, daß ...» – Kurz: Wer keine Arbeit hat, macht sich welche. Und wer nicht wichtig ist, macht sich wichtig. Und wenn die Welt untergeht, und die gute alte Erde drauf und dran ist, in einen Einsteinschen Relativitätskometen hineinzufliegen, dann stecken die Gelehrten die Köpfe zusammen und wispern, und der Weltuntergang muß noch einen Augenblick warten, denn die Herren haben grade eine Konferenz.

Nie werde ich vergessen, was mir der ehemalige berliner Polizeipräsident Eugen Ernst sagte: «Wenn einer nichts zu tun hat», sagte er, «dann ruft er die anderen zusammen, die auch nichts zu tun haben, und dann machen sie eine Konferenz. Und wenn sie fertig sind, dann stellt er fest. Und dann bleibt alles beim alten. Bis zur nächsten Konferenz.» Sie gestatten, daß ich mich Ihnen empfehle. Ich will heute abend mit Fräulein Marie ins Kino gehen. Um halb acht. Und wenn das Kino aus ist, dann essen wir noch irgendwo ein bißchen zu Abend, und dann gehen wir nach Hause. Bitte, stören Sie uns nicht. Wir haben eine Konferenz.

Die Liste

Im Kriege hatte der Soldat in der einen Hand seine Waffe und in der anderen eine Liste; auf der stand geschrieben:

	Laufd. Nummer	Name	Dienstgrad	

Ich glaube, wenn man unserm Volk seine Listen wegnähme, es wüßte überhaupt nicht mehr, was es noch hienieden sollte. Denn ob wir befähigt sind, Kriege zu führen und das Staatsruder zu führen – das steht noch dahin – aber Listen führen – das können wir.

Anderswo gehen die Leute durch den grünen Wald – bei uns geht alles durch die Bücher. Denken Sie mal, was alles bei uns eingetragen wird:

Geburt, Impfung, Amme; Schulgang und Rausschmiß, erste Liebe (grober öffentlicher Unfug, Alimentation usw.) – Wohnungsanmeldung, Heirat, Scheidung, Gewerbeanmeldung ... bis zum seligen Tod, wobei dem Verstorbenen merkwürdigerweise nicht auferlegt wird, sich persönlich auf dem Polizeibureau zu melden und dortselbst das Nötige zu veranlassen. Was passiert, das ist nicht so wesentlich – aber aufgeschrieben muß es sein – sonst gilt es nicht.

Wenn man hier spazierengeht, dann hat man immer folgenden Eindruck:

Ein Mann hackt Holz, zwei verschieben das Holz und dreiunddreißig stehen herum und schreiben auf, was die andern machen. Sie führen Holzlisten und Gegenlisten, sie tragen die Verstöße in ein Buch ein, und die Holzerlaubnisscheine in ein anderes – sie numerieren und kollationieren, und wenn es gut geht, stimmen die Listen, und das Holz ist weg.

Wir hatten mal im Kriege einen Feldwebel, der erzählte mir eines Tages einen Traum. Er sagte wörtlich:

«Heute nacht habe ich geträumt, daß da lauter gefangene Engländer waren. Und die mußten die Seitengewehre abliefern, und ich habe sie alle aufgeschrieben, damit nachher keiner kommen kann und sagen: ‹Wo ist mein Seitengewehr?›» – Ordnung muß sein, und wenns im Traum ist.

Und das Allerlustigste und Allertraurigste ist doch, daß die Listenführer völlig vergessen, daß sie nur Hilfskräfte sind, um irgend etwas zu erleichtern oder durchzusetzen oder zu überwachen ... Das gibt es gar nicht. Im Anfang war die Liste, und du darfst froh sein, wenn du zwischen den Behörden, Pässen, Ausführungserlaubnisdokumenten, Abmeldebescheinigungen und Listenzimmern herumgestoßen wirst, ohne dir Arme und Beine zu brechen. Und weil nun bald jeder Deutsche Beamter ist, so hat jeder mindestens eine Liste, in der er Herr ist, und er läßt gern die tausend andern Listen über sich ergehen und schimpft furchtbar und eilt heim zu seiner eigenen Liste. Mit Listen und Tücken muß man dieses Leben überstehen ...

Es kommt auch nicht so genau darauf an, daß das alles stimmt – oder daß es gar einen Sinn hat, alles aufzuschreiben. Nein – wenns nur drin steht. Wenn nur überhaupt irgend etwas drin steht. Wie rührend ist der Eifer der Ämter, wenn ihnen irgendeine Angabe zu einer Liste fehlt: sie scheuen keine Mühe und keine (von Steuern bestrittenen) Kosten, um zu ihrer fehlenden Eintragung zu gelangen. Haben Sie einmal gelesen, welche Papiere nötig sind, um ein junges Mädchen zu einer Hebammenschülerin werden zu lassen? Das sollten Sie nicht versäumen. Von der Reglementierung gewisser Institutionen der südlichen Friedrichstadt bis zur Devisenverordnung, die uns allen heilig ist – welcher Wald von Listen! – Manchmal kann man das Leben vor lauter Listen nicht sehen – und das ist auch gar nicht nötig. Denn diese Listen – das ist für viele Leute das Leben.

Wenn mir der liebe Gott jemals vergönnte, auszuwandern

– aber daraus wird nichts werden, schon, weil ich beim *8-Uhr-Abendblatt* zu viel Vorschuß habe – aber wenn er doch so freundlich ist – ich käme ja nicht heraus. Sondern noch als schlohweißer alter Mann säße ich über die Postille gebückt und füllte Auswanderungsgenehmigungserlaubnislisten aus. Und sänke ins Grab – so, wie ja schon mal einer beim Ausfüllen der letzten Steuererklärung gestorben sein soll ...

Nein, es hat schon alles seine Ordnung:

Erst trägst du dich in eine Liste ein, dann wartest du ein halbes Jahr, dann geschieht gar nichts, und dann machst du, was du willst – hintenherum. Aber du stehst in der Liste – und das ist viel wert für den Beamten, der sie führt. Denn ständest du nicht drin, so wäre die Liste überflüssig, und wäre die Liste überflüssig, dann wäre der Beamte über ... Verzeihung.

Sind Sie einverstanden mit dem, was hier gesagt worden ist?

Dann tragen Sie sich bitte auf der Redaktion in eine Liste ein:

Lfd. Nr.	Name	Dienstgrad	Alter der Schwieger-mutter	Haar-farbe	Orden und Ehrenzeichen

Denn ein Netz von Listenstrichen ist über die deutsche Welt gespannt, und wir sitzen darin. Wie in einem Käfig.

«Machen S' halt eine Eingabe!»

In Berlin kommen auf jede Wohnung dreizehn Personen: drei, die darin wohnen, und zehn, die draußen darauf warten, daß sie frei wird. Zu diesem Behufe – und auch, damit die Beamten zu tun haben und damit wir wissen, wie eine Behörde aussieht, und überhaupt –: zu diesem Behufe schuf Gott die Wohnungsämter.

Dieselben bestehen aus vielen Bureauräumen (deren Aufhebung allein schon die ganze Wohnungsfrage lösen würde), aus einer Anzahl von Beamten, die zwar keine Wohnungen, aber Akten aus der Erde stampfen können, und aus vielen Regalen und keiner Wohnung. Ja, und dann sind da noch die Petenten, die Parteien, das Publikum. Aber das kommt ja erst in letzter Linie.

Nun haben diese Leute mitunter die seltsame Angewohnheit, das Wohnungsamt mit Bitten und Beschwerden zu belästigen – was ebenso lächerlich wie ungehörig ist – denn das Wohnungsamt ist, wie jede Behörde, um seiner selbst willen da. Gut. Und weil man nun nicht den ganzen Tag Fliegen fangen und sich wichtig machen kann, so hat ein besonders strebsamer berliner Wohnungsbeamter «Briefe an das Wohnungsamt» gesammelt. Die Stilblüten aus diesen Briefen gehen hier von Hand zu Hand, und soweit sie druckbar sind, sollen sie hier mitgeteilt werden.

«Ich bin seit fünf Monaten verheiratet und meine Frau ist in Umständen. Ich frage hiermit das Wohnungsamt: *Muß das sein?*» – schreibt einer. Und was allen diesen Briefen gemeinsam ist, das ist nicht nur ihre maßlose, unfreiwillige Komik, sondern vor allem eine seltsame Verquickung von Papierdeutsch und falsch verstandener Phrase. Es ist, wie wenn das Aktendeutsch wild geworden und mit dem Schreiber durchgegangen wäre. Sie haben alle die schönen Verordnungen gelesen und haben annähernd behalten, wie schön sich darin die hohe Behörde auszudrücken pflegte – aber so genau ist das nicht haften geblieben, und was übrig bleibt, sieht dann so aus:

«Dieses Zimmer ist nicht nur gesundheitsschädlich, sondern es untergräbt auch die gute Sitte meines achtjährigen Jungen.» Oder idyllisch:

«Nachts muß ich den Regenschirm aufspannen, und morgens scheint der Sonnenschein lustig durch dem Dache herein.» Oder ein seltsames Naturspiel:

«In einigen Wochen sieht meine Frau ihrer Niederkunft entgegen, sowie meine alte mittellose Schwiegermutter.» Oder ganz pervers:

«Direkt unter meiner Wohnung züchtigt eine Frau zwei Schweine.» Oder sehr seltsam:

«Ich habe Rheumatismus und ein Kind von vier Jahren. Dieses ist auf Feuchtigkeit zurückzuführen ...»

Und alle wollen so schrecklich gern genauso schreiben wie die Beamten, an die sie sich wenden, und weil sie wiederum mehr gesunden Menschenverstand, aber weniger Übung haben als diese, so kommt eben jener Stilmischmasch zustande, wie zum Beispiel:

«Diese Wohnung ist erstens gesundheitwiderlich, zweitens wegen dieser großen Haushaltung auch sittlich nicht maßgebend.» Und besonders schön ist es, wenn sich die Phrase zu einem kleinen pathetischen Galopp versteigt:

«Um mich von der Stufe des Niederganges zu erheben, in deren Kot ich leidend wühle, gibt es nur eine exemplarische Möglichkeit: schnellste Beschaffung einer Wohnung, die Platz genug bietet, mit meiner Frau nebeneinander zu leben.» Oder so:

«Ich habe eine Tochter und zwei Söhne, und wir sind hier alle so beschränkt, daß wir nur zwei Betten aufstellen. In dem einen schlafe ich mit meiner sechzehnjährigen Tochter, was allein schon gegen das Zuchthaus ist.»

Das hat mit ihrem Singen die Polizeiverfügung getan. (Denn wir haben es ja erlebt, was manche Kommunistenscharen taten, wenn sie eine Stadt «erobert» hatten: das erste war, Verfügungen ganz im Stil ihrer bisherigen Unterdrücker herauszugeben. Es sind umgekehrte Beamte.)

Denn wenn ein Kopf mit einem Geschehnis zusammenprallt, so kann ein sprachliches Erlebnis daraus entstehen. Aber wehe, wenn nur *eine* Phrase in der Nähe ist! Man kann sich so leicht anstecken, ganze Völkerschaften sind durch sie verseucht, und so entstehen denn die Malheure: lyrische Gedichte, Kriege und Briefe an das Wohnungsamt.

«Sie werden am Apparat verlangt –!»

Manchmal, mitten im Gebrodel der Bureauarbeit, klingelt das Telefon. Vor Eifer glühend, springt jemand heran. Und sagt dann, enttäuscht, mit etwas beleidigter Stimme zu seinem Kollegen: «Sie werden mal am Apparat verlangt!» Und der geht dann hin. Er geht frohbeschwingt, ein bißchen vorsichtig, weil es ja «privat» ist – und doch auch etwas stolz. Denn dieses hier gehört nicht zum Geschäft. Man wird es gleich sehen. Er nimmt den Hörer und meldet sich mit leiserer Stimme, als er sonst wohl zu sprechen pflegt. «Ja –?» sagt er. Der andere antwortet – und es verklärt sich sein Gesicht. Du kannst sofort sehen, ob es ein Freund oder «sie» ist, die da angerufen hat. Bei einem Freund werden die Züge ein wenig schlaff, so: Guten Morgen, alter Junge – na, wie gehts denn? – Ist «sie» es aber – dann ändert sich das ganze Bild. Im Gesicht des Telefonierenden kämpft die Liebe und der angstvolle Wunsch, sich hier, im Betriebe, nicht zu verraten und nicht zu blamieren. Er spricht ganz leise. Um ihn herum dröhnt die Arbeit, klappern die Schreibmaschinen, schreien mit erregter Stimme die Abteilungsvorsteher ihre Weisungen durch den Raum, klappen die Türen. Am Telefon geht es ganz leise zu. «Ja – um vier. Warum kannst du nicht? Deswegen? Sag doch Elisen, sie soll später kommen! Nein! Na, du weißt doch, wo wir nachher hingehen! Na – höre mal? Was heißt: erst neulich! Deine Mutter geht das gar nichts an! Na, sprich doch nicht drüber! – Das verstehe ich nicht! Na, hör doch mal!» (Die Angeredete hat offenbar in der Hitze des Gesprächs ihren Namen verloren – denn den gibt es nicht.) «Na –

höre mal! Du kommst um elf an die Untergrundbahn, ja, wie immer – und dann haben wir noch vier Stunden Zeit! Natürlich bist du dann zu Hause! Na, wenn ich dir sage –!» In den Augen des Sprechenden wird es fröhlich und hell. Aber mit dem einen Augenwinkel hat er doch schnell alle Türen abgeguckt, wer da hereinkommt, und ob auch keiner zuhört, wenn er hier solche Vorbereitungen zur Abfahrt nach Cythere-Zehlendorf trifft. Nein, die Luft ist rein. Und er girrt und balzt. Ganz leise. «Wenn du die Sprache verloren hast, kann sie bloß bei mir sein. Dann werden wir sie schon wiederfinden. Natürlich sage ich Bescheid. Nein – ich habe nachgesehen – da liegt sie auch nicht. Da kann überhaupt nichts hinfallen ...!»

Aber jetzt geschieht ein kleines Malheur. Der Personalchef ist höchstpersönlich in den Raum eingezogen. Mit einem Blick sieht er alles: die Stulle auf dem Hauptbuch, einen leeren Platz. Asche unter einem Stuhl – und am Telefon, was ist das? Da ist wohl nichts. Denn da steht unser Mann, macht ein tierisch ernstes Gesicht und murmelt: «Na ja – denn auf Wiedersehen!» Und hängt ab, mit einem so stumpfsinnig-treuen Auge, als habe er stundenlang mit Pachulka & Kagelmann telefoniert, wo denn die gemahnten zweiundfünfzig Ballen blieben. Diensteifrig huscht er an seinen Platz – mit vorsichtig auftretenden Fußballen, eilfertig und als ob gar nichts gewesen wäre. Scheu sehen ihn die Nachbarn von der Seite an. Denn in diesem Augenblick ist in der Tat etwas Merkwürdiges geschehen: aus dem kleinsten schäbigsten Angestellten, aus dem mächtigsten Vorgesetzten sprang der Mensch. Hier nur immer Zahl – nur immer Antreiber oder Befehligter – und auf einmal auch er: ein Mensch. Auch er: Papa, Freund, Geliebter, Schwiegersohn, Bummelant oder Klubvorsitzender. Umflossen von einer fernen Häuslichkeit, einer Dame, einem Herzensschatz, einer Nutte. Ja – auch er. Aber das ist gleich vorüber. Und schon eilen die Federn wieder übers Papier, die Blätter rascheln, die Zahlen schwirren. Das Privatgespräch hat längst sein Ende erreicht, war überhaupt nie da.

So ist das, wenn ein Mann zu einem Privatgespräch ans Telefon gerufen wird. Und wie ist das, wenn ein Mädchen ...? Das kommt überhaupt nicht vor.

Wat heißt hier Romantik!

Neulich nachts war ich mit einem berliner Kriminalkommissär «auf Tour». Wir haben uns einige feinere Kaschemmen angesehen – mit allerhand Volk darin. Wenn man solchen Spaziergang unternimmt, muß man sich vorerst alle diese falschen Vorstellungen abstreifen, die sich so leicht breitmachen. Die meisten Schriftsteller, die dergleichen in die Finger bekommen, machen für mein Gefühl den Fehler, die Dinge viel zu romantisch zu sehen, sie sich selbst umzulügen und in das Alltägliche ein Pathos zu legen, das gar nicht drin ist. «Wat heißt hier Romantik –!»

Zuerst waren wir in einer kleinen Likörstube, in der nur Frauen saßen. Alles kannte sich untereinander, und gleich, als wir hereinkamen, zeigte sich der Generalnachteil solcher Unternehmungen; der Beamte war natürlich bekannt, eine leise Welle der Kühle ging durch den Laden, und eine fast unmerkliche Erstarrung war auf einmal in der Luft. Das Natürliche war vorbei. Man hatte uns erkannt. Aha – Beobachter! – Die Gespräche wurden leiser, die Haltung gezwungener. Die Mädchen sahen ganz freundlich aus – die meisten hatten prägnantere Gesichter, als man sie sonst sieht – viele einen ausgesprochen männlichen Typ. Die Frauen an der Theke sehr frech und sehr hübsch. Es ging sehr ruhig zu, unseretwegen. Bekanntlich sind diese Frauen weitaus unruhiger und leidenschaftlicher als etwa Männer oder Männer und Frauen zusammen – soviel blaue Augen und ausgerissene Haare gibt es gar nicht, wie da auf den Bällen umherfliegen. Aber an diesem Abend war das nicht.

Wir waren in einem Lokal, in dem nur Männer saßen. Die spitze Redeweise dieser maßlos überschätzten Klasse klang an das Ohr. Wie immer am interessantesten die älteren Typen – darunter ganz merkwürdige Gesichter, die man nie hier vermutet hätte.

Wir waren in einem Kellerlokal, der stand ganz unter Kokain – («Koks», wie das in Berlin heißt). Die Mädchen tanzten und kreischten und logen, daß sich die Balken bogen. Einige Taschendiebe saßen umher, ein paar Zuhälter, aber alles sehr gesittet.

Und dann begann der Beamte zu erzählen. Und was er erzählte, war eigentlich viel interessanter als das, was er an diesem Abend zeigte. Es war ein klobiger Kerl, mit breiten Händen und einem bösen Blick, schweren Lidern, und Augen, die von unten herauf jemand gefährlich mustern konnten. Er hatte schon einige harte Erlebnisse hinter sich. Mit barbarischer Ruhe erzählte er alles: wie er die und die Einbrecher-Kolonne gesprengt habe, wie er die Führer unschädlich gemacht und einen erschossen habe, in der Notwehr. Wie es sich einmal, nachdem ein geplanter Einbruch bei einem Trödler vorher verraten worden war, in dessen Wohnung hatte einschließen lassen – mit ein paar Beamten, und wie sie dann nachts gewartet hatten – auf die Einbrecher. Die kamen. Und dann gab es ein Feuergefecht, bei dem er allein drei Magazine leer geschossen hatte. Fazit: ein verwundeter Beamter, drüben ein Toter, zwei Schwerverwundete, und alle anderen gefaßt. Und mir fällt auf, was ich schon immer wußte: wie zu solch einer Angelegenheit ja viel mehr Mut gehört als zu einem Sturmangriff, wo das Herdengefühl eine so große Rolle spielte. Es ist doch noch ein ander Ding, in einer friedlichen Stadt ohne die Teilnahme einer ganzen Kompanie allein ein solches Ding durchzubeißen. Ja – das hatte er getan. Und er machte gar nicht viel Wesens davon. Wenn er von all diesen

Dingen und Menschen sprach, von diesen entführenden Tänzerinnen, kokainisierenden Jünglingen, den Einbrechern, die nur bei Ertappung auf frischer Tat schossen und sonst sich sanft wie die Lämmer abführen ließen, von den jungen Anfängern, die noch nicht genau wissen, was ein Zuchthaus ist, es aber bald kennenlernen – wenn er von alldem sprach, dann war nicht viel von Pathos zu merken. Es war selbstverständlich. Auf beiden Seiten ein Beruf.

Nachher gingen wir in eine solche Kaschemme, wo nur ganz junge Menschen saßen. Als wir herunterkamen, ertönte ein Zischer, irgend etwas verschwand vom Tisch, und alle saßen völlig unbeschäftigt vor einer leeren Tischplatte. Sie hatten gespielt. Und grinsten jetzt wie ertappte Schüler, weil ihnen der Lehrer nichts beweisen kann. In einer Ecke aß ein breitschultriger Mann sein Abendbrot – der Beamte kannte ihn, der wartete hier auf sein Mädchen, die für ihn auf die Straße ging.

All das war so nüchtern. So meilenfern von jener falschen Bums-Romantik, mit der geschäftige Schreiber diese sehr ernsten Dinge umkleiden. Man soll der Stadt Berlin kein falsches Montmartre andichten. Sie ist hart, objektiv und liegt an der Spree. Auch ihre Nachtseiten sind so. Es ist ein graues Verbrechertum.

Voltaire im Grünen

Er stand gar nicht im Grünen, sondern ganz anderswo – aber weil ich ein feiner Herr bin, soll es heißen: «Im Grünen.»

Hier gab es einmal ein französisches Hospital, es liegt mitten unter alten Bäumen, hinter Häusern einer belebten Straße, und es stammt noch aus der Zeit, wo die Nationen einander wenigstens in den rein menschlichen Angelegenheiten halfen und wo man bei Kranken nicht unterschied, welcher Stempel auf ihrem Paß stand und wohin sie «zuständig» waren. Es ist ein einfacher, viereckiger Kasten, gar nicht sehr schön – aber sein Bau war doch diktiert von den Geboten der Menschlichkeit, und noch liegt es wie als Hauch einer alten feinen Humanität über dem Steinbau. Französische Bibelsprüche zieren den Eingang und den Ausgang – wie klingt das unsern Ohren: «Bénis sont ceux ... la miséricorde ...» – Ein Heiland hält segnend seine Hände und segnet uns, die wir da eintreten. Aber wir gehen nicht zu ihm. Wir gehen zu dem Steueramt, das jetzt diese Räume bewohnt (in Deutschland heißt so etwas «Finanzamt») – und hinter jeder Tür, wo einstmals alte Frauen und alte Männer die letzten Stunden ihres Lebensabends verdämmerten, umgeben von treuer Pflege und frommen Sprüchen – hinter allen diesen Türen sitzen jetzt wahrhaftige Steuerobersekretäre und pinseln in ihren Akten. Denn das ist sehr wichtig. Und wie ich so durch die etwas vernachlässigten Gartenanlagen rings um das Haus gehe und auf den gewundenen Wegen umherbummele und mir meine Beine auf dem wackersteingepflasterten Hof lahm trete – da sehe ich etwas sehr Seltsames.

Neben einem Misthaufen – wir wollen doch die Sache beim Namen nennen! – steht eine ehemals weiße Büste. Grüne Büsche wachsen drum herum – Glasscherben, Papierfetzen bedecken den Boden ... Ich trete näher. Es ist Voltaire. Der große Mann steht, spitznasig und ein bißchen abgestoßen, im Grünen neben dem Komposthügel und sieht sich seine Umgebung an. Man hat nicht den Eindruck, daß er sich über irgend etwas wundert! – das hat er schon zu seinen Lebzeiten nicht getan, und heute tut er es erst recht nicht. Aber er steht da, gar nicht einmal übermütig und deklassiert, sondern recht vergnügt und mit jenem leisen, feinen Lächeln in den Lippen, das ein ganzes Jahrhundert gefürchtet, gehaßt, bewundert und bejubelt hat. Seine etwas schmalen Augen sehen amüsiert in der Gegend umher und betrachten alles: den Dunghaufen, das frische

Grün, die kleine Bretterbude und den viereckigen Steinbaukasten, in dem er einmal gewohnt hat und den er nun von außen ansehen darf. Einmal hat er da drinnen gestanden. Einmal hat man sich etwas dabei gedacht, als man ihn auf ein kleines Postament setzte und zu ihm aufschaute – sicherlich nicht wie zu einer Gottheit, aber doch wie zu einem überkommenen, alten Freund – zu einem, über den nicht zu diskutieren war. Er vertrat die helle, klare Vernunft, und wenn irgend etwas los war, etwas Unerquickliches oder etwas Mystisch-Benebeltes – dann hatte man nur nötig, zu ihm aufzublicken, und es war schon viel gewonnen: er stand da, lächelte spitz und etwas rätselhaft und war überhaupt vorhanden. Da konnte der Herr Vorsteher so viel schimpfen … Er hatte einmal einem ganzen dunkeln Erdteil ein Licht aufgesteckt, und das hier war geblieben. Die Büste und der Glaube an ihn und die Tradition. Sicherlich hatte der bewegliche Herr mit den Netz- und Altersfältchen auf dem Gesicht neben seinen Meriten auch seine Schrullen gehabt, er war zänkisch gewesen, falsch, komödiantisch – Franzose und noch einmal Franzose – aber welch quellenklarer Geist! – Die kleinen Menschlichkeiten waren abgefallen – und geblieben war dieses. Und da hatte er gestanden, beachtet, bejaht und verstanden. Jetzt stand er im Grünen. Neben dem Dunghaufen stand er, und ich stand auch da, und wir sahen uns an. Und lächelten beide. Er weiß Bescheid. Darum lächelt er. Ihm macht es nichts, daß er heute hier am Boden steht und daß oben an seinem ehemaligen Platz das «II. Dienstreglement für die Ausweisung in Steuer- und Buchungssachen der Abteilung IV c» hängt. All das hat es zu seiner Zeit auch gegeben: Beamte, die Selbstzweck geworden waren, eine wacklige Justiz, eine brüchige Finanzverwaltung, Pfaffen und Verdummte, Parteivorsitzende, die nichts waren als das – und über allem die falsche Gloriole des Staates. Er lächelt. Wo auch immer die Vernunft stehen mag: einmal wird sie siegen.

Aber jetzt flattert wahrhaftig ein Huhn auf den Kopf des Herrn Arouet und schlägt mit den Flügeln und plustert sich auf und schüttelt sich, und wenns gut geht, wird ihm nichts geschehen. Aber ihm kann nichts geschehen. Auch in diesem Lande der entthronten Vernunft steht er, Voltaire, im Grünen und lächelt.

1924

Kritik über den lieben Gott

Der liebe Gott ist ein älterer Mann mit Rauschebart, in dem die Motten sitzen. Er steht morgens sehr früh auf, wie alte Leute zu tun pflegen, die nicht mehr recht schlafen können, wäscht sich schlecht und recht und regiert dann ein paar Stündlein. Nach Tisch druselt er ein bißchen vor sich hin, was ihm auch leider während der Arbeit hier und da unterläuft – um fünf Uhr schließt er unweigerlich. Abendgebete haben also keine Aussicht auf Erhörung. Um die Zeit gräbt der Alte seinen kleinen Garten um und ordnet seine Briefmarken.

Es muß einmal gesagt werden: Wir sind alle nicht mehr recht zufrieden mit dem alten Herrn. Was macht der Mann eigentlich den ganzen Tag –?

Er arbeitet in den Akten und telefoniert, das ist wahr – aber er ist vergeßlich wie der Kaiser Franz Joseph, mit dem er überhaupt eine fatale Ähnlichkeit hat. Er ist voll der kitschigsten Einfälle: er läßt eine Kuhmagd in Jarwischken eine Dollarerbschaft machen, verschollene Söhne kehren nach Jahren wieder und verloren geglaubte Briefe auch – aber alles zur Unzeit, alles zur Unzeit. Wenn ihm sein Hund Taps einen Aktenständer umwirft, kann es geschehen, daß er die Jour-Mappe stehen und liegen läßt und den ältesten Kram aufarbeitet.

So kommen die späten Erfüllungen zustande – und alle zur Unzeit. Leute verwarten die schönste Zeit ihres Lebens, die Börse ist durcheinander, und nicht einmal auf ihre Unzuverlässigkeit kann man sich mehr verlassen. Er hat so melodramatische Ideen wie diesen Krieg. Leichen sieht er nicht, für heulende Frauen geht ihm jedes Gefühl ab – schließlich kein Wunder in dem Alter ... Kinder fallen vier Stockwerke tief herunter, und bald fehlt uns der Wein, bald fehlt uns der Becher. Über seine Haltung in den Jahren von 1914 bis 1918 wollen wir gar nicht reden, überall war er Vorsitzender des

Aufsichtsrats, und wie hat er sich nachher benommen? Er beschützt die Falschen und segnet die Schlechten – er verläßt die Guten und fixt das Himmelreich.

So geht das nicht weiter. Die Versammlung wolle beschließen:

Die in der Bötzow-Brauerei versammelten Gläubigen sprechen dem lieben Gott ihr Mißtrauen aus. Sie hoffen und erwarten, daß er vom nächsten Quartalsersten an diejenigen Reformen und Verbesserungen im Himmel durchführt, die zur ausreichenden Umbildung der Metaphysik unerläßlich sind, widrigenfalls sie das Abonnement aufgeben. Insbesondere bedürfen die Registratur sowie die Bittschriftenabteilung einer völligen Neuordnung. Die Versammelten haben sich das nunmehr sechstausend Jahre mit angesehen, sind aber nicht gesonnen, die Unzulänglichkeiten des Systems auch fürderhin zu dulden.

Das walte Gott!

Dans la rue

Wenn wir alten Pariser so durch die Straßen schlendern, da gibt es schon allerhand zu sehen.

Vor einer Tür sitzt eine kleine gelbe Katze mit einer Brille auf der Nase; ein Optiker hat sie ihr aufgesetzt; die Leute bleiben stehen und lachen. Die Katze sieht regungslos in die Sonne. Ein alter Mann in einem Torbogen hat sich eine Flöte ins Nasenloch gesteckt und spielt so ein herrliches Stücklein, mit dem Mund holt er Atem. Ein Neger fragt in bravem Französisch, wo hier die nächste Metrostation sei. Unten, am Steinbord, unterhalb der Brücke, sitzt ein Mann und läßt die Beine in die Seine hängen, wahrscheinlich des Reimes wegen. Die Stiefel hat er ausgezogen, er liest ein Buch, und das gute Seinewasser umspielt mild seine hornigen Füße. Niemand kümmert sich um ihn – niemand kümmert sich um niemand.

Das ist eine Stadt, die alles schon gehabt hat. Du kannst

hier in wildem Indianerhut und blau angestrichener Kehrseite durch die Straßen wandeln, auch nicht ein Mensch dreht sich nach dir herum. Vielleicht, daß einer sagen würde: «Sieh an: ein Volksstamm, der sich die Kehrseite blau anmalt – also das gibt es.» Aber das wäre auch alles. Und es ist gut so.

Straßen und Straßen – und jede anders, und jede neu. Von den Türmen aus sieht das kleiner aus als Berlin, und ist es der räumlichen Ausdehnung nach auch. Aber die Oranien-Straße ist in einer halben Stunde ganz zu erledigen – hier kommt man aus manchen kleinen Straßen von zweihundert Metern überhaupt nicht mehr heraus. Ein Haus hat eine kleine Eingangstür, dann kommt ein Gang, und dahinter ein riesiger Hof, ein Hof so groß wie eine Reitbahn. Ein Hausflur steht voll Gerümpel, es wird verkauft. Ein Haus sperrt alle Fenstermünder auf, die es hat, sperrangelweit, und du siehst einen Querschnitt durch das französische Familienleben. Da steht ein feines Haus, mit den hohen schmalen Fensterläden und verschnörkelten Gittern davor. Unter Bäumen fährt eine kleine elektrische Eisenbahn, mit Wagen, die das Witzblatt *Merle blanc* «saloping-care» getauft hat. Und überall flattert ein braunes Tuch, eine Plache, eine Marquise, und überall stehen Stühle und Tische auf der Straße – da gibt es etwas zu essen, Wein zu trinken (der heute öfter aus Algier ist als früher, wegen billig) – und alle tun so, als ob sie zu Hause wären. Alle sind zu Hause.

So sieht das aus, wenn man an den Häusern vorbeigeht. Es ist eine schöne Stadt. Nur das mit dem Telefon – das ist, wie wir alten Pariser sagen, Scheibenkleister. Aber vielleicht kenne ich das Telefon und die ganze Stadt noch gar nicht richtig. Denn in zivilisierten Ländern ist das so: um sie ganz und gar richtig zu kennen, muß man mit den Frauen freundlich sein und mit den Männern Geschäfte machen. Ich habe keine Geschäfte in Frankreich.

Corneille auf der Schreibmaschine

Ein Franzose, Herr G. M. Bourgeois, hat sich neulich den Spaß gemacht, unter seinem Namen Comédie-Française ein Stück von Corneille einzureichen. Das Dramaturgen-Büro hat das Stück abgelehnt, Herr Bourgeois lachte sich eins und veröffentlichte die Blamage in den Blättern. Und jetzt sind alle Leute furchtbar vergnügt und mokieren sich über das arme Theater. Herr Clément Vautel, der im *Journal* den Ereignissen die letzte Weihe durch ein hübsches Feuilleton gibt, hat diesem Scherz eine kleine Arbeit gewidmet, worin er ungefähr sagt: «Ja, wenn eben kein berühmter Name drüber steht ...!» Und er erinnert daran, daß man sich schon einmal vor dreißig Jahren den gleichen Ulk mit dem Theater Gymnase gemacht habe. Damals war es der «Tartuffe» von Molière.

Hat sich die Comédie wirklich so sehr blamiert? Ich fürchte, sie blamiert sich vielleicht mehr, wenn sie ein Stück, das von Corneille ist, gar zu sehr anbetet, als sie es ablehnt, ohne den Autor zu kennen. Sie dokumentiert nämlich mit der Ablehnung ganz richtig: ein solches Stück schreibt man heute nicht mehr. Der «Faust» muß – auch er! – aus der Zeit seiner Entstehung heraus begriffen werden; lebte Goethe heute, wäre er nicht dieser Goethe, und der «Faust» hätte ganz andere Seelenqualen als die monologisierten. Die instinktive Ablehnung des abgeschriebenen Corneille hieß: Epigonenwerk. Und ich finde es noch gar nicht so blamabel, wenn man dasselbe Stück, als dreihundert Jahre alt bekannt, annimmt und das gleiche, angeblich heute entstanden, ablehnt.

Veralten Klassiker?

Ja, sie veralten – und das ist ein Teil ihres Reizes. Es liegt soviel geschichtlicher Staub auf ihnen, so viele Generationen haben sich die Hosenböden bei ihrer Lektüre abgewetzt, so viele junge Doktoranden haben zitiert, gedeutet, widerlegt und erklärt – die Stücke sind alt, aber mit einer Nation alt geworden. Und da beginnt die große Gefahr.

Schule und Universität haben sich nämlich ausgedacht, daß Klassiker auf jede Zeit anzuwenden sind, modifiziert, aber immerhin – gewissermaßen wie ein Kochrezept, das Pfeffer vorschreibt, auch in Ermangelung dieses Gewürzes mit Paprika auszuführen ist. Und so kommen denn diese schrecklichen Neubearbeitungen, Ausdeutungen, Inszenierungen, Zitate und ähnlicher Unfug zustande. Der tote Meister liegt in steinernen Särgen (und rotiert schlimmstenfalls ein bißchen) – die da oben auf der Erde teilen ihrer Umwelt inzwischen mit, was der tote Trottel eigentlich gemeint hat. Und rufen triumphierend: «Seht ihr, wie quicklebendig das noch heute ist –!» Was ist quicklebendig? Doch nur der Modernisierungsversuch. Nicht das klassische Werk.

Seit dem Jahre 1914 hat man ja von der deutschen klassischen Literatur den Eindruck, daß sie nur zu dem Zweck geschrieben worden ist, um den modernen Lesern und Hörern mitzuteilen, daß sie ihre Steuern schön bezahlen, für das Vaterland sterben, der Obrigkeit gehorchen und überhaupt ebenso brave wie bedingungslos gehorchende Deutsche sein sollen. Da werden Stellen herausgerissen, aus dem Zusammenhang, aus ihrer Zeit, aus dem Kolorit von Stück und Autor – da werden unter der kindlichen Voraussetzung, daß alles, was je die Figur eines Dichters gesagt hat, auch dessen eigene Meinung sei, den Herren Schiller, Goethe, Theobald Körner (ich finde «Theobald» hübscher), Kotzebue und Geibel Dinge untergeschoben, an die jene nicht im Traum gedacht haben. Und Nietzsche –! Im allgemeinen kann man ja sagen: «Sage mir, wen du zitierst – und ich werde dir sagen, was du mir kannst –!» Aber man erstaunt selbst als gelernter Deutscher, wenn man sieht, wo überall Nietzsche zitiert wird. Auch er kann sagen: «Ich habe es nicht gewollt –!» Und ich bin nicht der Ansicht, daß man einen Schriftsteller für seine Anhänger verantwortlich machen darf. Das Lustigste ist natürlich, daß man komplizierte Naturen immer für beide Lager ausschlachten kann – ein Genie kann wohl einfach sein, aber nicht simpel. Eindeutig ist der Reiterphilosoph von Bernhardi – die andern sind schwerer auf eine Linie zu bringen.

Und wenns nicht gutwillig geht, dann wird eben ein bißchen nachgeholfen. Da bekamen wir neulich eine Broschüre zugeschickt, aus der ging hervor, daß ein Fräulein ... ich weiß nicht mehr, wie sie hieß – für den alten Schopenhauer eintritt. (Wahrscheinlich wegen unbekannt.) Sie hatte nämlich herausgefunden, daß dieser total verkannte Schriftsteller eigentlich ein guter Hakenkreuzler und Alldeutscher gewesen sei, und nun rupfte sie mit rührender Hand die schwarz-weiß-roten Federn aus dem toten Balg. Wenn das der Alte noch erlebt hätte –! Ein zweites Kapitel «Über die Weiber» wäre dem Fräulein sicher gewesen.

Corneille auf der Schreibmaschine ...? Ich weiß doch nicht recht. Die öffentliche Meinung schwankt gewöhnlich, wenns an die Klassik geht, zwischen frommer Bewunderung und frecher Beschimpfung – die Welt hat für die einen im Jahre 1840 aufgehört, und für die andern fängt sie 1920 an. Wie sagte mein alter Meister, bei dem ich als junger Geselle arbeitete – wenns mulmig wurde? «Kompromiß!» Hier ist schwer einer zu schließen.

Was man verlangen kann, ist Ehrlichkeit. Und wenn ich sehr ehrlich sein will: Mich geht von diesen alten Traditionskisten nicht mehr so übermäßig viel an. («Ja, lieber junger Freund ...» Einen Augenblick.) Man hatte mir hier in Paris gesagt: Wenn Sie den französischen Nationalcharakter wirklich verstehen wollen, dann gehen Sie in die Comédie-Française und sehen Sie sich da Molière – oder noch besser: Corneille – an. Und weil mir für meine Ausbildung keine Spesenaufstellung zu hoch ist, habe ich das auch getan.

Jetzt habe ich eine Heidenangst, daß dieser Aufsatz auch in Paris gelesen werden könnte. Ich kann nämlich mit der Comédie-Française nichts mehr anfangen.

Ich verkenne gar nicht die traditionsbildenden Elemente, die darin stecken. Ich halte es auch für belanglos, ob man das so oder andersrum spielen könnte – ob die Comédie ein Theater macht, das mir gefällt oder nicht. (Mir gefällts nicht – aber danach hat mich ja auch keiner gefragt.) Ich habe einen ganz andern Einwand:

Was soll ich damit –? Sind das meine Probleme? Sind das unsere Seelenregungen? Nein. Nun wäre das sehr eng gedacht – also weiter: kann ich mich, im emsigsten Bemühen, in diese Welt, in diese Ausdrucksformen, hineinversetzen? Nein. Also: Museum. Das ist ein hartes Wort. Aber einmal, im «Misanthrope» gab es eine Spielpause, oder sagen wir besser: eine Deklamationspause. Und da tönten, von draußen, von der Straße her, die Automobilhupen in die Stille herein. Und da war es aus.

Nun sieht die Tradition in Frankreich anders aus als bei uns, die wir zwar einzelne Stadtkulturen haben (Hamburg, Frankfurt am Main), aber keine einheitliche deutsche, die einen andern Ausdruck gefunden hätte als in den Bücherschränken. Diese französische Tradition ist sehr lebendig, immer wieder erneuert, in ihren Auswirkungen bis heute feststellbar – und die enorme Erleichterung für jeden französischen Schriftsteller (und auch seine Mühsal) steckt eben in der Existenz seiner Basis, auf der er stets weiterbauen kann. (Bei uns fängt ja jeder für sich von vorn an.) Also zum Verständnis eines ganzen Volkes ist diese Klassik unerläßlich – als Lehrbuch, als Bauplan, als Orientierungskarte. Aber muß ich deshalb unmittelbar von ihr ergriffen werden?

Es gibt eine Luft zwischen den geschriebenen Zeilen, die geht nach fünfzig Jahren, bestenfalls nach hundert, dahin. Der Autor schreibt: «Liebe» – und noch der letzte seiner Leser weiß, welche Liebe gemeint ist, hat dieselben Assoziationen wie der Autor, dieselben Empfindungen, dieselben Vorbehalte wie er. Unsichtbar steht – überall zwischen den Zeilen: du weißt doch, wie ichs meine! – Der Leser weiß. Der Sohn des Lesers auch noch, weil sein Vater dieselbe Sprache gesprochen hat wie der Autor – der Enkel vielleicht auch noch. Aber dann ist es aus. Dann bleibt die Fabel, das Gerüst, die Figur, die Tradition, die Klassik. (Daher zum Beispiel Humoristen am leichtesten veralten – weil das Lachen am meisten von allen Seelenbewegungen auf dem Unsichtbaren zwischen den Zeilen aufgebaut ist.) Und ist einmal einer, wie Tolstoi, so groß, daß noch über die Übersetzung hinweg, ja über Jahrzehnte hinweg, soviel bleibt wie eben bei ihm – dann ist das eine gottgesegnete Ausnahme. Die «Volkserzählungen» werden leben wie die Bibel.

Auf allem andern aber – beinahe auf allem andern liegt fingerdick der Staub. Denn der historische Einschnitt von 1840, der da kam, als die Maschine geboren wurde, der bewirkt, daß wir das, was davor liegt, mit andern Augen ansehen. Robespierre hat eben keiner Stenotypistin diktiert, sondern lange Zettel mit seiner dünnen Schrift überhuscht... Französische Klassik? Französische Tradition? Der kalifornische Früchtebauer weiß nichts von ihr. Und ist deshalb noch lange kein Barbar. Sondern ein neuer Typus Mensch.

Und deshalb soll man nicht die Klassik bespötteln, aber auch nicht vor ihr auf dem Bauche liegen. Auch nicht, wenn sie Corneille oder Goethe heißt.

Rudolf Steiner in Paris

«Abrakadabra kadibar kadabra –
Palle – palle! Muff! Muff! Muff!»
Zauberer in einem Kindertheater

Rudolf Steiner, der Jesus Christus des kleinen Mannes, ist in Paris gewesen und hat hier einen Vortrag gehalten. Es war eine streng geschlossene Gesellschaft, man hatte mich nicht eingeladen, und so hatte ich Gelegenheit, den Ausführungen Herrn Steiners zu lauschen.

Mit Paris hatte die Veranstaltung nicht allzuviel zu tun. Sie fand im Saal einer hiesigen wissenschaftlichen Gesellschaft statt, die nur die Räume, nicht die Wissenschaftlichkeit dazu gegeben hatte, und sie war in der Hauptsache von jenem ein wenig internationalen Mischmasch verbogener Menschen besucht, die ihr Manko auf Steiner abgewälzt haben: wenn aber eine den Geliebten nicht bekommen kann, einer gekündigt, einer überhaupt unbefriedigt ist, so ist das noch kein Grund, in der Philosophie umherzuschludern.

Steiner trat auf. Der erste Eindruck: Klöpfer als Tartuffe. Auch eine gewisse Ähnlichkeit mit Alfred Abel ist da – aber ohne dessen schönes Auge. Im ganzen sieht Steiner aus wie ein aus den Werken Wilhelm Buschs entlaufener Jesuit: Bauernschädel, gefalteter Komödiantenmund, Augen, die sich beim Sprechen nervös schließen und nur manchmal – in ff. Dämonie – die Zuschauer ansehen. Man hatte mir gesagt, daß ganze Nationen diesem Zauber unterliegen.

Ich habe so etwas von einem unüberzeugten Menschen überhaupt noch nicht gesehen. Die ganze Dauer des Vortrages hindurch ging mir das nicht aus dem Kopf: Aber der glaubt sich ja kein Wort von dem, was er da spricht! (Und da tut er auch recht daran.)

Der Prophet sprach deutsch. Nach je zehn Minuten pausierte er, und dann übersetzte Jules Sauerwein vom *Matin* das, was er gesagt hatte, ins Französische, übrigens ausgezeichnet.

Das Ganze war ausdrücklich als einleitender Vortrag angesagt, ich kann also verlangen, daß ich bei einigermaßen gutem Willen zum mindesten verstehe, was da vorgetragen wird. Es ergab sich, aus dem verblasenen und in mißverstandener Terminologie abgefaßten Zeug herausgeschält, dies:

Der Mensch ist imstande, durch schärfste Konzentration zu drei Stufen der Erkenntnis vorzudringen: zu der imaginären, der inspirierten und der intuitiven. Nun wäre der Spott über die menschliche Unbeholfenheit, von diesen Dingen zu

Neulingen klar zu sprechen, sehr billig – ich weiß, wie schwer es ist, einem Blinden klarzumachen, was das bedeutet: violett. Und da gibt es nur ein Kriterium dafür, ob jemand die Wahrheit sagt oder schwindelt: das ist die kristallklare Selbstüberzeugtheit.

Nichts davon.

Sein Gerede wimmelte von Fehlern: ob ein Bügeleisen wirklich heiß oder nur «eingebildet heiß» sei, zeige das Leben. Das ist falsch. Schon Charcot hat herausgefunden, daß Hysterische sich am kalten Eisen «wirklich» verbrennen, und daß diese Empfindungen rein subjektiv sind. Wenns mulmig wurde, rettete sich Steiner in diese unendlichen Kopula, über die schon Schopenhauer so wettern konnte: das Fühlen, das Denken, das Wollen – das «Seelisch-Geistige», das Sein. Je größer der Begriff, desto kleiner bekanntlich sein Inhalt – und er hantierte mit Riesenbegriffen. Man sagt, Herr Steiner sei Autodidakt. Als man dem sehr witzigen Professor Bonhoeffer in Berlin das einmal von einem Kollegen berichtete, sagte er: «Dann hat er einen sehr schlechten Lehrer gehabt –!»

Und der Dreigegliederte redete und redete. Und Sauerwein übersetzte und übersetzte. Aber es half ihnen nichts. Dieses wolkige Zeug ist nun gar nichts für die raisonablen Franzosen, die grade in der Philosophie eine außerordentlich klare und präzise Ausdrucksweise lieben (daher sie selbst für die echten Mystiker wie Angelus Silesius nicht viel übrig haben). Neben mir saß ein alter Herr mit den vernünftigen, braunen Augen des gebildeten Franzosen: sie tränten ihm – so litt er unter der Schläfrigkeit. Die Zuhörer schliefen reihenweise ein; daß sie nicht an Langerweile zugrunde gingen, lag wohl an den wohltätigen Folgen weißer Magie.

Immer, wenn übersetzt wurde, dachte ich über diesen Menschen nach. Was für eine Zeit –! Ein Kerl etwa wie ein armer Schauspieler, der sommerabends zu Warnemünde, wenns regnet, im Kurhaus eine «Réunion» gibt, alles aus zweiter Hand, ärmlich, schlecht stilisiert … und das hat Anhänger –! Wie groß muß die Sehnsucht in den Massen sein, die verlorengegangene Religion zu ersetzen! Welche Zeit –!

Sein «Steinereanum» in der Schweiz haben sie ihm in Brand gesteckt, eine Tat, die durchaus widerwärtig ist. Es soll ein edler, kuppelgekrönter Bau gewesen sein, der wirkte wie aus Stein. Er war aber aus Holz und Gips, wie die ganze Lehre.

Der Redner eilte zum Schluß und schwoll mächtig an. Wenns auf der Operettenbühne laut wird, weiß man: Das Finale naht. Auch hier nahte es mit gar mächtigem Getön und einer falsch psalmodierenden Predigerstimme, die keinen Komödianten lehren konnte. Man war versucht, zu rufen: Danke – ich kaufe nichts.

Der Redner hatte geendet. Mäßiger Beifall pritschelte. Auch zu Anfang waren nur zwei Reihen Unentwegter ehrfürchtig bei seinem Nahen aufgestanden, wie vor einem Gott oder einem besiegten General.

Und nur eines kann ich nicht verstehen, wenn ich die Figur dieses Menschen betrachte, der mit Hartleben herumgesoffen hat, und von dem man sagt, er habe in diesen fröhlichen Kneipnächten die Figur des «Serenissimus» erfunden –:

Christian Morgenstern liebte ihn. Dieser feine, gütige, hohe und tiefe Geist liebte Rudolf Steiner. War das Weltfremdheit? Ist dennoch wirklich etwas hinter dem Gerede dieses unüberzeugten, unsereinen nicht überzeugenden, geschwollenen Predigers? Spricht das gegen Morgenstern? Für Steiner? Ich weiß es nicht.

Der Deutsche im Teeraum

Mensch, und es war ein ganz kleiner Affenstall, ganz voll, und so heiß, und alle Leute plapperten und klapperten und nippten an diesen Vogelnäpfen, aus denen es Tee zu trinken gab, und dann so kleine Mürbekuchen, keine richtige Torte und keine Schlagsahne – fürchterlich! Mein Debut begann damit, daß ich erst mal einen ganzen Tisch beim Hereinkommen umriß, die Teller rasselten, die Tassen rollten, der Tee floß ... Ich entschuldigte mich, und es ging mir wie dem Magister bei Goethe, der bei der Verbeugung mit dem Hintern immer wieder Neues umwirft. Ach, es war schrecklich!

Es waren furchtbar feine Leute. Langweilen dich feine Leute auch so sehr? Sie sind gleich auf der ganzen Erde – und von einem ehrfurchtgebietenden Stumpfsinn. Sie saßen da und bröselten mit den Kuchen und rührten mit den Löffelchen in den Tasselchen. Ganz besonders habe ich ja Amerikanerinnen gefressen. Junge, diese alten, ledergegerbten Gestelle, grell angezogen, geputzt, aufgedonnert ... Ich weiß, daß diese Exportware minderwertig ist – aber, weißt du, da lachen sie so viel über unsre deutschen Jägerhemdreisenden: diese da sind ja mindestens ebenso schlimm. Nein, sie sind noch viel grauenvoller. Unsre Leute sind doch noch manchmal – manchmal! – naiv. So eine kleine sächsische Lehrerin mag sich ja manchmal recht komisch ausnehmen, und sehr angenehm wird die Lodenherde auf dem Kapitol ja auch nicht grade sein ... Aber diese hier! Dieses kalte Fischauge, diese bleierne Öde, diese freche Prätention: hier sitzen wir, und so sind wir, und wer nicht so ist, der zählt überhaupt nicht mit. Und die Welt sieht in diesen kalten grauen Augen so einfach aus – was uns nicht paßt, darüber sprechen wir nicht, und also gibts das auch nicht.

Wenn ich diese alten Schachteln so sehe, dann erscheint mir dahinter immer der Mann, der für sie gearbeitet hat und noch arbeitet. Also dafür –? Damit so eine in der Welt herumrollen kann, mit ewig gleichbleibender Miene und ewig gleichbleibendem Geplapper Kapitol, Bretagne und Nordkap betrachten kann, auf den Rennen umherstehen, in den Logen hocken und hier in der Teestube diese süßen Sachen zur vorgeschriebenen Stunde, mit dem vorgeschriebenen Gespräch herunterschlucken kann? Dafür –?

Zahlen! Natürlich kommt keiner. Und ich habe eine solche

Sehnsucht, daß jetzt irgendein vierschrötiger Kerl hereinkäme, massiv wie Emil Jannings, mit einem wuchtigen Wupp alles von den Tischen herunterfegte, sich aufstöhnend breit hinlümmelte und riefe: So – nun wollen wir mal eine ordentliche Tasse Kaffee trinken!

Und da hätte er vielleicht gar nicht einmal so unrecht.

Nebendiplomatie

Deutschland unterhält in den großen europäischen Hauptstädten Botschaften, Konsulate und Gesandtschaften. Die unterliegen der Kontrolle und der Kritik der Öffentlichkeit, im großen ganzen läßt sich für den Kenner genau übersehen, was dort getrieben wird. Daneben läuft eine andre Art Diplomatie.

Überall im Auslande treibt sich, offiziös, offiziell, privat, eine äußerst gefährliche Sorte umher: Parasiten der Diplomatie. Da sind Journalisten, entlassene Beamte, Frauen, bei denen man nie weiß, wo die Journalistin aufhört und die Frau anfängt, und – die gefährlichsten – ehemalige Offiziere (darunter viele Homosexuelle). Dieses Gesindel, das die europäischen Sprachen meistens sehr gut beherrscht, sitzt in den Halls der großen Hotels herum, hat stets Aufträge in der Tasche, die mit seiner eigentlichen Mission nichts zu tun haben, und ist leicht an seiner Wichtigtuerei zu erkennen. Das hat Konferenzen, politische Diners, geheime Zusammenkünfte, Entrevuen, Pläne, Sitzungen ... und ist deshalb so gefährlich, weil es keiner Kontrolle unterliegt, und weil die deutsche Regierung jederzeit – oft mit gutem Gewissen – erklären kann, mit diesen Leuten nichts zu tun zu haben. Sie machen oft eine taktlose Propaganda, spionieren wohl zwischendurch ein bißchen, bespitzeln die Gesandtschaften und werden aus Fonds gespeist, die mehr als dunkel sind. Vor dem Eclat schwer offiziell, sind sie hinterher, wenns schiefgegangen ist, harmlose Privatleute.

Vom Schlafwagen an sind ihre Reisen schabloniert: Ankunft, Wohnung im mittlern Hotel (Tee im ersten), Frühstück, Aushorchen, finstere Geschäfte, Übergabe von geschmuggelten Sachen und Briefen, die man aus guten Gründen nicht mit der Post schickt, Besprechungen mit Bekannten, sehr gute Essen und abends: Ausgang. Es gibt, zum Beispiel, kaum eine Bar in Paris, in der Homosexuelle verkehren, wo man nicht solche Exemplare finden kann. Dann, am nächsten Tag – und hier sitzt der Kernpunkt –: diese maßlos gefährlichen, weil fast immer falschen Berichte in die Heimat.

Das sind die Berichte, auf die sich immer noch so viele Politiker in Deutschland stützen, die Berichte von «Vertrauensleuten», in denen dann zu lesen steht: «Man ist hier der Ansicht ...» Wer ist: Man? Der Schlepper der jungen Engländer, die «man» frequentiert? Der Hotelportier? Der Bruder von Fifi – und Fifi ist auch manchmal eine Dame ...

Es ist stets die alte Geschichte: Diese internationalen Deklassierten halten im Spießer zu Hause immer noch die Ansicht wach, Diplomatie sei eine Sache der feinen, auf den Hintertreppen erlauschten und weitergeflüsterten Geheimnisse. Ob sie das je gewesen ist, steht dahin. Aber heute, wo die harten Wirtschaftstatsachen und die ungeschriebenen Gesetze der Völker die Wirklichkeit diktieren, heute ist es widersinnig, mit solchem Pack zu arbeiten, das mit ein paar geklauten Briefen, mit Dokumenten, deren Wichtigkeit in den meisten Fällen überschätzt wird, mit Klatsch und Geheimaufträgen den andern Theater vorspielt und sich ein höchst angenehmes Dasein verschafft.

Die Auftraggeber sollten die Taschen zuknöpfen. Die Ware taugt nichts.

Die Wehrpflicht

Die deutsche Entwaffnungs-Note an Frankreich lobt die alte Wehrpflicht und spricht davon, daß die deutsche Jugend ihr die Erziehung zur Ordnung und zur Unterordnung unter die Gesetze verdanke; die Wehrpflicht fehle uns und müsse durch etwas andres ersetzt werden.

Das ist nicht wahr.

Die alte Wehrpflicht hat diesen infamen Krieg mitverschuldet. Der Kadavergehorsam des deutschen Militarismus ist ein Pestherd gewesen: eine bunte, verlogene Sache nach außen – eine schmutzige, rohe und völlig wertlose nach innen. Die Produkte dieser militärischen Erziehung waren schlechte Karikaturen der Lehrer, und da die schon eine Karikatur waren, kann man sich vorstellen, wie das aussah, was da herauskam: Männer, die allen Ernstes glaubten, eine «Meldung», eine «Dienstvorschrift» stehe über dem Leben und könne eine Welt meistern. Die Niederlage, die Unbeteiligte haben mitbüßen müssen, hat ihnen gezeigt, was es damit auf sich hat. Die alte Wehrpflicht hat das gesamte kulturelle Leben in Deutschland verdorben, und wenn heute die republikanischen Parteien den Mut nicht aufbringen, das zu sagen, so liegt das wohl daran, daß sie es in ihrer großen Masse bis heute noch nicht begriffen haben. Die Wehrpflicht ist von außen gestürzt worden. Sie ist mit Recht gefallen.

Ein Ersatz wird mit allen Mitteln angestrebt. Er wird nicht so sehr angestrebt, um Krieg zu führen, sondern um wiederum das Volk, und vor allem die Jugend, zu knebeln. Dieser Staat, diese herrschende Klasse hat in gar keiner Weise das Recht, irgend jemand erziehen zu wollen. Dieser Staat soll bei sich anfangen. Die verschleierten Versuche, die Wehrpflicht wiedereinzuführen, müssen auch dann abgewiesen werden, wenn sie Gesetz werden. Die Arbeitsdienstpflicht, die viel zuwenig beachteten, sehr übeln Manöver des «Reichsausschusses für Leibesübungen», der einen Zwang, Sport zu treiben, mit der Ablegung von Examina verknüpft – all das hat zu verschwinden. Es bedroht den Frieden späterhin und vergiftet das Leben des Volkes von der Einführung an.

Wir bestreiten, daß die Wilhelm-Straße das Recht hat, den schweren Riß, der durch das deutsche Volk geht, einfach zu verschweigen. Es gibt heute schon viele Millionen, die die wilhelminische Erziehung zum Klimmzug und zum «Antreten» absolut verwerfen. Das ist nicht der Weg, das Volk wieder hinaufzuführen. Es ist der Weg zu einem zweiten Versailles.

Von dem «Geist der Militärs» – eine contradictio in adiecto – ist nichts zu erwarten als neues Unheil. Dieser Teil der Note klingt wie aus den Gründerjahren. Aber es liegen vierzig Jahre dazwischen, und sie waren reichlich lang. Wir wollen nicht noch einmal von vorn anfangen.

Haus mit Granaten

In Champigny an der Marne steht ein Haus, da stecken noch Granaten aus dem Kriege 1870/71 drin. Es ist ein kleines, braun angestrichenes Haus, und es liegt in der Rue du Four 18. «Souvenir historique» steht dran, und das ist es ja auch wirklich, wenn man bedenkt, daß damals ein Haus ruhig stehen blieb, nachdem man es einmal beschossen hatte. Es weist Einschlagspuren auf – aber weniger und leichtere als etwa das Mosse-Haus in Berlin vor seiner Renovierung –, und oben, zwischen den Fenstern der ersten und einzigen Etage, steckt noch ein Stückchen Eisen im Mörtel. Als historische Erinnerung hat mans stecken lassen.

Das Ganze wirkt, wie wenn einer in einen Operationssaal, wo es auf Tod und Leben zugegangen ist, käme und sagte: «Oho! Ich auch. Ich habe mir da gestern den Nagel geklemmt, daß es nur so eine Art hatte!» Du lieber Gott, denken die Ärzte.

Übrigens kümmert sich niemand um dieses Monument

staatlicher Anarchie. Nicht einmal die Kriegerdenkmäler sind hier sehr populär – obgleich der General Foch vor längerer Zeit einmal einem Jeanne-d'Arc-Denkmal seine Patronatsweihe gegeben hat, zu Ehren des lieben Gottes, qui s'est montré bon Français. Generale sind auf der ganzen Welt gleich. Manche nur etwas knotiger als der Rest.

Nein, also von diesen Dingen will hier keiner mehr etwas wissen. Es gibt nichts, was so unpopulär wäre wie der Krieg. Hier ist ein so starker Friedenswille – oder sagen wir vielmehr: Wunsch nach Ruhe –, daß unsereins sich in Grund und Boden schämt. Sie haben den Krieg gewonnen, gewonnen, Herr Stresemann (was sich in Deutschland noch nicht herumgesprochen hat) – und in den Kriegsanthologien findet man kaum ein blutrünstiges Gedicht. Ich habe eine durchblättert, die im Verlag der «Renaissance du livre» erschienen ist – die jungen Soldaten, die da in den Gräben gedichtet haben, taten was? Sie beklagten ihre Toten. Die gefallenen Freunde, die Söhne, die Väter ... und nur ganz selten sieht man darin so etwas wie eine Verwünschung des Deutschen.

Das Eisen sitzt im Kalk des alten Hauses. Die französischen Herzen sind ungepanzert und klopfen in menschlichem Takt.

Bei uns sind die Häuser polizeilich in untadligem Zustand. Das Herz sitzt, immer noch, rechts.

Der Achtstundentag

> «Man sollte doch wohl die Hitlerbanden rüsten lassen. Denn Schießen ist die einzige Art, wie Deutschland Politik zu machen versteht.»
> Morus

Der französische Arbeitsminister, Herr Justin Godart, hat mir eine Unterredung gewährt. Dies der Extrakt seiner Meinung über den Achtstundentag:

«Frankreich ist fest entschlossen, das Abkommen von Washington, das die internationale Festlegung des Achtstundentages zum Inhalt hat, in Gemeinschaft mit den großen europäischen Industriestaaten zu ratifizieren. Das französische Kabinett ist einstimmig der Ansicht, daß die von Deutschland vorgebrachten Einwände gegen den Achtstundentag nicht stichhaltig sind. Weder das Sachverständigengutachten noch die Reparationen berechtigen Deutschland zu seiner Weigerung: das Gutachten sieht ausdrücklich die gerechte und gleiche Verteilung der entstehenden Lasten auf alle Schichten vor und will die Verpflichtungen nicht allein auf die Arbeiterklasse abgewälzt haben. Was die Reparationen betrifft, so hat Frankreich seine eignen Wiederaufbauarbeiten auch mit dem Achtstundentag vollbracht. Die internationale Regelung der Arbeitszeit wäre eine Stärkung des Wirtschaftsfriedens und eine Ausschaltung der überflüssigen Konkurrenzanstrengung unter den europäischen Staaten. Deutschland ist in seinen Entschließungen frei; tanzt es aus der Reihe, so steht es auch in dieser Frage isoliert da und hat sich die wirtschaftlichen Folgen zuzuschreiben. Die Aufforderung, sich dem Washingtoner Abkommen anzuschließen, ist ein Appell an die deutsche Demokratie und an die deutschen Arbeiter.»

Im Juni hat in Genf ein Internationaler Kongreß für Arbeitsfragen stattgefunden, und es war alles da, was auf diesem Gebiet gut und teuer ist. Jeder Staat hatte seine Verantwortlichen, seine besten Leute gesandt. Deutschland Herrn Leymann. Wer kennt Herrn Leymann nicht? Auf der andern Seite hatten die Franzosen ihren Arbeitsminister, die Tschechen, die Engländer hatten Leute ersten Ranges – für Deutschland kam Herr Leymann. Kam, sprach und zerschlug in Gemeinschaft mit dem Großindustriellen Herrn Vogel, was nur an Porzellan zu zerschlagen war.

Am 23. November 1918 hat Deutschland den Achtstundentag gesetzlich eingeführt. Die Entwicklung ist bekannt: dank der gradezu trostlosen Führung der deutschen Sozialdemokraten, die in keiner Weise geistig vorbereitet in diesen Kampf gingen und deren äußerste Anstrengung – wie bei allen dummen Menschen – nur von einer gewissen Bauernschlauheit und Gerissenheit zeugte, fiel eine Position nach der andern. Diese im Herbst 1923. Seitdem haben wir den «modifizierten» Achtstundentag; seitdem haben wir ihn nicht mehr.

Der Kongreß war über den Achtstundentag ziemlich einer Meinung. Besonders auf englischer Seite standen Arbeitnehmer, Arbeitgeber und Regierungsvertreter geschlossen dafür. Die Tschechen vorbehaltlos dafür. Sonst kaum Einwände. Godart verkündete, daß er der französischen Kammer so bald wie möglich einen Gesetzentwurf über die Ratifizierung des Washingtoner Abkommens vorlegen wolle. Die Polen: dafür. Die Schweiz: Ablehnung der Abschaffung des Achtstundentages durch Volksentscheid. Der Engländer, Herr Poulton: «Die Vermehrung der Arbeitsleistung hat keine Produktionssteigerung zur Folge.» Ausprobiert. Daß der Achtstundentag auch in dem Vertrag von Versailles («der die Arbeiter knechtet») im Artikel 427 gefordert wird, nebenbei. Alle Vertreter sind sich über die einheitliche Regelung dieser sicherlich nicht einfachen Materie einig. Godart weist noch einmal warmherzig und vernünftig auf die Wichtigkeit der acht Stunden für das Familienleben der Arbeiter hin. Dann steht Herr Leymann auf. (Daß Herr Brauns, oder wer ihn sonst geschickt, nur einen Vertreter auf Lager hat, der kein Französisch und kein Englisch kann, versteht sich bei uns von selbst.) Und Herr Leymann spricht:

«Im Herbst 1923 hat eine Summe von ungünstigen Umständen eine grundlegende Wandlung der deutschen Nationalwirtschaft hervorgerufen.» (Ich zitiere nach dem französischen Protokoll.) «Die Besetzung der Ruhr und ihre bekannten Folgen, die außergewöhnliche Preissteigerung der

Transportunkosten in Deutschland, der Zusammenbruch der Währung und ferner die sogenannten Micum-Verträge haben die Grundlagen des deutschen Wirtschaftslebens erschüttert.» Hierauf: «Die Zahl der Arbeitslosen hat sich um fünf Millionen erhöht.» Und das, um die Abschaffung des Achtstundentages zu verteidigen –! Man habe «durch Kollektivverträge» die Zahl der Arbeitsstunden geregelt. (Der Kongreß konnte nicht wissen, daß diese «Verträge» sehr einseitiger Natur waren – auf der einen Seite die wahren Kriegsgewinner, auf der andern eine völlig machtlose, ausgehungerte Arbeiterschaft.) Und dann, emporgereckt, wie nur je ein deutscher Regierungsvertreter, wenn er eine Dummheit macht: «Die deutsche Regierung sieht sich zur Zeit außerstande, den Zeitpunkt, wo Abänderungen (der Abschaffungsverordnung von 1923) eingeführt werden können, genau anzugeben, noch auch das Maß dieser etwaigen Abänderungen. Sie sieht sich verpflichtet, sich alle Handlungsfreiheit auf diesem Gebiet vorzubehalten. Im Namen der deutschen Regierung habe ich außerdem zu erklären, daß Deutschland in keinerlei Erörterungen über den Gedanken einer Art internationaler Kontrolle über seine Arbeitszeit eintreten kann. Ein solcher Eingriff in seine Souveränität wäre unerträglich.» Bumm. Dies hüben.

Drüben keine Spur von einer Kontrollanmaßung, nicht das leiseste Anzeichen eines Eingriffs in jene Souveränität, die natürlich in einem europäischen Wirtschaftskörper gar nicht mehr existiert, gar nicht existieren kann ohne die schwersten Schädigungen für alle in diesen Gesamtorganismus Verflochtenen. Wenn wir unrecht tun, dann sind wir allemal souverän. Und dann geht Herr Leymann ins Theoretische über.

«Nun, wie kann man die Produktion heben? Nur durch zwei Mittel: durch Vermehrung der fabrizierten Waren oder durch Verminderung des Konsums.» Und das darf – auf Staatsunkosten – zu einem internationalen Kongreß für Arbeitsfragen reisen! Dieses Hirn, das heute noch nicht begriffen hat, daß man den Konsum nicht töten, sondern heben muß, daß sinnloses Schuften nicht einmal dem Unternehmer auf die Dauer nützt, aber die ganze übrige Welt außer Rand und Band bringt – dieses Hirn repräsentiert ein Volk wie das deutsche, und das muckt und rührt sich nicht. Er behauptet, daß die zu Hause geübte Vermehrung der Arbeitszeit die Produktion hebe, und dann kommt diese echt deutsche Klausel: man wolle den Achtstundentag nicht aufheben, sondern nur modifizieren. Für so feine, faule Unterschiede hat allerdings der Kongreß kein Ohr.

Zunächst entsteht dem Regierungsvertreter ein sehr erheblicher und sehr schlagfertiger Gegner in Hermann Müller. (Das ist nicht etwa der Führer der Sozialdemokraten; als ich drei Zeilen der gut sozialistischen, anständigen und charakterfesten Rede gelesen hatte, war mir klar, daß es nur der Gewerkschaftler sein konnte.) Der deutsche Arbeitervertreter hatte es so einem Gegner gegenüber, wie Herr Leymann einer ist, leicht, machte es sich aber nicht leicht, sondern ging gescheit und gründlich auf alle Fragen ein. «Man muß sich einmal den Zeitpunkt ansehen, den die deutsche Regierung für ihre Haltung gewählt hat, als sie den Achtstundentag abschaffte», sagte er. «Sie hat dazu einen Augenblick gewählt, wo die deutschen Gewerkschaften durch die dauernde Inflation verarmt waren ... Was wir den Unternehmern so vorwerfen, ist grade, daß sie die Zeit der Inflation und die großen Gewinne, die sie durch diese Inflation erzielt hatten, nicht dazu benutzt haben, die Herstellungsverfahren und ihre Fabrikeinrichtungen zu vervollkommnen ... Sicherlich kann ausnahmsweise einmal unter gewissen Umständen die Vermehrung der Arbeitszeit eine Steigerung der Produktion herbeiführen, aber doch nur, wenn die Arbeiter eine solche Verlängerung der Arbeitszeit gutwillig annehmen.» Dann allerdings fuhr er fort, mehr guten Willen als die Erkenntnis der eignen Macht bezeugend: «Ich stehe nicht an, hier laut auszusprechen: Wir werden in Deutschland den Achtstundentag wiederbekommen, und wir werden alles tun, um ihn aufrechtzuerhalten.» (Da tut er nun so, als hätten wir noch eine Sozialdemokratie mit Klassenkampf. Wie sagt die *Pleite*? «Klassenkampf? Wat ist denn det for'n Dings? Mensch, da lachste links!») Und zum Schluß, statt den Porzellanladen, wie seinen Vorredner, einzuschlagen, erklärt er ruhig und bedächtig: Wenn man eine Rundfrage über die Arbeitszeit in Deutschland veranstalte, dann müßte man sie auch in den andern Staaten veranstalten.

Sagte ich vorhin etwas Unfreundliches über Herrn Leymann? Aber ich vergaß Herrn Vogel. Herr Vogel hat sich selbst abgeschossen.

«Die deutschen Arbeitgeber sind keine prinzipiellen Gegner des Achtstundentages.» I, wo werden sie denn! Nur anwenden möchten sie ihn nicht gern. «Aber sie sind Gegner der allzu strikten Anwendung dieses Prinzips.» Was ein Grundsatz mit Löchern ist, das begreift man wohl nur in Deutschland. Und, mit geschwellter Brust: «Nun, wenn wir deutschen Unternehmer bis jetzt unsre deutsche Industrie unangetastet oder so gut wie unangetastet erhalten haben, so geschah das hauptsächlich aus Patriotismus ...» Auf Wiedersehn. Er ist betrübt, daß man ihm auf Grund seiner Sprüche auf dem Kongreß Hinterhältigkeit hat vorwerfen müssen, spricht von eingetretenen «Faktoren» (vielleicht hat er auch «Einstellung» gesagt, aber das gibt es zum Glück auf französisch nicht). Und dann kriegt es der Landsmann Müller. Vor versammeltem Publikum.

Der Herr Vogel packt den internsten Familienknatsch aus, einen Brief von Legien, Gott weiß was. Spricht von der «sozialen Gesetzgebung des Reiches» – weiß das bei uns nicht jedes Schulkind? (Es merkt zwar nichts davon, lernt es aber im Unterricht.) Und dann eine Perle: «Wenn Sie nicht dulden, daß Deutschland so viel arbeitet, wie es zu arbeiten wünscht, oder doch mindestens so viel, wie für den Wiederaufbau notwendig ist ...»

So viel zu arbeiten, wie es wünscht ... Man muß die Arbeitertrupps einmal morgens in den Frühzügen der berliner Vorortbahnen gesehen haben, um zu wissen, was sie wünschen. Ach, sie können sich gar nicht halten! Sie wünschen immerzu. Vor allem wohl, mit Herrn Vogel und seinesgleichen einmal ein halbes Stündchen allein zu sein. Und zu arbeiten ...

Hermann Müller antwortete außerordentlich taktvoll und klug. Er fuhr mit Vogeln ab, indem er sagte: Wir wollen das Weitere zu Hause abmachen. Und gab ein besseres Beispiel internationaler Lebensart als dieser Deutsche da, der – weil es ans Portemonnaie ging – sich nicht scheute, einen Landsmann vor einer großen Versammlung Fremder bloßzustellen.

Der Generalsekretär des Kongresses bewies dann noch einmal Deutschland klipp und klar, daß seine Einwände Vorwände seien. (Der französische Arbeitsminister gebrauchte mir gegenüber diesen Ausdruck wörtlich ebenso: «des prétextes».) Er zeigte noch einmal, daß nicht das Sachverständigengutachten, nicht die Reparationspflichten und nichts auf der Welt schuld an der Abschaffung des deutschen Achtstundentages sei als eben der Wille der deutschen Unternehmer, der Wille der deutschen Regierung. Und betonte: Es fällt keinem Menschen ein, Deutschland deshalb anzuklagen, Deutschland deshalb Vorhaltungen zu machen, sich in innerdeutsche Verhältnisse einzumischen. Aber dieses System, aus den ausgepowerten Arbeitern nun auch noch das Letzte herauszuholen, sei eine schwere Beunruhigung für die Nachbarn, deren Unternehmer dann sofort einhaken, auf die – sicherlich nicht sehr faire – Konkurrenz hinweisen und sagen würden: «Wenn es da gemacht wird, müssen wir auch.» Und die Arbeiter aller Länder hätten den Schaden. Und er setzte noch eine bittre Wahrheit obendrauf.

«Inwieweit hat Deutschland die Situation selbst auf die

Spitze getrieben?» Und dann kommt eine klare, unerbittliche Schilderung der deutschen Wirtschaft, die der Einsicht, der Kenntnis und dem Scharfblick des Kongresses alle Ehre macht. Nochmals wird betont: Die Fanfare des souveränen Herrn Leymann war gänzlich überflüssig – niemand denkt daran, Deutschland anders als höflich darauf aufmerksam zu machen, daß es mit seiner Aufhebung des deutschen Achtstundentages der ganzen Welt einen schlechten Dienst erweise; niemand denkt vorläufig daran, einen andern als einen moralischen Druck auf das widerspenstige, von seinen Unternehmern widerstandslos beherrschte Land auszuüben. Die Fragen der Reparation und der Arbeitszeit seien völlig voneinander zu trennen. Schon deshalb – und da saß der Vogel gefangen –, weil man ja gar nicht wüßte, ob die Ersparnisse: ob die Überschüsse, die durch die Verlängerung der Arbeitszeit erzielt würden, auch wirklich zur Abgeltung der Reparationen aufgewendet werden würden!

Nochmals, zum Schluß, auf das schärfste betont:

«Also: keine Kontrolle, keine internationale Beaufsichtigung der deutschen Arbeit. Was wir verlangen, ist die in internationaler Übereinkunft abgegebene Garantie, daß die Beschlüsse der Sachverständigen berücksichtigt werden.»

Niederlage auf der ganzen Linie.

Wir werden ja sicherlich bald bei unserm Gesinnungsfreund Kuczynski, dem frühern Direktor des Berliner Statistischen Amts, einem der wenigen Fachleute, die eine anständige Gesinnung haben, lesen und lernen, was das für uns bedeutet.

Was in Frankreich vorgeht, ist ganz klar.

Die Persönlichkeit Justin Godarts spricht für die absolute Ehrlichkeit seiner Absichten. Er kommt mit Herriot aus Lyon, war schon im Kriege einmal Unterstaatssekretär und ist ein ehrlicher, auf allen Seiten als durchaus überzeugungstreu geschätzter Radikal-Sozialist. Und heißt nicht Brauns. Ob er so schöne wissenschaftliche Artikel wie Herr Hilferding schreiben kann, weiß ich nicht. Aber er ist ein Sozialist, einer, der, zum Beispiel, bereits erfolgreich gegen die Nachtarbeit der Bäcker angegangen ist.

Nach dem Kongreß fand hier in Paris eine kleine Konferenz zwischen Tom Shaw, dem englischen Arbeitsminister, Godart und Albert Thomas, dem Direktor des Internationalen Arbeitsamts, statt, an der sich zum Schluß auch Herriot beteiligte. Da war kein Schatten eines Mißverständnisses: Es soll ratifiziert werden. Spielt Deutschland nicht mit, «so macht es sich in diesen Kreisen verdächtig ...».

Und kaum war diese kleine Konferenz vorbei, so meldete sich Belgien: es sei damit völlig einverstanden und werde nächstens seinen Arbeitsminister, Herrn Eschoffen, gleichfalls schicken.

Die Einigkeit, die der Kongreß unter Brantings Präsidium erzielt hat, ist vollkommen. Thesen, Zeitungsaufsätze, Erklärungen, immer wieder; Godart in Genf am 4. Juni: «Wir werden nicht an den Errungenschaften (des Achtstundentages) rütteln lassen.» Überschrift eines Leitartikels in *L'Ere Nouvelle*: «Achtung dem Achtstundentag!» Jules Uhry, ein Abgeordneter aus dem Oise-Departement, schreibt da: «In Wahrheit ist der Achtstundentag, wie ich das auch in der Kammer in meiner Diskussion mit dem Marquis von Dion auseinandergesetzt habe, unbedingt nötig, wenn wir nicht kümmerliche und entartete Arbeiter haben wollen.» Es gibt also eine Regierung, die solchen Willen besitzt.

Welch ein freches Spiel, jetzt Schwierigkeiten zu machen! Herriot hats, bei Gott, nicht leicht – es ist in Wahrheit «eine Herkulesarbeit», die er zu verrichten hat.

Frankreich weiß, was es zu tun hat, und es ist gut informiert. Ich spreche gar nicht von so ausgezeichnet unterrichteten Männern wie Grumbach vom *Quotidien*, von Viktor Basch – man kann hören, wen man will: in dieser Frage sind alle Politiker einig, die hinter der Linksregierung stehen. Und das sind immerhin nicht wenige.

Bei uns –?

Bei uns treten sie in Erwägungen ein, sind realpolitisch «eingestellt» und haben die Hosen voll Taktik.

Unsre Politiker sind derart zurückgeblieben, daß sie für unmöglich halten, auch auf ehrliche Weise Politik zu machen. Sie wittern hinter jeder offenen Erklärung feingefädelte Intrigen, Diplomatenkniffe der alten Schule – wir schreiben das Jahr 1924, und sie spielen immer noch Scribe. «Frankreich richtet einen Appell an die deutsche Demokratie? Das ist ein besonders raffinierter Schachzug – damit will sich das Land nur ins moralische Recht setzen, aber wir fallen nicht darauf hinein.» Bei Wilhelm waren sie weniger kritisch.

Und wissen nicht, was um sie herum vorgeht, kennen von der Welt nichts, sehen nichts und lassen die kümmerlichsten Exemplare reisen, die da glauben, wunder was zu tun, wenn sie «den Franzosen nicht alles sagen». Hier ist zu sagen nichts mehr nötig. Nur vielleicht diese Sätze von Karl Marx:

«Die Zeit ist der Saum der menschlichen Entwicklung. Ein Mensch, der über keine freie Zeit zu verfügen hat, dessen ganze Lebenszeit, abgesehen von den bloß physischen Unterbrechungen durch Schlaf, Mahlzeiten und so weiter, durch seine Arbeit für den Kapitalisten in Anspruch genommen wird, ist weniger als ein Lasttier. Er ist eine bloße Maschine zur Erzeugung von fremdem Reichtum, körperlich gebrochen und geistig vertiert. Und doch zeigt die ganze Geschichte der modernen Industrie, daß das Kapital, wenn es nicht im Zaume gehalten, rücksichtslos und unbarmherzig daran arbeiten wird, die ganze Arbeiterklasse auf diesen äußersten Stand der Herabwürdigung zu bringen.»

Die deutschen Arbeiter sollen wenigstens wissen, wem sie das verdanken.

Der kleine Buchstabe

$\boxed{\pi}$

Was ist das, gnädige Frau? –

Ich werde es Ihnen sagen, das ist ein griechischer Buchstabe, er heißt Pi. Nein, er heißt wirklich so, und er gehört nicht zu den Dingen, über die Sie Ihren Herrn Gemahl abends beim Schlafengehen zu interpellieren brauchen wie über den Witz, über den alle Herren so gelacht und den Sie leider nicht verstanden haben ... Er heißt Pi, und denkt sich weiter nichts dabei. Und man bedient sich seiner zu einer sehr merkwürdigen Sache.

Rechtecke mißt man bekanntlich mit Quadratzentimetern. (Na! die Verlobungsanzeigen können Sie nachher lesen, gnädige Frau!) – Man packt, wie Sie sich sicherlich aus der Schule her noch erinnern, die kleinen Quadrate in das Rechteck hinein (ungefähr ist das so) – und so viele hineingehen, soviel Quadratzentimeter enthält die Figur. Beim Kreis klappt es nicht. Es geht nicht auf. Es bleibt ein kleiner, verflixter Rest – eine Zahl spielt da eine Rolle, die will nicht aufgehen, wieviel man auch schon an ihr herumgerechnet hat – sie tut es partuh nicht, wie der Berliner sagt. Das ist die Zahl π und sie beträgt 3,1415 ... und dann kommen Hunderte und aber Hunderte von Dezimalstellen, immer kleiner und kleiner werden sie, bis sie sich in der grauen Unendlichkeit verlieren – aber sie geht nicht auf. Warum ich das hier erzähle?

Wir sind in Deutschland exakt oder inexakt – aber was auch geschieht, geschieht im Hinblick auf eine starre Richtlinie. Manchmal wird sie nicht eingehalten, aber schon Weininger hat darauf aufmerksam gemacht, daß der Verbrecher weiß, daß es ein Sittengesetz gibt, das für ihn gültig ist und das er verletzt hat. Wir sind ordentlich. Wir ruhen nicht, bis wir die Ordnung festgestellt haben. «Feststellen» ist ein sehr deutsches Wort. Da steh und rühr dich nicht vom Fleck – für alle Ewigkeit! Wir habens mit den Quadratzentimetern.

Das Leben aber ist ein Kreis. Es bleibt beim Ausmessen ein winziger, verflixter Rest, etwas, das nicht aufgeht, nie und niemals. Diese irrationale Zahl entzieht sich der strammen Zucht der Meßbarkeit – beinahe hohnvoll kommts dem Gendarmen vor –, ordnet sich nicht unter, spielt nicht mit ihren aberwitzig vielen hundert Dezimalstellen ... Nicht zu fassen ist sie. Der Kreis läßt sich in Quadratzentimetern nicht ganz exakt ausdrücken, der Rest bleibt.

Soweit gut. Aber wie hilflos, wie ungeschickt, wie verständnislos steht diese Exaktheit dem Lebendigen gegenüber!

Ein Verbot wird erlassen. Ein kleiner Junge übertritt es, es ist nichts Schlimmes, das sieht alle Welt, Schaden hat er nicht angerichtet. Er wird bestraft. Grund: «Wenn das jeder tun wollte!» Aber es tut doch nicht jeder! – Eine Anordnung ergeht. Jemand erfüllt sie nicht ganz, läßt sie durch seinen Bruder erfüllen, der Zweck der Anordnung wird erreicht. Nichts da. Anzeige, Untersuchung, Verhandlung, Strafe. Grund: «Der Text des Gesetzes ...» Das kommt täglich vor; dieselben Leute, die sich bei diesen Vorgängen beteiligen, schimpfen wie die Rohrspatzen, wenn sie selbst von so etwas betroffen werden. Was sie aber nicht abhält, im Dienst «ihre Pflicht zu tun». Das ist der Quadratzentimeter.

Die Abneigung gegen das π ist groß, denn hier ahnt der Starre, der Ordentliche die große Gefahr seines Lebens, der er nicht gewachsen ist. Gut, man soll also menschlich, «sinngemäß», den Umständen nach vorgehen – ausgezeichnet! Aber wie soll man sich da verhalten? Was ist zu tun? Einfach genug: Zu diesem Zweck erläßt man «Ausführungsbestimmungen», die wieder die alte Starre herstellen, und alles wiederholt sich und geht genauso zu wie das vorige Mal. Da werden Fälle aufgezählt, da denkt der Gesetzgeber, der Quadratische, an alles, was es überhaupt gibt. Und dann werden die Ausführungsbestimmungen geschlossen, die Anwendung setzt ein – und dann kommt der Kreis, das irrationale π und macht eine Ausnahme. Eine winzige kleine Ausnahme. Es geht nicht auf. Und der Quadratische steht wiederum da und kann nicht vom Fleck. Und hilft sich dann so, daß er brutal wird, und hier wird die Geschichte unangenehm. «Ich kann nicht unterscheiden, wann ich es erlauben und wann ich verbieten soll – dann verbiete ich es eben ganz, da können wenigstens keine Zweifel vorkommen!» Das ist die Argumentation, die man überall – und manchmal wörtlich – antreffen kann. Auf den Behörden, beim Militär, auf der Polizei, in den Wohnungsämtern, in den Organisationen, in den Zentralstellen, in privaten Ausschüssen, Vorständen, Präsidien – bis zum Hausportier herunter herrscht die Sucht vor, durch eine einmalige, ein für allemal zu treffende Verfügung das Leben zu meistern und dann automatisch danach zu regieren. Und das geht nicht. Es geht allemal in die Brüche.

Der Starre steht dem π verständnislos gegenüber. Er wittert das Chaos, die Unordnung, die Gefahr. Er weiß sich vor der Anarchie nicht anders zu retten als durch den Quadratzentimeter. Verläßt er ihn, rutscht er ins Bodenlose. Aber π bedeutet gar nicht Weltuntergang.

π bedeutet nichts weiter, als daß es ein unsichtbares, mit den rationalen Mitteln nicht zu erfassendes Gesetz gibt, das man im Herzen, in den Fingerspitzen, in der Witterung haben muß, um es zu begreifen. π ist der unmerkliche, ohne Winkelmaß gefühlte Schwung, in dem ein Vogel sich zur Erde niedersenkt – berechnet ist er nicht. π ist das Gesetz, nach dem der Bumerang fliegt und zum Werfer wieder zurückkehrt; π ist die ohne Lehrbücher gefühlte Schwere einer Wabenwand im Bienenkorb. Tiere und Wilde haben es immer – die Kulturmenschen haben es oft verloren. Das, soweit es die körperlichen Funktionen angeht. Aber es gibt auch ein π in den geistigen, und daß wir es da so oft verlieren, das ist schmerzlich und beschämend zugleich. Es gibt einen Stand, der sollte es vorzüglich haben und hat es leider gar nicht mehr, das ist der, der berufen ist, zu richten. «Aber das ist ein weites Feld ...»

Es sind zwei Welten, eine weltenweite Kluft liegt zwischen

den beiden Leuten: die vom Quadratzentimeter und die vom π. Die ersten sind starr und korrekt und im tiefsten ungerecht; die zweiten geben nach, lassen einmal fünf gerade und den lieben Gott einen guten Mann sein, begehen Fehler dabei, das ist sicher, es kommen auch Willkürlichkeiten vor – und mit allen ihren Fehlern und Willkürlichkeiten sind sie den anderen tausend und tausend Mal überlegen in der Bewältigung des Lebens und in der Liebe zu den Menschen. Sieht man die Starren an, so wird man an das Wort erinnert, das bei einem Familienskandal ein alter Onkel in einem Stück von Heijermans, «Kettenglieder», spricht: «Wir sind doch nicht dazu da, um uns das Leben angenehm zu machen!» – Doch, ich glaube, wir sind dazu da. Es ist nämlich nicht nur ethisch schöner, nett zu den anderen zu sein – es ist auch bedeutend praktischer. Die allgemeine Atmosphäre wird gemütlicher, es lebt sich leichter und freundlicher, das Leben wird bekömmlicher, wohlschmeckender, die Luft reiner. Wenn einer stupst, stupsen alle. Wenn aber alle höflich und abwartend einsteigen, bekommen alle leichter einen Platz. «Rechts gehen!» ist eine gesunde Verkehrsregel. Aber eine beinahe noch bessere, vernünftigere und eminent praktischere ist: «Liebe deinen Nächsten wie dich selbst!»

So, gnädige Frau, und nun wollen Sie sicher Ihre Verlobungsanzeigen lesen.

Was ist ein «mittlerer» Franzose?

Paris, Ende August

Als Herr Herriot von London zurückkam, schrieb er einen offenen Brief an den «mittleren Franzosen», um seine demokratische Politik zu erklären und zu verteidigen. Tags darauf antwortete ihm Henry de Jouvenel im Namen dieses «mittleren Franzosen», drückte einigen Zweifel aus und bat um weitere Erläuterungen. Ich glaube nicht, daß der hochvermögende Senator, Chefredakteur des *Matin* und Völkerbunddelegierter, ganz besonders geeignet ist, den «mittleren Franzosen» zu repräsentieren, und alle Leute, mit denen ich mich unterhalten konnte, teilen diese Meinung. Die Frage bleibt also offen: Was nennt man einen mittleren Franzosen? Die sofort eingeleitete Untersuchung – im ferienverödeten Paris ist man auf solche Happen bissig – hat bis jetzt folgendes Ergebnis gehabt:

Der «mittlere Franzose» bewohnt Paris.

Er ist vierzig Jahre alt, hat einen kleinen Bauch und nach der Mahlzeit ein gerötetes Gesicht.

Er ißt viel Brot und raucht gewöhnlichen Regietabak.

Er hat seit einiger Zeit die Tendenz, von der Zigarette zur Pfeife überzugehen.

Er ist dekoriert und steht auf der Liste der nächsten Ordensverteilungen.

Er hat sich mit 27 Jahren verheiratet; seine Frau brachte eine ansehnliche Mitgift in die Ehe.

Er hat zwei Kinder, einen Knaben und ein Mädchen. Der Junge wird Ingenieur, das Mädel lernt Klavier und Englisch.

Er besitzt Relationen im Ministerium und steht mit einem Deputierten per Du.

Jeden Samstag geht er mit seiner Familie ins Kino; er will keine Filme in Fortsetzungen mehr sehen.

Wenn er Vorzugsbillette erhält, geht er auch ins Theater.

Er hat sein Büro im Zentrum und wohnt an der Peripherie. Mit seiner «Concierge» steht er schlecht. Er sucht eine andere Wohnung.

Er hat für das laufende Jahr noch keine Steuern bezahlt und schimpft bei seinen Bekannten über die unerschwinglichen Steuern, die der Staat von ihm verlangt.

Er kauft jeden Morgen in einem bestimmten Kiosk «seine» Zeitung und schaut mit Verachtung auf seinen Vorgänger, der ein anderes Blatt kaufte.

Seine Gattin sucht eine Putzfrau.

Am Tage des «Grand Prix» fährt er mit Weib und Kind hinaus und setzt fünf Francs «gagnant et placé» auf das Pferd, das ihm seine Zeitung nannte. Wenn er verliert, beschuldigt er den Jockei und die Richter und wird ganz wild, so daß ihn schließlich ein «flic» zur Ruhe mahnen muß.

Er hat jedes Jahr vierzehn Tage Ferien, die er bei seiner Schwiegermutter unter beständigem Streit auf dem Lande verlebt.

Er ist der Ansicht, daß es noch nie einen solchen Sommer gegeben hat wie diesen, und beklagt die Leute, die ans Meer gefahren sind.

Des Morgens reinigt er die Schuhe und geht Brot und Milch holen.

Er hat ein Bein, das ihn schmerzt, sobald die Witterung sich ändert.

Er hat Frankreich nie verlassen und begreift nicht, warum die Züge über die Grenzen fahren.

Er ist davon überzeugt, daß die Engländer ein hinterlistiges Volk und die Deutschen noch nicht ganz zivilisiert sind. Beiden tut man jedenfalls gut aus dem Wege zu gehen.

Er hat noch nie besseres Gebäck gegessen als das, was seine Frau selber zubereitet.

Er verliert jedes Jahr einen Regenschirm und kauft sich nach sechs Monaten einen neuen, den er sofort gegen einen alten eintauscht.

Er spielt «Manille» und Dame.

Morgens, wenn er sich anzieht, pfeift er einen Regimentsmarsch und das Lied: «Steig hinauf, und du wirst Montmartre sehen.»

Das alles sind die untrüglichen Merkmale des «mittleren Franzosen». Es wäre nun recht interessant, die des «mittleren Deutschen» und des «man in the street» daneben zu setzen. Vielleicht ergäbe sich daraus, daß sie alle drei geschaffen sind, sich gegenseitig wie die beiden Löwen bis zum Schwanzzipfel aufzufressen. Vielleicht aber auch nicht ...

Haus im Neubau

Schräg von unten kann man in die leeren Etagenräume hineinsehen, zwei sind schon geweißt, einer ist im Rohbau fertig, aber unverputzt, der Dachstuhl ragt noch unfertig in die Luft. Die schiefe Perspektive zeigt die dünne Dicke der Wände und den Fußboden. Ein bißchen Beton, die Schicht einer weißlichen Masse, die die Balken umkleidet: das ist alles. Vielleicht vier Finger dick.

Die vier Finger breit trennen die Individualitäten. Das ist schon lange her, früher einmal: da hatte jeder Bürger, der etwas darstellte, ein Haus – der Bauer hatte seins, die Kinder blieben darin, zogen ihre eignen Kinder auf, wo sie selbst gespielt hatten, jede Ecke sagte: Vaterhaus. Das Leben setzte Aura an die Mauern an, die Wände dünsteten die Familienatmosphäre aus, eine ganz bestimmte Luft durchzog das Haus vom Boden bis zum Keller. Unten war die gewichtige Tür. «Er kommt mir nicht über meine Schwelle!» sagte der Vater. Das war ein Wort. Denn der Vater hatte ein Haus, und das Haus hatte eine Schwelle.

Heute wird so ein Ziegel- und Betonkasten rasch errichtet. Es dauert nicht lange, und hopp-hopp-hopp wächst der Würfel aus dem Boden. Die Maurer klatschen rasch und schematisch ihren Mörtel auf die Ziegel, mauern, ein Kran schleppt die Ziegel nach oben, manchmal hängt ein kümmerlicher Kranz auf dem fertiggestellten First – sinnlose Allegorie einer alten Erinnerung: das Richtfest. Jetzt hängt er da, wo die letzten Hypotheken wackeln.

Die Menschen wohnen in Schubladen. Vier Finger breit trennt Lebewesen Schulze von Lebewesen Müller – ein Querschnitt durch das Haus müßte die sonderbarsten Konstatierungen geben, was da alles zu gleicher Zeit geschieht ... Auf den Zeichnungen von George Grosz ist dergleichen zu sehen, und Max Herrmann-Neiße hat einmal ein kleines Gedicht verfertigt, in dem so ein Querschnitt gezogen ist. Sie hören sich gegenseitig ... sie stören sich gegenseitig. Ein Menschenschrank.

Aber es ist merkwürdig: obgleich nichts mehr von der alten Zeit übriggeblieben ist als der vertrocknete Kranz auf dem Giebel – die Leute gebrauchen immer noch dieselben Worte wie damals. «Er kommt mir nicht über meine Schwelle!» sagt der Vater. «Mein Haus steht Ihnen immer offen!» sagt die Großmama. Mein Haus ... meine Schwelle ... Ach, du lieber Gott!

Künstler und Gesellschaft

Was früher eine Samtjacke getragen hat, trägt heute eine Hornbrille – und das Aug' in holdem Wahnsinn rollend, schafft der Herr Künstler für sein ganzes Volk.

Es ist mir eine ganz besondere Freude, eine ausgezeichnete kleine Schrift anzuzeigen, die schon längere Zeit vorliegt, aber nicht so bekannt geworden ist, wie sie es verdient: «Gesellschaft, Künstler und Kommunismus» von Wieland Herzfelde (im Malik-Verlag zu Berlin). Das Heftchen enthält auf achtundzwanzig Seiten in gedrängter Darstellung so ziemlich alles, was sich über das Thema sagen läßt; es ist eine Kompilation der radikalen Ideen meist ökonomischen Ursprungs. Ihr Kern sieht so aus:

«... wie es überhaupt symptomatisch ist, daß die Kunst, ebenso wie andre menschliche Liebhabereien und Leidenschaften, um so wichtiger und weltbewegender auftritt – und tatsächlich von den Schichten, für die sie geschaffen ist, entsprechend überschätzt wird –, je enger und exklusiver ihr Wirkungskreis ist ... Dies gilt auch von der Kunst der Gebildeten, der bewußten Kulturträger ... Das ... erhebt Anspruch auf die Ewigkeit und ... darauf, die geistige Achse der Gesellschaft, der Erde, ja, des Kosmos zu sein. Tatsächlich ist sie bedingt und wurde erzeugt von den Bedürfnissen der kapitalistischen Oberschicht ... Tendenz ist unter allen

Umständen abzulehnen, welcher Richtung auch immer sie ist, denn sie belädt mit Verantwortung. Der Ausbeuter sieht die Welt lieber wie ein Geschenk an, er will ja bloß seine Freude an der Welt haben. Probleme, gewiß, aber sie müssen delikat behandelt werden, so daß sie an die Nerven greifen – aber unverbindlich, zu nichts verpflichtend ... Die Öffentlichkeit ist das Angesicht der herrschenden Klasse. Sie muß dafür sorgen, daß auf dieser Welt alles in Ordnung erscheint, sie kann nicht dulden, daß die Ruhe gestört wird. Die Welt darf kompliziert dargestellt werden, das hebt das Selbstbewußtsein derjenigen, die sie lenken, relativ darf sie bewertet werden, denn das befreit von Verantwortung, raubt jeder Bewertung und Kontrolle des Weltgeschehens den Stachel.»

Der leidenschaftliche Widerwille der Künstler, einfach und exakt in die ökonomische Skala der Gesellschaft eingeordnet zu werden, der gereizte Widerstand der Kunstkonsumenten gegen solche Anschauung zeigt allein schon, wie richtig sie ist – wunde Punkte sind immer verdächtig, und sobald der Kranke gereizt zusammenzuckt, wenn der Arzt über ein Nervenbündel fährt, ist da etwas nicht in Ordnung. Nun, hier ist etwas nicht in Ordnung.

Am besten ist dem Schilderer das Bild des bestehenden Zustandes gelungen. Kalt, populär und sachlich ist aufgemalt, welche Clownsrolle der «reine» Künstler in dieser Welt spielt, der, der «nur die Seelen erhebt», und der nur die kleine Fälschung begeht, den bestehenden Zustand für den allein richtigen, den allein möglichen, den allein natürlichen zu halten. Über die Wurzel wird nie diskutiert – der Wipfel bekommt eine Papierkrone.

Es wird dann die Stellung der Arbeiterparteien zu dem deklassierten Intellektuellen bürgerlicher Herkunft besprochen, seine tragische Rolle, immer zwischen zwei Stühlen zu sitzen (das hat übrigens schon Robert Michels im Jahre 1910 festgestellt) – diese Parteien werden ermahnt, den Intellektuellen zu erziehen und heranzuziehen und ihn nicht einfach seinem – übrigens wenig beneidenswerten – Schicksal zu überlassen. Herzfelde streicht den Künstler nicht aus seinem Weltbild; er ordnet ihn nur richtig ein. (Sehr hübsch ist die Formulierung, die etwa besagt: Der Unterschied zwischen Künstler und Kulturforscher ist wie der zwischen Mutter und Hebamme.) Der Weg des Heftchens führt dann bis vor die neue große Tür: die nach Rußland führt.

Man möchte gern mehr darüber von demselben Autor lesen. Das Büchlein hat einen Fehler: kein großes und weit ausladendes Werk über das gleiche Thema zu sein. Es ist unser aller Thema und durchaus von unsrer Zeit.

Zeppelin

Der Zeppelin ist vor seiner Abreise nach Amerika auf einer Probefahrt über die deutschen Lande geflogen und hat einer ganzen Nation die Köpfe – nach oben hin – verdreht. Was dachten sich die Leute, als sie ihn fliegen sahen?

Sie dachten sich: «Na – endlich wieder!» Sie dachten sich: «Deutscher Fleiß und deutsche Erfindungskunst! Wir» – als ob jeder einzelne das Luftschiff miterfunden hätte – «wir sind doch die Allerersten!» Und dann, ganz offensiv: «Wir werdens den Brüdern schon zeigen!» Welchen Brüdern und was man ihnen zu zeigen gedächte, das blieb meist unausgesprochen und oft auch ungedacht.

Gemeint war:

Die Eroberung der Absatzgebiete mit Waffengewalt. Auch mit Waffengewalt auf dem Luftwege, was erfahrungsgemäß immer – wen trifft? Die Nichtkombattanten, Frauen, Kinder, Greise und Oberkommandos. Gemeint war: Wilhelm der Zweite noch einmal.

Während sich die englische Arbeiterregierung bemüht hat, den theoretischen Anforderungen ehemaliger Opposition unter Ausgleichung an reale Postulate so weit wie möglich entgegenzukommen; während in Frankreich ein deutlich erkennbarer Ruck nach links vor sich gegangen ist, unter dem die Räumung der Ruhr vereinbart, politische Gefangene befreit, bei allen Verhandlungen mit Deutschland in Genf und in Paris Konzilianz bezeigt worden ist; während alle darüber nachsinnen, dem neuen Völkerbund wenigstens ein bißchen Leben einzuhauchen – währenddessen rast in Deutschland, wo man sechs Jahre nach solchem Zusammenbruch ernsthaft um Bürgerblock oder gar «Rechtsregierung» schachert, die alte imperialistische Furie.

Ich halte es für einen Fehler, die Wahrheit aus «taktischen Gründen» zu verschleiern und nicht offen auszusprechen, was ist. Es ist aber dies:

Die maßgebenden Bürgerschichten Deutschlands, die bedeutend breiter laufen als anderswo, sind völlig ungeändert. Es sind in der Arbeiterschaft wohl gewisse Verschiebungen nach links vor sich gegangen, die hier nicht untersucht werden sollen: der gesamte Verwaltungsapparat aber, die Diplomaten, die Ärzte, die Lehrer aller Grade, die Richter, die Frauen dieser Männer – sie alle sind heute genau so wilhelminisch, genau so imperialistisch, genau so töricht und unwissend, was das Ausland angeht, wie sie gestern waren. Auf dem Lande und in den gebildeten Schichten der Provinzstädte hat sich das verschlimmert und verschärft.

Das Ministerium Marx hat dem Reich bremsend und behutsam voltigierend große Dienste geleistet: das wahre Abbild der geistigen Verfassung Deutschlands ist es nicht. Die Majorität der gebildeten Schichten in Deutschland gehört nicht der Deutschnationalen Volkspartei an – sie denken aber zum mindesten wie die Deutsche Volkspartei, sind also für die Sache der Demokratie, des Weltfriedens, des geistigen Fortschritts hoffnungslos verloren. Die veraltete Partei-Terminologie entspricht nicht dem wirklichen Zustand der Geister – bis tief in die Kommunisten erstreckt sich die Spießigkeit und der kleine Horizont. Die Reichstagskandidaten sind dabei gleichgültig. Die vernünftelnden Liberalen, deren Geschäftspresse die ganze Macht ihrer Partei repräsentiert, stellen nicht einmal dieses Bürgertum dar: das steht in Wahrheit an Intellekt und politischem Verständnis noch weit unter ihnen. Die alte Generation hatte noch eine gewisse Rotwein-Bonhomie, die den Jungen abhanden gekommen ist. Erbarmungslos sehen diese kalten Fischaugen in eine nie als rätselhaft empfundene Welt. Da ist keine urbanitas, kein Herz, keine Humanität. Eisige Frechheit, dünkelhafte Dummdreistigkeit und vom Analphabeten bis zu Herrn Scheler eine Metaphysik, die unverbindlich bleibt, wenn das Bezirkskommando ruft.

Die geistige Grundlage Deutschlands, soweit es Macht in Händen hat, ist verrottet, wie sie war: überaltert, pauvre, bramsig und mittelmäßig. Die geistigen Bewegungen, die in den letzten zehn Jahren auf dem Erdball vor sich gegangen sind, haben das Land kaum gestreift: irgendeine Wirkung haben sie nirgends gehabt. Das Bürgertum weiß nichts vom Grundgehalt des Bolschewismus, den es perhorresziert; daß es einen Gandhi gibt, interessiert die Leser des Herrn Tagore; was der internationale Petroleummarkt treibt, lesen die Fachleute – und alle zusammen fühlen sich fähig, mit den alten Idealen genauso auszukommen wie bisher, ja, wie es in einem nationalistischen Gassenhauer heißt: «Nun erst recht!» Die Antwort der Welt wird nicht ausbleiben.

Eine französische Zeitung – der *Paris-Soir* – glossierte neulich sanft und überlegen die Zeppelin-Begeisterung in Deutschland. Nicht einmal so, wie man denken sollte: nicht mit der verbitterten Erinnerung an diese törichten Luftangriffe – man besinnt sich auf den Bericht der Obersten Heeresleitung: «Wir haben die Festung London mit Bomben belegt» –, nicht wundenaufreißend, nimmer ruhend. Nein, die kleine Abendglosse war milde und ironisch: ob denn die Deutschen die völlige Unbrauchbarkeit der Zeppeline als

Kampfmittel, ob sie denn jene andern Zeppeline vergessen hätten, die, eins, zwei, drei, vier Stück im Kanal und in der Themse geschwommen wären ... ob sie sich nicht mehr der unaufhörlichen Katastrophen erinnerten, die jene damals gehabt hätten. Und der französische Autor schloß mit einer wehmütigen Betrachtung der Dummheit aller Menschen, die er durchaus nicht etwa nur der deutschen Nation anhängte.

Zu antworten wäre: Nichts haben sie gelernt, und alles haben sie vergessen. Wenn sie es je gewußt haben. Was haben denn die Deutschen in den vier Jahren für eine geistige Kost vorgesetzt bekommen? Die Elaborate des Herrn Ludendorff-Lindström und seiner Compagnons. Und was haben sie nachher gelesen? Dasselbe und nicht einmal dasselbe. Man glaubt nicht, wie klein der Kreis der Leute ist, der die moderne Memoiren- und Tatsachenliteratur überhaupt gelesen, und wie winzig jener ist, der sie mit Nutzen und Verstand gelesen hat. Wie hätte bei einem denkenden Volk der dritte Band der «Gedanken und Erinnerungen» dem Verfasser Bismarck schaden müssen! Wie dem Kaiser das Büchlein des Herrn von Zedlitz und Trützschler und gar die Denkwürdigkeiten des Grafen Waldersee! Wie alle zusammen einem verkrachten System! Nichts davon. Herr Stresemann soll sich erst gar keine Mühe geben, «Brücken zwischen dem alten und dem neuen Deutschland zu schlagen» – es ist nirgends ein neues zu sehen.

Denn man glaube doch ja nicht, daß das, was unter der Marke «Schwarz-Rot-Gold» einhergeht, von Grund auf neu ist. So viel Taktiker auf einem Haufen hat die Welt noch nicht gesehen – lauter Taktiker und keine Männer. Jeder kann dir ganz genau sagen, warum es grade in diesem Augenblick inopportun ist, die Wahrheit zu sagen – keiner, wann man sie sagen dürfe. Alle, aber alle Reformversuche von dieser harmlosen Seite haben einen Grundsatz: es dem andern nicht schwer zu machen, ihm zu ermöglichen, ohne Abänderung seiner alten tiefsten Grundsätze in den neuen Bund zu gehen.

Auch wir haben ein Nationalbewußtsein! Auch wir sind stolz auf – was ihr wollt! Auch wir beugen uns den deutschen Richtern, die wir voll anerkennen! Auch wir sind für die unbeschränkte Souveränität! Also? Also: Neue Schilder – alter Laden.

Der Gruppenstolz, den der fliegende Ballon den Deutschen eingeflößt hat, ist derselbe, den sie empfanden, wenn Wilhelm der Schnurrbartgebürstete von der Parade «seiner Kerls» die Friedrich-Straße entlangritt: jeder Zoll ein Filmstar aus der Provinz und wirklich und ehrlich bewundert von der gesamten Komparserie. Liebling des Volks zu sein ... Denn er war ihrer.

Wir haben Republikaner, wir können uns gar nicht retten vor Republikanern. Aber darüber sind wir uns wohl einig: Wenns zum Klappen kommt, wird getan, was die andern wollen – und was sie immer gewollt haben: jedes Verbrechen in der Kollektivität. Kampflos ziehen die Republikaner alles Mögliche ein. Und machen schließlich mit. Denn unfaßbar, unverständlich und ganz und gar unmöglich erscheint den Leuten dies: Nicht mitmachen zu können. Den andern das Feld zu überlassen. Keine Reden halten zu dürfen, wenn die Metzelei zehn Jahre vorbei ist. Dann reden wir eben republikanisch. Man muß es dazu sagen – sonst merkt mans nicht.

Der Zeppelin, dessen Konstrukteur der Jude Arnstein ist, hat den Ozean überquert. Und ein Geheul hat sich erhoben, als er drüben war, ein Geheul von der Etsch bis an den Belt. «Ein Gefühl des Stolzes ...»

Das Gefühl des Stolzes, das ich verspüre, derselben Nation anzugehören wie diese Ozeanflieger, ist nicht so groß wie das Gefühl der Beschämung, mit manchen Generalen, mit vielen Universitätsprofessoren und mit den meisten Richtern die Nation teilen zu müssen. Dieses Gefühl der Beschämung würde erst weichen, wenn der da oben auf seiner Fahrt abgeworfen hätte, was ihn beschmutzt und belastet, erniedrigt und entwertet hat: seine alte Geistigkeit, seine alten Ideale und seinen alten Preußenglauben. Es ist Ballast. Erst wenn er das getan hätte, dürfte man befreit zu ihm emporblicken.

Die Stadt des Noch

Schlimmer als im Kriege setzte nach dem Jahr 1918 eine geistige und wirtschaftliche Blockade Deutschlands ein, die dessen Einwohner völlig vom Ausland abschloß. Seit der Erschaffung der Rentenmark reist der Deutsche wieder und sieht mit erstaunten Augen in die fremde Welt. In eine veränderte? Das ist schwer zu sagen, bevor man nicht den Vergleichspunkt fixiert hat. Die einen vergleichen mit Deutschland vor dem Kriege, die anderen mit Deutschland nach dem Kriege, die dritten mit dem fremden Land vor zehn Jahren ... So gehts nicht.

Aber weil wir, durch politische Umstände veranlaßt, in Deutschland es so schwer haben, das Ausland ruhig und objektiv zu sehen, mag einmal eine kurze Betrachtung über Paris am Platze sein.

Wenn man Paris fern von aller Politik betrachtet, so verfällt man zunächst in zwei Fehler. Man nimmt es zuerst für eine romantische Stadt, man ist geneigt, überall Apachen und Grisetten und was weiß ich sonst noch zu sehen; in jeder Kneipe eine pikante Höhle des Lasters, in jedem harmlosen Mädchen eine Demimondäne oder Viertelmondaine, in jedem Varietétänzer eine Offenbarung, in jedem Rennen den großen Preis von Longchamp. Nach einer Weile legt sich das. Leicht desillusioniert und leise enttäuscht kehrt der fremde Wanderer zu der Betrachtung zurück: die Welt ist heute durch die Zivilisation derart egalisiert, daß auch Paris davon keine Ausnahme macht, was Paris kann, können wir auch, und mit der ganzen Stadt ist es nicht weit her. Beide Betrachtungsweisen sind falsch.

Ich möchte nicht sagen, daß es mir in Paris so gegangen ist.

Ich wollte nur schildern, in welcher Weise viele Landsleute die Stadt sehen, und daß sie sie nicht richtig sehen. Meiner Meinung nach versteht man Paris nicht, wenn man nicht einen ganz wichtigen Punkt berücksichtigt. Paris ist die Stadt des Noch.

Es gibt heute zwei große Gebiete des Schon auf der Erde: Rußland und Nordamerika. Das eine in geistiger, das andere in zivilisatorischer Hinsicht. Wenn Europa eine Uhr ist, so ist Paris darin die Unruhe, oder sie ist es doch zum mindesten gewesen. Die Unruhe nennt der Uhrmacher merkwürdigerweise jene Vorrichtung, die den plötzlichen ruckartigen Ablauf der Uhrspirale verhindert; ohne sie erschöpfte sich die Spannkraft des Werks in einer Sekunde, mit ihr hält sie vierundzwanzig Stunden und länger an.

Was kommen wird, weiß niemand. Es war aber bis jetzt so:

Paris nahm nicht, Paris gab. Es gab den Naturalismus, es gab den Impressionismus, es gab viele Dinge, von denen es selbst nicht einmal immer Gebrauch machte. Es ist das seltsamste Beispiel einer belebten Konservativität, eines mobilen Beharrungsvermögens, einer lebenden Festigkeit, die erstarrt.

Die humanistische Tradition des deutschen Gymnasiums ist eine tote Sache – die klassische Tradition der französischen Kunst eine lebendige. Die krampfhaften Versuche der Länder des europäischen Kontinents (nicht Englands), eine Gesellschaftstradition zu schaffen, glückte nur in einzelnen Schichten: bei den österreichischen Aristokraten der habsburgischen Monarchie, in hamburgischen Kaufmannskreisen, hier und da sonst noch. Im großen und ganzen glückte der Versuch niemals – in Frankreich ist es kein Versuch geblieben, sondern immer eine Vollendung gewesen. Aber: noch … Dem Franzosen fehlt völlig die Relativitätskomponente im täglichen Leben.

Daher dieser rührende Ernst, mit dem man noch an Dingen hängt, die bei uns zerdacht sind: an literarischen Preisverteilungen, an Kritiken, an Theateraufführungen und auch wieder an Diners und geselligen Zusammenkünften, an Festlichkeiten und den Freuden des Tages. Sie glauben noch daran. Zu ihrem Heil glauben sie noch daran. Sie kritisieren wohl mitunter den Gang des Verfahrens, aber sie lassen die entscheidende Instanz außer Diskussion. Anderswo hat man sich nicht damit begnügt, im einzelnen zu kritisieren, sondern man ist gleich mit der entscheidenden Instanz abgefahren und läßt nun überhaupt nichts mehr gelten. Der Franzose läßt gelten.

Bei der völligen Freiheit des Geistes, bei einer himmlischen Leichtigkeit in den Lebensformen sind Rang und Gesellschaftsordnung, Kräfte und Positionen im geistigen Verkehr ganz stabilisiert. Das Meer bewegt sich, die Leuchttürme stehen fest. Die große Weltmüdigkeit hat hier nur die obersten intellektuellen Spitzen ergriffen, bei den anderen hat es sich noch nicht herumgesprochen. Das hat seine Vorteile und seine Nachteile.

Seine Nachteile:

Es ist schwer, einem, der etwa mit Thesen aus La Fontaines Fabeln kämpft, klarzumachen, daß diese Thesen keine Gültigkeit mehr haben; daß wir mit Molière nicht mehr recht etwas anfangen können; daß eine gewisse Gartenarchitektur des sechzehnten Jahrhunderts uns außer dem Historischen nichts mehr sagt. Keine Geltung? Der Franzose wird Sie kopfschüttelnd ansehen. So blickt vielleicht einer, dem mitgeteilt wird, er solle sich mit seinem gesamten Aktienbesitz das Badezimmer tapezieren. Keine Geltung? Aber wir sprechen doch von Racine …

Das hat seine Nachteile, weil es der tiefsten Neigung des Franzosen entgegenkommt oder vielleicht aus ihr hervorgegangen ist: den Fremden zu sich kommen zu lassen, ihm Gastrecht zu gewähren, ihn freundlich zu betrachten, ihn höflich zu beklatschen und ihm zu erlauben, sich soviel Französisches nach Hause zu nehmen, wie er nur mag. Zu einer Wechselwirkung kommt es nicht. Und das hat seine Nachteile, weil fremde Auflehnung so immer nur als Auflehnung gegen Prinzipien empfunden wird, an die sich niemand heranwagt, weil sie jeder im Blut hat. Und das ist echte Tradition. Man glaubt nicht, wie weit Paris von Moskau entfernt ist. Und daher kommt es auch, daß der Franzose nicht reist. Die Welt kommt zu ihm.

Dieses Festhalten an der Tradition hat seine Vorteile:

Die geradezu ungeheuerliche Hilfe, die jeder, ausnahmslos jeder Franzose am ganzen Lande hat, einfach dadurch, daß er dazugehört. Der Künstler braucht sich keine Form zu erfinden; er findet sie vor und hat sie nur weiterzubilden. Der Sprecher und Denker spricht und denkt vor einem Auditorium, das feststeht, niemals amorph ist, und das er nur zu studieren braucht, um auf ihm wie auf einem Instrument zu spielen. Daher die so häufige, fast rätselhaft erscheinende Erfolglosigkeit französischer «Schlager» in der Übersetzung und Übertragung in fremden Ländern. Aber in Paris hatte es doch solchen Erfolg! Es hatte den Erfolg eines Hochzeitskarmens: die Familie bildet die Tafelrunde und verstand jede Anzüglichkeit. Draußen verpufft es.

Tradition: Daher das stete Anknüpfen an das, was einmal gewesen ist. Daher auch nicht jene kindische Unsitte, jemand für «passé» zu halten, nur weil er über fünfzig Jahre alt ist; daher eine Ehrfurcht vor dem Alter. (Das verpflichtet allerdings wiederum die Alten, nicht so rasch zu vertrotteln, nicht zu verkalken, sondern ihrerseits jung zu bleiben.)

Es ist sehr schwer, diesem Satz, den ich jetzt sagen will, die richtige Färbung zu geben, damit er auch nicht im leisesten ironisch oder kritisierend klinge, denn dann sagte er eine Unwahrheit aus. Aber es ist doch so, daß ich oft genug in Paris das Gefühl hatte, mit Menschen aus dem Jahre 1880 zu sprechen, in des Wortes bester Bedeutung. Dabei ist auch hier Krieg gewesen, und man darf ja nicht sagen, daß sich Frankreich nicht geändert habe. Es hat sich geändert. Aber es ist doch ein Land des Noch geblieben.

So wie wir als Kinder den Wechsel der Mahlzeiten, Kaffee, Mittag und Abendessen, Ferien und das Weihnachtsfest empfunden haben, unerschütterliche Naturvorgänge von ewiger Geltung – so wird hier noch die Welt empfunden. Uns macht es heute nichts mehr aus, morgens warm zu essen, und aus irgendeinem Grunde dann den ganzen Tag gar nichts mehr; das Weihnachtsfest überhaupt nicht zu feiern, unseren Urlaub in den Januar zu legen. Für ein Kind wäre das unvorstellbar. Und so unvorstellbar ist für den Franzosen ein Wechsel seines Gefühls.

Die drei Cafés voller Literaten, die entweder aus dem Elsaß oder aus Rußland stammen, zählen natürlich nicht. Die geschäftige Ohnmacht, die frühunreife Kindlichkeit, mit «Dada» und «Supernaturalismus» zum höchsten Ehrgeiz dieser kümmerlichen Bohemiens aufzusteigen: zur Reklamenotiz in der Zeitung – alles das ist «chichi», oder wie der Berliner sagt: fauler Zauber.

Paris aber ist die Stadt des Noch. Noch verkaufen die Gemüsehändler in den langen Arbeiterstraßen im Süden und Südwesten der Stadt ihre Waren farbenfroh einem bunten Gewimmel, das den kleinsten Kleinverkehr liebt; noch lesen die Schulkinder, was Generationen vor ihnen gelesen haben; noch feiert und trauert Familie und Staat, wie man hier immer gefeiert und getrauert hat.

Das Land ist stabil. Wie lange noch –?

Hoffentlich noch recht lange.

Der silberne Haken

Was ein richtiger Mann ist, dem guckt jetzt vorn aus der äußern Brusttasche etwas Silbernes heraus: der schmale Haken eines Füllfederhalters oder eines Taschenbleistifts. Hinten ist eine kleine Kugel befestigt. Alle Welt trägt diesen Apparat.

Der Fabrikant hat richtig gedacht: Früher rissen sich die

Leute ihre Taschen mit ihren Utensilien entzwei, der Füllfederhalter schaukelte hin und her und zerbrach am Ende – ich befestigte ihn außerhalb, das ist ein guter Trick.

Sicherlich. Der silberne Haken ist eine Weltseuche – überall sieht man ihn. Natürlich trägt ihn jeder Student und Kaufmann, jeder Prokurist, Chef, Lehrling und Betriebsrat; Franzosen sieht man damit herumlaufen und Engländer, diktatorische Spanier und revolutionäre Russen, sanfte Inder und bebrillte Japaner – ja, der seltene Fall ist sogar anzunehmen, daß ihn der Hakenfabrikant selber trägt.

Die kleine Einrichtung plakatiert so nett etwas, was sich vorher gar nicht so bemerkbar gemacht hatte. Nämlich: das Allererste, was ein Erdenbewohner von heute tut, wenn irgend etwas passiert ist: er schreibt. Zunächst schreibt ers mal auf – der Rest wird sich dann schon finden.

Die primitiven Völkerstämme reißen die erstaunten Augen auf, wenn der weiße Gott und Fremdling ihnen zum erstenmal in ihrem Inseldasein einen Radioapparat vorführt; sie gucken. Und hören. Und riechen. Die Primitiven! Die fortgeschrittenere Welt schreibt.

Der Schreibhaken guckt jedem fürwitzig aus der Brusttasche und sagt: «Deine Adresse werde ich mir aufschreiben, Mitbruder, deinen Schneider, den letzten Witz, den du mir erzählst, einen Renntip und die Adresse für die billigen Krawatten. Alles will ich mir aufschreiben, Bruder! Die Reiseroute für das nächste Jahr und die billige Ruine und den historischen Gasthof – oder war es umgekehrt? –, die neuen Posttarife und das stumme Gebet aller Zivilisierten will ich mir ins Büchlein eintragen: alle deine Telefonnummern, Mitbruder! Alles will ich mir aufschreiben!

Ich will nicht zusehen und zuhören schon gar nicht, Bruder – dazu habe ich keine Zeit. Sage mir den Extrakt dessen, was du zu sagen hast – und ich will ihn aufschreiben. Du bist in der Bretagne gewesen? Sag nur an: Adressen, Preise und Eisenbahnverbindung – ich will sie aufschreiben. Du hast eine sehr freundliche Freundin? Laß ihre Telefonnummer im Gespräch fallen, o Bruder – ich will sie mir aufschreiben. Sag, wann wir uns treffen wollen und wann wir uns nicht treffen wollen – sag an den Posten Möbel, um den wir noch auseinander sind – und sag an, wie der Herr heißt, bei dem ich ein gutes Wort für dich einlegen soll – ich will mir alles, alles aufschreiben!»

Tausend gezückte Bleistifte und Füllfederhalter in Berlin; Zehntausende in Europa: es kritzelt die sangesfrohe Provence auf den Viehmärkten und bei Grundstücksabschlüssen, es fuhrwerkt der normannische Bauer ungefüge mit dem Graphit umher; der wassertriefende schottische Fischer hält den Schreibstift im Sturm zwischen den Zähnen, es notiert emsig der Sowjetbeamte. Zehntausende von Bleistiften über Asien: es knirscht das Papier unter den Federn der Geishas; ernste Brahmanen rechnen lange Zahlen zusammen und murmeln die Resultate wie Segenssprüche; es malen die Siamleute, und es zeichnen die Kreolen beim Handel und beim Reiswein. Und Australien! Und Afrika, wo die Affen im Busch mit der Spitze ihrer Schwänze auf den Bananenblättern Spottbriefe gegen den Elefanten schreiben; der hinzukommende weiße Forscher siehts, bleibt ganz ernst und schreibt sichs auf ... Und die beiden Amerika! Die ein System erfunden haben, wonach man auch im Schlaf schreiben kann, nur im Schlaf, sogar kurz nach dem Nachmittagsschlaf ... Amerikaner schlafen übrigens nachmittags gar nicht. Sie schreiben.

Der Mensch – wäre zu definieren – ist ein Tier, das schreibt. Dazu dient ihm ein im vorderen Fell angebrachter Haken, den das Schreibewesen in allen Lagen seines Lebens bereithält: wenn es Durst hat und wenn es Hunger hat; zur Abwehr und zur Begrüßung, in den Zeiten der Liebe und im wilden Kampf. Und wenn einmal die Auferstehungstrompete ertönen wird, da sich Nashorn, Gnu und die ringelnden Fadenwürmer um den Thron des Allmächtigen scharen, um ihr Urteil anzuhören, dann wird der Mensch fehlen. Und Gott wird einen Boten senden, der da frage, wo jener bleibe. Und der Bote wird zurückkehren und melden: «Der Mensch, o Herr, liegt im Grab und malt Zeichen auf ein Papier. Er sagt, er habe jetzt keine Zeit. Aber er hat mir versprochen: Er wird sichs aufschreiben!»

Bis hierher hatte der männliche Leser eifrig gelesen. Plötzlich greift er an den Haken, reißt ein Stückchen weißen Zeitungsrand ab und malt:

«Emmy – morgen – halb sechs. Eingemachtes mitbringen!» Beinah vergessen.

1925

Pariser Tage

Vorgestern.

Anatole France über Léon Daudet ... Also, Léon Daudet, das ist ... Denken Sie sich einen literarisch sehr begabten Ludendorff mit einem ausgesprochen bösartigen Charakter, gefährlich, zu jeder Erpressung bereit, stets voll von Stänkereien und «Affären». Hat seinen jungen Sohn vor einem Jahr durch einen geheimnisvollen Unglücksfall verloren (Mord? Selbstmord?) und klebt nun alle Tage die Abbildung dieses Sarges sozusagen als Plakat in die *Action Française*. Dieser Mortimer starb ihm sehr gelegen ... Und nun Anatole France über Léon Daudet:

Léon Daudet – das ist guter alter Burgunder, serviert in einem Nachttopf.

Gestern.

Gestern war ich bei dem Schwedischen Ballett, das unter Jean Borlin im Februar 1922 in Berlin gastiert hat. Sie haben die unangenehme Eigenschaft, sich sehr ernst zu nehmen – sonst sind es lustige Leute. Sie führten auf «Relâche» (geschlossen, vom Theater im Sommer gesagt) – ein sehr spaßiges Ballett, junge Herren im Frack tanzen um eine Tänzerin, ziehen sich auf der Bühne aus, hopsen in weißen Trikots, mit Monokeln bepflastert, weiter umher, die Bühnendekoration besteht aus lauter Lampen, die aufglühen und verlöschen – und in dem Tohuwabohu stolziert ein Feuerwehrmann, den das Ganze überhaupt nichts angeht. Er ist durchaus Feuerwehrmann, raucht (was sicher verboten ist, aber die Feuersgefahr angenehm hebt), sieht sich sehr gleichgültig das Ballett an und gießt immerzu Wasser von einem Feuereimer in den andern Feuereimer. Das tut er während der fünfzehn Minuten, in denen das Ballett läuft, und er ist beschäftigt und repräsentiert mit seinem nichtigen, aber geschäftigen Tun durchaus das Wesen manchen Staatsbegriffs. Hegel hätte ihn nicht sehen dürfen ...

In dem Ballett läuft inmitten ein herrlicher Film. Francis Picabia hat ihn gemacht, und Herr René Clair hat ihn gedreht. Ein brillanter Atelierscherz. Der Film, der sicherlich eine Menge Geld gekostet hat, erfüllt endlich einmal alle Ansprüche des Unsinns, die der gequälte Vernunftmensch an eine Stunde der Entspannung stellen mag. Sinn hat er überhaupt nicht – aber ein herrliches Tempo. Jean Borlin stirbt und wird begraben: der Leichenzug steht feierlich da – der Leichenwagen, von einem Dromedar gezogen, dahinter das Gefolge ernster Herren und Damen. Die ernsten Herren fangen vor Langerweile an, die Kranzblätter am Wagen aufzufressen. Dann geht es los. Und zwar mit Zeitlupe geht es los – so daß es aussieht, als ob alle Welt gravitätisch in Watte geht, die Beine gar nicht mehr aus dem Luftmeer herausziehen kann, das Andante eines Trauermarsches in unerträgliche Traurigkeit gesteigert und damit in einem lachenden Nichts aufgelöst. (Politischen Gegnern könnte man wohl keinen größeren Tort antun, als ihre Filmaufnahmen mit der Zeitlupe abrollen zu lassen – dagegen kann kein General und keine Zylinderwürde an.) Schließlich wird es dem klugen Dromedar zu dumm, es setzt sich in Trab, die Zylinder auch, die Damen auch, der Wagen auch – hopp! hopp! hopp! Und nun wird der Film völlig idiotisch: Chausseen rutschen, Bäume klettern, der Wagen rollt, das Gefolge stürzt vorwärts, über Dächer und Regentraufen und Chausseegräben, Zeitlupen, Zeitraffer – die Musik hetzt, schließlich geht es auf eine Lunapark-Rutschbahn, der Aufnahmeapparat steht vorn auf dem Wägelchen, und man kann sich vorstellen, wie einem zumute wird, wenn man die gewunden schiefe Bahn vor sich sieht ... Der ganze Zuschauerraum quiekt. Der seekranke Sarg fliegt schließlich auf ein Feld und bleibt liegen. Die Bestürzten eilen hinzu. Die tote Leiche erhebt sich aus dem Sarg – im Frack, versteht sich, sieht das Gefolge an, nimmt einen Zauberstab aus der Brusttasche und zaubert einen nach dem andern weg. Pfit – weg! Pfit! Sieht sich selbst an, nimmt den

Stab und zaubert auch sich hinweg. Schlußschnörkel, Gelächter, aus.

Am nettesten war, daß an einer bestimmten Stelle immer wieder in den Film hineinapplaudiert wurde: sie hatten nämlich eine Ballett-Tänzerin von unten – durch eine dicke Glasplatte hindurch – aufgenommen, und das noch mit der Zeitlupe. Genußsüchtig folgte das aufmerksame Publikum jeder Drehung und Wendung. Tänzerinnen tragen übrigens Strumpfbänder. Es war sehr schön.

Nachher gaben sie einen gespielten Film. Es war seine erste und letzte Aufführung in Paris – deshalb bin ich hingegangen. Es war ein Kino-Sketch, gleichfalls von Picabia und über die Maßen lustig. Die Bühne war durch zwei Wände in drei Stücke geteilt, die man im Querschnitt sah: Küche, Korridor und Zimmer der Gnädigen. Begleitung: The Georgians, ein Traum von einer Jazzband. (Die Jungens machten zwischen den Akten eine kleine Nachtmusik, darunter Zwiegespräch zweier Saxophone. – – Symphonien, Schubert, Wagner, Schreker, auf Wiedersehen! Auf Wiedersehen!) Die Bildtexte, da doch keine Leinwand da war, wurden durch einen Lautsprecher gebrüllt: «Le mari!» – «Qu'est-ce que vous faites ici?» – Inhalt? Inhalt keiner, war nicht. Der Einbrecher schleicht sich – immer unter der aufreizenden Jazzbandmusik – in den dunklen Korridor – das Licht im Korridor blendet ab, Zimmer blendet auf, die Gnädige erschrickt, sie reden, man hört kein Wort, der Mann kommt dazu. Kampf mit dem Einbrecher, Revolver – nun wie? Revolver? Es darf doch nicht knallen. Es knallt auch nicht: der Mann schießt mit einer Spritze für Insektenpulver – sie stäubt den Schuß, wie im Kino. In der Küche wird getanzt. In der Küche stehen plötzlich Adam und Eva unterm Apfelbaum, soweit ich sehen konnte, sie splitter-, er fasernackt, scheußlich anzusehen, alles hopst umeinander herum, der sergeant de ville auch, als sich einer gar nicht mehr vor dem bösen Feind zu helfen weiß, gibt er ihm Bilder von

Picabia zum Ansehen. Der Feind fällt tot um – schließlich löst sich alles in einem verdrehten Tanz. Vorn an der Bühne saß, um die Illusion vollzumachen, der Kinobesucher mit Hut und Stock; man hatte seine Silhouette immer im Bild.

Schade, daß die Schweden nun daraus wieder eine «Richtung» machen wollen, eine Schule mit Meistern, Lehrern, Oberlehrern und Schülern. Ach, Unsinn. Es ist neu, bunt, heiter – – was will man mehr. Die Jazzband spielte auf dem teilweise zugedeckten Podium, unten ballten sich die Orchestermusiker des alten Ritus zu einem Klumpen und sahen belustigt-verärgert zu ihren ratternden Kollegen hinauf – eine freundliche Allegorie.

Heute.

Heute habe ich etwas Hübsches gesehen. Überall kleben hier Plakate: «Ne gaspillez pas le pain!» (Unsere Regierungsassessoren stilisieren dergleichen so: «Kein Brotgetreide verschwenden!») Auf einer Métrostation hat einer dazugeschrieben: «Wer das Unglück hat, sich sein Brot verdienen zu müssen, verschwendet es nicht!» Komm an mein Herz, Bruder.

Morgen.

Morgen will ich zu einer Ausstellung Foujitas gehen. Das ist ein merkwürdiger Geselle, ein japanischer Maler, der den Albrecht Dürer auf den Fudschijama gesetzt hat, das große Rasenstück auf Nippon, abendländische Exaktheit mit dem schwingenden Pinsel und dem Hauch der Väter des Impressionismus. Bluff? Wohl auch ein bißchen. Sein Selbstporträt mit dicker Brille, einem Haarkopf, wie unter einem Topf geschnitten, und ein paar kleinen Zahnbürstenbarthaaren, die aussehen wie japanische Zwergbäume. Und wundervolle Katzenstudien: böse Tiere, auf deren Fell jedes Haar einzeln gemalt scheint, böse Tiere, gefährliche Tiere, aus manchen strahlt die Wildheit und die grausamste Grausamkeit, manche sind gerade dabei, sich in die milden Haustiere zurückzuverwandeln, die schnurren und am Tag von der Nacht nichts wissen. Ganz mutige Menschen lassen sich von Foujita porträtieren.

Übermorgen.

Übermorgen werde ich hinausfahren, ich weiß noch nicht, wohin. Nach Saint-Germain-En-Laye oder nach Villers Cotterêts oder nach Melun. In der Bahn werde ich die französischen und die deutschen Zeitungen auseinanderfalten und werde lesen: «Paschitsch ist vom König mit der Regierungsbildung beauftragt und bildet ein neues Ministerium.» Solange ich denken kann, steht das in der Zeitung. Paschitsch hat einen weißen, langen Bart und hat von Anbeginn der Welt an Ministerien gebildet. Das ist so auf dem Balkan, anderswo auch. «La circulation à Paris.» – «Die neue Straßenordnung in Berlin.» – Dann – wenn das Wetter sehr schön ist – will ich auch lesen, wie es in Paris zugeht, das erfahre ich am besten aus deutschen Blättern. Ich lasse mich gern belehren: man erfährt da doch mancherlei. Zum Beispiel: wie die Snobs jede Kleinigkeit in Paris aufblasen und damit vor den erstaunten Landsleuten antreten, mit Eigennamen lässig um sich werfen, imponieren, imponieren. Kein Geld, keine Geduld haben, wirklich in dieses so gastfreie und so zurückhaltende Land einzudringen, ein bißchen an der Oberfläche entlangfingern und ein Rad schlagen. Leider ist es verboten, gefährliche Gegenstände auf die Strecke zu werfen. So wird das ganze Zeitungspaket im Coupé liegenbleiben müssen. Ein Taschentuch will ich mir sticken lassen, wie mein Freund, der Bediente von Raimunds Menschenfeind, ein großes, rotes Taschentuch, und wenn mich irgend einmal jemand ärgert, an mir zweifelt, mich nicht genügend bewundert: ich das Taschentuch gezückt, mich umständlich geschneuzt, und dann mag er die Inschrift lesen:

«Ich war zwei Jahre in Paris!»

Ruf

Wo sind Sie –?

In einem Wust von Deutschen in Paris, Revuebesuchern, durchreisenden Geschäftsreisenden, Beamten, die, wie jener Jude, alle Abner heißen, böswilligen Verleumdern, kleinen Tuschzeichnern, Schmöcken, die da glauben, der pariser Morgen sei der *Matin,* der Abend *Paris-Soir,* ihr Werk das «Œuvre» und jeder Pariser ein «Petit Parisien», Journalisten, die vor lauter Politik die Völker nicht mehr sehen und so lange über Kommissionen, Parlamentssitzungen, Mehrheiten und Minderheiten berichten, bis man sie wegen Kriegsgefahr abberufen muß ... in diesem Tohuwabohu – wo sind Sie?

Die alten Routiniers telefonieren, daß die Drähte sausen – und keiner weiß etwas vom andern, kein Deutscher vom Franzosen, der Franzose wenig vom Deutschen. Wir jüngern Leute tasten, wir sind neu, das Pflaster ist spiegelglatt, so etwas dauert. Um uns herum wird berichtet, daß uns die Haare zu Berge stehen. Jedes neukatholische Gedicht, jede gleichgültige Kartonzeichnung, jede leise Schwankung auf dem Visionsmarkt wird getreulich nach Hause geprahlt, damit nur ja keiner zu spät kommt – und wenn der Verlachte und Nichtbeachtete von vorgestern gar heute von den gut Verdauenden auf Bütten registriert wird, so fühlen sie: Geschichte. Sie nennen sich alle mit Vor- und Zunamen und kommen sich ungeheuer wichtig vor. Wo sind Sie –? Jeder hat sein Paris, keiner sagts dem andern, jeder lacht den andern aus; wer ein kleines Eßlokal von Meriten weiß, sagts keinem und spielt sich sein Paris vor, das es nicht mehr gibt, platzt vor versetzter Romantik und verachtet, steht er an der Madeleine, ganz Guben, wenn nicht Breslau – wo sind Sie?

Es wäre nötig, daß ein alter Kenner wieder bei uns wäre, der die Stadt, der seine Franzosen und der seine Deutschen kennt. Einer, der das beste Buch der letzten Jahre über Paris geschrieben hat, und der auch – meines Wissens – die bittere Probe der vier Jahre gut überstanden hat, da manche, die von und mit Frankreich gelebt hatten, in Gemeinschaft der schweißigen Bezirkskommandeure jede Gemeinheit über ihre zweite Heimat aussagten, dumm und reklamiert: todgeweiht sei das Land, lebenskräftig allein der deutsche Commis, wenn er mobilisiert – wo sind Sie? Sie fehlen uns. Sie fehlen uns, René Schickele.

Sie leben noch. Bescheiden nennen Sie einen Aufriß der Caillaux-Affäre (in der *Neuen Rundschau* vom Dezember 1924) einen «Versuch». Er ist aber eine Vollendung. Diese Feinheit, diese Kenntnis, dieses Spiel auf beiden Instrumenten, diese Tödlichkeit des Ausdrucks – das war seit Harden nicht mehr da. Schmollen Sie? Worauf warten Sie? Auf Sie wird gewartet.

Wo sind Sie –?

Le Brelan de Joie

Vor mir liegt die 157. Auflage des Buches von Marcel Arnac: «Le Brelan de Joie» (bei Bernard Grasset in Paris, 61 rue des Saints-Pères). Der Titel ist unübersetzbar, übertragen heißt er etwa: Zum vergnügten Kümmelblättchen. Das ist eine sehr lustige Sache.

Geschrieben in dem verschnörkelten und altertümelnden Stil verschollener Schwarten, aber so modernisiert, daß kein philologisches Kunststück, sondern ein guter Spaß entstanden ist, schildert es die Erlebnisse dreier Saufkumpane auf einer Reise durch alle Kneipen des Landes. Der Verfasser muß sehr viel und sehr lange in dieser heute verschollenen Literatur der Bauernspäße, Eulenspiegeleien, Farcen und Historien gearbeitet haben, denn da steht ihm eine erstaunliche Fülle von Wörtern, Redewendungen, Schnurren, ohnanständigen Witzen und Rüpeleien zur Verfügung. Für jeden in das Gebiet der Völlerei fallenden Begriff weiß er hundertunddrei Worte, für jeden saftigen Witz anderthalb neue, für jede kleine Ferkelei eine große Moral, und das Ganze schäumt über von Laune, von einer angenehm unprätentiösen Spaßigkeit. Vielleicht ist das Buch um fünfzig Seiten zu stark; aber es ist an keiner einzelnen Stelle zu stark. «Ich weiß nicht ...» sagt ein Bauernmädchen zu den drei Kumpanen, die sich als Gaukler verkleidet haben, «ihr wißt doch alles ... Ich glaube, ich fühle mich Mutter. Was wird das werden –?» – «Seit wann?» forschen die Männer der Jahrmarktswissenschaft. «Na», sagts Mädchen, «jetzt ists halb elf: seit Viertel –!» In diesem Stil.

Es wimmelt von lustigen Wortspielen, von Anekdoten – «Dabei fällt mir die Geschichte von dem Mann ein, der ...» –, die drei Kerls begehen die unglaublichsten Streiche, und keiner ist ganz naiv, weil immer ein Zwinkerer verrät, daß Autor und Gesellen wohl wissen, was sie da anrichten. Es wird ein bißchen viel gesoffen, geschlungen, geküßt, auf nackte Hintern geklopft, den Weibern unter die Röcke geguckt, in Chausseegräben gefallen, um-, aus- und angezogen, gelogen und geschimpft, geschrien und wieder von vorn: gesoffen in diesem Buch. Manchmal erwischt einer das große Thema des Lebens an der Stirnlocke: Ehe oder Glück oder Wein – und dann gibt es Monologe wie in Büchners Stücken oder wie bei Papa Shakespeare, seitenlange, kreuzbesoffene und nachdenkliche Kollegs, nach denen man nur Luft schnappen kann. Auch die witzige Technik, einen Begriff mit zwanzig Wörtern aufzurollen, wird oft angewandt.

Das Buch ist illustriert; die kleinen Zeichnungen erinnern merkwürdig an die von Uzarski, einem Bücherschreiber, der in Deutschland als Humorist verkauft wird.

Dies aber ist ein angenehm unterhaltsames Buch, mit seinen tausend Mottos (darunter eins aus dem *Kleinen Witzblatt*) und einem selbstgeschriebenen Waschzettel, auf dem alle Größen der französischen Literatur – auch die toten – dem Verfasser sein Talent und ihr großes Vergnügen attestieren, dieses «livre de bonne foy» haben lesen zu dürfen. (Während ich schreibe: 200. Auflage.)

Die Stadt Lyon

«In Lyon mußte er wohl oder übel zwei Stunden verlieren.»
Emil Ludwig, «Napoleon»

Lyon, im März

Auf der Rhône schreien die Möwen und beklecksen die weitbogigen Brücken, die fünfmal, sechsmal, siebenmal von Lyon nach Lyon führen, sie fangen sich Fische im Gleitflug, eine sah so aus, als hätte sie eine nahe Verwandte im Alsterbassin zu Hamburg, und ich bat sie, wenn sie ihre Tante sähe, diese zu grüßen; eine kleine Tochter der Rhône schwimmt durch die Stadt und heißt Saône, Fluß-Senior und Fluß-Junior bilden eine spitzige Halbinsel, darauf steht unter anderm das Rathaus, Herriot hat hier regiert und tut es nominell heute noch. (Allmonatlich hat er einmal für sein Lyon Zeit.) Wie sag ichs meinem Kinde, daß dieses keine so hübsche Stadt ist –?

Oben, auf den Anhöhen der Saône, liegt die alte Stadt, mit Kirche, Fort und finster-sachlich blickenden Häusern. Jedes der hohen Häuser hat sechs Reihen dunkler Fensteraugen, ungastlich blickt das auf den Fluß herunter, kein Stein ladet dich ein. Eine finstere Fabrikstadt könnte nicht so schwarz, verrußt, unfreundlich sein wie diese große Handelsstadt, die für ihre dunklen, freudlosen Töne gar nicht soviel Fabriken zur Entschuldigung hat. Freudlos karren die Wagen durch die Stadt; gleichgültig halten die Läden gleichgültige Sachen feil; langweilig lümmelt sich die Tram durch die ewig geraden Straßen. Niemand will ich beleidigen: dieses ist hoffnungslose Provinz.

Aber keine verschlafene. Dreiviertel Million Menschen haben jeden März eine Messe, die sich sehen lassen kann und die ihr andere französische Städte vergeblich nachzuahmen versuchen; hier wohnt der Erzbischof nicht weit von der Universität, und die politisch aktive Geistlichkeit Frankreichs ist alles andere als unwissend – aber um diesen Mittelpunkt von Handel und Katholizismus lebt eine (französisch) republikanische Bevölkerung, die gegen Paris das Resultat der letzten Wahlen erreicht hat. Es sind trockne, ziemlich kalte, aber treue Menschen, so werden sie geschildert, so können sie ihrem äußeren Anschein nach sein. (Treu sicherlich. Als Clemenceau im Kriege Unregelmäßigkeiten der Lebensmittelversorgung Herrn Herriot in die Schuhe schieben wollte, gab es in Lyon ein Demonstrationsbankett von den Ultra-Nationalisten bis zu den Kommunisten für ihren Bürgermeister.) Diese Leute mit dem etwas schleppenden Tonfall sind sehr stolz auf ihre Stadt, wie ja überhaupt das vollkommen durchorganisierte und so zentralistische Frankreich in den tiefsten Nuancen etwas darstellt, was man als «Vereinigte Staaten Frankreichs» bezeichnen könnte, wenn man es richtig, nämlich hauchartig, auffaßte. Sie haben natürlich den allen Leuten aus allen Provinzen eigentümlichen Tonfall: «Bei uns in Lyon ...», «Bei uns in Prenzlau ...» Der Pariser ist hier nicht so übermäßig beliebt ...

«Sind die Leute deutschfreundlich?» – Lieber Herr, ist ein Dreieck in der Geometrie rot oder grün? Wir stellen diese Frage viel zu oft, sie sind natürlich weder besonders freundlich noch besonders feindlich, weil ... aber das mögen die Herren über dem Strich behandeln. Hier nur so viel, daß in breiten Bürgerschichten eher eine gewisse Abneigung – auch heute noch – gegen Deutschland besteht, eine Abneigung, die sicher gar nichts mit dem Abschluß von Geschäften zu tun hat, in denen bekanntlich alle Welt vorurteilslos ist. Keinesfalls ist selbst in dem nationalsten Industriemilieu irgend etwas von imperialistischen Ausbreitungstendenzen zu spüren.

Diese kaffeebraune, naßkalte, schwärzlich angeräucherte Sache also hat der Ministerpräsident einmal regiert. Die Stadt, der er so verwurzelt ist, charakterisiert ihn heute noch in diesem einen Satz: «C'est un bon!» – Hier hat er regiert. Er mag getan haben, was ein Stadtoberhaupt nur tun kann – aber schöner machen konnte auch er diese Stadt nicht. Sie hat im Norden einen Park, den Parc de la Tête d'Or, ja, ja; aber unsereiner wird hier seines Lebens nicht recht froh. («Sie hätten sich das Gobelin-Museum ansehen sollen!» Bitte, ich habe mir alle Lyoneser Sehenswürdigkeiten angesehen: Kirchen und einen Ableger vom Eiffelturm, vielleicht wächst er noch, und auf der Place Ampère Nr. 8 ist eine besondere Rarität ausgestellt; dort kann man die unliebenswürdigste Französin sehen, sie ist in einem Postamt untergebracht, da mault sie hinter einem Schalter, malproper und grauslich anzusehen.) Einen Vorzug hat allerdings Lyon: hier ist der Portier zur Bedienung des Mieters da – in Paris ist das umgekehrt. Paris zerfällt in lauter kleine Königreiche, in denen überall König Concierge I. regiert – die Lyonesen haben wie richtige erwachsene Menschen einen Hausschlüssel, und wenn sie Briefe bekommen, brauchen sie den Logenmann nicht zu fragen. Aber sonst: Provinz.

Jeder Bauer ist dem Großstädter überlegen, er produziert, ist der Erde nah, in vielem unabhängig, braucht das meiste andere nicht. Der Mittelstädter aber spielt der Großstadt gegenüber immer eine leis lächerliche Rolle, vor allem in Frankreich, wo Paris alles, aber auch alles aufsaugt, was an Jugend, Licht, Moderne im Lande ist. Provinz – das ist auf der ganzen Welt gleich. Überall haben diese Städte in ihrem Klimbim von Trams, Kino, Stadttheater, Klatsch und Kommerz eine gewisse, undefinierbare Melodie von Murksigkeit, da ist etwas zu kurz gekommen, es ist alles ein bißchen dünn, kopiert, bestellt und nicht abgeholt, will und kann nicht, oder von kümmerlicher Eigenart. Überall sind auf der Welt die Standesunterschiede am größten in der Provinz. Da sehnt man sich heimlich nach der Großstadt, manchmal ist diese Sehnsucht als Abneigung frisiert, überall haben die Toiletten so eine Färbung von Schwerfälligkeit, Monotonie ... Über eine ganz kleine Landstadt wäre noch zu reden, obgleich wir da vielleicht nicht leben wollten. Es sei denn, man sage gleich bei den Antrittsbesuchen dem Pastor: «Ich bin, wahrhaftiger Gott, Atheist!» – und zum Apotheker: «Von Pillen halte ich grundsätzlich nichts!» und zur Frau Doktor: «Gnädige Frau sehen so gealtert aus – das macht vielleicht dieser unmoderne Umhang?» Dann ist man sie alle miteinander los, gleich beim ersten Aufwaschen – und so könnte man vielleicht gegen das Leben in einer ganz kleinen Landstadt nichts sagen. Aber die Mittelstadt, das ist nicht zum Totlachen. Sie ist eben Provinz.

Wenn Menschen ein Publikum bilden, schwitzen sie ihre Gesamtpersönlichkeit aus, der einzelne kann das nicht so. Wollen sehen, wie es in Lyon ist.

Operette siebzehnten Ranges, gesteckt voll, also ganz ehrlich. Der Saal strahlt und schwimmt in Dialekt: Es ist der von Marseille, denn Tartarin stammt aus der Provence, wie männiglich weiß. Dieses französische Sächseln, durch die Nase gequetscht, klingt wie eine nicht sehr gepflegte Schüleraussprache mit «bong» und «biäng», fürchterlich anzuhören. «Sie sprechen wohl Dialekt?» fragt eine Figur den Tartarin. «Oeng peu!» sagt der, und die Leute freuen sich. So muß einem Fremden zumute sein, wenn er Max Adalbert am Werke sieht; solche Schauspieler sind so sehr die Inkarnation ihres engeren Heimatlandes, daß für den Fremden nicht viel übrigbleibt. Wie sich alle Komiker auf der ganzen Erde gleichen! Auch dieser sieht es nicht gern, wenn die anderen eine Pointe haben – um dieses zu verhindern, hat er sich ein kleines Tutehorn vorgebunden, und sagt ein anderer etwas Komisches: Tüüüüüüht! – ist die Pointe hin. Und ich dacht der treuen Heimat und manch wackern Mannes.

Das Publikum klatscht und lacht und amüsiert sich, aber die Luft ist doch trocken im Saal – kein Vergleich mit den Leuten im Süden, kein Vergleich mit Paris. Im Saal nicht und draußen auch nicht. Und es scheint wirklich, als ob man den Zauber dieser einzigartigen Stadt am besten begreift, wenn man nicht da ist, wenn man sich nach ihr sehnt, wenn man draußen steckt, ihre Kamindächer, den silbergrauen Seinenebel, die feinen Straßenfronten mit den Volets nur im Geiste vor sich sieht, mein Gott, wie häßlich sind die Lyoneser Jalousien, alle Fassaden sind rettungslos verdorben. Auch gibt es in Paris kleine Balkonx, glatt und diskret ziehen sich die Häuserfronten hin, an jeder Straßenecke wartet eine neue kleine Koketterie auf, selbst die Autos haben diese Stadt nicht zu zerstören vermocht. Ein paar Monate Paris – und man glaubt, die ganze Welt müsse so aussehen, alle Mädchen müßten so nett über den Damm spazieren, alle Leute dieses leise, freundliche Lächeln haben – man wird übermütig, die Kinder schreien nach Austern, Kaviar mögen sie nicht mehr – und da ist Lyon eine gute Lehre.

Du hast dein Paris, und ich habe meins, wir wollen uns nicht in die Quere kommen, es ist Platz für so viele. Und wenn sie mich in Lyon mit Musik auf den Bahnhof brächten –: es hielte mich hier nicht. Zum Glück bringt mich keiner. Da liegen die Berge, durch die Berge führt ein Tunnel, durch den Tunnel führt die Bahn – noch einmal einsteigen, Abfahrt, Schlafwagen, Herr Panter hats ja, Mâcon, Dijon, die ersten Häuser – Paris! Paris!

Alte Schauspieler

Der eine ist in Paris wegen seiner Locke jahrelang berühmt gewesen und wegen anderer Qualitäten auch. Ein Theater heißt nach ihm, er hat zu dem Paris vor dem Kriege so dazugehört wie Claire Waldoff zu Berlin. Heute tritt er nun nochmals auf.

Ach, es ist eine herzhafte Enttäuschung. Da steht ein dicker Mann mit einem sehr gerundeten Bauch (Ich weiß schon: Wer bei Weidner sitzt, soll nicht mit Grieben werfen!) und macht feine Gestchen und singt halbe Tönchen und ist ein ganz klein wenig kurzatmig. Er hats nicht ganz leicht: das neue Publikum muß er sich erst ansingen, und das ist andere Sachen gewöhnt. Er hats nicht ganz schwer: da sind noch viele im Saal, die erinnern sich dankbar und die spenden ihm den Applaus gewissermaßen als Zinsen eines alten Kapitals. Unsereiner aber kommt hier hereingeschneit, uns fehlen alle die Voraussetzungen, wir sitzen kühl und unbekümmert dabei und sagen: Nun mach mal vor! Und er macht vor.

Ja, er ist fein, und Reste sind ja noch da. Er muß einmal gut gewesen sein. Aber er ist es nicht mehr. Er ist ganz und gar altmodisch: er hat diese alte Chansonettentechnik, die da immer malend andeutet, wovon gerade die Rede ist. Und die Hände bei «Ich habe Haare auf den Zähnen» erst auf den Kopf und dann an den Mund führt ... O weh – ist das von gestern, vorgestern, vorvorgestern ...! Und er appelliert an Gefühle, die es nicht mehr gibt, kaum noch gibt, so nicht mehr gibt – er schnellt die Pointe nicht ins Publikum, sondern backt sie vor den Augen der Zuschauer gar, er weiß auch noch nicht, daß es ganz ohne Pointen geht – kurz: Polka, aber kein Jazz. Warm wird der Saal erst, als er die ganz alten Chansons hervorholt, die er vor fünfundzwanzig Jahren kreiert hat, lustige Sachen, bei denen die Orchestermannschaft vor dem Refrain fragt: «Où ça?» und er: «Où ça?» – «Oui!» sagts im Orchester vielstimmig. Und dann legt er die Antwort im Refrain hin, und alle Leute schmunzeln, weil das eingeht wie warme Butter. Und als sie ihn – denn doch – zum sechstenmal hervorrufen, ist in den Augen des alten Mannes jenes fatale und unangenehm falsche Lächeln: Na also! Ich schaffs doch noch! Gott sei Dank! Das wäre ja auch noch schöner! – Alter ist kein Einwand, nein. Aber auch keine Entschuldigung. Wir haben doch nun genug alte Leute in der Politik, muß es auf dem Theater auch noch sein –?

Es scheint so.

Die andere spielt immer noch Theater, und da habe ich einen mächtigen Schreck bekommen, als sie herauskam.

Wie ich noch ein ganz kleiner Junge war, habe ich mir ihr Bild aus den illustrierten Zeitschriften ausgeschnitten, sie und die Mistinguett waren für mich Paris, und auch noch Prince, dieser urkomische Filmmann. Sie hatte einen Strubbelkopf, sah hervorragend unanständig aus und war häßlich ...! Sie war so häßlich, daß diese Geschichte wohl wahr sein kann: Als sie einmal ein amerikanisches Gastspiel absolvierte, kam sie herüber und sah auf den Plakaten ihren Namen, ganz groß, wie sich das gehörte. Gut. Und darunter, noch viel größer, in meterhohen Buchstaben: Die häßlichste Frau der Welt! – Ja.

Schon das Bild im Programmheft war bitter – aber die Wirklichkeit übertraf alle Erwartungen. Sie sah aus ... wie eine Schildkröte, nein, nur wie eine mock-turtle mit einem Scheitel, hinten hängt das Haar in zwei kleinen Zöppken herunter, und dick! Dick und robust wie der Untermann einer Turnergruppe im Varieté! Arme wie Oberschenkel, Beine wie Keulen – pfui Deibel, Herr Major –! Dabei ist auch bei ihr im Spiel noch so etwas wie ein Rest: Sie übertreibt selten, sie mäßigt sich – für ihre Verhältnisse – und reißt doch immer noch Kulissen, Bühnenbretter und Schnürboden zusammen, wenn sie spielt. Sie tritt die Mitspielenden mit dem Fuß; wenn sie weint, wird man seekrank – aber sonst geht es wohl noch an. Sie soll die alternde Frau spielen – das ist nicht ungeschickt gemacht – die alternde Frau, der der junge Anbeter weggeliebt wird – ich habe das einmal von der stillen, feinen Frau Desprès gesehen – aber daran darf man hier gar nicht denken. Gut ist sie nur, wenn sie den Gefühlsüberschwang des Anbeters mit einer ganz kalten Bemerkung überduscht, das mag ihr aus dem Herzen kommen. Sie spielt, und ich sehe sie an. Wie sieht sie verlebt aus! Was mag alles über diese Frau hingebraust sein! Wahrscheinlich kann man eine Art Stadtgeschichte schreiben, wenn man ihr Leben beschriebe!

Um mich herum sitzen kleine Leute mit ermäßigten Billetts. Sie, die einmal das Beste an Diplomatie, Literatur und Finanz in den Logen hatte, spielt nun heute den Uhrmachern und Schustern ihrer damaligen Freunde vor, was übriggeblieben ist. Das ist nicht sehr lustig.

Und das allein macht die unsinnige Gier der Komödianten begreiflich, zu spielen, die Sucht, ihren Kram so unendlich wichtig zu nehmen, sich um einer Rolle willen die Augen ausstechen zu wollen, zu toben, zu heulen, grundsätzlich gekränkt und immer unzuverlässig zu sein. Heute muß die Wirkung sein – morgen sind sie alt. Wie hat die alte Mutter des verstorbenen Max Bernstein in München immer zu ihrem Sohn gesagt, wenn von Schauspielern die Rede war? «P. F. S.» Pleib fun se – bleib von ihnen! Und ein Teil sind nun unordentliche Bürger geworden, aber ein professioneller Sparren ist ihnen nicht abzusprechen. Und wie schwer ist es, einem alternden Mimen zu sagen, wir hätten nun genug, und er solle abtreten! Wie schwierig, da nicht zu kränken, immer wieder anzuerkennen, was er einmal gewesen ist, die Dankbarkeit nicht zu vergessen ...! Wie wenige können das! Einer hats einmal fertigbekommen: als die Duse zum letztenmal in Wien auftrat, hat Alfred Polgar der Alternden in so unendlich leiser und feiner Form angedeutet, daß die Zeit vergeht ... Wir anderen, besonders, die wir aus Berlin sind, erinnern an Zilles Vater, der die Kinder sexuell aufklären soll: «Mein Mann mecht es ja die Kinder ooch sahrn – aber er wird jleich immer so jemein –!»

Das wollen wir nicht. Und daher nennt dieser kleine Bericht keinen Namen.

Europa mit dem Ausrufungszeichen

Die Druckerei von Gebrüder Feyl in Berlin, die den Almanach «Europa» des Verlags Gustav Kiepenheuer gedruckt hat, wird in die schönste Bredouille gekommen sein: so viel Ausrufungszeichen hat keine Druckerei. Denn hier geht es garantiert ekstatisch zu.

Da, wo in meiner Bibliothek die alten Secessions-Kataloge stehen, staubt auch ein kleines Bändchen über die Barrisons mit bunten Fotografien und daneben Streitschriften der Künstler aus den Jahren 1900–1908. Manchmal ziehe ich die Bändchen und Broschüren heraus. Der Staub hat sich auf ihnen zu Wollkügelchen verdickt; wenn man bläst, verpustet man einen gradezu historischen Dreck. Ich sollte meine Bibliothek besser abstauben und die Herren ihren Stil. Und dann lese ich …

Ach, waren sie mutig, damals! Ach, waren das Helden! Wie mausetot ist das, wie mordslangweilig, wie überholt und, vor allem, wie unendlich harmlos! Mord und Donner gegen alle die Schurken, die nicht an den Pointillismus glaubten. Nun gut, sie hatten vielleicht unrecht – aber wem hat das nun etwas genützt? Wem geschadet? Ist der Krieg deswegen nicht gekommen? Was soll das?

Heute nimmt man das Maul bedeutend voller als damals. Unter Europa tun wirs heute nicht mehr – das weniger besteht denn je –, und die Kontinente purzeln nur so umher, wenn einer ein kleines Gedicht macht, um das niemand sich kümmert. Wenn man diese Anhäufung der neuen avantgarde-Flügelmänner durchblättert, so muß man das mit den Augen eines tun, der das Buch im Jahre 1935 wiederfindet und nun seinesteils den Wollkrümelstaub wegbläst. Kaum zur Welt gekommen, ist das blaß, tot und alt. Das ist nun die ganze «Kühnheit», so herum zu malen und nicht so herum? Das ist «mutig», Epigonengedichte nicht mehr wie Paul Heyse, sondern wie Apollinaire zu schreiben? Das soll Europa sein? Das ist nicht einmal die geistige Elite Europas. Aber früher waren die Leute doch etwas bescheidener, und sie haben auch ein bißchen länger gewartet, bis sie herauskamen. Ein Siebenmonatskind? In Gottes Namen. Aber dieser Almanach liegt unmittelbar nach keiner Konzeption.

Durchschnitt wird nicht amüsanter, wenn man ihn im französischen Originaltext bringt, und so viel Ekstase und wildes Getue, wie in diesem Almanach zu finden ist, wird heute überall mühelos im Klein- und Großbetrieb hergestellt. Hier, bitte, noch das wilde Original-Getümmel, garantiert echt und jederzeit gebrauchsfertig! Aber es ist leblos, ohne Beziehung zu den Bürgern, die es nicht einmal anfeinden, und keineswegs das Anzeichen einer neuen Generation. Das ist überhaupt nichts. Die Liebesgedichte sind mäßig, die Prosa belanglos, die meisten Bilder ebenso oder ein bißchen besser – die wahren Kräfte Europas von 1940 schlummern anderswo.

Erfrischend sind allein die vier Seiten, die George Grosz über Paris geschrieben hat, und die niemals in diesem Almanach gedruckt worden wären, wenn der Verfasser nicht Grosz hieße. Dieser einzige hat wirklich gesagt, wie es heute in Paris aussieht, hat den Kleinkram der lächerlich überschätzten Montparnos gesehen, den Innenbetrieb, die Inzucht, die völlige Belanglosigkeit dieser Tumultwerkstätten für das wahre Europa, und er allein spricht davon, daß die Künstler ihr wahres Abhängigkeitsverhältnis nicht einmal fühlen. Unmittelbar nach seinen ausgezeichneten Sätzen steht aber schon die Reproduktion irgendeines Chagall, die nicht einmal merkwürdig ist, sondern nur unendlich langweilig.

Der Rest ist fast unlesbar. Da ist noch Rudolf Großmann, der seine Modelle zur Abwechslung einmal mit der Schreibfeder abmalt, was recht amüsant ist, da ist noch diese und jene kluge Bemerkung – sonst sind es verkrampfte Brüder, die einem leid tun können. Wie schrecklich muß es sein, den ganzen Tag so herumzulaufen und sich seine Bedeutung nicht eher zu glauben, als bis einem der bürgerliche Feind etwas abkauft! Auch was Sternheim hier zu sagen hat, hat nichts zu sagen. Und gefährlich ist es schon gar nicht. Ein Beitrag aber hat mein Herz gerührt, ein einziger in einem Gewirr von belanglosen Visionscommis: das Gedicht «Icke».

Ick sitze da un esse Klops.
Uff een Mal klopps.
Ick kieke, staune, wundre mir,
Uff een Mal jeht se uff, die Tür.
Nanu, denk ick, ick denk: Nanu,
Jetzt is se uff, erscht war se zu?
Un ick jeh raus und blicke,
Un wer steht draußen? Icke.

Dieses Gedicht und die vier Seiten von Grosz – der Rest ist mächtig europäisch, die Hornbrille blitzt, so international wie du sind wir schon lange, mes oreilles sont bien à moi, Kinder, laßt euch bloß nicht fotografieren, da sieht man erst, wie harmlos und spießig eure Feste und Arrangements alle sind, Fotografien desillusionieren, das Buch auch, da war der Oberförster Mischke, der ist beim Kartenmischen gestorben, da war der Surréaliste Maurice Ravkelès, der alte Franzose, der schrieb einen Essai über Jesus Christus, aber nur einen, weil der sich nicht revanchierte, das ist ein lustiger Kontinent, Ausrufungszeichen hab ich nicht, Talent hab ich auch keines, pump ich mir eins, ecce Europa – und wer steht draußen? Icke.

Das unvermeidliche Buch

«Das unvermeidliche Buch eines Weltreisenden», so heißt der Untertitel zu «Tut Kung Bluff» von Martin Hürlimann (bei Grethlein u. Co., Zürich und Leipzig). Hürlimann ist nicht etwa, wie der Name zu denken gäbe, von Gottfried Keller erfunden, sondern es gibt ihn wirklich. Es gibt ihn sogar in vielen Exemplaren, aber in durchaus erfreulichen.

Europäische Weltreisebücher spiegeln ja eigentlich seit langem nicht mehr die Welt, sondern immer nur den Reisenden, und wenn gesagt wird, Herr von Keyserling habe das «Reisetagebuch eines Philosophen» *vor* seiner Reise geschrieben, so ist das eigentlich ein Kompliment. Diese Reisenden zerfallen in drei Abteilungen: in die sachlichen, in die lyrischen und in die Amateure, die sich ihren gesunden Menschenverstand bewahren. Hürlimann gehört in die dritte Abteilung und fühlt sich durchaus wohl darin. Wir uns bei ihm auch. Das macht vor allem: er ist kein Snob.

Es ist geradezu wohltuend, einmal bei einem Europäer zu lesen: «Ich selber vermochte die Teezeremonie allerdings mit Bewunderung, aber nur als Fremder zu betrachten. Gerade solche tiefsinnigen Sitten sind so eng mit der Gemeinschaft verbunden, aus der sie herausgewachsen sind, daß man sie zur reinen Modesache erniedrigen würde, wollte man sie unvermittelt für sich selber annehmen. Sie müssen langsam *werden*, um echt zu sein.» Denn ganz abgesehen von den Buddhisten in Frohnau: es ist ja schon gar nicht mehr zu ertragen, was die Leute anrichten, wenn sie ins Ausland kommen. Schon nach den vierzehn Tagen duzen sie Poiret, die Meisterruderer von Oxford und Mussolini – damit man nur ja sieht, wie vertraut sie mit den fremden Männern sind; und für den Ton, mit dem sie einen fremdländischen Ausdruck hinlegen, müßte man sie stundenlang mit dem Rohrstock verwalken. Dieser Hürlimann ist viel gescheiter: er multipliziert alles mit dem Relativitätsfaktor, sieht durchaus seine europäische Beschränktheit ein und macht nicht den entgegengesetzten Fehler, in den der Zivilisationscommis verfällt, der die Pyramiden mit seinen Gilletteklingen erledigt; er sinkt nicht in ostasiatische Verzückungen, sondern will durchaus bleiben, was er ist, ein Europäer.

Daher auch seine sehr reizvolle Ablehnung Amerikas. Der Verfasser hat nicht die profunden Kenntnisse Alice Salomons oder die von Julius Hirsch, die das Land zutiefst abgeklopft haben. Er lehnt es ab, weil er es nicht mag – und das ist menschlich anständig. Er sagt auch gleich, er sei mit einem Vorurteil dorthin gekommen; er sagt, daß er die Amerikanerinnen nicht liebt (laß mich deine Hand drücken, auch mir ist eine Hürlifrau tausendmal lieber!) – und er fühlt sich eben nicht wohl. Das ist subjektiv, das ist nicht sehr tief – aber es ist wahr, und es ist sauber.

Die ersten vier Seiten über Paris sind eine Freude; endlich einmal einer, der hierher kommt und nicht aus den Pantinen kippt, der die Stadt liebt, wie man sie zu lieben hat, ohne die Augen zu verdrehen – endlich einmal ein vernünftiger Kerl. Und so ist die ganze Reise: vernünftig, mit allen Vorzügen und Mängeln dieser Eigenschaft. Es stehen noch ein bißchen viel gebildete Wörter in dem Buch, manchmal langts nicht, manchmal hat sich Herr Hürlimann das Leben und Schreiben ein bißchen leicht gemacht – aber sein «unvermeidliches» ist doch wert, gelesen zu werden. Es ist ein ausgezeichneter Reiseführer: durch den geistigen Zustand Europas.

Die kleinen Revuen

Die großen pariser Revuen sind so:

Wenn der Vorhang aufgeht, steht da ein Chor Matrosinnen oder Briefträgerinnen oder Chauffeurinnen und singt, was noch nie ein Mensch verstanden hat. Hierauf betritt der zweite Held und die zweite Diva tänzelnd die Szene, Spazierstock und Gebiß weisend, viele Menschen kommen erst jetzt, die Sessel klappen, die Placeusen bekommen ihr Trinkgeld: 75 Centimes vom Franzosen, gar nichts oder viel zuviel vom Fremden, die Bühne wird dunkel, und es erhebt sich die Rampensonne über einer exotischen Szene: südasiatische

Giraffen und nordafrikanische Eskimos und Schießbudenindianer – auch Geschichte ist sehr beliebt: wenn unten im Orchester die Tschinellen zischen, dann kann man darauf schwören, daß nunmehr die Opferbecken feierlich vor sich hinqualmen werden und daß der grausame Perserfürst die Lieblingssultanine zum Opfertode bestimmen wird, mit geschminkter Augenbraue. Die Musik wird bewegter, Trick: das lebende Vogelbauer oder der lebende Petersilienstrauß, der Star oder die Starin tritt auf, die Bühne ist vollgepackt mit blühenden Frauenleibern und den herrlichsten Stoffen (Haare apart und Bouletten apart!) – und in einem fröhlichen Schlußgeschrei endet dieses Stück repräsentativer Theaterkunst. Casino de Paris, Folies-Bergère, Concert Mayol, Gott segne euch! Es gibt aber noch anderes.

Das andere sind die kleinen Revuen, und die sind hundertmal amüsanter. Zunächst schon deshalb, weil sie sich alle über die großen lustig machen, weil sich ihre Schauspielerinnen nur zu Privatzwecken ausziehen und weil sie in der Tat witzig sind. Zum Beispiel:

«Les Deux Ânes». Ich weiß nicht, auf wen diese Anspielung geht: das Theaterchen hat nur einen Direktor, und an Zuschauern sind meist bedeutend mehr als zwei vorhanden. Der Abend beginnt traditionell mit den Chansonniers. Der französische Chansonnier ist das Ideal eines Autors: er spielt nicht, er sagt seins auf. Das macht: er ist meist sein eigener Autor. Diese Leute können gar nicht einmal viel – aber sie schwitzen nicht, sie rackern sich nicht im Humor ab, sie mimen nicht. Sie stehen fast alle still und singen, je frecher, je unbewegter, ihre Liedchen. Die sind mäßig, gut und ausgezeichnet, wie das so geht. Da gibt es ein Gebet an den amerikanischen Präsidenten – Mayol hats neulich schlecht und recht auch gesungen –, das beschwört den harten Gläubiger jenseits des Meeres, Mitleid zu haben («Ayez pitié de nous, Monsieur Coolidge!») und strahlt vor Frechheit. Da gibt es viel lokalen Witz – die pariser Chronik ist zur Zeit nicht sehr reich an Figuren – welches Land wäre das! – und die Uhr läuft schnell. Dazu kommt die Eigenheit der Franzosen: bei einer Zweideutigkeit wird nicht gezwinkert. In Berlin ist es mir immer unangenehm, neben einer Dame zu sitzen und mir ein etwas fettes Gericht vorsetzen zu lassen. Hier tritt einer auf, der sieht aus wie eine «gosse» von Poulbot, und singt, daß die Tochter zur Mutter gesagt habe, die Männer wären «deçus», und die Mutter darauf: «Très bien, ma fille – mais prends toujours une cédille!» («Das habe ich nicht verstanden, Herr Panter.» – Gnädige Frau, ich erkläre es Ihnen mündlich.) Und traditionell ist der Mann, der sich – wie der selige Fragson – selbst auf dem Klavier begleitet, er singt immer ins Publikum, malt mitunter mit der rechten Hand die Linien der Personen nach und spielt nur mit der linken – und das flitzt nur so von Frechheit. Dann kommt die Revue.

Die kleinen Revuen arbeiten fast ganz ohne Requisiten: ein paar Vorhänge, eine Papplaterne, eine Wachsnase – aber mit Geist. In den «Beiden Eseln» stand ein Herriot unter dem Flimmerlicht eines Scheinwerfers und redete mit Händen und Füßen. Überschrift: «Politische Wochenübersicht Pathé». Dazu Gesang aus dem Dunkeln: «Ce sont des choses qu'on dit – mais qu'on ne fait pas!» – die gute alte Zeit tritt auf und besingt die Cafés d'antan – ja, wo sind sie wirklich? – der Ton trifft den Nerv der Stadt, alles lehnt sich wohlig in die Sessel zurück und fühlt: zu Hause. Manchmal schlägt ein Liedchen, fast unbewußt, fast ungewollt, fernere Töne an – eines hatte nach jeder Zeile die Worte «on l'oublie» – eine Nuance weiter, und wir sind bei: «Dunkle Zypressen. Die Welt ist gar so lustig – es wird doch alles vergessen», und dann prickelt wieder irgendeine witzige Szene.

Bei «Fursy et Mauricet» sieht das ähnlich aus. Sie haben da einen ausgezeichneten Chansonnier, nein, zwei, nein, drei. Einer singt: «Wiegenlied». «Ich könnte es auch Hochzeitsmarsch nennen – aber Wiegenlied ist schöner.» Er singt also ein Schlummerlied – und nach der Feststellung, daß der

Kleine in der Wiege den Gesang doch nicht versteht, blökt er ihn an, fortissimo, mit den unglaublichsten Unverschämtheiten auf Gott und die Welt, das Lied hat beinahe den Rhythmus eines Militärmarsches, und der Sänger schreit wie ein Büffel. Schön muß es sein, dabei einzuschlummern ... Und die Herren Chefs selbst treten auf: Fursy durchaus von gestern, Mauricet durchaus von heute, witzig, elegant, bis an die Grenze der Möglichkeit unanständig, aber so fix, daß nichts kleben bleibt. Und auch hier eine kleine Revue, nicht so witzdicht wie die andern – aber lustig genug. Der Mann im Tropenanzug als Forscher in einem vollkommen leeren Theater: der Comédie-Française. «Schritte – ha! ein Mensch! Was tun Sie hier, Unglücklicher?» Und jeder Einfall dauert nur drei Minuten, die Liedchen sind so geschliffen, so ein für allemal – wie das bei uns etwa nur Hans Adler kann, ein österreichischer Autor.

Ja, und dann die beste von allen: «Où allons nous?» von Rip, dem König der kleinen Revueautoren, augenblicklich im Théâtre des Capucines. Theaterkritiker, der du dies liest: denke dir, daß du in einem Theater das Gefühl hättest: schade, daß es schon aus ist! Nicht auszudenken, wie? Aber so ist es.

Das ist gespielter Champagner. Ein Ehepaar tritt auf, sagen wir: Herr und Frau Warren. «Nein, was man für Ärger hat! Carmen hatte gestern Ausgang – wo treffen wir sie? Im Folies-Bergère! Ist das ein Aufenthalt für so ein junges Mädchen? Und überhaupt diese Konkurrenz der großen Revuen für unsereinen! Bei uns sind die Mädchen jetzt alle angezogen – unsere Kundschaft wünscht das so!» Und Ronsard tritt auf, der alte französische Dichter, zu dessen Ehren neulich die restlichen Franzosen zu Rittern der Ehrenlegion geschlagen worden sind, er hat einen goldenen Stirnreif, Schnallenschuhe und einen Bauchladen: «Hier noch die roten Bändchen der Légion d'Honneur!» Und eine Dame kommt zur Heiratsvermittlerin, und die legt ihr keine Korrespondenz vor, sondern klatscht in die Hände: «Mam'selle Alice! Die Kollektion!» Und herein kommen die Männchen als Mannequins mit Preisen und allen Qualitäten, und von einem Witwer sagt Madame: «Noir – c'est toujours habillé!» Und sie haben Frauen mit Humor. Bei «Fursy et Mauricet» Fräulein Nina Myral, und bei Rip Fräulein Marguerite Pierry, eine ausgezeichnete Parodistin mit frecher Locke und einem gut geschmierten Mundwerk.

Und wenn Ihnen wieder jemand in Paris eine große Revue für dreißig Francs anbietet, dann fragen Sie ihn getrost: «Haben Sie nicht zwei kleine zu fünfzehn –?»

T'en fais pas – viens à Montparnasse!

Neulich abends – zehn Minuten vor dem göttlichen Clown Grock – stand ein französischer Chansonnier auf der Szene und sang seine kleinen dummen Lieder. Es war nichts Berühmtes, und mit seinem Geist war es auch nicht weit her. Aber zum Schluß, als es dunkel im Saal wurde und der helle Scheinwerfer ihn blau umzuckte, da sang doch der ganze Saal begeistert mit, und der Mann hatte seinen dicken Applaus. Warum?

Es war weiter nichts vor sich gegangen, als daß er ein Lied gesungen hatte, das so anfing: «T'en fais pas – viens à Montparnasse ...» – «Mach dir nichts draus – komm nach Montparnasse ...» Na und –? Das ist doch weiter nichts; was sollen wir damit anfangen, nun gut, wir wollen nach Montparnasse kommen – wozu teilt er uns denn das mit –?

Kein Mensch dachte darüber nach. Da war ganz etwas anderes. Da war: Heimat.

Diese kleinen Lieder gibt es in allen großen Städten der Welt, diese dummen kleinen Lieder, in denen nichts weiter steht als vielleicht die halbe Andeutung einer Liebesgeschichte, ein paar einfache Reime, und dann als Refrain und

Clou: ein Ortsname. «Das war in Schöneberg – im Monat Mai» und «T'is a long way to Tipperary» und «T'en fais pas – viens à Montparnasse ...»

Kein Zufall, daß diese Art Lieder im Kriege so unendlich populär geworden sind, denn in ihnen war Heimat. Ja, darüber kann man lachen – aber es ist doch so. Da haben nun große Dichter Nationalepen gedichtet, in denen die ganze Seele ihres Volkes weint und lacht – da sind dickleibige Romane erschienen, echt deutsch und echt englisch und echt amerikanisch – und wenns dann zum Klappen kommt und einer ist fern von zu Hause und hat Sehnsucht –: dann singt er so einen Bumsschlager aus dem Varieté oder aus der Operette.

«T'en fais pas – viens à Montparnasse», das sind die lauen Sommerabende, wo er mit ihr untergefaßt vom Cinéma nach Hause ging, und wo sie noch so über den Mann an der Litfaßsäule lachen mußten – «T'en fais pas – viens à Montparnasse», das ist der strahlende Ball und die erste Rose; «T'en fais pas», das ist Paris mit den Autohupen, die nach dem Ton noch so einen kleinen, atemschöpfenden Seufzer von sich geben, die schnellen, kleinen Wagen mit den rubinroten Schlußlichterchen; «T'en fais pas», das ist Heimat, gewohnte Ecken, Luft und Wolken, die man kennt – alles ist es.

Da gehen sie in die Tropen, nach China und Indien und der Insel Bali – ganz weit weg. Und soweit ist ja auch alles schön und gut. Aber auf einmal, an einem stillen Nachmittag, kommt ihnen so eine dumme Operettenmelodie in den Sinn, die sie gar nicht mehr loswerden. «Tipperary» oder «Schöneberg» oder «Montparnasse» – irgendein Stadtviertel, das sie kaum kennen, in dem sie vielleicht nie gewesen sind ... Und auf einmal ist alles wieder da, die ganze Heimat, die Stadt, jener Rhythmus, der eben nur da anzutreffen ist, und sie haben Sehnsucht und denken an vielerlei und singen ein kleines, dummes Lied.

Hausse in Ruhm

Das Théâtre de la Madeleine zu Paris gibt jetzt ein merkwürdiges Stück, das heißt: «Les Marchands de Gloire». Es ist von den Herren Pagnol und Nivoix, zwei jungen Autoren, die den Krieg, die Nachkriegswelt und auch das Stück vom toten Soldaten unter dem Triumphbogen gesehen haben, das soviel Spektakel gemacht hat. Aber sie haben doch ein andres Stück geschrieben – wenn auch leider kein ebenso gutes.

Der Papa, der die Nachricht empfängt, daß sein Sohn gefallen sei, sich nun aufrafft, ganz für den Ruhm des Sohnes lebt und, zunächst ganz ehrlich, als «Vorsitzender des Heldenelternbundes» patriotisch wirkt, als Deputierter aufgestellt wird und einen doppelten Schreck bekommt, als der Totgeglaubte wieder erscheint: der Papa ist nicht schlecht gesehen. Diese leise Grenze zwischen echter Trauer und Geschäftskomödiantentum, dieses Gefühl, das langsam zum Betrieb wird – das ist gut. Gut ist auch die erste Szene des Werkes. «1915» ruft der rot aufleuchtende Scheinwerfer auf den Vorhang, und 1915 ist in jeder Beziehung auf der Bühne. Das hohe, leere Zimmer, leer, weil einer fehlt – draußen rauscht der Regen, und die drinnen warten. Auf den Sohn, auf den Brief – und alle fühlen: auf den Tod. Feldpostpakete, Heeresberichte, Kohlenmangel, die ganze Schande der großen Zeit taucht auf, aber menschlicher als bei uns. Die da sind Menschen geblieben – sie haben keine Gefühlskarte, wenn sie weinen. Da klopft es, da ist die Nachricht, der Vater bricht zusammen. «Ma vie est finie!» Nein, es fängt erst an.

Der kleine Beamte, um den sich vorher kein Mensch gekümmert hat, wird Heldenvater und «der» Vater des Sergeanten Bachelet. Er ist im besten Zuge, Deputierter und Minister zu werden – da platzt der lebende Sohn in die gut geölte Trauer. Er kommt sehr ungelegen. Und soll einen andern Namen annehmen. Er tuts auch schließlich, sein eignes Bild wird hereingetragen, lebensgroß, er bleibt ruhig davor stehen

– «Nehmen Sie Ihren Hut herunter, Herr!» zischt ein royalistischer Graf –, er nimmt ihn langsam ab und sagt: «Den habe ich mal ganz gut gekannt!»

Ja, das ist sehr hübsch und wirksam. Aber diese Geschichte vom Totgeglaubten und Zurückgekehrten, die es hundertfach gibt – so in Wassermanns «Hockenjos» und in dem von der Académie Goncourt preisgekrönten Roman «Le Chèvrefeuille» –, diese Geschichte ist ein Einzelschicksal. Und somit in der Zeit des ausgeprägtesten maschinellsten Kollektivismus unangebracht. Das mag ja alles sein, daß es lebenden Leichen so geht wie hier beschrieben – aber das ist uns gleichgültig. Es ist recht französisch, immer wieder das individuelle Schicksal, den individuellen Fall voranzustellen – aber so geht das doch nicht. Es handelt sich heute gar nicht um den einzelnen. Ich will wissen, was mit dem ist, der zugleich alle ist. Der Zigarrenhändler an der Ecke ist nicht interessanter als Nero – aber er ist aufschlußreicher. Dieses Stück «Hausse in Ruhm» ist eine Mondkarte: ich möchte gern einen Fahrplan für hier unten haben.

Gespielt wurde mäßig.

Aber neben mir, im ersten Akt, als die drückende Luft von 1915 auf der Szene lag, legte ein älterer Mann sein Gesicht in die Hände und weinte. Hatte er einen Sohn verloren für das, was seine Zeitung das «Vaterland» nannte? Vielleicht ging es ihm so nahe ... Und vielleicht gehörte er nicht zu dem Geschmeiß von Eltern, die sich noch damit brüsten, daß ihr Junge seine Gedärme durch den Stacheldraht geschleift hat, zu jenen Eltern, die die Fotografie des verkleideten Sohnes und die Auszeichnungen, mit denen sich eine gottentartete Obrigkeit von den einfachsten Menschheitspflichten loskaufte, stolz unter Glas und Rahmen aufbewahren, dem Kaiser gebend, was des Kaisers war: ein Leben – und vom Kaiser nehmend, was der ihnen zu geben hatte: ein Stück Blech und einen Zeuglappen.

Einen Sohn kann man verschmerzen. Aber gnade Gott,

wenn die Steuergesetzgebung den Herren Eltern ans Vermögen geht. Soviel Energie, soviel Tatkraft, soviel Widerstand bis zum letzten war noch nicht da. Damals, als man ihnen den Jungen wegriß –? «Geh mit Gott, mein Junge!» 10 % auf das ersparte Geld –? Geh mit Gott, Vermögen – über die Grenze und in die dunkeln Ecken der Bilanz –, geh mit Gott! Die Eltern des Helden treten an, Frau und Mann, mit Zähnen und Klauen, wie die Löwen um ihr Junges, kämpfen sie für ihr Geld, die Alten, mit einer Kraft, die ihnen für die Bewahrung des Sohnes nicht zur Verfügung gestanden. Das Geld, das Geld ist gerettet! Da steht Arthur unter Glas und Rahmen, wir haben unser Teuerstes dem Vaterlande hingegeben – und falls Sie einen Enkel von uns benötigen für eine neue Schlacht in der Champagne: wir werden Ihnen mit aller Begeisterung gern zur Verfügung stehen.

Shaws «Johanna» in Paris

> Bertrand (erstaunt): «Hört ihre Rede!
> Woher schöpfte sie die hohe Offenbarung –
> Vater Shaw! Euch gab Gott eine wundervolle Tochter!»
> Schiller

Nun ist der große Welterfolg auch in Paris eingekehrt: das englische Stück in französischer Übersetzung von einem russischen Regisseur in Szene gesetzt. Das Théâtre des Arts ist gesteckt voll von Fremden: denn Frau Pitoëff gibt die Jungfrau, Herr Pitoëff, der Regisseur, den Dauphin, und wenn Russen auf der Bühne und im Zuschauerraum sitzen, dann kann nichts geschehen, das ist allemal ein Erfolg. Im großen und ganzen auch ein verdienter.

Das geistreiche, sehr geistreiche, manchmal bis zur Geschwätzigkeit geistreiche Stück hat es nicht leicht. Die Russen, die es spielen, sind viel tiefere Metaphysiker als Herr

Shaw, die Übersetzer viel größere Rationalisten –, so gibt das keinen reinen Klang. Die intellektuelle Offenbachiade auf den Geschichtsruhm und den pathetischen Glanz der Fibelfiguren reißt uns nicht um – schwarze Messen können nur von gläubigen Katholiken gelesen werden, und wer einmal die Hohlheit jeder historischen Überlieferung erkannt hat, für den fallen diese Pfeile matt zu Boden. Aber schließlich belacht das Publikum freudig die Entgötterung dieser Helden, ohne von seinen eigenen zu lassen ...

Dazu kommt, daß Shaw seltsamerweise nicht auf merkwürdige billige Scherze und Anspielungen verzichtet hat: diese harmlosen Witzchen über die Engländer (in Frankreich mit besonderer Freude aufgenommen) – diese Verhohnepipelung des modernen Cuts in einem Kostümrock mit ironischer Rückversicherung, sogar der Bubenkopf muß herhalten ... Das Hotelpublikum amüsierte sich höchst königlich.

Es bekam aber auch etwas fürs Geld.

Die Inszenierung war ausgezeichnet – ich habe seit langem in Paris nicht so anständig und so modern Theater spielen sehen. Hier und da spießt sich ja die alte Soffitte ein Loch durch den Seidenüberwurf des neuen Stils: da gibt es einen französischen Ferdinand von Alten, einen ganz erlesenen Bösewicht, der seine Schurkenhaftigkeit wie Zitrone auf den Lippen abschmeckt – da gibt es einen dicken Stadttheatermönch und anderes mehr. Aber die Bühnenbilder sind ausgezeichnet, die Gerichtsszene meisterhaft durchgearbeitet (mit einer vorzüglichen Leistung des Herrn D'Yd als guter Richter) – und auch Herr Pitoëff spricht sein Französisch so, daß es jeder Russe mühelos verstehen kann. Die Jungfrau ...

Es hat sich da ein neuer Schauspielerinnentypus gebildet. Früher, als die Opern des sächsischen Kapellmeisters die Bühnen beherrschten, waren die Heroinen vollbusig, massiv, zweihundert Pfund schwer und durchaus majestätisch. Heute ist man klein, zierlich, verträumt, mit einem ganz leichten Geschmack von Hysterie – und über Hunderte von europäischen Schauspielerinnengesichtern läuft zur Zeit ein tumb-verlegenes, die Welt nicht verstehendes Greinen: sie sind unschuldig. Frau Pitoëff übertreibt nicht – sie ist eine sehr gute Sprecherin, und ich will sie auch bewundern, wenns sein muß. Nun kann man alles bewußtmachen: nur die Unbewußtheit nicht. Und daran scheitert sie. Sie ist eher ein armes Hascherl, ein weinendes Kind, das die Puppe in die Ecke wirft, weil sie keine Bonbons bekommt – sie untertreibt. Wenn sie Gott anruft (hier: «Dijöh» genannt), mag sie gläubig sein – wir sinds nicht. So etwas durchaus Nationalistisches wie die Erscheinung in der letzten Szene gibt es kaum im Leben – hier war sie wirklich aus Fleisch und Blut. Herr Pitoëff machte sich für sie unter der Bettdecke zum Narren, aber ihr gelang es immer wieder, sich herauszureißen. Im ganzen aber doch: moderne Kunst.

Wunderlich: man tut Leuten in Paris nichts, die so Theater spielen. Aber man richtet sich auch nicht nach ihnen, alles bleibt, wie es immer gewesen ist. «Wann», fragt die Jungfrau, «o Gott, wirst du die Erde für Heilige bewohnbar machen?» – Vielleicht nimmt Paris eines Tages eine Heilige in Gnaden auf. Daß es seine Theater reformiert, ist nicht anzunehmen.

George Grosz in Paris

«Sie werden sehen: er wird überall nur Unteroffiziere zeichnen –!» Denn George Grosz gilt vielen Leuten als ein Maler, der sich ein für allemal stofflich festgelegt hat. Aber er hat Paris nicht so gesehen wie den preußischen Kasernenhof, den er so oft gezeichnet hat. Er hat es auf seine Weise gesehen, das ist wahr, aber auf eine sehr gute und richtige Weise.

Paris wird von den fremden Künstlern entweder rein malerisch angeschaut und beschrieben: snobistisch, mit jenem Anflug falscher Romantik, die anfängt, unerträglich zu werden, verlogen, ganz und gar oberflächlich. Oder aber es sind hartköpfige Dogmatiker, die nach Paris kommen und nur ihre Lehren, ihre vorher gelernten Ansichten, ihre Dogmen dort finden. Grosz hat, soweit sich das übersehen läßt, als erster einmal beides gesehen: die Oberfläche und den Fond.

Geh von den Boulevards herunter, flaniere in den kleinen Nebenstraßen und zwischen den langen Reihen der Arbeiterhäuser, spaziere um die Ecken der stillen Viertel, und du wirst sehen: Paris ist eine ornamentlose Stadt. Die Linienführung ist sparsam, nicht sachlich, aber im Grunde einfach. Die saubere Tradition baut mit wenigen Ausnahmen ornamentlose Häuser, keine Stilspielereien gibt es da, nichts maskiert «Gotisches» oder «Romanisches». So ist diese Straßenecke, die wir da bei Grosz sehen, ganz und gar pariserisch. Da ist ein hellblauer, fast weißlicher Himmel, die Häuser sind keine amerikanischen Kästen, aber auch keine Vortäuschungen falscher Tatsachen. Zierde und Putz sind die Plachen der Cafés, eine leise Unregelmäßigkeit, die deshalb so reizvoll wirkt, weil sie vor einem festen Hintergrund aufgebaut ist. Selbst das älteste Haus hat immer noch einen Aspekt von Bürgerlichkeit, von festgefügter Form, von klarer Ordnung. Davor läuft es vorbei, aber verharrt auch. Die Straße ist nicht nur der kürzeste oder längere Verbindungsweg zwischen zwei Punkten, sondern Aufenthaltsort, Platz des Lebens und Teil des Lebens.

Wie ausgezeichnet gesehen sind die paar Männer in der kleinen Bar. Sie mögen zu arbeiten haben (denn es gibt außer dem Lumpenproletariat keine Arbeitslosen in Paris – wer arbeiten will, findet Arbeit) – die Männer trinken einen «Mandarin à l'eau», und das ist im Augenblick eine sehr ernste Sache. Soviel Zeit hat man eben. So, wie man ja auch für die fast geheiligten anderthalb oder zwei Stunden Déjeuner Zeit hat – die englische Tischzeit wäre für breite Schichten in Paris ein Ding der Unmöglichkeit. Wenn gearbeitet wird, so arbeitet man eben. Beim Déjeuner aber ist das alles fortgespült – diese kleine Ruhestunde wird intensiv genossen, voll ausgekostet. Da und vor allem da bilden sich die kleinen Runden, von denen die drei Männer in der Bar ein Reflex und ein Beispiel sind. Sie stehen da um den Wirt herum und führen durchaus nicht das gleichgültige Gelegenheitsgespräch, das man eben so führt. «Schönes Wetter heute! Die Butter ist ja nun auch wieder teurer geworden!» – Nein, es ist eine wirkliche, geschlossene kleine Runde, die sich gebildet hat – ebenso rasch verflogen wie zusammengefunden: tritt man auf die Straße hinaus, ist alles vorbei. Das bürgerliche Element ist überall unverkennbar: nichts falscher und dümmer, als an allen Orten zu Paris «Apachen», «Dirnen» und dergleichen zu sehen. Der Schutzmann, das Mädchen mit den langen Stangenbroten und der Arbeiter (der fast gar nicht mehr die traditionellen Samthosen und die rote Leibbinde trägt) sind ganz und gar bürgerlich. Kleinbürgerlich – aber niemals tiefer. Noch in den minderen Vierteln – mit Ausnahme der ganz elenden – sieht man den Bürger.

Das alles hat George Grosz in Paris gesehen, und er hat gut gesehen. Und er hat – wiederum mit seinen Augen, mit den Augen eines Heutigen und nicht mit denen Toulouse-Lautrecs – auch den Zirkus gesehen. Dieser kleine Mann, der da vor Ihnen den Hut abnimmt, das ist der eine der drei Fratellinis, der Lieblinge von Paris, der Lieblinge der pariser Kinder. Francis de Miomandre, der sie – wie alle französischen Literaten – so sehr verehrt, hat neulich noch einmal ihre Szene von der Feuersbrunst aufgezeichnet, in einer sehr ernsten politischen Zeitschrift, und er hat recht daran getan, denn diese kleine Szene ist voll von wirklichem Clownshumor.

Es kommt ein ernsthafter älterer Herr in die Manege, mit einem Regenschirm und einer Zeitung. Ängstlich sieht er nach dem Himmel, ob es wohl regnen werde. Nein, es regnet nicht. Den Mann bedrückt etwas – er ist unruhig. Immer wieder sieht er in die Wolken. Nichts. Zappliger wird er und zappliger – schließlich nimmt er seinen Hut und darauf seine

Schädeldecke ab. Ah – voilà! In seinem Kopf brennt es. Es brennt darin eine schöne, dunkelblau flackernde, züngelnde Punschflamme. Der Mann ist erleichtert, weil das Feuer nun einen Ausweg ins Freie hat. Und gemächlich macht er sich daran, seine Zeitung zu lesen. Und liest. Es kommt ein zweiter Mann hinzu, der sieht den Lesenden und Flammenden und ist entsetzt. He! He! Bei Ihnen brennt es! Der Mann ist mitten in der Theaterkritik und hat gar keine Zeit. Der andere rüttelt ihn und schreit. Nichts. Der andere ist verzweifelt und holt die Feuerwehr. Weil es doch brennt. Die Feuerwehr kommt: ein dritter Mann, mit einem Schläuchelchen und einem Leiterchen und einem Hackebeilchen. Der Mann liest noch immer – jetzt hat er gerade den Gerichtsteil vor. Die beiden Eifrigen gehen ans Werk – die Feuerwehr setzt die Leiter dem Lesenden auf die Schulter, klettert hinauf und beginnt mit dem Spritzchen zu spritzen. Weil er aber – angefeuert durch das zuschauende Zivil – heftig und hitzig zu Werke geht, so begießt er den Lesenden von oben bis unten mit Wasser. Der fühlts, sieht zum Himmel hinauf, sagt: «Na also!», spannt seinen Regenschirm auf und schiebt ab: lesend, geruhsam und bestrahlt von seiner blauen Punschflamme wie von einem gloriosen Heiligenschein der letzten Apotheose. Und weil George Grosz nicht nur Witz und Satire in den Knochen hat, sondern auch Humor, deshalb hat er uns auch diesen Fratellini gezeichnet.

Buch mit Bildern

Es ist ein ausgezeichnetes Bilderbuch erschienen: «Trümmerfeld Europa» von Oscar Blum. Der Verfasser nennt es ein Brevier für jedermann, und das ist es auch.

Dieses Buch eines sehr kenntnisreichen Soziologen ist offenbar im Gedankenkreis von Karl Kraus erwachsen und auch mit dessen Mitteln gearbeitet – und das ist ein Lob. Vor allem haben hier endlich, endlich einmal Autor und Verlag das Wagnis unternommen, bei so ernsthaften Untersuchungen wie über Europa nach dem Krieg, den neuen Militarismus, den Zusammenbruch der Familien, Staat und Revolution Fotografien, Zeitungsannoncen, Karikaturen und Prospektausschnitte als Belege in den Text einzuschalten. Es ist die in den Buchdruck übertragene Technik einer Diskussion, in deren Verlauf der Gastgeber auf den Bücherschrank zugeht und sagt: «Da will ich Ihnen mal was zeigen –.» Und dieser Zeit ist natürlich am besten mit ihren eigenen Zeugnissen beizukommen, mit ihren Produkten. Das wird viel zuwenig gemacht. Felix Stössinger benutzte die Fotografie als Waffe, da er noch die *Freie Welt* redigierte, und abgesehn von diesem Fall ist es der einzige Malik-Verlag, der verstanden hat, was man mit Fotografien machen kann. (Ausgezeichnet die Umschlagseiten zu der Anthologie: «Platz dem Arbeiter!») Denn dreihundert gute Prosaseiten sagen mitunter nicht so viel wie ein gut ausgewähltes Bild.

An Blums Buch ist die Popularisierung einer neuen Anschauung und einer neuen Benennung bemerkenswert. Die marxistische Methode, Romantik und Lebensreform, Laster und Tugenden auf ihre ökonomische Nützlichkeit hin zu untersuchen, ist hier mit dem seit Nietzsche selbstverständlichen Mut verbunden, sämtliche Erscheinungen der Epoche nicht einfach hinzunehmen, sondern zu erklären – daher nicht zu sagen: Dieses ist so, also ..., sondern: Dieses ist so, weil ...

Das ist ganz sachlich gemacht: der Krieg wird auf seine wirtschaftlichen und ideologischen Motive zurückgeführt, kalt und klar wird erzählt, wie er gekommen ist, und wie er, zunächst unblutig, weitertobt; das Ende der geistigen Kulturen durch ihre Industrialisierung wird aufgezeigt, der Pump bei einer verschollenen Welt (die «Helden»); der Zerfall und das Ende der Kunst, die Stellung des Künstlers als Hanswurst einer Klasse, die unterhalten, aber nicht im Verdienen gestört sein will, der Zerfall der Familie (wie er sich schon vor dem Kriege bei Müller-Lyer auseinandergesetzt findet) und die Abstraktion des Lebens. «Als Fabrikarbeiterin, Bahnschaffnerin, Beamtin stellte das Weib von nun an ihren Mann ... Sie hatte eine Wohnstätte, aber kein Heim; Verwandte, aber keine Familie; einen Mann, aber keinen Gatten; Nachkommen, aber keine Kinder.» Besser ist der wirkliche Untergang von konkreten Synthesen in den abstrahierenden Polizeijargon noch nicht entwickelt worden.

Die hohnvoll mächtige Machtlosigkeit des Staates, seine freche Prätention als Hegelsches Alleinwesen, seine Exponenten: Soldaten und Demokraten (die sich nur durch die Couleur, aber nicht durch die Denkart unterscheiden) – das wird knapp und ohne Beredsamkeit entwickelt. Und was aus dem ganzen, gar nicht genug zu empfehlenden Buch herausspringt, ist wiederum dies:

Die Menschheit ist fortgeschritten – der Mensch ist dahin. Das Grammophon klettert auf die Alm, die Kuh ist ein rein wirtschaftliches Ding geworden, das nur noch mit dem Schweif dem urlaubernden Städter etwas Poesie zuwedelt, die wettergebräunten Seeleute bilden eine Fischereigenossenschaft e. V., und der Krieg ist ein gemischt-wirtschaftliches Unternehmen. Der Wert des Buches scheint mir darin zu liegen, daß es die Sachen nicht so bezeichnet, wie sie scheinen, oder wie sie genannt werden, sondern wie sie wirklich sind.

Was ist Wahrheit –? Man kann auch diese Betrachtungsweise mit Philosophie zerfasern, aber es ist merkwürdig, daß niemand so weise und relativistisch wird wie einer, dem man auf die Kasse guckt. Da wird er philosophisch wie der liebe Gott. Man sollte ihm den Rauschebart abreißen, und man hat das glatt rasierte Gesicht eines amerikanischen Schuhwarenfabrikanten. Dies Buch aber dürfte auf keinem Geburtstagstisch eines Romantikers fehlen.

P. L. M.

Auf diesen drei Buchstaben sitzt der Franzose oft, während es der kräftige Deutsche auf vier, ja manchmal auch auf fünf besorgt. «P. L. M.» heißt – wer wüßte es nicht! – «Paris – Lyon – Méditerranée» und bezeichnet jene Bahnstrecke und die sie verwaltende Gesellschaft, die den Verkehr zwischen Paris und Marseille besorgt. (Auf den Nebenstrecken liegt Grenoble und unten die Riviera.)

«P. L. M.» heißt auch eine kleine Eisenbahnoperette von Rip, die in den Bouffes-Parisiennes gespielt wird. Es ist die übliche Firma Drum & Dran, die da ihr Wesen treibt – nur, daß dieses Mal das Spiel in einem Zug und neben einem Zug vor sich geht. Das ist mit viel technischer Akkuratesse gemacht, so daß man P. L. M. auch mit «Plaignez les machinistes!» übersetzen könnte. Dampf zischt, Räder rattern, Achsen springen über Weichen, und um einen fahrenden Zug anzudeuten, wird hinter der Szene als Gipfel der Illusion ein Teppich geklopft – es ist sehr schön. Da hätten wir den alten Dranem, ein historisches Inventarstück des pariser Theaters, rund hundertundzweiunddreißig Jahre alt, mit einer merkwürdigen Nase, recht komisch, angenehm, diskret, ganz leise. Neben ihm, ein Jahr jünger, Frau Marguerite Deval, rasch, frech, sieht aus wie eine Schlachtermamsell, ist aber gar keine, wenn sie singt. Es sind die uralten Diseusenmanieren, die bei uns längst, entartet und vergröbert, ins Tingeltangel heruntergerutscht sind: die Dame steht enggeschnürt, herausgestreckten Popos an der Rampe und verteilt mit spitzigen Ellenbogen malende Gesten ins Publikum. Aber diese altmodische Tour ist hier sublimiert, durchblitzt von Geist, niemals mit beiden Beinen zugleich auf der Erde, niemals unappetitlich, immer appetitanregend. Im übrigen gehen also alle die neckischen Scherze vor sich, die in einem Bühnencoupé mit verliebten Pärchen vor sich zu gehen haben. Was tut man schließlich in der Eisenbahn? Man wiegt sich im Rhythmus.

Aber im letzten Akt hatte die Tochter des Weichenstellers den Zug durch ein falsches Signal zum Halten gebracht, nur, um einmal richtigliegende Kokotten zu sehen und Toiletten aus Paris! Die Unschuld vom Lande war schlampig gekleidet, mit herausguckenden Unterröckchen, losem Haar mit Schleife – wie es so ist. Und sie war so herrlich dumm, so butterblumengelbdumm, so orientexpresszügeaufhaltenddumm – die «Göttin der Dummheit» in Arnold Zweigs «Ritualmord in Ungarn» war eine Pallas Athene neben ihr. Erst glaubte ich, die junge Dame sei eine gewaltige Schauspielerin – und beobachtete sie genau, auch in ihren Sprechpausen. Aber sie wedelte Dummheit mit den Hüften, hauchte Dummheit aus, war mit ihr gesalbt, hatte sicherlich ein dummes Parfum ... «Dumm liebt zweimal!» sagt der Volksmund. Diese viermal.

Und als der Vorhang zum Schluß noch einmal aufgezogen wurde, weil Dranem und Frau Deval sich verbeugen wollten und auch ein Recht dazu hatten, stand jene da, verlegen an ihrem Weichenstellerkleidchen nestelnd, schämig, dämlich, geziert und so hinreißend dumm, daß man mit Bocksprung über den Kapellmeister, auf die Pauke tretend, die Bühne hätte erklettern sollen, ihr einen Kuß aufzudrücken. Sicherlich hätte sie aufgesehen und gedehnt gesagt: «Sans blague –!» Sie heißt Fräulein Suffel und sollte, wie jener Dilettant es einmal ausgedrückt hat: «sie sollte mir durch die Gemächer schreiten». Aber so dumm ist sie wieder nicht.

Das Fach-Adverbium

«Die Superklugheit ist eine der verächtlichsten Arten von Unklugheit.»
G. Chr. Lichtenberg

Wenn man wissen will, wie sich das Tagesdeutsch, die Sprache für alle Tage, wandelt, so braucht man nur die Zeitungen, die Witzblätter, die kleinen Broschüren aus dem Jahre 1890 mit denen von 1900 und beide mit unserer Umgangssprache zu vergleichen. Es sind nicht nur Modewörter, die wechseln, jene Ausdrücke von «Äh – kolossal schneidig!» bis zur berüchtigten «Einstellung» – leise, leise ändern sich Sprache, Grammatik, Satzbau, Terminologie. Und die hervorstechendste Unart jeder Zeit offenbart die ganze Epoche.

Wenn du an einem Sonntagnachmittag gar nichts Besseres zu tun weißt, auf einer grünen Wiese, oder auf einem vor Regen geschützten Balkon oder auf einem Ort, wo – wie Lichtenberg sagt – «ich meine Aufzeichnungen gemacht, sonst aber keine solchen vorgenommen werden», dann guck einmal in die Zeitung, in eine Wochenschrift, in eine Broschüre und paß auf, ob du das Fach-Adverbium bemerkst.

Das Fach-Adverbium ist eine überflüssige Einschaltung, die den gehaltvollen Fachmann und Denker dartun soll, als der sich der Verfasser fühlt. Zum Beispiel so: «Ich bin mit der Wasserleitung ganz zufrieden – sie ist wasserbautechnisch ausgezeichnet.» Oder: «Die elektrische Bahn in Berlin steht mehr als sie geht – da liegen wohl verkehrspolitisch große Fehler vor.» Oder: «Flugsportlich betrachtet, muß denn doch diese Erscheinung als recht bedenklich bezeichnet werden.» Zähl diese Adverbien nicht – du wirst sprachtechnisch damit kein Glück haben. Was geht hier vor –?

Deutschland besteht aus Fachleuten und Laien.

Der Fachmann hat die Kenntnisse seines Arbeitsgebiets gepachtet, ein für allemal – er ist ein konzessionierter Rechthaber; das Leben machte ihm übrigens keinen Spaß, wenn es keine Laien auf der Welt gäbe. Der Laie hinwiederum fühlt sich niemals als solcher – er ist es nur vom Fachmann aus gesehen. Der Laie weiß es nämlich noch besser als der Fachmann, der es genau weiß. Während aber der Fachmann einen chronischen Größenwahn sein eigen nennt, hat der Laie einen akuten, weil er sich mit der Sache «beschäftigt» hat. (Stammtischgespräche, Lektüre von Zeitungsaufsätzen, es genügt auch schon grundsätzliche Opposition gegen den Fachmann, die ja mitunter sehr heilsam ist.)

Der Ordnungssinn gebietet nun, alle Behauptungen einer Diskussion von Anfang an zu klassifizieren, sie einzuordnen in die gigantische Kartothek des Wissens. Früher begnügte man sich, zu behaupten, daß eine Eisenbahnstrecke der Provinz nützlich sei. Niemand wäre auf den Gedanken gekommen, etwa zu sagen, daß die Eisenbahn die Provinz bewässerte oder ihre Grundschulen förderte. So einfach sind wir nicht mehr. «Die Eisenbahn ist wirtschaftspolitisch ein Faktor» – unter dem tun wirs nicht. Besieht man sich den Satz bei Licht des gesunden Menschenverstandes, so heißt er ungefähr: «Die Eisenbahn ist nützlich» – denn der Rest versteht sich ja von selbst. Aber es klingt so nett, und wenn die alte berliner Schneiderin einst sagte: «Nehm Se jrien, Madameken – det hebt Ihnen –!» so läßt sich hier raten: Nimm ein Fach-Adverbium – es verleiht dir den intellektuellen Vollbart. Und man nimmt es.

Der Unfug hat angefangen, als sich in die Kriegsdiskussionen neben den militärischen und politischen Erwägungen immer mehr die wirtschaftlichen mischten, und als die Generalstäbler, um nicht hinter ihrer Zeit zurückzubleiben, sich anschickten, wenigstens ihr Vokabularium zu erweitern. Da wurde genau eingeteilt, wann aus militärischen, wann aus parlamentarischen und wann aus «wirtschaftspolitischen Erwägungen heraus» eine Maßnahme getroffen worden war ... Aber man sollte dieses Zeugs in anastatischem Druck, fertig gegossen, in den Setzereien vorrätig halten – so oft wird es verwandt.

Von der Fachsprache will ich gar nicht reden. Das ist eine Seuche, deren Diagnose in dem Buche von Bry «Verkappte Religionen» so enthalten ist: «Jeder Beruf, ja, jede Passion entwickelt ihren eigenen Wortschatz. Es ist durchaus nicht gesagt, daß diese Fachwörter des Jägers, des Kartenspielers, des Buchdruckers, des Zimmermannes bezeichnender sind als die gewöhnlichen Ausdrücke – obgleich auch das häufig vorkommt – ihr Urwesen beruht vielmehr darin, daß sie nicht jeder versteht, daß sie den nicht dazu Gehörigen, den Nichteingeweihten ein Buch mit sieben Siegeln sind. Und daß sie letzten Endes ... ein Mittel sind, um sich gegen die Menschheit überlegen zu fühlen.»

Und nun ist jeder, erdrückt von dem schauerlichen Gefühl, in Wahrheit nur einmal Fachmann, aber dreitausendneunhundertmal Laie zu sein, «Auch-Fachmann» – und das drückt sich in den Fach-Adverbien aus. Das Fach-Adverbium ist schön und schmückt alle Welt: es klingt voll, es klingt würdig, es klingt leidenschaftlich.

Man sagt vom Französischen, es sei eine phrasenreiche Sprache. Aber wie wichtigkeitsgeschwollen unser Neudeutsch ist, sieht man, wenn man einmal so einen modernen deutschen Essay ins Französische übersetzt. Das gibt es alles in der fremden Sprache gar nicht, diese Schnörkel, diese wissenschaftlichen Windungen, dieses Pseudospezialistentum. Was da die Kunsthistoriker angerichtet haben, das ist nicht zum Blasen.

Dieses Barock eines Maschinenzeitalters ist eine recht dumme Sache. Es ist schließlich nicht einmal wirkungsvoll – es wirkt ja nur auf einen Leser, der sich von ihm imponieren läßt, also nicht immer auf den besten. Man lese etwa einen Aufsatz von G. K. Chesterton, wie der still und einfach (nicht simpel) die schwierigsten Dinge bespricht, wie die Worte «Problem» – «Faktor» – «Element» – «sprachwissenschaftlich» kaum bei ihm zu finden sind, und wie sich doch Stein an Stein fügt, lückenlos, ornamentlos, klar – eine rechte Freude.

Zeitungstechnisch gesehen, müßte dieser Aufsatz jetzt wohl schließen, da er polemisch-taktisch sowie populär-wissenschaftlich nur anregen, aber nicht Thema und Leser erschöpfen will. Welchen Erfolg wird er haben? Er wird, vom Standpunkt der Nahrungsmittelchemie aus gesehen, einen nicht zu unterschätzenden speditionswissenschaftlichen Wert haben: der Fachmann kann sich seinen Käse darin einwickeln.

Die Denkschrift

Die Deutsche Liga für Menschenrechte hat eine Denkschrift herausgebracht: «Deutschlands geheime Rüstungen?», die die allergrößte Aufmerksamkeit verdient. Autoren und Herausgeber haben den hohen Mut bewiesen, gegen eine zu allem fähige Reaktion und vor einer zu nichts fähigen Demokratie ihre Namen unter das Schriftstück zu setzen. Die tapfern Kämpfer sind die Herren Gumbel, Jacob, der Polizeioberst Lange, Freiherr v. Schönaich, Lehmann-Rußbüldt, L. Persius, der Senatspräsident Freymuth und Heinrich Ströbel. Hier ist nicht taktisch laviert worden, hier sind keine lauen Leitartikel, die kein Mensch mehr lesen will: hier ist eine Tat.

Die Denkschrift – die Heinz Pol in Nummer 20 der *Weltbühne* bereits gewertet hat – zeigt einen Reichswehretat, der dem Reichstag mit gradezu erschreckendem Mut vorgelegt worden ist. Und dazu ist zu sagen:

Weder in Frankreich noch in England ginge ein solcher Etat durch, der so undurchsichtig, so sorgfältig-unsorgfältig, so dunkel und unaufrichtig ausgearbeitet ist wie dieser deutsche. Vor Jahren habe ich einmal in der nunmehr seligen *Freiheit* das damals vorgelegte Reichswehrbudget durchgearbeitet und die bösesten Verschleierungen, Trübungen, die ungerechtfertigten und dumm begründeten Forderungen aufgedeckt. Kaum einer der Abgeordneten regte sich (Ausnahme: Herr Künstler) – der Rest war dringend beschäftigt.

Die sozialdemokratischen Abgeordneten erfüllen in ihrer großen Mehrzahl die Pflicht gegen ihre Wähler schlecht. Sie sind gewählt worden, um über die Verwendung des Geldes der Steuerzahler zu wachen. Sie wachen aber nicht, sondern sie tun etwas viel Schlimmeres als schlafen: sie parlamentieren.

Wer einmal den wichtigmacherischen Betrieb im Reichstag mit eignen Augen angesehen hat, diese leer klappernde Maschine, diese endlosen Sitzungen, dieses Hosenbodenwetzen um nichts – der wird sich nicht wundern, daß den Volksboten keine Zeit bleibt, die Arbeit zu leisten, zu der sie da sind. Früher galt für den guten Parlamentarier als unerläßlich, ein guter Etatkenner zu sein. Heute bläht sich das, wenn es zum Etat des Außenministeriums eine Rede hält, die die Pressetribüne für «ironisch» ausgibt, und der die Minister schon deshalb nicht ordentlich zuhören, weil sie ihnen niemals gefährlich sein wird. Wozu –? Es wird ja doch alles bewilligt. Es ist ebenso bezeichnend wie demütigend für diese Art Parlamentarismus, daß ein Angehöriger der Reichswehr einmal geäußert hat: «Schwierigkeiten haben wir fast nie – wir stehen mit dem Finanzministerium sehr gut.» Vom Parlament ist dabei gar nicht gesprochen worden – und mit Recht nicht. Denn es hat viel zu reden, aber nichts zu sagen.

Diese Denkschrift holt nach, was die Abgeordneten versäumt haben. Denn sie hätten alle diese Fehler aufdecken, sie hätten auf die lächerliche Verteilung von Chargen hinweisen sollen, sie hätten zu monieren, zu streichen, zu verweigern gehabt.

Sie schwingen sich zu einer Kritik auf, bewilligen den Etat in Bausch und Bogen und werden niemals einsehen, daß sie von niemand mehr überwunden zu werden brauchen. Mal lag ich unten, mal lag er oben, er floh, ich immer vorneweg, schließlich hol ich aus, er langt mir eine … Arme Wähler

Pirandello in Paris

Paris, im Juli

Die bekannten Theaterschlager des Italieners sind in Paris schon in französischer Sprache gespielt worden – nun ist er selbst mit einer eigenen Truppe hier eingezogen und spielt sie auf italienisch.

Pirandello, der als Stern in der Nachwelt fortleben wird (so: «Pirandello ...»* Stern in der Anmerkung:* «Seinerzeit viel gespielter Autor») hat hier einen großen Presseerfolg gehabt. Kein Wunder: sein Star, Herr Ruggero Ruggeri ist ein Schauspieler von Format, und er schien Herrn Pitoëff, der den Heinrich den Vierten gleichfalls in Paris gespielt hat, zu überragen.

Als die sechs Personen ihren Autor suchten (und nicht den Souffleur, der, wie man hörte, vorhanden war), war das Publikum etwas in der Überzahl. Nun ist es Juli, das schöne Wetter lockt, und die hohen Eintrittspreise stoßen ab – also ein großer Publikumserfolg wird das nicht gewesen sein. Eigentlich zu Unrecht.

Denn was die Italiener, die dem neuen «Kunsttheater» Roms angehören, hier bieten, steht turmhoch über der pariser Theaterkunst, soweit die sich an moderne Stücke herantraut – und besonders der Anfang, der das stumme Erscheinen der sechs bringt, die fertiggedichtet sein wollen, ist eine wirkungsvolle Sache. Die Gesetze des Theaters werden auch – wie beabsichtigt – nur aufgehoben, wie man einen Vorhang aufhebt, gleich fallen sie wieder zurück, und es ist ja bekannt, daß als Dekorum eine Bühne als Bühne immer zieht. (Da gibt es zum Beispiel das alte Stück «Samson und Delila» von Sven Lange, in dem der gleiche Trick zu finden ist.)

Später, als auf dem Theater Theater gemacht wird, ermatten Autor, Schauspieler und Zuhörer gleichmäßig – und da vermögen auch die Italiener nicht hochzukommen. Ihre weibliche Hauptrolle war von einer Schauspielerin besetzt, die nichts war als eben dies; eine Position, die gerade bei

Pirandello weniger erträglich ist als bei jedem anderen Autor. Der Rest fuhrwerkte ganz amüsant im Theater umher, als wäre es gar keines. Es war aber doch eins.

Die französische Melpomene, oder wie dieses Frauenzimmer heißt, hat Herrn Pirandello freundlich aufgenommen. Kinder werden dieser Zusammenkunft wohl nicht entsprießen. Und es scheint, als ob das neue Theater heute nur noch an einer Stelle der Welt zu finden ist, die freilich wird erweisen müssen, ob ihre unbestreitbar neuen Experimente mehr sind als die Erzeugnisse von Gedankenlaboratorien: Rußland.

Inzwischen fährt Pirandello durch die Welt und verneigt seinen freundlichen Spitzbart vor den Publikümern der Hauptstädte, umringt von den Darstellern seiner dargestellten Rollen. Die Engländer haben ihm verboten, seine Relativitätslehren auf englisch zu predigen, weil das Weltreich offenbar viele indische Aufstände, aber keine freie Auffassung des Daseins verträgt, und Gott und der englische Bürger allein mögen wissen, was denn so Gefährliches in diesen Stükken steckt. Aber was man auch dagegen sagen will: Nichtdenken hält gesund.

Man behauptet, Pirandello liebäugle mit dem Faschismus. Ich fragte neulich Herrn Nitti, den italienischen Staatsmann, ob er das für aufrichtig hielte. «Nein», sagte er. «Dazu ist der Pirandello ein zu kluger Mann. Aber vielleicht will er Senator werden.» Ich antwortete, dann sei seine Haltung ein gutes Mittel. «Aber welche Kräfteverschwendung!» sagte der kleine dicke Mann, der einmal die Geschicke Italiens gelenkt hat. «Ich habe so viele Esel zu Senatoren gemacht ...» Es soll der Sänger mit dem König gehen, und wir werden ja hören, was uns Pirandello in weißem oder schwarzem Hemde noch zu sagen hat.

Einheitsbericht

Die Welt hat sich überall beruhigt, der Krieg ist halb vergessen und taucht nur noch in Reden bei Denkmalseröffnungen auf, und wenn es sich darum handelt, eine neue Steuer vor dem Parlament zu begründen … Europa verfällt wieder in jenes geschäftige Dahindämmern, aus dem es der 1. August 1914 böse aufgeschreckt hat. Gott grüß Euch, Alter, schmeckt das Pfeifchen? …

Da erscheint es denn angebracht, den geplagten Auslandskorrespondenten ihre schwierige Situation dadurch etwas zu erleichtern, daß man ihnen und dem Publiko einen grundsätzlich gültigen Einheitsbericht vorsetzt, der für ganz Europa paßt. Lokalfärbungen lassen sich leicht anbringen: die Arbeit des Lesens und des Schreibens ist so erleichtert, der Zeitungsmann atmet auf, der Leser nicht minder, und so ist allen geholfen.

Zum Beispiel:

Hierorts, den heutigen

Magnopolis atmet die warme Sommerluft mit mehr oder minder Beschwerden. Es ist Sommer, viele Leute sind schon ans Meer gefahren, viele werden noch nachfolgen. Was fehlt, wird von Fremden ersetzt, die in dieser Saison in ganz besonders großer Anzahl hier einpassiert sind.

So ist denn wieder einmal die große Frage in den Vordergrund gerückt, die die Magnopolienser schon seit Jahren beschäftigt: die Frage des Verkehrs. Der Polizeipräsident hat erst neulich mit allen ihm zu Gebote stehenden Mitteln den Straßenverkehr zu regulieren versucht, aber vorläufig ist keine Besserung zu erhoffen. Immer noch braucht man, um von A (Oper, Potsdamer Platz, Trafalgar Square) bis nach B zu gelangen: zu Fuß zehn Minuten, im Auto eine halbe Stunde. Man will nun ganz rigoros vorgehen: Fahrscheinentziehungen sind an der Tagesordnung, Geldstrafen werden verhängt, daß es nur so prasselt, ja, einige kühne Neuerer wollen den Verkehr von Privatautomobilen im Innern der Stadt ganz verbieten.

Im Parlament hat man andere Sorgen.

Das neugebildete Ministerium stößt doch auf mehr Schwierigkeiten, als es selbst und seine Wähler geglaubt haben. Zunächst wird ja die Berufung der neuen Staatsmänner auf die üble Erbschaft, die sie angetreten hätten, durchgreifend sein – für wie lange freilich, bleibt fraglich. Ministerpräsident Potz (Name beliebig einzusetzen) hat gestern die Vertreter der fremden Presse empfangen und hat erklärt, daß er zwar sorgenvoll, aber doch auch frohmütig in die Zukunft schaue. Das Budget sei zwar nicht ausbalanciert, werde aber sicherlich durch die strikte Erfassung des Kapitals eine gewisse Besserung erfahren. In sozialistischen Kreisen ist man allerdings der Meinung, daß diese Erfassung nicht ganz so reibungslos vor sich gehen würde, wie sich der Ministerpräsident das vorstellt. Insbesondere sind industrielle und schutzzöllnerische Kräfte am Werk, den Reformplan der Regierung zu bekämpfen.

In der Kammer selbst hat der Sensationsprozeß Chichi und Genossen zu einer Interpellation geführt, oder vielmehr zu zweien. Der konservative Abgeordnete Retrow hat die Regierung angefragt, wann sie denn den Zeitpunkt für gekommen erachte, nun endlich energisch gegen die ... (nach Belieben auszufüllen) vorzugehen, und der kommunistische Führer Rappaport hat die Absetzung des Gesamtministeriums, des Obersten Gerichtshofes sowie des Portiers der Kammer gefordert. Es ist fraglich, ob beide Interpellationen noch in dieser Session zur Beratung kommen werden.

Der Prozeß Chichi erfreut sich hier besonderer Popularität. In den großen Revuen wird überall mindestens eine Szene gespielt, in der auf Herrn Chichi und seine Geliebte Bezug genommen wird, und das Lied:

«Chichi! – O Chichi!»

fehlt in keiner Bar.

Der zweite große Anziehungspunkt ist neben Pola Negri, die seit vorgestern hier weilt, der Boxer Da Feightsienixen, der schon bei der Ankunft auf dem Nordbahnhof wahre Begeisterungsstürme ausgelöst hat. Das dankbar bewegte Publikum wollte ihn auf den Schultern davontragen, wurde aber durch die rasch dazwischentretende Polizei daran gehindert.

Das hierorts zum Besuch eingetroffene rumänische Königspaar wurde von der Bevölkerung kühl bejubelt. Dagegen trifft auf die größte Aufmerksamkeit der Beschluß der Bäkker, das Fünferbrot, die sogenannte Schrippe (chrippé, shripp), auf sechs zu erhöhen. Es hat bereits Demonstrationen gegeben, dringliche Beratungen im Stadtparlament, eifernde Zeitungsartikel. So schreibt *Libertà (Liberty, Liberté ...)*: «Das arbeitende Volk wird sich die Haltung der Regierung einer so ausbeuterischen Maßnahme gegenüber merken müssen ...» So oder gegenteilig lauten die meisten Pressestimmen.

Kurz: wenn man die Lage der hiesigen Stadt sowie das Verhalten der Bewohner von Magnopolis recht betrachtet, so kann man als alter Kenner der Verhältnisse seinen Eindruck nur in dem einen Wort zusammenfassen:

«Echt Magnopolis!»

Denn wahrlich, ich sage euch:

Warte, gedulde dich fein. Und wenn man dich dann mit verbundenen Augen in eine große europäische Stadt stellt und dir plötzlich die Binde abnimmt – du wirst nicht wissen, wo du bist. Englisch gesprochen wird überall, Krach mit dem Trinkgeld hast du überall, Emil Jannings ist überall, Muratti-Zigaretten gibt es überall, Scotch-Whisky ist überall – – Europa sieht so eenjal aus.

Marinetti in Paris

In einer ganz kleinen Stampe auf dem Boulevard Raspail, ein paar Minuten von den pariser Romanischen Cafés, wo die zweiundzwanzig sich ewig wiederholenden Spielarten langweiliger Psychopathen sich Bedeutung von der Legende borgen, Lenin habe hier eines Tages gesessen ... Unordentliche Bürger – vorüber.

In dem kleinen Gastzimmer der Kneipe hängen Stilleben: «Dalles im Mondschein» und Aquarelle in Öl; auf den Holzstühlen – die zu fünf Francs haben Popokissen – sind die Zuhörer angebracht: gepuderte, aber hysterische Damen, in ihren Naslöchern schlummert das Grauen; polnische Knaben, die einer Badewanne gegenübergestellt zu werden verdienen; amerikanische Maler; ein ganz dünner Kunstkritiker, völlig ausgelaugt vom Theoretisieren, als habe er jahrelang in Essig gelegen; und wieder Frauen, die einem die ganze Freude am heterosexuellen Umgang nehmen können ... Marinetti ist da.

Ein Mann Mitte der Vierziger, mit so hoher Stirn, daß sie schon Glatze genannt werden darf, kleinem dunkeln Schnurrbart, schwarzen Augen, die später glühen werden. Er hat starke Augenbrauen: solche Leute sind für gewöhnlich witzig; kennte man ihn nicht, könnte man ihn ganz gut für den Hausdichter eines großen Revue-Theaters halten. Weil er nicht die Spur Ähnlichkeit mit Sternheim hat, traue ich mich nicht, dafür zu halten, daß er sie hat. Die Leute werden ungeduldig, applaudieren, er setzt sich hinter den Tisch auf das Podiumchen und beginnt.

Aber kaum hat er mit den ersten Worten seine Stimme probiert, so unterbricht ihn wüstes Geschrei. Von einer Ecke des Sälchens stößts vor: «Eja! Eja! Alalaaa –!» Und vier waagerecht vorgestreckte Arme. Junge Faschisten – er dankt liebenswürdig und eilig. Und beginnt nun endgültig.

Er fängt sofort an, über die pariser Kunstgewerbeausstellung zu sprechen. Und sagt: Diese Ausstellung ist ein großer

Fortschritt – hier sieht man zum erstenmal, wie die Prinzipien des Futurismus ihre Wirkung auf die Welt ausüben, hier ists wahrhaft modern, und das will etwas heißen, denn die Ausstellung steht in Frankreich. Frankreich hat stets die plane Gleichmäßigkeit, die Vernunft, «le bon goût» als sein Charakteristikum ausgegeben. Er, Marinetti, sehe aber Frankreich denn doch anders, Rabelais sei, zum Beispiel, auch nicht de bon goût, und so begrüße er den Fortschritt, der in der Ausstellung stecke. Heftige Kritik des italienischen Pavillons; die Futuristen hätten hier nicht zeigen können, was sie eigentlich könnten; dagegen sei der russische Pavillon sehr gut. An den wichtigen Stellen der Rede läuft er rot an, er spricht hastig, kein ganz reines Französisch; um besser zu dozieren, hebt er mitunter beide Zeigefinger, auch wiederholt er – wie ein Zimmerecho – manchmal die Schlußworte der Sätze leise vor sich hin.

Nun hat dieser Mann zweifellos als erster die Museumsreligion der bildenden Künste über den Haufen geworfen – er hat als erster in der neuen Welt das neue Lebensgefühl geprägt, für dieses Gefühl eine neue Kunst verlangt und lange vor dem Krieg mit Recht gesagt: Eine häßliche Maschine ist schön (nicht die von Peter Behrens – eine häßliche). Das, was uns heute bei einem Abschied bewegt, kann nicht mit den Mitteln der Postkutschenzeit ausgedrückt werden, auch nicht mit denen des Naturalismus (um zu wiederholen wie er: auch nicht mit denen des Naturalismus) – das turbulente Durcheinander von Schmerz, Komödie, Farben der Bahnhofsbuchhandlung, Angst vor dem Abschied, Nummer der Lokomotive, Neugier, Tagtraum, Rauchgeruch ... so müßt ihr malen. Und sie haben so gemalt. Ich besinne mich, wie ich den ersten Schwinger in den Magen bekam: Gino Severinis «Pan-Pan-Tanz» hing in Berlin, und mir wurde rot und grün vor den Augen, das Bild drehte sich, ich tanzte. Und das wollte es ja auch. Von da an begann es – hier fing es an. Dieser Großpapa Marinetti hat Kinder gezeugt, einen ganzen Stall voll – aber es sind viele Wasserköpfe dabei. Weil es so bequem ist. Weil die Kontrolle so schwer ist. Weil man so herrlich leicht dabei schwindeln kann. Aber – eja, eja, alala! – seine Leute haben eine Tür nicht nur aufgemacht, sondern glücklicherweise eingestoßen.

Und nun steht er noch immer da und stößt noch immer dieselbe Tür ein! Welch eine Enttäuschung! Denn was die französische Kunstgewerbeausstellung angeht, so muß schließlich gesagt werden!

Diese Ausstellung ist – mit einer Ausnahme – belanglos. Die Ausnahme bilden die Russen, mit denen sich die Futuristen überhaupt nicht messen können. Sie nehmen sich daneben wie mattes Kunstgewerbe aus und sind es wahrscheinlich auch mit der Zeit geworden.

Das, was in der Ausstellung gut ist, ist eine mäßige Kopie Deutschlands. (Nur die schwedische Glasabteilung ist mehr.)

Durch die Ungeschicklichkeit und den bösen Willen der Stresemann-Regierung ist die deutsche Beteiligung sabotiert worden – sie wäre möglich gewesen. Nun siegen hier mühelos die, die sich an Deutschland auf durchaus legalem Wege befruchtet haben, und mit Ausnahme Schwedens ist diese Befruchtung nicht immer sehr heiter ausgefallen. Sie ernten, was das deutsche Kunstgewerbe gesät hat. Noch die dünnsten Epigonen des deutschen Kunstgewerbes aber stehen turmhoch über diesen kümmerlichen Versuchen, modern zu sein – und modern ist diesen Herren allemal: willkürlich. Frankreich zählt hierbei nicht. Dieses Land hat so große Werte, so unendliche Reize im Leben und in den Künsten, daß es eine sachliche Konstatierung wohl vertragen kann. Und die ist: Seine modernen Innenarchitekten stehen ungefähr auf der Stufe des seligen Jugendstils und haben in ihrer Mehrheit – und besonders in der offiziellen Mehrheit – überhaupt nicht begriffen, worauf es ankommt. Es ist nicht diskutierbar, was da ausgestellt ist. Der äußere Rahmen ist allerdings besser.

Die fremden Länder protzen meist mit Waren, die etwa für

den Geschmack reicher Farmer aus Südamerika bestimmt sind, ausschweifende Bourgeois, so: Was tätest du, wenn du mal reich wärest? Am besten sind noch die traditionellen Arbeiten, die gar nichts von der Moderne wissen wollen – da ist man wenigstens auf sicherm Boden.

Um nicht mißverstanden zu werden: Die reinen, edeln Formen des deutschen Kunstgewerbes, seine Experimente, seine mühenden Versuche, weiterzukommen, haben mit dem Deutschland, das grinsend und fauchend jede «Überlegenheit deutschen Fleißes und deutscher Tüchtigkeit» feiert, nicht das geringste zu tun. Dieses Kunstgewerbe hat sich gegen den kaiserlichen Ungeschmack, gegen die von der Regierung geförderten Künstler, gegen die kommunale Kunstpolitik vieler deutscher Städte durchgesetzt und ist heute noch den meisten Gutsbesitzern und nationalen Kleinbürgern ein Scheul und ein Greul. Die haben also nicht die leiseste Veranlassung, solche Feststellungen zu mißbrauchen. Außerdem ist eine internationale Ausstellung kein Pferderennen – es kommt gar nicht darauf an, wer «gesiegt» hat, sondern es kommt darauf an, daß durch gemeinsames Zusammenwirken und durch Vergleiche etwas Gedeihliches erreicht wird. Das ist hier aber nicht geschehn.

Sind Sie so bescheiden geworden, Herr Marinetti? Ach, er ist nicht nur bescheiden geworden. Als er sagt: «Le pavillon des Sowjets est bien!», es so ästhetisch sagt, so oberlehrerhaft ein Zeugnis ausstellend – da fange ich an, mich zu wundern. Und als er dann nichts weiter zu sagen weiß, als seine drei Freunde Balla, Depero und Prampolini zu empfehlen, da wundere ich mich noch mehr. Aber als er dann so ganz nebenbei und gelassen ausspricht, die Kunst habe mit der Politik nichts zu tun – da wundere ich mich nicht mehr. Fahre wohl.

Ein Provinziale. Ein Mann, der schäumt und tobt, wenn er vom Rhythmus der Maschine spricht, und der nicht ahnt, daß dies das sicherste Zeichen dafür ist, wie sie ihm nicht im Blut sitzt. Aber die Amerikaner müßten ja die ersten sein, die den

Gott Maschine anbeteten – und sie sind entweder kindisch sentimental oder, zu ihrem bessern kleinsten Teil, schwer pessimistisch, durchaus tempoverachtend, gleichgültig gegen diese Wolkenkratzersteigerung und das höllische Treiben um sich mit der stummen Frage abfertigend: «Na – und?»

Ein Provinziale, der von der Weltstadt träumt, wie ein Aktuar in Klein-Hainichen vom Café Keck, wie Sternheim von Paris. Die Pariser sehen die Sache viel ruhiger an. Die Amerikaner ihre Maschinen auch. Ein Provinziale.

Kein Wunder, daß die Silbe «ismus» an dem Stamm «futur» hängt – sie hat ihn getötet. Provinziell der laut tönende Optimismus, konsequent sein Imperialismus, provinziell seine Stellung zur Kritik, die er wie der Schüler den Lehrer (den er nicht sieht) schmäht. Es ist nicht wahr, daß Kritik nur von zurückgebliebenen Individuen ausgeübt wird – und wäre sie es: wie muß er sie fürchten! Er warnt noch mit Recht vor dem Atelierpartikularismus der Pariser, empfiehlt seine drei Leute, betont die Gesundheit des Futurismus und tritt ab. Nicht, ohne daß die giovinezza ihn noch einmal herzhaft anschreit.

Man soll den Leuten nicht zu nah an den Hals rücken. Himmel, welche Enttäuschung! Grüßen Sie den Duce, Marinetti. Ob er lauter solche Leute hätte. Und ob das alles wäre. Und es wäre nicht viel.

Marinetti, im Kriege verwundet, hat dessen Folgen verschlafen. Marinetti sollte nach Moskau fahren und nach New York. Er beginnt, eine schwache Kopie seiner selbst zu werden. Heiliger Herwarth Walden, bete für ihn, wenn du Zeit hast! Und setze ihm ein Holzmarterl mit zwei gekreuzten Lokomotiven und einer Sardinenbüchse oben drauf:

HIER RUHT MARINETTI.

ER HAT EIN GROSSES FUTURUM HINTER SICH.

Ein moderner Humorist

Eine gut sitzende Definition für «Humor» gibt es bekanntlich nicht. Für einen deutschen Durchschnittshumoristen dürfte es mehrere geben. Lebewesen, das einen gewöhnlichen Vorgang etwa aus dem Bereich der bürgerlichen Küche mit der Terminologie einer Staatsaktion umständlich erzählt. (Beispiel: «Das länglich gestopfte Volksnahrungsmittel, auch gemeinhin ‹Wurst› genannt, neigte sich, vom Schwergewicht dazu veranlaßt, langsam der Tischkante zu, wo der vierbeinige, zum Gärtner bestellte Bock, oder vielmehr Hund, diesem Ereignis ein freudiges, durch keine Würde getrübtes Wedeln entgegenbrachte.») Zweitens: Schriftsteller, der zur Freude des überlegenen Großstadtlesers «ulkige Typen», meist aus der Kleinstadt, erfindet, die es nicht gibt. (Beispiel: «Delikateßwarenhändler Bulke begrüßte den Briefträger Posauke schon von weitem, als er ihn den kleinen Marktplatz überqueren sah, mit aufgeregtem Winken. Er kam fünf Minuten später als gewöhnlich – hatte er einen Brief von Alice Bomberling? Das war die große Frage.») Besonders fauler Typus: der überlegene Betrachter mit der ranzigen Sentimentalität. Beispiele zu Haufen. Steht genau einen halben Millimeter über seiner Umgebung, insbesondere über seiner Verwandtschaft, die er mit verräterischem Haß verfolgt, weiß fatal in dem Muff kleinbürgerlicher Kreise Bescheid, gebärdet sich aber in stillen Abendstunden als unverstandener Goethe. Sein Humor ist ein sogenannter Postamts-Humor: ein Postamt weiter gilt er nicht mehr. Nun wollen wir zu Stephen Leacock übergehen.

Von diesem Amerikaner erscheinen im Verlag Williams u. Co. zu Charlottenburg zwei Bände in der Übertragung von E. L. Schiffer-Williams: «Humor und Humbug» und «Abenteuer der armen Reichen». Die Leser der *Vossischen Zeitung* kennen viele Proben. Es lohnt, mit diesem Mann intimer bekannt zu werden.

Stephen Leacock ist ein Kollektiv-Humorist. Er gehört, wie der große Sinclair Lewis, der Verfasser von «Babbitt», zu den Leuten, die die Mechanisierung der Welt begriffen haben, und über deren Werken das schöne Wort des Kritias stehen könnte: «Zur Masse gehört immer einer mehr, als jeder glaubt.» Will sagen: die modernen angelsächsischen Humoristen, auch Wells, wenden endlich ihre theoretische Kenntnis der modernen Gesellschaftsform auch auf den Humor, auf sich selbst, auf ihre Opfer an: es gibt bei ihnen keine mittelalterlichen Könige mehr, sondern nur Produkte der gemeinschaftlichen Erziehung, des gemeinschaftlichen Kinos, der gemeinsamen Geschäfte – mit dünnen Abschattierungen. 99 v. H. der Masse werden von der dazugehörigen Gruppe getragen: der Rest ist Privatleben. Es ist auch danach.

Sehr lehrreich, solche Bände zu lesen. Unsere Leute haben gemeinhin den Größenwahn. Ich spreche nicht einmal von jenen deutschen Problemen, die nur bei einer Jahresrente von 20000 Mark – etwa in einem Sanatorium – gedeihen, das Gros leidet noch an der Vorstellung, es gäbe so etwas wie eine urwüchsige Persönlichkeit, wo doch nur Wälder wachsen, aber keine Dorfeichen mehr. Das Treiben erinnert an das ausgezeichnete Wort einer berliner Schauspielerin, die von einer Kollegin sagte: «Sie ist von traditioneller Eigenart.» Sie sind es – alle miteinander.

Leacock nicht. Sie werden bei der Lektüre merken: es gibt da Schwächeres und Stärkeres. Der Band «Abenteuer der armen Reichen» scheint mir nicht so bezeichnend zu sein wie der andere, und das hat einen einfachen Grund. Leacock kennt die Leute nicht so genau – er hat die Oberfläche abgetastet ... er ist aber kein Reicher. Schiller konnte die Schweiz schildern, ohne sie gesehen zu haben (ich bin aus Deutschland seit über einem Jahr heraus und weiß daher nicht, ob man Schiller heute schon wieder verreißt oder noch lobt) –: unmöglich, eine Gesellschaftsschicht von heute zu schildern, wenn man ihr nicht angehört hat, angehört oder ein Genie ist. Diese reichen Leute sind außerordentlich witzig kritisiert, aber weniger gut geschildert. Es sind keine reichen Gedanken: es sind Gedanken, die sich ein Wohlhabender über reiche Leute macht. Ohne Neid – aber ohne innere Zusammengehörigkeit. So sind seine satirischen Modelle alle zusammen immer nur reich, nichts als reich, einen ganzen Band hindurch reich. Es genügt nicht, scheint mir.

Der Band ist also nur amüsant. Aber der andere, «Humor und Humbug», das ist blitzender Leacock, unsere Zeit, unser aller Humor. Spiegel, Brennglas, Mikroskop und tiefere Bedeutung. Twain hats versucht und begonnen – Sinclair Lewis und Leacock haben vollendet.

Leacock nennt bescheiden ein Kapitel «Alltagsfreuden und Leiden». Aber wir haben keinen andern Tag als Alltag. Welchen tiefen Klang bekommt auf einmal das schöne Lied, das man übern See abends singt: «Alle Tage ist nicht Sonntag – alle Tage gibts keinen Wein ...» Eben darin bestehen in der Tat unsere Alltage, dreihundertfünfundsechzig im Jahr. Leacocks Fotograf, Zahnarzt, Schneider (eine besonders gut gelungene Fotografie), sein Barbier – es sind unsere Zahnärzte, Schneider, Barbiere – und nichts ist lustiger als die besonders in Deutschland verbreitete Neigung der Berufe, sich sofort unisono aufzulehnen, wenn ein Unabhängiger ihre Mittelmäßigkeit so schildert, wie sie ist. Sie machen da keine Unterschiede: beschuldige die Rendanten der Steuerverwaltungen sämtlich der Unehrlichkeit, und sie werden mit Recht ihre Interessenvertretung in Bewegung setzen, eine so törichte Verleumdung aus der Welt zu schaffen. Sage aber so ganz nebenbei, wie Leacock es tut, daß die Maschine der einzelnen Berufe leer läuft, klappernd, seltsam verzaubert-idiotisch, nur zivilisiert: und der Kongreß des Reichsverbandes Nordfränkischer Hühneraugenoperateure wird dir einen geharnischten Protest ins Haus flammen, daß dir die Augen tränen. Vor Freude.

Neben Chaplin-Streichen, neben dem jungenhaften Spaß, der bei den Amerikanern besonders kräftig blüht, das schönste Kapitel: «Jedermann und seine Freunde. 1. Sein Chef. 2. Sein Prediger. 3. Sein Bridgepartner. 4. Seine Gastgeberin. Aber 5. Sein kleiner Sohn.» Zwölf Seiten und eine ganze Welt. Vom Chef – Leser, schließ die Augen und sags auswendig auf, bevor ich es dir sage – «Ein gemeiner Kerl. Ich sage das natürlich ohne Bosheit und Vorurteil ... Kleinlich, ja, das ist das Wort für ihn ... Mehr als seine Kleinlichkeit reizt mich aber seine Unfähigkeit. Er ist absolut unmöglich ... Wie der Mann je zu seiner Stellung gelangt ist, das ist mir gänzlich rätselhaft. Außerdem könnte er sie überhaupt nicht einen halben Tag behaupten, wenn wir andern nicht einfach alles für ihn täten.» Das muß ich doch schon mal irgendwo gehört haben? Hugo, mein alter Chef: kennen Sie diese Melodie? – Der Prediger ist für die Deutschen gesellschaftlich keine so populäre Figur, der Bridgepartner wäre unserm Verständnis durch den Skatpartner näherzubringen – die Gastgeberin ist ein für allemal festgelegt: «Das Dumme bei einer solchen Frau ist eben, daß sie nicht die richtigen Leute zu ihren Gesellschaften einlädt.» (Man beachte, wie darin immanent die selbstverständliche Voraussetzung steckt: Ich selbst bin natürlich der Richtige!) Und dann: «Aber fünftens Sein kleiner Sohn» – – das ist so geliebt, daß man das Papier streicheln möchte, auf dem es gedruckt steht. Diese Mischung von wirklicher Zuneigung, Beschränktheit und Affenliebe, diese schrankenlose Bewunderung eines Mannes, der sonst an der ganzen Welt kein gutes Haar läßt, aber hier ist auf einmal die ganze Kritik flöten, weils ihm selbst zustößt, diese Mischung von Rührung und bösem Spott, die einen überkommt: nach Bergson, Jean Paul, Schopenhauer und Demokritos weiß ich immer noch nicht, was Humor eigentlich ist. Aber dies ist welcher.

Und es ist moderner Humor, weil Leacock nicht mehr so tut, als lebten seine Figuren allein auf der Welt, weil er endlich einsieht, daß die Trennung «Ich und die andern» eine optische

Täuschung ist, weil er nicht so sehr christlich sich selbst im Nächsten als vielmehr die andern in sich selbst sieht. Auch ich bin eine Fabrikware, pfeift dieser Humor. Und weil er alles, was geschieht, mit hunderttausend oder mit zehntausend oder auch nur mit upper ten multipliziert, wodurch die Geschichte gleich ein anderes Gesicht bekommt und die berühmte Quantität in die berüchtigte Qualität umschlägt: deshalb ist es ein guter 1925er. Ein amerikanischer Rudolf Steiner betört eine Milliardärsfrau und ihren Salon. «An diesem Abend wurde über fünfzig Eßtische hinweg die Natur des ‹Bahee› besprochen und vergeblich versucht, sie den Ehemännern klarzumachen, die zu dumm waren, sie zu verstehen.»

Der Mann scheint mir ein Wegweiser. Wir tappen in finsterer Nacht umher, kommen schließlich an einen Wackelpfahl, klettern hinauf, zünden ein Streichholz an und lesen da wirklich: Zum Humor am Leacockberg. Ich denke, daß der Weg dahin geht. Und so fern es mir liegt, etwa wie der selige Spengler der Dichtergeneration Fleißaufgaben zu stellen: es wäre unser Humor, von unserer Zeit, in unserer Sprache – wenn sich einer aufmachte, das Individuum der Epoche zu zeichnen, das noch lange keines und das längst keins mehr ist.

Machen wirs richtig?

Den Lesern des *Anderen Deutschland* braucht zum 1. August nicht versichert zu werden, daß der moderne Krieg eine verächtliche und widerwärtige Sache ist. Das wissen sie. Aber es ist doch zu fragen, ob wir Pazifisten alles tun, was in unserer Kraft steht –, ob wir aus der Katastrophe gelernt haben –, ob es vorwärts geht.

Ich denke, daß große Teile unserer Bewegung einen Fehler begehen. Und unter Gesinnungsfreunden darf ausgesprochen werden, worin der zu bestehen scheint.

Wir sind nicht banal genug. Wir sind nicht radikal genug.

Die deutschen Nationalisten haben für ihre Sache unendlich viel getan, weil sie bei allen Gelegenheiten zunächst einmal das einfachste, das allen Faßliche herausschreien: Krieg! Vaterland! Heldentod! Hoch Uniform und Vorgesetzter! – Und sie können einen Teil ihres Sieges darauf zurückführen, daß sie unerbittlich hart sind, was, von ihrem Standpunkt gesehen, richtig ist. Über die Frage des Wehrzwanges, der Straflosigkeit von Kollektivverbrechen, die Selbstverständlichkeit der Kriege gibt es bei ihnen keine Diskussion. Hat man schon jemals gehört, daß in diesen Kreisen auf die «Gefühle Andersdenkender» Rücksicht genommen worden ist? –

Wir aber glauben, wenn wir das Banale, das Einfache einmal ausgesprochen haben, sei es damit erledigt. Wir vergessen, daß eine neue Generation aufwächst, daß Menschen rasch vergessen, daß man Wahrheiten einhämmern muß, damit sie haftenbleiben. Das tun wir nicht genug.

Wir vergessen, daß wir im kleinen Kreise beginnen müssen –, daß die pazifistischen Siege in einer Kommune, in einer Familie, in einer Schule viel, viel schwerer zu erringen sind als nichtssagende Phrasen in einer Verfassung, in einer Rede vor Anhängern, in einem Manifest.

Und es muß denen auf der anderen Seite mit der gleichen Selbstverständlichkeit, die sie anwenden, gezeigt werden, daß es Menschen in Deutschland gibt, denen es durchaus nicht natürlich erscheint, daß «man» in den Krieg zu ziehen habe, die Ideen vertreten, die höher stehen als jener niedrige Patriotismus, die Generale nur dann achten, wenn sie auch außerhalb ihres traurigen Berufes anständige Menschen sind – die keine Bewunderung für die Heldentaten der Telefon-Feldmarschälle haben – und die keineswegs der Ansicht sind, daß in der Ehrung der Ermordeten auch gleichzeitig die Reklame für einen neuen Krieg einbegriffen sei.

Was uns so oft fehlt, ist das klare Feldgeschrei, die einfache Losung, die radikale Selbstverständlichkeit. Die heißt nicht nur: Nie wieder Krieg! Die heißt:

Gefühle von Mördern bedürfen keiner Schonung. Auf die zarten Seelen von verkleideten Sanitätsräten sei keine Rücksicht genommen. Wer im Kriege getötet wurde, ist nicht zu feiern, sondern aufs tiefste zu bedauern, weil er für einen Dreck gefallen ist. Der Feind steht nicht drüben, sondern hüben. Die Wehrpflicht und der Zwang zur Herstellung von Mordmitteln ist auch gegen das Gesetz zu verweigern.

Der Pazifismus mag sich besinnen, was am 1. August 1914 mit ihm geschehen ist. Es gab ihn nicht, denn «es war nicht die Stunde der Theorie». Nur da war seine Stunde – nirgendwann sonst.

Ich wünsche dem deutschen Pazifismus Soldaten des Friedens.

Wo ißt man in Paris?

> «Nos diners! ... La porte de la cuisine s'est ouverte, comme une écluse, laissant couler un fleuve de parfums où les remous onctueux du beurre fondu charrient la triomphale senteur de la dinde truffée.»
>
> Henri Béraud, «Le Martyre de l'Obèse»

Es gibt Narren, die glauben, Paris gepachtet zu haben, weil sie die Adressen einiger guter Restaurants ihr eigen nennen. Und weil solche Reisenden glauben, eine fremde Stadt habe auf sie gewartet, um entdeckt zu werden, so haben sie auch noch diese Restaurants entdeckt, in die Mode gebracht ... ja, es ist ein Wunder, daß sie da auch nicht selbst zu kochen behaupten. Denen wird ein Magenführer durch Paris ebensoviel von der falschen Gloriole nehmen, wie er den andern Vergnügen und Belehrung bieten wird. «Le Guide du Gourmand à Paris» von Robert-Robert (bei Grasset, Paris).

Mit den Restaurants in Paris ist das so eine Sache. Damit, daß man hingeht und sich für mehr oder minder teures Geld gutes Essen und einen noch bessern Wein kauft, ist die Sache nicht getan. Man muß auch nicht in der stets enttäuschten Erwartung hingehen, eine «fabelhafte Aufmachung» und Gäste aus dem Kino zu sehen: japanische Attachés, emigrierte russische Großfürsten, nichts wie Großfürsten, das ganze Lokal voll – und Weiber! Dekolletiert bis da, blitzenden Auges, blau untermalt, rosig gefärbt, Donnerwetter! Also das nicht.

Mit Ausnahme der mehr repräsentativen Restaurants ist das gute pariser Lokal schlicht, einfach, ohne «chichi». Was uns zunächst auffällt, sind die riesigen Spiegel, die Wände bestehen scheinbar nur aus Spiegeln, so das Lokal vergrößernd, die Menschen und die Lichter widerspiegelnd. Die meisten Lokale sind für unsere Begriffe klein, nirgends pompös, kein Marmor donnert ins Filet. Aber gemütlich sind sie nicht – man muß von einem Apfelbaum keine Rüben verlangen und von einem pariser Restaurant nicht die Atmosphäre von Ehmcke in Hamburg. Man muß überhaupt nicht vergleichen und noch weniger Zensuren austeilen – sondern in sich aufnehmen. Und hier besonders.

Der gute und empfehlenswerte Führer gibt also zunächst die großen «vedettes», «les as de la cuisine»: Larue und Voisin und Paillard und Foyot und La Tour d'Argent. Als ersten: Montagné. Montagné, den früheren Juristen, der heute noch bebrillt und freundlich an seiner blitzenden kleinen Kupferküche steht und die wenigen Leute, die seine paar Tische bevölkern können, lächelnd empfängt. Sie bekommen etwas für ihr Geld. Auch etwas für Paris Ungewöhnliches zu sehen: Kochbücher an den Wänden, auf kleinen Borden, die Tischanordnung nicht an den Wänden entlang, sondern modernisiert – und dann gibt es nichts mehr zu sehen, sondern nur noch ausgesucht gut zu essen.

Folgen die «Restaurants de Luxe» wie Laperouse und schließlich etwas, das der Führer bescheiden «Restaurants moyens» nennt, eine Kette guter und besserer Lokalitäten, die fast alle zu empfehlen sind. Zum Schluß die kleineren Leute.

So ein Führer kann niemals vollständig sein – jeder, der Paris kennt, kann leicht aus eigener Kenntnis noch diesen oder jenen Laden einfügen; so vermisse ich meinen Freund, den dicken Emile, darin, der auf dem linken Ufer, am Jardin du Luxembourg, ein ganz kleines Restaurant unterhält und der mit der hohen weißen Mütze, pausbäckig anzuschauen, eine wandelnde Reklame für sich selbst ist. Auch wohnt dort ein alter Kognak, der Otto Bellmann heißt.

Wie ernst es das Buch nimmt, geht daraus hervor, daß hinten kleine Zettel eingefügt sind, die man abtrennen kann und auf denen ein Schema für eine Art «Eß-Gericht», eine Restaurant-Feme vorgedruckt ist. Wo haben Sie gegessen? Wann? Was gab es? Weine? Preise? Und dann, zum Schluß: Boules Blanches, Boules Noires – und so kann jeder Teilnehmer seine negative oder positive Meinung kundtun. Das sieht alles sehr anständig und ehrlich aus.

Es fehlen auch nicht Restaurants für solche, die in «quartiers excentriques» essen wollen, wobei immerhin zu bemerken ist, daß es einem echten «Parigot» schon exzentrisch erscheint, in Passy essen zu wollen – und nur in diesem Kapitel ist mir ein kleiner Fehler aufgefallen. Da hätten wir:

«Place des Tertres. Ein kleiner Dorfplatz. Hier ersterben alle Geräusche der Welt. Unten brodelt die große Stadt. Hier genießen einige kluge Leute, ein paar Künstler, hübsche Frauen den Reiz der Stunde, an ihren kleinen Tischchen, bei leichtem Lampenlicht. Die ganze Poesie des Montmartre zittert noch darüber hin ...» Ach, du lieber Gott! Das war vielleicht einmal.

Man muß die Place des Tertres, die Feininger so meisterhaft gemalt hat, heute sehen, diesen Jahrmarkt der Fremden, das

Geschrei, das mäßige Essen, den Krach der Händler, der als Mongmachta-Maler verkleideten Schnell-Zeichner, Feuerfresser, Liederbrüller und Akrobaten ... Das einzige, das da noch vibriert, ist das Trinkgeld ... Apage.

Das Büchelchen aber sei denen, die Paris lieben, angelegentlichst empfohlen. Wers ganz genau wissen will, kaufe sich die pariser Küchenzeitschrift *Culina*, die Rezepte und allerlei interessante Hinweise gibt. Für den schmausenden Laien genügt Robert-Roberts «Gourmand».

Er ist für den, der die Stätten nicht kennt, ein wirklich zuverlässiger Führer, mit brauchbaren Preisangaben. Und für den, der sie kennt, ein Labsal der Erinnerung und ein Aufruf zu neuen Taten.

Emigranten

In Paris gibt es viele davon. Bei allem Mitgefühl: sie sind fast immer von einer leisen Komik umwittert. Italiener, Spanier, weiße Russen – alle sitzen hier und warten, daß ihr gesetzwidriges, akutes, momentanes Regime nun aber ganz bestimmt in diesen Tagen endlich zusammenbreche. Es bricht aber nicht.

An Voraussagen fehlts nicht. Die Bolschewisten können sich nicht mehr halten; Primo de Rivera, für den Unamuno jede Woche zwei neue Schimpfwörter ersinnt, purzelt selbstverständlich spätestens bis Montag ein Uhr, das syphilitische Schwein; bei Mussolini handelt sichs nur noch um Minuten. Ernst beiseite: sie sind in ihrem Jammer ganz heiter – alle zusammen.

Man darf sie nicht etwa sämtlich in einem Topf kochen. Die halbe Million italienischer Arbeiter, die zur Zeit in Frankreich ist, setzt sich meistens aus Antifaschisten zusammen, und das weißgekreidete «A Mussolini la Morte» mit dem Totengebein darunter, das ich jeden Tag vor dem Bahntunnel zu sehen bekomme, ist durchaus ernst. Man hat diese Leute verjagt, terrorisiert, aus dem Lande herausnationalisiert – wahrscheinlich waren es keine «guten Italiener». Die Spanier, die für meinen Geschmack ein klein wenig mehr von sich hermachen, als ihrer Affäre zugrunde liegt, und die in allen Diskussionen so tun, als habe jenseits der Pyrenäen vor dem dicken General ein wirklich parlamentarisch regiertes Land nach und mit europäischen Begriffen bestanden, können nicht zurück, und nachdem die französische Neugier nachgelassen hat, langweilen sie sich ein bißchen und ihre Zuhörer übrigens auch. Die weißen Russen fangen an, legendär zu werden.

Und alle diese sind zu beklagen, einige zu unterstützen und zu bejahen – nur: wenn du einen Propheten suchst, geh nicht zu ihnen. Der Wunsch ist hier der illegitime Vater des Gedankens ... So einfach läuft die Weltgeschichte doch nicht. Und es ist ja begreiflich, was sie zu ihren Weissagungen veranlaßt: nur wenige Menschen können sich vorstellen, daß es ohne sie geht. Ich nicht mehr dabei ...? Die Welt stürzt zusammen! Sie wandelt aber still weiterhin ihren Plan.

Wenn man dieses Treiben betrachtet, so muß man an andere Emigranten denken. Die Prophezeiungen der Zimmerwalder Russen aus den Jahren 1915 bis 1917 liegen gedruckt vor, die Nummern der Zeitschriften mit der Datumsangabe sind noch erhalten ... Das ist doch ein andres Format. Gradezu erschütternd sind diese Aufsätze. Darin steht alles, alles: das imperialistische Kriegsziel, der Zusammenbruch der Mittemächte und Rußlands, die Möglichkeiten und Ziele einer Arbeiterregierung – und das zu einer Zeit, wo diese Behauptungen überall auf Standgerichte stießen und auf keinen Politiker, der sie auch nur in den Kreis seiner Erwägungen gezogen hatte.

Verärgerte Bürgerliche sind noch keine Revolutionäre.

Fort mit dem Visumzwang!

Zwischen Deutschland und Frankreich besteht noch immer der Zwang, sich die Einreise visieren zu lassen. Das muß aufhören.

Es ist ja vorläufig nicht anzunehmen, daß auch nur einer der beiden Staaten anfangen wird, mit dem andern wegen der Abschaffung dieser Formalität zu verhandeln – geschähe es, so kann ich mir ungefähr vorstellen, wie das geschieht. Von unendlicher Wichtigkeit, Bedenken, Anweisungen, Skrupeln, Takt- und Prestigefragen voll bis zum Hals werden die beiden Vertreter umeinander herumreden und um alles in der Welt nicht auf das schöne Recht verzichten wollen, durch einen Stempel zu bescheinigen, daß sie etwas durch einen Stempel bescheinigen.

Ganz abgesehen von dem Geld- und Zeitverlust hat diese Prozedur auf beiden Seiten etwas Beschämendes für erwachsene Menschen. Die lächerliche Pflicht, erst «nachzuweisen», warum einer nach Paris oder Berlin fahren will, die kindlichen Einwände zu hören: «Diese Reise interessiert uns nicht» – als ob das nötig wäre, damit man nötig hat, sie zu unternehmen –, die vollkommene und klägliche Aussichtslosigkeit, jemals einen an der Reise zu hindern: alles das ist beklagenswert und durchaus geeignet, die Beziehungen der beiden Länder noch auf lange hinaus unersprießlich zu gestalten. Der Betrieb auf dem französischen Konsulat in Berlin und auf der deutschen Botschaft in Paris geht anständig vor sich; aber was da getrieben wird, ist in der Sache eine Torheit. Sie nützt keinem, führt beiden Staaten ein paar nicht so erhebliche Einnahmen zu und schadet allen Beteiligten, verärgert sie, macht sie mißmutig.

Die Neunmalklugen und Einmaldummen werden antworten: «Es ist noch zu früh ...» Ich weiß. Es war im Jahre 1921 für die Frankfurter Snobs, die sich heute das Maul an der französischen Literatur zerreißen, auch zu früh, solche Berichte zu bringen, und so vergehen ungenutzt Jahre, weil die Tröpfe

Klugheit mit schwerfälliger Bedenklichkeit verwechseln. Es ist keinen Tag zu früh – und von jetzt an alle Tage zu spät, mit dem Unfug aufzuräumen.

Man höre ja nicht auf die Einwürfe der politischen Fachleute, von denen aus nie Friede eintritt, weil die Zeit noch nicht gekommen ist. Wir haben schließlich keine Zeit, uns mit den Sorgen der Geheimräte aus dem A.A. und mit den Karriereaussichten von Botschaftsräten zu befassen. Sie müssen immerhin ihre Existenzberechtigung nachweisen. Für vernünftige Menschen liegt der Fall klar:

Der Kriegszustand ist aufgehoben. Die beiden Länder haben das größte Interesse daran, gegenseitig wieder miteinander Geschäfte zu machen und in einen geregelten Austausch ihrer geistigen und wirtschaftlichen Aktiva zu kommen. Der Paß hindert sie daran. Er ist unnötig, überflüssig, schädlich und schikanös. Es ist höchste Zeit, ihn aufzuheben.

Aber wahrlich, ich sage euch: «Eher gehet ein Diplomat durch ein Nadelöhr, denn daß ein Gerechter kommt in den Zustand der Visumlosigkeit» (Matth. 19,24).

Naturalismus? Naturalismus!

Eine der traurigsten Sachen, die es auf der Welt gibt, ist ein deutscher Schwank. Da werden Schwiegermütter immer noch zu Hyänen, da werden die «Ehrenhändel» um die junge Tänzerin Lolalita im nahen Stadtwäldchen ausgetragen, da verwechselt immer noch der Bruder den Bruder mit dem Chauffeur seines Großonkels – reden wir nicht mehr davon. Wohl aber von der Schauspielkunst, die sich hierbei offenbart, nein, die sich überall auf deutschen Theatern offenbart, wenn Stücke in der Gegenwart spielen.

In diesen wie in anderen (besseren) Stücken kommen Menschen unserer Zeit vor: Kaufleute, Beamte, kleine Angestellte, Redakteure, Ärzte, Versicherungsagenten und Richter. Und seit rund hundertundsiebzig Jahren werden diese Typen unverändert gespielt, übertrieben, bis zum Platzen mit etwas gefüllt, das die Schauspieler für Komik halten, widersinnig töricht und so, wie sich noch nie ein Kaufmann, Beamter, Angestellter unserer Tage benommen hat. Von der Maske bis zur Sprache, von den Handschuhen bis zum Benehmen in allen Situationen: nichts stimmt. Warum nicht –?

Der naturalistische Schauspieler, soweit er vorhanden ist, sieht nicht. Sei es, daß er, der längst kein grünwagiger Zigeuner mehr, sondern ein Genossenschaftler ist, nicht in alle Schichten des Volkes eindringt, entweder nur in der seinen oder nur in der feinen oder nur in der kleinen Bescheid weiß –: die primitive Freude, «nachzumachen», scheint verloren.

Der Schauspieler der alten Schule, jener Generation, die noch in Samtjacke und Kalabreser, blau rasiert und majestätisch, im Havelock umherging, diese Jahrgänge machten wohl abends einmal am Stammtisch etwas vor. Es behagte ihnen, sich zu «verstellen» – plötzlich etwa einen Friseur höhnend nachzuahmen, einen zerstreuten Geschäftsmann, einen cholerischen Postbeamten – und nun, auf schärfster Beobachtung fußend, einen solchen Typus voll auszuspielen. Der Witz an diesen Vorführungen war ihre Lebensechtheit – war nicht ihre Individualität, nicht die Frage, wie der große X. einen Mann im Schlafwagen auffasse – sondern die Tatsache, daß er ihn voll kapiert hatte: *den* Mann im Schlafwagen, ein für allemal. Die Hörer lachten über das Typische.

Das scheint es kaum noch zu geben. Was dann in Virtuosenkunststücken ohne Wert ausartete, ist fast verschollen. Es gibt einen, der verblüfft immer wieder durch das «stehlende Auge», wie Wilhelm Busch das einmal genannt hat, das ist Chaplin. Er frisiert aus Langerweile den Kopf eines Bärenfells – und in zehn Sekunden gibt er den ganzen Friseur, seine eilfertigen Bewegungen, die etwas weibische Grazie, das überlegene Gesicht, mit dem der Mann seiner mechanisch gewordenen Beschäftigung zusieht – alles in zehn Sekunden.

Die dämonische Nachahmungskraft, die etwa noch in Pallenberg steckt, der Drang, die Menschen zu äffen, ist so selten – und wenn man erzählt, daß sich eben dieser Komiker einmal an den Wegrand als Bettler gesetzt und ihn die eigene Frau nicht erkannt habe, so ist das wahrscheinlich und gehört in dieselbe Kiste. Ebendahin auch seine merkwürdige Fähigkeit, fremde Sprachen zu «sprechen», ohne auch nur ein richtiges Wort zu kennen – er hat den Tonfall abgelauscht, den Habitus, die Musik – er macht nach.

Wohin ist diese Gabe –? Das wissen die Götter, und wir haben das Nachsehen. Welches Feld –!

Der Bankbeamte morgens im überfüllten Coupé; die vielbeschäftigte Köchin im Restaurant; der Abteilungsleiter vor dem Krach und nach dem Krach; die täglichen Szenen im Büro – eine ganze Welt –! Nichts davon ist auf den Bühnen zu finden. Der junge Mann, der seinem Mädchen abends eine dringliche Bitte vorträgt; der Schöffe, der einer Verhandlung folgt, die er nicht versteht; der Beamte, der einen Steuerzahler monatelang hinhält – aber sie benehmen sich nicht so, wie uns das die Schwankschauspieler dartun: so dumm, so auf hundert Schritt lächerlich, so albern, so kleinstädtisch. Diese Leute sehen alle aus wie Sie und ich, sie sind nicht törichter als wir drei beide – sie haben ihren Vogel wie alle Welt. Nichts davon auf den Bühnen.

Und dabei ist doch diese Typenkomik das einzig wirklich Moderne, das einzig wirklich Tragische, weil ja fast alle Gefühle – von ganz besonderen Menschen und von ganz besonderen Situationen abgesehen – das Sieb der Mechanisierung passiert haben, weil heutzutage fast alles typisch ist, von der Patentwiege bis zum abonnierten Grabe. Wer Augen hat und sie offen hält, kann beinahe sicher voraussehen, wie sich der oder jener bei der Brautwerbung benimmt, auf dem Wohnungsamt, in der Sommerfrische. Es ist schwer, das zu sehen, schwerer, es zu erfassen, und am schwersten, es wiederzugeben. Und weil ja niemand ein so scharfer, witziger und guter

Kritiker ist wie der Angehörige einer Schicht eben seiner Schicht gegenüber –: so ist der Humor so begrenzt, so auf Lokalkomik beschränkt, auf Studentenkneipen, auf Bierzeitungen. Und da ist er in Händen von Dilettanten und hat meist mit Kunst nichts zu tun.

Uns fehlt der moderne naturalistische Schauspieler. In Schablone sind sie erstarrt, oder von einem Individualismus besessen, der außerhalb aller Welt liegt. Man kann natürlich auch den Wilhelm Tell als jüngeren Kokainisten spielen – das ist gewiß sehr schön. Aber bei der Figur eines Hauswirts aus der Geißbergstraße des Jahres 1925 muß man Farbe bekennen – das stimmt oder stimmt nicht. Meistens stimmts nicht – und so bleibt besonders für solche Rollen die Provinzschablone aus dem Ende des vorigen Jahrhunderts übrig. Der Hauswirt sitzt davor, erkennt sich zum Glück nicht und ist höchst zufrieden. Aber wir nicht. Uns fehlt etwas.

Der Expressionismus hat uns nicht getröstet. Ich weiß nicht, wer der Erfinder des schönen Wortes vom «sauren Kitsch» ist, den jener darstelle – aber es kann kein Pflaster auf die Wunde sein, daß jüngere und sonst ehrbare Menschen ihre Glieder in die Stellung festgebackener, ägyptischer Mumien bringen, oder sich emsiglich bemühen, mit Känguruhpfoten alten Wandmalereien zu gleichen. Das bringt uns in der Sache nicht weiter.

Die Sache ist:

Das moderne Leben in den Städten, auf dem Land, auf den Auslandsreisen; der gute Mittelstand, der gedrückte Mittelstand, der gehobene Arbeiter, der Landadel, die Privatsekretärin, der Schüler von heute – sie sind auf der Bühne kaum zu finden. Kein Diener bewegt sich je so, kein kleiner Uhrmacher, kein reicher Student, kein armer Student, kein Zahnarzt, Baumeister, Geometer ... So wie es Filmjrafens gibt, so gibt es eine Theaterwelt, die nach Pappe mufft und nach Staub riecht. Schade.

Gebt uns auf dem Theater und im Film den Zerrspiegel

unseres Lebens, dieses Lebens, des heutigen Lebens – und wir würden in einem Lachkabinett sitzen, in dem wir nicht immer genau wissen, was für Tränen es sind, die uns da aus den Augen kullern.

George Grosz als Schriftsteller

Ausnahmsweise hat George Grosz mit der Feder nun einmal nicht deutsche Offiziere und die ihnen adäquaten Demokraten aufgemalt, sondern er hat mit der Feder etwas geschrieben, ein kleines Bändchen: «Die Kunst ist in Gefahr», das er und Wieland Herzfelde gemeinsam als Autoren zeichnen (und das im Malik-Verlag zu Berlin erschienen ist). Es lohnt die Lektüre.

Es ist nämlich sehr interessant, zu sehen, wie ein völlig unliterarischer Geist, einer, der im Leben besser Bescheid weiß als in Bibliotheken, zu denselben Resultaten kommt wie die abstrakten Radikalen, die die russische Revolution vorbereitet haben. An eine direkte Beeinflussung kann ich bei der mir bekannten Veranlagung Groszens nicht glauben.

Jeder sieht eine Welt, in deren Mittelpunkt er steht, und das ist menschlich gut so. Die Auffassung der Autoren, manchmal jungenshaft frisch entwickelt und immer ehrlich, bildet den äußersten und schärfsten Gegensatz zur Kunst um der Kunst willen und spricht den Bemühungen der Kunsthistoriker und der Maler, die jene übriggelassen haben, jede Bedeutung ab. Konklusion: «Der heutige Künstler, wenn er nicht ein Leerläufer, ein antiquierter Blindgänger sein will, kann nur zwischen Technik und Klassenkampfpropaganda wählen. In beiden Fällen muß er die reine Kunst aufgeben.»

Folgt ein Aufsatz über «Paris als Kunststadt», den ich nur Zeile für Zeile unterschreiben kann. «Paris ist heute nicht mehr das Zentrum der Kunst, ein solches Zentrum gibt es nicht mehr.» Auf ein paar Seiten ist nichts über französische Kultur und alles über deren Auswirkung und ihre Bedeutung für die Welt gesagt. Keinem bunten Vogel sei verwehrt, zu singen – aber er soll nicht hergehen und sein Gesinge den andern als das Wichtigste auf der Welt aufoktroyieren. Die meisten Vögel singen heute um des Futters willen. Und mir scheint in der Tat das schönste Gedicht von Paul Géraldy nicht soviel wert zu sein für diese Welt wie etwa ein Buch unsres prachtvollen Franz Carl Endres. Ich weiß schon: sie sind inkommensurabel. Aber ich will nicht messen – ich will essen.

Die kleine Selbstbiographie, die Grosz dem Bändchen eingefügt hat, und in der kein Wort über seine «Entwicklung», aber alles über unsre Entwicklung steht, zeigt, was er ist: ein seltener, unerbittlicher, klarer und natürlicher Kämpfer.

Der Schlager von gestern

«So 'ne ganze kleine Frau,
so 'ne ganze kleine Frau,
so 'ne ganze, ganze, ganze, ganze,
ganze kleine Frau ...»

«Wenn die Blätter leise rauschen
in der Laube von Jasmin,
ja, dann laß uns Küsse tauschen ...»
– – – – – – – –

Schade, daß das noch niemand gemacht hat: Schlager und Moden von gestern auf die Bühne zu bringen. Sie sind unweigerlich komisch, von einer leisen Lächerlichkeit umweht, nie kommt sich der Mensch so erhaben vor, wie wenn er nur eine Etage tiefer sieht.

Vorgestern ist historisch, und ein Drama darf, wie erwiesen, im Biedermeierkostüm spielen. Der rote Strich im Tränenthermometer liegt ungefähr um 1860 herum, von da ab wird die Sache heikel.

Die Musikabteilung in der Staatsbibliothek zu Berlin bewahrt mit minuziöser Sorgfalt den kleinen Tageskram auf, den die Notenfabrikanten so auf den Markt werfen, und wer einen stillen Vormittag hübsch verbringen will, der möge einmal mit der gütigen Unterstützung des freundlichen Konservators, des Professors Altmann, die alten Bände durchblättern, die da von Kalisch bis Nelson führen. Kalisch rückt schon langsam zu Glaßbrenner hin, man nimmt ihn ebenso historisch wie die Texte von Halévy, und somit ist alles in Ordnung. Aber Julius Freund vom verflossenen Metropoltheater hat es schon schwerer, so schwer wie alle Schlager von gestern. Warum?

Zunächst, weil der Schlager von gestern abgenutzt und ausgelaugt ist bis auf den letzten Musiktropfen. Kein Kaugummi währt ewig und dieser schon gar nicht. Dann aber noch aus einem ganz anderen Grunde, und der liegt tiefer.

Alle Schlager von gestern wirken auf den heutigen Menschen naiv. Er lächelt, er lächelt überlegen, er sagt sich: «Das ist alles? Das haben nun unsere Eltern als so furchtbar unpassend und frivol empfunden? Zu dieser Musik haben lockere Mädchen, die heute ehrwürdige Matronen sind, getanzt? Das füllte jene Nächte aus? Weiter nichts –?»

Aber diese Überlegung ist ganz und gar unrichtig. Der Schlager bewahrt nämlich nicht, wie man immer sagt, seine ganze Zeit, denn er ist kein großes Kunstwerk, sondern er hat es sich sehr leicht gemacht. Er hat eben die gesamte Zeit als selbstverständlich vorausgesetzt, er hat dem Hörer augenzwinkernd einen freundschaftlichen Rippenstoß versetzt und hat gesagt: «Du weißt doch, wie ichs meine ...» Natürlich wußte der Hörer. Es sind nicht nur die lokalen und zeitlichen Anspielungen, die dahin sind, es ist vor allem jenes unnennbare Etwas, das eine Zeit ausmacht, ihr Rhythmus, ihr Takt, ihre Beziehung zwischen den Geschlechtern, ihr modus procedendi im Geldverdienen, ihr Klatsch, ihre Struktur der Familie, ihre Politik und ihre Klassen. Auf diesem Grund und Boden tanzt der Schlager. Dieser Grund und Boden ist ihm nun entzogen, er steht in der Luft, und nun lächelt der Mensch von heute in falscher Überlegenheit über das Gestern.

Die Leute von gestern aber waren gar nicht naiver oder herztausiger oder sittsamer. Sie waren nur *anders*, und das, was zwischen den Zeilen und in den Pausen des Schlagers steckt, läßt sich nur sehr schwer und manchmal überhaupt nicht rekonstruieren. Eine alte Grammophonplatte hat mir neulich einen schluchzenden Zigeunerwalzer vorgespielt, und ich habe sehr gut verstanden, was die jaulenden und winselnden Violinen da gewollt haben ... Aber so liebt man eben heute nicht mehr. Das Kaleidoskop hat gewechselt, das Wort «Gigerl» hat jede Bedeutung verloren, es gibt wohl noch eitle Männer, aber keine Gigerls, nicht diesen Typus, nicht diesen alten Nachsteiger. Offenbach und Nana und Beardsley und der Cake-walk – die Schlager der Zeiten haben sich gewandelt, und in ihnen war alles, was zweideutig und frech und lasterhaft war – aber anders als heute. Mitunter verlodderter, mitunter simpler – anders. Wir können das nur sehr schwer verstehen. Daher ist ein alter Herr, der nach einem guten Diner in Erinnerungen verloren, leise, damit es die Gattin nicht hört, vor sich hinträllert:

«Zum Tingelingeling schon wieder,
Ihm zittern alle Glieder ...»

ein wenig lächerlich. Denn wir sind Zeuge jener für ihn großen Zeiten gewesen, wo er es mit den Mädchen hatte. Die Röcke waren damals lang, heute sind sie kurz, eine Wade war ein unerlaubter Hochgenuß, und das Rezept seiner erotischen Saturnalien war eben ein anderes. Und so steckt sich der Neffe Arthur eine Zigarette ins Gesicht, zuckt die Achseln und lacht ein wenig über Onkel Gustav. Bis zum nächsten Neffen ...

Der Schlager von gestern ist eine verblichene Fotografie. Das ist «Sie» – und sie ist es doch nicht. Nur er, der sie gekannt hat, erinnert sich gut, das Bild ist ihm ein Hilfsmittel der Erinnerung. Der Fremde sieht eine hochgeschnürte, etwas lächerliche Person. Der Schlager von gestern ist ein verblühter, verdorrter Strauß; man mag so etwas kaum sehen, es wirkt fatal und lächerlich.

Der Schlager von gestern braucht nicht melancholisch zu machen. Er ist für den, der näher zusieht, ein Symptom für das Mysterium der fließenden Zeit.

Die Oberschlauen

Man kann nicht einmal sagen, daß die deutschen Generalstabsoffiziere dumm gewesen wären. Viele waren intelligente Männer, alle aber waren schlau. Sie repräsentierten in voller Reinheit einen Typus, den man dann, abgeblaßt und leicht karikiert, weiter unten wieder vorfand, und der mir oft begegnet ist, wenn ich Exemplare der Wilhelm-Straße zu sehen bekommen habe. Alle diese Leute sind schlau, schläuer, oberschlau.

Ein ebenso kurzer wie kluger Mann hat einmal gesagt: «Mißtrauen ist die Klugheit der Dummen.» Diese Männer müssen, an ihrem Mißtrauen gemessen, infernalisch dumm sein. Sie sind überhaupt nicht mehr fähig, gradeaus zu denken. Sie sind gewöhnt, sich ständig mit den eignen Ressorts herumzuhauen, niemals die volle Kraft der Front zu widmen, sondern sich auch noch angesichts des Gegners zunächst den Rükken zu decken, gegen einen wahrscheinlich noch schlimmern Feind, nämlich den Freund, und so beherrscht das Motiv: «Pollak, wo hast du dein linkes Ohr?» ihr gesamtes Tun. Wie kompliziert sich die einfachste Angelegenheit in ihren Händen! Welche Intensität verwenden sie auf die selbstverständlichsten Dinge! Mit welcher Arbeitskraft wird das Überflüssige getan! Bei ihnen wird aus jeder Sache eine Affäre.

Ob es das kaschubisch-wendische Blut ihrer Vorfahren ist, die falsche Schläue der Sachsen, die verkehrt angewandte fuchsige Durchtriebenheit – jedenfalls rotieren die Räderchen ihrer Gehirne in seltsamem Rhythmus. Ein Psychologe hat neulich im Radio Denkaufgaben gestellt, und er registriert die merkwürdige Erscheinung, daß die meisten Beantworter in seinen Fragen eine «Falle» witterten. Oho, so dumm sind wir nicht, wie Sie vielleicht glauben! Nein, so dumm sind sie nicht. Nur noch viel dümmer und viel schlauer.

Ob dieser neudeutsche Beamtentypus nur mit Gaunern zu tun hat, oder ob er sich selbst nach außen transplaniert – wer vermöchte das zu sagen! Aber er gleicht den Leuten, denen man vor dem Theater ein Gratisbillet angeboten hat, und die sofort angestrengt zu reflektieren beginnen: Was will der Kerl? Und: «Komm hier weg, Emilie! Das ist sicher Schwindel!» Auf das Einfache kommen sie gar nicht.

Das wäre ja nun ein stilles Privatvergnügen der Herren, wenn es nicht die Arbeit so aufhielte, und wenn sie sich nicht so abenteuerlich klug und diplomatisch vorkämen! Welche Fünfzigpfennig-List! Welche Groschenintriguen! «Schönes Wetter heute!» Schönes Wetter ...? Warum sagt er das? Warum sagt er mir das? Warum sagt er das gleich zu Beginn der Verhandlung ...? Und so etwas hat dann natürlich keine Zeit, auch noch ernsthaft zu arbeiten.

Das macht die Unterhaltung mit den Oberschlauen so unergiebig, so langweilig, so blechern: daß sie ununterbrochen im Panzer dastehen, des Hinterhalts gewärtig, die Lanze geladen. Die Welt besteht gewiß nicht aus guten und aufrichtigen Menschen – aber wieviel umgänglicher sind doch viele andre Völker! Den gordischen Knoten aufzulösen, gibt es zwei Möglichkeiten: ihn zu zerhauen oder ihn aufzuknippern. Die Oberschlauen machen noch einen dazu.

Was tun Sie, Herr Ministerialrat, wenn Sie ins Wasser fallen? Schwimmen? Viel zu einfach. Ich schlage vor, erst einmal den Abteilungschef von nebenan vorsichtig durch den neuen

Assessor fragen zu lassen, ob er weiß, daß Regierungsrat Lehmann eventuell den Attaché veranlaßt haben könnte, Sie hineinzustoßen ... Man kann nie wissen ...

Sicherlich: man kann nie wissen. Aber inzwischen, bevor die Auskunft eingegangen ist, Herr Ministerialrat, sind Sie, oberschlau, wie man Sie hat, ersoffen.

Im Ruhestand

In jedem Lande Europas leben viele hundert brav-bürgerliche Männer, die bekommen eine Pension und verdienen sich auch noch ein bißchen dazu, als reputierliche Leute. Das sind die ehemaligen Machthaber.

So ein Mensch war Unteroffizier oder Gefängnisdirektor oder Vorsteher eines Arbeitshauses oder Bataillonskommandeur ... zwanzig, dreißig Jahre lang. In dieser Zeit hat er Menschen beherrscht und Menschen gequält, war es wichtig, ob er guter Laune war oder schlechter, wurde er gefürchtet und gehaßt; in dieser Zeit durfte er – etwa in Nordafrika – Männer zwingen, ihren eignen Urin zu trinken, und Menschen zu Tode quälen, die – etwa in Mitteleuropa – das Unglück hatten, in Untersuchungshaft zu kommen. In dieser Zeit fuhren seine Fäuste Wehrlosen an die Nase, traten seine Stiefel uniformierte Hintern, wurden Menschen in dunkle Keller gesperrt, wo sie tagelang heulten oder in Stumpfsinn verfielen, taumelnd wankten sie hinterher ans Licht. In dieser Zeit war er der Herr und tat seine Pflicht, immerzu seine Pflicht, stramm nach dem Dienstreglement.

Das ist nun vorbei – jetzt sind die Leute seiner Jahresklasse pensioniert.

Sie begießen morgens ihre Blumen, sie geben ihrem Kanarienvogel Futter, sie gehen am Vormittag kleinen Geschäften nach, arbeiten, machen sich nützlich, oder, wenn es Offiziere sind, die von der deutschen Republik ihr Ruhegehalt bekommen, spekulieren sie damit, und die Gemahlin wacht peinlich darüber, daß auch ja der letzte Pfennig aus dem Staat herausgepreßt wird; abends kleben sie Briefmarken in ein Album oder gehen früh ins Bett. Manchmal denken sie noch an die alte Zeit.

Wenn sie ehemalige Kollegen oder Kameraden oder Komplicen treffen, dann unterhalten sie sich wohl über den alten Dienststunk, und darüber, was aus diesem Vorgesetzten geworden ist und aus jenem Untergebenen, und daß doch heutzutage die Reglements und die Dienstauffassung und die Arbeit ihrer Nachfolger nicht mehr viel taugten ...

Daß sie Menschen gequält haben, ist fast vergessen. Das gehörte dazu.

Es ist aber auch von den Gequälten vergessen. Wie rasch ... Und wie selten ist doch, daß einer jahrelang seinen Peiniger sucht, ihn zu finden weiß und ihm ein Mal, das eine ersehnte Mal vergilt, was der Bursche an ihm verübt hat, als er noch die Macht hatte ... Nein, das tun Menschen selten. Viel zu selten.

Die Unteroffiziere Europas können ruhig sein – ein stiller Lebensabend ist ihnen in allen Graden gesichert. Das Blut ist abgewaschen, die Schreie sind verhallt, die Beulen abgeschwollen, die Opfer stumm. Und sie werden ins Himmelreich eingehen, die Herren Unteroffiziere, im Glanz ihrer Lumpenhaftigkeit, reputierlich, gutbürgerlich, zufrieden mit sich und ihrem Werk, mit der Umwelt und der schweren Verantwortung, die sie einst zu tragen hatten. Vertraue nur auf Gottes Mühlen. Er wird dir was mahlen.

Der überalterte Parlamentarismus

> Der Ministerialdiener: «Mon nouveau patron? ... Il ne décolère pas ... Il était au Commerce, il réclamait les Finances, il a raté l'Intérieur, et on l'a flanqué à l'Agriculture!»
> *Le Rire*

Was zur Zeit in Frankreich vorgeht, zeigt aufs deutlichste, daß der demokratische Parlamentarismus einer Zentralregierung wirtschaftliche Schwierigkeiten nicht zu überwinden vermag. Diese Regierungsform ist einmal sehr gut gewesen: als es galt, die Klasseninteressen der Bourgeoisie gegen Adel und Kirche zu verteidigen. Er war Vorbedingung und Schlüssel für den heutigen Stand der Dinge – eine Endstufe ist er nicht.

Da die Auflösung der französischen Kammer vom Lande als ein Staatsstreich angesehen werden würde, die Mehrheit und die Minderheit aber nur um etwa zwanzig Stimmen auseinander liegen, so bastelt die Kammer von einer Krise zur andern fort. Bevor wir das schildern, ist deutschen Lesern ein Wort zu sagen:

Der französische Parlamentarismus steht turmhoch über dem deutschen, weil er eine saubere und feste Tradition hat, weil der Apparat gut eingespielt ist, weil das echt demokratische Gefühl aller Franzosen den Abgeordneten keine so fundamentalen Dummheiten begehen läßt, wie das anderswo vorkommen soll, und weil niemand da ist, dem er die Stiefel lecken möchte. Der Präsident ist das Kind des Senats, und was zwischen Senat und Kammer herrscht, ist trotz aller zeitlichen Spannung doch ein Mitarbeiterverhältnis. Eine öde Bewilligungsmaschine wie der deutsche Reichstag ist die französische Kammer niemals gewesen. Was ist sie aber?

Sie ist zum Teil Selbstzweck geworden.

Herriot geht, seine Mitarbeiter gehen! Painlevé kommt, seine neuen Mitarbeiter kommen; Painlevé geht, der neue Mann kommt ... und um das zu verstehen, muß man nun einmal den ganzen Couloir-Kram beiseite lassen, das, was die französische Sprache sehr hübsch eine «cuisine» nennt, diese nicht immer heiter duftende Küche der Politik – man muß sich die Folgen der Krisen einmal praktisch vorstellen. Da ist Herr de Monzie heute Kultusminister und morgen Arbeitsminister, da wechselt der eine vom Kriegsministerium zum Kammerpräsidenten und wieder zurück ... Verwechselt, verwechselt das Bäumlein.

Darüber sind wir uns wohl einig: Nichts lächerlicher als der deutsche «Fachmann». Dieser geschwollene Stolz jeden Schulpedells, der sich in seiner Tätigkeit der Klassenreinigung als «Fachmann» fühlt – dieses maßlose Brimborium, das in Deutschland jeder Beruf um seinen Quark macht, als habe es auf der ganzen Welt noch niemals Ingenieure, Schneider und Astronomen gegeben – das Mysterium, mit dem er seine Arbeit dem «Laien» gegenüber umgibt: alles das ist ja kindlich. Und eben der gesunde Menschenverstand der «Zivilisten» und der «Nicht-Fachleute» hat Frankreich schon über manchen Kummer hinweggeholfen. Aber hier ist etwas andres im Spiel.

Eine Inflation kann nicht von Leuten besiegt werden, die keine Bilanz lesen können. Das gibt es nicht und hat es nie gegeben. Nun sind aber die Grundsätze und Gründe, aus denen sich ein französisches Ministerium heutzutage konstituiert, rein politischer Natur, und weil die föderalen und vor allem die finanziellen Interessenten nicht *offen* auftreten können, da sie ja offiziell keine Vertretung haben, so verbergen sie sich hinter Parteiprogrammen – heute hinter den Sozialisten, morgen hinter den Radikal-Sozialisten, o schöne Namen! – und übermorgen hinter Personen glattweg. Wo Menschen miteinander arbeiten, wird Personalpolitik gemacht, geht ein Teil der Kraft durch Personalbeziehung verloren ... doch was hier getrieben wird, scheint mir nicht immer zum Wohl des Landes zu geschehn.

Selbst der Einfluß der beiden großen Gewerkschaftsgruppen: der gemäßigten CGT und der revolutionären CGTU, vollzieht sich indirekt; auch diese sind gezwungen, auf Abgeordnete, die durch Personalunion der Kammer und einer Gewerkschaft angehören, einzuwirken, auf die Parteien einzuwirken, Beziehungen spielen zu lassen, Druck auszuüben – und sie vertreten doch offen und ehrlich Realitäten: nämlich die Arbeitnehmerinteressen. Wieweit dabei die Taktik des Herrn Jouhaux eine fatale Ähnlichkeit mit der mancher deutscher Arbeiterführer hat, steht hier nicht zur Diskussion.

Verträte die eine Partei offen und klar lediglich die Interessen jener oder dieser Finanzgruppe, wie sie das – in Kammer und Senat – offiziös ja tut, so wäre die Gefahr viel kleiner, weil mit offenem Visier gekämpft würde. Es ist aber aus den kleinen und kleinsten Gefechten niemals ersichtlich, wer eigentlich agiert, und da es keinen Fraktionszwang gibt, sondern die Anhänger der einen Partei jederzeit mit der andern gegen die eigene stimmen dürfen, so verwickelt sich die Situation noch beträchtlich. Folge:

Größte Möglichkeit, Geschäfte im dunkeln zu machen. Sie werden gemacht. Nicht wie in Deutschland, wo ein Abgeordneter ein Abendbrot, zwei Importen und einen Wilhelmstraßen-Händedruck kostet – es sind auch nicht immer verkappte Aufsichtsräte, die da ihr Wesen treiben – aber das Getuschel in den Kammerecken bleibt Rechtens leise … ganz sauber ist es nicht. Die falsche Ideologie von «Volksvertretern» hindert, der Zeit offen in die Geldschränke zu sehen; warum wird nicht laut gesprochen? Warum wird nicht laut gesagt: ich, Herr Machin, vertrete die Interessen des Weinsyndikats, wir haben die und die Interessen, wir wollen diese Zölle und jene Steuern … weil wir Kaufleute sind. Oder: ich, der Militarist Chose, vertrete eine Gruppe von Leuten, die diese und jene Kolonialinteressen – etwa in Marokko – haben, wir wollen den Krieg aus diesem Grunde … aber das wäre dann freilich ein Bankenkrieg, und dann rauschten keine Fahnen mehr … Aber so besiegt man keine

Inflation, so macht man keinen wahren Pazifismus. So kann man ihn nicht machen.

Journalisten, die, wie etwa Theodor Wolff, von einem Land nichts sehen als seine Zeitungen und seine Kammer-Couloirs, bleiben ihm fern. Weil da nicht Geschichte gemacht wird, sondern Geschichtchen, weil da in diesem Parlamentarismus längst nicht mehr das wahre agens des Landes liegt. Also Diktatur?

In der kommenden französischen Inflationszeit, deren Verlauf man, wie ein Arzt die Symptome beim Scharlach, voraussagen kann, und der das französische Volk in vollkommener Ahnungslosigkeit, also zunächst wehrlos, gegenübersteht, in dieser Zeit mit ihren falsch adressierten Anklagen, die kommen werden, mit ihrer Xenophobie, die kommen wird, mit ihren scheinbar revolutionären Ausbrüchen, die kommen werden und die niemand finden werden, den man an die Laterne hängen kann: in dieser Zeit wird es der französische Faschismus, dessen Anfänge existieren, leicht haben. «Les Chemises bleues ...» Das ist heute noch keine Gefahr: das Volk ist in seiner übergroßen Majorität pazifistisch, ehrlich pazifistisch, auch nach innen – es ist wahrhaft demokratisch und von einer Menschlichkeit, die ich hier nicht zu rühmen brauche. Aber man darf nicht verkennen, daß die intellektuelle Jugend des Landes in ihren guten Teilen *rechts* gesinnt ist (ohne etwa Anhänger des wüsten und nichtsnutzigen Daudet zu sein). Es ist nicht nur der Adel, der über den Parlamentarismus der Herriot und Painlevé Urteile fällt, denen schwer zu widersprechen ist und die ich aus Achtung vor der Anständigkeit und dem persönlichen guten Willen dieser beiden nicht veröffentlichen möchte. Es sind auch nicht etwa Rowdys – wie in Deutschland – die, Monokelsehnsucht im Herzen, «es den Arbeitern aber mal ordentlich besorgen» wollen. Davon ist keine Rede. Auch ist niemand – auch nicht die Action Française – nach außen hin imperialistisch und aggressiv gesinnt. Das nicht.

Doch ist diese Jugend durchaus antiparlamentaristisch im Denken, weil ihr das Parlament zu flach erscheint: weder kommen die föderalistischen Tendenzen zur Geltung (die in Frankreich durchaus nicht gegen die Zentralgewalt aufbegehren, aber doch bestehen) – weder kommen die Berufsgruppen rein zum Ausdruck – diese jungen Leute haben die trübe Flüsterpolitik satt, die ja in der Tat von Mittelmäßigkeiten unter enormem Aufwand an Sitzungen, Manifesten, Reden und Zeitungsartikeln ziemlich ergebnislos vor sich geht. (Was Briand Gutes tut, tut er allein: trotz seiner Ämter und so ziemlich ohne seine Ämter. Aber er ist eine Ausnahme.)

Dieses überalterte Parlament ist Selbstzweck geworden. Und weil die Deputierten zum großen Teil die Kosten für einen Wahlfeldzug selbst bezahlen, aus eigener Tasche, und weil die Frage der Wiederwahl einen lächerlich großen Raum in allen Debatten und in der Gesamthaltung der Parteien einnimmt, so kommen die Interessen des Landes zu kurz.

Die europäische Kinderkrankheit, deren ganz leise Anzeichen auch in Frankreich zu spüren sind: der Faschismus – wird in diesem echt demokratischen Volke hoffentlich keinen Schaden anrichten. Der Sinn für Feierlichkeit ist hier dünn, ein Diktator hätte es nicht so leicht wie etwa der Kinoheld Mussolini (kleines Kino). Aber eine schwache Tendenz ist da.

Zu hoffen bleibt eins:

Die Umwandlung der heutigen Staatsidee durch alle diese Nöte, die Aufgabe dieses verbrecherischen Wahnsinns, den man «absolute Souveränität» nennt, die Herausbildung einer anderen, neuen Art Volksvertretung, nach der zu suchen ist. Jeder Diktator verspricht – von Primo de Rivera bis herauf zu den Sowjets –, nur ein Übergang sein zu wollen. Bisher hats keiner gehalten. Ob ohne Terror durchzukommen ist, steht dahin. Daß die «Taktiker», wie sich charakterlose

Schwächlinge ohne Erfolg gern nennen hören, die Lage nicht mehr bewältigen, zeigt sich auch in Frankreich. Man muß nicht gleich Weltuntergang schreien, wenn überalterte Formen eines Tages gewechselt werden müssen.

Der demokratische Parlamentarismus scheint mir eine zu sein.

Die Reise nach dem Mond

Die pariser Wochenschrift *Cyrano* fragt: «Welche vierzig berühmten Franzosen würden Sie auf eine Reise nach dem Mond mitnehmen, und welche zwanzig würden Sie oben lassen?»

Anstandshalber kann ich an dieser Ausschreibung nicht teilnehmen. Preise ...? Ich habe mit perpetuierlichem Landesverrat mein gutes Auskommen – so habe ich erst jüngst an die französische Regierung eine vollständige Liste aller republikanischen Reichswehroffiziere verkauft, leider ist das Zettelchen verlorengegangen –; außerdem steht es mir nicht wohl an, den Franzosen im Mondschein zu begegnen.

Für deutsche Verhältnisse schlage ich die folgende Platzverteilung auf dem Mondschiff vor, wobei eine gewisse Rangordnung den heimischen Belangen entsprechen dürfte. Die einzelnen Gruppen sind in je einem Abteil untergebracht:

Literatur
Hedwig Courths-Mahler
Friedrich, August von Sachsen
Thomas Mann honoris causa
Alfred Holzbock gratis causa

Politik
Moritz Graf Reventlow
Rudolf Breitscheid
Georg Gothein
Der gleichfalls verstorbene Abgeordnete Kopsch

Militär
Stubenältester: Posten unbesetzt, Träger zur Zeit zur Republik abkommandiert
Stellvertreter: Seeckt
Leutnant du jour (et de la nuit): Wilhelm Oels
Stubendienst: Geßler

Theater
Herr Professor Robert
Herr Professor Saltenburg
Herr Professor Herrnfeld
Herr Professor James Klein
Gepäck in der Konkursmasse

Die Abfahrt des Mondschiffes gestaltete sich zu einem gesellschaftlichen Ereignis erster Ordnung. Man bemerkte u. a. den chinesischen Gesandten sowie Klabund selbst; Frau Kathinka Oheimb, mit dem kleinen Otto; Herrn Wendriner; den Portier des Berliner Theaters, der infolge der ungewohnten Menschenansammlung einen Nervenschock erlitt; sowie den deutschen Schwergewichtsmeister Emil Jannings.

Als das Kommando «Los!» ertönte, blieb das Luftschiff stehen, da der Ballonmeister am Steuer der Demokratischen Partei angehörte und sich nicht entschließen konnte, nach rechts oder nach links zu fahren. Erst als die Schupobeamten weit zurückgetreten waren, wickelte sich der Verkehr glatt ab.

Die Installierung der Fahrtteilnehmer auf dem Trabanten scheiterte an dem einmütigen Widerstand der Mondbewohner.

1926

Faschismus in Frankreich –?

> «Es ist eine historisch nicht bloß erklärliche, sondern notwendige Illusion des um die Herrschaft kämpfenden und noch mehr des zur Herrschaft gelangten Bürgertums, daß sein Parlament die Zentralachse des sozialen Lebens, die treibende Macht der Weltgeschichte sei. Eine Auffassung, deren natürliche Blüte jener famose «parlamentarische Kretinismus» ist, der über dem selbstgefälligen Redegeplätscher von ein paar hundert Abgeordneten in einer bürgerlichen Gesetzgebungskammer die weltgeschichtlichen Riesenkräfte übersieht, die draußen im Schoße der gesellschaftlichen Entwicklung, ganz unbekümmert um die parlamentarische Gesetzesmacherei, wirksam sind.»
>
> Rosa Luxemburg, 1904

> «Im Parla-Parla-Parlament
> Das Reden nimmt kein End!»
>
> Georg Herwegh

Vor einem Jahr – zu Weihnachten 1924 – lief ein leichtes Zittern durch Paris: die Kommunisten kommen! Alle Welt sprach von der «cellule», dumpfe Gerüchte gingen um, es hieß, die reichen Leute hätten bereits heimlich in Scharen die Stadt verlassen, und die Provinz war bei ihren Besuchen an der Seine etwas verwundert, das Bürgerblut nicht in Strömen auf dem Asphalt fließen zu sehen. Die kleine Panik verschwand, wie sie gekommen war. Diesmal scheint sie um ein paar Grade ernster.

In diesem Jahr spricht man vom Faschismus.

Es kann für deutsche Leser nicht stark genug betont werden: Der französische Faschismus hat nichts, aber auch nicht das allergeringste mit den deutschen Radaubrüdern zu tun, die in Bierkneipen und Weinlokalen, auf Rittergütern und in gemeinsamen Hotelbetten bezahlte Mordtaten ausknobeln oder in kleinen und großen Redaktionen politische Erpressungskampagnen vorbereiten, die den Gegner moralisch «erledigen» sollen. Der französische Faschismus ist eine vorwiegend geistige Sache; daß die Ausläufer, die Versammlungsfüller, die Straßenjungen der Bewegung laut, gewalttätig und mitunter roh sind, ändert am Kern nichts. Wer ist dieser Faschismus, und was will er –?

Er ist, vor allem, gänzlich unimperialistisch. Seine großen Gruppen sind: die Action Française mit Daudet und Maurras und – rechts von ihr – der von ihr abgesprengte Nationalökonom Valois, der Mann der «Blauhemden». Diese beiden Gruppen sind zahlenmäßig nicht sehr stark; die Action Française kann auf ein paar hunderttausend, die Valois-Leute können auf etwa einige zehntausend geschätzt werden; die Jeunesses Patriotes des Herrn Taittinger, Abgeordneten von Paris und Direktor der *Liberté*, zählt 216 Sektionen und ist höchstens siebzigtausend Mann stark.

Die Action Française hält, bei allem Radikalismus der Gesinnung, ihren Augenblick nicht für gekommen und liegt mit der Valois-Gruppe in einem bösen Streit, der sich neulich, bei einer Versammlung in der Salle Wagram, zu einem Handgemenge gesteigert hat. Finanziert werden diese Leute von unzufriedenen Industriellen; die Rollen, die diese Herren hier spielen, sind nicht recht durchsichtig. Eine Unterstützung durch italienische Faschisten ist nicht beweisbar.

Diese Gruppen sind nur in einem einig, eines eint sie völlig, und das ist etwas Negatives. Sie verwerfen den Parlamentarismus in seiner jetzigen Form. Und hier haben sie, soweit ich das sehen kann, einen starken Zustrom im jungen Frankreich bekommen, in den verschiedenartigsten Gruppen junger Menschen, die weder Royalisten noch Anhänger des übel berüchtigten Daudet sind – die aber diesen Parlamentarismus rundweg verwerfen.

Das Parlament hat zweifellos in Frankreich während der letzten Monate eine große Einbuße an Autorität und Ansehen erlitten. Man kann demgegenüber einwenden, daß der Franzose – grade, weil er Demokrat ist – dem Parlament in geistiger Hinsicht niemals eine überwiegende Rolle zugesprochen hat; es war das Gehirn des Landes oder bildete sich wenigstens ein, es zu sein – und der Leib sah ein bißchen verachtungsvoll auf dieses scheinbar überflüssige Organ herab, das nicht aß und nicht sah, nicht schmeckte und sich nicht bewegte. In ruhigen Zeiten ließ mans gelten.

Man läßt es aber heute nicht gelten, wo die Zeiten für das bedrohte Land hart geworden sind. Dieses reiche Bauernland, das nicht, wie damals Deutschland, einen betrügerischen Bankerott machen will, um seine Gläubiger zu schädigen, trägt schwer an seinen beiden Schuldenlasten: an seiner äußern und an seiner innern. Wie schwer die äußere empfunden wird, zeigt die Tatsache, daß eine ernsthafte Diskussion darüber entstehen konnte, ob man zur Abgeltung der amerikanischen Schulden die unpopulären Kolonien – etwa Martinique und Guadeloupe – an die Amerikaner abtreten solle, zeigen die immer wieder erneuten Versuche, mit Amerika zu einem Arrangement zu kommen, um die fast unerträglichen Kriegsschulden zu mildern, bei denen übrigens der Bloc National eine Nominierung in Dollars glatt hat durchgehen lassen. Das Land büßt es heute.

Die innern Schulden sehen nicht weniger ernst aus. Hier darf allerdings niemals das fast mysteriöse Vertrauen der Massen in den Begriff «Frankreich» vergessen werden. Auch scheint mir vorläufig die ökonomische Disziplin viel größer zu sein, als sie etwa seinerzeit bei uns war, wo sich schon beim ersten Anzeichen der Katastrophe das Land in einen Haufen wüster Raffer auflöste. Davon ist hier nichts zu merken. (So sind, zum Beispiel, die Meldungen der *Deutschen Zeitung*, die von «Inflationsorgien», von «Hunger auf der Straße und Hausse auf der Börse» berichten, glattweg erlogen. Das Blatt hat entweder in Paris einen Fälscher zum Korrespondenten oder fälscht selbst.)

Zweifellos aber ist die Situation ernst. Noch gibt es keine Lohnbewegungen größern Ausmaßes, aber langsam, langsam beginnen die Lebensmittelpreise, die Eisenbahntarife nachzuklettern – und was tut nun das Parlament?

Das Parlament ist hilflos. Muß hilflos sein – denn es ist in seiner ganzen Form und Arbeitsart nicht modern. Und hier sitzt der Punkt, wo der französische, wo der europäische Faschismus sich leicht jede gewünschte Popularität erringen kann: in einer zunächst negativen Kritik. Er hat aber recht, und ich halte es nicht für klug, wenn deutsche Demokraten diesen Tatsachen «faktisch» aus dem Wege gehn, indem sie – pscht! leise! – nicht davon sprechen. Das Ding hat den Krebs, und den heilt man nicht durch Stille. Es ist gar kein Zweifel, daß einige theoretische Ideen des Faschismus moderner sind als die Demokratie, die gegen ihr Interesse handelt, wenn sie ihre Existenz mit dem Parlamentarismus überhaupt verkoppelt.

Das französische Parlament tut das, was alle Parlamente in verzwickten Lagen, für die sie heute nicht mehr geschaffen sind, tun: es berät. Obgleich sein Niveau in vielen Einzelfällen höher liegt als in Berlin, steht das Plenum auf derselben Stufe, und auch die größern Kommissionen können sich nicht von denen andrer Länder unterscheiden: auch hier gelten die ewigen Gesetze der Gesellschaftslehre. In dem Augenblick, wo eine wichtige Frage ins Parlament einzieht, unterliegt sie den besondern Regeln seines Spiels, nimmt die Luft an, die da herrscht, wird etwas völlig andres ... Man hat oft den Eindruck, als ob dieser ganze Apparat mit seinen Rednern, Kommissionen, Sitzungen, Leitartikeln, Wichtigmachern, Couloirschwätzereien und Abgeordneten ganz in der Luft schwebe. Der Zusammenhang mit dem Lande ist dünn. Das Parlament ist Selbstzweck geworden.

Hier haben die Faschisten, hier haben die unzufriedenen Schichten der französischen Jugend recht, und hierin sind alle einig. Etwas Neues an die Stelle des überlebten Alten zu setzen, vermögen auch sie nicht. Der Vorschlag, «ständische Generalstaaten» zu errichten, genügt nicht.

Der immer gut unterrichtete *Temps* hat neulich die Stimmung in der französischen Provinz geschildert, und was ich im Sommer während zweier Monate in Westfrankreich gesehen habe, stimmt mit dieser Schilderung durchaus überein. Die Provinz hat keine einheitliche Meinung, macht sich keine weiten Ideen, wenigstens zur Zeit nicht, die kleinen Lokalinteressen, die am französischen Stammtisch im Café du Commerce diskutiert werden, überwiegen. Aber es ist ganz deutlich zu merken, daß hier eine Möglichkeit liegt, der Boden zu einem Stimmungsumschwung. Die heute stumme Massen sind, können morgen eingreifen. Sie waren es ja auch, die im Jahre 1924 Poincaré gestürzt haben; und nicht Paris. Die Disposition ist da, und die Disposition ist namentlich in der Jugend da.

Will man heute die wahre Strömung des Landes kennenlernen, so liest und frequentiert man am besten Kreise und Zeitungen der Rechten. Denn es muß leider gesagt werden, daß im «Cartel des Gauches», wie sich diese rein parlamentarische Abstimmungsgruppe nennt, die keiner politischen Wirklichkeit entspricht, nicht immer jene Kenntnis der europäischen Lage vorhanden ist, wie Freunde der Linken das wünschen mögen – und daß sich nicht selten in rechtsgerichteten Kreisen mehr Kenntnis, mehr Weitblick, mehr politisches Gefühl findet als auf der andern Seite, die, von Briand selbstverständlich immer abgesehn, mitunter ein bißchen kleinbürgerlich-provinziell wirkt. Das kann man nun nicht mit den Zitaten aus Leitartikeln und Salon-Besuchen widerlegen – das muß man erlebt haben. Und sosehr ich den gleichen deutschen Typen, die sich in parlamentarischen Kinkerlitzchen nur so wälzen, entgegengesetzt bin, so wenig wünsche ich, diese Äußerungen von dickgesäßigen Rittergutsbesitzern ausgeschlachtet zu sehn, die befriedigt ihren Topf Rotwein leeren: «Na, da ham wirs ja!» Ihr habt gar nichts. Denn der

Professor Hoetzsch ist in Deutschland keine Partei, sondern eine Ausnahme.

Wie sieht es nun in dieser rechtsgerichteten, intelligenten französischen Jugend aus –?

Aus eigner Erfahrung kann ich zunächst sagen, daß Unterhaltungen mit diesen jungen Leuten ganz, ganz anders verlaufen als in Deutschland. Die ärgsten Deutschenfresser sprechen mit einem Deutschen, und sie sprechen so, wie man in Frankreich spricht: also höflich, zuvorkommend, anständig. Niemals wird die Diskussion persönlich, niemals wird das flammende gallische Schwert gezogen. Das gibt es nicht.

Was Marcel Boucart im katholischen *Echo de Paris* unternommen hat: eine Rundfrage bei den Jungen, über die Jungen, über die Familie, über die deutsche Gefahr, über den Bolschewismus, über unsre Zeit – gibt viele Aufschlüsse. Vor allem den, daß ein einheitlicher Wille, den man etwa den faschistischen nennen könnte, nicht vorhanden ist. Da finden sich die rührendsten und unreifsten Ansichten: die zu formende Liga gegen Deutschland, das trocken zu haltende Pulver, das gute Familienleben, an dem es mangle … nun, man muß nicht vergessen, daß der französische Klerikalismus der klerikalste ist, den man sich denken kann, an politischem Horizont und außenpolitischer Klugheit dem deutschen schon deshalb nicht gewachsen, weil er in Opposition mit ziemlich angeschossener Machtposition dem Staat gegenübersteht. Das *Echo de Paris*, das hier und da auch ein bißchen munter dazwischenlügt, ist gezwungen, diese gesammelten Ratschläge «bien confus et très incomplets» zu nennen, was noch sehr milde ist. Aber daneben steht doch vieles andre, daneben ist eine Beteiligung zu verzeichnen, die sich offenbar wirklich auf die verschiedenartigsten Volkskreise erstreckt und die durchaus nicht katholisch riecht, wie es ja auch in Frankreich mit Ausnahme einiger Landstriche keine kirchlichen Massen gibt. Neben der völligen Einsichtslosigkeit, die das Erbrecht noch ausdehnen will, dem Staat aber alle Sorgen für die bürgerliche Familie aufhalst, neben den unheilbaren und hier seltenen Reserveoffiziersnaturen, die «Gewehr über» exerzieren und so auf ihre Art die europäische Frage – etwa nach Art unsrer Reichswehrminister – lösen, findet sich Ernsthafteres. Und das ist die Beunruhigung der Jugend.

Diese jungen Leute fühlen, daß im Staat etwas nicht in Ordnung ist, und sie suchen. Mit ihnen sucht eine ganze Literatur. Es darf nicht vergessen werden, daß so, genau so, die große Französische Revolution vorbereitet worden ist, und wenn es überhaupt etwas in Europa gibt, was die Anwendung der Sowjet-Grundsätze noch verhindern kann – ich glaube es nicht –, so liegt der Keim hier. Das klassische Land des Parlamentarismus sucht nach einer neuen Form, ohne Grundsätze aufgeben zu wollen, die ihm in Fleisch und Blut sind: die Grundsätze der individuellen Freiheit. Die Parlamente? Was haben alle Parlamente vor dem Kriegsausbruch getan? Hat man sie gefragt? Sie durften Ja rufen – und sie haben gerufen. Das wird hier gefühlt.

Ob es so zu Reformen kommen oder Neues gefunden werden wird? Tatsächlich sind moderne Massen eminent unpolitisch, und der neue Typus des jungen Franzosen ist bei allem Familiensinn, bei aller Kleinlichkeit, die ihm mitunter anhaften, smart oder will es sein, läuft ins Cinéma, tanzt ... Die «politische Konstellation» ist ihm so gleichgültig, wie sie es in Wirklichkeit ist. Denn die Reden der Parlamentarier sind viel unbeträchtlicher, als uns Leute, die von der Deutung dieses Schwatzes leben, glauben machen wollen.

Der französische Faschismus hat eine Möglichkeit, eine einzige. Das ist die wirtschaftliche Katastrophe des Landes.

Die kann ihn emporreißen. Die kann ihm plötzlich breite, strömende Massen in die Arme treiben. Unzufriedene, Aufgescheuchte, Hungernde ... Aber es gibt keine Hungernden in Frankreich; Frankreich ist ein Bauernland und ernährt sich selbst. Und die paar Vorstädte der Industrie-Zentren allein werden es nicht schaffen, heute nicht schaffen, weil die Voraussetzungen zu einer solchen Umwälzung nicht gegeben sind. Sie können eines Tages gegeben sein.

Der französische Faschismus hat keine Führer – darauf weisen die Berufsparlamentarier lächelnd hin. Nun, ihre eignen sind nicht gar so groß, daß sie sich mit denen brüsten könnten, wenn auch der Vorwurf, die Führer der Rechtsopposition bestünden aus Leuten, die im Palais Bourbon zu kurz gekommen seien, nicht ganz von der Hand zu weisen ist. Aber schafft nicht eine Bewegung Männer –? Vor allem dann, wenn diese Zukünftigen nicht dumme Jungen und verabschiedete Offiziere sind? Das ist die Frage.

Gelingt es Frankreich, seine finanziellen Schwierigkeiten zu beschwören, so wird weitergewurstelt. Gelingt es nicht, so besteht hier eine lose, aber doch schon angedeutete Form, in die sich der lenkbare Strom der Massen eines Tages ergießen kann. Jede Vermutung darüber halte ich für verfrüht.

Will aber die Demokratie aller Länder überhaupt in die Zukunft einrücken, so möge sie aus dieser zweifellos vorhandenen französischen antiparlamentarischen Bewegung, schlimmer: der Bewegung, die das Parlament gleichgültig läßt, eine Lehre ziehen. Diese:

Das Parlament in seiner gegenwärtigen Form ist ein Anachronismus.

Franzosen untereinander

Die «Abteil-Atmosphäre» in Frankreich

«Kaum hat sich der Zug in Bewegung gesetzt» – so stand hier im Dezember zu lesen –, «so entsteht im Abteil – – ja, wie soll man es nennen? Die Sache ist von der Psychologie noch nicht beschrieben worden ...» Und nun folgte die ausgezeichnete Beschreibung jener Vorgänge, die wir alle kennen: die leichte Totschlagsatmosphäre zwischen den Reisenden, der Haß auf den, der dazusteigt – und alles das. «Aber

Behagen und Komfort hören dort auf, wo der Nebenmensch anfängt», schloß der Artikel. Wie sieht das in Frankreich aus? – Ganz anders.

Pariser Métro, Vorortbahn und D-Zug zeichnen sich hierdurch aus: *es entsteht keine Atmosphäre*. In der berliner Untergrundbahn wird viel mehr geflirtet, zwischen Berlin und Wannsee gibts mehr Krach, und vor und hinter Halle herrscht tatsächlich die beschriebene «Atmosphäre». Franzosen untereinander aber sind neutral, was mir ein Zeichen von wahrem großstädtischem Charakter zu sein scheint; denn nur der Provinzler nimmt den Nachbarn persönlich, wie ers von Hause gewohnt ist. Davon ist in Frankreich nichts zu spüren.

Was das Leben in diesem Lande so angenehm macht, ist eben die Tatsache, daß sich das Behagen am Nebenmenschen *nicht* stößt. Die Nerven liegen gelockert und nicht gespannt – der Nebenmensch kümmert sich um dich überhaupt nicht, freilich darfst du dich um ihn auch nicht kümmern. Er machts dir leicht, denn er ist viel mehr als rücksichtsvoll: er bleibt in seinen Grenzen und ist meist außerordentlich zurückhaltend. Die «leichten» Romanen kommen – auch in der dritten Klasse – miteinander viel schwerer ins Gespräch, als das in Deutschland der Fall ist – und ein eiferndes politisches Gespräch unter Fremden habe ich in der Bahn noch niemals zu hören bekommen. Der Franzose ist keineswegs «galant» und behandelt Damen in der Öffentlichkeit nicht so gut wie der Engländer – aber untereinander kommen die Leute viel besser miteinander aus als die Deutschen, weil sie keine falschen Ansprüche stellen und weil sie erwachsener sind. Der Vorschlag etwa, über ein zu öffnendes Abteilfenster abstimmen zu lassen, würde in Frankreich ausgelacht, aber niemals verstanden werden – darüber gibt es keinen Streit, man gibt nach, und niemand beharrt auf einem «Recht», das es ja in diesem Fall, entgegen der deutschen Meinung, nicht gibt. Die ewig gereizten deutschen Nerven suchen fast einen Widerstand im andern – die französischen ruhen, sie zittern nicht, wenn einer dazusteigt. In anderthalb Jahren bin ich auf 1 Stück Ekel in der Bahn gestoßen, und einen «Krach» auf der Bahn habe ich überhaupt noch nicht gehört, auch sonntags nicht, auch im letzten Abendzug nicht. Die Stimmung ist nicht einmal mit der sonntäglichen Atmosphäre in Deutschland zu vergleichen, wo die Leute ja schon fröhlicher und ausgeruhter sind – sie ist viel neutraler, viel unpersönlicher – sie ist, sozusagen, überhaupt nicht da.

Franzosen sind keine bessern Menschen – denn Engelsvölker und Teufelsvölker gibt es nicht. Sie scheinen mir aber eines herauszuhaben, was uns gänzlich fehlt: sie sind im Umgang mit dem Nebenmenschen *praktischer*; sie verschwenden nicht diese ungeheure Energie, die wir vergeuden, um recht zu haben, recht zu behalten, zu triumphieren. Und das geht weit über die Eisenbahn hinaus.

Treffen zwei Deutsche zusammen, so entsteht fast immer ein stummer Streit: wer mehr ist. Die Franzosen sind – in ihrem Alltagsleben – wahre Demokraten und sind es immer, auch unter ihren Kaisern und Königen gewesen –: sie leben miteinander und nebeneinander. Sie leben koordiniert, nicht subordiniert. Und weil keiner da ist, ders sich gefallen ließe, gibt es keinen, der schnauzt!

Deutsche und französische Naivität

Neulich abends gab es in einem französischen Blatt folgendes zu sehen:

Große Fotografie: zwei Jungen und ein Mädchen stehen, mit Schneebällen in den Händen, hinter einer Straßenecke und belauern zwei herankommende Kindermädchen. Text, etwa so: «Die kleinen Rangen haben sich hier versteckt, um auf ihre Kindermädchen einen Überfall zu machen. Die tun so, als ahnten sie nichts, und kommen ruhig näher. Das kleine Mädchen muß wohl gelacht haben, denn nun kommt es heraus, alle springen hervor und schreien, und die Überfallenen eilen auf die kleinen Räuber, um sie – zu küssen.»

Man muß schon tief in die Provinz reisen, um in Deutschland so etwas gedruckt ausfindig zu machen – und in einer deutschen Zeitung scheint es mir in diesem Ausmaß überhaupt nicht möglich. Also sind die Franzosen naiv –?

Deutsche Theaterbesucher in Paris sind versucht, die Frage zu bejahen. Das französische Parkett lacht in der Tat über Dinge, die in Deutschland nur noch auf Liebhaberbühnen wild vorkommen oder in kleinen Filmen; es lacht zweimal, dreimal am Abend über denselben dünnen Spaß – und es ist ergriffen, wenn wir vor Langeweile nicht einmal mehr lachen können. Also naiv –?

Nein, anders.

Der Franzose ist harmloser. Er ist harmlos in seinem Liebesleben – im Bad vielleicht ein wenig prüde – aber, wie alle Kenner versichern, durchaus unverderbt, reinlich, mitunter fast fade. Der Export auf diesem Gebiet darf nicht täuschen.

Die scheinbare Naivität des Franzosen erklärt sich daraus, daß ihm seit Jahrhunderten tausend Dinge selbstverständlich, einfach, unkompliziert erscheinen, aus denen wir ein großes Wesen machen. Und so nimmt er die Zeitung, das Theater, ja ganze Teile des öffentlichen Lebens nicht so schwer, nicht so ernst – er wirft einen Blick auf sie und wendet sich anderm zu. Daher es mir denn immer ganz falsch erschienen ist, aus solchen Äußerungen des Franzosen, und nun gar noch des Parisers, irgendwelche Rückschlüsse auf das Wesen der Stadt und der Nation zu ziehen. Schlagsahne – der Kuchen schmeckt ganz, ganz anders. Aber da, wo wir mit Pauken und Trompeten in die Schlacht ziehen, bleibt der Franzose oft kühl. Ich kann mir recht gut denken, daß, wenn ein deutscher Autor vor einem pariser Auditorium mit Emphase herausschmetterte: «Auch die Prostituierten sind Menschen –!» das anwesende Publikum sagte: «Ja, gewiß. Aber warum schreit der Herr so –?» Und hier scheinen wiederum wir ihnen naiv.

Das ganze Alter des französischen Volkes zeigt sich so. Es ist eine Nation von «déjà vu». Sie haben alles schon einmal gehabt. Und wie einmal ein chinesischer Boy seinem Herrn etwas verachtend gesagt hat: «Chinmann auch Kino gehabt – längst gewußt – will aber nicht», worüber der heftig amüsiert lachte, so haben diese Nationen mit solchen Ansprüchen durchaus recht. Gewiß hat China das Kino nicht erfunden, aber die geistigen Voraussetzungen zu solcher Einrichtung sind doch bei ihm viel länger vorhanden als im Westen oder gar in Amerika. So etwas muß ohne Werturteil angesehen werden; man soll nicht immer erziehen und Noten austeilen; man muß sehen und beschreiben und den Mund halten.

Das, was an der französischen Literatur mitunter blutleer wirkt, ist eben der Tanz im vierten Stock. Um die Grundmauern kümmert sich kein Mensch – wenigstens der Durchschnitt nicht, dem sie selbstverständlich geworden sind. Daher noch um die Jahrhundertwende in Frankreich eine Klassizität in der Erziehung des Bürgertums, deren heute noch vorhandene Reste uns kleinprovinziell und fast biedermeierisch anmuten, es aber keineswegs sind. Daher die seltsame Gelassenheit solchen Naivitäten wie der beschriebenen gegenüber eine Harmlosigkeit überall da, wo Mehreinsatz Kräfteverschwendung wäre. Es scheint mir eine deutsche Eigenschaft, immer mit Volldampf voraus zu fahren – auch da, wo es gar nicht lohnt. Hier fahren in der Unterhaltung gewissermaßen viel mehr Kleinautos, und der Rennwagen wird nur angekurbelt, wenn die Zeit da ist.

Ein ausgekochter berliner Junge wird den Pariser in vielen Bezirken der Seele naiv finden; der französische Literat den eifernden deutschen Reformer gleichfalls. Wir sind so weit voneinander entfernt, viel weiter als zweiundzwanzig Bahnstunden.

Aber das ist noch kein Grund, sich den Schädel einzuschlagen.

Haßt der Franzose den Deutschen?

In einem außerordentlich witzigen «Rundgesang» hat hier neulich Richard Katz (postlagernd, Neuseeland), daran erinnert, wer wen überall haßt. Darin heißt es:

In Amerika haßt man Neger.
Im Neger-Kongo haßt man Franzosen.
In Frankreich haßt man Deutsche.

Wirklich –?

Seit Poincarés Abgang ist in der französischen Außenpolitik von Haß gegenüber Deutschland nichts mehr zu merken. Ob die französische Regierung alles getan hat, um mit Deutschland ins richtige Einvernehmen zu kommen, und ob sie alles in richtiger Weise getan – ist eine andere Sache. Aber Haß –? Nein.

Viel wichtiger ist aber die Frage, ob «der» Franzose, ob breite französische Gesellschaftsschichten den Deutschen hassen. Dies sind meine Erfahrungen:

Es gibt Gesellschaftskreise, die mit Deutschen nicht verkehren, die mit allen Mitteln verhindern würden, daß die Tochter des Hauses einen Deutschen heiratet, die ausgesprochen deutsch-feindlich sind. Diese Kreise sind, im Verhältnis zur Gesamtbevölkerung, verschwindend gering: es sind dies gewisse Teile des Adels (nicht des internationalen Hochadels); gewisse klerikale Familien, kleine Schichten der provinziellen Bourgeoisie. Sonst aber ist mit gutem Gewissen zu sagen:

Der Franzose haßt den Deutschen nicht.

Ganz abgesehen, daß der reisende Deutsche von leichter Monomanie besessen ist und, wenn er ins Ausland fährt, nun alles darauf abstellt, ob man ihn liebe oder nicht, sich so als den Nabel der Welt fühlend, ist der Franzose gegen Fremde verschlossen. Das geht aber so weit, daß der Pariser etwa sagt: «In diesem Viertel wohnen viele Fremde» – und wenn du hinkommst, dann sind es Bretonen und Leute aus dem «midi». Das sind für ihn Fremde.

Bei der Betrachtung Frankreichs und insbesondere seiner Hauptstadt ist immer wieder darauf hinzuweisen, daß der Franzose nicht neugierig ist. Fremde interessieren ihn nicht. Es ist für einen Mann aus der Normandie nicht ganz leicht, ohne Beziehungen in pariser Gesellschaftskreise hereinzukommen – seine Verwandtschaft ausgenommen. Es ist für einen Nicht-Franzosen ausgesprochen schwer, ganz gleich, ob er Engländer, Schwede oder Argentinier ist. Das Mißtrauen der Pariser, die so viel Fremde hier durchbrausen sehen, ist zunächst nicht ganz gering – und vor allem ist es ihm vollständig gleichgültig, daß ein Chinese oder ein Däne zu ihm kommt. Er wünscht nicht, ihn auszufragen – er hat nicht das Bedürfnis, Näheres über fremde Länder zu erfahren – der da ist ihm fremd – er sucht nicht, mit ihm zu verkehren. (Auch die Frauen wünschen es nicht. Fremde Abstammung ist in Berlin für den Mann ein Plus – in Paris steht der Fremde höchstens pari.)

Diese mangelnde Neugier, diese Gleichgültigkeit wird häufig von Fremden als Ablehnung empfunden, sie ist es aber nicht. Die Tatsache, daß du aus Dresden nach Paris kommst, fügt zu der allgemeinen Schwierigkeit, mit dem französischen Bürgertum in näheren Verkehr zu treten, nur noch ein winziges Quentchen hinzu. Du bist nicht so sehr Deutscher – als: *nicht* Franzose. Das ist das Entscheidende.

Soweit man über «den» französischen Arbeiter ein Urteil fällen darf, ist zu sagen, daß er Deutschenhaß nicht kennt – eher im Gegenteil. Selbst bei der Hälfte der Kriegsverletzten, soweit sie nicht national organisiert sind, ist von einem Haß nichts zu spüren, nicht einmal von einer Abneigung – und ich habe mehr als einem freundschaftlich die Hand gedrückt. «Que voulez-vous! La guerre est finie!»

Streckten wir die Hände aus: sie würden ergriffen werden. Nur wissen wir nichts voneinander, sind uns fremd und so weit voneinander entfernt. Sähe der Franzose die Hand –: er ergriffe sie. In den Schulen und auf der Universität, in Gesellschaft und auf der Straße –: ich bin viel Gleichgültigkeit, dumpfer Unaufgeklärtheit, Unwissenheit und politischer Unkenntnis begegnet. Haß nicht. Man sollte ihn auch in Deutschland abbauen.

Wehrmacht und Sozialdemokratie

«Unser Regiment ergänzt sich aus der untern Militärgrenze – da hats nie Sozialdemokraten und dergleichen gegeben.

Eines Tages im Herbst aber, als eben die neuen Rekruten eingerückt waren, kam Leutnant Franzl purpurn erregt in die Menage und rief:

‹Denkts euch – ich hab an Sozialisten.›

‹Was du nicht sagst!› antwortete alles wie aus einem Mund.

‹Ja. Aber es scheint ein ganz gutartiger zu sein – ich hab ihn probiert, mitm Säbel in Hintern zu pieken – er hat nichts dergleichen getan.›» Roda Roda

In der deutschen Sozialdemokratie gibt es solche und solche. Aber dann gibt es auch noch sone – und das sind die Allerlustigsten.

Da hätten wir in Kiel den Abgeordneten Eggerstedt, der in der *Kieler Volkszeitung*, die von Arbeitergroschen lebt, was tut –? Nun natürlich: er tut Heer und Flotte retten, denn was täte uns im Augenblick nöter! Man höre:

«Dem Wesen der Sozialdemokratie entspricht der Gedanke der Wehrhaftmachung des Volkes.»

Das ist nicht wahr. Der Eggerstedtschen vielleicht; die Partei hat vor dem Kriege in Theorie und Praxis hundertmal bewährt, daß sie wohl gewußt hat, was das Heer ist: ein Instrument in den Händen der herrschenden Klasse zur Führung von kapitalistischen Wirtschaftskriegen und zur Unterdrükkung des «inneren Feindes». Es heißt das Andenken an die Sozialdemokratin Rosa Luxemburg schänden, wollte man das umlügen.

Der Kieler macht das so: Er verlegt die Betonung des berühmten Satzes: «Diesem System keinen Mann und keinen Groschen» auf das Wort «diesem» – so daß die frühere grundsätzliche Verweigerung der Heereskredite im Reichstag nun den Anschein hat, als habe sie sich wirklich nur gegen die «Auswüchse» gerichtet. Was eine geschichtliche Unwahrheit ist. Und er tut das, um die ungeheure Schuld der Sozialdemokratie im Jahre 1914 in ein Verdienst umzufälschen. Aber diese vom Revisionismus, Kleinbürgertum, Parlamentsaberglauben unterhöhlte Partei war eben umgekippt, weil sie historisch nicht reif war, weil sie die Stunde nicht erkannte. Dieser Politiker argumentiert wie ein Kind.

«Nach dem Kapp-Putsch hätte die Forderung ‹Abschaffung der Marine› einen Sinn gehabt, denn wir hätten diese Forderung wahrscheinlich durchsetzen können. Heute können wir zwar die Forderung erheben, wenn wir nicht grade in der Regierung sind, aber durchsetzen können wir sie nicht.»

Also: damals haben wir gekniffen, weil Friedrich Ebert die Partei auf das unheilvollste beeinflußte, darum haben wir gekuscht. Seither war nie wieder so ein günstiger Moment da. Heute schweigen wir aber, denn wir könnens nicht durchsetzen. Ich glaube, so etwas nennt sich «Realpolitik». Man beachte die schöne Wendung: «Wenn wir nicht grade in der Regierung sind.» Denn wenn wir in der Regierung sind, dann ist überhaupt alles aus, und unsere Wähler haben zu warten, bis wir das ihnen versprochene Programm vertreten. Und da können sie lange warten.

Sind aber nicht die Offiziere, wie sich hundertfach gezeigt hat, eine schwere Gefahr für die Republik?

«Bei aller äußern Disziplin wird es nicht gelingen, die Mannschaften, auf die es ankommt, völlig reaktionär zu infizieren.»

Das ist ein Trost. In Sachsen und Thüringen waren die Mannschaften, auf die es ankommt, ganz hübsch infiziert; es tut mir in der Seele weh, daß Herr Eggerstedt nicht einmal eine Nacht mit den Leuten zusammen verbracht hat: er mit dem Gesicht gegen die Wand und die andern mit einem Maschinengewehr dahinter. Vielleicht revidierte er dann seine Gedanken etwas. Aber das kann er nicht; denn er hat keine.

«Daß die Erneurungsbauten für die Marine keine herausfordernden Rüstungen bedeuten, dafür sorgt schon der Friedensvertrag, der uns Zahl und Art der Schiffe genau vorschreibt.»

Daß der Friedensvertrag dem deutschen Militarismus keine Gefahr wird, dafür sorgen schon das deutsche Richtertum und Herr Geßler, die diesem Vertrag, der Reichsgesetz ist, sagen wir, nicht sympathisch gegenüberstehn. Und nun enthüllt sich der Mann aus Kiel ganz.

«Daß dieser Gedanke der Wahrhaftmachung des Volkes feste Wurzeln geschlagen hat in den breitesten Schichten, beweisen ja auch der Rote Frontbund und vor allem das Reichsbanner Schwarz-Rot-Gold. Ohne den Gedanken der Erziehung zur Wehrhaftigkeit wäre das Reichsbanner seines Inhalts beraubt.»

Rührt euch! – Man sollte den Mann zum Gefreiten ernennen, für mehr wirds allerdings nicht reichen. Er will, wie sich zeigt, den «Sieg» des deutschen Volkes; er will sich nicht von andern Völkern an «die Wand drücken» lassen – und alles das haben wir schon einmal in unserm Leben gehört.

Das, genau das, ist Vokabularium, Lebensanschauung und Politik des Ausreißers Wilhelm und seines Untertans. Ganz abgesehen davon, daß der Rote Frontbund einen Gedanken vertritt, der gar nichts mit der «Wehrhaftigkeit des deutschen Volkes» zu tun hat; daß das Reichsbanner Gott sei Dank trotz Hörsing heute noch zu großen Teilen pazifistisch gesinnt ist und klassenbewußte Mitglieder genug in seinen Reihen hat – ganz abgesehen davon: das ist der leicht angesäuselte Gefreite in der Kantine zu Kaisers Geburtstag, der das Bierglas auf den Tisch haut und Frankreich besiegt. Und so wird eben gute Politik nicht gemacht.

Die ökonomische Einsicht dieses Kieler Abgeordneten steht ungefähr auf der Stufe einer mittelmäßigen Quartanerbildung. Nichts stimmt: weder trägt ein militaristischer Sieg über andere Völker zur Gesundung des eigenen Landes bei (was sich an Frankreich deutlich zeigt) – noch hat der deutsche Arbeiter irgend etwas von einem deutschen Sieg. Ich bin von der persönlichen Sauberkeit dieses Arbeitervertreters überzeugt, der Mann bezieht sicherlich keine Tantiemen von einem schwerindustriellen Werk. Er macht dessen Arbeit ganz umsonst. Die schlechten Wirkungen eines mäßigen Wissens, die fanatische Dummheit des deutschen Kleinbürgerhirns, das die großen Zusammenhänge der Welt nicht erkennt, das nicht weiß, wie der Proletarier sich für die Interessen der Rüstungsindustrie, für Petroleumaktien, für Unternehmerzölle unter den gemeinsten Bedingungen töten und verstümmeln läßt – alles das macht solchen Menschen zu einer Gefahr für seine Klasse. Und eben weil die Generation, die das mitgemacht hat, nicht noch einmal in den Lehm gehen wird, – als einzige Belohnung den Titel «Helden» im Maul von Generälen und im Kino nach Hause tragend, zu Muttern zurückgekehrt: mit einem Bein weniger und mit einem Blechorden mehr, beschimpft, mißhandelt, betrogen, verachtet von den Telefongenerälen und den Zahlmeistern, von den Ärzten und den verhinderten Unteroffizieren, wie Herr Eggerstedt einer ist –: eben deswegen versuchts dieser Kleinbürger mit der jungen Generation. Wenn die Verstand hat, lacht sie ihm ins Gesicht. Und lehnt diese Politik ab.

Eine Politik, die immer nur Mißerfolg gehabt hat. In den Novembertagen 1918 zitterte eine einst mächtige Kaste um Pension, Leben und Eigentum; nach dem Kapp-Putsch noch einmal. Sie hatte die Gegner überschätzt. Sie hatte geglaubt, diese Gegner würden genauso mit ihr umgehen, wie sie es –

umgekehrt – mit den Sozialisten getan hätte. Sie konnte aufatmen.

Denn unter den Gegnern stand an erster Stelle der deutsche Michel. Er hatte sich einen roten Bommel auf die Zipfelmütze genäht, sah sich alle paar Minuten erschreckt um, ob auch kein Vorgesetzter in der Nähe wäre, und stand vor jedem Spiegel, an dem er vorbeikam, stramm. Inzwischen bekam er was auf den Kopf, wurde eingewickelt von oben bis unten, die Taschen hängen ihm jetzt leer heraus, und was seine Unterhosen betrifft, so sollen sie die Fürsten haben. Das Ganze aber wird begleitet von frommen Reden und Leitartikeln, wie sie sich dieser «Sozialdemokrat» leistet, der nicht weiß und nicht wissen kann, wie er selbst ein ausgezeichnetes Beispiel für die geisttötende militärische Erziehung seiner Generation ist. So war sie – so hat sie uns in den Krieg geführt.

Wir andern lassen den da stehn, Gott segne ihn, er darf seinen Offizieren weiter die Stiefel putzen und ihnen einen Schnaps holen. Der deutsche, klassenbewußte Arbeiter aber bleibt dabei:

Diesem Heer keinen Mann und keinen Groschen –!

Fememörder

Die aufsehenerregenden Aufsätze, die ein früheres Mitglied der deutschen Nationalen Verbände in der *Weltbühne* veröffentlicht hat, sind jetzt gesammelt erschienen: «Verschwörer und Fememörder» von Carl Mertens (Verlag der Weltbühne, Berlin-Charlottenburg). Ganz gleich wie der einzelne zu den Fragen der inneren deutschen Politik stehen mag; es muß jeden anständigen Menschen, der diese schwärzesten Seiten der modernen Geschichte Deutschlands liest, kalt überlaufen, wenn er in diesen Abgrund von Korruption, moralischem Schmutz, Roheit und Jugendverderbnis blickt. Die Darstellung ist durchaus ruhig und leidenschaftslos; das Buch weist zwei große Vorzüge auf: seine brillante Dokumentierung und die sehr lebendigen Bilderbögen «Aus der Welt der Fememörder». Allein der Umgangston, den diese Landsknechte am Leibe haben, spricht Bände, und die Zusammenhänge zwischen der schwarzen Reichswehr und den zahlenden Gutsbesitzern sind so ernster Natur, daß man heute erst sieht, an welchem entsetzlichen Unglück Deutschland gerade vorbeigekommen ist. Hätten diese Horden losgeschlagen, so wären die Folgen unabsehbar gewesen. Es ist traurig, zu denken, wieviel Menschen dafür ins Zuchthaus gegangen sind, daß sie damals versucht haben, auf diese große nationale Gefahr aufmerksam zu machen. Das Werk von Mertens, das in Deutschland und im Ausland großes Interesse wachgerufen hat, sollte jeder Republikaner kennen. Es ist ein Markstein auf dem mühsamen und steilen Wege, der zu einer demokratischen Republik führt.

Abrechnung

Neulich stand zu lesen, daß ein früherer Fürsorgezögling seinen ehemaligen Direktor, in dessen Anstalt er eingesperrt war, «aus Rache» erstochen habe. Die Fürsorge hatte bei dem Mann nicht angeschlagen: er kam grade aus dem Zuchthaus.

Unmöglich, zu beurteilen, was hier vorgelegen hat, solange man die Einzelheiten nicht kennt. Aber eigentlich verwunderlich, daß solche Dinge nicht öfters vorkommen. Bekanntlich klafft zwischen der Praxis und den «Kongressen für die Fürsorge Jugendlicher», oder wie sich dergleichen aufgebläht sonst nennt, ein böser Riß. Die jungen Leute in der Fürsorge sind fast rechtlos, in der Hand von Pastoren, Vorgesetzten aller Grade, Ärzten, Direktoren. Daß sich unter diesen wohlmeinende, menschliche und herzensgütige Männer von Seelenkenntnis befinden, kann nicht abgestritten werden. Daß auch das Gegenteil stark vertreten ist, ebensowenig. Daß – und nur darauf kommt es an – die Gruppe ihre schwarzen Schafe und Böcke deckt, ist sicher.

Welch Haß mag sich in den Opfern mitunter ansammeln, welch ohnmächtige Wut, wieviel Rachegefühl, dessen Betätigung vertagt wird! Kommen diese Leute heraus, so ist meistens alles vergessen: die kleinen Plackereien, die gemeinen, unendlich aufpeitschenden Nadelstiche falsch verstandener «Disziplin», der Hohn, die verächtliche Behandlung, der barsche Ton, mit dem man Hunde nicht anspricht ... die Freiheit verdeckt und verwischt alles. Der da hat etwas zurückbehalten und ging hin und stach den nieder, den er für seinen Quäler gehalten hat.

Aber inzwischen wollen wir doch nicht vergessen, daß nicht erst Hau zu kommen brauchte, um uns wissen zu lassen, welche Gattung ausgedienter Offiziere, strammer Reaktionäre, größenwahnsinniger kleiner Amtsstubenbeherrscher in den Gefängnissen, Fürsorgeanstalten, Zuchthäusern, Arbeitshäusern maßgebend sind. Weit oben drüber thront dann gewöhnlich ein liberal denkender Geheimrat, der seine Besuche verbindlich empfängt und nichtsahnend lächelt. «Bei uns, gnädige Frau, kommt so was nicht vor ...»

Hielte er aber den Atem an, hätte er Ohren zu hören, wollte er hören –: so vernähme er durch die dicken Mauern der Zellen ohnmächtiges Weinen von solchen, die sinnlos und sadistisch in ihrer Menschenwürde gekränkt und verletzt werden, gepeinigt, daß ihnen die Adern schwellen, das Weinen Wehrloser.

Und dann mag freilich vorkommen, daß einer sein Leben riskiert, um einem herzenskalten Medizinalrat, einem Direktor, einem Inspektor hinterher einen Denkzettel zu verabreichen.

Das große Q

– In Paris erscheint als sozialdemokratische Zeitung der *Quotidien*. Er hat ein famoses Plakat auf den Untergrundbahnhöfen.

– Warum erzählen Sie mir das?

– Ein weißgewandetes Frauenzimmer, vielleicht die Republik, reißt den Mund auf und zeigt mit erhobener Rechten und erhobenem Zeigefinger auf die Überschrift: *Le Quotidien!*

– Die Entwicklung Deutschlands weist deutlich nach dem Osten. Mögen sie in Paris Plakate drucken. Hans v. Seeckt ...

– Nun hat neulich eine kleine Revue im «Perchoir» das Plakat aufgegriffen – lebendig stand das Plakat auf der Bühne, ein junges Frauenzimmer –

– Natürlich!

– sie zeigte mit dem Finger nach oben auf die Überschrift: *Le Quotidien.* Grade auf den Buchstaben Q. Es ist Ihnen bekannt, wie man den im Französischen ausspricht?

– Sprich deutsch!

– Küh spricht man ihn aus. Wissen Sie, was dieser Klang noch bedeutet? Sie kennen das Wort «cul»?

– Kühl?

– Das l brauchen Sie nicht mitzusagen – das gibt es zu. Es spricht sich Küh aus – wie der Buchstabe. Denken Sie an «cul de Paris».

– Warum erzählen Sie mir das? Haben Sie weiter keine Sorgen? Gedenket der deutschen Brüder und Schwestern in Südtirol!

– Cul heißt also, wie es heißt ... und wenn man zu einem sagt: «Vous êtes un cul!», so ist das kein Kompliment.

– Gedenket auch der deutschen Brüder im Saargebiet!

– Das junge Frauenzimmer –

– Natürlich!

– stand also da und sagte Verse auf, die sich auf die Politik dieser Läufte bezogen. Und, sagte sie, wenn man alles recht betrachtet, es sind immer wir, die bezahlen müssen – und wie auch die Deputierten schwatzen und die Kammer rumort, wir sind und bleiben ... darauf zeigte sie mit dem Finger stumm nach oben. Auf den Buchstaben.

– Was wollte sie damit sagen?

– Ich weiß nicht. Und die Parteiführer und die großen Tiere und die kleinen Bonzen und alle diese, die da so viel Lärm machen – sagte sie –: was sind sie schließlich? Ils sont des ... Stumm zeigte sie nach oben.

– Des culs? Sitzflächen? Wie darf ich das verstehen?

– Wie Sie wollen. Aber abgesehen von der himmlischen Frechheit dieses Witzes, von seiner einprägsamen Bildhaftigkeit – hat sie nicht recht? Und ist es nicht doppelt erfreulich, daß es an Hand einer Zeitung gezeigt wird, die dem *Vorwärts* entspricht? Ich will keine Grobheiten sagen: also, die fast dem *Vorwärts* entspricht? Da stand die Plakatjungfrau, weiß und hübsch und glatt. Was ist der Sozialismus Europas geworden? Wer führt ihn? Stumm zeigte ihr gepuderter Zeigefinger in die Luft.

– Gedenket auch der Brüder in Eupen und Malmédy! Auf wen zeigte sie –?

– Auf das Q, das Küh ausgesprochen wird. Sie zeigte auf einen Buchstaben, der vier bedeutet, und gab damit eine Analyse unsrer Epoche, aller Länder und eines ganzen Kontinents.

Camelots

Die Anhänger der Action Française haben den ehemaligen Hauptmann Sadoul – französischer Offizier in Sowjet-Rußland, Sowjetmann, in Frankreich zum Tode verurteilt, begnadigt, nun wieder als Rechtsanwalt im Palais de Justice zugelassen – den haben sie in einer Versammlung überfallen und alles im Saal kurz und klein geschlagen. Das ist das zweite Mal. Sadoul ist bei ihnen nicht sehr beliebt, seit er einen

Kollegen beim Gericht, der ihn als «Verräter» beleidigte, geohrfeigt hat. Der Schlachtbericht auf der ersten Seite der *Action Française* fälscht die Prügelei zu einem Sieg um, nennt die Führer, die Verwundeten und berichtet triumphierend von niedergeschmetterten Stühlen, zusammengedroschenen Spiegeln, besiegten Bänken. Der Terror war eingestandenermaßen organisiert.

Auf den Boulevards begegnete ich einer Bande der Camelots. Sie zogen rüpelnd und grollend einher, alle trugen Stöcke, das Tier rumorte noch in ihnen, und sie suchten, wen es zu verschlingen gäbe. Einen so widerwärtigen Anblick wie diese Strolche habe ich nur noch einmal gehabt: damals, als zwei Kerle aus den berliner Freikorps in der Untergrundbahn vom Schlachtfeld des Ostens nach Hause fuhren, im Stahlhelm, mit roten Köpfen, die Brust ging hoch wie nach einem Liebesakt oder nach einer Schlächterei. Es war wohl beides.

Die Action Française ist ein sonderbares Gebilde. Etliche Führer, wie etwa Maurras, sind Leute von geistigen Qualitäten, Schriftsteller hohen Ranges, Menschen, mit denen zu diskutieren ist. Da unten aber ists fürchterlich: Schmutz, gestohlene Akten, Geldschiebungen, Roheiten aller Art, geistlose Roheiten. Nun, das beherrscht heute nicht mehr die Straße.

Ihr zweifellos geisteskranker Führer Daudet schreibt: «Die Finanzpanik hat die Bauern noch nicht ergriffen, die wenig informiert sind. Aber sie hat schon die Mengen in den Städten gepackt. Sie suchen einen Ausweg und sehen nur einen möglichen: den König.» So löst jener die Finanzfrage.

Seine Leute sind in der absoluten Minderheit, zum Glück schwer gespalten, keine Nummer der *Action Française*, worin nicht das Blauhemd Valois angepöbelt wird, die Konkurrenz, der Mann, dessen «Fascio» mit einem unübersetzbaren Wortspiel «Fesso» genannt wird. Und das Ganze ist im französischen Volk eine verschwindende Minderheit, die ungefährlich wäre.

Wenn nicht ein müder Parlamentarismus die Dinge in den Abgrund treiben läßt. Dann freilich sind die Leute mit dem Spazierknüppel ein Cadre, das die Verzweiflung in sich aufnehmen kann. Die Arbeiter in Frankreich, kleinbürgerlicher als anderswo, sind vorläufig von diesem Wahnsinn, in dem so viel Methode liegt, noch nicht infiziert. Seine wirkliche Gefahr liegt da, wo er recht hat: in der negativen Kritik. Die abzustellen wäre Sache einer lebensfähigen, modernisierten, von den Weißbärten befreiten Demokratie. Gibts die –?

Der politische Rundfunk

Nichts ist so abscheulich wie der «unpolitische» Mensch. Er tut nämlich immer, als gäbe es ihn, und so schafft er unpolitische Generalanzeiger, unpolitische Magazine, unpolitische Filme, unpolitische Parteien. Nun gibt es selbstverständlich nichts Unpolitisches, und man kann darauf schwören, hinter diesem Getu allemal einen Hugenberg-Redakteur, einen mittlern Bürger, einen Patrioten zu finden, der entweder schwindelt oder dem seine Lebensauffassung so zur Natur geworden ist, daß er gar nicht begreift, wie grade sie einen Streitpunkt abgeben kann. So ists auch mit dem Rundfunk.

Militärmärsche und bebartete Vaterlandsvorträge und körperliche Leibesübungenertüchtigung und kölnische Befreiungsfeiern, kurz: Deutsche Volkspartei, wo sie am finstersten ist. Dazwischen sind Konzessionen an die klarer denkenden Volksgenossen immerhin bemerkenswert. Jedenfalls ist dieser schwanke Kahn auf die Dauer nicht in der Balance zu halten, immer kippt er nach rechts über, und das Ganze ist Lüge. Was wir brauchen, ist der politische Rundfunk.

Nun kann sich ja der Deutsche mit seiner universal ausgebildeten Phantasie alles vorstellen, nur keine wahre Demokratie des Alltags, also keinen Hydepark, wo die Redner sämtlicher Farben sich heiser reden, unter gütiger Assistenz eines Bobby, der freundlich lächelnd weiß: der Staat geht davon nicht unter. Im Gegenteil: hier ist das Sicherheitsventil, das keine ungesunde Ansammlung von Dampf duldet. Das sollte der Rundfunk uns sein.

Denkbar wäre, daß jede Partei, daß jede Geistesrichtung ihre Redner vorschickt, paritätisch verteilt, in anständiger Abwechslung. Wer nicht zuhören will, hängt ab. Aber die ganze Frechheit der nationalen Kreise, die ganze Schlappheit der Opposition liegt schon in diesem Faktum, daß das, was diese Burschen «nationale Gesinnung» nennen, als selbstverständlich vorausgesetzt wird.

Es müssen nun nicht grade Wahlreden im Rundfunk gehalten werden, und parlamentarische Bräuche wollen wir gewiß nicht abhören. Aber warum nicht Leonard Nelson und seine erbittertsten Gegner? Warum nicht einen Pazifisten und einen Militaristen – vielleicht vom Reichsarchiv einen – in öffentlicher Diskussion? Warum nicht einen Wissenschaftler wie den Professor Julius Hirsch und irgendeinen nationalen Mediziner aus München? Warum immer nur einen? Warum nicht beide?

Weil unsre Republikaner klug und taktisch sind und realpolitisch und verantwortungsbewußt. Womit sie seit acht Jahren im Mustopp sitzen.

Der patriotische Rundfunk ... das ist so, wie wenn einer sagt: Wir erlauben die neuen Automobile, die da aufgekommen sind; aber es dürfen nur Generale und nationale Studenten darin fahren.

Das Automobil ist ein Verkehrsmittel, das allen gehört, so daß keiner einen Vorsprung hat. Das Tempo wird für alle schneller. Der Rundfunk könnte eben das sein, wenn ihr nur wollt. Aber wir müssen wohl erst ein Rundfunkgesetz, Rundfunkgesetzausführungsbestimmungen, die Judikatur, die Literatur und vierundzwanzig Untersuchungen über die

«Psychologie des Rundfunks» haben, bis sich auch in Deutschland herumgesprochen haben wird, daß der Rundfunk neutral zu sein hat. Was er nicht ist.

Verloren

Wenn man etwas verloren hat, ist man sehr traurig. Der Wert der Sache macht es nicht – da ist noch etwas anders.

Spieler fühlen den Gewinn als eine sichtbare Erhöhung ihrer Persönlichkeit, der zu gewinnen wohlansteht, ein Kerl, der so gebaut ist, muß eben gewinnen, das gehört zu seinen immanenten Eigenschaften. Verlust ist, bei auch nur sanfter Anlage zum Verfolgungssinn, Strafe der Götter und fühlbare Hand des Schicksals. Man hat das nicht gern. Auch hat Verlust noch eine andere bitter schmeckende Eigenschaft. Er macht lieben, was verloren ist.

Nie ist ein Gegenstand so leibhaftig da wie der, der nicht mehr da ist. Jetzt erst wird er ganz lebendig, schätzenswert, fast unersetzbar – so einen bekommst du nie mehr wieder. Aber es gibt doch noch andere Schirme, Kanarienvögel, Zerstäuber ... Ja, aber so einen nicht.

Denn mit dem Verlorenen ist ein Stück Leben mitgegangen, es hat so vieles mitgemacht, an ihm hängen Energien, Blicke, Rufe, Lachen. Das hat es alles aufgesogen. Worauf die Sehnsuchtsmaschine einsetzt: Gestern ... gestern um diese Zeit war er noch da. Da lag er, da hat er gestanden, ich legte meine Hand auf ihn ... heute ist er fort. Wo ist er jetzt? Wo mag er jetzt sein? Wer hat ihn? Warum habe ich ihn nicht mehr? Komm zurück. So habe ich dich nie geliebt.

Verlust macht ärmer. Und wenn mir einer dreizehn neue Hüte kauft: Verlust macht ärmer. Wir selbst wollen die abgelegten und zu Ende gelebten Sachen wegtun – sie sollen uns nicht fortlaufen. Es ist Verrat an der Freundschaft. Wer je ein altes Kinderbuch von sich wiedergefunden hat, weiß, was ich meine: das Buch ist nur die dingliche Erscheinung, die Unterlage von scheinbar abstrakten Niederschlägen: jeder Käsefleck ist eine Lebensetappe.

Stunden oder Tage lang wird die verlorene Sache zur fixen, zur festen Idee. Das ganze Lebensgefühl dreht sich ihr zu, wendet sich empfindlich vom hellen Tage ab, zieht das Gefühl ein und liebt. Dann kommt der Krach mit Tante Anna nun endgültig zum Ausbruch, auch muß die Hypothekenkündigung eingetragen werden, und fragt dich einer nach dem kleinen Taschenmesserchen mit der matten Schale, dann sagst du – und mußt erst etwas nachdenken, bevor du antwortest: «Das? – Ach ja, das habe ich verloren.» Es heißt, daß man mit Menschen ähnlich umgehe.

Theorie und Praxis

Nichts, wofür es in Deutschland keinen Reichsverband gäbe. Der tagt alljährlich in einer mittlern deutschen Stadt, was ein hübsches Geschäft für die Gastwirte ist, die Delegierten strömen mit ihren Damen zusammen, halten Reden, führen Geschäftsordnungsdebatten und sind überhaupt tätig. Wenn man sie hört, glaubt man wirklich, ihr Gebiet sei in schönster Ordnung, habe «wissenschaftliche» Stützen und sei das erste der Welt.

Und nun muß man sich ansehen, wie das nachher in der Praxis aussieht.

Am lustigsten ist es, wenn der Staat, der Stiefvater aller Dinge, die Finger im Geschäft hat. Da gibt es, beispielshalber, Kongresse für die Praktiker des Strafvollzugs, Strafgefangenenbesserungsvereinsdamenzusammenkünfte – und was wir da an Vorträgen zur «Psychologie des Strafvollzugs», zur «Soziologie des Strafvollzugs» und ähnlichen schönen Dingen zu hören bekommen, das ist nicht zu sagen. Für die Eingesperrten ist es weniger heiter.

Man kennt aus Literatur und Erfahrung den Typus der Beamten, die in Gefängnissen und besonders Fürsorgeanstalten zu sagen oder vielmehr nichts zu sagen haben. Wichtig ist ja nicht, daß an der Spitze ein älterer, wohlwollender Herr steht, der vielleicht besten Willens ist, Gutes zu wirken. Wichtig allein bleibt: Wer ist im Alltag maßgebend? Wer –?

Ein Feldwebel. Ein sturer Arzt. Ein saurer Pastor. Ein kleinstädtischer Mensch von abgeschabtem Wissen, mit vertragenen Ideen, zu kurz gewordenen Anschauungen, ausgewachsenen Gedanken. Das regiert; das entscheidet über Wohl und Wehe der Zöglinge in jenen anscheinend unwichtigen Dingen, die das Leben der Menschen ausmachen; das kann schikanieren und tuts, bösartig im Amtsdünkel und im Sadismus der schlechten Verdauung.

Gewiß kann man nicht überallhin Engel setzen, wegen Knappheit an Material. Auch geht die Welt nicht unter, wenn hier und da Fehler gemacht werden – zu erstreben ist das Mögliche, und das sieht nicht immer rosig aus. Aber was sich bei uns an Schulräten, Gefängnisverwaltern, maßgebenden Aufsehern in die Beamtenlaufbahn einschleicht, nachher die mühsam erkrochene Position mit der Autorität des «Volkes» bekleidend – das unterliegt einem einzigen Gesetz: der Assimilation.

Ein einzelner ist gar nicht in der Lage, im festgefügten Milieu der deutschen Beamten etwas andres zu pfeifen als den allgemeinen Takt. Er lernt – und erlernt etwas Dumpfes und Falsches. Er will vorwärtskommen – und kann es nur, wenn er sich den Wünschen von «oben» fügt. Er hat vielleicht anfangs Ideale – er gewöhnt sie sich rasch ab, sie gewöhnen sie ihm rasch ab. Und dann wird er älter und hat Frau und Kinder und will nicht versetzt und nicht pensioniert werden ... und dann haben wir ihn, so wie wir ihn haben.

Eine wahre Revolution wird mit dem schlimmsten Vorrecht aufräumen, das einer nötigen Luftreinigung entgegensteht: mit den «wohlerworbenen Rechten» der Beamten. Sie sind übel erworben und müssen fort. Herkules, auf den Dreck bei Augias sanft einredend: das ist die Politik der deutschen Sozialreformer.

Der Hund und der Blinde

Hans Hyan hat neulich einmal berichtet, wie schwierig es sei, Führerhunde für die Kriegsblinden zu dressieren. Da die Dressur in der Öffentlichkeit vor sich gehen muß und es dabei ohne kleine Klapse für den Hund nicht abläuft, so nimmt das Publikum sehr oft Partei, entdeckt plötzlich, daß es einen Tierschutz gibt, und macht dem Dresseur unmöglich weiterzuarbeiten. Und Hyan fährt fort: Die Rücksichtnahme grade auf Kriegsblinde, die in der ersten Zeit nach dem Kriege allgemein gewesen, sei heute größtenteils geschwunden, und die Äußerung: «Ach, der arme Hund muß den ganzen Tag den Blinden führen!» höre man immer wieder.

Weil wir grade von Fürstenabfindung reden:

Falsche Sentimentalität ist immer mit Roheit verbunden. Niemand ist so kaltherzig und erbarmungslos gegen Arme und Hungernde und uneheliche Schwangere wie die alten Jungfern beiderlei Geschlechts, die ihr Hündchen karessieren; in dieser egoistischen und zu nichts verpflichtenden Betätigung sehen sie ihr christliches Herz. Schon Dehmel vermerkte in seinem Kriegstagebuch, daß es die rohesten Unteroffiziere waren, die abends die «Bank am Elterngrab» sangen. Auf der drübigen Seite steht also die falsche deutsche Sentimentalität, die es nun auf einmal mit der Dankbarkeit und Treue zum angestammten Herrscherhause hat, das in den Novembertagen 1918 nichts von Treue wußte.

Daneben hockt die unsinnige Angst vor der Idee der Enteignung. Und an wem liegt das –? An der ungeschickten Propaganda.

Man spricht immer von «Enteignung der Fürsten». Aber

die wollen das Volk enteignen, denn ihre Güter gehören ihnen nicht und haben ihnen nie gehört. Sie sind niemals Privatleute gewesen, als sie ihre Rechte wahrten – sie können es heute nicht sein, da man sie ihnen streitig macht. Sie wollen haben – nicht wir.

Zu einer guten Propaganda scheint mir ferner zu gehören: Veröffentlichung von Einzelzahlen. Bei dicken Broschüren und langen Tabellen kann sich der vielbeschäftigte Zeitungsleser gar nichts denken; man zeige ihm etwas andres.

Warum steht nicht in jedem anständigen Blatt, das sich dem Begehren des Fürstenausschusses der Sozialisten, der Kommunisten anschließt, jeden Tag ein Kasten mit immer nur zwei Zahlen: Monatseinkommen eines Durchschnittslesers, eines Arbeiters, eines Angestellten – und: Monatsrente des Prinzen Heinrich; Monatsabfindung des Deserteurs in Doorn; Monatserträgnisse aus einem, einem einzigen Fürstengut? Das begreift jeder. Man muß nur die Zahlen auf sein Augenmaß zurückführen, den Hausfrauen, die mit Groschen rechnen, zeigen, wie das Geld stromweise, hunderttausendmarkweise in die Fürstenkassen marschiert ... Das wäre eine gute Propaganda.

Aber was nützt alle Propaganda, wenn man so schlappschwänzig, so halbmutig an die Aufgabe herangeht! Es ist dasselbe wie damals bei der Wahl Hindenburgs: die ganze Angst, das böse Gewissen, die Weichheit dieser republikanischen Opposition verhindert den Sieg. So reitet man keine Hürden. Hinüber kommt nur, wers auch glaubt.

Es ist noch Zeit, hinüberzukommen, wenn ihr nur wollt.

Aber wollen müßt ihr. Auch heute noch: wieviel Untertanen, wieviel brave treue Blicke nach oben, wieviel Knechte! In den kleinen Residenzen, wie etwa Coburg, hat sich auch äußerlich kaum etwas geändert. Und wenn man so einen Fürsten und das deutsche Volk sieht, begreift man die ganze Fülle des schönen Stoßseufzers: «Ach, der arme Hund! Er muß den ganzen Tag den Blinden führen –!»

Alte Wandervögel

Sagen Sie ihm,
Daß er für die Träume seiner Jugend
Soll Achtung tragen, wenn er Mann sein
wird –

Seit etwa sechsundzwanzig Jahren gibt es in Deutschland eine «Jugendbewegung», ihre geschichtlichen Anfänge sind von dem seligen Blüher in einem recht gespreizten Buch dargestellt worden; der Deutsche protzt ja gern mit sich selbst, indem er sich als großgedrucktes Kapitel im Lamprecht oder Ploetz schildert. Was die deutsche Jugendbewegung ist, hat man uns zur Erschöpfung mitgeteilt; ich will heute einmal fragen, was sie bewirkt hat.

Die jungen Leute, die um das Jahr 1900 die Wandervogelbewegung ins Leben riefen, fingen intellektuell schwer bepackt an, und das hat sich seitdem unaufhaltsam gesteigert. Die Subtilität des Denkens hat die Jugendbewegung bis ins Lächerliche gespalten: es gibt Hunderte von Vereinen und Grüppchen, Bünden und EVs – und jede Gruppe hat eine eigne Weltanschauung, eine ihr eigne Theorie, ihre Grundsätze, und alle sind verwaschen oder unnachgiebig. Verwaschen: dann sind sie militärfromm und gute Kinder – oder unnachgiebig: dann gibt es keine Weltanschauung außer der ihren, und Fluch der Konkurrenz!

So weit ist das ihre eigne Angelegenheit, und wir haben uns nicht in Familienstreitigkeiten zu mischen. Aber was haben nun diese geistigen Bewegungen ausgerichtet, wie ist die Generation, die durch sie hindurchgegangen ist, im praktischen Leben beschaffen, was ist aus den jungen Leuten geworden?

Nichts.

Alte Wandervögel – wie sieht das aus?

Die Klampfe hängt an der Wand, ein Band Dehmel und ein Hans Thoma daneben – aber viel mehr ist nicht geblieben. Hat der Wandergefährte die Wandergefährtin geheiratet, so gibt es wohl noch gemeinsame Spaziergänge, eine gewisse Anhänglichkeit an den Verein, die um so größer ist, je mehr Möglichkeit zum Vereinsknatsch sich bietet. (In diesen Kreisen sagt man nicht «Schriftführer» – sondern «Führer» schlechthin.) Aber wo sind die oft besungenen Ideale, die Prinzipien, die reine Luft von den Waldbergen, das neue Leben?

Diese jungen Leute sind Telegrafensekretäre geworden oder Zahnärzte, Schreiber auf irgendeinem Amt oder Volksschullehrer – Werkmeister oder Ingenieure ... Und wo, wo in aller Welt ist die Wirkung des so bewegten Rummels, die Wirkung, also das einzige, worauf es schließlich ankommt? Ich sehe sie nicht.

Es handelt sich selbstverständlich nicht darum, zu sagen: Wieviel große Dichter oder bedeutende Maler hat die deutsche Jugendbewegung hervorgebracht? Die Beantwortung dieser Frage beweist nichts für sie oder gegen sie. Dazu ist sie nicht da. Wenn sie aber überhaupt einen Sinn hat, so ist es doch der, eine neue Generation zu schaffen, ein neues Geschlecht, das im Leben, in der Praxis anders, besser, neuer, sauberer denkt, als die Alten es oft vermocht haben. Wo ist diese Generation –?

In den Krieg ist das gelaufen wie alle andern auch. Sie sangen ein paar hübschere Lieder als die andern, das ist wahr, wie man überhaupt so oft das Gefühl hatte: von diesen Kreisen her wird der Krieg kunstgewerblich verniedlicht, es war das Bild im Unterstand der deutschen Heimat Unterpfand, oder dergleichen. Und ein Büchelchen mit einem blondbezopften Mädel ließ wenigstens für einsame Stunden vergessen, daß die eigentliche Aufgabe des durch Europa wandernden Vaterlandsverteidigers immerhin darin bestand, seinem Miteuropäer ein Stück Eisen durch den Bauch zu jagen oder ihm mit Gas die Sehkraft zu nehmen ... Also Pazifisten waren es kaum.

Aber man soll nicht immer gleich das Äußerste verlangen,

sie konnten ja etwa zur Entschuldigung ihrer Instinktlosigkeit sagen, sie seien Evolutionäre ... Wo aber ist die Wirkung dieser ins Abstruse angeschwollenen Vereinsmeierei im Leben von heute –? Sie ist nicht da.

Auf den Ämtern sitzen junge Mädchen, die sich die Köpfe mit etwas heiß geredet haben, was sie «Probleme» nannten – auf den Kathedern der Schulen sitzen sie (wo sie noch am ehesten Gutes wirken), in tausend Geschäftszimmern ... Wo ist der neue Geist? Wo ist die gewandelte Lebensführung, das Neue grade in jenen tausend Kleinigkeiten, deren Ablauf das eigentliche Leben ausmacht – denn keineswegs besteht das Leben aus drei pathetischen Augenblicken, auf die allein es ankommt. Wo sind gereifte Menschen unsrer Generation, denen der neue Geist aus den Augen strahlt, Menschen, vor denen man fühlt: diese sind anders –? Sie sind nicht da.

Ich weiß, daß es kleine Fortschritte gibt; ich weiß, daß weniger gesoffen und mehr Sport gemacht wird – aber zur Erreichung dieser nüchternen Ziele braucht man nicht so viel geistige Wellen, die nur scheinbar dem Ufer zueilen: in Wahrheit bewegen sie sich auf- und abwärts, am selben Platz. Welche tote Last! Wer sich den Fusel nur durch die Lektüre schlechter Romane des Herrn Popert abgewöhnen kann, sei trotz allem gesegnet für und für – aber eine Jugendbewegung scheint mir das nicht. Und daß emsiges Training in irgendeinem Stadion nicht immer eine neue Geistesverfassung hervorbringt, wird verständlich, wenn man bedenkt, daß es da des öftern an Geist gänzlich gebricht.

Also wo sind die Neuen? Wo ist diese vielbeschriebene neue Generation? Ich sehe nur folgendes:

Außerhalb eines zu nichts verpflichtenden Kunstbetriebes, der dem «Jungen» neben der Reklame pekuniären Erfolg bringen kann, schlüpft eine ganze Generation, problematisch maßlos überfüttert, in die Apparatur und das feste Gefüge einer bestehenden Welt und wird dort anstandslos verdaut. Man assimiliert sich. Die Torheiten der Jugend sind dahin, die

Ideale halb vergessen, nur hier und da summt noch ein altes Wanderlied durch den Kopf ... «der Ernst des Lebens» hat gesiegt.

Er hat über eine Jugend gesiegt, die alles gewollt und so wenig erreicht hat. Über eine Jugend, die eine Welt stürmen wollte, was löblich, und die nicht die Atmosphäre auch nur eines Landratsbureaus hat ändern können, was weniger löblich ist. Wo seid ihr vom Hohen Meißner? Verrauscht die schönen Reden, gedruckt und gelesen die schönen Zeitschriftenartikel, zerplatzt die Diskussionen ... Und nun? Nun haben euch die Alten unterbekommen, sie waren stärker als ihr, ihr habt sie nicht besiegt.

Alles will ich gelten lassen, nur eines nicht: «Sie stehen nicht in der Jugendbewegung, und Sie wissen nicht ...»

Eben das scheint mir ein deutscher Irrtum zu sein, der da glauben machen will, nur der Fachmann könne ein Urteil über die Wirkung der Arbeit von Fachleuten abgeben. Um zu sehen, ob die Schiffe einer bestimmten Werft schon nach der dritten großen Fahrt sinken, braucht man kein Schiffsingenieur zu sein. Die Ursachen der Katastrophe kann nur er untersuchen – die Katastrophe festzustellen hat jeder das Recht.

Und ich will gar nicht wissen, daß der linke Flügel der Freideutschen sich der Mitte der Jungdeutschen genähert hat, ich will gar nicht wissen, daß die Stellung Mahrauns sich gegen Ende des Jahres 1925 leicht nach links verschoben hat – ich brauche das auch gar nicht zu wissen, um als Zuschauer, grade als Zuschauer zu sehen: Hier ist etwas nicht in Ordnung.

Hier stehen Inszenierung, Menschenauftrieb, Lärm, Terminologie, geistiger Spektakel in einem bizarren Mißverhältnis zur Wirkung, zur Wirkungslosigkeit. Diese entwachsen ihrer Jugendbewegung, sie tummeln sich darin, wie in einem Schwimmbade, aber irgendeine Wirkung für lange Zeit ist nicht zu spüren. «Mensch! Wie sehen Sie aus!» – «Aber ich habe in meiner Jugend fleißig gebadet!»

Wenn Jugendbewegung überhaupt einen Sinn hat, so ist es doch der: Männer zu schaffen. Neue Menschen, anders gesinnte Männer, ein umgestaltetes Geschlecht.

Aber hier ist der stehende Teil der Jugendbewegung dauernd in großer Bewegung, die Tropfen spritzen nur so, fröhliches Geschrei erfüllt die Stätte der Badenden – und dann steigen sie auf die Holztreppen, trocknen sich ab, gehen nach Hause ... Und neue planschen im Teich, aber die Alten vergessen.

Alte Wandervögel – was ist das? Was ist sie, diese Jugendbewegung, was ist sie in ihren überwiegenden Teilen, was stellt sie dar, wenn wir die Wirkung betrachten –?

Das, was deutsche Organisationswut, Reglementstorheit, Gruppenspielerei immer gewesen sind: Selbstzweck.

Der Satz

Da erscheint in Paris ein Modeblatt *La Nouvelle Mode*, dessen Lektüre man vielen Leuten empfehlen kann, die immer noch in der Französin und nun gar in der Pariserin das Raffinierteste, das Verruchteste, das Verderbteste und Verdorbenste sehen, wo man hat. Dieses Blatt hat einen Sprechsaal, in dem sich so die Damen gegenseitig schreiben, was sie auf dem Herzen haben – und etwas Gutbürgerlicheres ist nicht denkbar. Natürlich ist auch dieses wiederum nicht «die» Französin – sondern eben eine ökonomische Schicht – aber es ist vielleicht ganz gut, wenn manche Franzosenfresser wissen, daß es in Frankreich auch solche Frauen gibt. Auch? Sie sind wohl in der erdrückenden Majorität.

Da finden sich Empfehlungen der gängigen Leihbibliotheksbücher, schöne, aus diesen Romanen gepflückte Gedanken, oder doch das, was die Autoren dafür ausgeben, Apfelsinenkompottrezepte und sehr sentimentale Abhandlungen über den Bubikopf: soll man abschneiden oder nicht –? Auch wird mitgeteilt, wie man plissierte Wäsche zu behandeln hat, sowie: daß die Güte einer Frau deren Klugheit vorzuziehen ist, nebst allgemein belehrenden Anmerkungen über Güte und Intelligenz überhaupt. Es ist wunderschön, und man kann fürs ganze Leben etwas lernen. Soweit gut.

Ganz besonders lehrreich erschien mir aber bei der Lektüre diese kleine Antwort jener Dame, die «Schönheitsfleck» unterzeichnet – sie wendet sich da an eine andere Leserin, die wohl etwas über die Pariserin geschrieben haben muß. Hier ist das Briefchen:

«Bravo für Ihre Verteidigung der Pariserin. Wenn eine Provinzlerin nach Paris kommt, will sie alles sehen: die Ausstellungen, die Stücke, die gerade Furore machen, die Warenhäuser – alles. Sind ein paar Wochen vorbei, ist sie todmüde, hat zuviel Geld ausgegeben, und manchmal fühlt sie sich obendrein in ihren Erwartungen enttäuscht – und das nennt sie dann: das pariser Leben. Großer Irrtum. Die Pariserin nämlich sagt sich: Das kann ich immer noch sehen – und manchmal sieht sie es dann überhaupt nicht. Das Theater ist teuer; sie geht nur nach reiflicher Überlegung hin und bedauert dann wenigstens nicht, Geld ausgegeben zu haben. An die reichen Schaufensterauslagen ist man so gewöhnt, daß man glücklicherweise bewundert, ohne in die Versuchung zu kommen, gleich alles zu kaufen. Und es gibt so viel Zerstreuungen, die wenig kosten: Vorträge, Ausstellungen. Kurz ...»

Und nun kommt ein Satz, wie ihn jeder Franzose oder jede Französin hundertmal in der Unterhaltung produziert, ohne großen Wert darauf zu legen, es ist einfach die Sprache selbst, die spricht – und weil den Satz kein Literat geschrieben hat und kein Redakteur, und weil er den ganzen Unterschied zwischen großer und kleiner Stadt aufzeigt, deshalb lasse ich ihn französisch stehen. Hier ist er:

«En résumé à Paris, on peut mener la vie de province, mais en province on ne peut pas mener la vie de Paris.» – Amen.

Außen- und Innenpolitik

Die absolute Souveränität des Staates, einer der Hauptgründe für die Weltanarchie, hat zu folgender bizarrer Erscheinung geführt:

Seit Jahren treffen sich die Vertreter der Staaten in der Schweiz und tauschen vertragsähnliche Papiere aus, nicht ohne ihre persönliche Bekanntschaft zu befestigen, was vielleicht das einzig reale Gute dieser Zusammenkünfte ist. Aber alles, was dort gesprochen und getan wird, bezieht sich zunächst nur auf außenpolitische Beziehungen, und diese Unterhaltungen werden um so leichter akzeptiert, als sie für die meisten Staatsangehörigen unverbindlich bleiben.

Außenpolitik ist eine Sache, die für die kleinen Zellen im Staat, den Kreis, die Gemeinde, die örtlichen Schulverwaltungen schön weit weg ist. Und da es bekanntlich viel leichter ist, die Verfassung eines Reichs zu ändern als den Sitzungstermin einer Stadtverordnetenversammlung, weil Änderungen in einer großen Gruppe dem Angehörigen wenig fühlbar werden, von ihm also leicht angenommen werden – und weil die geringste Schwankung etwa in einer Familie sofort schwere Folgen für das Individuum haben kann –: deshalb sind viele Staaten geneigt, in der Schweiz Erklärungen abzugeben, die sie nachher ihren Parlamenten augenzwinkernd tragbar zu machen suchen. Der stete Hinweis in allen Parlamentskommissionen ist: «Meine Herren, so schlimm ist es gar nicht – wir mußten diese Geste machen, weil wir unsere Friedfertigkeit vor der Welt dokumentieren wollen. In Wirklichkeit wird ja damit nichts geändert.» Beweis: die Innenpolitik.

Daß wir vom Völkerbund, der ein Anfang und kein Ziel ist, ein Mittel und kein Zweck, nach sieben Jahren nichts Vollendetes verlangen dürfen, ist klar. Es besteht aber zwischen der Haltung eines Staatsmanns in Genf und in seiner heimatlichen Hauptstadt ein Unterschied, der die herbste Kritik am Völkerbund vom pazifistischen Standpunkt aus rechtfertigt –

und das ist der Mangel seiner Rückwirkung auf die Innenpolitik.

Wo ist die leiseste Rückwirkung einer internationalen Verständigungspolitik in unsrer Innenpolitik?

Von Geßler ist ernsthaft nicht zu reden. Seeckt, dieser klügste deutsche Politiker mit der weitesten Sicht, rüstet bewußt und energisch auf. Niemand streicht ihm auch nur einen wesentlichen Posten im Etat.

An den Universitäten wird die Jugend in den Fächern, auf die alles ankommt, vielfach noch im Geiste der alten Zeit unterrichtet. Wo finden Kollegs über Völkerbundfragen statt? Wo gibt es Lehrstühle der Friedensbewegung?

Auf den höheren Schulen wird noch immer nicht energisch eingeschritten, wenn Oberlehrer im Geiste der wilhelminischen Zeit eine verfälschte, verlogene und tendenziös bearbeitete Kriegsgeschichte lehren, deren grobe Fehler und Unwahrheiten jeder Vater feststellen kann, der diese Zeit miterlebt hat.

In den Volksschulen auf dem Lande ist es nicht besser – in vielen Städten auch nicht.

Die Rückwirkung der schweizer Besprechungen auf die Innenpolitik fehlt. Und sie wird von keinem der beteiligten Staaten reklamiert, erstens, weils keiner besser macht, und zweitens aus heiliger Scheu vor der «Unabhängigkeit» der andern.

Nun ist diese Unabhängigkeit eine glatte Lüge.

Kein Staat ist heute mehr «frei» – er ist der Industrie, den Ackerbauinteressenten, den Banken der internationalen Finanz ausgeliefert und kann nichts ohne sie tun. Wenn eine Freiheit gemeint sein kann, so ist es die, sich die eigenen Ausbeuter aussuchen zu können – in dieser Beziehung ist jeder Staat halbwegs frei. Der Rest sind Fahnen, Feldprediger und Fisimatenten.

Tatsächlich hat kaum einer der Premiers, die im Völkerbund vorsichtige und altschablonierte Reden halten, auch nur die *Macht*, einen Locarno-Geist, wie man das heute nennt, bei sich zu Hause ernsthaft zu verwirklichen.

Er wage es einmal, gegen diesen mystischen Schwindel des «Frontkämpfers» vorzugehen, etwa laut zu sagen: «Die Teilnahme am Kriege macht aus kleinen Spießern keine Helden, keine neuen Menschen» – er wage es. Er wage es, in den Schulen neue Geschichtsbücher einzuführen, die den Staatenunfug auf sein richtiges Maß zurückführen, die den Krieg verdammen oder ihn zum allermindesten nicht feiern – er wage es, auf die Lehrstühle der Universitäten Pazifisten zu setzen – er wage es, ehrlich abzurüsten. Er kann es nicht wagen. Es reicht gerade zum Gehrock in der internationalen Konferenz.

Ich weiß genau, was die deutschen Offiziellen darauf erwidern: «Ja, aber Frankreich!» – «Ja, aber England!» – Man muß von keinem Politiker verlangen, daß er die Geschichte kennt, daß er etwa weiß, wie mitunter das moralische Beispiel erstaunliche Wirkungen gehabt hat und daß sogar Anstand anstecken kann. Von den Anfängen des Christentums ganz zu schweigen, auf dessen ursprüngliche Waffenlosigkeit die Herren so stolz sind.

Solange sich der Völkerbund nicht entschließt, mit der falschen Vorstellung von der Unantastbarkeit des Staates aufzuräumen, so lange werden wir keinen Frieden haben. Es ist nicht wahr, daß man sich nicht in die Innenpolitik fremder Staaten mischen dürfe – eine Innenpolitik ohne Rückwirkung nach außen gibt es heute nicht mehr, wenn es sie je gegeben hat. So, wie kein Mieter das Recht hat, in seiner Wohnung Feuer anzuzünden, mit der Berufung auf die Heiligkeit des Heims, sowenig dürften Staaten ohne Gefährdung des Friedens Innenpolitik auf eigene Faust machen, soweit diese den Frieden in Frage stellt. Wir wohnen nicht mehr in einzelnen Festungen des Mittelalters, wir wohnen in einem Haus. Und dieses Haus heißt Europa.

Sieht man von gewerbsmäßigen Mördern, Rüstungsindustriellen und einer mißleiteten und verhetzten Universitätsjugend ab, so gibt es keinen anständigen Menschen, der nicht wünschte, das Grauen eines Krieges zu vermeiden. Um ihn zu vermeiden, haben wir zunächst einmal damit zu beginnen, den irrsinnigen Standpunkt der «Ehre» aus allen Verhandlungen auszuschalten – solange die Welt steht, sind kaufmännische Verhandlungen noch niemals unter Zugrundelegung eines «Prestige» geführt worden, sondern stets zweckmäßig, kaufmännisch und nichts als das.

International sein heißt nicht: seine Interessen aufgeben. Und nicht der Krieg ist der Vater aller Dinge, wie die Knaben übersetzen, die den Parademarsch besser beherrschen als das Griechische, sondern: der Kampf ist der Vater aller Dinge. Immer werden Meinungsverschiedenheiten ausgefochten werden, immer wird der Klügere oder der Gerissenere oder manchmal der sittlich Höhere siegen – niemand verlangt von Deutschland, daß es zu Kreuze kriecht. Kämpfen soll es.

Aber es soll keine Kriege entfesseln. Es hat kein Recht, wie kein Staat das Recht hat, über das Leben der Staatsbürger zu verfügen. Und um dieses scheußlichste Verbrechen, den Krieg, zu vermeiden, zeige es seinen Willen, da zu bessern, wo einzig zu bessern ist. In der Innenpolitik. Hier ist die Keimzelle eines neuen Schlachtens.

Das verwandelte Paris

> «Ah – qu'il était beau, mon village –
> mon Paris! – mon Paris!»
> Pariser Gassenhauer

Und als ich wiederkam, als ich wiederkam, war alles ganz anders. Vierzehn Tage haben diese Stadt um und um gekrempelt – es ist beinahe nicht mehr dieselbe. Damit wir uns recht verstehen, eine kleine Anmerkung:

Schnupfen ist Schnupfen – das ist richtig; für den Arzt kehren viele Symptome immer wieder. Aber wie sie auf den einzelnen Organismus wirken, das hängt doch von dessen Beschaffenheit ab, wechselt also häufig genug ... Und deshalb stimmen alle Vergleiche zwischen der französischen Inflation und der deutschen nur halb – ja, es kehrt vieles wieder, natürlich, die Zahlengespräche, die Nervosität, die Karikaturen ... aber es sind eben französische Zahlengespräche, französische Nervosität ... Nuancen sind schon da.

Hier ist – und das ist einmal sicher – dicke Luft.

Die Käufer sind gereizt, die großen Warenhäuser haben die Lage erfaßt (aber falsch) – die ersten Erkenntnisse vom Wesen der Inflation breiten sich aus. Vorläufig stehen die Franzosen dem Ding etwas fremd gegenüber – man findet die merkwürdigsten Dinge. Zum Beispiel: «Wir nehmen Ihre Bestellung auf Anfertigung entgegen!» sagt der Kaufmann, «aber ich weiß nicht, was die Geschichte bei Lieferung kosten wird. Preis freibleibend.» Gut. Was ist aber, wenn vorher bezahlt wird? Dann ist doch jedes Risiko ausgeschlossen? – «Auch dann nicht. Sie dürfen vorher bezahlen; wenn's aber nachher mehr kostet, bekomme ich die Differenz nach.» Das ist nicht etwa ein Betrugsversuch, sondern vollendete Einsichtslosigkeit. Sie wissen es nicht.

Paris wimmelt von Fremden. Das tuts im Sommer immer, aber ein Blick auf die Boulevards belehrt, wer da herumgeht. Die Abneigung gegen die Fremden ist rasch entstanden und wächst. Mit Recht –?

Der Franzose hat sie passiv insofern immer gehabt, als er die Fremden niemals in sein Familienleben eindringen ließ. Er war von liebenswürdiger Reserve. Jetzt ist die Reserve zur Abwehr übergegangen, mit der Liebenswürdigkeit haperts, und manchmal setzt es Keile. Wer hat schuld –? Fifty – fifty – Mister Galagher, wie es in dem amerikanischen Lied heißt.

Ein Teil der Fremden – ohne jede Ausnahme der Nation – benimmt sich schlecht. Es ist eine taktlose Roheit, Leuten, die unter einer Inflation leiden, bei jeder Gelegenheit durch

Auftrumpfen mit der höheren Valuta das Elend noch recht fest ins Herz zu hämmern. Das reisende Kleinbürgertum aller Länder, besonders die Frauen, fühlen das nicht; weder die von solchen Krisen verschonten Amerikaner noch Angehörige von Nationen, die es besser wissen müßten. Szenen vor Wechselschaltern, in Läden, auf den Straßen – Ton und Musik von Bestellungen, Unterhaltungen in Hotelhallen und Theatern in Paris gehören zum Widerlichsten, was die Erde heute herzugeben hat. Wenn ihrs nicht fühlt ...

Kommt dazu, daß der Kompaß des französischen Menschen auf viel geringere Reizungen ausschlägt als der anderer Völker, kommt der in Frankreich überall ausgeprägte Sinn für die Nuance dazu, so kann man sich von dem eine Vorstellung machen, was sich hier zusammenbraut.

Man stelle sich das nicht falsch vor: die fetten Überschriften «Katastrophenstimmung in Paris!» – «Panik in Frankreich!» sind gute Schlagzeilen – weiter nichts. Wir wissen ja alle, daß die ehernen Regeln der Zivilisation die Leute uhrwerkshaft ihren täglichen Lebenslauf abschnurren lassen: sie fahren wie immer mit der Bahn, sie gehen ins Geschäft, wie immer, sie lesen Zeitungen, wie immer, sie liebeln und trinken und spielen Karten, wie immer. Nur ist eben ein neuer Ton dazugekommen, der Ton der Inflation.

Und aus dieser so beschaffenen Situation erklärt sich eine *Fremdenabneigung*, die kräftig spürbar und im Wachsen ist. Geschürt wird sie von einer gewissenlosen Presse, der der Fremde der willkommene «Baubau» ist. Du hast Gelbsucht? Schneid die gelben Hautflecke herunter, Bruder! Das hilft.

Man kanns den Franzosen nicht verdenken, daß sie die Fremden nicht mögen, und man muß es ihnen verdenken. Man kanns ihnen nicht verdenken, weil es ihnen nicht gut geht, weil die ersten Anfänge der Inkongruenz zwischen Gehalt und Lebensindex nunmehr akut werden – und man muß es ihnen verdenken, wie man jedem Menschen jede Borniertheit verdenken darf. Wie ich das kenne, wenn – immer die

Frauen an erster Stelle – jemand vom Fremden im Coupé abrückt, wieviel Bilderbuchweisheit ist in den Augen dieser Musterschüler – wie erinnert mich das an jene Helden, deren ganzer Stolz darin besteht, nicht aus England, sondern aus Steglitz zu stammen!

Bei solchen Betrachtungen darf nicht vergessen werden, daß Paris niemals Frankreich war und ist – daß die Stimmung in der Provinz wesentlich ruhiger ist (worüber ich zu berichten hoffe) –, und daß hier überhaupt nicht mit großen dramatischen Ereignissen zu rechnen ist. Heute werden die Autocars der Fremden auf Montmartre umgeworfen; morgen gibt es eine heftige Prügelei in einem Warenhaus, und übermorgen kann es auch einmal ernster hergehen. Denn das französische Volk ist kein geduldiges Volk und wirft einen unwillkommenen Reiter gern rasch ab. Aber eins darf man nie vergessen:

Die Haupttugend dieser Nation hat immer darin bestanden, in den schlimmsten Augenblicken vielleicht Köpfe abzuschlagen, aber niemals den eigenen zu verlieren. Der tiefgewurzelte Rationalismus ist zu stark dazu. Das ungeheure Vertrauen, das die Franzosen heute noch zum Lande haben – nicht zum Franc – der tiefe Glaube an die Nation hat hier schon oft Dinge bewirkt, die ans Wunderbare grenzen. Das ist kein Chauvinismus, das ist etwas ganz anderes.

Es ist die fest verankerte Überzeugung eines Volkes, daß die Vernunft allemal siegt. Pessimistisch für die Ereignisse der nächsten Monate, teile ich diesen Optimismus für einen guten und glatten Ausgang der Inflationskrise nicht nur, weil ich ihn in Frankreichs und unser aller Interesse wünsche. Das Land wird darüber hinwegkommen.

Nebenan, im Schweinestall

Es ist merkwürdig, wie sich die Nationalisten aller Länder gleichen. Man kann viele ihrer Äußerungen einfach verpflanzen – man muß nur die geographischen Adjektiva vertauschen.

«Und dann diese Stücke à la Pirandello, die das Ich verdoppeln und ein Barthaar viermal spalten – und dann die Stücke à la Freud, wo sich die trübe Lüsternheit der germanischen Schweine ausbreitet.» Wer also? Clément Vautel, das Entzücken aller Portiersfrauen von Paris.

Sicherlich hat der Mann niemals Freud gelesen, er weiß wahrscheinlich gar nicht, wer das ist. Und sein Urteil ist gewiß nicht interessant.

Aber interessant ist, wie die kleinbürgerlichen Patrioten aller Sorten den eignen Stall immer für den Stern aller Reinheit ausgeben. Frisch, unverdorben, keusch, mannhaft hat man die eignen Leute. Die andern ... das sind ja ganz verderbte Ekel. Da brütet die Décadence, da rast der tolle Wahnsinn, der entfesselte Eros, in diesem Fall die trübe Lüsternheit. Dabei ist Vautel nicht einmal Franzose – sondern Belgier.

Nichts dümmer, nichts kurzstirniger, nichts ungebildeter als ein Patriot.

Und wenn dich einer fragt, ob du deine Heimat liebst, einfach so für dich – dann antworte ihm mit der schönen Antwort, die Julius Bab einmal gegeben hat: «Kann ich mein Blut, mein Haar, mich selber lieben?» Wenn er dich aber fragt, ob du ein Patriot seist – dann hau ihm eins hinter die Ohren.

Abstecher nach München

Wen das rauhe Geschick von Paris nach Bayern verschlägt, der soll sich das Deutsche Museum ansehen. Dasselbe ist zweiundzwanzig Meter hoch, von noch höherem kulturellem Wert, und somit war ich bei Karl Valentin.

Valentin, der Vertreter des Schauspielers Johann Nestroy auf Erden, spielt in einem Saal, in dem Leute an Tischen Bier trinken – man könnte sich ganz gut ein Tanzvergnügen in diesem Stall denken. Er tritt in einem Stück auf, das unerlaubt dumm ist und noch unerlaubter gespielt wird: «Raubritter vor München» – und er verkörpert daselbst einen Wachtposten. Dieser Wachtposten bewacht sein Schilderhaus, das für ihn – der Wache wegen – gebaut ist.

Als der Vorhang aufgeht, hat ihn gerade Liesl Karlstadt, als Trommler angetan, aufgeweckt, und das ist schade. Denn Valentin hat etwas geträumt. Er holt die Vision langsam aus seinem langen Leib heraus. «Mir hat g'träumt, daß i a Enten bin und an Wurm verschluck ...» Aber gerade, als die Wachtpostenente den Wurm anbeißen wollte, da wurde sie eben geweckt. «Und ich konnte dir doch nicht sagen: weck mich nicht auf, weil ich schlief ...» Der Trommler ist mit dem Traum nicht durchaus einverstanden. «Wenn du noch geträumt hättest, daß du einen Gänsebraten ißt –» Darauf Valentin: «Enten essen keinen Gänsebraten!» – Daran schließt sich eine lange Diskussion, in der der Posten folgendes sagt: «Man kann ja nicht einmal wissen, ob Enten überhaupt träumen. Das wird nie erforscht werden. Denn die Ente kanns einem ja nicht sagen. Beim Papagei ist das was anders ...» Dann aber wirds kriegerisch auf der Bühne, die Wache zieht auf, allemal, wenn der Wachtposten an der Klingel zieht, und er zieht oft an der Klingel. Sogar, als der alarmierende Bote, ein Fuhrknecht, kommt und die wilden Raubritter ankündigt, da vermeint er, nichts anderes tun zu können, als an der Klingel zu ziehen. Was zur Folge hat, daß die Wache kommt, bläst und wieder abgeht. Mehr könne er nicht tun, sagt er. Er solle wenigstens das Stadttor schließen, ruft der Bote – Gefahr im Anzug! – Das Stadttor? Das wird um neun Uhr abends zugemacht, nicht früher – und nun käme es eben darauf an, wer früher da wäre: die Raubritter oder der Wachtposten. Aber wenn die Stadt nun in ein Blutbad verwandelt wird? «Es tut uns ja selber furchtbar leid!» sagt Valentin ... Witziger ist militärische Bürokratie noch nicht verspottet worden.

Auch hält der Soldat dem Herrn Hauptmann seinen Säbel zum Gruß hin – und der ergreift ihn und schneidet sich in die Hand – eine geradezu völkerbundliche Geste. Und der Dialog schwappt über alle Ränder («Ob er schwindelfrei ist? Selten, daß er vom Kirchturm fällt!»), und manchmal bleibt die Unterhaltung an einem hervorstehenden Nagel hängen, etwa so: «Soll ich die Trommel hierlassen oder mitnehmen?» Valentin: «Du kannst sie mitnehmen. Du kannst sie auch hierlassen. Aber einen Mittelweg gibt es nicht!» – Und dann findet er den Mittelweg: «Du kannst sie erst hierlassen und dann mitnehmen!» Bis sich dann der Herr Posten mit einer Ziehharmonika hinsetzt und in die kühle Abendluft das schöne Lied vom Morgenrot singt ... Manchmal geht der Harmonika die Luft aus, dann holt sie tief Atem, und Valentin schweigt derweilen erschüttert. Auch klappt es mit dem Text nicht ganz ...

Heute noch auf stolzen Rohossen –
Morgen durch die Brust geschohossen –
Übermorgen in das kühle.

Hier hat die offizielle Melodie Rechtens ein Ende. Aber Valentin läßt die Harmonika noch einmal tief Atem holen und singt die Zugabe:

Grab.

Dann erst hat er seine Ruh'.

Das Stück ist dumm, auch redet er diesesmal nicht so viel, wie man das gern hat, und was drum herum steht, ist bis auf die Karlstadt bitter. Aber ihn kann man nicht vergessen. Wie er dasteht, die Äuglein auf den Boden geheftet, dorther die schwierigen Gedanken herausziehend, wie er mit der äußeren Anspannung zuhört, wenn ihm jemand etwas erzählt, wie nur ein Körnchen haften bleibt, und das an der verkehrten Stelle – wie die lange Hand militärisch an der Hose festgeklebt scheint –: das alles verdichtet sich in der Geste, wie er mit einem Teelöffel aus einer schief gehaltenen Kaffeekanne den herausfließenden Kaffee auffängt und oben wieder hineintut. Die Kanne bleibt schief.

Er auch.

Es gibt Komiker des Tages und solche der Nacht und solche der Sonne und solche der Sterne. Dieser ist vor Tagesanbruch geboren. Die Dinge haben noch keine Farben, man weiß noch nicht genau, was das da vor uns ist: ein Segelschiff oder ein Nachttopf, es ist nicht mehr Nacht, noch nicht Tag, und eine lange Gestalt wandelt im Radieschenhain ... Es ist Karl Valentin, der Münchner mit dem doppelten Boden.

Das Land der Parzellen

Nämlich Frankreich.

Ich bin nun in der Provence gewesen und in den Pyrenäen; in der Normandie und in der Bretagne, und ich werde mich gewiß hüten, zu sagen, daß ich «Frankreich kenne». Aber ein Eindruck verdichtet sich mehr und mehr: dies ist ein parzelliertes Land.

Daß wir in Deutschland zwischen Erkner und Woltersdorfer Schleuse gerade keinen indianischen Urwald haben, ist mir noch ganz gut erinnerlich. Und daß man schon bis zum Bayerischen Wald oder in grenzmasurische Wälder fahren muß, um auf lange Wegstunden mutterseelenallein zu sein, wissen wir auch. Nur ist da doch ein gewaltiger Unterschied.

Die französische Landschaft ist lieblich, freundlich, malerisch, getönt, was Sie wollen – aber sie ist zivilisiert. Immer ist sie das. Daran ist erst in zweiter Linie die Parzelle schuld – in erster der immanente Charakter der Landschaft, die durch Geschichte und Frieden, durch Stetigkeit der Lebensführung und Konservativismus der Bevölkerung etwas Beglänzt-Liebes bekommen hat, wie eine ältere gute Frau, nett, freundlich, ja.

Damit wir uns richtig verstehen: das ist weder eine Kritik, die kindlich wäre, noch ein Ruf nach falscher Romantik. Es ist nicht das «Großartige», das fehlt – es ist etwas, das sich mit Worten schwer ausdrücken läßt –. Vielleicht so: dies muß schon Heimat sein, damit man sich an die Erde legt und sie, wenn es einmal im Feld sehr heiß ist und gut nach Heu riecht, streichelt. Es gibt aber Landstriche, wo auch der Fremde dies tut, ohne sich nachher zu schämen. (Zum Beispiel: Kurland.)

Dazu kommt fast überall der vollkommene Mangel an weitem Wald, besonders in Mittelfrankreich, in den Seeprovinzen, nicht im Osten und nicht in den Pyrenäen. Und was an Wald da ist, hat meist einen parkartigen Charakter, etwas Gepflanztes, Überwältigtes, nichts Überwältigendes. Die Natur kuscht. Die Vernunft hat triumphiert. Ein Knick, ein Busch, der Ansatz zu einem Wäldchen –– aus.

Der Rest ist parzelliert.

Es entspricht durchaus dem französischen Charakter, der ja bei aller Soziabilität etwas sehr Reserviertes hat, wenn sogar Bauernhöfe von hohen Mauern eingefaßt sind, «clos de murs» ist der Vorzug eines Besitzes. Die Mauern sind, wenn es sich um ältere Besitzungen handelt, beträchtlich dick und übermannshoch – die modernen Besitzungen sind häufig mit scheußlich dünnen Ziegelwändchen eingekastelt. Hain und Wiese, Wäldchen und Feld – sie sind entweder eingeschlossen, oder sie sind zu klein, um der Landschaft ein kräftiges Aroma zu geben. Die französische Landschaft sieht sehr oft aus wie ein französisches Menü: von jedem ein Häppchen, manchmal ein Kosthappen – aber das Thema wird nur eben angeschlagen, nie ausgeführt, nie schlägt die Quantität in die Qualität um. Etwas, das auch nur aussieht wie Grenzenloses, gibt es mit Ausnahme des Meeres in diesen Teilen Frankreichs nicht. Es ist übersichtlich, und gezirkelte Übersicht ist das scharfe Gegenteil der Naturpoesie.

Hierbei schließe man nun ja nicht auf Aggressivität der Bewohner, auf wilden Eigentumssinn, der da aus dem Betreten einer Wiese eine große Geschichte machte – davon kann überhaupt keine Rede sein. Und ich möchte die Gelegenheit benutzen, um darauf hinzuweisen, wie gastfreundlich, wie unbeeinflußt-anständig, wie ruhig in allen Ecken Frankreichs der Fremde behandelt wird, wenn man nun gerade von den Brennpunkten des Inflationsverkehrs absieht, wo die Leute nervös geworden sind. Nein, Offensivgeist des Bauern ist es nicht.

Es ist die Vernunft, die diese Landschaft so gemacht hat; nun erscheint sie jemandem, der aus dem Osten nach Frankreich gefahren kommt, auf die Dauer ein klein wenig reizlos. Diese Urteile und Empfindungen sind so subjektiv ... Mein Italien liegt zum Beispiel im Norden, und wer das stumpfe Grün der Oliven in der Provence sieht, mit dem abgelaufenen Billet aus Verona in der Tasche, der siehts anders an. Aber Strand, Sandfeld, Getreidefeld und Knick sind liebenswürdig – der Schnee auf den Pyrenäenbergen – auf der französischen Seite – diskret, und dabei ist das noch der Teil Westfrankreichs, wo die Natur uns viel sagt. Weil sie kräftig ist und sehr oft sich in voller Einsamkeit präsentiert.

Die gesellschaftliche Ursache der Parzellen ist klar. Jeder hat ein Gütchen, ein Häuschen, ein Besitzchen – wenn man immer von Franzosen hört: «Mein Onkel hat auf dem Lande eine Besitzung», so verschlucke man ruhig das bewundernde «Sieh mal an!» – Das Ding ist meist so groß wie eine Zigarrenkiste, hat drei Zimmerchen wie Streichholzschachteln und verkörpert nur den durchaus gesunden und gescheiten Wunsch des Besitzers, den Mietlasten entronnen für sich zu leben. Ein Zäunchen läuft um Omama ihr Häuschen – und wenn die alte Frau kräftig niest, werden die Nachbarn naß. Aber sie hat ein Haus, und das ist die Hauptsache.

Es ist ein Land der Parzellen, Frankreich. Ich freue mich jeden Tag, daß es wenigstens kein Land der absperrenden Gitter ist.

Berliner Verkehr

Die berliner Presse ist dabei, dem Berliner eine neue fixe Idee einzutrommeln: den Verkehr. Die Polizei unterstützt sie darin aufs trefflichste. Es ist gradezu lächerlich, was zur Zeit in dieser Stadt aufgestellt wird, um den Verkehr zu organisieren, statistisch zu erfassen, zu schildern, zu regeln, abzuleiten, zuzuleiten ... Ist er denn so groß? Nein.

Kommst du nach Berlin, so fragen dich viele Leute mit fast flehendem Gesichtsausdruck: «Nicht wahr, der berliner Verkehr ist doch kolossal?» Nun, ich habe gefunden, daß er an seinen Brennpunkten etwa dem Verkehr einer mittlern pariser Straße abends um 6 Uhr entspricht – und das ist ein rechtes Mittelmaß, aber nicht mehr. Und gegenüber diesem kindlichen Getobe muß ich sagen, daß ich eine Geisteshaltung nicht begreife, der die Quantität eines Verkehrs imponiert. An der Place d'Opéra stehen zu manchen Tagesstunden sechs Reihen Automobile nebeneinander – nun, und? Hebt das Paris? Wird Paris dadurch wertvoller? Das beweist doch nichts weiter, als daß man beim Bau der pariser Innenstadt an einen solchen Verkehr noch nicht gedacht hat; beweist, daß die Konzentration von Bureauviertel und aufeinandergehäuften Hausbewohnern etwas Ungesundes ist, eine wahrscheinlich nie zu lösende Schwierigkeit, die wohl einmal zur Dezentralisation großer Städte führen kann – alles mögliche beweist diese sechsfache Reihe der Automobile, nur nichts Angenehmes. Man muß alte Pariser von den Boulevards erzählen hören: wie sie einmal, bei jedem Ausgang, schnell einen kleinen Umgang über die Boulevards gemacht haben, weil es so nett war, da spazierenzugehen – und heute ist das eine bunte Hölle, ein wüster Spektakel, der Pariser ist froh, wenn er wieder herunter ist ... Imponieren? Davon steht nichts drin.

Nun hat Berlin diesen Verkehr nicht, bildet sich aber ein, ihn zu haben, und die Polizei regelt diesen imaginären Verkehr so, wie nie ein Mensch in Paris geregelt hat noch regeln würde. Es gibt keinen verständigen berliner Autofahrer, der mir nicht gesagt hätte, wie diese winkenden und turnenden Schutzleute nur eine Belästigung des Verkehrs darstellten, wie alles viel besser und glatter ginge, wenn sie nicht da wären – und ich kann das nur bestätigen. Die Pausen, in denen man etwa auf dem Kurfürstendamm die «Wagenburgen» passieren läßt, sind so lang wie an den Champs-Elysées – nur lohnt es sich da, nur ist es da nötig, solche Pausen im Verkehr eintreten zu lassen, während in Berlin die Pause erst dazu dient, eine Ansammlung hervorzurufen, die sonst nicht vorhanden wäre.

Was an diesem beängstigenden Schwachsinn von Überorganisation und Zeitungsgeheul um das pure Nichts so bezeichnend ist, das ist eben jene amtliche Gschaftlhuberei, die um ihrer selbst willen betrieben wird. Die Art, wie sich staatliche Angestellte, die für ihre selbstverständliche Tätigkeit bezahlt werden, neuerdings in der Presse mausig machen, diese primadonnenhaften Auftritte «der Spitzen der Behörden» – man muß das gesehen haben! –, diese lächerliche Überschätzung ganz einfacher Funktionen wirkt um so grotesker, als die Wirklichkeit diesem Brimborium überhaupt nicht entspricht. Ich habe mich oft gefragt, wo wohl Paris hingeriete, wenn es solch ein Hallo um Selbstverständlichkeiten machte – und es hätte immerhin Anlaß dazu. Aber kein Pariser kümmert sich um die so unendlich wichtige Frage, ob die Schienen der Elektrischen aus der rue Réaumur entfernt werden oder nicht ... Das steht kaum in der Zeitung. Der Rest geht mehr oder weniger glatt von selbst, die Polizei macht Fehler oder trifft vernünftige Anordnungen, und im übrigen haben die Leute andre Sorgen.

Die Aufblähung der deutschen Ämter aber, mit gütiger Unterstützung der Presse, nimmt nachgerade Formen an, die zu der Überlegung veranlassen, ob diese harmlosen Ämter nicht ein bißchen das Theater zur Metternich-Zeit vertreten: Ablenkung vom Wesentlichen. Vater Staat hält dem Kind Untertan eine bunte Puppe vor, etwa einen Polizisten mit weißen Signalärmeln, damit es stille sitzt, während ihm einer in den Taschen umherwirtschaftet ...

«Die grüne Welle in der Friedrich-Straße» – das ist eine Überschrift auf der ersten Zeitungsseite. Von der roten Welle, die sich durch die Gefängnisse ergießt; von den beispiellosen Schweinereien in ostpreußischen Gefängnissen; von der schmachvollen Behandlung, die zu Unrecht festgesetzten Kommunisten zuteil wird: davon ist weniger die Rede.

Es ist nicht nur die Überbevölkerung, der Drang, sich um Gottes willen durch eine überflüssige Betätigung eine Existenzberechtigung zu verschaffen, die dieser völlig gleichgültigen Tätigkeit der Verkehrspolizei zu einer Inflation verhilft. Es ist so schön harmlos ...

Und der Rummel kommt auch einem tiefen Drang des Neudeutschen entgegen, sich so zu fühlen, wie er sich die Amerikaner vorstellt. Er kann leicht darauf verzichten, ein Kerl zu sein – aber in einer Stadt zu wohnen, die eine «Ssitti» hat und einen «Brodweh», det hebt Ihnen.

Meinen Sie, unser Verkehr sei kein «Problem»? Ach, wir sind ja so problematisch! Neulich kündigte einer einem Freunde seinen Besuch in Paris an. «Ich komme, um die romanische Lösung des Großstadtproblems zu studieren ...» Billiger tat ers nicht, und er wird sicherlich nicht einmal merken, daß es hier kein Problem und keine Lösung gibt, sondern nur: Paris.

Wichtiger als der künstlich aufgepustete Beamtenkram

scheint mir eine ständige Kontrolle der Verwaltung. Es ist ja sehr hübsch, wenn der «Strafvollzugspräsident» eine Rede bei der Einweihung der Hedwig-Wangel-Stiftung hält – wesentlicher wäre, daß sich der Mann einmal darum kümmerte, was in seinem Ressort vorgeht, und ob da nicht die einfachsten Gebote der Menschlichkeit verletzt werden.

Und wenn sich diese schmeichelnden Lokalredakteure und die Beamten und die Chronikeure von noch dreißig Amerikanerinnen bescheinigen lassen, wie großstädtisch sie sind – abgesehen von ihrer Naivität, die den Wert solcher Erklärungen nicht kennt, ist für die Tatsache, wie wenig Großstädter sie in Wahrheit sind, das eine charakteristisch: daß sie sich so sehr anstrengen, es zu sein. Hat man schon einmal einen Berliner davon Wesens machen sehen, daß seine Hautfarbe weiß ist? Das Selbstverständliche brüllt man nicht aus.

Die Verkehrsseuche aber greift aufs Land über, und was Berlin recht ist, ist Bückeburg billig. Kein Auto weit und breit – aber zwei Verkehrspolizisten; ein Auto am Horizont: und ein wildes Gewinke, Geblase, Gepfeife hebt an. Dabei fahren die deutschen Autochauffeure schlechter als etwa die pariser; dabei können sich ungeschickte Fußgänger und brutale Autoführer nicht einigen; dabei klappts doch nicht.

Weil es eben nicht auf die Organisation ankommt, sondern auf ganz etwas andres, und weil das wahre Leben da beginnt, wo der Deutsche nicht hindenkt.

Ein Bild sagt mehr als tausend Worte

Weil jeder genau so ist, wie er aussieht, und weil wir nur nicht lesen können, was uns die Natur eindeutig auf die Menschengesichter schreibt, so können Augenblicksfotografien erbarmungslos enthüllen, was das Auge nicht so schnell hat wahrnehmen können. Eine Momentaufnahme ist die fixierte Blamage einer unvorsichtigen Bewegung, eines schiefen Lächelns, einer sorgsam versteckten Beobachtung ... Plötzlich ist alles am Tage.

Das Tier, das fast niemals Komödie spielt, ist in jedem Augenblick unmittelbar wahrhaftig; dem fotografierten Menschen rutscht manchmal aus Versehen die Wahrheit über das Gesicht, und wenn sie ihn gerade dabei fassen, ist es sein Pech. Was enthüllt die Linse –?

Die Linse ist ein Aphorismus aus dem fortlaufenden Roman der Zeitlupe, und was hunderttausend Worte nicht zu sagen vermögen, lehrt die Anschauung, die direkt an das Gefühlszentrum greift, die die Vermittlung der Gehirnarbeit als fast nebensächlich übergeht, die unausradierbar aussagt, wie es gewesen ist. Wir sehen:

Sie küßt hingebender als *er*, dieser Roman wird vielleicht nicht gut enden, hier wächst ein junges Pflänzchen Unglück; brave Gesichter enthüllen in der Sportgrimasse der Anstrengung das Äußerste an Hingabe und Temperament: das sind jene stillen Frauen, von denen man nicht nur nach einem Sportsieg sagen wird: «Eigentlich hätte ich der das gar nicht zugetraut!» Weil es keine festgehaltene und fixierte Begeisterung gibt, so überrascht sie doppelt und dreifach in der Fotografie, und mir ist ein Beispiel bekannt, wo das Leben sich nach der Linse richten sollte: das war damals, als erregte Arbeitermassen auf dem Tempelhofer Feld die gerechte Forderung des allgemeinen Wahlrechts vertraten. Damals wurde die übliche Resolution durch Händeerheben angenommen, und irgendein braver Parteifunktionär hatte dazu gerufen: «Bitte die Genossen die Hände erhoben zu halten – für den Momentfotografen!» Begeisterung ist manchmal eine Heringsware, die man einpökelt für mehrere Jahre.

Der seinen Durst hastig löschende Läufer, die hingegebenen Schultern eines Mannes unter dem Galgen, die verkrampften Finger eines Gierigen: mit einem Schlage enthüllt sich ein kleines Leben, und es ist wohl die allerdümmste Entschuldigung, wenn der so richtig Getroffene etwa zu sagen pflegt: «Ich habe nicht gewußt, daß ich fotografiert werden sollte.» Eben weil er es nicht gewußt hat, hat er sich nicht in acht genommen, und die Wahrheit ist an den Zelluloidstreifen gekommen.

Ein Bild sagt mehr ... Hunderttausend Worte wenden sich an den Verstand, an die Erfahrung, an die Bildung – das Bild ...

«Was ihm die Schrift nicht sagen kann,
Das ist das G'mäl' für den g'meinen Mann.»

Wenn der alte treffliche Ferdinand Kürnberger die Entwicklung der modernen Illustrationspresse hätte voraussehen können, so hätte er wahrscheinlich nicht schlecht geflucht: er hielt diese Abkürzung der Beweisführung für Verflachung.

Und weil ein Bild mehr sagt als hunderttausend Worte, so weiß jeder Propagandist die Wirkung des Tendenzbildes zu schätzen: von der Reklame bis zum politischen Plakat schlägt das Bild zu, boxt, pfeift, schießt in die Herzen und sagt, wenns gut ausgewählt ist, eine neue Wahrheit und immer nur eine. Es gibt Beschreibungen, die die Bilder übertreffen, aber das ist selten. Es gibt hunderttausend Fotografien, die den besten Schilderer übertreffen, das ist die Regel ...

Die Zeitlupe, die den lieben Gott betrügt und das Auge des Menschen in die kleinsten Zeitintervalle schiebt, die Zeitlupe läßt nun gar nichts mehr unverschleiert und reißt dem sich Bewegenden die Schnelligkeit vom Leibe: da wühlt er nun in Watte, ausführlich, bekömmlich langsam und alles enthüllend, was da ist.

Glaubs nicht. Olly hat dir ihre weichabgetönte Bildnisfotografie geschickt, und Hans ist höchst malerisch mit Motorrad fotografiert worden. Glaubs nicht. Sieh dir ein Bild von ihnen an, ein einziges: Olly vor einer Ziege, die sie in fassungsloser Angst zurückweichend anstiert, Ollychen die Ziege und die Ziege Ollychen. Diese flüchtende Bewegung ist häßlich, armselig, klein – glaubs nicht. Hänschen frißt Käse, und nie hätte man gedacht, daß der zartempfindende Mann sich so voll Liptauer stopfen könnte, in stillen Abendstunden säuselt er Gitarre. Glaubs nicht. Ein Bild sagt mehr …

Doch, du kannst es glauben.

Denn wahr ist gewöhnlich beides: der Liptauer und die Gitarre, Ollychen mit der Ziege und Ollychen mit der Seele. Aber um das Vollständige zu haben, tust du gut, dir deine Beschreibungen, deine Gespräche und deine Erfahrungen nicht von hunderttausend Worten illustrieren zu lassen, sondern von dem, was mehr sagt als sie: von einem Bild.

1927

Ein Stoß Papier

«Fünfhundert Bogen?» hatte das kleine Fräulein im *Printemps* gesagt, und damit hatte sie schon den Packen beim Wickel. Ihre Fingernägel waren nicht ganz proper, aber das ist wohl schwer bei solcher Arbeit in Staub und Hitze. In ihrem Gesicht riefen die aufgelegten Farben: «Ah, mon petit chou!» – aber wenn man genauer hinsah, war da eine kleine, winzige Falte in der Nasenecke, die rechnete:

Fahrt zum Geschäft 1,20 Francs
Brioches 0,60
und ähnliches.

Es war eine ziemlich hastige Addition, die ja jeden Tag gemacht werden mußte. Nun hatte ich mein Papier, danke. Und da liegen sie nun, die fünfhundert mitgebrachten Bogen.

Zwei Daumenglieder hoch liegen sie da, weich zum Augenauswischen. Die werde ich alle vollschreiben müssen. Was wird draufstehen –?

Dieses und Genes, wie sie um Hannover sagen. Es gibt aber auch zu schöne Sachen: Herr Heuss, Demokrat und Männerbrust in einem, redet für das Schutz- und Schmundgesetz, denn was gäbe es im Augenblick wohl Wichtigeres, als unsre lieben Kleinen vor Tagore, dem Grafen Luckner, Sudermann und dem Reichsarchiv zu schützen? Heuss weiß das ganz genau: wenn sie auch nichts zu fressen haben – gute Bücher gehören in jedes Haus, selbst wenn gar kein Haus da ist. Er ist «sozial eingestellt» – was nachher draus wird, ist nicht seine Sache.

Und was wird noch draufstehen? Die Auswahl ist leicht: ein Blinzler in den Gerichtsteil jeder Zeitung genügt, um eine Schande zu sehen, die nur noch von einer andern übertroffen wird: derer, die sie nicht fühlen.

Und weil das Leben ernst ist, heiter aber die Kunst, sich lächerlich zu machen, so hat uns eben der gute Gott den deutschen Richter beschert, einen pathosgeblähten Talar mit einem Ding darin, das Scharen unartiger Schüler abstraft und persönlich beleidigt ist, wenn eine Frau ungehörigerweise ihren Geliebten erschießt: das diesseitige Schießen ist nur Oberförstern und Reichswehroffizieren erlaubt, soweit die nicht mit dem Empfang von Hochstaplern befaßt sind. Im Namen des Volkes.

Und was wird noch draufstehen, auf den fünfhundert –?

Geßlerine und eine Republikanerschaft, die sich überhaupt nichts mehr denkt, wenn sie zur Republik schwört, die Herren tun das morgens zum Frühstück, es ist gut für die Verdauung. Und das Theater, diese goldne Volière der Stare und Regisseure, neulich soll ein Autor dort gesehen worden sein, aber das war wohl ein Irrtum. Und französische Bücher und französische Provinz, um die sich kein Mensch kümmert, als sei Paris Frankreich, und als lägen nicht hundert und hundert kleiner Städte da, still atmend und ihr kleines Leben lebend, friedlich, ohne Wehrvereine und ohne Sportlehrer, die anderswo eine ganze Jugend im Schießen ausbilden, während die Regierung so europäisch ist, daß es einem himmelangst wird ... Und wenn die Muse Terpzichorie mich auf die geründete Stirn küßt: auch Verse und kleine Reime, die das Volk abends singt, wenn Mutter am Radio spinnt und Vater kleingehackten Lokalanzeiger raucht ... Das soll alles auf den fünfhundert stehen.

Jetzt habe ich das Einwickelpapier in den Korb getan, die Katze Breitscheid (Halbangora) liegt in einer Ecke und tut schrecklich ironisch, ich möchte nur wissen: worauf herauf? – die Lampe brennt, die Heizung summt ... Los!

Für Ferdinand Bonn

Über Theater wollen wir uns gar nicht unterhalten. Dieser üble Betrieb, der die Autoren erst von der Bühne hinunterjagt und sich dann wundert, daß es keine mehr gibt, diese zerwalkte Muse, die davon lebt, daß die Kritik sie ernst nimmt, ausgehalten von Snobs und Trikotagenhändlern, die sich Theaterdirektoren nennen, kaum noch auszuhalten von uns; diese Hölle, wo begabte Schauspieler täglich dreißig Tode sterben ... über Theater wollen wir uns nicht unterhalten.

Nur saß ich da neulich in einem dieser Häuser; einige Schauspieler, die abends nichts zu filmen und auch sonst keinen Zeitvertreib hatten, standen umher und sprachen ein gekürztes Textbuch von Shaw. Auf sein Stichwort trat Ferdinand Bonn aus der Kulisse.

Das ist nun schon so lange her ... Ich höre noch S. J. lachen, als er mir des Schauspielers «Gesammelte Werke» überreichte, deren dritter Band seine berliner Erlebnisse aufzeichnete: Krach im Berliner Theater, überraschende Premieren vor überraschtem Publikum; «Andalosia», schwindsüchtige Volksschullehrer, die Stücke schreiben, wo eigentlich von Bonn sind, Intriguen, ha, Elende!, umbuhlter Kaiser und dann der Junge, der Kronprinz, der zwischen zwei Operettenaufführungen hier in hoher Kunst machte ... es war ganz heiter.

Jetzt hat der Mann weiße Haare und spielt immer noch Theater.

Und als er da neulich herauskam, da war etwas Seltsames zu bemerken. Er ist nie ein großer Schauspieler gewesen, wohl kaum mehr als ein Virtuose, einer, der sich einbildete, alle Rollen spielen zu können, und das auch getan hat. Aber wie er nun da oben saß, als ein etwas versoffner, dummschlauer alter Mann, den er zu geben hatte, da war auf einmal Theater auf der Bühne, der Mann fiel ganz und gar aus dem Rahmen, in dem er stand. Er konnte nämlich spielen.

Er hatte nämlich etwas gelernt, er beherrschte den Apparat, vor dem er saß, er hatte die Technik in den Fingerspitzen. Er hatte sein Handwerk intus.

Es waren so subtile Kleinigkeiten, die unsereiner nur an der Wirkung fühlt, am meisten dann, wenn sie nicht da sind:

Atemtechnik, die Art, wie die Rede ansetzt, die ruhige Sicherheit der Akzentgebung – er konnte das. Er hatte das hundertmal ausprobiert, er wußte Bescheid, er hatte es gelernt! Alte Schule.

Mit ihren Mängeln, gewiß. Es gibt aber ein ästhetisches Vergnügen, dessen Quellen sehr tief liegen und das fast unausschöpfbar ist: das ist die Freude des Zuschauers an gut Gelerntem. Es macht Spaß, einem Arbeiter zuzusehen, der seine Handgriffe im Handgelenk hat, der mit ruhiger Sicherheit das tut, was er tut – es geht so ein Gefühl der Überlegenheit von ihm aus, man fühlt sich fast geborgen, man ist für ihn und verachtet in dem Augenblick alle Stümper, obgleich einen die ganze Geschichte vielleicht gar nichts angeht. Das ist so, wenn man einem durchgebildeten Reiter zusieht, einem Chauffeur, einem Uhrmacher, Leuten, die ihre Sache können. Um wieviel größer ist also die Freude im Theater!

Es ist so weit mit uns gekommen, daß dieser alte Bonn in einem Meer von Stümperei wie ein kleiner Fels aufragt. Sieht man von den Männern und Frauen seiner Generation ab, so liegt das Niveau des Handwerks am Theater recht tief. Auf der Schmiere lernen die Jüngern nichts mehr, denn es gibt kaum noch Schmieren. Der Film verdirbt sie, und so haben sie diese Selbstverständlichkeit des Könnens nicht, die sich immer mehr verliert. Das Parkett möchte, wundersüchtig, gern glauben, aber es wird ihm so schwer gemacht. Ohne sich Rechenschaft zu geben, wenden sie sich vom Theater ab. Es sagt in ihnen: «Was? Der da oben will ein König sein? Ich habe ihn ja noch neulich auf dem Presseball gesehn» – und was zu Bassermann hin gesprochen ein dreister Unfug wäre, hier hats seine Berechtigung: der Verkleidete ist nicht mehr als die da unten. Weil er nichts gelernt hat.

Das, was Ferdinand Bonn noch kann, verachten, die um ihn herumstehen, maßlos. Sie sollten das nicht tun. Lucie Höflich hat als Page auf den Proben der Provinztheater einen Teppich dreißigmal werfen müssen; wenn Werner Krauß flüstert, wirds im dritten Rang mäuschenstill; die können ihre Sache. Führung und Direktionslosigkeit der Jobberbühnen machen es der neuen Generation schwer, etwas zu lernen, und wir wieder können mit der Seele eines Stars nicht viel anfangen, wenn er das P nicht richtig sprechen kann.

Du guter Ferdinand Bonn! Das hätte ich nicht gedacht, daß wir dich noch einmal als Klassiker beschwören würden. Du hast nur ein Auge. Und bist ein König.

Der Lautsprecher

Ein Lautsprecher auf der Straße –?

Wenn ich Krach haben will, gehe ich nach Hause – auf der Straße möchte ich meine Ruhe haben. Aber mit dem Lärm ist das so eine Sache.

Über ein fremdes Grundstück zu gehen ist im allgemeinen verboten, und über den Hausfriedensbruch, begangen durch eine leibliche Person, sind sich alle Leute einig. Das gibts nicht. «Wat? Hier in meine Wohnung –?» Zu Hilfe, Polizei, Überfallkommando, Staatsanwalt. Gut. Aber über den Hausfriedensbruch, begangen am Frieden der Ohren, begangen durch Geräusche ... da sagt keiner etwas. Weil sies nicht hören, und weil sie ihn alle selbst begehen, den Friedensbruch. So:

Die Steine der berliner Häuser sind zerfressen von Musik. Vollgesogen mit Schallwellen, halten die armen Ziegel kaum noch stand, und man soll sich nicht wundern, wenn so ein Haus eines Tages plötzlich – allen Vorschriften der Baupolizei zum Trotz – langsam in sich zusammensinkt, Klaviere und Grammophone unter sich begrabend ... Gottes Güte ist groß. Denn in jedem Haus heult Ingeborg-Edith-Ruth, weil sie es mit dem Künstlerischen hat, oder rollt Tonleitern auf die Tasten und höret nimmer auf. Übrigens ist niemand prätentiöser als diese Stümper.

Das ist für das linke Ohr. Das rechte wird durch die Bau-Bau-Hunde ausgefüllt (figürlich).

Diese Wesen, die die Straßen ornamentieren – Urplastik, Wasserornament und Wahrzeichen der Stadt –, sind dazu da, um von ihren Herrchen und Frauchen gerufen zu werden. Dann bellen sie. «Fox! Komm mal her! Wirst du gleich mal herkommen! Komm mal hierher! Hiiierher!» Und dann gibt es ein schreckliches Gebrüll, als ob eine Farm von Indianern überfallen würde, es fährt aber nur ein Milchwagen vorüber ... Hunde schreiten mit der Zivilisation nicht fort; sie stehen noch im Zeichen Winnetous, suchen Fährten und halten den vorüberradelnden Obersekretär für einen mörderischen Mörder.

Weil nun aber auf diese Weise beide Ohren versorgt sind – von dem Kindergeschrei zu schweigen, dem man schon meilenweit anhört, ob das gute Kind krank ist oder nur einmal das Popochen voll bekommen müßte –: deshalb haben sie nun am Funkturm einen Lautsprecher auf die Straße gestellt. Bei der Überorganisation der Ämter ist schwer festzustellen, wer der Urheber dieser Rücksichtslosigkeit ist, die Stadt Berlin oder der Rundfunk oder die Post –: aber es ist schade, daß sich die bemitleidenswerten Anwohner noch nicht zusammengetan haben, um den Radaumachern eine dicke Klage anzuhängen. Es ist über die Maßen greulich.

Was man auf der Straße tun soll, steht dahin. Manche lesen Zeitungen (was meine Tante Julia einmal zu dem Ausruf veranlaßt hat: «Er liest Zeitungen auf der Straße, wie ein wildes Tier!») – manche hängen ihren Gedanken nach, das ist schon schwerer – manche träumen – manche, wie mein Freund Theobald, gehen mit völlig idiotischem Gesichtsausdruck an ihren besten Freunden vorbei ... man kann vielerlei auf der Straße verüben und erdulden. Aber eines nicht:

Lautsprecher mit gutturalen Reden und Lautsprecher mit viel Musik.

Ich weiß schon: auf den Boulevards in Paris heult auch einer. Tut er auch. Da, wo früher der alte Lucien Guitry aufgetreten ist, bauen sie jetzt um, auf dem Gerüst tat sich eines Tages eine schwarze Höhlung auf, und hervor heulten eine Trompete und ein Opernbaß und eine Vickeline und ein Frauenzimmer, die in die Hupen hereinquietschte: «Mon cœur soupire ...» Jeder, wie er kann.

Da gehts aber wenigstens im allgemeinen Krawall unter, bunte Zutat im Großstadt-Orchester. Aber hier, am Funkturm –?

In eine stille Gegend, wo nur alle halbe Jahre eine elektrische Bahn vorbeikommt, blökt und quakt eine fette Stimme Sachen, die man natürlich nicht versteht, weil niemand Zeit und Lust hat, so lange stehenzubleiben; rollt Orchestermusik; johlt Kunstgesang; quietscht irgendein Instrument unbekannter Herkunft. Man will das auf der Straße nicht. Es ist nicht nur eine Belästigung der Anwohner, die einem schwer leid tun können, zweifellos ist der Wert ihrer Wohnungen geringer anzusprechen. Es ist auch eine kindliche Überschätzung der Technik, ein dummes Spiel, etwa: Indianer kochen in einem aufgefundenen fotografischen Apparat Ziegenmagen. Dazu ist der Apparat im allgemeinen nicht da.

Und der Lautsprecher nicht, um in den Frieden der Ohren einzubrechen. Ob die Musik dabei profaniert wird, mögen Musiker entscheiden; mich will es fast so bedünken. Daß man aber harmlosen Passanten diesen Unfug, den sie gar nicht haben wollen, nicht aufdrängen soll, das ist einmal sicher. Der Techniker mit seiner Kommission, der das Ding da aufmontiert hat, kam sich sicherlich sehr großstädtisch vor und stand voll bewundernd vor seinem Werke. Es ist aber gar nicht großstädtisch, sondern im Gegenteil eine provinzielle Verkennung der Möglichkeiten des Radios. Sind die dargebotenen Kunstleistungen schlecht, dann verschone man uns damit. Sind sie aber gut, dann treffen sie auf die Ohren Unwilliger, stumpf Neugieriger, Eiliger, hastig zur Arbeit Trottender –: dann ist es schade um die Kunst und ein Ohren-

Hausfriedensbruch obendrein. Nicht einmal «Neueste Nachrichten» will man in ruhigen Zeiten von dieser Stelle hören.

«Achtung! Achtung! Wir hören jetzt ...» Das geht Stunden und Stunden so. Rundfunk wird störend oft empfunden, weil er stets mit Geräusch verbunden. Man sollte diesem Störenfried die Antenne erden und ihn im Interesse des allgemeinen Friedens abmontieren. Auf Nimmerwiederhören!

Die Platte Electrola EG 178

Wenn das Klavier ein wenig synkopiert hat, ist da wohl ein Herr an den Flügel getreten, weil ihn alle so gebeten haben, etwas zu singen, irgendein höherer englischer Kolonialbeamter oder der Sohn eines geachteten Parlamentmitgliedes. Es sind übrigens nur Herren im Zimmer, die nachdenklich in die gelben Whiskyperlen blicken, als das Klavier einsetzt. Die Leute hören satt und sorglos zu, gar nicht so verbissen in ihr murksiges Innenleben wie der kleine Mittelstand auf jenem alten Bild «Beethoven». Es ist nichts als die Stunde nach dem dinner. Manche sehen den am Flügel auch an.

Er beginnt mit einer leichten, angenehmen Stimme, die nur leise tupft, er bemüht sich zunächst kaum, zu singen. Er ist doch ein Dilettant, und niemand verlangt von ihm, daß er leuchtende Tenorbälle in die Luft wirft. Tut er auch gar nicht. Er paßt sich so einigermaßen dem Begleiter an, manchmal läßt er fast tückisch dem Klavier einen kleinen Vorsprung und holt das dann zum Schluß der Liedzeile nonchalant wieder ein. Sie werden schon zusammen fertig werden. «When I look in your eyes», singt er und: «Something tells me that you and I should be together», und man weiß nicht genau, ob er sich nun über sich lustig macht oder über die Herren mit den Whiskyperlen, oder über die, der er in die Augen sieht. Da ist der Refrain. «O Caecilie! – O Caecilie! Say that you'll be mine!» Die Stimme schleift. Jetzt wird es da am Klavier im

Takt sehr kompliziert. Der Herr Sänger überhören das, hüpfen aber richtig in die Schlußzeile, und wenn er einmal aus dem Rezitativ herauskommt, heben einige die Köpfe. Er kann ja singen! er hat ja eine wirklich nette, kleine Stimme, eine nette, kleine –

Die zweite Strophe setzt etwa eine Oktave tiefer ein als die erste. Das ist ein Mann, den sein Bariton auch in den untern Lagen gut trägt, einer, der männlich, kräftig und überlegen einem Mädchen gut zuredet, sie solle doch nun endlich ... Er lockt, er ist ein böser Bube und lockt. Folgt sie ihm? Es ist nicht genau herauszubekommen, wer wem folgt, aber am Schluß werden sie schon zusammen sein, daran ist kein Zweifel. Dieser Herr spielt mit dem Refrain, kugelt das Wörtchen «Caecilie» hin und her, schnellt es nach oben und steckt es ins Knopfloch und singt über alle Whiskygläser hinweg, und einmal gibt er, man hört ordentlich im Grammophon die winzige Handbewegung, das Wort Caecilie zu: als Draufgabe. Es paßt gar nicht in den Takt, aber in der Fistellage ermahnt er sie noch einmal. «Caeciilie –!» Da wird sie wohl nun folgen, das gute Kind.

Und weil ihn jetzt alle ansehen, singt er den Refrain noch einmal, schleppend, ein klein wenig niederträchtig zögernd, so daß man immer Angst hat, er werde mit dem Takt nicht auskommen. «Say that you'll be mine!» Dann tritt ein vollendeter Herr vom Flügel zurück und bedankt sich, konventionell lächelnd, für den Freundesbeifall und ist wieder ein Gleicher unter Gleichen. Beileibe kein Künstler.

Übrigens soll Jack Smith, the whispering singer, Kellner von Beruf sein und sicherlich, hängen Sie Ihre Tochter weg!, ein wildes Huhn.

In Reserve

Unteroffizier: «Warum hat Er den Mantel nicht gerollt?»
Schildwache: «Ich habe ihn angezogen, weil es regnet.»
Unteroffizier: «Was nützt mich der Mantel, wenn er nicht gerollt ist –!»
Alte Anekdote

Wer einen kleinen Vorrat hat, der hat gern einen kleinen Vorrat. Es ist das Zeichen des Klugen, sich niemals ganz zu verausgaben; etwas legt sich ein solcher gern in die Reserve, für alle Fälle, man kann nie wissen ... Und da liegt es denn.

Nun müßte man denken, daß bei Notfällen der Bedrängte ohne viel Skrupel in den Notvorrat greift ... Weit gefehlt. Fast schmerzlich greift er ihn an; gewiß, nun ist die augenblickliche Not beendet, das ist ja wahr – aber was ist nun mit dem kleinen Vorrat? Meine Lieben, lasset uns um uns sehen.

Der Bürokrat gibt seine Vorräte an Briefmarken, Formularen, Ausweisen, Geldsorten niemals gern aus. Es plagt ihn, in seinem vollständigen Verzeichnis eine Lücke zu wissen, es geht dies nicht an, und lieber läßt er den hilfeheischenden Steuerzahler wieder davongehen – sonst wäre er kein rechter Bürokrat –, und der geht auch brav davon – sonst wäre er kein rechter Steuerzahler. Besonders der Deutsche denkt viel zuviel und viel zu systematisch, als daß er nicht sorgsam haushielte mit dem, so in seine Macht gegeben ist. Ich habe einmal einen Briefmarkenmann am Schalter beobachtet, der hielt seine wenigen Marken ängstlich zusammen, «weil doch noch jemand kommen könnte ...» Und als man ihm auseinandersetzte, daß dieser Jemand nun da sei, da zuckte er gemartert zusammen – was würde das mit dem nächsten werden? Und klappte sein Fensterchen herunter. Und saß auf seinem Vorrat.

Das ist mehr als ein Überbleibsel aus den Kriegs- und Inflationsjahren, wo rationiert werden mußte. Das Pensionsberechtigungsgefühl, tief in unseren Landsleuten verankert, möchte auch hier gern die kleine Sicherheit, nicht groß, aber immerhin ... Neben den Verschwendern, den Bunten, den Sorglosen gibt es die Ordentlichen, die Behutsamen, die Vorsorglichen: sie haben immer noch ein Restchen Baldrian, Zucker, Guttapercha, Streichhölzchen ... Soweit gut und schön. Aber es schneidet ins Herz, wenn man an diesen Vorrat herangehen muß – denn nachher ist man ohne Vorrat, und das tut weh.

Wir bewahren ein bißchen viel auf, mitunter. Da spart sich so einer seinen kleinen Vorrat an Phantasie, Liebe, Lebensfreude sorgsam auf, für bessere Zeiten, nach dem schönen, alten Spruch: «Wenn ich mal erst ...» Aber es kann immerhin geschehen, daß der ganze Vorrat hin ist, wenn der Besitzer an ihn herangeht, verschimmelt die Phantasie, abgestanden die Liebe, verflogen die Lebensfreude. «An kühlem Ort aufzubewahren.» Und hat doch nichts geholfen.

Ist es nicht eine Art Schwäche? Nur kleine Flaschen haben einen Tropfenzähler – sprudelndes Quellwasser wird im allgemeinen nicht rationiert. Wo es quillt, braucht man nicht zu knapsen, nichts aufzubewahren, nicht vorzusorgen ... Vorräte werden dem Verkehr entzogen, schade drum.

Manche drillen so viel, bis sie den Zweck, für den sie üben, gänzlich vergessen haben – ein Jammer um die Mühe. Manche legen zurück und stapeln Vorräte auf und führen Listen – auch über Gefühle, denn das gibts – und für den Ernstfall können sie sich nicht entschließen, den Vorrat einzusetzen, aus Geiz, aus falscher Ordnungsliebe, aus bürokratischer Knickrigkeit. Und so verfault der Vorrat, wie etwa die großen Rollen Sohlenleder im Kriege verkommen sind, die man nie ausgab; lieber ließ man die Soldaten mit zerfetzten Stiefeln herumlaufen – aber zum Schluß wußte niemand, wohin mit den Vorräten ...

Wenn du noch einen kleinen Vorrat Güte hast, lege ihn

nicht zurück – «verkommendenfalls – komme sofort». Gib sie aus, verschwende dich, bist du ein Safe –?

Regnet es, nimm unbesorgt den Mantel herunter und lege ihn um. Dafür ist er. Er nutzt dir gar nichts, gar nichts, gar nichts, wenn er nur gerollt ist.

Sacco und Vanzetti

An den Botschafter der Vereinigten Staaten ist folgendes Schreiben abgegangen:

Euer Exzellenz!

Ich habe die Ehre, Ihnen folgende Angelegenheit zu unterbreiten:

Wie in politischen Kreisen bekannt ist, hat der oberste Gerichtshof in Boston in den Vereinigten Staaten die Wiederaufnahme des Verfahrens gegen die Arbeiter Sacco und Vanzetti abgelehnt, so daß formal einer Vollstreckung des Todesurteils nichts mehr im Wege steht. Als Herausgeber einer Wochenschrift, die seit langen Jahren für die Gerechtigkeit und die Freiheit eingetreten ist, erlaube ich mir, Euer Exzellenz den Protest eines großen deutschen Kreises von Intellektuellen und Angehörigen der arbeitenden Klasse gegen die geplante Hinrichtung dieser beiden Männer zu übermitteln. Wenn ich das tue, so liegt mir nichts ferner, als mich in die innerpolitischen Verhältnisse der Vereinigten Staaten einmischen zu wollen. Als Angehöriger eines Volkes aber, das Justizirrtümer und Schlimmeres aus eigner Anschauung kennt, möchte ich zu bedenken geben, wie das Ansehen jeden Staates, also auch der Vereinigten Staaten, durch solche Vorkommnisse leiden muß. Selbst wenn Sacco und Vanzetti Taten begangen haben sollten, die nach dem amerikanischen Gesetz strafbar sind, was bei der Qualität der belastenden Zeugenaussagen auch nach amerikanischen Presseäußerungen nicht feststeht, scheint mir und meinen Freunden die jahrelange Todesangst dieser Leute eine ausreichende Kompensation für ihre Handlungsweise zu sein. Ich darf Euer Exzellenz ergebenst darauf aufmerksam machen, daß die Sympathie politisch denkender und aktiver Schichten Deutschlands durchaus auf seiten der Verurteilten ist. Die Verletzung der einfachsten Menschenrechte bedarf einer Reparatur; die Begnadigung der beiden Leute ist in unsern Augen das mindeste, was von der amerikanischen Regierung erwartet wird. Wir protestieren auf das schärfste gegen die beabsichtigte Hinrichtung von Sacco und Vanzetti.

Ich erlaube mir hinzuzufügen, daß dieser Protest in der nächsten Nummer meines Blattes erscheinen wird.

Ich bin mit den besten Empfehlungen Euer Exzellenz ergebener

Komm, erschein auf dem Balkone

Eine Serenade? Das ist, wenn einer unten steht und spielt Leier und bekommt einen Topf auf den Kopf gegossen. Aber so hat es nicht angefangen, und die Serenade ist einmal eine sehr ernsthafte Sache gewesen.

Das lateinische und katholische Ideal von der Frau setzte jedes weibliche Geschöpf aus guter Familie hinter die Gitterstäbe der Vorurteile, so wie heute noch in Spanien der Verlobte mit seiner Braut vor der Heirat niemals allein sein kann, denn das wäre unschicklich. (In guten südamerikanischen Familien ist das ähnlich.) Was blieb also den armen Liebhabern anders übrig, als abends vor den Fenstern des eingesperrten Liebchens mit einem Saiteninstrument anzutreten und, wie bei Offenbach, zu singen:

«Komm, erschein auf dem Balkone!»

Was heute Operngeste geworden ist, war damals klingender Ernst und manchmal blutiger Ernst: denn wenn der Behüter der jungfräulichen Ehre das kleine Nachtliedchen übelnahm, dann konnte es wohl geschehen, daß sich über der sechssaitigen Gitarre die Klingen kreuzten und mit Tod endete, was mit Gesang begonnen hatte. Konnte der Liebhaber nicht anders zu der Seinigen gelangen, so warf er eine glitzernde Strickleiter aus Tönen vom Garten her an ihr Fenster, und seine hochachtungsvolle Verehrung klomm empor: in Kantilenen, Läufen, Arpeggien und vielen kleinen und großen Serenaden, die wie bunte Kugelbälle in der Nacht vor dem Haus auf- und abstiegen ...

Als die Zeit bürgerlicher wurde, die Maschen der Vorurteile weiter und die Entfernungen zwischen den Menschen und Ständen enger, da bekam die Serenade einen sanftkomischen Anstrich. Man sang sie gewissermaßen zwischen Anführungsstrichen und mit jenem heimlichen Zwinkern, das da andeutete: «So ernst meinen wir es ja gar nicht!» Nun war es mehr eine sanft bürgerliche Aufmerksamkeit, die der Liebsten dargeboten wurde, wie ein Blumenstrauß oder ein Pfund Konfekt; denn eben diese Liebste brauchte nicht die Strickleiter zu benutzen, um herunterzuklettern, sondern konnte, wenn auch unter gütiger Aufsicht der Mama, die Treppe des Hauses heruntergehen und mit dem Musikanten ein halbes Stündchen im Garten plaudern, wobei ja nicht unbedingt gesprochen werden mußte.

Immerhin hat diese Saiteninstrumente besonders in Deutschland eine Art Romantik umweht, die vom Süden herüberkam; ihre Musik wehte wie in einem warmen Wind heran, und den lauschenden Mädchen mochte immer so etwas wie eine Art Ritter, Entführer und Don Juan vorschweben. Sie schlossen die Augen und wollten gerne vergessen, daß es nur ein großherzoglicher Rentamtskonzipient war, der da unten im Garten «Laurentia, liebe Laurentia mein» trillerte. Das verblichene Seidenband der Gitarre hing wohl noch lange Zeit in der guten Stube des Ehepaares, bis sich die Motten darüber hermachten ...

Das ist übrigens auch schon ziemlich lange her. Heute ist zur Serenade in dieser Form kein Platz, kein Anlaß, keine

Zeit und keine Ruhe. Es gibt eine Serenade, die auch heute dargebracht wird. Aber das geht so vor sich, daß sich Hella oben anzieht und natürlich nicht zur Zeit fertig geworden ist (es gibt keine Frauen, die zur Zeit fertig werden), und daß Bert mit dem Wagen vor der Tür wartet und nun ungeduldig in die volle Hupe kneift und singt ihre Serenade «Tatü».

Das hört Hellachen im dritten Stock und beeilt sich nun noch mehr und wirft noch mehr Pomadentöpfe und Schminkstifte durcheinander und wird noch viel später fertig ... und unten bläst der Liebhaber immerzu seine Serenade.

Eine Serenade? Aber selbst, wenn der große Überlandwagen keinen Lautsprecher aufstellt, der die Insassen an einem lauen Sommerabend erfreut, so gibt es ja noch einen anderen Apparat, mit dem sich herrlich Serenaden darbringen lassen: das Telefon. Oder ist es vielleicht keine zarte und sinnige Aufmerksamkeit, die Geliebte nachts um zwei Uhr noch einmal aus dem Schlaf zu klingeln, von Nachttisch zu Nachttisch, um ihr das Wichtigste mitzuteilen, das es im Augenglick gibt – dafür Nachtverbindung, dumpfes Rauschen in der Muschel, Erwartung, nächtliche Stille, Zirpen des elektrischen Stromes und dann schließlich eine verschlafene Stimme. Und nun die wichtige Mitteilung, die nicht länger aufgeschoben werden konnte:

«Habe ich dir eigentlich schon erzählt, daß die Verlobung von Luz auseinandergegangen ist?» Auch das ist eine Serenade; denn es gibt manchmal Augenblicke, wo es nicht so sehr darauf ankommt, was einer sagt – als daß er spricht.

Zur Serenade, zur Nachtmusik im alten Sinne gehört die abendliche Stille der kleinen Stadt und das Verklingen der Glocken und das Schwirren der letzten Falter und des ersten Nachtgetiers und das Aufrauschen der Bäume – in der Geisbergstraße zu Berlin ist so etwas viel schwieriger herzustellen.

«Die Blas-Abendmusik» des Leipziger Stadtpfeifers Petzel

liegt verstaubt in den Bibliotheken, und was sich Milchen und Franz abends durchs Fenster mitteilen, dürfte eine Verabredung fürs Kino sein, das den Liebenden, die sich im Dunklen die Hand drücken, eine Serenade im Bild und im Orchester zeigt.

Und was früher in vierstrophigen Kanzonetten dargebracht wurde, mit langsam aufklingendem Vorspiel und Läufen und sacht absterbendem Saitengesäusel, das erledigt sich heute, vom Auto heraufgerufen, schneller, exakter, sachlicher, eine gesprochene Serenade.

– «Lucy?» – «Ja?» – «Kommste mit?» – «Wohin?» – «Ins Große Schauspielhaus?» – «Was'n da?» – «Wie einst im Mai!» – «Wer spielt mit?» – «Alfred Braun!» – «Gemacht!»

Die Serenade, das ist sozusagen immer die Ouvertüre gewesen. Die Ouvertüre zu einer ewigen Oper, wie manche zur Liebe sagen. Es hat große Künstler der Ouvertüre gegeben, die nachher beim Stück versagten. Manche haben die Serenade schlecht gesungen, aber sich dann behauptet. Es ist darüber gespottet worden, und imposante Szenen sind entstanden. Wer soll schließlich urteilen? Der Liebhaber! Die Minnesänger sind anderer Meinung gewesen als die Chauffeure. Die pathetischen Sänger haben oft die Liebe geringer geachtet als deren Kunst. Der Liebhaber 1927 hat oft recht kunstlos geliebt.

Man könnte der Meinung sein, daß die Frauen auch ein Wort mitzureden haben. Sie sind oft genug besungen worden, ohne befragt zu sein. Doch niemals hat sich ein Liebhaber lächerlich gemacht, vielleicht ist er belächelt worden. Aber oben auf dem Balkon des Schlosses oder des Miethauses in Lichterfelde hat sich durch Jahrhunderte hindurch ein kleiner lächelnder Stolz gezeigt, wenn nicht der der Liebe, so dieser: gerufen zu sein bei diesem einzigen Namen, der niemals wiederkehrt.

Für wen sind eigentlich die Zeitungen da?

Die «Pressefreiheit», die in den Toasten der Journalisten-Kongresse fast so oft vorkommt wie das Wort «Einstellung», ist ein mäßiger Witz. Kleinere Angestellte größerer Industriegruppen dürfen vielleicht ihre Interpunktionsregeln nach eigenem Geschmack machen – wenns ernst wird und sie nicht kuschen, fliegen sie hinaus. Die Saturnalien dieser halben Freigelassenen ändern daran nichts.

Aber kein Zensor ist so streng, kein Bäumer-Gesetz so prüde wie jene Zensur, die jede bessere Zeitung im Hause hat: das ist die eigne, die Rücksicht auf den Leser nimmt. Und der schreibt empörte Briefe (die nicht in den Papierkorb fliegen), wenn die Zeitung nicht so redigiert wird, daß «meine Tochter und mein halberwachsener Sohn das Blatt lesen können». Auf diese Weise bekommen wir denn die Weltgeschichte so dargestellt, wie ein gemäßigter Familienvater sie für seine Lieben adaptiert haben möchte.

Der ernste Spaß, die kantige Härte, peitschender Hieb, der die empfindlichen Stellen trifft –: sie haben kaum Platz in der Zeitung. Vielleicht noch in ein paar großstädtischen Blättern; in der Provinz ist es dunkel und fürchterlich, und da will es nimmer tagen. Nach fünfjähriger Tätigkeit redet sich jeder Redakteur mit Leichtigkeit ein, daß es auch seiner Anschauung entspräche, wenn «diese Dinge» nicht im Blatt stehen – in Wahrheit duckt sich das alles voller Angst, wenn der Herr Regierungsrat das Blatt abbestellt. Und warum bestellt ers ab? Früher, wenn etwa das Wort «Syphilis» ausgedruckt war – heute, wenn in einer Erzählung «dem Sinnenkitzel gefrönt» wird – und Gott mag wissen, wo dieses Ding in der Provinz sitzt? ...

Merke:

Die normale Zeitung steht unter der strengsten Zensur, die es überhaupt gibt: unter der eignen. Die läßt keine scharf charakterisierten Figuren im Roman zu, keine lebensechte Situation in der Erzählung, an der etwa ein bestimmter Stand schuld ist – der protestiert unentwegt, denn für vier Mark fünfzig Abonnementsgebühr ist jeder Spießer ein Held. Der drückt Niveau, Verlag und Redakteure und redigiert wacker mit. Der hält sich seine Zeitung wie einen Hund an der Leine.

Das Traurigste ist, daß nicht einmal die sozialdemokratischen Provinzblätter in ihrer überwiegenden Mehrheit eine Ausnahme machen – denn ihre Leser haben vielleicht ein Mitgliedsbuch, aber auch eine Frau …

Gott segne die Presse, denn sie kann nichts dafür.

Bei Anton Hansen

«… hat die athletische Zartheit, die ein Kennzeichen gerüsteter, ihrer Stärke bewußter Seelen ist.»

Alfred Polgar

Ein Bulle. Aber einer mit Fingerspitze, mit Gefühl, mit einem Aufnahmeorgan für das Leiden Geknechteter. Etwa der große Bruder, der haut, wenn der kleine Bruder von bösen Lümmels angegriffen wird. Das ist der Zeichner Anton Hansen.

Der Mann wohnt in Kopenhagen gegenüber der *Berlingske Tidende,* der konservativen Zeitung in der Pile-Straede. Sein Atelier sieht über die Giebel und roten Dächer der Nebengassen, und sein Eßzimmer ist eine Schiffskajüte mit kleinen Bullenfenstern und einem Boden, der beinah schräg erscheint. Da oben zeichnet er.

Was er zeichnet, erscheint seit Jahr und Tag im kopenhagener *Socialdemokraten* – obgleich der Mann der Kommunistischen Partei nähersteht. Die hat in Dänemark nicht viel zu vermelden – desto mehr aber in Norwegen, wo Hansen oft politisch tätig war. Da ist er durch das *Arbeiterblatt* bekannt, gefürchtet ... Mit Blix gab er 1919/20 das Witzblatt *Ex lex* heraus, in dem sehr schöne Arbeiten von ihm zu finden sind – neben den himmlischen Zeichnungen Blixens, der bei uns viel zuwenig gedruckt wird.

Ist Hansen ein politischer Zeichner? Er ist wohl mehr als nur das. In den Zeichnungen, die er mir zeigte, ist viel Politisches, gewiß – die Schreie aus den Jahren nach dem Kriege, eine treffliche Verhöhnung Eberts, Peitschenhieb und Anklage ... Aber schon nach dem sechsten und achten Bild ist zu spüren: dies Pathos ist aus Leiden geboren – er hat Mitleid, weil er mitleidet, wenn andre dulden.

Es gibt einen kleinen Auswahlband von ihm – und er ist bei, Gott strafe ihn, bei Axel Juncker in Kopenhagen erschienen. Ja, den gibts noch, und obgleich mir einer seiner «Verlegten» aufgetragen hat: «Wenn du Axel Juncker in Kopenhagen siehst, dann hau ihm eine runter!» – so habe ich doch diesen freundlichen Reisegruß nicht bestellt ... Bei dem also ist ein hübsches Bändchen erschienen, zu dem mehrere Leute einleitenden Text geschrieben haben – darunter auch unser Toller, von dem übrigens im Buch ein Bildnis zu sehen ist. Ensor geistert durch das Buch, auch Steinlen hat seine Visitenkarte abgegeben – aber das eigene ist doch Hansens merkwürdiger kugeliger Strich, etwas aus Schwarz-Weiß Gedrehtes, das er auch dann anwendet, wenns rein allegorisch wird: unten stehen Männer und ein Weib an der Wand, die Ordnung reißt das Maul auf und kommandiert einer Reihe Noskes «Feuer!» – und oben sitzen auf dem abgestorbenen Ast eines alten Baumes fünf dicke Männer und reden und reden ... Und darunter steht: Parlamentarismus.

Und eine herrliche Stresemann-Karikatur ist da, und die grausamen Fressen Hungernder, und das Rohrgeflecht einer Kraftstation, und eine merkwürdige Vorliebe für meine Freunde, die Gespenster – – Schade, daß Hansen nicht in Rußland lebt.

J. V. Jensen macht in seinen Mußestunden Geigen und Schmiedearbeiten – es ist eine im Norden wohl oft vorkommende Verbindung, die auch bei Hansen anzutreffen ist: jene von Zartheit und Kraft. Da saß Anton Hansen neben mir im Wald und malte mit seinen dicken Fingern grüne Bäume auf sein Zeichenpapier – er war friedlich und still und saß da wie einer, der eben nichts vom Leben will, als in Ruhe gelassen werden. Freilich – wenn einer kommt und von ihm verlangt, daß er auf patriotisch hungern und Menschen töten solle … dann steht der Malende wohl auf und schlägt ihm das Zeichenbuch hinter die Ohren … Für einen Parteiapparat also wohl ein recht unbequemer Mensch.

Ich sehe mich in dem kleinen Atelier um, da steht oben, auf dem Bücherbord, eine Büste. Goethe? Spinoza? Nein – aber der Boxer Dick Nelson, eine herrliche Arbeit. Hansen sieht billigend herauf, so mit einem Blick: Kraft ist zunächst immer gut – man wird sie schon brauchen können. Er kann zum Glück zu wenig Deutsch, als daß ich ihm erklären könnte, wo bei uns die Kraft sitzt – ewig und immerdar auf der einen Seite – und auf der andern? Toleranz, Schwäche, Takt und eine ganze Republik.

Wenn Arbeiter reisen könnten! Aber europäische Arbeiter reisen ja nur mit dem Gewehr auf dem Buckel, sonst bekommen sie fremde Länder kaum zu sehen …

Doch wenn sie reisen könnten: solche Kerls wie diesen Hansen sollten deutsche Arbeiter sehen, die nach Dänemark gehen – und er sollte nach Deutschland gehen, wo man ihm hoffentlich bald eine politische Ausstellung herrichten wird. Denn nichts kräftigt den kämpferischen, den wahren Sozialismus so wie das Bewußtsein, daß man nicht allein ist. Daß es allenthalben dieselben Leidenden, dieselben Ankläger, dieselben Unbequemen gibt – daß die Uniformen, die Landesfahnen, die verschiedenen Beamten, daß sie alle immer nur dasselbe anzeigen. Und daß es eine wirkliche Internationale gibt: die des Arbeiters, der zum Schluß von seiner Arbeit nichts hat.

Für den zeugt, für den malt, für den wirkt Anton Hansen.

Die Veränderlichen

In Deutschland ändert sich nur das Wetter? Das stimmt nicht.

Seit dem Jahre 1914 hören wir ununterbrochen, auf alle Vorwürfe, von allen Leitartiklern, daß «Deutschland aber doch so viel arbeite», daß «hier gearbeitet wird wie nirgends auf der Welt» und was man so schreibt. Was zunächst falsch ist. Ob aber «so» anderswo gearbeitet wird, das ist allerdings fraglich.

Man kann getrost rechnen, daß etwa ein Zehntel der deutschen Arbeit darauf gerichtet ist, etwas «nun aber mal ganz anders» zu machen. Weil das Land übervölkert ist, weil gar nicht so viel Arbeit da ist, wie die derzeitige Ordnung verlangt und wiederum zu geben gewillt ist, machen sich die Leute, die im Besitz einer Stellung sind, jene beamtliche Seuche zu eigen: sie erschaffen künstlich Arbeit. Symptom:

Man sehe sich einmal Schilder von Verkehrsfahrzeugen, von Straßen, von Bahnhöfen an. Was wird da herumgewurstelt! Was wird da experimentiert! gewechselt, umgelegt, neu angestrichen, heruntergerissen, wiederangeschraubt ...! Ich schweige ganz von dem Unfug, am Bahnhof Friedrichstraße Fraktur malen zu lassen, an einem Ort also, wo Fremde ankommen und abfahren – und es ist sehr bezeichnend für die Machtlosigkeit dieser Demokratie, daß dieser Fehlgriff völkischer Beamten nicht zu entfernen ist. Aber abgesehen davon: jeder Psychologe im zweiten Semester weiß, daß nichts so angenehm für das Auge ist als die Gleichförmigkeit, an die es sich einmal gewöhnt hat. Weiß auch, daß nichts schwerer ist, als dauernd denselben Inhalt in neuer Form aufnehmen zu müssen. Das hindert unsre Gschaftlhuber nicht, sich alle naselang etwas Neues auszudenken. Jedesmal, wenn ich nach Berlin komme, freue ich mich, was sie sich nun wieder ausgedacht haben. Und immer haben sie.

Nichts Nützliches. Aber das Auge muß sich erst an neue Formen gewöhnen, die keineswegs schöner sind als die alten – aber sicherlich haben vier Obersekretäre herrliche Akten drum herum geschrieben. Aufträge sind vergeben worden, es ist genehmigt, abschlägig beschieden, widerrufen worden ... Sie können es nicht sehen, wenn etwas bleibt: und wenn es ein Zeitschriftenumschlag, ein Zeitungskopf, ein Straßenschild ist –: geändert, geändert muß sein. Wenn ich recht bin, pulst bei uns das Leben auf diese Weise.

Wir sind ein gänzlich neu renoviertes Land.

Aber wir haben auch – Otto sei gelobt! – sehr stabilen Mist, und an den rühren wir nicht. Da pulst auch nichts. Da wird auch nichts geändert. Der ist ewig, ewig der gleiche, von Anbeginn der deutschen Welt an. Dessen Barometer steht niemals auf VERÄNDERLICH, sondern immer auf SCHÖN WETTER.

Hotelunwesen

Wenn es nach der Zahl der Kongresse ginge, dann müßten die deutschen Hotels in der Welt voran sein. Sie werden in der letzten Zeit auch sehr von den Zeitungen ermuntert, die, dem Inserat nicht abhold, manches für die Zivilisation auf Reisen getan haben. (Daß man besonders der ungastlichen und in dieser Beziehung recht scheußlichen Mark Brandenburg einmal auf den Leib rückt, ist gradezu ein Verdienst.) Aber die Zeitung kann nicht immer, wie sie will – denn was so ein Syndikus von «Interessenverbänden» sich alles ausdenkt, um seine Existenznotwendigkeit zu beweisen, das wissen die Betroffenen und scheuen das Feuer. Nun wollen wir mal.

Zwei dicke Beschwerden sind gegen die Hotels vorzubringen – und ich frage mich, ob denn Hoteliers nie reisen, ob sie das nicht sehen – wo denn die «Fachmannschaft» bleibt, ohne die hierzulande kein Vogel vom Dach lacht (l wie Max).

Erster Punkt:

Wer ein Hotel baut, muß es solider bauen als ein gewöhnliches Mietshaus, weil mehr Menschen darin wohnen, umhergehen, sprechen, Feste feiern, Koffer rücken. Wer ein altes Hotel zu eigen hat, soll wenigstens das Allernötigste tun, um den Lärm zu dämpfen. Fast alle Hotels sind zu laut.

Warum muß man sich eigentlich mit dem Mann erheben oder aufwachen, der am frühesten aufsteht? Wozu hat jedes Zimmer zwei, meist nicht gepolsterte Verbindungstüren? Warum sind die Decken dünn, die Fußböden ohne guten Belag, warum das alles, wenn doch in den bessern Häusern recht erhebliche Preise gefordert werden? Doppeltüren allein machen es nicht, wenn die Wände aus hauchdünnem und lärmdurchlässigem Rabitz bestehen. Man schläft nicht nur im Hotel – man wohnt auch da. Und möchte Ruhe haben, die mit «Rücksichtnahme» nicht zu erzielen ist. Menschen sind keine Filzkaninchen.

Der Lärm im Korridor, der Lärm des Aufzugs – das ist noch nicht so peinigend wie der Lärm des Nebenmannes, der sich den Rachen gurgelt, und vor allem wie der Lärm der Musik, ohne die kein größeres Hotel mehr auszukommen meint. Dieser ruhestörende Lärm, der andeutet, daß da «etwas los ist», und der gleichzeitig den Alkoholkonsum hebt, an dem der Wirt am meisten verdient –: dieser Lärm sollte wenigstens für die Gäste auf den Zimmern nicht zu hören sein. Bei Irving Berlin! was muß man da alles hören! Das ist nicht schön.

Zweiter Punkt:

Es gilt als ganz besonders fein, «Zimmer mit Bad» zu haben – aber wer das nicht bezahlen kann, findet zunächst einmal, auch in den feinsten Hotels, so gut wie nichts, worin er sich die müden Füße waschen kann. Ich weiß schon: im Bidet.

Ganz abgesehen davon, daß wir doch feine Herren sind – manchmal ist jedoch dieser sehr sympathische Einrichtungsgegenstand schon übervölkert – und dann? Im Zahnwasserglas? In der Blumenvase? Reisen Hoteliers nicht? An eine andre Möglichkeit mag ich gar nicht denken.

Wenn schon aber keine Fußbadewanne und kein Bad: da habe ich hier in Dänemark etwas Vorzügliches gesehn, das mir neu war. Es gibt dort Zimmer mit Brausebad: das ist ein kleiner Raum mit Ablauföffnung und Steinfußboden, wo man sich brausen kann. Das Hotel hat also die durch Multiplikation gewiß nicht billige Wanneneinrichtung gespart. Das erscheint mir nachahmenswert. Besonders im Sommer ist der Reisende reichlich zufrieden, wenn er sich warm, lau und kalt bebrausen kann. Das habe ich noch in keinem deutschen Hotel gesehen.

Weil das Leben zu gut acht Zehnteln aus Äußerlichkeiten besteht, dünkt es mir erlaubt, auch über diese zu sprechen. Würden die Deutschen nicht von allen Faktoren des öffentlichen Daseins systematisch ob ihrer Größe, ihrer Tüchtigkeit, ihrem Organisationstalent besoffen gemacht – sie machten die Augen auf und lernten. Denn an fremdem Wesen ist Deutschland schon oft genesen.

Das Ding, das fliegt

Neulich stak ich in einem pariser Kino, das lag so weit draußen, daß man dahin reisen mußte, und natürlich war es der kleine Mann mit dem Hütchen und dem Stöckchen, der da auf der Leinwand zappelte – also hat sich die Reise gelohnt. Die Pariser haben einen hübschen Führer durch ihre Theater und Kinos – in dem steht das Programm jedes, auch des kleinsten Kinos, nach Gegenden, nach Stoffen, nach Schauspielern geordnet – das sollte es in Berlin auch geben. Ja, und da war also zuerst die übliche Wochenschau.

ITALIEN

Eine alte liebe Gewohnheit, keine Kinotexte zu lesen (das versetzt einen schnell ins Märchenland, weil man nie weiß, was gespielt wird) – eine liebe Gewohnheit also verbot mir, mich zu unterrichten, was sie denn da aus Italien vorführten. Man sah nur einen riesigen Platz, schwarz von Menschen, die alle mit den Hüten winkten und mit den Armen fuchtelten – und oben, an den spitzen Kirchtürmen vorbei, flog ein Ding. Es war eine Sache, die aussah wie eine Kaffeemaschine, eine Art Luftrotorschiff, dessen riesige Zylinder sich sehr schnell drehten. Was das war, warum das flog. Warum, keine Ahnung, wie ...? Aber es flog.

Und ich muß sagen, daß mir das Herz vor Schreck stehenblieb. Ich erlebte das Wunder des Menschenfluges noch einmal, zum zweiten Male. Es war alles wie neu. Aber warum war es das?

Weil das Ding, das flog, gar keine Ähnlichkeit mit unsern Flugzeugen hatte. Es sah nicht aus wie ein Vogel, es war nicht leicht und elegant – es war eine schwerfällige Maschine, die da, durchaus reglements- und ordnungswidrig, über die Dächer davonflog ... Vorher hatten sie normale Flugzeuge gezeigt, die über ein leeres Feld dahinschwebten, fortsausten, zu einem Punkt zusammenschmolzen ... wir sahen kaum hin. Aber dieses, das ungewohnte Ding, das flog, das war etwas anderes. Etwas Neues.

Schade, daß man nicht vielem, was geschieht, die gewohnte Form nehmen kann. Man erlebte märchenhafte Sensationen, ganz neue Gefühle – man sähe alles viel natürlicher, erstmalig, neu. Denken Sie zum Beispiel: Wie wäre es, wenn man den Menschen, die bestimmte Funktionen ausüben, die Berufskleider auszöge!

Eine ganz alte französische Dame, die schon als junges Mädchen unter Napoleon dem Dritten etwas von Politik gewußt hatte, sagte einst ein so weises Wort, das ich gar nicht vergessen kann. «Méfiez-vous des gens, qui portent un costume!» sagte sie. Nehmt euch vor Leuten in acht, die verkleidet sind ... Ja, das ist sehr wahr.

Wie sähe Krieg aus, wenn die Krieger in Zivil herumschössen? Wie sähe eine Gerichtsverhandlung aus, bei der es keine Talare gäbe? Wie sähe ein Gottesdienst aus ...? Aber das ist ja gerade das Geheimnis, die Kraft und die gewollte Wirkung der Uniform, daß gezeigt werden soll: Hier ist nichts dem gemeinen Dasein, euerm täglichen Leben Angemessenes! Achtung, hier ist etwas ganz anderes – etwas, das mit andern Augen gesehen werden, mit andern Maßstäben gemessen werden will – hier ist Neuland! Aufgepaßt!

Gut und schön. Aber es ist nicht nur eine fatale Gewohnheit, die so gekleideten Leute in der Phantasie aus- und umzuziehen; es ist auch sehr förderlich, es trägt viel zu ihrer richtigen Beurteilung bei, wenn man es tut. Sie glauben gar nicht, wie anders der Polizist, der Richter, der General aussehen, wenn man ihn sich, ganz schnell, in Zivil vorstellt – wenn man die Rolle mit einem besetzt, der so gekleidet ist wie ich und Sie. Auf einmal ist alles ganz anders.

Gewohntes Zivil verändert erschreckend das Gesicht. Die «Zivil»-Bilder der Schauspieler sind noch gar nichts gegen die Veränderung, die mit einem Mann in Berufskleidung vor sich geht, wenn er sie ablegt ... oder wenn wir ihn gedanklich umziehen (was nicht ganz einfach ist). Meist sinkt er beträchtlich ... Die Würde läßt nach, der Effekt wird gleich Null, vorbei das fast Übernatürliche, er ist so peinlich nah – und weil wir nun erst ganz auf derselben Ebene stehen, verstehen wir ihn auch ganz und können ihn ganz beurteilen. Das fällt dann meistens nicht gerade zu seinem Vorteil aus ...

Plötzlich sieht ganz anders aus, was er tut und bisher zu unserm Nichterstaunen getan hat. Nun staunen wir.

Hohl scheinen allegorische Gesten; Mord ist plötzlich Mord; Brutalität Brutalität; geölt klingen Salbader-Worte – «Warum sprechen Sie nicht natürlich, Herr Schulze ...» möchten wir fragen. Denn auch Titel sind ein Kostüm, und wenn der Kaiser keine Kleider anhat, ist er gar nicht mehr der Kaiser, sondern eben der hagere Mensch in buttergelben Unterhosen aus dem Andersenschen Märchen ... So groß ist die Kraft des Kostüms.

Wie stumpft Gewohnheit ab! Wenn es in der Luft surrt, sagen die Leute: «Ja – das ist wohl ein Flieger» und sehen gar nicht weiter danach hin – man starrt ja auch nicht jedem Automobil am Wege nach. Käme aber plötzlich der Freund in einem Schreibtischsessel automatisch angerollt, da würdest du schon den Kopf heben. Weil das neu wäre, und weil der rollende Sessel dich wieder von neuem zum Nachdenken brächte: wie wunderbar es doch ist, daß es Kräfte gibt, die die tote Materie in Bewegung versetzen können!

Manchmal soll man die Dinge desillusionieren. Das ist sehr gesund. Es verlegt die Gehirnmoleküle in lehrreicher Weise, es fördert die geistige Verdauung, beseitigt die Gedankenträgheit und macht frei. Dann sehen wir plötzlich den Wald, den wir vorher vor lauter Bäumen nicht gesehen haben; das große Staunen hebt an, und wir wissen plötzlich wieder, klar und objektiv, was das ist: ein Ding, das fliegt.

Das Leben der Termiten

«Dunkle Cypressen – Das Leben ist gar so lustig – Es wird doch alles vergessen.» Zum Beispiel der feierliche Boykott gegen Maurice Maeterlinck, den die deutschen Zeitungsleser ausstoßen mußten, als das Gesetz es – 1914 – befahl. Da hatte jener in nicht angenehmer Weise gegen Deutschland geschrieben; und die Gescholtenen wiederum kreideten ihm jeden Tantièmegroschen an, verlangend, er müsse gefälligst sein Herz an die Leipziger Konten hängen. Und Patrioten seien nur sie alleine. Und nie wieder würden sie ...! Diese Schwüre sind, neben einigen andern, dahin. Trotz des Pen-Clubs: wir warten auf die nächsten.

Dieser von der deutschen Leserwelt auf ewig ausgestoßene Schuft, Landesfeind und Besudler deutschen Wesens hat im Verlage der Deutschen Verlags-Anstalt Stuttgart ein neues sehr fesselndes Buch erscheinen lassen: «Das Leben der Termiten». Das kleine Werk, in falscher Ausstattung dick aufgepustet, mit außergewöhnlich schlechten Bildern, ist leider nicht gut übersetzt. Es ist nicht möglich, daß ein Sprachkünstler wie Maeterlinck so trocken, so langweilig, so stumpf und so unlockend geschrieben haben soll. Das Deutsch ist das eines in vierzig Dienstjahren gefestigten Beamten. Die Übersetzung stammt von Käthe Illch. (Beiseite: was sich da neuerdings in der Übersetzerei, wie überhaupt in der Literatur, an Frauen breitmacht, das ist wenig heiter. Diese fatalen Dilettantinnen, mit ihrem «Das kann ich auch!» und: «Sie verdient sich auf die Weise noch ein paar Groschen dazu», sind eine wirkliche Landplage geworden.) Ja, also die Termiten.

Das Buch ist unbedingt lesenswert, obgleich es ein Kompendium ist. Maeterlinck hat offenbar niemals selber die Termiten beobachtet – der Unterschied zu seinem Buch «La Vie des Abeilles» ist offenbar. Da hat er selber mit emsger Liebe, mit zärtlicher Sorgfalt, mit nimmermüder Geduld die Bienen tagaus, tagein beobachtet; hier hat er abgeschrieben, zusammengeschrieben – und so ist, was die tatsächlichen Schilderungen angeht, etwas sehr, sehr Fesselndes, aber recht Unpersönliches herausgekommen. Ist das Buch auf Bestellung gearbeitet?

Immerhin: ich habe bisher nicht einmal gewußt, wie der Singular von «Termiten» heißt («die Termite») – und vom wundervoll aufgebauten Leben dieser Tiere noch weniger. Wie sie Hügel von vier bis fünf Meter bauen, was auf menschlichen Maßstab übertragen einer Höhe von sechs- bis siebenhundert Meter entspricht; wie sie vermöge ihrer Darmfauna alles fressen können, was Zellulose enthält: Holz, ihre Abfälle, sich selbst ...; wie sie systematisch Pilze züchten, deren sie zu ihrer Ernährung bedürfen; wie sie eine «Königin» als

Eierfabrik aufpäppeln – und vor allem: wie ihre Arbeit, die von kieferbewehrten Soldaten gegen die Ameisen geschützt wird, den strengsten, den allerrigorosesten Gesetzen unterliegt, die man sich nur denken kann. Sie scheinen sich auch sehr anzupassen, und zwar paßt sich gleich die ganze Gattung an, nicht nur das Individuum, das es im Sinne des Wortes im Termitenhügel nicht zu geben scheint. Und von Verwüstungen wird erzählt: wie sie unhörbar, unsichtbar Häuser unterwühlen, Balken hohl fressen, Flaschen und Glasverschlüsse zernagen – und dabei lassen sie meist die äußere Form bestehen, so daß ein innen hohler Baum erst umfällt, wenn man ihn anrührt... Es ist ganz herrlich, was es da alles gibt.

Davon erzählt nun Maeterlinck, der es alles fleißig zusammengesucht hat. Seine Fragen nach dem «Warum» sind nicht besonders tief – aber sie werden von ihm sehr vorsichtig, sehr bescheiden gestellt – er ist gleich weit von den scheußlich sichern Automobilbesitzern entfernt, für die es überhaupt keine Rätsel mehr gibt, wie von den kosmisch eingelullten Indern aus Glauchau, die vor lauter Gottesgedanken eine sehr schlechte Verdauung haben, oder umgekehrt. Nein, so treibt es Maeterlinck gar nicht. Sehr fein, wie er die Termiten als Teile eines Gesamtorganismus auffaßt: des Termitenstaates. Seine fast verzweifelte Frage: warum? zu wessen Nutzen? wofür? verklingt natürlich im Leeren.

Das wäre etwas für den alten Schopenhauer gewesen! Eine schönere Bestätigung seiner Lehre ist kaum denkbar, und all das monistische Volk, das ihm heute auf die Schulter klopft und ihn für so banal hält wie die eignen Brillengläser, kommt dagegen nicht auf.

Jedenfalls sind die philosophischen Fragen Maeterlincks sehr schön, weitaus wertvoller als die Schilderung, die uns nur stofflich packt.

Wenn Sie meinen, daß Sie auch einmal etwas über Termiten lesen müssen: dann lesen Sie dieses Buch.

Ein Bummel durch die Welt

Unter den vielen Männern, die für die *Vossische Zeitung* durch die Welt gefahren sind, ist einer, dessen Berichte ich immer wie Indianerbücher gelesen habe. Dabei hat er gar nichts so Aufregendes erlebt: die Streitaxt Winnetous war in diesem Falle ein prager Gehirn, ein schneller lustiger Intellekt –: Richard Katz. Dessen «Bummel durch die Welt» ist nun im Verlag Ullstein, Berlin, erschienen. Das ist ein Buch –

Also das ist ein Buch, in dem sich einer nach dem Abendbrot bei Freunden bequem an den Kamin rückt, er ist von einer Weltreise zurückgekommen, was ja heute gerade nicht mehr eine Sensation ist, und nun fragt man: «Sage mal, Richard, wie wars denn nun –? Hier, nimm mal 'ne Zigarre –!» Richard steckt umständlich die Zigarre an, Streichholz, erster Zug, die Zigarre ist nicht ganz so schlecht wie erwartet – und nun fängt er an zu erzählen.

Das Buch hat mit vielen Elementen etwas zu tun, mit einem aber bestimmt gar nicht: mit Literatur. Was ein Lob darstellen kann – unmöglich, dem Mann mit dem Grammatik-Rotstift in der Hand, die Sätze nachzumessen. (Ich für mein Teil bin ein Pedant – bei jedem andern sagte ich: Es heißt nicht «Und kehren wir weiser heim, als wir gewesen waren», sondern: «als wir gewesen sind». Sonst haben wir keine Sorgen.) Nein, darum handelt es sich hier gar nicht. Man muß schon, um so zu lachen, wie man hier lacht, auf den seligen, mit Verlaub zu sagen, Stefan von Kotze zurückgreifen, der ebenso wie Katz von den Engländern und den Amerikanern den trocken-bunten Ton der Schilderung geerbt hat.

Es ist ein männliches Buch, ein resigniertes Buch, ein kluges Buch. Es ist durchbeizt von jener spezifischen prager Klugheit – Katz, seien Sie so freundlich, mich Lügen zu strafen, und wenn Sie aus Wien sind, sagen Sie es wenigstens nicht! – es ist ein Buch, dessen eigener Ton sympathisch ist. Sympathisch in seiner Schnoddrigkeit, die ganz, ganz anders schmeckt als die berliner – sympathisch in seinem Humor. («Ich kann Kinder an Bord überhaupt nicht leiden. Sie enttäuschen, wenn sie auf die Reling klettern, ohne ins Meer zu fallen.») Und vor allem: dieser Reiseschilderer hat Mut.

Er hat den Mut, ein Europäer zu sein und kein Snob. Er spielt nicht den alten Globetrotter, nicht den falschen Amerikaner, nicht den Gefahrenmann aus dem Busch – er ist so, wie wir sind: mit allen unseren europäischen Fehlern, Oberflächlichkeiten, Empfindungen, Vorzügen, er hat, was selten ist: common sense. Und man lernt so viel aus dem Buch.

Da streiten sich die Leut' herum, ob die Franzosen «deutschfeindlich» sind (sie sind es nicht) – und wissen nicht, daß weit, hinter den Wassern, ein ganzer Kontinent sitzt, der die Deutschen schikaniert, wo er ihrer habhaft werden kann, sie nicht hereinläßt, sie als Menschen dritter Klasse behandelt: Australien. Aber das ist so weit – wie? Und man lernt, wie unsinnig diese heutige Ordnung die Menschen verteilt; wie Australien nur ein paar Millionen Einwohner zählt, wie das Land leer steht, buchstäblich leer, wie Neuseeland, eines der gesündesten Länder der Erde, in keiner Weise ausgenutzt ist, während sich anderswo die Menschen auf überfüllten Quadratkilometern drängen ... Und man lernt von einem, der die Courage hat, sich zuzugestehen, er sei als Verächter der Farbigen ausgezogen, wie diese Farbigen bei näherm Verkehr auf Europäer wirken. Und Katz erzählt von einem deutschen Ingenieur, den er draußen angetroffen hat: der Mann hatte sich als gewöhnlicher Schiffsheizer verdingt, verdiente wenig, lernte aber die Welt kennen und die Arbeiter dazu. «Kein Unternehmer», sagt der, «nutzt den Arbeiter so aus wie der Arbeiter selbst den eigenen Kollegen, wie der Heizer den Unterheizer.» Wer nationalökonomische Angaben über Japan haben will, die Aufrollung religiöser Fragen im Osten: der mag zu Spezialliteraturen greifen. Hier ist immer wieder der Vorgang des Reisens selbst geschildert, die Reibungen, die knirschenden Räder des Reisebetriebs – und wie viel Erfahrung! An dieser Stelle darf ich vielleicht sagen, daß mir etwas zu fehlen scheint.

Abgesehen vom Titel («Bummel» ist ein leicht angewelktes Wort, wie «soupieren» oder «pfiffig» oder «depeschieren» – es gibt solche welken Wörter) – abgesehen davon, ist das schönste Kapitel «Knapper Rat für weite Reise» nicht ganz in Ordnung. Ich bin ein Katz-Philologe und habe mir seinerzeit ausgeschnitten, was hier gestanden hat; unter diesen vortrefflichen Ratschlägen fehlen einige. Wo ist: «Laß dir die Zähne vor der Reise reparieren» und: «Steig stets in zweitklassigen Hotels ab. In den ersten ist das Personal unverschämt, und die Gäste haben spanisches Hofzeremoniell»? Das kann ich für mein Geld beanspruchen!

Ganz besonders schön sind die Kapitel über Amerika. Amerika hat Richard Katz nicht gefallen, was beide überleben werden. Aber daß einer die Courage hat, das ganz glatt herauszusagen, seine ganze Abneigung herauszuschreien, selbstverständlich wissend, daß da Ungerechtigkeiten und Verallgemeinerungen unterlaufen, das ist schön in einer Zeit, wo Verallgemeinerungen nur beim Lob zulässig sind. Das amerikanische Kapitel «Service» ist eine feine Sache, geeignet, dieses Land auch einmal von der anderen Seite zu sehen.

Das Buch hat hübsche Fotografien, und, was noch mehr wert ist, einen Fundus von echtem Humor, über den der Leser drei Abende im Bett verlachen kann.

Und für Hänschen ein Buch … aber welches?

Wenn mein Papa mit dem Rufe «Julklapp!» ein Weihnachtsgeschenk nach dem anderen durch die Tür feuerte (was ein alter Brauch in Pommern und in Mecklenburg ist, wenn ich nicht irre) – dann war bestimmt ein richtiges, dickes Jungenbuch dabei. So eines, das vor Neuheit klebte, wenn man vorsichtig die bunten Drucke mit den edlen Indianern und den kolorierten Generalen von den Textseiten zu lösen versuchte … Das hieß «Die Skalp-Jäger» oder «Der gute Kamerad» – nun. Sie kennen das.

Ich denke, daß die Jungen, die heute zehn und fünfzehn Jahre alt sind, älter sind, als wir es damals waren; diese Generation hat zuviel gesehen, um unberührt zu sein, sie weiß von zu vielen Sorgen und von sehr viel Technik. Was mag wohl solchen Jungen Spaß machen, wenn sie lesen wollen?

Da wäre ein gutes Jugendbuch zu empfehlen, und wenn ich dabei mitgetan habe und nun auch noch öffentlich davon spreche, so geschieht das, weil ich diese Art von Tendenzlosigkeit durchaus bejahe: es geht ein anständiger Ton durch das Buch, dessen Herausgeber dem jungen Menschen nicht huldvoll auf die Schultern klopfen, sondern die auf saubere Art unterhalten wollen. Mir scheint, daß ihnen das gelungen ist. Das Buch heißt «Jugend und Welt» und ist im Verlage von Williams & Co. zu Berlin-Grunewald erschienen. Wäre ich noch ein Junge: ich würde längelang auf der Erde damit liegen.

Wenn man will, ist der Band so eine Art Kindermagazin: voll von Fotos, bunten Bildern, Maschinen, spannenden Geschichten und einer Menge Kleinkram, der der Jugend, solange es eine gibt, immer Spaß gemacht hat. Filmtricks und Abenteuer, Erzählungen aus allen Weltteilen, Preisaufgaben und Späße und auch Beiträge von Elf- und Zwölfjährigen …

In Klammern für die Erwachsenen: wieviel Arbeit hinter solch einem Werk steckt, ahnt kaum einer, und man soll es auch gewiß nicht merken. Nichts nämlich ist in Deutschland schwerer zu haben als das ganz Einfache, das, was jedes Kind verstehen kann – das Voraussetzungslose. Es sind ein paar, auch für den Erwachsenen, und gerade für ihn, sehr interessante Stücke in dem Band: so erzählt Brecht die Erlebnisse des Boxers Samson-Körner wieder (mit dem ungemein bezeichnenden Satz: «Es ist das Wichtigste im Leben, daß man in Betracht kommt!») – und der Ton, in dem er eine an sich kleine Geschichte erzählt, ist gut getroffen. Es ist seiner.

Was in dem Band an Belehrendem steckt, ist so geschickt verarbeitet, daß sich niemand belehrt fühlt; denn prompt überschlägt jeder richtige Junge und jedes frische Mädchen «pädagogisch» aufgetakelte Kapitel. Hier gibt es nichts zu überschlagen – so, wie man die guten, alten Kinderbücher in jeder Spanne seines Lebens lesen kann, so scheint es mir ein gutes Zeichen zu sein, wenn auch unsereiner so ein Jugendbuch mit dem größten Interesse liest. «Wir hatten mal einen Lehrer», von dem Zeichner Fritz Wolff entzückend erzählt und bebildert, ist eine kleine Kostbarkeit, die auch heute noch gilt, wenngleich sich in der Schule seitdem so vieles zum Besseren gewendet hat. Es sind sehr witzige Denksportaufgaben in dem Buch, und eine Darstellung wie «Die Zeitung» von Wolf Zucker ist beste, allerbeste Erziehungsarbeit für keine Partei – es sei denn für die der anständigen Menschen.

Der Bilderteil ist gut und läßt den Betrachter nicht locker, am besten die Fotografien; für die Bilder ist zu sagen, daß man für Kinder gar nicht naturalistisch genug «durchzeichnen» kann, wie es etwa die englische Illustrationstechnik der Magazine tut. Ein Kind will genau sehen und mit dem Finger darüber hinfahren: da muß ein Fisch ein Fisch sein und ein Kuli ein Kuli. Übrigens ist auch vom Verfasser des bekannten «Dr. Doolittle» etwas zu lesen, und sogar etwas sehr Hübsches.

Kurz: Es geht also. Es muß nicht immer für die Jugend mit Pauken und Trompeten die imperialistische Trommel gerührt werden, und wenn es so etwas wie ein demokratisches Jugendbuch im besten Sinne geben kann: hier ist eines.

Wo bleiben deine Steuern –?

Ein Konfektionsschneider ist vor einiger Zeit ins Reichswehrministerium gegangen und hat sich dem General Heye mit zwei Briefen vorgestellt: einer vom deutschen Botschafter in Paris unterzeichnet, der andre vom Reichspräsidenten Hindenburg. In den Briefen wurde das Reichswehrministerium angewiesen, dem Überbringer, Freiherrn von Schenk, 75 000 (fünfundsiebzigtausend) Mark «für diplomatische Dienste» zu überweisen; die etatsmäßige Regelung würde später erfolgen. Die Briefe waren gefälscht. Der Betrüger gab als seine Wohnung ein berliner Hotel an; und er hätte diese fünfundsiebzigtausend Mark auch bar bekommen, wenn er nicht, von plötzlicher Nervosität erfaßt, das Hotel fluchtartig verlassen hätte. Zehn Minuten zu früh. Der Bote des Reichswehrministeriums war mit dem Geld schon unterwegs.

Ob eine Fahrlässigkeit des Generals Heye vorgelegen hat, steht dahin. Hat sie aber nicht vorgelegen:

Wie wird eigentlich im Reichswehrministerium mit den Geldern der deutschen Angestellten, die mit ihrem Steuerabzug den weitaus größten Teil der direkten Steuern aufbringen, gewirtschaftet –? Angenommen, die Papiere seien echt gewesen, was doch der Chef der Heeresleitung vermutet hat: da kann also irgendein «Diplomat» kommen und eine Summe einkassieren, für die ein Bergarbeiter sein ganzes Leben unter der Erde zubringt?

Wenn das Reichswehrministerium diese Summe ausbezahlen wollte, so hat es im Glauben an eine höhere Weisung gehandelt. Haben wir keinen ordentlichen Dienstweg? Was hat sich der General Heye gedacht, als er auszahlen lassen wollte?

Es kann sich bei den «diplomatischen Diensten», von denen in den Briefen die Rede gewesen ist, nur um Spionage gehandelt haben. Nun wird aber bekanntlich die übliche Nachrichtenübermittlung durch Spione, die jeder Staat streng bestraft und selbst beschäftigt, außerordentlich mäßig bezahlt. Wenn an einen einzigen Mann fünfundsiebzigtausend Mark ausgezahlt werden, dann muß es sich um eine ganz große Aktion handeln, und davon müßte das Reichswehrministerium wissen; das Auswärtige Amt läßt ja wohl im allgemeinen seine eignen Vertrauensleute nicht durch die Bendlerstraße auszahlen. Also hat das Reichswehrministerium entweder Vertrauensleute durch die Welt laufen, die seiner Meinung nach solche Summen wert wären – oder der General Heye hat überhaupt nicht nachgedacht und einfach eine Weisung befolgt, die er füglich und ordnungsmäßig hätte anzweifeln, also durch Nachfrage hätte prüfen lassen müssen. Nichts davon hat er getan. «Diplomatische Dienste» ... Hindenburgs Unterschrift ... Freiherr von Schenk ... her mit dem Zaster.

Ist die Reichswehr absolut? Unterliegt nicht auch sie der Kontrolle durch Finanzministerium, Oberrechnungshof, unterliegt nicht auch sie der Verfassung –?

Eine große Presse; die ihr jeden Gefallen tut und in hauptsächlichen Fragen schweigt und in nebensächlichen Fragen schandenhalber ungefährlich dahermurmelt; eine Sozialdemokratie, die ihr jeden Etat bewilligt, jeden – ein Volk, das nicht weiß, was mit ihm getrieben wird. Schindluder.

Die Reichswehr ist absolut.

Pariser Weihnachten

Der «Père Noël» wird merkwürdigerweise immer populärer – so ist das früher nicht gewesen. Denn früher war es der Neujahrstag, der «Jour de l'An», an dem man sich Geschenke machte. Wohl fanden am ersten Weihnachtstag die französischen Kinder Geschenke in ihren Schuhen, die sie am Kamin aufgebaut hatten – aber der Tannenbaum war natürlich nicht da, die Weihnachtskerzen auch nicht, und überhaupt nichts von dem, was seinerzeit auf deutscher Seite den großen Krieg mit beenden half: Weihnachten zu Hause zu feiern. (Doktorarbeit: «Das deutsche Familiengefühl in der Weltgeschichte.») Das also hat es alles in Frankreich früher nicht gegeben – aber jetzt ist da langsam eine Wandlung eingetreten. Die großen Warenhäuser veranstalten Weihnachtsausstellungen, deren Schaufenster schon auf den Straßen umlagert sind; Barrièren sind errichtet, Schutzleute regeln den Verkehr, und die Kinder bekommen Blitzaugen, in denen sich Geblendetheit, Habsucht und Zauberstimmung gar anmutig mischen. Es ist wohl der englisch-amerikanische Einfluß, der Paris so wandelt; langsam geht diese Wandlung vor sich, sachte, Schritt vor Schritt, unerbittlich. Es gibt französische Nachahmungen des englischen Christmas-Pudding, vor denen uns Gott behüten möge, und die Sitte, Weihnachten anders zu begehen als früher, nimmt zu. Da stehen schon Tannenbäume auf den Straßen, hauptsächlich im Fremdenviertel, also um die Madeleine herum – das Warenhaus am Louvre hat sich eine sehr gute Lichtreklame ausgedacht: an seiner Fassade am Palais Royal, in dem das «Institut pour la Coopération Intellectuelle» wohnt, steigen ununterbrochen Raketen auf und zerplatzen in bunter Lichterfülle – eine Sache, die sehr viel Geld gekostet haben muß. Aber es kommt wieder herein. Die Warenhäuser sind voll; die mäßig bezahlten Angestellten haben zu tun, daß ihnen der Kopf schwirrt, und obgleich die Inflations-Fremden abgewandert sind, gehen diese Art Geschäfte – im Gegensatz zu fast allen anderen, die recht still sind – gut, sogar sehr gut.

Die Restaurants rüsten zum «Réveillon». Das ist das traditionelle Festessen in der Silvesternacht. Zu Silvester liegen die Boulevards fast leer; alle Welt ist zu Hause oder in den Restaurants, wo das Essen besonders teuer und besonders mäßig ist. Da es kein französisches Wort für «gemütlich» gibt, so fehlt auch der Begriff – und es ist immer wieder merkwürdig, zu beobachten, wie sich um einen Tisch jene undefinierbare Atmosphäre herstellt, «où on s'installe», jeder Tisch eine kleine Heimat. «Réveillon» ist eine Sache, die ganz Paris für ein paar Stunden verändert – am 1. Januar sinkt es wieder in seine Gewohnheiten zurück; in die bewegte Stille seiner Quartiers, die kleine abgeteilte Städte sind – alles wird wieder so, als wäre nichts gewesen.

Doch, etwas war. Im ganzen Monat Dezember klingelt ein Mann nach dem anderen an der Wohnungstür, Köpfe von Frauen tauchen auf, Leute, die man das ganze Jahr über nicht zu Gesicht bekommt, sind plötzlich da. Sie bitten um die «étrennes», um das Weihnachtsgeld, um das Neujahrsgeld, wie man will. Der Briefträger. Die Zeitungsfrau. Die Bäckerjungen. Der Mann von der Müllabfuhr. Der Telegrafenbote. Der Drucksachen-Briefträger. Der eingeschriebene Briefträger. Der Postminister war merkwürdigerweise nicht da … Wohl aber: Seine Majestät, der Herr Hausmeister. Der Concierge. Frankreich ist ein freies Land, sagen die Leute. Das mag, für viele Gebiete, richtig sein. Daß sich aber eine Stadt wie Paris Tyrannei dieser Hausmeister gefallen läßt, ist etwas, das ich – auch nach jahrelangem Aufenthalt in dieser schönen Stadt – niemals begriffen habe. Er bittet nicht um die «étrennes» – er verlangt sie, traulich, auf die unsichtbare Pistole gelehnt, die jeder Mieter kennt. Denn jeder pariser Hausmeister ist ein Beobachter deines privaten Lebens. Er weiß alles. Durch ihn gehen alle Briefe. Er fängt deine Besuche ab. Er kann dich so maßlos schikanieren, daß es besser ist, du ziehst aus, als einen vergeblichen Krieg zu führen, den du unweigerlich verlierst. Und von seinen Beziehungen zur Polizei will ich gar nicht sprechen. Doch, ich will davon sprechen. Eine mir befreundete Engländerin fand in ihrem «dossier», in ihrem Aktenstück, das über alle Fremden und über alle wichtigen Franzosen auf der Polizei geführt wird, diese kleine Eintragung: «Empfängt viele Leute von Welt, schläft aber nur mit einem dekorierten Herrn …» folgte der Name. Für jeden Kenner war klar, woher diese Angabe stammte. Vom Hausmeister. Aus Glas sind deine Wände, dein Privatleben ist keines, *er* bringt es an den Tag. Hüte dich! Und gib ihm – und vor allem ihr – reichlich zu Weihnachten, zu Silvester und zu Neujahr. Es ist dein Vorteil; man kann nie wissen; hörst du die Butter auf deinem Kopf schmelzen?

Um all das kümmert sich die französische Provinz so gar nicht – wie ja überhaupt die französische Provinz von Paris himmelweit verschieden ist. Einer der bedeutendsten französischen Literaturkritiker, Thibaudet, hat neulich einmal gesagt: «In Paris wird das Geld ausgegeben. In der Provinz wird es verdient.» Ah, es wird nicht nur verdient: es wird Billet auf Billet gelegt, Geiz ist das Nationallaster, und hier sehen die Leute nie nach dem aus, was sie wert sind. Man möchte ihnen häufig einen Groschen schenken. Aber sie, sie könnten dir etwas schenken. Sie tun es übrigens nicht.

Nun kommt Weihnachten; mit einer kühnen Sprachwendung sagt man: «Nous allons réveilloner!», und wer klug ist, kocht sich seins zu Hause. Wir wollen einen mild-spritzigen Vouvray trinken, einen Wein, den sie nicht exportieren, und in dem ganz Frankreich ist: milde Süße, Sonne und die Ausgeglichenheit einer fröhlichen Welt.

Das Leben der Colette

Sie kam, mich zum Theater abzuholen, und ich saß noch an der Dichtmaschine und nähte einen Aufsatz. «Ich will gar nicht stören!» sagte sie. «Ich setze mich hin und lese ein Buch, haben Sie etwas? ...» Ja, ich hatte etwas. Ich hatte «La Vie de Colette» von Jean Larnac. Während ich klapperte, beobachtete ich sie heimlich. Sie hatte sich eine Zigarette angezündet, eine von diesen festgestopften englischen Zigaretten, die da herumstanden, mechanisch überflogen ihre schmalgeschlitzten Augen den Verlag auf dem Deckel: «Les Documentaires, Simon Kra, 6 rue Blanche, Paris» – dann begann sie zu blättern. Ich kannte das Buch genau und wußte ungefähr, wo sie gerade hielt.

Sie blätterte rasch, sie suchte – wahrscheinlich die Biographie. Jetzt mußte sie den Anfang gefunden haben. Geboren am 28. Januar 1873 – man sagt heute schon wieder, wie alt man ist, dachte sie – ich sags. Fast. Verheiratet, sieh! Gewiß: mit Willy. Geschieden. Dann mit Henri de Jouvenel. Geschieden. Emsig über meine Versfabrik gebeugt, sah ich kurz hinüber. Sie las eifrig. Also las sie von «Claudine».

«Claudine» – das waren diese Bücher, die zu Beginn des Jahrhunderts so viel Aufsehen gemacht hatten: «Claudine à l'Ecole» und «Claudine à Paris» und «Claudine en Ménage» und so fort und so fort. Es war viel Lüsternheit in diesen Büchern, ein nicht angenehmer Ton – und wie sich nun herausstellte, hatte den der süße Willy, der erste Mann der Colette, hineingebracht. Herr Willy, der im Zivil Gauthier-Villars heißt und heute noch schreibt und nicht so sehr schön, Herr Willy verstand sein Geschäft. Und den Leserinnen lief denn auch der beabsichtigte kleine Schauer den Rücken hinunter, und den Männern! ... Claudine hatte viele Auflagen. Aber das war noch nicht die richtige Colette – es war erst der sie ankündigende Schatten.

«In München war die Colette auch?» fragte sie. «Ja», sagte ich. Wieder blätterte sie. Jetzt las sie, daß Willychen die «Götterdämmerung« liebte – merkwürdig, daß die bösen Menschen den guten Wagner so lieben! Und nun las sie wahrscheinlich, wie kein Mensch glauben wollte, daß Colette diese Bücher geschrieben habe – alle tippten auf Willy. Und dabei hatte doch die Colette sie wirklich geschrieben, und zwar in ihre alten leeren Schulhefte. La gosse. Jetzt wollte ich sie nicht stören – es stand nicht alles in dieser Biographie – man muß auch nicht über eine Ehe alles in die Bücher schreiben. Zur Diskussion stehen die Werke eines Schriftstellers, nicht sein Leben. Wie war die Colette?

«De l'honnêteté ... peut-être, mais qui s'habille comme une grue.» Kürzer konnte man es nicht sagen. Nun überschlug sie Seiten und Seiten – was für eine geschickte Hand diese Frau hatte! Sie mußte jetzt ungefähr da sein, wo von der Theaterzeit der Colette die Rede war: wie sie, unter mancherlei gesellschaftlichem Lärm, von Bühne zu Bühne zieht, tanzt, in der Pantomime arbeitet, in eigenen Stücken spielt... Ihrem zweiten Mann war sie im Kriege nach Verdun gefolgt. Und dann schrieb sie Jahre und Jahre ... zum Beispiel schrieb und überwachte sie die kleinen Novellen im *Matin*. Sie hat viel gelernt. Und dann: kam sie.

«Wie – –» sagte sie. Und stoppte. «Bitte?» sagte ich. Und stoppte auch. «Sagen Sie – entschuldigen Sie, daß ich Sie störe –, aber diese Frau ist doch im Privatleben so unbegreiflich brav! Ist das wahr? Ist das so?» Da unterbrach ich mich.

Ich holte «Le Rappel à l'Ordre» von Jean Cocteau heran, das sich da auf dem Tisch mit sich selber, also glänzend, unterhielt. Und zeigte ihr diese zwei Stellen:

«Die Bourgeoisie ist der Grundstamm Frankreichs; alle unsere Künstler kommen von daher: sie sind emanzipierte Familiensöhne. Vielleicht machen sie sich frei; aber ihre bürgerliche Herkunft erlaubt ihnen, schwindelnde Bauten auf solider Grundlage aufzuführen.» Und: «Il y a une maison, une lampe, une soupe, du feu, des pipes, derrière toute œuvre importante de chez nous.» – «Das ist die Colette», sagte ich. «Und das ist Frankreich.» Sie fuhr fort, zu lesen.

Ich hatte jetzt einen schwierigen irrealen Konditionalsatz in der Maschine, die Typenhebel knackten, der Wagen schäumte, nun war ich drüber weg und raste dem Schluß zu. Aus meinem Gehirn tropfte es, es war so weit vom Gehirn bis zur Schreibmaschine! Ich hatte nun keine Zeit, hinüberzusehen – sie aber, das hörte ich, hatte das Buch halb zugeklappt, spielte nur noch damit –, denn nun war von den Büchern der Colette die Rede, die sie kannte, von diesen entzückenden Gebilden: «Mitsou», «Chéri» und allen den andern. Die hatte sie deutsch gelesen und französisch gelesen ...

«Ein hübsches Buch, diese Biographie!» sagte sie. «Können Sie sie mir leihen?» Ich wies auf einen kleinen Spruch im

Rähmchen an der Wand. «Wenn Sie von mir ein Buch geliehen haben wollen,» stand da, «bitten Sie mich darum. Meine Ablehnung wird durchaus höflich sein!»

Sie nahm stillschweigend den roten Band mit der Lebensgeschichte der Colette an sich. Wir erhoben uns.

1928

Der sinnlose Film

Neulich spülte mich die Menge von den Boulevards in einen Cinéma, geb. Kintopp – und da gab es einen Tierfilm, der Abend war also nicht verloren. Aber so, wie man sich den großen Chaplin oft mit vielen kleinen dummen Filmen erkaufen muß, so lief auch hier vorher ein «Beiprogramm», eine Groteske, und noch dazu eine von Franzosen hergestellte. Es war das Ende von weg, der Schrecken der Schrecken.

Ein Auto fuhr zitternd vor, ihm entstiegen ein Mann, eine dicke Dame, vier Kinder, drei Hunde; Kind bindet Hund an, Hund läuft, mit heraushängender Zunge, und schleift eine Tonne hinter sich her; ein Affe klettert auf einen Papageienkäfig; wo der herkommt, ahnt niemand; die dicke Dame tritt in ihren Salon – welcher Tritt! Welcher Salon! – und entdeckt eine Katze in der Suppenterrine – nun läuft der Film zu schnell, so schnell, daß man nicht folgen kann und überhaupt nichts mehr versteht, keinen Zusammenhang, keine Folge, keine Pointe, alles wirbelt und wirrt durcheinander, die Katze bellt, der Hund buckelt, das Kind schreit, einer fährt auf einem Brett im Staub Schlitten, der Hund zieht, die Erwachsenen schlagen alle Arme über dem Kopf zusammen, die Kinder sind mit Ruß beschmiert, immer mehr Tiere kommen … man wähnte sich in einem Irrenhaus.

Nach vier Minuten sah ich nicht mehr zu, ich *konnte* nicht mehr zusehen, es tat weh in den Augen, und der Kopf schmerzte vor so viel Unsinn. Da blickte ich ins Publikum.

Hier saßen also etwa achthundert ernsthafte Menschen, die am Tage einen richtigen Beruf hatten: Buchhalter und Immobilienkaufleute und Warenhausangestellte und Werkmeister und Schneiderinnen und Anprobiermädchen (wie unfeierlich im fremden Lande alles wird, wenn man es beim richtigen Namen nennt – «Midinettes» klingt, Probierdame schon weniger …) und Arbeiter und staubige Beamte – und dann ihre Frauen, die um Sous in der Markthalle feilschen und die Wirtschaft führen und Krieg mit der Concierge ... da saßen sie. Da es keine Freibillette gibt, so war anzunehmen, daß auch alle pro Mann und Nase bezahlt hatten. Da saßen sie und sahen sich diesen grenzenlosen Unfug mit an. Sieh – jetzt lief wieder die große Katze mit der kleinen über die Leinwand, sie huschten auf einen Zaun, zwei Hunde hinterher, zwei kleine Jungen auf Rollschuhen hinterher, die dicke Dame hinterher – ein Königreich für eine Erklärung! Was also taten die achthundert –?

Sie sahen ernsthaft zu. Sie schauten auf die Leinwand wie die Schüler auf die Tafel des Lehrers, diesen Film «hatten sie auf», er war jetzt «dran» – und sie blickten mit glanzlosen Augen auf das Pensum der Stunde. Das Pensum war sorgfältig vorbereitet worden: in kleinen Bürozimmern der Film-Branche war viel telefoniert, geschrieben, noch mehr geschwatzt worden, windige Regisseure hatten sich vorgestellt und waren wieder herausgeschmissen worden, irgendeiner von ihnen wurde engagiert, die, wenn man so sagen darf, Darsteller hatte er rasch zusammengesucht, die Tiere waren in kleinen Käfigen und Kästen auf den Aufnahmeplatz gebracht worden, dann waren sie mit den Kindern, den Käfigen, den dicken Damen und den Katzen und Hunden und Affen auf eine Chaussee gefahren, und der Regisseur hatte mit den Armen geschwenkt und mit der Pfeife gepfiffen, und los wars gegangen, daß es nur so stäubte ...! Hier saßen die achthundert, in artige Zuschauer verwandelt.

Das Klavier klimperte, die Geige im Orchester wurde von jemand, der dazu verpflichtet war, jämmerlich gekratzt, worauf sie weinte – und die achthundert sahen zu, durch einen Schleier von Tränen der Langeweile. Es war fast ganz still, manchmal kam jemand, dann klappten Sitze, eine Frau hustete trocken ... dann erfüllte wieder jenes mystische Geräusch, das auch die stillste Menge macht, den Raum. Sie sahen zu, denn sie hatten bezahlt.

Und ich dachte, was wohl geschehen würde, wenn ihnen

jemand den Inhalt dieses sinnlosen Films erzählen wollte – sie würden ihn beiseite stoßen und ihres Weges gehen. Oder wenn jemand ihnen den Film anbrächte und ihn – für eine winzige Summe – verkaufen wollte, sie wendeten sich ab. Oder wenn jemand ihnen zumutete, diesen Kohl zu lesen (soweit er sich aufschreiben ließe – unvorstellbar blieb freilich der Gedanke, daß zu diesem Tohuwabohu jemals ein Manuskript vorhanden war) – warum in aller Welt sahen diese Leute artig hin, saßen auf ihren Sitzchen und ließen das helle schwarz-weiß-graue Gewirbel an sich vorübergleiten, ohne zu mucken?

Weil gar nichts da war als Bewegung, und hier und da, an seltenen Flecken, eine winzige Spekulation auf den Zuckergehalt in der Masse: kleines Kind wackelt allein auf weiter Chaussee, oder Spekulation auf die dem Menschen innewohnende Schadenfreude: Mann bekommt Rußtopf auf Gesicht ... sie sahen artig hin, weil der Film vorüberzappelte, ohne etwas mitzuteilen. Stände da oben zum Beispiel einer, der nicht in den Krieg marschieren wollte, weil ihm sein Leben wichtiger erschien als das, mit Verlaub zu sagen, Vaterland; stände da einer, der sich gegen den Terror von Staat, Kirche, Familie oder Industrie aufbäumte ...! Ah, der ganze Saal wäre in Bewegung; Pfiffe und Klatschen und «La barbe!» und Hoch! und Nieder! und was man so singt ... Hier aber war gar nichts; auf keine Tränendrüse wurde gedrückt, kein Leiermann und sein Kind humpelten vorüber, das kostenlose Mitleid erbarmungsloser Kleinbürger ohne Verpflichtung anjammernd; kein Filmschuft peitschte unschuldige Mädchen, daß die Fetzen nur so flogen, hier und da ein Stückchen Fleisch fast versehentlich freilegend (schon weg!) – keine Mutter sank an der Lagerstatt ihres sterbenden, vierundfünfzigjährigen Kindes unter brummender Orgelbegleitung sanft in sich zusammen ... hier war nur Gezappel und Bewegung, und immer wieder, wieder gewechselter Schauplatz, laufendes Tier, dressiertes Kind und falsch erstaunter Erwachsener. Die achthundert saßen und schauten zu.

Zwölf Minuten dauerte der Film – zwölf Minuten sind sehr lang, wenn sie lang sind. Aber sie genügten, darzutun, was man mit dem Menschen so alles machen kann, wenn man es nur richtig anfängt. Er läßt sich einen sinnlosen Film vorführen, muckt nicht und zuckt nicht, sieht artig hin und bezahlt noch dafür. «Reine», pflegte meine alte Zeitungsfrau am Dönhoffplatz zu sagen, «reine wie ins Leben.»

«eigentlich»

Das ist ein schönes, deutsches Wort, so schön, daß man es nicht einmal ins Französische übersetzen kann. «Proprement dit» … nein, «eigentlich» ist überhaupt kein Wort. Das ist eine Lebensauffassung.

Da leben die Leute in ihren Vierzimmerwohnungen und verdienen elfhundertundsiebenunddreißig Mark im Monat, und haben eine Frau und zwei Kinder (oder umgekehrt), und fahren jeden Tag mit der Untergrundbahn … aber «eigentlich» sind sie ganz etwas anders. Dichter zum Beispiel, für die das äußere Leben nur provisorisch vorhanden ist, bis sie eines Tages einsehen, daß dieses Provisorium alles war, und daß nichts mehr danach kommt … und Prominente sind sie in irgendeiner Kunst, Beamte, Politiker; sie gehen, nennt man das, in ihrem Beruf auf – kurz: «eigentlich» sind sie alle ganz etwas anders. Man sieht es ihnen gar nicht an, das Eigentliche.

Es wimmelt von verkappten Königen, die inkognito leben. Vielleicht braucht jeder diesen kleinen Privatstolz, sonst könnte er es ja wohl nicht durchstehen; vielleicht muß diese Bezugnahme auf einen tieferen, oft nur vermeintlichen Wert dasein, man könnte sonst nicht leben. Es gibt so viel Verhinderte …

Da sind die «Nur-Journalisten», die «eigentlich» Dichter sind, so große lyrische Dichter, daß Stefan George von Glück sagen kann; «eigentliche» Musiker gibt es zu Hunderttausenden, es ist ein Glück, daß uns die meisten erspart bleiben. Es kommt aber, wenns soweit ist, gar nicht auf das Eigentliche an.

«Eigentlich» haben die Richter ihn freisprechen wollen, aber dann haben sie ihn doch verurteilt … und nun sitzt er im Gefängnis und kann mit dem Eigentlichen nicht viel beginnen. «Eigentlich» sollte er Privatdozent werden, aber er ist dann doch in die Industrie gegangen. Eigentlich bin ich ja ein Freidenker, aber wenn meine Schwiegermutter will, daß wir uns kirchlich trauen lassen …? Eigentlich müßte man sich diesen Wucher nicht gefallen lassen, aber wir zahlen dann doch.

Und eigentlich sind wir ja dem Arbeitgeber, der uns bedrückt, tausendfach überlegen, und wir spotten seiner und sind so feine Herren … Und eigentlich sind wir überhaupt ganz anders, als man glauben könnte, wenn man uns so leben sieht. Wonach es aber nicht geht.

Sondern es geht nach dem Erfolg und nach der Wirklichkeit. Und es ist ein schöner und gefährlicher deutscher Traum, die Realität zu ignorieren, und im Wunschland zu leben, wo es nichts kostet und wo alles glatt und hemmungsfrei zugeht. So fliehen sie – und bleiben auf derselben Stelle.

Und so leben eigentlich viele Leute mit dem Kopf in den höheren Schichten und spielen sich ein Dasein vor, das sie gar nicht führen, obgleich sie es führen – und eigentlich sind sie auch gar keine mondänen Sportsleute, sondern geborener Mittelstand, der aus den Pantinen gekippt ist. Es gibt ein Ding, das es deutlicher zeigt als alles andere: das ist die Fassadenarchitektur, die nicht immer klassizistisch oder barock sein muß – falsche Intimität, falscher Reichtum und falsches Silber tuns auch. Ja, es gibt sogar falsche Ornamentlosigkeit …

Ein merkwürdiges Wechselspiel: mal ist das zugrunde liegende «Eigentliche» unwahr, und mal stimmt die Oberfläche nicht … Weil aber keiner ganz er selber ist, so bleibt immer ein kleines «Eigentlich» übrig, auf das er sich, bei Bedarf, zurückziehen kann. Denn was wollen sie eigentlich alle –? Proprement dit: das Glück.

Zörgiebel in Paris

Der berliner Polizeipräsident hat seinen pariser Kollegen, den geschäftigen Herrn Chiappe, besucht, und bei dieser Gelegenheit hat er auch die pariser Verkehrseinrichtungen besichtigt. Man sieht ihn in den illustrierten Blättern neben einem pariser Schutzmann stehen, der links ist der Präsident, und im großen ganzen hat es dem Herrn Zörgiebel hier ganz gut gefallen. Was wird er nach Hause bringen –?

Anregungen. Vorschläge. Die «panneaux», die überall aufstellbaren Tafeln für die Wahlplakate. Neue Möglichkeiten der Verkehrsregelungen ... Nur eines wahrscheinlich nicht, und es ist auch nicht gewiß, ob er das in den paar Tagen gesehen hat und hat sehen können. Das ist die weiche Nachgiebigkeit im pariser Straßenverkehr.

Die Pariser sind keine Engel. Hier kommen Autoroheiten vor, wie in aller Welt – erst neulich haben sie wieder einen Mann in der Provinz verknackt, weil der in der Besoffenheit erst einen Passanten umgefahren hat und dann ausgekniffen ist – dergleichen Urteile sind in Frankreich von höchst erzieherischer Härte. Es gibt auch in Paris junge Chauffeure, die nicht gut fahren, es gibt Amateure und ungeschickte Fußgänger und Polizisten, die den Kopf verlieren ... das gibt es alles auch. Aber –

Aber die pariser Chauffeure fahren, ohne daß es ihnen einer gesagt hätte, von allein mit geschmeidigen Bogen um Hindernisse herum. Sie weichen aus. Sie bremsen außerordentlich knapp vor dem Ziel. Das liegt nicht nur daran, daß die Taxis hier kleiner sind, daher für die Fahrgäste zwar unbequemer, aber dafür wendiger, leichter zu regieren, bedeutend praktischer als die berliner, deren jeder für zwei Mark und fünfzig einen Luxus entfaltet, der fehl am Ort ist.

Die pariser Chauffeure nehmen aufeinander und auf den Fußgänger Rücksicht, und wenn es einmal gar nicht weitergeht, so lassen sie wohl, mit den Füßen auf der Bremse, das Steuerrad los und heben die Arme über so viel Unverstand, der sich da vor ihnen auftut, zum Himmel – eine lustige Geste. Was aber tut der berliner Chauffeur?

Der berliner Chauffeur hat recht. «Wenn ick fahre, denn fahre ick, und denn ham die ehmt aussuweichen! det wär ja jelacht!» Unvergeßlich jener Chauffeur, der mir einmal sagte: «Ham Sie det jesehn, wie der mit seinen Ferdefuhrwerk is da aus die Querstraße rausgekomm? Wo ick doch det Vorfahrrecht habe –?» Das kann ich nicht ins Französische übersetzen, denn so etwas gibt es hier nicht. In Deutschland wollen sie ja jetzt den kleinen Kindern auf der Schule, neben den zum Kriege hetzenden Geschichtsfälschungen, auch «Verkehrsunterricht» geben, es ist schon ein Verein dafür da, und bald wird auch eine Reichsstelle dafür dasein. Die Pariser, die in den engen Straßen der pariser Innenstadt viel Kummer mit ihrem Verkehr haben, der mitunter abends gegen halb sieben einfach die Straße verstopft (embouteillage), die Pariser wissen noch in allen ihren Nöten: man kann eben nicht alles kodifizieren. Die Seele vons Buttergeschäft ist der gute Wille, die gegenseitige Rücksichtnahme, jene Höflichkeit, die praktischer ist als das forsche Draufgängertum der mit Offensivgeist getränkten deutschen Fahrer. «Dem wern wir das mal besorgen! Häng doch den Jungen einfach ab!» Hier fließt alles; drüben hackt alles. Verkehr ist ein Spiegel.

Dies wird Herr Zörgiebel nicht nach Deutschland bringen, weil ers vielleicht nicht gesehen hat; und hätte ers gesehen, könnte er es nicht kodifizieren; und könnte er es kodifizieren, so verständen es die Leute nicht; und verständen sie es, so könnten sie es doch nicht nachmachen. Kampf, so weiß es der weise Franzose, lohnt nicht unterhalb fünfzig Centimes. Der

Verkehr ist eben keine Schule der Prinzipien, wie solche in Deutschland gedeihen, jeder Einzelfall ist eben nicht der Präzedenzfall, den man ausnützen könnte bis zum Widersinn (Deutschester Einwand: «Da könnte ja dann – –»), und der Asphaltdamm ist nicht dazu da, verhinderten Gesetzgebern und richtenden Möchtegerns Gelegenheit zur Auslegung von «Bestimmungen» zu geben. Aber so ist das im menschlichen Leben: der eine fährt glatt und schnell dahin, und der andere sitzt zeit seines Lebens auf dem Codex.

Ohne Zensur

Ich wünsche dem deutschen Rundfunk vor allem etwas, das die Presse längst, er aber nicht hat: *Freiheit von jeder Zensur.*

Was die Ministerialräte dazu sagen, gehört auf dasselbe Blatt wie die vormärzlichen Bedenken gegen die gesetzliche Pressefreiheit: «Da ginge ja alles drunter und drüber! – Unmöglich! – Politische, hochpolitische Gründe verbieten ...» Das ist Schnick-Schnack. Das Strafgesetzbuch reicht völlig aus, um etwaige Entgleisungen strafrechtlicher Natur im Rundfunk zu sühnen – eine hochnotpeinliche Zensur aber hat nichts in ihm zu suchen. Sie behindert seine Entwicklung, wie jeder Rundfunkkritiker täglich feststellen kann.

Der Rundfunk ist nicht *eine* homogene Sache, wie man uns weismachen will: Wird er technisch vollendeter sein, und wird er frei von der Zensur, so gibt es nicht umsonst hundert Wellen, die zur Verfügung stehen – so, wie es Zeitungen für die breite Masse, Fachzeitschriften, kleine Blätter für intellektuelle Gruppen und große Bilderbuchblätter gibt, so sollte es vielerlei Arten von Rundfunk geben. Und alle ohne Zensur.

Der Rundfunk befindet sich heute noch in einer Etappe, in der einst die ersten Eisenbahnen dahinkrochen: umhegt und eingeengt von einer übervorsichtigen Behörde, die vor nichts so viel Angst hat wie vor dem politischen Fortschritt.

haben einen hergeben müssen, den sie festgehalten haben, um ihm den üblichen Prozeß wegen Hochverrats zu machen. Hoffentlich hält der festgenommene Mittäter dicht: es wäre so ziemlich das erste Mal, daß solche Gefangenenbefreiung von links her glückt – dasselbe Gebäude hat manche Schiebung von rechts her gesehen, ohne daß man viel Wesens davon gemacht hätte ... Vielleicht besinnen sich die Beteiligten noch auf die freche Entlassung des Leutnants Vogel ...

Was aber den Fall Braun anbetrifft, so ist da ein Punkt, der die größte Beachtung verdient.

Der Mann saß bereits anderthalb Jahre in Untersuchungshaft.

Nehmen wir einmal an, Otto Braun sei wirklich an den ihm vorgeworfenen Straftaten schuld, was ja nicht ausgeschlossen ist; nehmen wir ferner an, daß die Untersuchungshaft zu Recht verhängt worden ist; daß es schwierig ist, aus dem Knäuel von Aussagen, Angaben, Denunziationen, Lügen und Halbwahrheiten den Tatbestand herauszuschälen –: es wird uns kein Jurist dieser Erde weismachen, daß man dazu anderthalb Jahre nötig hat. Es ist uns auch kein Fall bekannt, in dem jemals ein Angehöriger der herrschenden Kaste, wenn schon eingesperrt, dann so lange in Untersuchungshaft hat brummen müssen. Hier liegt klar erkennbar etwas andres zugrunde.

Die Rücksichtslosigkeit, mit der Kommunisten überall behandelt werden, kann zum Teil durch die Hitze eines tatsächlich vorhandenen Klassenkampfes erklärt werden. Es ist aber nicht anständig, Untersuchungshaft zu benennen, was in Wahrheit Strafe ist. Eine Untersuchungshaft von anderthalb Jahren darf das Vorspiel zu einer Strafe von Jahrzehnten sein, damit das richtige Verhältnis aufrechterhalten bleibt. Wahrscheinlich werden ein paar Jahr verhängt werden, der Gefangene hat also in Wahrheit etwa um ein Drittel mehr bekommen, als das Gericht selbst ihm aufbrummt. Und das ist beabsichtigt.

Der Vorwurf der Verschleppung kann gegen die Unabsetzbaren deshalb nicht erhoben werden, weil er nicht nachzuweisen ist. Aber wir kennen jene perfiden bureaukratischen Tricks der Kunst, das Objekt, auf dem da herumregiert wird, langsam am Spieß zu rösten, und da jede Bureaukratie stets siegt, weil sie bleibt, während alles andre vorübergeht, so ist der Untersuchungsgefangene der Dumme. Die Untersuchungshaft in politischen Prozessen ist vorweggenommene Strafe.

Achtzehn Monate hat Otto Braun in einer Haft gesessen, die angeblich zur «Untersuchung» seines Falles diente. Tausende sitzen so wie er – denn wer prüft nach, ob der Beschluß, jemand festzusetzen, nicht etwa leichtfertig verhängt worden ist? Wiederum Richter prüfen es – also ist in politischen Sachen keine Gewähr gegeben, daß objektiv geprüft wird. Wir haben kein Vertrauen mehr.

Und verlangen die Absetzbarkeit der deutschen Richter.

Der Maulesel des Papstes

In den «Lettres de mon Moulin» von Alphonse Daudet wird von einem Maultier erzählt, das einem guten Papst in Avignon gehört habe; das sei stets von einem Pagen des päpstlichen Hofes mächtig geneckt worden, gequält und geschunden; das Tier habe das nicht vergessen, der Page habe den Hof verlassen, sei nach Neapel gegangen, sei nach sieben Jahren zurückgekehrt ... Das Maultier war noch immer da. Als der Page aber in den Stall kam, es zu liebkosen, um sich so beim Papst lieb Kind zu machen, da holte das Maultier aus und gab ihm einen Fußtritt, daß «man noch in Pampérigouste den Staubwirbel sah»! Und der weise Daudet fügt hinzu:

«Fußtritte von Mauleseln sind im allgemeinen nicht von so niederschmetternder Wirkung. Aber dieses Maultier war eben ein päpstliches Maultier, und dann muß man immerhin bedenken: es hatte den Fußtritt sieben Jahre aufbewahrt! Es gibt kein schöneres Beispiel geistlicher Rachsucht.»

Doch, es gibt eines.

Dieses Maultier da hat seine Rache sieben Jahre aufbewahrt – Jean-Jacques Brousson hat die seine über die dreifache Zeit hinaus konserviert. Der Papst Anatole France ist tot; noch blühten keine Blumen auf seinem Grab, da war der flinke, spitznäsige Herr schon mit seinem Büchelchen da: «Anatole France en pantoufles». Darin zeigte der Kammerdiener seinen Herrn in jener Attitüde, die unfehlbar beweist, daß jener kein Held gewesen sein konnte: nämlich in Unterhosen. Es gab einen stürmischen Lacherfolg mit einem sehr ernsten Unterton, über den noch zu sprechen sein wird – und das ließ den Sekretär nicht ruhen. Er hat einen zweiten Streich geführt, diesmal wird France bis aufs Hemd ausgezogen, und das wollen wir uns einmal ansehen.

«Itinéraire de Paris à Buenos-Ayres» von Jean-Jacques Brousson (bei G. Crès in Paris). Vor mehr als zwei Jahrzehnten wurde Anatole France, damals schon auf der Höhe seines Ruhmes, eingeladen, in Südamerika Vorträge zu halten. Das tat er, und er nahm seinen Sekretär mit. France, der an der Seite der verheirateten Frau von Caillavet ein seltsam gebundenes Leben führte, dessen Fesseln er wie ein ausreißender Gymnasiast zuweilen abstreifte (wenig, aber oft, und dann viel) – France nahm diese Frau nicht mit. Nervenkrise und Geschrei. Frau von Caillavet gab ihm ihren Kammerdiener mit (nie hätte France einen solchen Zug in einem seiner Romane stehen lassen!); er verliebt sich unterwegs in eine Schauspielerin, die auf dem gleichen Schiff mit einer Tournee der Comédie-Française herüberfährt; der Herr Sekretär gibt, was aber nicht in dem Buche steht, regelmäßig Berichte über das Wohl- oder Übelverhalten des Meisters an die Dame in Paris;

der Sekretär billigt die Liaison mit der Schauspielerin nicht – und France läßt den Mann drüben sitzen, angeblich ohne Geld, nur mit einer Rückfahrkarte und einer vagen Empfehlung an den Kapitän des nächsten Dampfers. Das alles ist nicht sehr heiter.

Sie fragen, was das mit dem *Werk* von Anatole France zu tun hat? Sie werden gleich hören.

Das Buch mit den intimen Schilderungen aus dem Alltagsleben von France ist die Rache eines schlecht behandelten Kammerdieners. Brousson, der in der übrigens sehr empfehlenswerten Literaturzeitschrift *Vient de paraître* sehr sorgfältig auseinandersetzt, was ihn zu dieser Haltung gezwungen habe, spricht natürlich von enttäuschter Liebe. Die ist glaubhaft. Es ist sehr wahrscheinlich, daß der junge Herr aus Nimes, voller humanistischer Kenntnisse, voller Bildung und voller Verehrung für die Antike und einen ihrer letzten Vertreter auf Erden, den Absturz aus den Höhen der Glorifikation in die Niederungen der männlichen und anderen Schwächen des Meisters nicht vertragen hat. Aber das kommt davon, wenn man seine Helden aufpustet! Brousson hat richtig erkannt, daß sein Erlebnis das einer ganzen jungen Generation gewesen ist: sie alle hatten falsche Vorstellungen, das Idol purzelte, und nun schimpfen sie wie die Frösche in einem abendlichen Teich. Aber sie sollten nicht auf France quaken …

Kleine Zwischenbemerkung: wenn jeder gleich schelten wollte, der in seiner Liebe enttäuscht ist … Zugegeben: keine Feindschaft ist so glühend, kein Haß so brennend wie der, der aus verschmähter Liebe kommt. Wenn man zum Beispiel für Anatole France «La France» setzte und für die werbenden und begeisterten jungen Leute alle die Deutschen, die seit Hunderten von Jahren um Frankreich geworben haben, mit falschen Vorstellungen im Kopf, mit berichtigten Vorstellungen, schenkend und nehmend, dankend und liebend, und immer, immer kühl im Vorhof abgefertigt … aber das ist ein weites Feld.

Was Brousson angeht, so stellt er sich in dem Büchelchen als weißes Unschuldslamm dar: ein fleißiger, diskreter, braver, kleiner Sekretär, der hier und da durchfließen läßt, wieviel er in Wahrheit in dem Opus Francens selber geschrieben habe – darin der Frau von Caillavet nicht unähnlich, die sich nicht damit begnügt, ihre zweifellos vorhandenen Verdienste um die Karriere ihres großen Schützlings zu rühmen, sondern die auch, in der einzig gut geschilderten Szene des Buches prahlt: «Ich kann ihn nicht verlassen, er verdankt mir alles. Ich habe ihn erst zu etwas gemacht. Ich habe ihn in die Akademie gebracht. Ich bitte Sie, wer hat ihn denn vorher gekannt, bevor ich ihm beigebracht habe, wie man seinen Schlips richtig bindet, wie man den Damen die Hand küßt, wie man bei Tisch anständig Obst schält? Was war er denn? Ein kleiner Archivbeamter! ... Hat er Ihnen nie gesagt, daß ich ihm bei der Arbeit geholfen habe? Ganze Seiten von Anatole France habe *ich* geschrieben, und ich bin heute nicht einmal stolz darauf! Ungefähr der dritte Teil seines Werkes stammt von mir.» Soweit die Herkunft Crainquebilles und der «Insel der Pinguine» ...

Dieser Firma also diente der arme Brousson – um welchen Lohn? «Da war also die Geldfrage. Sie ist widerwärtig, diese Frage – besonders für die, die kein Geld haben – und ich möchte am liebsten gar nicht davon sprechen. Als mich der Meister für Hilfsarbeiten an der ‹Pucelle› engagierte, versprach er mir hundert Francs monatlich.» Das ist typisch französisch: sowohl die Winzigkeit des Honorars als auch die Schwammigkeit des Geldbegriffes in der Kunst: wie hier nie sauber etwas zu Ende gedacht ist, wie es als unfein angesehen wird, geistige Arbeit auch einmal als Ware zu betrachten, die sie ja unter anderem auch darstellt – das ist nicht so sehr der Fehler eines einzelnen. Das ist das Land.

Das Buch, das die Vorbereitungen zur Südamerika-Fahrt schildert, die Überfahrt, die Erlebnisse während der Vorträge und den traurigen Schluß – dieses Buch ist nicht gut geschrieben. Brousson ist ein mittelbegabter Journalist, kaum mehr. Es finden sich ja noch bei dem letzten französischen Schriftsteller immer reizende Wendungen, kleine Tagmusiken des Stils, zum Beispiel so etwas: Die Schauspielerin weint. «Und sie versieht ihr Batisttaschentuch mit kleinen karmesinroten Os ...» Auch hat dieser Brousson das bös zwinkernde Auge, das flinke Auge, das blitzschnell durchleuchtende Auge – am ehesten noch mit Meier-Graefe zu vergleichen. Auf dem Schiff wird zu Ehren Anatole Frances und zu einem wohltätigen Zweck ein Exemplar der «Thaïs» mit der Widmung des Autors versteigert. Das kostbare Exemplar «fällt an einen hochmögenden skandinavischen Industriellen, der die Nachricht von diesem unverhofften Gewinn beim Kartenspiel entgegennimmt; er läßt keinen Atout aus. Als man ihm den vielbegehrten Band bringt, legt er ihn sich unter seinen Sitz und spielt Pique-Dame aus.» Und so noch oft. Wie aber erscheint France selber –?

Als ein lächelnder, skeptischer, unausgeglichener, halbphilosophischer älterer Mann, an dem den Heiligenschein nur vermissen kann, wer ihn fälschlicherweise erwartet hat. Der Zynismus, mit dem er oft über geschlechtliche Fragen spricht ... aber es ist doch nur jene unmännliche und feige Indiskretion Broussons, die das zutage gefördert hat, und es gibt wohl keinen wertvollen Kerl von Kraft und Mark, der nicht schon dergleichen verspürt und gesagt hätte. Unter Männern sind solche Worte wohl erlaubt – aber nichts erscheint mir verächtlicher als solche Sätze, wie es etwa Maximilian Harden zu tun beliebte, später weiterzugeben. Einem Freund die Treue zu brechen: das ist wohl das allerübelste.

Daß France das Wohlleben liebte; daß er nicht einem «Ideal» entsprochen hat – das mag hingehen. Ich habe nur einen einzigen Zug finden können, der mir abstoßend erscheint: das ist seine Weigerung, in einem Prozeß gegen Antimilitaristen aufzutreten. Die Verteidiger sagten mit Recht: «Wenn Sie, Herr France, vor Gericht aussagen, daß die Angeklagten nur einmal das geschrieben haben, was sich hundertmal in Ihren Werken findet – wenn Sie vor Gericht sagen: Bitte, verfolgen Sie mich auch! – so werden wir sie freibekommen.» France blieb schön zu Hause, und das geht nicht. Keine noch so intelligente Skepsis hilft darüber hinweg.

Aber sonst haben wir da einen amüsanten, amüsierten und höchst geistreichen alten Herrn – da ist eine Szene, in der ihm auf dem Kai von Rio de Janeiro die brasilianischen Honoratioren vorgestellt werden: das ist bestes Kasperletheater. Für jeden hat er das «Wort»: «Herr Admiral, Sie sind ein Held!» – «Ich bin glücklich, endlich die Hand des brasilianischen Balzac drücken zu können!» («Der Kerl sieht aus wie eine Meerkatze, die von einem Kokosbaum heruntergefallen ist!») – «Dürfen wir Ihnen unseren Philosophen, den Professor Soundso vorstellen ...?» – «Wir sind hierhergekommen, um uns von Ihnen beibringen zu lassen, was das ist: die Weisheit» – und so stundenlang. Und wie er in Buenos Aires in der Präsidentenloge des Theaters sitzt, und am nächsten Morgen belehren ihn die Zeitungen, daß man zum Smoking eine schwarze Krawatte zu tragen habe ...

An entzückenden «mots» ist kein Mangel; France war ein guter und ausdauernder Sprecher (Brousson beklagt sich darüber). «L'homme, hélas, c'est la caricature de l'enfant.» Und, besonders bemerkenswert: «Feigenblätter? Die sollte man nicht auf den Leib der Venus und der Amouretten kleben – Feigenblätter gehören vor Schlachtenbilder.» Und jene reizende Geschichte, wie ihn seine Schauspielerin um Auskunft bittet, wieso man denn auf der Überfahrt einen Tag gewinne oder verlöre, sie verstehe das nicht recht ... Darauf nimmt der Meister eine Orange und eine Zitrone und erklärt ihr an diesen Früchten die Umdrehung der Erde um die Sonne. Sie glaubt es nicht. Das wären alles so Sachen! «Aber die Wissenschaft – die Astronomen!» Doch da legt sie los: «Die Astronomen! Die Astronomen! Aber das sind Leute wie wir auch!

Ich kannte einen, der war am pariser Observatorium. Il avait pour maîtresse une petite figurante du Gymnase! Ce qu'il était cocu!» – Und darauf der ganze France in einem Satz: «Das ist allerdings ein entscheidender Einwand gegen die Wissenschaft.»

France ist in das Leben dieses Jean-Jacques Brousson getreten, wie man auf der Straße in ein kleines Häufchen tritt, und das hat sich bitter gerächt. Aber es sind nicht nur die peinlichen Indiskretionen allein, die dem Buch zu seinem Erfolg verholfen haben. Von den dreihundert Kriterien, die «L'Itinéraire» in Frankreich bekommen hat, waren, nach Brousson, zweihundertundsechzig sehr günstig, zwanzig sauersüß, und der Rest ... Brousson: «Le reste ne vaut pas l'honneur d'être nommé.» So kann man auch. Die Enthüllungen, die kaum noch welche waren, sind es nicht. Da ist noch etwas anderes.

Daß von Paul Morand bis zu Léon Daudet die Zustimmungen nur so prasseln, daß tatsächlich meist die alten Leute, wie Brousson feixend anmerkt, für France eintreten, liegt an einer Wendung im französischen Geistesleben, die weit über die Bedeutung dieses Buches hinausgeht. Die lächelnde Skepsis des Alten, seine zu nichts verpflichtende Moralität taugen nicht für die jüngere französische Generation, weil ihnen dergleichen keine Lösung erscheint. Er habe mehr auf die Grammatik als auf die Ethik und den politischen Willen gesehen. Courteline, sagt Brousson, stehe turmhoch über France, was nicht richtig ist – wenn auch die große dichterische Kraft Courtelines in Frankreich oft verkannt, in Deutschland niemals richtig erkannt worden ist. Und wenn auch Paul Souday vom *Temps* das Buch Broussons tadelt und der unsägliche Clément Vautel vom *Journal* es lobt: hier geht etwas vor, das nichts mit einem Literaturkrach gemein hat.

Der Ruf «Man muß sich entscheiden» hallt durch alle Länder, erhoben von Berufenen und Unberufenen, aber er ist das Ende der liberalen Skepsis. Die jungen Franzosen scheinen mir, wie bei uns, in zwei Gruppen zu zerfallen: in solche, die an geistigen Kämpfen überhaupt uninteressiert sind, und in solche, die ein Interesse an ihnen nehmen. Die zweite Gruppe steht, rechts und links, auf ziemlich extremen Flügeln. (Es wird abzuwarten sein, wie die Herren mit vierzig Jahren aussehen werden.) Die Abkehr von Anatole France in Frankreich hat etwas Symptomatisches: die Jugend, die den Krieg erlebt und durchlebt hat, will mehr, begnügt sich nicht mit jener abgeklärten Weisheit eines gebildeten Mannes – sie stürzt die Säulen um und wirft sich, vor dem Bau neuer, gegenseitig die Trümmer an den Kopf. Die Kirche, deren Einfluß in Frankreich mehr geistiger und weniger politischer Natur ist als in Deutschland, ist erstarkt – man trägt zur Zeit wenig Skeptizismus ... Die France-Dämmerung, die über das Land zieht, zeigt, was die Stunde geschlagen hat. Und dennoch –

Ich kann den alten, noch immer hochgewachsenen Mann nicht vergessen, der kurz vor seinem Tode im «Trocadéro» bei einer Feier, ihm zu Ehren, in seiner Loge aufstand und mit seiner schon verrosteten Stimme ein paar Worte zu den Tausenden sprach. Was sagte er –? Er sprach für die Freilassung der politischen kommunistischen Gefangenen.

Trotz allem: dieser Papst wird länger leben als sein rachsüchtiges Maultier, das heute im warmen Stalle steht, leeres Stroh widerkäut, und das seine Rache aufbewahrt hat, zwanzig Jahre lang.

Arzt und Patient

Wenn einer eine Krankheit hat, dann kann er was erzählen.

Zum Beispiel von einer gradezu endemischen Unsitte der Patienten: nämlich jeden fremden Arzt mit dem eignen zu schlagen.

So dankbar sind Patienten sonst im allgemeinen nicht. Jeder Arzt weiß davon zu singen und zu sagen: Heilung pflegt viele Leute derart aufzurichten, daß sie, wenn die Kur fertig ist, auf den Heilenden heruntersehen; denn das Gefühl, man könne einen Arzt eben nicht nur mit Geld ablohnen wie einen Chauffeur, ist wenig verbreitet. «Soll ich ihm vielleicht noch Blumenkörbe ins Haus schicken?» – Nein, Herr Meier; aber Sie tun gut daran, zu bedenken, daß Ihnen der Arzt neben der erlernten Anwendung seines Wissens seelische Heilwirkung hat zukommen lassen – wenn er nämlich ein guter Arzt ist. Arzt sein heißt der Stärkere sein, hat Schweninger einmal gesagt. «Es ist seine Pflicht, mich zu heilen, sein Beruf, seine Aufgabe, Herr Panter. Dafür zahle ich.» Sie können es nicht bezahlen, Herr Meier. Daß kein Arzt von der Luft oder von seinen Kassenpatienten leben kann, wissen wir; es lebt sich jedenfalls nicht sehr gut dabei. Aber wenn jener Sie in den Stunden der Bedrückung aufgerichtet hat, dann bewahren Sie ihm, über das Honorar hinaus, ein Gefühl der Dankbarkeit. «Meinen Sie wirklich, Herr Panter?» – Ja, Herr Meier.

Dankbar also sind Patienten nicht so sehr. Nur hegen sie mitunter eine solche Affenliebe zu ihrem behandelnden Arzt, daß sie jeden andern für einen Quacksalber, für einen Ignoranten und für einen Pfuscher halten – und das hört sich unweigerlich, alle Male, so an:

«Sie leiden an Magenkoliken? Also da gibts nur eines: das ist mein Doktor Mogenstrup! Bei wem sind Sie in Behandlung? Bei Ostermann? Kenn ich nicht. Gehen Sie zu Mogenstrup – warten Sie, ich melde Sie gleich an ...»

Sehr gütig. Aber vielleicht hat Ostermann grade mit seiner Therapie begonnen, die natürlich nicht in drei Tagen wirken kann; vielleicht brütet er noch über einer Röntgenaufnahme und probiert ... nur keine Zeit lassen! So richtig und vernünftig es ist, einen guten Arzt zu empfehlen, so unanständig scheint es mir zu sein, in die Behandlung eines Fremden, den man nicht kennt und dessen Wirken der empfehlende Laie nur schwer beurteilen kann, einzugreifen und dem Patienten das Wichtigste zu nehmen, das es neben den mechanischen und chemischen Heilmitteln überhaupt gibt: das Vertrauen und die Kraft der Suggestion.

Die krampfhafte Empfehlung basiert aber wohl im allertiefsten Grunde auf jener merkwürdigen, spezifisch deutschen Eitelkeit, die das Selbstgefühl von der Person noch auf Zahnbürsten, Weltanschauung, Arzt und die eigne Zentralheizung ausdehnt. Die Leute spiegeln sich förmlich in den von ihnen benutzten Gegenständen, in ihrer Wohnung und in ihrer Stadt – die feinern Herren auch noch in ihrer Zeit. Was auch immer um sie, an ihnen, mit ihnen geschieht: jeder «Fortschritt», jede Maschine, jeder gut funktionierende Wagen hebt ihren Wert. Dies alles ist mir untertänig ... o du Kaffer.

Damit wir uns recht verstehen:

Die Ärzte nehmen sich mitunter reichlich wichtig; ihr Kollektiv-Ehrgefühl liegt, wie bei fast allen Gruppen, um drei Oktaven zu hoch, und wenn sie den Laien in corpore gegenübertreten, dann gnade denen Gott. Von den Kreisärzten, diesen medizinischen Polizeibeamten, schon gar nicht zu reden: was in deren Sprechstunden an stabsärztlichen Gewohnheiten, an preußischem Ton, an Seelenroheit mitunter geleistet wird, das kennt jeder Anwalt armer Leute, jeder, der mit ausgewiesenen oder auszuweisenden Fremden zu tun hat, diesen rechtlosen Europäern ... Es darf auch nicht verschwiegen werden, daß das, was der Kassenarzt, belastet durch die ungeheuerlichen Kosten der Kassenbureaukratie, zuwenig tut, vom Arzt der Privatpraxis zuviel getan wird: die wehleidigen Juden Deutschlands haben zweifellos an zweierlei Dingen in der ärztlichen Praxis großen Anteil: an der technischen Vervollkommnung der Spezialärzte und an einer Polypragmasie, die ihresgleichen sucht.

Aber in diesem einen Punkt hat der Patient unrecht: man mische sich nicht in die Behandlung durch einen fremden Arzt.

Es ist nicht einmal böser Wille. Wie solch ein Vorgehen den behandelnden Arzt verletzen muß; wie es dessen Praxis, oft unverdient, schädigt; wie der «Ruf» des angepriesenen Arztes oft nur auf einer Mode, auf Salongesprächen, auf Konjunktur beruht; wie rasche Heilungen manchmal auf Zufall basieren, das machen sich wenige klar.

Es scheint mir aber auch unklug, den Arzt so oft zu wechseln wie das Reichsgericht seine Deduktionen über den Landesverrat. Ein tüchtiger Arzt wird bei längerer Behandlung den Organismus seines Patienten gut kennenlernen, und den Nutzen davon hat der Patient. Läuft er von einem zum andern, so wird er, wie das nicht anders sein kann, vieles und vielerlei zu hören bekommen, Saiten werden angeschlagen, keine kann ausklingen, und zum Schluß sind alle unzufrieden.

Es ist das hier gewiß keine Frage erster Ordnung: die überwiegende Anzahl der deutschen Angestellten und Arbeiter kann es sich kaum leisten, Privatbehandlung in Anspruch zu nehmen, wenngleichen sie es manchmal mit ihren letzten Mitteln dennoch tun, nur um der vielfach unzureichenden Kassenbehandlung mit ihren entwürdigenden Begleitumständen zu entgehen, wo sich Rentendrücker und ärztliche Feldwebel die Waage halten: Folge der fatalen deutschen Sucht nach Kodifizierung des Lebens.

Wenn man aber von einem Arzt das Äußerste an Arbeit, Geistesgegenwart, Kenntnissen und Verantwortungsgefühl verlangt, dann muß man ihm, denke ich, das auch entgelten: durch das Gefühl der Dankbarkeit und dem Respekt vor einer Arbeit, deren Einzelheiten man nicht kennt.

Was gewiß nicht hindern soll, seine Mitmenschen vor den operationswütigen Schneidermeistern oder vor Ärzten zu warnen, die – wie etwa Herr Lubarsch in der berliner Charité – Politik und Heilkunde zu deren beiderseitigem Schaden vermengen.

Poincaré spricht

Die Augen bleiben im Schatten, die Wangenkonturen schimmern in matter Weiße. Im Sessel vor uns sitzt ein Mann, dem das Alter eine winzige Spur von Rührendem gegeben hat. Aber das ist kein alter Mann: beim Gehen ist in den Schultern viel gebändigte Kraft. Raymond Poincaré wirkt wie ein zitternder Motor, der mit einem Schlag abgedrosselt werden kann; er hat sich fest in der Hand. In der Mischung von geistiger Eleganz und gläserner Härte steigt eine vage Erinnerung auf: Paul Schlenther. Und nun spricht Poincaré.

Frankreich spricht. Denn dieser Mann ist heute Frankreich.

Hier hat sich der helle Rationalismus der Franzosen personifiziert; die Technik des Sprechenden arbeitet mit Silbernadeln, die haargenau in die gewünschten Kategorien flitzen. Es ist die Präzision eines Botanikers, dem noch nie eine Pflanze ohne Art untergekommen ist... Ist das der deutsche Kinderschreck –?

Er ist es nicht.

Die französischen Wahlen sind auf *seinen* Namen gelaufen, und sie haben das klare Resultat ergeben, daß das Land *ihn* will. Warum ihn –? Nicht nur, weil er der reinlichste und sauberste unter den französischen Politikern ist; nicht nur, weil er genau spricht, verhandelt, sich verhält, wie es Zehntausende guter Franzosen täten, säßen sie an seiner Stelle: durch das hohe helle Zimmer, das auf einen Hof des Louvre hinausgeht, ist, wenn er spricht, das bejahende Kopfnicken eines ganzen Landes zu spüren, nicht aus diesen Gründen allein ist Poincaré heute das Frankreich, mit dem andere Staaten zu rechnen haben. Das Land will *ihn*, weil er den Kopf und den Franc oben behalten hat, als alles um ihn drüber und drunter ging. Er hat sich das Vertrauen, das er heute genießt, nicht erbeten –, er hat es sich erkämpft und erarbeitet. Und das Land ist für ihn, weil es genau fühlt, daß dieser im tiefsten

Innern sicherlich cholerische Mann dieselbe Kraft, die seine politischen Gegner bezwingt, auch gegen sich selber anzuwenden vermag.

Er ist heute Frankreich. Freilich: er ist nicht das ganze Frankreich.

Da ist ein leiser Mangel an Musikalität, an witterndem Instinkt, an wagemutigem Optimismus – dieser Politiker «kennt die Welt», und die gewonnene Erkenntnis hat einen leichten Essiggeschmack. (Briand kennt sie auch, verachtet sie, läßt aber die andern zum mindesten glauben, daß er an sie glaubt.) Zugrunde aber liegt allem, was Poincaré tut, das äußerste Gefühl für Rechtlichkeit, für Sauberkeit, für Ordnung, daran kann kein Zweifel sein. Hier ist seine Stärke und seine leise Schwäche. Ein großer Advokat, der einen Prozeß gewonnen hat. Und einer, der, wie deutlich fühlbar, in einer großen, weit ausschwingenden Wandlung begriffen ist, die zu vollziehen für ihn weniger schwer war als sie sich einzugestehen.

Raymond Poincaré will die *europäische Verständigung*. Er fühlt seine Zeit, er fühlt Europa – und sei es nun, daß ihm dabei die Umstände helfen, die Mitarbeiter und die Wirtschaftslage: hier ist eine Tür angelehnt, die aufgetan werden sollte. Wieweit sich Poincaré dabei selbst im Wege steht, wird abzuwarten sein.

Zweierlei gibt es hier zu lernen:

Wer von außen auf den Gegensatz Briand – Poincaré spekuliert hat, spekuliert falsch, weil er Frankreich von innen nicht kennt. Zweite Lehre: man muß mit den Männern rechnen wie *sie sind*, nicht wie wir sie uns wünschen. Ich will gar nicht einmal davon sprechen, welchen Poincaré die Nationalisten bei uns an die Mauern malen. Dieses Zerrbild hat es nie gegeben; auch während der Ruhrbesetzung nicht. Ganz abgesehen davon, daß doch gerade die Deutschnationalen mit jemand sympathisieren müßten, der erwiesenermaßen alles, was er getan hat, für sein Vaterland getan hat und niemals für sich: dieser Mann hat sich auf seine Weise die Geschehnisse und

Begriffe nach Kategorien geordnet (was sehr französisch ist), und er weiß in seinen Kategorien Bescheid. Sein Gedächtnis scheint unerschöpflich: sein Wissen, wie aus seinen Büchern hervorgeht, reich – seine Informationen sind gut und niemals einseitig.

Verständigung mit einem solchen Mann ist um so leichter zu erzielen, je mehr man davon absieht, *Außenpolitik innenpolitisch aufzumachen*, wie das in beiden Ländern genug geschieht. Poincaré ist viel zu klug, um nicht genau zu wissen, daß die leiseste Kritik von franzosenfreundlichen Deutschen sofort das hämische Geheul derer hervorruft, die die Verständigung mit Frankreich aus innerpolitischen Gründen nicht wollen. Und dennoch muß man die Wahrheit sagen. Und die ist:

Mit diesem Staatsmann kann Deutschland heute verhandeln. Dazu gehört: fleckenloseste Reinlichkeit in der Verhandlungsführung; Ausschaltung aller Elemente, die noch aus den früheren Jahren her sachlich verärgert, verbittert, verständlicherweise gereizt sind; solche Unterhändler können wir zur Zeit am wenigsten gebrauchen. Sind diese Voraussetzungen erfüllt, so wird Deutschland durch ihn und mit ihm größere Erfolge erzielen als mit jedem anderen. Es gehört zu einer gedeihlichen Verhandlung, die Erwartungen nicht zu überspannen. Von Poincaré, der besten Willens ist, aber Franzose, Patriot, Advokat, zu erwarten, er werde morgen das Rheinland räumen, ist eine Verkennung der Lage. In seinem lateinischen Charakter sowie in dem seiner Rasse liegt der Respekt vor Verträgen, die man unterzeichnet hat: ein Vertrag gilt bis zur Unterzeichnung eines neuen. Wollen beide Teile zueinander kommen, so müssen die Franzosen deutsch denken und die Deutschen französisch denken lernen. Das ist sehr schwierig, aber es ist zu machen. Hier und nur hier liegt die Möglichkeit einer gesunden «Realpolitik».

Der Mann am Schreibtisch erhebt sich. Die äußerste Delikatesse, mit der er die deutsche Innenpolitik betrachtet; die objektive Neutralität, zu der sich dieser stets entflammbare Wille zwingt; das Stück Geschichte, das von ihm ausstrahlt: sie sind, mit dem unbedingten Vertrauen, das dieser Mann heute in Frankreich mit Recht genießt, der Anfang einer neuen politischen Epoche zur gedeihlichen Zusammenarbeit der beiden benachbarten Völker.

«d'ailleurs»

Wo der Deutsche auf jemand «beese» ist, hat der Franzose seine médisance, die leise tötet. Eine der feinsten Giftzähne dieser Schlange heißt: «d'ailleurs» – übrigens ... so ganz nebenbei ...

«d'ailleurs» liegt in Relativsätzen eingebettet, am Anfang oder am Schluß, und unbeweglichen Gesichtes tötet der «salonnard», wie Daudet das nennt, seinen Feind, und wenn es gar eine «salonnarde» ist, dann kann man etwas erleben. Kommt bei uns die Rede auf einen Unbeliebten, dann krempeln sich die Männer die Ärmel hoch, die Frauen laufen rot an und nehmen einen Anlauf («In welchen Salons verkehren Sie, Herr Panter?» – In Ihrem, gnädige Frau), und los gehts, daß die Späne stäuben. Nichts davon in Frankreich.

Jedesmal, wenn ich über den tiefen Untiefen dieser Küstenstriche daherplätschere, freue ich mich auf einen Augenblick, der unweigerlich eintritt, sooft Menschen vom Nebenmenschen reden, was meistens nicht so sehr hellgrün ausfällt. Niemals: «Ich wer Ihn mal was sahrn: das ist ein ganz großer Schieber!» – sondern die Stimme wird kaum gehoben, ein Relativsätzchen, ein kleines: «... qui n'est pas très riche d'ailleurs ...» Aus. Der andre hat sofort verstanden – der nicht sehr Reiche ist tot, erledigt, gar nicht mehr vorhanden, denn das heißt: er tut bloß so, es ist alles nicht wahr, Gott strafe ihn, mißtrauen Sie diesem Kerl, pfui! nieder! auf ihn mit Gebrüll.

Hier wird alles nebenbei erledigt. Die Hauptsache liegt in den Nebensätzen, die Nebensache steht vorn und ist Paravent, Geschützschild und die «Wand» des Sommernachtstraumes. Unmöglich, ein Gespräch mit der Hauptsache zu beginnen. Leise strecken sich erst die Fühler der Konvention aus ... «Ça va? Et votre femme? Ah, vous savez, après les élections ...» alle Dreschmaschinen arbeiten und legen riesige Haufen leeren Strohs beiseite ... Bis dann plötzlich, beinahe zu guter Letzt, die Hauptsache in einem Nebensätzelchen auftaucht ... «Apropos ...» Und dann gehts los.

So werden hier Reputationen gemacht und Reputationen vernichtet, ganz leise geht das; die kleinen Steine, die jedesmal von einem stolzen Gebäude abbröckeln, rieseln fast unmerklich zu Boden. Jede Dame hat eine lange Nadel, mit vergifteter Spitze, die in der Sonne grünlich blinkt ... «Son mari qui d'ailleurs fréquente un monde un peu spécial ...»

Nehmen wir uns ein Beispiel und traktieren wir nicht mehr unsre Minister, strebenden Regierungsdirektoren und Pressechefs mit Tritten in den Popo. So wollen wir denn in Frieden mit dem Herrn Botschafter leben, qui en abusant de son métier n'est pas trop intelligent d'ailleurs ...

Lasset uns fortan in Nebensätzen wirken wie unsre Erbfreunde, die Franzosen.

Der kleine Salon

Während der Präsident Doumergue freundlich lächelnd durch den grade eröffneten Salon «Salon de l'Automobil» im Grand Palais schreitet, haben sie am selben Tag in Paris – weit draußen an der Porte de Versailles – einen *kleinen* Auto-Salon eröffnet: dort kann man gebrauchte Autos kaufen.

Die pariser Vorstadt fängt etwas brüsk an; da gibt es noch das Gatter, an dem alle Wagen halten müssen, weil es verboten ist, vom «Ausland» Benzin nach Paris einzuführen, diese dumme Zollformalität soll nächstens fallen. Hinter dem Gatter siehts gewöhnlich scheußlich aus – die pariser Vorstadt ist eine böse Sache ... Und da stehen die großen Ausstellungshallen.

Der Markt, der da aufgemacht ist, zeigt, daß das französische Auto bereits eine Sache des Mittelstandes ist, man sieht das am Publikum, an den Preisen und an den Wagen. (Für mittlere gebrauchte Viersitzer ohne Luxus wird zwischen 800 und 2000 Mark verlangt.) Ein kleines Wohnauto steht auch da – es hat einen Schlafraum und einen zigarrenkistengroßen Vorraum, der als Küche und Toilette gedacht ist. «Die Lösung der Wohnungsnot!»

Die Händler stehen herum wie das Geflügel – es gibt jene seltsamen Gesprächspausen, wo nur die kleinen flinken Äuglein die Runde machen, ob es etwas zu verdienen gibt ... Aber es sind nicht allzu viele Leute da – an einem Tisch sitzen Papa und Mama und handeln sehr ernsthaft mit einem gerissen aussehenden Mann, der ihnen grade erzählt, ein gebrauchter Wagen sei überhaupt viel, viel besser als ein neuer, und kein Mensch kauft mehr neue Wagen ... und das Baby ist auch dabei und sitzt, vorläufig trocken, auf Mamas Schoß und begutachtet die neue Marke, mit Vierradbremse.

Es ist eine Art Trödelmarkt des Autos. Das Auto hat aufgehört, ein Luxusgegenstand zu sein. Das hat sich nur noch nicht überall herumgesprochen.

Maurice Chevalier

Der pariser Revuestar ist nun glücklich nach Amerika abgefahren. Winke, winke ...!

Sie haben ihm im «Claridge» ein großes Abschiedsdiner gegeben, mit feierlichen Reden und fröhlichem Rundgesang, und Herr Chevalier, dessen Namen man nicht verdeutschen soll, weil er dann Moritz Ritter hieße, hat einen Film laufen lassen, in dem er selbst auftritt, und er ist dazu hinter die Leinewand gegangen und hat – Marke: «Tonfilm» – zu seinem eigenen Bild gesungen, und alle sind sehr zufrieden gewesen. Nur wir nicht.

Weil nämlich neunundneunzig zu hundert zu wetten sein wird, daß dieses Experiment schiefgehen wird wie tausend andere vor ihm. Amerika entwurzelt die volkstümlichen Talente Europas, und das bekommt nicht jedem. Es ist noch gar nicht gesagt, daß das, was in Paris oder Berlin oder London gefällt, nun auch für die amerikanische Welt Geltung habe – wenn auch Paris heute noch den Geschmack der Welt maßgebend bestimmt. Wer sich hier durchsetzt, der kann schon auf eine gewisse internationale Geltung hoffen. Aber nicht immer.

Chevalier wurzelt mit seinen langen Beinen so fest in Paris wie Paule Graetz in Berlin, und wenn so einer nach Amerika herüberkommt, dann kann es geschehen, daß sich zum Schluß die Herren Unternehmer mit langen Gesichtern ansehen und sprechen: «Nanu? Da hat doch einer dran gedreht –?»

Die einzigen aber, die wirklich daran gedreht haben, sind sie selber, sie, die da glauben, man könne alles kaufen. Man kann nicht alles kaufen. Es ist schon schwer, tschechische Nationalspeisen und Münchener Bier und die kleine Weiße mit'n Schuß zu exportieren – viel schwerer aber ist es, vorher zu wissen, *ob das anderswo auch schmeckt!* In den allermeisten Fällen machen die Leute ein Gesicht und sagen: «Das ist alles –?»

Luft kann man nicht exportieren, Licht nicht, Atmosphäre nicht – Berlin bleibt Berlin, Paris Paris. New York New York – da gibts nichts.

Die Amerikaner kaufen ein bißchen wahllos ein: alte Ruinen, junge Regisseure und mittlere Kunst, und die Gekauften wären ja schön dumm, wenn sie das nicht ausnützten. Aber wenn in Amerika eine neue Generation ans Ruder kommt, wird sie hoffentlich einsehen, daß ungebildete Geldraffer nicht das richtige Sieb sind, durch das man Europas Waren laufen lassen kann. Tran schmeckt nur bei den Eskimos gut, und wer sich zu viel «herüberholt», beweist nur, daß er selber nichts hat.

Hégésippe Simon

Das war zu Beginn des Jahrhunderts, da hatte ein französischer Journalist eine herrliche Schnapsidee. Er richtete an alle damals bekannten französischen Senatoren, Abgeordneten, Minister und sonstigen Politiker einen feurigen Brief: es gelte, sich zur Jahrhundertfeier des Geburtstages von Hégésippe Simon zu rüsten, des bekannten Freiheitskämpfers aus den achtundvierziger Jahren. Er bäte um eine kleine Meinungsäußerung der Herren: die Freiheit, die Kultur, die Brüderlichkeit, die gemeinsame Idee ...

Sie antworteten, fast alle Mann hoch – und es knatterte nur so von herrlichen Phrasen, Briefen, Zusagen und Proklamationen.

Nun hatte die Sache einen Haken.

Es gab wohl einen Hégésippe Moreau, und es gab auch einen Jules Simon – aber einen Hégésippe Simon hat es nie gegeben. Und als der Journalist seinen Waschkorb voller Briefe hatte, da veröffentlichte er sie, und die Gesichter der Politiker zogen sich ebenso in die Länge wie die Gesichter der fröhlichen Leser in die Breite ... es war ein wunderschönes Fest.

Das ist nun rund fünfundzwanzig Jahre her ... glaubt man, daß sich viel geändert hat? Mit nichten. In Frankreich und in Deutschland wird ein bißchen viel gefeiert und geredet, und es sind sehr oft die am wenigsten Legitimierten, die sich äußern. Als neulich einmal eine deutsche Literatur-Zeitschrift eine Rundfrage über Stefan George veranstaltete, da hatten doch etliche den Mut, auf die Frage «Was hat Ihnen George für Ihre Entwicklung bedeutet?» zu antworten: «Nichts.» Es scheint sehr viel Mut dazu zu gehören, einmal zu sagen: «Ich bin nicht der liebe Gott. Also kann ich mich nicht um alles kümmern. Dieses Gebiet ist nicht das meine – ich habe nichts dazu zu vermelden.»

Mir ist ein ehrlicher Beamter, der uns nichts vormacht, tausendmal lieber als der stets schmusbereite «Mann der Öffentlichkeit», der zu allem seine Banalität parat auf Lager hält zu Goethe und zu Stefan George; zu Einstein und zu Edison; zu allen Geburtstagen und zu allen Beethoven-Feiern und zum ewigen Hégésippe Simon.

Denn wenn sie ehrlich sind, wenn sie wirklich ehrlich sind –: was bedeutet ihnen in den meisten Fällen der Gefeierte, zu dem sie ihre Reden halten? Hekuba ist er ihnen, der Hégésippe Simon, und ein Schmarrn.

Paris – zehn Minuten vor zwölf

Die pariser Innenstadt bekommt ab dreiviertel zwölf ein eigenartiges Tempo. Da gehen die Leute frühstücken.

Englische Tischzeit gibts hier nicht. Der Franzose ließe sich das nie gefallen – er ist fleißig, er arbeitet –, aber diesen doch sicherlich sehr unpraktischen Tageseinschnitt um die Mittagsstunde läßt er sich nicht nehmen. Um dreiviertel zwölf werden die Leute unruhig – man besuche keinen Franzosen um diese Zeit, das wird nichts. Um elf Uhr fünfzig aber ist es aus; da drehen sich die Kontorsessel; da klappen die Daktylos ihre Schreibmaschinen zu; da wickeln sich die Anprobierdamen aus ihren Poiret-Gewändern – da gehen sie alle frühstücken. Welch Zug in den Straßen!

Eine Völkerwanderung zum Bahnhof St. Lazare; Fülle in den kleinen Butiken, wo die Midinettes ein Brötchen essen und einen Kakao trinken; Fülle in den Restaurants – das ist ein kleiner Gottesdienst, der hier zelebriert wird. Wie lange er sich ausdehnt, das hängt vom Geschäft des einzelnen ab: manchmal bis zwei, halb drei Uhr – dann liegen kleine grüne Teppiche auf den Tischen der Cafés, und es steigt noch eine harmlose Kartenpartie oder ein Brettspiel ... mitten im Tosen der großen Stadt, die sich um diese Zeit in hunderttausend winziger Idyllen auflöst. Dazu ist immer Zeit: für den mageneröffnenden Apéritif; für das, was die französische Sprache ein «Hälmchen Schwatz» nennt; und für das mehr oder minder große Déjeuner, dessentwegen viele nach Hause fahren – manchmal zwanzig Minuten weit. Daher die Eile.

Aber wenn sie dann essen, dann essen sie – mit Muße, mit Verständnis, alle: die Bürodamen und die Buchhalter und die Verkäufer vom *Printemps* und die Bauarbeiter, die auf der Straße sitzen und richtig ein ganzes Frühstück abziehen –: mit Hors-d'œuvres und allem Komfort. Unter dem ist es nicht. Und wenn die Vorspeise nur aus einem Scheibchen Wurst besteht und zwei Radieschen ... Vorspeise muß sein. Paris frühstückt.

Um drei Uhr ist alles wieder da. Die Telefone rasseln (wozu, habe ich nie begriffen – denn das pariser Telefon ist kein Telefon; in eiligen Fällen empfiehlt sich ein Taxi) –, die Scheren klappern, die Schreibmaschinen schnattern, die Verkäufer verkaufen, und die Probierdamen probieren raschelnd an. Paris arbeitet.

Malende Eisenbahner

Beim Fotografen Manuel in Paris. Ein paar kleine Zimmerchen voller ölgemalter Bilder, hübsch im Rähmchen und brav im Sujet: Bäume mit See, Bäume ohne See, Kirchturmspitze und Blumenvase, Dorf bei Gewitter und schöne Frau mit rundem Kinn – es ist alles da. Was ist das?

Das ist eine kleine Bilderausstellung von französischen Eisenbahnbeamten. Alle diese Maler sind Beamte der Staatsbahn oder Angestellte der «Compagnies», die das französische Eisenbahnnetz unter sich aufgeteilt haben.

Man kann nun gewiß auch eine Ausstellung von Künstlern organisieren, die mit einem A anfangen, oder von Rothaarigen oder von Malern, die einmal in ihrem Leben geschieden sind. Diese Ansammlung harmloser Amateur-Arbeiten ist wohl auch weniger als Kunstausstellung gedacht denn als Band der Kameradschaft unter den Angehörigen eines Berufs. Wenn grade kein Dienst gewesen ist; wenn draußen die Güterzüge von andern bedient wurden; wenn andere über die Weichen donnerten; wenn die Kameraden den Hebel umlegten –: dann saßen die Stationsvorsteher und Weichensteller und Lokomotivführer und mehr wohl noch die Schalterbeamten und Buchhalter und Schreiber an friedlichen Staffeleien und pinselten, sanft vor sich hinpfeifend, ihre kleine Privatvision auf die geduldige Leinwand.

Sagte ich: «Stationsvorsteher»? Kein Franzose, der hier nicht lächelte – denn an den «chef de gare» hängt das französische Gassenlied einen bösen Vers; der sagt diesem braven Beamten nach, daß ihn seine Frau zu hintergehen pflege, und wie viele angesoffene Reservisten schon Arrest bekommen haben, weil sie in lärmendem Übermut diese Zeile («Il est cocu le chef de gare») aus den Fenstern gebrüllt haben, ist schwer auszurechnen.

Plötzlich wird es in den beiden Zimmerchen so seltsam still; ein leises Rauschen entsteht hinter mir ... Der Herr Minister! Der Minister der öffentlichen Arbeiten, und damit der Eisenbahn, Herr Tardieu, eröffnet die Ausstellung. Kleine Pause.

Herr Tardieu sieht aus wie ein gut genährter Börsianer an einem ziemlich festen Börsentage, durch die Nase pustet er Luft, und er hat einen reichen und energischen Unterkiefer.

Und nun spielt sich, im kleinen, dieses süße Spiel ab, das wir im großen so oft gesehen haben, und das in Frankreich doch etwas weicher, schmiegsamer, eleganter gespielt wird als anderswo. Der Minister muß sich etwas ansehen, was ihm gänzlich Wurscht ist; die Veranstalter wissen das; der Minister weiß, daß sie wissen; sie wissen, daß der Minister ... und währenddessen bleibt also Tardieu vor manchen Bildern stehen und sagt seins. Wo in aller Welt lernen die Minister, was man in solchen Fällen zu sagen hat? Es muß sehr schwer sein. «Hübsche Landschaft!» – «Das ist sehr nett. Wo ist das?» – «Ah, der Genfer See» – und so.

Drum herum keine krummen Rücken. Natürlich die leicht gedämpften Stimmen des Respekts, aber nicht peinlich, das kann man nicht sagen. Der arme Minister – der einzige Lichtblick ist die Plastik eines Künstlers, der modelliert, wie Henri Rousseau gemalt hat –: in Gips steht da ein kleines Mädchen mit einem Lamm, und das Kind hat ein Gesicht wie ein lächelnder Eierkuchen.

Armer Minister!

Da hat neulich einer das Tagesprogramm des französischen Präsidenten Doumergue aufgeschrieben; das ging zwischen Eröffnungen und Besichtigungen immer auf und ab, und abends war Galavorstellung, und ich möchte nicht Präsident sein.

Die Eisenbahner malen; die Minister weihen ein – man muß sich wundern, daß die Eisenbahner überhaupt noch fahren. Aber von der Eröffnung dieser Ausstellung bis zum Ausbruch des Vesuv gibt es in Europa nichts ohne eines: die Spitzen der Behörden.

Deutsche Soldaten in der pariser Oper

Kein sehr pazifistischer Film – aber ein anständiger Film. Schlachtszenen in durchgehender Handlung: Verdun von 1915 bis 1918. Der Deutsche darf anmerken: In keinem Falle wird der deutsche Soldat anders als mit höchstem Respekt dargestellt – hier gibt es keine Schießbudenfiguren, keine Kinderfresser und Uhrenräuber … gezeigt werden Männer und junge Leute, die ihr Leben in gutem Glauben einsetzen. Fast alle Szenen sind dargestellt: der Regisseur Léon Poirier hat auch mit Deutschen gearbeitet: die Rolle eines jungen Soldaten wird von Hans Brausewetter gegeben.

Daß der Film von Franzosen gemacht worden ist, wird niemand an der Tendenz merken: sie ist nicht vorhanden, der Film ist aus einer sauberen und anständigen Gesinnung geboren. Der Deutsche wird den französischen Ursprung in den kleinen Einzelheiten merken, die für unser Auge nicht stimmen: Offiziere geben bei einer Besprechung im Stab kein Mienenspiel von sich, wenn ihnen der General etwas eröffnet. Dieser General (die einzige mißglückte Figur auf deutscher Seite) ist eine Karikatur des Feldmarschalls Hülsen-Haeseler, der in Wahrheit nur noch ein ehrwürdiges Dekorationsstück gewesen ist – er hat zwar ausgesehen wie eine alte Frau, ist aber ein Edelmann gewesen, und nicht, wie hier, ein alter Schauspieler. Was übrigens die Franzosen nur mit dem Nietsche haben, dem sie nicht nur das «z» amputiert haben, sondern den sie beharrlich mit dem deutschen Offizier in Verbindung bringen, das wissen die Götter. Sie können sich jene Kälte wohl sonst nicht erklären, die sie von diesem Lager her verspürt haben. Aber die Lektüre der Kasinos ist wohl eher Ganghofer und Otto Ernst gewesen. Die französischen Soldatengesichter sind gut – das etwas weiche Schauspielergesicht Brausewetters wird kein Frontsoldat als mit der Wirklichkeit übereinstimmend ansehen: Nichts ist darüber hinweggebraust, so glatt und offen und ruhig liegt dieses Gesicht vor einem … Es ist nicht einmal eine verfehlte Maske.

Die Kriegsszenen sind gestellt. Die grauenhaften Anstrengungen, das Leiden, die Not, die tierische Existenz verkleideter Angestellter und Arbeiter, die Sinnlosigkeit dieses Lebens – das kommt einigermaßen heraus. Die Kämpfe um die Forts Vaux und Douaumont sind bestes Kollektivdrama. Der Augenblick, in dem die Franzosen das Fort Vaux verlassen, während die Deutschen vor den Tapferen das Gewehr präsentieren, ist von höchster dramatischer Spannung. Dazwischen einmal – als Vision des alten Generals – gespenstisch anmutende Szenen aus dem Jahre 1913: das Militär zieht Unter den Linden auf mit einem Polizeioffizier im Vordergrund.

Auch der Kaiser ist zu sehen, ein alter Mann. Es blieb totenstill in dem riesigen Theater, als er erschien, totenstill auch, als die englischen Truppen gezeigt wurden. Keine Hand rührte sich. Bei den Bildern einiger französischer Generale gab es einige Pfiffe. Nach angstvollem Schweigen klatschten die Leute manchmal vorwiegend vor «Schön gestorben!», «Schön gefilmt», «Bravo!», «Nochmals siegen!» –

Wirkt nun solch ein Film, der in der pariser Oper vom Präsidenten der französischen Republik mit den Generalen und der pariser Gesellschaft eingeweiht wird, pazifistisch? Wir haben so viele Kriegsfilme gesehen ... Ihre Wirkung hängt offenbar von den Zwischentiteln ab, weil ja die ersten Roheiten nicht auf dem Film zu sehen sind. Wenn nicht hinter jeder Schreckensszene zu lesen steht oder noch besser zu sehen ist, wofür das alles stattgefunden hat, dann wirken diese Filme nicht pazifistisch. Der Film schließt nicht mit einer Parade der Sieger, er schließt mit dem Bild eines Mannes, der Samen auf seinen Acker streut, mit einem, der das zerstörte Leben wiederaufbaut ...

Eine Yvette Guilbert gilt nichts im eigenen Lande

Die Yvette Guilbert, die Berlin bejubelt, gibt es in Paris nicht. Paris ist nicht undankbar – es hält, wie Wien, selbst sehr alten Schauspielern, die kaum noch sprechen können, die Treue –, von Frauen nicht zu reden, die hier vom dreißigsten Jahre ab erst das werden können, was sie noch im fünfzigsten sind. Es muß da also mit der Frau Guilbert etwas anderes im Spiele sein ... wir werden gleich sehen.

Gestern ist ihre Premiere im «Eldorado» gewesen, einem achtrangigen Theater; das Stück heißt «Das Gasthaus zur Tugend», es ist eine Operette.

Der Operettenstumpfsinn scheint international zu sein: es ist, wenn man so recht bedenkt, unvorstellbar, daß sich erwachsene Menschen dergleichen bieten lassen, aber vielleicht sind erwachsene Menschen gar nicht so erwachsen ... Die Leute saßen so weich wie auf einem Eierkuchen, es muß wohl gefallen haben. Die blechernen Frauenstimmen eines im tiefsten unmusikalischen Volkes umsangen uns – Kulissen, Chormädchen und Regie waren aus Haukwitz an der Plauße –, und in diesem Stück trat Frau Yvette Guilbert auf.

Ja ... sie tritt auf, und man fühlt sofort: gutes, altes Handwerk. Sie kann sprechen, noch das Piano der Rede trägt bis in die letzten Reihen. Was sie da zu singen hat, ist dummes Zeug – sie gleicht einem Rennfahrer, der einen Kinderwagen schiebt, doch plötzlich beginnt der Kinderwagen zu schunkeln, zu laufen, die Räder drehen sich, und nun ist es kein Kinderwagen mehr, sondern ein 80 PS – sie singt ihr eigenes, altes Repertoire.

Da steht – fast gespenstisch – die alte Yvette, mit den langen, schwarzen Handschuhen, dem grünen Kleid mit der roten Blume – und macht den schlimmsten Fehler, den einer überhaupt machen kann: sie singt gegen die Zeit. «Ja, damals ...» singt sie: «Au temps d'Yvette –», ja, damals ... Und wenn ihre Zeit, die von 1890, auf dem Gebiet des Cabarets auch tausendmal besser gewesen ist als die unsere –: man soll nicht gegen die Epoche eifern, weil es immer wirkt, wie wenn jemand von einem Wagen heruntergepurzelt ist und den Fahrenden nun nachschimpft. Sie gibt in ihren kleinen Vortragsnachmittagen, die sie ab und zu noch veranstaltet, offen zu, daß sie 1928 nicht versteht, die kurzen Röcke, die schnelle Liebe, die rauchenden Frauen – man kann eine Epoche aber immer nur mit deren eigenen Mitteln bekämpfen, niemals mit der Vergangenheit. Das sind aufgewärmte Bouletten, und wir wollen frische.

Man spürt noch die alte große Yvette: das ungeheure Können, die Sicherheit, mit der das alles gebracht wird, wie das «sitzt» – aber gerade die leichten Lieder müssen sich hüten, wenn sie ihre Zeit verlassen, sie sind wie die Mode der Frauen: eine aus den vergangenen Jahrhunderten kann auf einem Kostümfest reizvoll sein, die von gestern aber ist leise lächerlich. Enttäuschend die Lieder von Xanrot, der viel bessere Texte gemacht hat als jene, die die Guilbert singt, und seine besten hat sie, wie aus ihren Memoiren ersichtlich, nie gesungen, weil sie, wie wiederum ihre Beurteilung Toulouse-Lautrecs zeigt, eine Spur von Dümmlichkeit aufweist und kleinbürgerlicher Beschränktheit. Als sie Bruant sang, «A Ménilmontant», strahlte der Saal – das kannten sie noch, die Älteren hatten Bruant noch gehört.

Wenn Frau Guilbert auf Reisen geht, so liegen ihr ganze Länder zu Füßen: insbesondere Deutschland, wo ihr manchmal die Tränen in die Augen gekommen sind, sieht in ihr mit Recht ein Stück des allerbesten Frankreich und fragt den Teufel danach, ob das 1895 oder 1928 ist. Trotzdem mir ihre Marienlieder mitunter als die Gesänge einer braven Schullehrerin erscheinen, ist der große Erfolg verständlich –: da steht jemand oben, da ist Atmosphäre, künstlerische Gestaltungskraft, alles, was wir wollen. Und gegen eben diese Ausländer ist die Guilbert ungerecht. Es kommt in ihrem Erinnerungsliede eine Stelle gegen die Fremden in Paris vor, die nicht sehr heiter ist. Es sind immerhin jene, die ihr die Treue gewahrt haben, und nicht die Pariser – sie hat einmal zu den Leuten in Oslo gesagt: «Sie sind pariserischer als meine Landsleute.» Paris aber fühlt: sie ist nicht mehr von heute, und ihr Repertoire ist es auch nicht.

Und dann trat sie unter rauschendem Beifall ab, und die Operette nahm ihren Fortgang, eine Operette, vor der man nur bedauern konnte, daß der selige Direktor des alten Metropoltheaters Sulz sie nicht inszeniert gesehen hat. Er wäre aufgesprungen und hätte gerufen: «Da links müssen noch 'n paar Menscher hin –!» Und hätte das alles viel besser, viel bunter und viel lustiger gemacht als seine pariser Kollegen, die sich um etwas Unmögliches bemüht haben: eine alte Zeit wiederaufstehen zu lassen.

Katharinentag ohne Kußfreiheit

Daß der Ruf der französischen Frau falsch ist, dürfte sich allmählich herumgesprochen haben. So, wie sie mitunter aussieht, will sie vielleicht scheinen, aber so, wie sie scheint, ist sie nicht. Es ist eine Bürgerin, die arbeitet.

Gestern und heute ist der Tag der Katherinetten in Paris – die ganze «haute couture» feiert; am Sonnabend ist nicht gearbeitet worden, aus den Ateliers um die Place Vendôme herum klingt Gelächter, Mandolinengezupf und Blasmusik; die kleinen Mädchen sind alle verkleidet, und das auf eine recht naive Art: als Köche und Gendarmen und Straßenjungen; es ist ein großes Hallo.

Sie tragen traditionelle Papiermützen; es gibt Konkurrenzen, wer den schönsten «bonnet» hat – diese Mützchen haben mitunter phantastische Formen – ich sah einen Eiffelturm aus Gaze mit elektrischen Lämpchen, manche tragen einen geradezu abenteuerlichen Kopfputz, und alle Welt ist vergnügt.

Nachmittags gehört es zu diesem Tag, daß die Arbeiterinnen aus den kleinen Häusern, in langen Ketten untergefaßt, unter viel Gekreisch über die Boulevards toben, und vor dem Kriege hat da wohl so eine Art leichter Kußfreiheit geherrscht. Die ist mißbraucht worden – im vorigen Jahr ging es etwas roh zu, und für dieses Jahr hat der pariser Polizeipräfekt dafür gesorgt, daß die Zwitscherketten der Kleinen nicht geradezu überfallen werden. Das Zentrum der Stadt hat ein ganz anderes Gesicht als sonst: wunderschön sind die Gruppen der jungen Herren, die, zu kleinen Gruppen geballt, zu den hohen Etagen, daraus sich die Mädchenköpfe beugen, heraufgrüßen, winken, telegrafieren – «Fünf! Fünf! um fünf Uhr!» – und überall Gelächter und Geschrei und Musik.

Nachmittags geben die großen Häuser Bälle. Ein Ball am Nachmittag –

Ich bin auf einem gewesen: das gelbe Bonbonlicht der altmodischen Lampen zeigte ein Vergnügen, das zwischen bravem Bürger-Kostümball und Tanzstunde lag – natürlich haben die Mädchen einen Freund oder sie haben keinen – auf alle Fälle kann es auf einem Rathausball in Glogau nicht ehrbarer zugehen. Getanzt wird nicht so gut wie in Berlin; viele wackeln sich da etwas Ehrliches zurecht, aber harmlos vergnügt sind sie alle. Das ist keine Scheinheiligkeit – aber wenn hier eine etwas ausfrißt, dann spricht sie nicht so sehr viel davon. «Der Gent schweigt» – die Pariserin auch. Am Büfett mit Sekt und Kuchen brandeten die Wellen der kleinen und großen Damen – und wenn sie gute Figuren hatten, dann hatten sie *sehr* gute – so etwas von Hüftenlosigkeit war noch nicht da.

Und abends sind Bälle, und das Quartier Latin steht gleichfalls auf dem Kopf, denn da wohnen viele der Bräutigämmer.

Viel Vergnügen –! Wobei denn der sacht dahinwackelnde Beobachter zwei Reflexionen nicht unterdrücken kann:

Erstens täuscht kein noch so buntes Fest über die soziale Frage hinweg. Walzer? Sehr schön. Aber was bekommen diese Mädchen für ein Gehalt? Sie sind nicht gut bezahlt – fünfhundert Francs, sechshundert Francs – das ist schon eine ganze Menge; und dafür arbeiten sie hart, das ganze Jahr über. An einen ernsthaften Lohnkampf ist nicht zu denken – hier ist viel erzwungene Sparsamkeit.

Zweitens: Woher auch immer der falsche Ruf der Französin rühren mag, wie ein Wiener einmal von einer Frau gesagt hat, «einen Ruf wie Donnerhall» – und der Ruf ist falsch. Es ist nicht recht an diesem arbeitsamen und fleißigen Volk gehandelt, an dessen Tüchtigkeit besonders seine Frauen einen großen Anteil haben, immer und immer wieder die Französin und nun gar die Pariserin als «zersetzendes Element» hinzustellen, und wenn so etwas sogar noch in Schulbüchern zu finden ist, so verdient die Schulbehörde, die dergleichen Unfug durchgehen läßt, eine Freifahrt nach Paris und einen guten Führer durch die Stadt. Die Herren gewöhnten sich rasch das Zwinkern ab, wenn sie sehen können.

Und so zerfallen die Besucher von Paris in zwei Gruppen: die einen, die von der Stadt das «Unerhörteste» erwarten und stolz darauf sind, daß es bei ihnen zu Hause denn doch anständiger zugehe – und die andern, die enttäuscht sind, daß es gar nicht so schlimm ist, und die stolz darauf sind, daß es bei ihnen zu Hause denn doch lustiger zugeht – und alle beide sind die Opfer ihrer Vorurteile.

Paris –: das ist eine Stadt, – die arbeitet.

Die Französin –: das ist eine gute Bürgerin, eine gute Hausfrau und eine gute Mutter.

Der Bagno-Sträfling erzählt

Es ist ein kleiner Saal, mit etwa zweihundert Menschen, und an einem Tischchen steht ein schlanker Mann mit schmalem Kopf, schwarzem Bärtchen, einem französischen Gesicht, das wir hier hundertmal auf der Straße sehen können, auf der Rennbahn ... irgendeiner. Es ist aber nicht irgendeiner. Es ist Eugène Dieudonné, der Mann aus dem Bagno. Er spricht über das Bagno – über die französische Strafkolonie Guyana.

Vor dem Krieg in einen Anarchistenprozeß verwickelt, wurde er angeklagt, trotz des sehr kippligen Indizienbeweises zum Tode verurteilt ... er verdankt Poincaré sein Leben, er wurde zu lebenslänglicher Deportation «begnadigt». Im ganzen hat er fünfzehn Jahre Bagno hinter sich – immer wieder kamen Bitten um Begnadigung für ihn nach Paris, die Gouverneure setzten sich einer nach dem andern für Dieudonné ein – nichts half. Da entfloh er.

Und kam durch.

Was das heißt, möge man in dem geradezu abenteuerlichen Bericht nachlesen, den der große französische Journalist Albert Londres aufgezeichnet hat. (Das Buch liegt in einer deutschen Übersetzung beim Neuen Deutschen Verlag vor und heißt «Die Flucht aus der Hölle».) Über diese Hölle sprach Dieudonné.

Kaum einen Satz über seine Flucht, die das Äußerste an Strapazen und Energie gewesen ist – «mein Schicksal ist nicht sehr interessant» – und nun eine Schilderung der «andern» ...

Die eigentliche Strafe beginnt auf der Île de Ré an der Westküste Frankreichs – in dem dortigen Zuchthaus werden die zu Deportierenden gesammelt: Disziplin von Eisen, Wärter von Eisen, unmöglich, zu fliehen ... Der Transport: ein Schiff, kaum für Menschen gebaut, eher für Raubtiere – mit großen Käfigen, wo die Sträflinge zu Hunderten zusammengepfercht werden. Hier, sagt Dieudonné, beginnt die Korruption der wenigen, die noch nicht verdorben sind – es kommt kaum einer herüber, der nicht schon die Sitten seiner Genossen angenommen hat. Was er von dem schrecklichen Sexualelend dieser gequälten Männer erzählt, war erschütternd; man kann sich kaum eine Straftat denken, die solche Sühne verdiente.

Drüben – im Klima der Tropen – ist das Leben hart. Korruption unter den Wächtern; harte und vor allem sinnlose Arbeit – die gefürchtetste ist die an einer Straße, die niemals fertig wird, Londres hat sie einmal die Straße Nr. 0 genannt ... Hoffnungslosigkeit? Nein, sie haben alle, alle eine einzige Hoffnung: zu entfliehen. Und versuchen es. Aber die «Menschenjäger», meist Farbige, bekommen eine Kopfprämie und sind mit Hunden und Flinten hinter dem Flüchtling her ... Viele sind im Busch verschollen. Die wenigen, die herauskommen, können von Glück sagen, wenn sie nicht wieder ausgeliefert werden; ein paar sind glücklich nach Venezuela entflohen, wo sie sich verborgen halten können. Welche Schicksale –!

Laporte, genannt d'Artagnan, der in Neu-Kaledonien, einer jetzt aufgehobenen Strafkolonie, angefangen hat und für jeden Fluchtversuch immer wieder neue Strafen bekam ... im ganzen mögen es hundert Jahre sein, die er abzubüßen hätte. Einmal gelang es ihm, zu entfliehen, er fuhr als Matrose um die Welt, ließ sich verleiten, in Bordeaux an Land zu gehen – sie kriegten ihn fest, nun sitzt er immer noch im Bagno, schon 45 Jahre!

Ulmo – ein Schiffsleutnant, der vor dem Kriege geheime Militärdokumente an das Ausland verkaufen wollte –, er sitzt schon seit zwanzig Jahren auf jener Insel, auf der einst Dreyfus gewesen. Und so noch viele, viele. Es gibt Leute, die wegen ihrer Fluchtversuche bis zu sechs Jahren Einzelhaft verbüßt haben! Einer wurde entlassen, weil seine Unschuld erwiesen war: er bekam – für zehn Jahre Bagno – 5000 Francs Entschädigung!

Nun ereignet sich etwas sehr Merkwürdiges.

Es steht ein Mann auf, mit einem sehr guten Kopf, sehr energischem Unterkiefer, leicht gebräunter Gesichtsfarbe ... und das ist der Kommandant, unter dem Dieudonné seinen Fluchtversuch gemacht hat. Es war eine sehr merkwürdige Szene.

Auf der einen Seite der ehemalige Flüchtling; auf der andern der Mann des Gesetzes! Und durchaus bezeichnend für die große innere Freiheit dieser Leute und für die tiefe Anständigkeit der Beteiligten war dies:

Der Kommandant Michel drückte dem ehemaligen Sträfling seine volle Sympathie aus! Er hatte sich stets für dessen Freilassung eingesetzt; nun bestätigte er alles, alles, was Dieudonné über das Bagno erzählt hatte, und ergänzte es. Er nahm wohl die Wächter, die einen sehr schweren Dienst tun, etwas in Schutz – aber er gab zu, daß der Zweck des Bagno verfehlt sei: als Bestrafung für Unverbesserliche ist es unwirksam, weil diese Leute trotz aller Leiden immer noch dieses Leben im Freien mit ein paar winzigen Freiheiten dem Leben in den Zellen vorziehen; das Land wird nicht kolonisiert, und von einer moralischen Besserung sei überhaupt nichts zu spüren. In den neunzig Jahren des Bestehens dieser Kolonie sind bisher 60000 Menschen herübergeschafft worden – und das Allerschlimmste ist jene Bestimmung aus dem Jahre 1854, wonach diejenigen, deren Strafe acht Jahre übersteigt, auf Lebenszeit – auch nach ihrer Freilassung – drüben bleiben müssen! Wie? Das ist ihre Sache. Und es gibt viele französische Geschworene, die das nicht wissen. Diejenigen, die weniger als acht Jahre bekommen, müssen dieselbe Zeitspanne noch einmal als Freigelassene in Cayenne verbringen ...

Beide – der Bagnokommandant und sein ehemaliger Gefangener – sagten, es seien durch die ständigen Pressekampagnen tatsächlich gewisse Fortschritte in der Behandlung der Leute erzielt worden; aber es sei noch immer fürchterlich genug.

«Natürlich: Der Einjährige –!»

rief der Herr Hauptmann, als der Blitz in seine Marschkolonne schlug und ein Soldat getroffen umfiel ... Dieses Spiel wollen wir aber nun nicht mehr sehen.

Wenn irgendein Mann wegen, sagen wir, Sittlichkeitsverbrechens verurteilt wird, so ist hundert gegen eins zu wetten, daß dieser Mann auch irgendeinem Verband, einem Verein, einer Gruppe angehört hat. Hundert zu Null ist aber zu tippen, daß die Gegner dieser Gruppe den Sittlichkeitsverbrecher der Gruppe und ihren Ideen aufs Konto setzen, und das ist eine dumme Infamie, die man immer, ganz gleich, wo sie sich ereignet, zurückweisen sollte.

Kürzlich haben sich die Juden und die Stahlhelmer so einen Verbrecher wie einen Ball gegenseitig zugeworfen, keiner wollte ihn, und es war ein hübsches Tennis der Moral. «... auch nicht im entferntesten jüdischer Abstammung ...» – «jüdisches Verbrechen abnormen Ausmaßes ...» – «Stahlhelmführer ...»

Wahr ist vielmehr:

Einen Mann, der sich gegen die Gesellschaft außerhalb des Gruppenlebens, das er führt, vergeht, darf man nur dann der Gruppe ankreiden, wenn die Gruppe diese gemeinschädliche Tätigkeit gewußt, geduldet, unterstützt hat. In allen andern Fällen ist der Vorwurf Heuchelei, Lüge und ein schlechter Kniff im politischen Kampf. Selbstverständlich gibt es unter den Postbeamten ganz Deutschlands, unter den Schriftstellern, unter den Maurermeistern Menschen, die sich einmal einer schweren Körperverletzung schuldig gemacht haben – was besagt das gegen ihren Stand? Was besagt es gegen die Partei, der sie angehören? Nichts besagt es.

Ganz etwas andres ist es, wenn die Gruppe die Untat kennt und sie aus jenem falsch verstandenen Gemeinsamkeitsgefühl und aus «Ehre» deckt. Dann siehts schon ernster aus. Und nichts hat mit meinem Tadel das Verbrechen zu tun, das einer in der Gruppe und durch die Gruppe begeht.

Daher soll man die Gruppe niemals nach dem ersten Mann werten, sondern immer nach dem letzten, nach dem, den sie grade noch erträgt.

Die Richter also nach den Leuten, die den Jakubowski dem Beil ausgeliefert haben. Wehrt sich die Standesvertretung dagegen, daß diese noch richten dürfen? Also.

Im übrigen aber unterlasse man das kindliche Spiel, Sittlichkeitsverbrecher, Kinderschänder, Diebe und Defraudanten «natürlich» als Stahlhelmleute, Kommunisten, Juden und Jungdomitglieder anzuprangern. Wenn der Mörder Hein Briefmarken gesammelt hätte, so könnte einer kommen und den Philatelisten aber ordentlich einen auswischen. Alle Gruppen sind halb so wichtig, wie sie und ihre Feinde glauben.

Coupletvortrag

Es macht wenig Spaß, für deutsche Schauspieler Couplets zu schreiben. Bezeichnend ist, daß der Deutsche diese Gattung abwechselnd «Chanson» oder «Couplet» nennt, was im Französischen «Strophe» bedeutet – und nun, da der Einfluß Frankreichs auf Deutschland zugunsten der angelsächsischen Länder zurückgetreten ist, nennt er es «song», wobei er allemal andeutet, daß er dafür kein Wort hat, weil der Begriff fehlt.

Der französische Chansonnier singt seinen Text von einem Blatt Papier ab – kommt also gar nicht dazu, das zu tun, womit Seine Prominenz in Berlin so viele Texte zerstört: nämlich zu «spielen», sich zwischen das Lied und den Empfänger zu drängen, Sinn und Gehalt zu verfälschen. Es gibt in Berlin ein paar Ausnahmen, die große Valetti voran, Paul Graetz und andre, auf die man sich verlassen kann – der Durchschnitt macht sich mausig, und das Lied ist im Mond.

Schrecklich, wenn sie über die Vers-Enden, die doch einen Einschnitt bedeuten, den Text «sinngemäß» ziehen – während doch der Rhythmus zu herrschen hat; fürchterlich, wenn sie «Nuancen» erfinden, die gar nichts mit dem Lied und alles mit ihrer Eitelkeit zu tun haben. Ein guter Text ist kein Sprungbrett. Es ist nicht wahr, daß diese uns erst zum Leben verhelfen – sie töten.

Wenn sie wissen wollen, wie man so etwas zu machen hat, dann mögen sie sich Columbia 4942 vordrehen lassen – wie da die Dame Tucker in den Refrain «Virginia» steigt, das läßt einem das Herz höher schlagen. Die kanns, die hats verstanden. Aber dazu muß man freilich eine Persönlichkeit sein, und die ist nicht jedem gegeben, der hohe Gagen bekommt.

Nimmt man, abgesehen von der grenzenlosen Unzuverlässigkeit der Direktoren, hinzu, daß es keinen gebildeten Tyrannen des Cabarets gibt, so hat man jenen Tiefstand, den wir alle beklagen. So dringt kaum ein Lied in die Tiefe, keines von

Wert geht in die Breite – alles ist auf den Ausruf des Rechtsanwalts im Smoking: «Faabelhaft!» angelegt –: wild gewordene Provinz, darin der Prominente seinem Affen Zucker gibt. Es ist kein Zufall, wie die besten Autoren der lustigen Gattung, Friedrich Hollaender und Marcellus Schiffer, ihre Texte durchsetzen – sicherlich oft gegen den Schauspieler. Wie man ja bei Spitzenleistungen besser tut, nicht auf den Fachmann zu hören; so sind auch im Film die Caligaris aller Arten gegen den Widerspruch der Kommissionäre durchgegangen. Denn hätte man auf sie gehört, so ständen wir heute noch bei «Donauweibchen» und «Ein Bursch am Rhein».

In der Kunst drängt sich der Kommissionär viel zu sehr hervor, der längst nicht mehr mit der Rolle des Mittlers zufrieden ist – Regisseure, Kunsthändler und sogar gänzlich unproduktive Vermittler werden maßlos überschätzt.

Die schlimmste Zensur für unsereinen sitzt nicht in den Ministerien, sondern in größenwahnsinnig gewordenen Mimen, die, überzahlt, nur das durchgehen lassen, was sie begreifen. Und das ist nicht viel.

Junger Reinhardt des Cabarets – wo bist du –?

Filmzensur auch in Frankreich

Man besinnt sich vielleicht auf das lustige Theaterstück «Die neuen Herren» von de Flers und Francis de Croisset, das auch in Berlin gespielt worden ist. Daraus hat Jacques Feyder einen Film gemacht, de Croisset hat daran mitgearbeitet – und er ist auch schon vor geladenem pariser Publikum gelaufen. Eine harmlose Sache. Nein – keine harmlose Sache. Die Zensur sagte plötzlich: Stop! Und warum hat sie Stop gesagt –?

In diesem Film machen sich die Autoren ein bißchen über das Parlament, die Minister und die Parlamentarier lustig. Ein Gewerkschaftssekretär, der Minister wird, vergißt alle seine Traditionen – das soll vorkommen – und spielt eine vielleicht

leicht übertrieben lächerliche Rolle: im Film zum Beispiel läuft er einer Pferdedroschke nach, verliert auf der Chaussee seinen zu kleinen Zylinder ... auch ist eine Parlamentssitzung zu sehen, in der sich die Leute in die Haare fahren – es wird also, wie so häufig in Frankreich und auch anderswo, auf Kosten der Politiker gelacht, ohne daß übrigens irgendein bestimmter gemeint ist. Zensur, Verbot, große Aufregung; Interviews – wer ist für das Verbot verantwortlich zu machen –?

Auf einmal ist es niemand gewesen. Die Zensur sagt, es sei der Präsident der Kammer: der weiß von nichts; der Minister des Innern, Herr Tardieu: dessen Name ist Haase; der Minister der ach, so schönen Künste: der hat den Film nie gesehen ... wer ist schuld –?

Ich glaube zu wissen, wer schuld ist – und hier fängt die Sache an, auch uns in Deutschland zu interessieren.

Schuld ist ein übersteigertes Standesbewußtsein, das langsam jede öffentliche Kritik unmöglich zu machen beginnt.

Wenn jemand sagte: «*Der* deutsche Bankbeamte unterschlägt Geld» – so ist das eine klare Verleumdung. Es gibt aber keinen Stand, der von einer Beurteilung und vielleicht Verurteilung durch die Öffentlichkeit von vornherein ausgenommen werden kann; weder die Postbeamten noch die Journalisten, noch die Volksschullehrer, noch die Bankiers, noch die Richter. Die Sache ist doch sehr einfach.

Entweder die Anschuldigungen sind unwahr: dann kann man sie widerlegen. Oder sie sind wahr: dann soll sich gefälligst der Stand bessern und an sich arbeiten, anstatt aufzuschreien, mit Boykott zu drohen, Beleidigungsklagen anzustrengen und überhaupt so zu tun, als sei schon der Zweifel an der Unfehlbarkeit grade dieses Berufs eine Todsünde. Macht sich jemand über die deutschen Schriftsteller und ihre Eigenarten lustig, so zucke ich gar nicht zusammen, sondern ich überlege, ob der Mann nicht recht hat, und, wenn er recht hat, wie man die von ihm gerügten Fehler abstellen kann. Das Getöse der «Reichsverbände für ...» aber ist meistens vom Übel.

Was nun die «Würde des Parlaments» betrifft, so wollen wir doch da recht vorsichtig sein. Der Deutsche Reichstag hat bekanntlich verboten, daß seine Sitzungen durch den Rundfunk übertragen werden – und ich habe so das leise Gefühl, als sei das nicht die rechte Art, Würde zu markieren. Auch Politiker sind Menschen wie wir – bestenfalls Menschen wie wir.

Es ist auch nicht richtig, daß man nicht «generalisieren» solle. Habt ihr schon einmal gehört, daß sich ein Stand ein verallgemeinerndes *Lob* verbittet?

Die ganze Geschichte ist doppelt verwunderlich, weil sie dieses Mal in Frankreich spielt. In Frankreich, wo die Zeitungen, die Chansonniers, die gesamte öffentliche Meinung mit den Köpfen der im öffentlichen Leben stehenden Männer ein höchst amüsantes Tennis spielt. Wenn in deutschen Zeitungen auch nur ein Zehntel dessen zu lesen stände, was hier täglich über Minister, Abgeordnete und hohe Beamte gedruckt wird, dann kämen die deutschen Redakteure überhaupt nicht mehr aus dem Gefängnis heraus. Auf einmal so empfindlich?

Gewiß hat der Film noch stärkere Wirkungen als das gedruckte Wort. Aber es wäre hübsch, wenn wir nun endlich einmal alle begriffen, daß die mühsam erkämpfte «Pressefreiheit» auch auf den Film und den Rundfunk auszudehnen ist – ohne Rücksicht auf ein künstlich übersteigertes Standesgefühl, hinter dem sich menschliche Eitelkeit und Dummstolz der Kasten verbergen.

Besuch bei Paul Morand

Wenn man den Hügel hinauffährt, schaut man weit in das normannische Land hinein, aber vom Schloß ist nichts zu sehen. Es soll doch aber da oben sein, das Schloß, darin Herr

Paul Morand wohnt, wenn er nicht gerade, als Madonna der Sleepings verkleidet, durch die Welt trudelt. Kein Schloß.

Langsam dreht sich der Wagen die langen Serpentinen hinauf – kein Schloß. Nun sind wir oben – kein Schloß. Dann kommt eine dunkle Baumallee, dann eine hellgrüne Ecke mit Büschen – und da steht, in der weiten Stille, der kleine Schloßbau, mit der Fassade im reinen Louis XIII. Dieses Schloß sieht weit über das Land bei Rouen – aber es kann nicht gesehen werden.

Niemand ist da; nur ein dunkelblauer chinesischer Hund liegt faul und schlechtgelaunt in der Sonne und zeigt die schwarze Zunge. Wir sehen uns um. Der Park ist kein feiner «Park», wie er in den entsprechenden Romanen vorzukommen hat – er ist nicht verwildert, aber es ist gewissermaßen ein Park auf Urlaub, einer, der sich ausruht, mit sanften Beziehungen zu seinem Bruder, dem Wald. Wir treten ein.

Schritte in der Vorhalle. Türenklappen: Herr Morand. Guten Tag.

Herr Morand sieht aus, als habe er eine hinterasiatische Mutter – das ist sicherlich nicht richtig; aber seine zweite Mutter ist die Reise, und die hat ihm wohl diesen malaiischen Anflug gegeben. (Nur von hinten gesehen wirkt dieser Rundkopf gar nicht asiatisch.) Händedruck und einladende Geste – und in der kleinen Halle, durch die rasch unsere Augen schweifen, sind wir gleich mitten in der Unterhaltung. Worüber sprechen Dichter –?

Über Verträge natürlich und über Auflagenziffern, und die Schwingen der Phantasie tragen den Dichter so hoch hinauf, daß selbst der Verleger nicht mehr mitkommt, und soweit ist alles in Ordnung. Dies moderne Märchen wird in drei Schauplätzen erzählt: in eben dieser Halle – in einem kleinen Speisezimmer – im Arbeitszimmer Morands.

Die Halle ist ein nervöses und geschicktes Bric-à-brac mit historischem Untergrund, darinnen ein halb niedriger englischer Teetisch steht, und was sofort auffällt, ist die Harmonie, mit der hier alle Zeitalter zusammenstimmen. Die Boiserie, die alten Möbel und die neuen Lampen, die alten Fenster und das elektrische Licht –: sie sind alle aus einem guten Stall und vertragen sich miteinander wie Rassetiere – die strenge Linienführung der Architektur ist aufgelöst in tausend spielerische Kleinigkeiten, die aber den Grundklang nicht stören. Die Halle ist keine Halle – sie ist ein Salon und paßt zu dem Mann.

Das Speisezimmer hat hellgraue Wände und rotseiden-bespannte Türen; das ist eine Erinnerung an den Escorial: wie ein grell geschminkter Mund springt die Röte fast schmerzhaft aus der grauen Fläche. Ein wunderschöner Kamin schmückt die Breitwand; er hat nichts dagegen, daß der Tee elektrisch gewärmt wird – wohlwollend blickt er auf diese Zeit, die nicht die seine ist – er hat sich gut damit abgefunden. Dies Speisezimmer ist kein Speisesaal – aber es paßt zu Morand.

Das Arbeitszimmer ist eine kleine Kajüte; – aus dem Fenster blickt der Schreiber auf die Lichtung vor dem Haus und in den Himmel – hier ist es ganz still. Im Arbeitszimmer liegen ein paar Lederkissen, es riecht nach Meer. Hier schreibt der Wandersmann.

Der chinesische Hund muß guten Tag sagen, was er in mürrischem Chinesisch auch tut; er hat Prügel bekommen, war hinter den Tauben her. «Mai fat-se la!» sage ich zu ihm, in der frohen Annahme, daß dies chinesisch sei. – Morand sucht ein Buch, und unser Blick fällt auf die Tätowierung seines Armes ... blaßblau hebt sich die Zeichnung von dem gelben Fleischton ab. Wir sprechen von der Welt, draußen und drinnen.

Der Franzose reist nicht –? Die junge französische Generation reist, und Paul Morand ist einer von ihnen.

«Erst muß was passieren!»

Der größte Teil der europäischen Minister verbringt seine von Amts wegen bezahlte Zeit auf Einweihungsfeiern.

Dortselbst hören wir dann, wie es mit dem modernen Staat und mit dem Ressort des Ministers selbst bestellt sei: wie herrlich, wie gut, wie wichtig und wie human. Die Minister vermehren sich wie die Sandflöhe – wo gestern noch keiner gewesen ist, da steht heute ein ganzes Ministerium: mit Ministerialräten, Regierungsräten, Obersekretären und Portiers, und wenn einer glaubt, daß dort keine produktive Arbeit geleistet werde, so darf er die Reinmachefrauen nicht vergessen. Was aber die Praxis dieses Rechtsstaats angeht, so sieht die zum Beispiel so aus:

In Berlin lebt ein alter Mann, der – wahrscheinlich durch Veranlagung – ebenso bösartig wie jähzornig ist. «Solange ich denken kann», schreibt eine der vier Töchter, «sind wir Kinder und meine Mutter von meinem Vater in äußerst roher und brutaler Weise mißhandelt worden, so daß unsre frühern Nachbarn und Mitbewohner des öftern bei der Polizei angerufen haben, die sich jedoch stets als nicht zuständig bezeichnete. Wir hatten vor dem Vater zu große Angst, um irgendwelche Schritte zu unternehmen; doch zogen wir Kinder, als wir größer waren, die Konsequenz aus dieser Behandlung und verließen alle sehr früh das Elternhaus.» Die Mutter bleibt bei ihrem Mann.

Der wird schlimmer von Tag zu Tag. «Ein andrer Mann an meiner Stelle hätte schon lange ein Messer genommen und dich erstochen oder in Stücke geschnitten!» Das sagt er nicht nur: er schlägt die Frau braun und blau. Eine Tochter kommt zufällig nach Berlin, sieht, wie die Dinge stehen, und befürchtet mit vollem Recht einen bevorstehenden Totschlag oder doch eine nicht wiedergutzumachende Körperverletzung. Sehr höfliche, sehr ausführliche, sehr gut begründete Eingabe an das «Gesundheitsamt der Stadt Berlin».

Sehr höfliche, sehr ausführliche Antwort, des Sinnes: «Da können wir leider nicht viel machen!» Aber das Gesundheitsamt läßt den Mann immerhin untersuchen: er ist tatsächlich gemeingefährlich geistesschwach und kann nach § 6 BGB entmündigt werden. «Sicherheitsgewährung für Ihre Frau Mutter ist leider sehr schwierig.» Man hat den Eindruck, daß auf diesem Gesundheitsamt immerhin so gut gearbeitet wird, wie das die verzwickte und verwickelte Scholastik der Paragraphen zuläßt. Eingabe der verzweifelten Frau an die Polizei. Was dann geschieht, zeigt ihr Brief:

«Also in meiner Sache bin ich noch gar nicht weitergekommen. Daß ich den Antrag auf der Polizei gestellt hatte, weißt Du ja, darauf kriegte ich nach 10 Tagen eine Vorladung vom Amtsgericht Berlin-Mitte. Da steht drauf: Sie werden gebeten, sich zu einer Rücksprache im Gerichtsgebäude einzufinden. Da bin ich dann hingefahren, aber grade solch einen Richter angetroffen, wie Vater ist. Der sagte nämlich: Wenn der Mann die Bibel liest, ist er doch nicht schlecht, als wenn er trinken würde, und daß die Kinder alle aus dem Hause sind, das wird wohl an den Kindern liegen. Daß der Mann sadistisch veranlagt ist, das sind heute viele Männer, und auf das ärztliche Attest meinte er, wenn man da paar blaue Flecken hat, und daß sie angeblich von Mißhandlungen des Mannes herrühren sollen, wer garantiert ihm dafür, also es kann sein, kann auch nicht sein. Der Herr tat so, als ob sich das jede Frau gefallen lassen muß. Darauf habe ich ihm so verschiedenes gesagt, daß ich unter keinen Umständen mit meinem Mann weiter zusammenleben kann, da sagte er, da soll ich ihm in 4 Wochen also eine Geburtsurkunde von Vater, eine vollständige Heiratsurkunde, eine polizeiliche Wohnbescheinigung, und was das Schlimmste ist, ein ärztliches Zeugnis über die angebliche Geisteskrankheit besorgen. Ich frug natürlich gleich, wie der Herr sich das denkt, wie ich Vater untersuchen lassen soll, darauf sagte er: Das ist Ihre Sache, wie Sie es machen, vielleicht geht er mal zum Arzt wegen Erkältung, da soll ich mich mit dem Arzt in Verbindung setzen, damit er ihn auf seinen Geisteszustand untersucht. Ich sagte darauf, damit gibt sich doch kein Arzt ab, da meinte er eben, das ist meine Sache, wie ich es mache. Wenn ich bis zum ... die 4 Urkunden nicht einschicken kann, fällt alles ins Wasser. Vaters Geburtsurkunde und unsere Eheurkunde habe ich alles gehabt, nun ist aber alles fort, gewiß hat Vater alles fortgenommen. Als ich mir alles zurechtlegen wollte, war alles fort. Auf der Polizei war ich noch, nachdem ich aufs Gericht gewesen war. Da fragte mich der Beamte, ob Vater gemeingefährlich wäre, sonst können sie nichts unternehmen, es muß erst was passieren. Da sagte ich, dann ist es doch zu spät, wenn erst was passiert ist.»

Hier liegt ein schwerer Fall von Lebensgefahr für eine Frau vor, die ihre Steuern an den Staat dafür abführen muß, daß der sich um sie kümmert, wenn es das öffentliche Interesse erfordert. Im zuständigen Ressort nun sitzt ein Richter. Was ein deutscher Richter ist, wissen wir – wir wissen auch, daß sich dieses Material infolge der Schlafmützigkeit der Republik heute schlimmer gebärdet, als das jemals unter dem Kaiser möglich gewesen wäre, das Nähere siehe unter «Sozialistische Realpolitik». Dieser Richter, der hier um Hilfe angegangen wird, hat für die Frau nur einen sanft verkleideten Hohn. Niemand straft ihn dafür. Die Frau läuft in ihrer Verzweiflung umher und wartet, bis ihr Mann sie tot- oder ihr ein Auge ausschlägt. Dann –

Dann werden sich die Polizei, ein Stück Untersuchungsrichter, ein Staatsanwalt und drei Richter emsig und vor Entrüstung bebend mit dem Fall beschäftigen. Man kann – heute noch – dem Mann das Zuchthaus ersparen; der Frau das Leben retten oder die Gesundheit – heute noch gehts. Niemand hilft der Frau; wenn es zu spät ist, kann ihr nicht mehr geholfen werden.

Man beurteile Gruppen nach dem letzten Mann, nicht nach dem ersten. Wenn Herr Simons, wenn der Preußische Richterverein solche ungeeigneten Elemente wie diesen hier in ihren Reihen belassen, so verdienen sie das härteste Urteil über ihren Stand. Sie haben kein Recht, dagegen zu protestieren; man braucht sie nicht einmal anzuhören. Diese Justiz ist an Haupt und Gliedern krank. Verkürzen wir ihre Leiden und die unsern.

Wo hängen unsere Briefkästen –?

Der Plan, der zweifellos in irgendeiner Dienststelle des Reichspostministeriums existiert und auf dem die Briefkästen der Stadt eingezeichnet sind, muß ein merkwürdiges Mosaik ergeben. Gehst du geschäftswandelnd (denn lustwandelnd, das gibt es in Berlin nicht) – gehst du durch die Stadt und achtest einmal darauf, wo so die Briefkästen angebracht sind, dann wirst du etwas Eigentümliches sehen. Nach eifrigem Studium bin ich dahintergekommen, daß die berliner Briefkästen überhaupt nicht angebracht sind – sondern der Briefkastenvogel ist über die Stadt dahingeflogen und hat sie, hier einen Klacks und da einen, einfach fallen lassen. Und da bakken sie nun fest, irgendwo: am Vorgitter einer ganz stillen Straße, verschmitzt an der Rückseite eines Bahnhofs; verborgen unter Bäumen und fast unsichtbar um die Ecke ...

Nun, ganz so schlimm wie in Paris ist es nicht – das ist ja wahr. Da kann man getrost ein Preisausschreiben veranstalten: wer zuerst hundert Briefkästen in einer Stunde entdeckt, bekommt – Strafe muß sein – die gesammelten Werke Paul Valérys – such, such den Briefkasten! Denn die hiesige Post möchte nicht, daß so viel Briefe geschrieben werden; die Leute sollen lieber telefonieren, das stärkt die Volkskraft, denn wer das pariser Telefon überwindet – aber das ist wieder eine andere Geschichte. Ja, also die Briefkästen.

Man müßte doch denken, daß sie vor allem einmal da angebracht sind, wo recht viel Leute zusammenströmen: auf allen Bahnhöfen, in allen Bahnhöfen und an allen Bahnhöfen:

vor den Theatern, an den Gerichten, an den Banken, und wenn es auch schon ein bißchen besser damit geworden ist, so zeigt doch ihre Verteilung ein Erbübel der Bürokratie: den glanzvollen Sieg des «Apparats» über den, der ihn benutzen soll.

Wo will man fast immer einen eiligen Einschreibebrief expedieren?, telegrafieren?, Marken kaufen?, Geld einzahlen? Auf dem Bahnhof. Wo ist kein Postamt? Auf dem Bahnhof. Allwo auch fast nie eine Apotheke oder auch nur die kleine Niederlassung einer Drogerie zu finden ist – wenn Sie mit der Bahn fahren, dann fahren Sie gefälligst mit der Bahn und treiben Sie kein Allotria.

Sind die längst typisierten Bedürfnisse eines Großstädtischen nicht kinderleicht zu erraten? Sie sind es. Man sehe sich daraufhin an, was in einem Theater, auf einem Sportplatz, in großen Sälen und Hallen an postalischen Einrichtungen zu finden ist, an ärztlichen Hilfsmöglichkeiten – und man frage sich: Wo ist eigentlich die vielgerühmte Zivilisation, die so viel Lärm macht und von der wir so viel lesen? Da ist sie jedenfalls nicht.

Dies Thema eignete sich vorzüglich zu einer Notiz im «Sprechsaal», wo es dann gewöhnlich so aufhört: «Zu der Frage des Herrn Peter Panter, wo denn in Berlin die Briefkästen hängen, wird uns von der Pressestelle des Reichspostministeriums noch mitgeteilt, daß ...» sich der Steuerzahler selber an die Ecken hängen soll, wenns ihm nicht paßt – aber das Thema ist doch zu groß für einen kleinen Sprechsaal. Es ist das deutscheste aller Themen:

So zu organisieren, daß die «amtlichen Belange» gewahrt werden, ohne Rücksicht auf den Verbraucher. Man kann das an tausend Beispielen belegen, und es ist immer wieder verwunderlich, eines festzustellen. Alle diese beamteten Organisatoren sind doch zu gleicher Zeit wie wir andern: Verbraucher, Kunden und Staatsbürger, die staatliche Einrichtungen benutzen. Haben sie nichts gelernt? Nichts gesehen? Fühlen sie nicht, wie es die anderen Ressorts machen und wie man es nicht machen darf? Sie fühlen es nicht nur – sie wissen es sogar und schimpfen mächtig. Auf die andern. Und machen es genau, ganz genau so. Sie organisieren so häufig unter völliger Ausschaltung aller Gedanken an den, für den doch eigentlich organisiert werden sollte. Ihre Arbeit ist Selbstzweck geworden.

So, jetzt ist es halb acht. Nun will ich langsam Alpenstock und Rettungsgürtel nehmen und mich aufmachen, diesen Brief in einem Postbüro abzugeben. Waren Sie schon mal in einem französischen Postbüro? Sie habens gut. Und de- und wehmütig ziehe ich alles wieder zurück, was ich gegen die deutsche Post gesagt habe, und gegen ihre Schalterbeamten und ihre Organisatoren – ich schlürfe den ganzen Aufsatz wieder ein, nichts habe ich gesagt, peccavibum, jetzt liegt der Brief schon im Postkasten. Wenn er nun ankommt, ist es Schuld der Post. Denn welche Briefe kommen an?

Binnenbriefe, Absagen der Damen und Zeitungsartikel. Was aber die Mitteilungen über das Große Los, Liebeserklärungen unbekannter Abonnentinnen und das Glück betrifft, so ist das alles einmal an uns unterwegs gewesen und – wie uns postamtlicherseits mitgeteilt wird: ohne Verschulden der zuständigen Beamten – leider verlorengegangen.

1929

Das Kind, das nicht geboren ist

Der Gürtler Robert Soundso nimmt ein Kind an, das man in einem berliner Hause gefunden hat – die Mutter hatte es ausgesetzt.

Am Tage der Auffindung hat man das Kind ins Waisenhaus gebracht – der Arzt gibt an, es sei an diesem Tage «etwa sechs Wochen» alt gewesen; als Geburtstag würde danach der ... sagen wir, 14. Februar 1928 anzunehmen sein.

Der Gürtler will sein angenommenes Kind nun polizeilich melden – das kann er aber nicht ohne Schwierigkeiten. Denn: Wann ist dieses Kind in Wahrheit geboren? Am 14. Februar 1928? Das ist nur das vom Arzt angenommene Datum – sicher ist es nicht. Der Mann will, da es ja gänzlich gleichgültig ist, wenigstens dieses Datum eintragen – aber das darf er nicht. Er besteht auf seinem Standpunkt, der nicht etwa Pedanterie, sondern anständigste Fürsorge für das Kind ist. Schreibt er nämlich, wozu ihn die Polizei zwingen will, in die Rubrik des Geburtsdatums: «Gefunden», so haftet dem Kind der «Makel» dieser Herkunft zeit seines Lebens an, es erfährt auf diesem Wege etwas, was ihm die Eltern sicherlich verbergen wollen; nämlich, daß es nicht das eheliche Kind dieser Eltern ist ... Beschwerde.

Ganz besonders höfliche Antwort der Polizei – aber nichts zu machen. «Mit dem Ausdruck des aufrichtigsten Bedauerns, Ihnen nicht helfen zu können, verbinde ich die Hoffnung, daß sich in den spätern Lebensschicksalen Ihres Adoptivkindes Schwierigkeiten, die auf das Fehlen eines festen Geburtsdatums zurückzuführen wären, niemals ergeben mögen.» Soweit der Leiter eines Polizeiamts, dem man dafür die Hand drücken möchte. Darauf Eingabe an das preußische Ministerium des Innern.

Da sitzt ein sozialdemokratischer Ministerialdirigent – und nun siehts schon anders aus.

«... dem § 24 des Personen-Stand-Gesetzes widersprechen

würde, wenn bei der standesamtlichen Eintragung der Geburt eines Findlings etwas andres als dessen vermutliches Alter, das gegebenenfalls nach Anhörung von Sachverständigen zu ermitteln ist, eingetragen würde. Es ist somit nicht angängig –»

den Wunsch eines vernünftigen und aufopferungsbereiten Vaters zu erfüllen und dem Kind eine Peinlichkeit zu ersparen, die ihm vermutlich sehr bittre Stunden bereiten wird; man denke nur an die Abfragung des Alters durch den ersten Schullehrer – Kinder sind grausam, und es ist sehr leicht möglich, daß das Kind durch ein unbedachtes Scherzwort jahrelang gequält werden wird.

Man könnte einwenden: Der sozialdemokratische Ministerialdirigent ist an das Gesetz gebunden. Sicherlich ist er das. Er ist aber auch noch an seine kleine Seele gebunden – Gott segne diese Partei!

«Im übrigen geben mir die vorgebrachten Unzuträglichkeiten keinen Anlaß, eine Abänderung der vorerwähnten Gesetzesvorschriften in Anregung zu bringen.»

Da schwätzen sie nun so viel davon, wie wichtig es sei, daß sie in der Regierung sitzen. Eine Partei, die noch einen Funken Ehrgefühl und keinen Noske hätte, müßte diesen da sofort entfernen. Was! Man erzählt einem beamteten «Vertreter der arbeitenden Klassen», daß ein in kleinbürgerlichen Kreisen noch immer bestehendes Vorurteil möglichst wenig Nahrung bekommen soll; daß es sich darum handelt, eine Kinderjugend nicht zu vergiften; ein Menschenleben nicht unnütz und sinnlos zu belasten – und er sieht keinen Anlaß, ein solches Schundgesetz zu korrigieren! Auch nur den Versuch dazu zu machen! Auch nur den Finger zu krümmen – für seine Wähler. Soll solch ein Zentrums-Gesetz bleiben –?

Die mir vorgebrachten Beschwerden über die Fülle blutiger Witze gegen eine Partei, die alle Tage ihre Wähler und sich selbst verrät, geben mir keinen Anlaß, eine Abänderung der vorerwähnten Haltung in Anregung zu bringen. Die Führerschaft dieser Partei ist keinen Groschen wert.

Wenn der Henker Wohnung sucht

Herr Deibler, der «Monsieur de Paris», seines Zeichens Scharfrichter, hat eine Wohnungsklage auf dem Hals, und dabei erfuhr man dann, daß er eine Wohnung suche. Er hat zwar eine, aber die ist zu hoch gelegen; die alten Knochen wollen nicht mehr so ... Und er hat auch ein Häuschen, und in das wolle er ziehen, könne aber nicht, müsse jedoch ... eine so lange Geschichte! Die ist nicht wichtig.

Nur der Mann ist kurios. Der sehr anständig und adrett aussehende ältere Herr mit dem Vollbart ist eine durchaus offizielle, ja historische Persönlichkeit – und die ganze Sinnlosigkeit dieser Einrichtung, von der er lebt und andere sterben, wird offenbar, wenn man sich die kleinen Privatfreuden und -leiden des Mannes vorstellt. Dann ist auf einmal alles grauslich lächerlich.

Der darf. Andere dürfen nicht. Tun sie es, darf er. Dann drückt er auf einen Knopf, das Messer fällt, der Kopf auch, aus.

Die Franzosen, die in ihrem übergroßen Rationalismus ein ganz merkwürdiges, uns unbegreifliches Verhältnis zum Tode haben, haben schon ihre frechen Witze über den wohnungslosen Henker gerissen. Man sah auf einer Zeichnung einen Mann im Block liegen, darüber das Messer in der Luft, davor Deibler. «Und was ich Sie noch fragen wollte ...» sagt Deibler. «Wo wohnen Sie –?»

Übrigens können sich Kriminalisten in Frankreich davon überzeugen, daß es mit der «abschreckenden Wirkung der Todesstrafe» nichts ist – sie bleibt ein tolpatschiger Behelf, wo das Denken versagt. Ich wünsche dem Henker von Paris drei Wohnungen mit einem Mal und möglichst wenig Spaziergänge am frühen Morgen.

Müssen Banknoten häßlich sein –?

Die Franzosen haben neue Banknoten herausgebracht, die, wenn dies möglich wäre, noch dümmer aussehen als die alten. Viele Zeitungen drucken die neuen Zettel ab und machen sehr heitere Witze darüber ... Aber es scheint wenig zu nützen.

Denn nach einem offenbar unabänderlichen Naturgesetz müssen Banknoten wohl häßlich sein. Immer sind sie von alten Akademikern gezeichnet, entsprechen genau dem Kunstideal jener Beamten, die über die Annahme der Entwürfe zu entscheiden haben, und immer geht es auf den Banknoten sehr allegorisch zu. Da reicht die Landwirtschaft der Wissenschaft den Kranz; da huldigt die Chemie der Göttin des Reichsbankdiskonts, und alle zusammen sind mehr oder minder vollbusige Damen, die an den Lenden edle Draperien tragen und aussehen wie die Primaballerina eines königlichen Opernhauses an ihrem siebzigsten Geburtstag. Warum ist das nur so –?

Weil die Herren Entwerfer von einem gänzlich unsinnigen Gedanken ausgehen. Sie wollen nämlich etwas darstellen, während sie doch in Wahrheit zwei ganz andere Aufgaben zu erfüllen hätten. Die Zeichnung einer Banknote nämlich soll den Fälschern die größtmöglichen Schwierigkeiten machen, und im übrigen soll der kleine Raum auf dem Blatt Papier nach graphischen Gesetzen ausgefüllt sein – er soll wohl ein Bild ergeben, aber keine Bildchen. Jene aber haben es mit der Allegorje.

Die deutschen Banknoten sind nach dem Kriege zweifellos besser geworden – obgleich mir der ständig wiederholte Rückgriff auf die Vergangenheit deutscher Malerei mehr ein Notbehelf als eine Lösung zu sein scheint. Die englischen hohen Werte sind eine Augenweide und sicherlich das schönste Bankpapier der Welt. Der Rest ...

Der sieht eben aus wie die französischen Banknoten, trutzige Ambosse, geraffte Ähren, griechische Kehrseiten und ausdrucklose Gesichter ...

Merkwürdig, wie leer, wie verblasen das alles aussieht. Die Banknoten der meisten Staaten sind die Makartsträuße der finanziellen guten Stube. Hinaus damit!

Der Zauberkünstler

Neulich abends war ich bei Onkel Leopold eingeladen, woselbst sich, unter gebildeten und zivilisierten Menschen, auch ein Verleger befand. Ich tat so, als sei ich kein Autor, daher denn der Verleger nicht mich auffraß, sondern nur das sehr gute Abendessen, denn Onkel Leopold ist aus Würzburg und versteht viel von Weinen und sehr viel vom guten Essen. Nach Tisch kam das Gespräch fast unmerklich auf Kartenkunststücke, und erst nachher habe ich gemerkt, daß der Verleger das Gespräch leise auf die schiefe Ebene gebracht hatte, bis es dahin rollte, wohin er es haben wollte ... und schon wurde ein Spiel Karten gebracht, und schon hatte es der Verleger in den dicken, scheinbar ungeschickten Händen ... und los gings.

Etwas altmodisch, diese Art Unterhaltung, wie –? Von gestern; – erinnert an «Dreihundert Originalscherze und Witze zum Totlachen» oder «Der beliebte Gesellschafter» – aber nach zwei Minuten machte ich mein dümmstes Gesicht und meine rundesten Kulleraugen und sah auf das, was der da trieb. Dergleichen hatte ich noch nie gesehen.

Ja, auf einer Bühne ... Aber hier saß ich zwei Meter, einen Meter, einen halben Meter von dem Mann entfernt, der auch gar nichts dagegen hatte; ich sah ihm auf die Finger, fast hinter die Finger, durch die Finger – und trotz alledem wirbelten die Asse durch die Luft, entwetzten heimtückisch die Damen; verschwanden alle Buben und erschienen plötzlich alle Neunen – mir wurde etwas unbehaglich. Der Verleger lächelte hold, als habe er mir meine Jahresabrechnung vorgelegt, was ja etwa in dieselbe Kategorie fällt ... er lächelte und fuhr fort mit Kunststücken, und wenn wir nur noch leise atmeten und uns ansahen, dann sagte er: «Aber bitte, ich mache es gern noch einmal», und dann fing er wieder von vorn an und versprach, es noch langsamer zu machen, und das tat er auch – und wir merkten nichts und merkten nichts. Als er aber vier Brotkügelchen unter einem auf den Boden gestülpten Teller unter einen andern praktiziert hatte, wurde es mir zu bunt, und ich fragte ihn geradezu. «Sind Sie so geschickt, oder sind wir so dumm?» fragte ich. «Beides,» sagte er. Und erzählte. Und nun wurde es ernst.

Er erzählte von den «okkulten Séancen», die er mitgemacht hatte; wie er Medien entlarvt und Professoren angeschmiert hätte – ja, er gab vor, dem großen Professor R. bei einer vorherigen Untersuchung ein kleines Paketchen mit Werkzeugen, die er später benötigte, hinten an einen Knopf des Gehrocks gehängt zu haben, da soll das Päckchen friedlich gebaumelt haben, dann hakte es der Zaubermann wieder ab und begann nun viel Übersinnliches zu produzieren ... Das ist vielleicht ein Witz. Wie aber ist es im Ernst? –

«Sie haben einen blinden Fleck im Auge», sagte er. «So haben Sie auch manchen blinden Fleck in Ihrer Aufmerksamkeit. Das nutze ich aus. Ich sehe das am Zwinkern Ihrer Lider: es gibt da eine Zehntelsekunde, wo Sie nicht aufpassen, und in dieser kurzen Zeitspanne liegt der Trick. Sie werden nie dahinterkommen.» – «Warum nicht?» fragte ich. «Weil Sie nicht sehen können», sagte er. Das wirds wohl sein.

Worauf ich mir auf dem Nachhausewege mancherlei überlegte. Zum Beispiel dieses:

Die meisten Kontrollen spiritistischer Sitzungen gehen von dem festen Glauben der Kontrollierenden aus: «Mit mir kann man das nicht machen!» Man kann es aber mit ihnen machen. Es beruht das wohl darauf, daß die wenigsten Menschen Selbsthasser sind, die, von der Unzulänglichkeit ihrer Gaben im tiefsten überzeugt, sich mißtrauen ... im Gegenteil, die meisten Menschen sind auf das herrlichste von sich selber überzeugt und halten ihre nun einmal fest umgrenzte Intelligenz für das Maß aller Dinge. Das ist sie aber nicht.

Sie merken nicht, daß sie betrogen werden, weil sie nicht betrogen werden wollen. Sie geben sich keine Niederlagen zu – es gibt ja Leute, habe ich gehört, die haben noch nie in ihrem Leben unrecht gehabt ... Und so gehen sie denn auch aus einer solchen Sitzung sieghaft überlegen, ganz von sich durchdrungen und von oben bis unten begossen hervor – und ahnen das alles nicht einmal. Sie wissen nicht, ein wie schlechter Beobachter der Durchschnittsmensch ist.

Erst die Psychologie der Zeugenaussagen; die Experimente bei der Berufsberatung, so übertrieben da manches auch sein mag, geben den Leuten eine Vorstellung davon, wie schlecht ihr Registrierapparat arbeitet, wie unvollkommen sie sehen, wie mangelhaft sie hören, wie sie gar nicht fünf Sinne haben, sondern höchstens drei und einen halben ... Aber sie wollen das nicht wahrhaben.

Hier soll nicht von dem sehr vorsichtigen, sehr skeptischen und grundgescheiten Professor Driesch gesprochen werden, sondern mehr von den populären Versuchen dieser Art; seit ich meinen Zaubermann habe arbeiten sehen, ist mir ganz bewußt geworden, daß unsereiner, der kein Jägerohr, kein besonders ausgebildetes Auge hat, eben nicht, wie sie alle glauben, in der Lage ist, Wahres vom Falschen zu unterscheiden. Wir sehen, aber wir sehen viel weniger, als wir sehen.

Woraus denn hervorgeht, daß Zauberkünstler, Verleger, Medien und Damen von acht Jahren aufwärts uns viele Kunststücke vormachen können, die wir für Geistererscheinungen, Jahresabrechnungen und Liebe nehmen, getäuscht in einer Zehntelsekunde.

«Ganz Paris»

«Ganz Paris», steht in der Zeitung zu lesen, «freut sich auf den Abend des neuen Stars.» Schon nicht wahr – denn «ganz Paris» gibt es nur in sehr seltenen Fällen. Diese Stadt besteht aus vielen kleinen Städten.

Ganz abgesehen von der sozialen Schichtung, die Paris wie alle Großstädte aufweist, sind hier die gesellschaftlichen Zellen dichter, enger, kleiner. Es fängt mit den Arrondissements an, die ihrerseits wieder in die «quartiers» zerfallen – und einer, der nicht im Viertel wohnt, gehört einfach nicht dazu. Mag auch der Einwohner anderswohin zur Arbeit gehen –: sein eigentliches Leben spielt sich im Viertel ab; da kennt er jeden Stein und jede Ecke; da weiß er, wo man einkauft, und wo man besser nicht einkauft: er kennt die «tabacs», die kleinen Lokale, in denen der Monopol-Tabak verkauft wird und in denen man ein Gläschen nehmen kann und dabei erzählt, wie es so zugeht; jeder kennt genau den Charakter seines Viertels, und diese Viertel unterscheiden sich trotz ihrer Kleinheit eines vom andern wie Kleinstädte in Deutschland. Sie haben ihre eigenen kleinen Theater, die ein Jahr nach dem großen Boulevarderfolg das Stück, das damals Mode gewesen ist, nunmehr in geringerer Aufmachung herausbringen, und der sparsame Franzose wartet lieber ein bißchen, weil sie hier nicht solche Eile haben; das Viertel hat seine kleinen Kinos, seine Bäder, seine Delikateßwarenhandlungen und seinen ihm eigenen Geist, seine Farbe, seine Luft. Man könnte über jedes Arrondissement in Paris einen Roman schreiben, und tatsächlich besteht eine Romanserie, in der dieser Versuch unternommen wird. Soviel Arrondissements, soviel Kleinstädte: zwanzig.

Drängte die unselige und völlig verfehlte Baupolitik der Pariser die Leute nicht massenhaft in die «banlieue», in die Vororte, so sähe Groß-Paris organischer aus. Die nahen Vororte aber sind ein Scheul und ein Greul – ein wirrer Haufen verbauter und geschmackloser Häuser, sinnloser Straßenzüge und eine verfehlte Sache von vorn bis hinten.

Was aber «ganz Paris» angeht, so gibt es das nicht. Was die einen aufregt, davon wissen die andern nichts – und nach den französischen Zeitungen kann man gar nicht gehen, denn die spiegeln höchstens die Wesensart ihrer Besitzer wieder und ihrer Interessenten – mit dem wirklichen Leben haben sie weniger zu tun, als man glaubt. «Ganz Paris» hält die Feiertage inne, und «ganz Paris» hat neulich eine Stromstörung gehabt, die von morgens acht bis abends um acht dauerte – ein Millionenausfall. Hier sind sich einmal alle zwanzig Arrondissements einig gewesen, und alle haben nicht schlecht geflucht. Es wird nicht viel helfen, übrigens. In fast allen andern Fällen aber ist, wenn einer «ganz Paris» sagt, immer zu fragen:

«Welches Paris –?»

Erfolgreiche Leute

Der Neid geht gern auf Kostümfeste und zeigt sich selten in Zivil. Wenn ihm gelb zumut ist, gibt er sich manchmal national, manchmal hochmütig – erfolgreiche Leute haben es nicht leicht. Wir Schriftsteller wissen davon zu singen: ab hundert Auflagen ist man ein Schwein.

Von der faden Schmeichelei abgesehen, die jedem erfolgreichen Geschäftsmann, Theatermann, Techniker und Tänzer entgegengebracht wird, ließe sich mit dem Kandidaten Jobs sagen:

Wenn die Leute auf die Erfolgshöhe kraxeln,
erhebt sich ein allgemeines Zucken der Achseln.

Neulich ... was ich noch sagen wollte: es gibt natürlich keinen Dauererfolg ohne Verdienst. Du kannst nämlich deine tote Tante beerben, wenn es mit rechten Dingen zugeht, einmal – und dann kannst du noch einmal das Große Los gewinnen –, aber was dann kommt, ist kein Glück oder Unglück mehr, sondern das Zusammenstoßen deiner Eigenschaften mit der Welt, also Schicksal. Neulich bin ich bei einem so erfolgreichen Mann gewesen.

Eine Wohnung zum Längelanghinschlagen, im schönsten Viertel von Paris; eine Inneneinrichtung, die Stück für Stück geliebt gewesen sein muß, bevor sie gekauft worden war; eine Spur mehr, als der Mensch zum Leben nötig hat, aber diese Spur schön und gediegen und mit einem bei Franzosen seltenen Gefühl für die Echtheit des Materials ... dieses Mal ging mein kleiner Neid nur mit einer dürftigen Badehose bekleidet umher. Da kam er.

Wir hatten immer unsere Witze über den Mann gerissen, meine Freunde und ich; wir hatten im Chor die fein gebildeten Achseln gehoben und gesenkt und ein still zuckendes Todesurteil gefällt, wenn von ihm die Rede gewesen war: «Gott, der –!» und rolls-royce-los waren wir Wilden doch bessere Menschen, denn einen Trost muß der Mensch doch haben. Das war er also! Guten Tag.

Eine ganz leise, kaum wahrnehmbare Kühle – man muß hier in Paris nicht sagen, daß man für die Zeitungen schreibt, das deklassiert, und man kann es den Franzosen leider nicht verdenken ... aber dann sagte ich noch einiges andere, und da verschwand das kalte Lüftchen, der Mann taute zwar noch nicht ganz auf, aber es war so etwas wie Eis mit heißer Vanillensauce, und dann ging es auf einmal sehr gut. Und da merkte ich:

Es war falsch gewesen, was wir über ihn gedacht haben. Besser: unvollkommen. Sein geistiges Bild hatten wir vielleicht richtig eingeschätzt, aber wir hatten vergessen, daß sein Erfolg erarbeitet war, daß er mit den anderen auf der Sorbonne herumgekrochen war wie jeder kleine Student; studiert, durchgefallen, noch einmal versucht; ein bißchen Geld, lange Jahre des Dunkels, Zähigkeit und sehr viel Kopf ... erarbeitet. Es wird einem nichts geschenkt – man muß bezahlen. Das alles hatten wir vergessen.

Wir hatten vergessen, daß er hundert- und tausendmal etwas richtig hatte machen müssen, um da zu sein, wo er jetzt war; wir hatten vergessen, daß gewiß nicht alle, aber viele genau dieselben Chancen gehabt hatten wie er – Zufall? Es gibt keinen Zufall, oder er sieht doch ganz, ganz anders aus, als man gemeinhin denkt ... Dieses «Mit einem Schlage ist berühmt geworden» ist sehr selten; gewöhnlich ist es eine Kette von ganz winzigen Siegen, die einen hochbringen; Mut nach den Niederlagen; Kraft, die um ein Gran größer ist als die des Konkurrenten; eine Frage vom letzten Nervenendchen; er war doch immer wieder morgens aufgestanden, hatte sich mit dieser lächerlichen Attitüde, die Männern eigen ist, in die Hosen gestopft und war dann auf den Kriegspfad gegangen: er hatte das Lasso des Talents geschwungen, den Tomahawk der Lüge, die Schleuder der Fixigkeit – und schließlich hatte er einen winzigen Vorteil beim Wickel gehabt, den er ausnutzte, nun stand er einen viertel Meter höher als die anderen, schlug zu ... und höher und höher – und da saß er nun. Er war oben.

Wir hatten das vergessen. Wir hatten ihn immer so genommen, wie er da heute war – aber wir hatten nicht gesehen oder nicht sehen wollen, daß auch er *geworden* war. Und wie schwer so etwas ist. Und wie es etwas gibt, das noch schwerer ist: es nämlich zu bewahren. Nach oben zu kommen, ist schon nicht leicht – aber oben zu bleiben! Da gibt es dann vielleicht keine Steigerungen mehr; die Leute gewöhnen sich an das hohe Niveau des Geldes, der Kraft, der Tüchtigkeit – nun wollen sie noch mehr, und wenn sich so einer nicht selbst überholt, dann sagen sie: «Es ist nicht mehr sehr doll mit ihm!» und dann kann es geschehen, daß er abrutscht ... Er saß da und ließ sich und mich nichts merken.

Ich aber hatte gemerkt und bat ihm vieles innerlich ab.

Und wenn ich wieder meine Witze über den alten Knaben mache, dann will ich auf einer anderen Flöte pfeifen. Verspotten darf man ihn, aber anders. Mit jenem merkwürdigen Gefühl für den Erfolg nämlich, das Frauen so eigen ist, die gern das Anhängsel lieben, das am Ruhm hängt: den Vater dieses Ruhmes. Es soll vorkommen, daß der Papa kleiner ist als das Kind. Die Frauen aber sind für den Sieger, und wenn sie einmal für den Besiegten sind, dann hat der das Rennen um das Mitleid gemacht.

Man soll sich vor dem Erfolgreichen nicht beugen. Aber verstehen ... verstehen darf man ihn schon.

Die Schönheitskönigin

Neulich habe ich neben der «Schönheitskönigin» eines Landes gesessen, dessen Sprache mir einigermaßen geläufig ist, und es war, wie nicht anders zu erwarten, sehr schön. Mit Ministern ist unsereiner schon zusammengekommen, wobei eine Kleinigkeit weniger herauskommt, als beide Teile glauben – mit Zirkusausstellern und Satirikern, der Fall ist äußerst selten; mit Bindfadenfabrikdirektoren und Privatdozenten – mit Schönheitsköniginnen noch nie. Wie sieht es mit Verlaub zu sagen im Kopf einer Schönheitskönigin aus?

Verwirrend.

Was ist denn vor sich gegangen?

Da haben sie – der Reklame halber, aus Langerweile an einer Zeit, die man als Biedermeier mit Radio bezeichnen darf, aus Geltungsdrang und Freude am Klamauk – eine Schönheitskonkurrenz ausgeschrieben. Wer? Irgendwer. In Deutschland wird auch dieses wissenschaftlich betrieben – in andern Ländern sind einfach ein paar Männerchen gekommen, haben einige Maler und Akademieprofessoren zusammengetrommelt, und diesen Haufen würdiger Männer nennt man «Jury». Gut. Ungeheure Aufregung unter den Mädchen des Landes.

Hier liegt nun der erste Irrtum. Denn es ist ganz und gar ausgeschlossen, daß die europäische Durchschnittsbürgerin an solchen Konkurrenzen teilnimmt. So amerikanisch fühlen wir nicht. Das Verhältnis des Europäers zur Öffentlichkeit ist doch ein anderes als das des Amerikaners zum Publikum: so ganz und gar wohl ist dem Europäer im Ozean der Masse nicht, er ist ein geborener Privatmann. Der Amerikaner, scheints, ist das nicht – ein soeben geborenes amerikanisches Baby, in den Riesenrund eines Zirkus getragen, wird sicherlich stolz sein Sternenbannerfähnchen schwenken und mit heller Stimme eine kurze, aber patriotische Ansprache an das Volk piepsen, wobei es Papachens Geschäft zu erwähnen sicherlich Gelegenheit nehmen wird. In Europa ist da noch so eine leise Scheu ...

Es stürzen sich also auf diese Konkurrenz viele Mädchen, die beruflich oder seelisch unerlöst sind, lechzend nach dem Abenteuer, im Kino erschaut ... endlich etwas Abwechslung im grauen Leben! Bin ich schön? Hunderte von Spiegeln erblinden in diesen Tagen.

Tag der Jury. Waffenstillstand zwischen den Geschlechtern – es wird zwar von den Damen scharf geschossen (Schiffe sind im Englischen weiblich) – aber es geschieht zu Manöverzwecken, und alle wissen das. Die männlichen Generale sitzen da, haben eine weiße Binde um den Arm und begutachten die Attacken, die keine sind und doch welche sind ... Wahl.

Man kann dergleichen auch auswürfeln.

Denn wonach geht das? Lisa sieht nur gut aus, wenn sie geliebt, aber nicht zuviel geliebt wird; Musch braucht Licht, viel Licht, das von rechts fallen muß; Lottchen kann süß aussehen, das hängt von mancherlei Dingen ab, und die frommen Ratschläge («Nehm Sie Jrien, det hebt Ihnen – Rot macht dicke Beene!») nutzen da nicht soviel. Eine hat gerade an diesen Tag einen kleinen Fieberpickel; die andere hat vor Aufregung schlecht geschlafen; die dritte ist sehr schön, aber wenn sie vor Fremden steht, zuckt sie manchmal mit der Nase –– und weil in den urteilenden Männern die theoretisch erwogene Möglichkeit, mit den Damen zu schlafen, der sublimierte Trieb und die echte Freude am Schauen sich seltsam mischen, so wird irgendeine der Damen Schönheitskönigin – von der Qualifikation der Herren Kunstrichter ganz zu schweigen.

So – da ist sie nun.

Herausgerissen aus dem täglichen Trott; höchste Schmeichelei und scheinbar höchste Erwartung: die andern erwarten nun etwas von ihr, Karriere, Gunst und Fotografien; der Neid der Freundinnen erwartet das nahe Ende, und sie erwartet das Wunder. Was für ein Wunder?

«Wissen Sie», sagte die oben angezogene Schönheitskönigin zu mir, «ich bin ja so gespannt, wie sich meine Zukunft gestalten wird!» Und da hätte ich sie auf den Schoß nehmen und streicheln können; ich habe es aber nicht getan, denn das ist ein weites Feld. Wie wird sich denn diese Zukunft gestalten?

Film. Sofortige Verfilmung für die Wochenschau; Warten in den Vorzimmern der Vorzimmer der Generalsekretäre der Generaldirektoren; schüchterne Probe und Kummer auf der ganzen Linie. Theater. Dasselbe. Revue ... hier in Paris hat eine Schönheitskönigin einen dicken Prozeß mit einem noch dickeren Revuetheaterdirektor: das Mädchen will ihren Vertrag nicht halten, nach dem sie verpflichtet war, jeden Abend, fast nur mit ihrer Schönheit bekleidet, durchs Bild zu gehen. Nach dem vierten Male fiel ihr ihre Moral ein, vielleicht hatte ihr auch jemand gesagt, daß ihre dicken Beine sich nicht gar so heiter da oben ausnähmen – kurz: die Königin verkroch sich hinter die Königin-Mutter, sie spielte nicht mehr mit, und jetzt prozessieren sie. Ja, was für eine Zukunft also? Heirat? Die Heirat mit dem jungen Mann, der ein Lord ist, zugleich schön wie Douglas Keaton, zugleich reich wie Vanderbilt, zugleich kann er laufen wie Nurmi, fliegen wie ... ach du lieber Gott. Kommt ja nie. Ist auch gar nicht so erstrebenswert. Die zur «Miß Europa» erwählte junge Ungarin hat aber hier in Paris erklärt, sie warte auf diesen jungen Mann. Und so warten sie denn alle.

Vorläufig haben sie den Eintagsruhm. Merkwürdig ist

daran, daß der Urteilsspruch einer Gruppe, die kein Mensch kennt, und deren Legitimation sehr dahinsteht, von allen anerkannt wird, nur, weil er ein Urteilsspruch ist. Bei unserm kleinen Frühstück zum Beispiel warfen die anwesenden Frauen schnelle Blicke auf die Königin, ob sie wirklich so schön sei ... und sie stellten mit Befriedigung fest, daß dem sicherlich nicht so sei – aber da mischte sich doch eine ganz leise Beängstigung mit ein und vor allem die klare Anerkennung des Urteils jener Parisse, die den Apfel verteilt hatten. Ich kann ja nicht klagen – denn ich genoß hohes Ansehen an diesem Mittag, weil sie mich für den Prinzgemahl hielten.

Die schönste Frau Europas ... Da ging also die schönste Frau Europas durch die Straßen von Paris, und es muß eine groteske Sache gewesen sein: *sie* wußte doch nun, daß sie die schönste Frau Europas war – aber, ätsch, die andern wußten es nicht, die dummen Passanten und die Schutzleute, sie gingen und standen da herum, als ob nicht der Stern des Kontinents durch die Straße glitzerte ... Sie war inkognito schön. Ein seltsames Schauspiel.

Gewiß es ist ein harmloses Gesellschaftsspiel. Aber mir will es nicht recht scheinen, daß wir jeden amerikanischen Unfug nachahmen, ganz gleich, ob er herpaßt oder nicht, und ich kann mir denken, daß das auf einzelne der jungen Damen keine sehr heitere Wirkung ausübt – weniger vom Standpunkt der Tugend als vom Standpunkt der Intelligenz: dergleichen verdummt. Miß Europa ...? Lasset uns, ein französisches Wort variierend, an eine denken, die einen Herrn auf der Straße anhält und spricht:

«Wie du mich hier siehst, Kleener – ich bin Miß Friedrichstraße –!»

Johanna vom Bogen

Sie hieß Jeanne, also Jeanne d'Arc, also Johanna vom Bogen. Sie war aus Toulouse und machte mir die Zimmer rein. Sie war eine zweite heilige Johanna: sie hörte Stimmen.

Morgens, wenn die ersten pariser Bankkrachs die Boulevards erschütterten und der zarte Morgenhimmel die zierlichen Kaminschornsteine ... na, lassen wir das – morgens hantierte das Kind mit Besen und Schaufel und Bürste, heizte die Öfen – und dabei hörte sie Stimmen. Das war erweislich wahr, denn ich hörte sie auch.

In den ersten Tagen, als Johanna vom Bogen mir noch neu war, dachte ich, es sei Besuch da, oder sie hätte sich eine Schwester mitgebracht, oder ein kleiner Hund hätte sich eingeschlichen ... irgend etwas war da los. Man konnte sie leise sprechen hören; halb unterdrückte Lacher und kleine Aufschreie ... für wen? mit wem? zu wem sprach sie?

Sie sprach mit sich selbst.

Johanna vom Bogen hörte Stimmen, die unsterblichen Stimmen Frankreichs, die in den Lüften kreisen und die Kinder des Landes aufmuntern, wenn Not am Mann und an der Frau ist – Stimmen waren in meiner Wohnung, und es galt dahinterzukommen, was die Stimmen sagten. Ich horchte an den Türen.

Es stellte sich heraus, daß Johanna vom Bogen mitnichten die Orléans wieder auf den Thron setzen wollte. Was da Morgen für Morgen durch die Gemächer tobte, war Schlacht, Aufstand und Guerillakrieg mit den aufsässigen Möbeln. Johanna betreute die ganze kleine Holz- und Teppichfamilie; sie sprach auf sie ein und tröstete sie; zankte und tadelte; lobte und begönnerte – und da war immer viel Geschrei und Schlachtgetöse. «Na –» und «Hop! –» und «Hé –» und «Là –» und was man so ruft. Es gab aber auch stürmische Morgen.

Es gab Morgen, an denen die gesamte Inneneinrichtung schlecht geschlafen hatte, der Ofen grunzte ärgerlich, wenn ihn einer weckte und schüttelte – und alle zusammen wollten einfach nicht, und dann war die heilige Johanna in ihrem Element! Sie schwang den Besen wie eine Fahne und die Müllschippe wie ein Schwert; sie durchraste zornig die Felder und wehklagte an der Badewanne, und, wenn sie merkte, daß sich alle gegen sie verschworen hatten, dann gab sie es allen, aber ordentlich; sie puffte und stieß und schlug und hieb und forchtete sich nit, und die abgeschlagenen Kanten liegen jetzt alle in einer kleinen Kiste und warten auf den Tischler, der, wie das Glück, nie kommt. Johanna hatte viele Feinde an solchen Tagen: der Lehnstuhl widersetzte sich und kam nicht, wenn man ihn rief; der Schreibtisch widersprach; die Sofakissen sagten nicht guten Morgen, das Grammophon lachte sie aus, und der Gasherd zischte vor Verachtung. Umgeben von so viel Widerstand und böser Tücke schalt die Heilige und grollte dumpf, bald brach das Feuer der Wut aus ihr, und ich hörte sie durch die Wohnung streichen, daß ich ängstlich, im Bademantel, scheußlich anzusehen, gelaufen kam und fragte, was es gäbe. Sie sah auf, wie jemand, der in einem wichtigen Telefongespräch gestört wird, und das war sie ja wohl auch. «Nichts –» sagte sie. Beschämt kroch ich ab. Und hinter mir erbrauste aufs neue die Schlacht mit den tückischen Objekten; wenn man genau hinhörte, konnte man die Pausen wahrnehmen, die sie einlegte – dann antwortete sie auf irgend etwas und protestierte spitz. Die heilige Johanna fragte, und die Schuhleisten antworteten, denn sie ließen sich nicht die Butter vom Brot nehmen; sie schimpfte, und die Bürsten hatten die Frechheit, eine Antwort zu finden und noch eine …

Als aber eines Morgens das Bidet in der Badestube der heiligen Johanna eine professionell ungehörige Antwort gab, da packte dieselbe ihre Klamotten zusammen, kündigte und ward nie mehr gesehen. Seitdem sind die Gegenstände in der Wohnung mucksmäuschenstill, mir ist unheimlich zumute, weil ich weiß, daß sie nicht stumm sind, sondern nur schweigen, und ich warte ängstlich, wer sie beleben wird.

«Polizei und ...»

Nach einer berliner Straßendemonstration.
Ein Mann: «Die verfluchten Grünen! Ihr habt mein Kind ermordet! Ihr habt mein Kind ermordet!»
Die Grünen: «Der Mann muß sofort festgestellt werden! Er hat Ihr zu uns gesagt – er hat Sie zu sagen!» Wahre Geschichte

Als ich noch im Flügelkleide leider nicht in die Mädchenschule ging, da spielten die Kinderchen des öfteren auf Straßen, Höfen und Anlagen, in Tordurchgängen und in der Stube: «Polizist und Betrunkener.» Das lehrreiche Spiel endete gewöhnlich damit, daß der Betrunkene, der hervorragend zu torkeln hatte, auf die «Wache» gebracht und dort mit wüsten Faustschlägen in den Arrest gestoßen wurde. Seltsam, was die kindliche Phantasie nicht alles ersinnt –!

Da hat sich nun also verschiedenes geändert. Unsere Kleinen spielen dergleichen nicht mehr, das Spiel müßte auch heute anders heißen, etwa «Landespolizei in Sachsen» oder «Reichswehr in Thüringen» – aber die Kinder haben anderes zu tun, und der Ruf der Polizei hat sich wesentlich gebessert. Die Polizei auch –?

Sie will es uns glauben machen. Dazu hat sie vor allem einmal das Dunkel etwas gelichtet, das unter dem Seligen um sie gelagert hat – sie wußte damals, wie gut, wie nötig, wie wichtig dieses Dunkel gewesen ist. Heute weiß man schon ein wenig mehr über die Polizei; ja es soll sogar einige Republikaner geben, die ihre Rechte und Pflichten der Polizei gegenüber auch kennen. Daß die Polizei allerdings das Abzeichen der Kriminalbeamten den Leuten dauernd zur Kenntnis bringt, ist nicht bekannt geworden, wahrscheinlich tut sie so, damit es niemand fälscht ... Und daher weiß niemand, ob ein echter Kriminalbeamter in die Wohnung kommt oder ein nachgemachter ... doch, man merkts am feinen Ton. Kurz: es gibt heute etwas wie eine Propaganda für die Polizei, das Wort «Volkspolizei» ist gefallen, was sich wohl auf die Vorbereitungen der Polizei für den Bürgerkrieg bezieht – und um Interesse und Verständnis für die Aufgaben der Polizei zu vermehren, hat der Staatssekretär im preußischen Ministerium des Innern, Herr Abegg, eine Sammlung herausgegeben «Polizei in Einzeldarstellungen» (erschienen bei Gersbach & Sohn zu Berlin).

Mir liegen drei Bände vor: «Polizei und Politik», «Polizei und Sitte», «Polizei und Verbrechen».

Herr Abegg ist ein vernünftiger und klar denkender Mann. Er hat immer wieder bewiesen, daß er das Gute will, er hat, natürlich vergeblich, gegen den grotesken Wahnsinn der polizeilichen Verordnungswut gekämpft, und er gibt sich, scheints, Mühe, die Polizei wenigstens einigermaßen dienen und nicht herrschen zu lassen. Daß er nicht für alles verantwortlich zu machen ist, was da geschieht, weiß jeder Kenner – es gibt eben Reformen, die auf dem Wege der Evolution niemals zu erreichen sind. Wenigstens nicht in Deutschland. Wenn aber die ganze Sammlung der Polizeibücher so sein sollte wie diese drei Bände, dann ist sie nicht sehr schön. Die sind so:

Das Kapitel «Polizei und Politik» hat Herr Weiß bearbeitet, der Vize-Polizeipräsident von Berlin. Ich weiß nicht, warum ich immer lachen muß, wenn ich an den Mann denke – aber ich muß. Also dieses Büchlein geht an. Es ist sehr sorgfältig gearbeitet, es hat ein ganz brillantes Illustrations-Material und hält sich politisch wenigstens einigermaßen neutral. Ganz ohne Schönheitsflecken geht ja so etwas nie ab. Jurowski heißt «der Mörder des Zaren» – aber es gibt nur einen «Feldwebel Klapproth». Nun, mir ists recht, wenn unter der bösesten Fresse, die wir seit langem gesehen haben, «Feldwebel» steht – es deckt sich. Manchmal geht die Neutralität Weißens etwas weit. «Karl Liebknecht und Rosa Luxemburg, die am 15. Januar 1919 in der Nähe des Eden-Hotels zu Berlin, dem damaligen Standquartier der Garde-Kavallerie-Schützen-Division, in viehischer Roheit niedergeschlagen wurden» – von wem, Herr Doktor? «Erst», schreiben Sie, «erst mordete man Arbeiterführer ...» wer, Herr Doktor? Justav mußte damals zwar bleiben – aber es wäre hübsch gewesen, wenn Sie ausführlich erzählt hätten, wie es alles gewesen ist. Es sind auch echt polizeiliche Schwupper in dem Buch. Ich finde es einfach unanständig, heute, wo die Strafprozeßreform vor der Tür droht, einem politischen Abenteurer, der sicherlich nichts taugt, seine Homosexualität aufs Konto zu setzen. «Mit einem Laufjungen, den er für sein Bureau annimmt, tritt er in geschlechtliche Beziehungen.» Wäre es ein Laufmädel gewesen, so hätten Sie das nicht geschrieben – denn ich lese nichts davon, daß der Mann seine Stellung als Arbeitgeber mißbraucht habe. Homosexualität ist kein Delikt, Herr Vizepräsident – das Strafgesetzbuch macht sie nur dazu. Und da sie hier nicht zur Sache gehört, hätten Sie es fortlassen dürfen. Was Sie aber nicht hätten fortlassen sollen, ist dieses: Da haben Sie im Jahre 1921 einen Spanier und eine Spanierin in Berlin erwischt, die den spanischen Ministerpräsidenten Dato ermordet haben, eine Tat, die einwandfrei, auch von Ihnen, als politisches Delikt bezeichnet wird. Seite 153: «Daß den politisch Verfolgten ein Asylrecht im Ausland gebührt, d. h. daß sie von dort nicht dem verfolgenden Staat ausgeliefert zu werden brauchen, diesen Grundsatz des modernen Völkerrechts ...» Ach? Und diese beiden spanischen Revolutionäre sind nach Spanien ausgeliefert worden! Natürlich nicht von der politischen Polizei, das weiß ich wohl – aber erstens ist nicht klar, welche Rolle die in dieser Sache dem Auswärtigen Amt gegenüber gespielt hat, und zweitens hätten Sie sagen müssen, daß man sie ausgeliefert hat. Darin ist Deutschland stets besonders schuftig gewesen.

Aus dem Buch geht hervor, was wir wußten, daß es schlimmere Einrichtungen gibt als die politische Polizei Preußens,

Das trifft wohl auch heute noch zu: …

wenn auch dort Dinge vorgekommen sind, wie die Erschießung des Arbeiterführers Sylt, die nicht zu den Ruhmesblättern dieser Institution gehören. An Schlauheit, Macht, Einfluß und gefährlicher Skrupellosigkeit ist diese Polizei mit der politischen Polizei der lateinischen Länder nicht zu vergleichen. Und das ist gut so.

Im ganzen also ist das Buch ein kleiner Fortschritt, aber so hört es auf: «Die heutige politische Polizei macht von solchen eigenen Nachrichtenorganen im Auslande keinen Gebrauch, da sie diese Einrichtung für entbehrlich hält. Der Grund für diese gewandelte Auffassung: Im gegenwärtigen Preußen wird den Staatsfeinden mit einem solchen Maß von Rechtlichkeit und Menschlichkeit begegnet, daß überhaupt nur selten ein politischer Verbrecher ins Ausland flüchtet.» Warum ich nur immer lachen muß, wenn ich an den Herrn Weiß denke ... aber ich muß.

Laß man. Er ist der Schlimmste nicht. Der Schlimmste kommt erst. Das ist der p. Heindl, auf den ich neulich hingewiesen habe: als auf einen Schädling der Kriminalistik. Der hat «Polizei und Verbrechen» geschrieben, und so ist es auch.

Hier hat er sich etwas gemäßigt – so roh wie in seinen großen Wälzern ist er diesmal nicht. Aber es reicht auch so für sechs Personen und ein Kind. Ich bin gar kein Waschlappen, und ich kann mir sehr wohl vorstellen, daß man in der Berufsarbeit des kriminalistischen Alltags nicht grade in lyrischen Tönen von den Verbrechern spricht – auch ein sehr hartes Wort rutscht da wohl hinaus. Aber das schreibt man nicht. Ich halte den Hohn, die schnoddrige Tonart dieses Heindl für unerträglich – wer ist der Mann, daß er sich herausnehmen darf, über Leute, die gesellschaftsschädliche Handlungen begangen haben, zu witzeln? Wer er ist? Aber ein mittelmäßiges Gehirn; niemals hätte er an die Stelle rükken dürfen, an die er gekommen ist. Er ist der typische Subalterne, der gut Bescheid weiß, der weiß, wo alles liegt, und wie man es alles macht – und der auch nicht den Schimmer einer Ahnung von Kriminalistik hat. Diesmal ist er schlau zu Werke gegangen.

Das Buch enthält eine Menge Fotografien von Ermordeten. Ein Teil der Aufnahmen ist instruktiv, bei einem andern Teil wird man ein etwas saures Gefühl nicht los. Soweit gut. An diese Fotografien nun, die in bunter Reihenfolge Opfer von Morden, Totschlägen, Unglücksfällen und Selbstmorden zeigen, knüpft der Schädling der Kriminalistik erneut «die Bitte an unsere Leser, in diesem nahen Endkampf zwischen der sogenannten ‹klassischen Rechtsstrafe› und der von uns im ‹Berufsverbrecher› verfochtenen ‹Sicherungsstrafe› unsern Standpunkt zu unterstützen. Nur dann kann erreicht werden, daß auch ein anderer Kampf befriedigend endet; der Kampf zwischen Polizei und Verbrechen.»

Und hier darf Herr Abegg gefragt werden:

Das deckt er – ? Diesen Mißbrauch amtlichen Materials zur Propagierung einer höchst umstrittenen, höchst gefährlichen Strafrechts- ... sagen wir, Idee – deckt er? Ich habe Briefe von Strafrechtspraktikern bekommen, die mir die Hand gedrückt haben, weil ich über Heindl ausgesagt habe, was zu sagen war. Der Mann ist deshalb eine so immense Gefahr, weil er den guten Willen der anständigen Beamten, die in der Strafvollzugspflege arbeiten, sabotiert; weil sich der roheste, der letzte, der übelste Sadistenlümmel auf ihn berufen kann und sagen darf: «Seht ihr! Natürlich behandele ich diese Kerls schlecht! Der Ministerialrat Heindl sagts ja auch – und das ist gewiß ein großer Kriminalist!» Das ist er mitnichten. Sondern er ist das typische Beispiel dafür, daß Fachkenntnisse allein noch gar nichts sind und daß eben für eine höhere Stellung jene «universitas» nötig ist, die Heindl nicht einmal dem Namen nach kennt. Die Daktyloskopie – die kennt er. Und wenn wiederum ich die Fingerabdrücke dieses Schreibers auf einem Papier sehe, dann weiß ich Bescheid. Die Theorie von der Sicherheitsverwahrung ist ein Wahnsinn und eine ungeheure politische Gefahr, die auszuschalten ist, sobald sie auftaucht. Sie darf nicht im geheimen über das Land verhängt werden.

Lasset uns freundlichere Töne anschlagen, lieben Freunde, – da ist das dritte Bändchen «Polizei und Sitte». Vom Geheimen Sanitätsrat Doktor Albert Moll.

Da muß etwas ganz Lustiges vor sich gegangen sein. «Nachwort. Leider sind einige Druckfehler durch die Schuld des Verlegers ... stehen geblieben und ebenso einige Bilder hineingekommen, die ich nicht für unbedingt notwendig halte. Der Verlag hat zu meinem tiefsten Bedauern seinerzeit sich für berechtigt gehalten, das Buch ohne meine Imprimatur auszudrucken.» Abgesehen davon, daß «Imprimatur» kein Substantiv ist, sondern eine Verbalform, die also nur Neutrum sein kann: die Bilder sind allerdings finster. Ihr braucht euch das Ding nicht zu kaufen – das kennt ihr alles schon von Eduard Fuchs her; dies hier ist eine Sammlung von höchst kitschigen, dummen und albernen Halb-Pornographien, die deshalb so komisch wirken, weil sie für eine Geilheit berechnet sind, die Gott sei Dank immer mehr abstirbt. Der Sport tötet das – hier gespenstert noch der Mann durch die Seiten, der mit dem Operngucker das Damenbad beobachtet ... Die Bildunterschriften sind noch schlimmer als bei Fuchs, der auch alles rational ausdeuten will, und hier haben sie auch glücklich wieder Beardsley hineingenommen, weil der doch so, verstehen Sie, also, nicht wahr ... also so einer ist das! Ein paar Nutten werden «Moderne Demimondainen» genannt, es ist die Welt, wie sie sich in der Landsberger Straße spiegelt, ich habe das nicht gern. George Grosz hat ein paar Unterschriften hingedonnert bekommen, die schlicht albern zu nennen sind, und was an braver Bürgererotik zu sehen ist, steht eben nicht in Anführungsstrichen da, sondern höchst ernsthaft. Mit den Bildern ist kein Staat zu machen.

Mit dem Text aber auch nicht. Moll ist ein sehr kenntnisreicher Mann, er tritt auch an vielen Stellen des Buches für eine liberalere Gestaltung des Sexual-Strafrechts ein – aber die richtige Liebe ist das nicht. Daß er so einen herrlichen preußischen Satz prägt wie: «Die gegenwärtige Strafbestimmung des § 175 ist für die Polizei selbst eine große Belästigung», soll ihm nicht angekreidet werden, niemand kann aus seiner Haut heraus, und nächstens werden wir noch den Henker bedauern, weil er immer so früh aufstehen muß. Aber trotzdem ich doch weiß, daß so ein kleines Büchlein nun nicht das Weiseste vom Weisesten sein kann –: ich werde ein peinliches Gefühl nicht los. Was ist es ...? Ja ... lassen Sie mich noch mal schmecken – also es schmeckt ... jetzt hab ichs.

Es schmeckt nach 1890. Es ist eine Generationenfrage – aber das da ist nicht mehr unsre Sexualität, deren Form sich ja dauernd wandelt. Es ist ein Aberglaube der betreffenden Professoren, zu glauben, die jeweilige Epoche sei die letzte Formung der Geschlechtsbeziehungen – sie stellt immer nur eine Epoche dar, und in zwanzig oder fünzig Jahren sieht das dann anders aus. In allem, was Moll schreibt und sagt und tut, ist noch so viel Schummer und Halbdunkel und eine ganz, ganz leise, fast unmerkliche Spekulation, ob wir das auch alles ja hübsch unheimlich finden – Kinder, ein Puff ist doch keine Prärie! Ein Bordell und der Masochismus und die Zuhälter und die Voyeure ... das sind Erscheinungen, die man medizinisch ansehen kann und, was alle die Herren Einzeldarsteller der Polizei überhaupt nicht tun, soziologisch; aber romantisch? Moll schwafelt nicht, er schreibt sogar diesen recht trocknen Polizeistil, der da glaubt, er habe eine Sache eingefangen, wenn er sie mit der etwas verqueren Grammatik des Gerichtsprotokolls ins «Amtliche» übersetzt, ihm so den Ludergeruch der Sünde nehmend – Moll ist nicht Edschmid. Aber er ist eben doch von gestern; es ist nicht viel mit ihm. Ich weiß nicht, ob er gestern ein gar so großer Mann gewesen ist – heute ist er gewiß ein kleiner. «Man soll nicht etwa glauben, daß in der Ehe Aufrichtigkeit der beiden Gatten gegeneinander identisch ist mit vollkommener seelischer und körperlicher Entblößung. So ist es eine Tatsache, daß sich wohl die meisten Eheleute überhaupt niemals vollkommen nackend sehen, und daß selbst bei dem intimsten Liebesakt die Dunkelheit der Beleuchtung vorgezogen wird. Aber die Tatsache, daß heute die Sitten erheblich geändert sind, ist nicht zu bestreiten, und daß in der Unterhaltung junger Männer und Mädchen manches erlaubt ist, was früher vollkommen unzulässig war, ist nicht zu bestreiten.» Das ist Gesinnungsbier, helles Lagerbräu. Ich bin für Wein. Franz Blei hat einmal auf das schönste dargetan, daß der Mord unter den Menschen dann aufhören würde, wenn der Mörder ausgelacht wird! Das ist gar kein Paradoxon: er meinte natürlich die geistige Überwindung der Mordtat, die darin liegt, daß der, der einen Mord begehen will, einsieht: es ist ja in höherm Sinne sinnlos, was ich hier tun will – es ändert ja nichts, ob der lebt oder nicht! Und so etwas Ähnliches liegt auch hier vor. Diese durch die unendliche Schuld der Kirche anerzogene Fixierung der Geschlechtsteile ... also grade das schaffen wir ab, indem wir den sportlichen Körper als ganzen sehen – ja, die Frau hat schöne Hüften – na und? Ja, sie hat einen zu dicken Popo – na und? Ich weiß, daß Moll wie alle Spezialisten sein Gebiet überwertig ansieht, sonst könnte ers nicht beackern; ich weiß, daß sich dieses Buch mit der «Sitte» befaßt, also nicht über den Anbau von Teltower Rübchen sprechen kann ... und doch ist ein fataler Dunst darin von der alten Friedrichstraße, von gestern, von vorgestern ... ein paar Bilder zeigen das deutlich, was ich meine. Es sind Fotos aus einem Bordell: ein unendlich trauriges, mäßig möbliertes Zimmer, mit einem breiten Bett, darauf sitzt ein Teddybär, am Bett ist ein langer Spiegel – und man möchte weinen, wenn man das sieht! Es ist so melancholisch – aus so einem Topf sollte man trinken? So viel Durst kann es ja gar nicht geben.

Grade, weil das neue Strafgesetz drohend über unsern Köpfen hängt, brauchen wir andre Darstellungen dieser Materie. In der die Polizei übrigens fast immer wie der Ochse im Porzellanladen wirkt: mit tödlich sicherm Instinkt den Falschen erwischend, am Richtigen vorbeiwandelnd, plumpfingrig, ungeschickt, ahnungslos – es ist ein Kreuz. Die grauenhaften Folgen der Rechtsprechung des Reichsgerichtspräsidenten Herrn Joel, nein, nicht: Herr Simons! Herr Joel; die gradezu sträflich gemeinen Auffassungen von der «Unsittlichkeit des unehelichen Verkehrs»; der Hexenhammer-Wahnsinn, der in der Auslegung des § 175 waltet; die Dummheit, mit der der Gonorrhoe dadurch Vorschub geleistet wird, daß auch heute, nach dem neuen Gesetz, der Verkauf von Schutzmitteln sehr eingeschränkt bleibt, statt daß man überall Automaten mit Präservativen zuläßt, worüber nur jemand grinsen kann, der noch nie in einer Hautklinik gewesen ist –: alles das ist vom Zentrum ins Zentrum geschossen. Es wirft schon in diesem Buch seine Schatten vorauf; übrigens macht Moll fast immer auf die Doppelschneidigkeit dieser Gesetzesbestimmungen aufmerksam. Die öffentliche Anpreisung von Gummi also ist verboten; aber das neue Strafgesetz ist aus nichts anderm. Wie nun nicht mehr nötig sein soll, daß öffentliches Ärgernis erregt ist, sondern wie es schon genügen soll, daß die Handlung geeignet ist, öffentliches Ärgernis zu erregen – ihr kriegt ein schönes Strafgesetz! Aber jeder bekommt das Gesetz, das er verdient. Wenn ihr schweigt, haben die Dunkelmänner-Kommissionen mit Herrn Kahl an der Spitze recht, und ihr seid die Dummen.

Ja, nun habe ich also aus den Fotografien von «Severing als Subjekt und Objekt der preußischen Polizei» und Fingerabdrücken und «Behördlich nicht beanstandete Aktaufnahme» gelernt, soviel ich daraus lernen konnte. Sehr viel wars nicht. Immerhin: die Polizei modernisiert sich.

Sie lasse sich gesagt sein:

Die besten Einzeldarstellungen der Polizei sind ihre Beamten.

Wie machen wir einander das Leben leichter?

Klug sein!

Wir machen uns das Leben leichter, indem wir

a) nett zueinander sind. Es ist nämlich nicht nur anständiger, höflich und freundlich gegen seinen Nebenmenschen zu sein – es ist auch *unendlich praktischer.* Wenn jeder ein Stückchen nachgibt, geht alles viel leichter, geölter, glatter.

Wir machen uns das Leben leichter, in dem wir

b) uns nicht einbilden, daß eine «Bestimmung», ein Paragraph, eine Verordnung für die Kleinigkeiten des Alltags auf jeden Fall bis zur endgültigen Niederlage des andern führen müsse. Das ist ein deutscher Aberglaube. Glatt durch die Straße fahren kann man nicht, wenn man immerzu «recht» haben will. In jedem Deutschen steckt so viel Schutzmann – man muß einmal erleben, mit welchen Luchsaugen eine ganze Straße aufpaßt, ob das Auto auch richtig rechts fährt, und wenn es gar eine Dame ist, die chauffiert, dann bekommen die Leute eine Temperatur von 37,9, wenn sie einen Fehler macht. Das merkwürdigste dabei ist, daß die Polizei, besonders in den kleinen und mittleren Städten, eine Menge gescheiter und vernünftiger, ruhiger Beamten aufweist, die sehr gut verstehen, daß man zwar den bösen Willen und die grobe Unachtsamkeit immer, die kleinen Fehler aber fast niemals zu bestrafen braucht – *das regelt sich von selbst.*

Wir machen uns das Leben leichter, indem wir

c) endlich einmal einsehen, was das ganze westliche Ausland längst eingesehen hat, daß das Leben kein «Dienst» ist und wir keine Dienstmänner.

Der Deutsche weiß nicht, wie unhöflich das ist, was er «sachlich» nennt. Niemand hat in einer großen Stadt Zeit, Kratzfüße zu machen und schönen Frauen – mitten auf dem Damm – die Reverenz zu erweisen, das ist klar. Aber der harte Kasernenhofton, den man noch überall in Deutschland antreffen kann; die Beziehungslosigkeit des Sprechenden zu seinem Gesprächspartner; die Kälte im Blick und die Kälte im Ton –: das Leben wird dadurch nur immer schwerer, und es ist gar nicht sachlich und gar nicht «dienstlich», sondern nur ungezogen und unerträglich.

Wir machen uns das Leben endlich leichter, indem wir

d) öfter fünf grade sein lassen, auch, wenn es einmal unser Geld kostet. Die Deutschen sind schlechte Verlierer – ihr kennt diesen Typus vom Skattisch her; da gibt es Leute, die können und können nicht verlieren, dann werden sie ungemütlich. Finden wir aber einmal eine Firma, die nach einem Einkauf sagt: «Wir wollen gar nicht untersuchen, ob das Ihre oder unsere Schuld ist, wir nehmen die Ware zurück, weil uns an Ihrer Kundschaft liegt!» – so wird sich das in fast allen Fällen rentieren: Kulanz ist immer ein gutes Geschäft. Aber davon sind wir noch weit entfernt …

Und kann man sich bei kleineren Schadenersatzansprüchen, wenns nicht gleich an die Existenz geht, nicht in Güte einigen? «Recht muß Recht bleiben!» Dieses «Recht» aber ist bei der Kleinheit der Beträge fast immer böseste Prinzipienreiterei und bitterstes Unrecht, das nur zur Schikane wird. Ist denn das eine Niederlage, wenn ich mich mit einem andern einige: Jeder von uns beiden soll die Hälfte des Schadens tragen? Ist es wirklich eine Niederlage – ?

Das Leben wird nicht leichter dadurch, daß sich jeder einbildet, er sei eine Ritterburg für sich – «reichsunmittelbar» ist ein altes deutsches Ideal und ein schlechtes dazu. Subordiniert – das ist die schlechte Arbeit von gestern. Koordiniert – das ist die gute Arbeit von morgen.

Frommer Wunsch

Ich möchte einmal wohin kommen, wo nicht geklopft wird. Wenn ich später gefragt werde: «Wie war es auf Erden?» – ich müßte sagen: «Schön. Aber es wurde immerzu gehämmert;

geklopft; gebosselt; gesägt; genagelt; ge- was weiß ich ...» Die Erde ist ein Planet, der kaputt ist; das Ding ist in ewiger Reparatur.

Zunächst wird überall gebaut. Wohnungen haben sie nirgends so viel, wie sie brauchen – aber es wird furchtbar gebaut. Es muß wohl so etwas wie eine Aktivität aus Schwäche geben, von der bei Nietzsche einiges zu lesen steht – jene neurasthenische Unfähigkeit, nicht nichthandeln zu können, reagieren zu müssen – auf diese Weise entstehen Warenhäuser, Heiraten und Kriege. Es wird mächtig gebaut auf dieser Erde, geändert, umgestaltet, ganz neu organisiert – es ist eigentlich der Normalzustand, daß um alles, was uns lieb und teuer ist, ein Bauzaun steht.

Als Paul Graetz einmal in Halle ein Gastspiel gab, da fuhr er mit einem Kollegen durch die Stadt, und an einer Stelle, wo viel Kinder und sich als Erwachsene ausgebende Kinder herumstanden, ließen sie ihren Wagen halten und stiegen aus. Graetz kann recht auffallend aussehen, wenn er will, und gleich sammelten sich viele Leute um die beiden Fremden. «Das hier», sagte Paule recht laut und zeigte mit seinem Spazierstock durch die Gegend, ein ganzes Stadtviertel vage bezeichnend, «das hier kommt alles weg –!» Achtzig aufgerissene Augen richteten sich auf den Städtebaudiktator, und die ganze Straße stand auf dem Kopf, ein aufgerührter Ameisenhaufen. Und was das Schönste war: niemand zweifelte einen Augenblick daran, daß nun wirklich alles wegkäme – die Frage war nur noch, wann und warum und weswegen – aber das Schicksal selbst war nicht diskutierbar. Uns haben sie den Horizont mit einem Bauzaun vernagelt.

«Das ist eben das Leben, Herr Panter; das zeugende, sich ewig gebärende ——» Mensch, sahre selbst: ist es nicht sehr oft nur Nervosität? Wenn zum Beispiel die Berliner einen neuen Laden aufmachen, dann reißen sie erst einmal das ganze Lokal von oben bis unten ein und bauen eine neue Tür und streichen neu an und kleistern sich eine kleine Privatfassade zusammen – «sie ziehen den Häusern neue Hosen an», hat mir einmal ein Franzose gesagt; und der Kurfürstendamm ohne Bauzäune ... das wäre beinah so wie mittlere deutsche Stadt ohne Intendantenkrise. Es muß «gänzlich neu renoviert» werden.

Wenn aber nicht gebaut wird, dann wird ausgebessert. Oh, wie unvollkommen ist doch des Menschen Werk! –

Der Himmel zum Beispiel ist zur Zeit überfüllt –: da sitzen die Bauhandwerker. Die Hölle zum Beispiel ist zur Zeit überfüllt –: da sitzen die Bauhandwerker. Der Himmel, weil sie uns die Badewanne wieder in Ordnung gebracht haben, die Klingelleitung repariert, das Ding mit der Sicherung befummelt ... in der Hölle, weil sie ihr Werk taten wie Karl Valentin, wenn der den Handwerker macht: unendlich langsam, erst gar nicht kommend, dann – nach einem unfehlbaren Grundgesetz – sofort nach Beginn der Arbeit wieder weglaufend, um einen Hammer zu holen, sich so in ätherische Bestandteile auflösend ... im Fegefeuer sitzt der Konsument.

Der sich über vielerlei wundert:

Warum die Bauhandwerker so mäßig ausgebildet sind; warum sie, in viele kleine Unternehmungen zersplittert, arbeiten, was auf eben die Ausbildung, das Handwerkszeug, die Zeitersparnis böse zurückwirkt – und wenn der Kunde klug ist, dann sieht er noch etwas.

Es gibt überall viel Komfort fürs Auge. Es ist viel Schein – nur sehr große Unternehmungen können sich erlauben, auch wirklich alles funktionieren zu lassen, was da an den Wänden angebracht ist, denn sie haben einen ganzen Installateurtrupp zu ihrer Verfügung, aber schon in den Hotels, von den Wohnhäusern ganz zu schweigen, ist das nicht so. Ich will dem Rundfunk Lessings gesammelte Werke schenken, wenn ich jemals in ein Hotel komme, wo alles funktioniert; die Frage ist immer nur, *was* entzwei ist: die Badewanne oder die Klingel oder eine Lampe oder der Ausguß oder die Tuhlette; Verfasser von Reisebüchern und Verfertiger von Koffern und die Bauhandwerker möchte man manchmal gern bei sich haben, um ihnen zu zeigen, was sie da gekocht ... Für kranke Gegenstände sind wenig Ärzte da und viel Pfuscher.

Kennst du keinen Fleck Erde, wo nicht geklopft wird? Es gibt ihn nicht. Die Nachbarschaft hallt wider von den Schlägen eines hämmernden Mannes – ich frage ... «Da kommt was hin!» sagen die Leute; Staub steigt auf und Balken prasseln, ich frage ... «Da kommt was weg!» sagen die Leute; Niethämmer rattern, Schweißmaschinen zischen, Schienen werden verschleppt und Dämme werden aufgerissen; die Hamburger tun so und die Berliner und die Kölner und die Mannheimer; die Kisuaheli-Indianer reißen das Strohdach der Häuptlingshütte ein und decken es mit Pappe und neuerer deutscher Literatur wieder zu – sie haben alle so viel zu tun ... Im Jahre 1983 liege ich in der Urne und träume. Da reißt jemand den Deckel herunter, ein hartes Gesicht beugt sich über die Öffnung, und eine scharfe Stimme sagt: «Jehn Se mah hier raus! Das kommt hier alles weg!»

Die Verteidigung Berlins

Neulich habe ich hier von den Leuten erzählt, die am Rande des Reichtums wohnen.

«Man möchte wünschen,» schreibt ein Leser, «Sie nähmen nicht nur die am Rande des Reichtums, sondern den Reichtum selber in seinen Eitelkeiten einmal unter die Lupe. Die Kreise, die sich blamiert vorkommen, wenn sie in irgendeiner kleinen Äußerlichkeit hinter dem zurückbleiben, was ‹man› tut, ... diese Typen gedeihen in Reinkultur ausschließlich in Berlin. Wenn wir in der vielgescholtenen Provinz uns weigern, uns diese Gesellschaft zum Vorbild zu nehmen, dann braucht sich kein Berliner zu wundern, daß er überall – außer in seiner Metropole – eine Karikatur ist und bleibt, und daß niemand aus den Kreisen zivilisierter Provinzler auf Reisen nichts mehr scheut als das Zusammentreffen mit Berlinern.» Da hastes.

Zunächst haben einmal beide Teile herrlich unrecht.

Berlin; wenn es auf die Provinz schilt. Denn diese Provinz ist gar nicht so provinziell, wie mancher Großstädter glaubt; Deutschland ist in der beneidenswerten Lage, ein dezentralisiertes Land zu sein, und während es in Frankreich kein Klein-Paris gibt, gibt es bei uns viel Kulturzentren, gerade in der Provinz. Eine «Provinz», wie sie im Schwank vorkommt, mag es geben – die Mehrzahl der deutschen großen Provinzstädte aber darf nicht einfach in den großen Topf geworfen werden, in dem schrullige Kleinstadtoriginale liegen. Das ist einfach falsch.

Unrecht hat die Provinz, wenn sie Berlin so verzerrt sieht.

Natürlich gibt es Parvenus und reiche Snobs überall; daß sie in einer Großstadt numerisch stärker sind als in Magdeburg, ist kein Argument gegen die Großstadt. Was hat der Berliner nur dem Provinzler getan?

Der läßt ihn – wie oben – den sehnsüchtigen Ärger entgelten, nicht in Berlin leben zu können, und in dieser Sehnsucht ist – bei aller Bewunderung – so viel Irrtum!

«Das Theater!» – «Die geistige Anregung!» – «Da sieht man doch etwas ...!» Sehr freundlich. Aber diese Bewunderer vergessen, daß neben solchen Kreditkonten doch auch beträchtliche Debets stehen: die Abzappelei, die verzehnfachten Schwingungen der Nerven, dieses «Zunichtskommen» – woran nicht nur der Großstädter, sondern auch die große Stadt schuld ist. Berlin hat sicherlich das beste Theater des Reichs – aber davon allein kann man nicht leben. Und niemand ist so ungerecht gegen die Provinz wie der Provinzler.

Bernard Shaw hat einmal darauf hingewiesen, daß der Mann, der so herzbrechend über seine Familie stöhnt, dieser unrecht tut – «der Onkel Franz,» sagt er ungefähr, «der so albern Briefmarken sammelt, den gibt es überall, nicht nur in deiner Familie; die eifersüchtige Hilde und das monotone

Friedchen und die ehrsüchtige Eugenie und den kleinlich beschränkten Papa – aus solchen Menschen setzt sich eben die Welt zusammen, und du hast in deiner kleinen Welt die große – o klage nicht!» – «Bei uns,» klagt es in der Provinz, «gibt es nur Kaffern und Mucker und kleine Leute und Geschäftemacher und Banausen –» Und in Berlin? Glaubt man wirklich in der Provinz, daß nicht jeder einzelne Kreis Berlins solche Erscheinungen aufweist? Sie verteilen sich nur mehr – ihnen stehen dann mehr wertvolle Kräfte gegenüber, und so ist das Gleichgewicht einigermaßen hergestellt. Berlin wird nicht von Engeln bewohnt.

Aber von Teufeln auch nicht.

Was die Hugenberg-Presse, gegen das bessere Wissen der beteiligten Redakteure, auf diesem Gebiet angerichtet hat, geht auf keine Gutsbesitzershaut. Die Leute wissen natürlich ganz genau, daß der Berliner nicht die ganze Nacht in der Bar hockt und sauft und mit einem geschminkten Personal tanzt, das niemand so intensiv beschäftigt wie die Herren der Grünen Woche; die Propagandisten gegen die vitalsten Interessen Berlins sind brave Familienväter, die genau wissen, daß und wieviel in Berlin gearbeitet wird – aber sie sind gezwungen, der erschauernden Provinz ein berliner Luderleben vorzutäuschen, das sie nicht einmal gut an die Wand malen.

Denn, um auf Berlin schelten zu können, muß man es erst einmal richtig kennen. Was an den berliner Reichen, Mittelreichen und Möchtegernreichen komisch ist –: wir wissen es. Und haben uns nie geschämt, es zu sagen. Aber schließlich ist Deutschland keine Schwarz-Weiß-Zeichnung: hier die gute Provinz und dort das böse Berlin, das geht nicht. Daß das Hugengebirge mehr verbockt hat, als ganze Fremdenverkehrs-Zentralen wieder gutmachen können, ist eine Sache, die die Beteiligten unter sich ausmachen mögen – aber der Ruf Berlins ist wirklich falsch. Es hat – wie jeder Menschenkreis – seine Fehler; aber ganz, ganz andere, als die Provinz glaubt.

Diese Propaganda gegen Berlin müßte mal ein tüchtiger Berliner in die Hand nehmen ...

Der Mann, der vor dem Kölner Dom schnell und gottesfürchtig sagt: «Ham Se keenen jrößeren –?» kommt nicht nur aus Berlin; dieser Ausspruch entstammt einer *Geistesverfassung*, und die ist nicht nur in Berlin heimisch. Ich glaube, daß es zu gar nichts führt, die Provinz und Berlin gegeneinander auszuspielen. Denn darin steckt erst einmal die falsche Voraussetzung, die Provinz sei etwas Homogenes, während die niederbayerische Kreisstadt und ein Friesendorf nur das gemein haben, daß sie nicht Berlin sind – und das ist nicht genug, um sie zu einen.

Deutschland besteht aus Vereinen. Gibt es noch keinen «Reichsverband Deutscher Provinzler»? Warte nur, balde ... Lasset uns den Berliner, der faule, weil schlechte Witze über die Provinz macht, die er nicht kennt, mit dem Provinzler, der Berlin nicht kennt, «zu Hagenbeck schicken», wie die Schweden so schön sagen – und versuchen wir, einander zu verstehen, Berlin und die Provinzler. Was aber den Berliner angeht, wenn er komisch ist und lächerlich und eine Schießbudenfigur –: ich besitze so viel Lokalpatriotismus, daß ich mich über ihn lustig machen will, daß es nur so hagelt. Aus Liebe, du guter Leser aus Bitterfeld.

Der nicht geschundene Berliner wird nicht erzogen.

Die «Welt»

Daß es «schönste Lokale des Kontinents» gibt, mag hingehen – dafür bekommt der Reklamemann bezahlt. Daß aber der Stil der großen kleinen Anzeige in die Literatur rutscht, ist minder heiter.

Bei uns machen sie das jetzt so, daß der große deutsche Buch- oder Theatererfolg den Autor «weltberühmt» macht. «Der ohne Übertreibung weltberühmte Dichter ...» Mit

Übertreibung. Denn wie groß ist das geistige Hinterland Deutschlands?

Österreich. Die deutschsprachige Schweiz. Hier stock ich schon; in den nordischen Ländern lesen viel weniger Leute deutsch, als man denkt; bleiben für die Übersetzungen die Nachbarstaaten, England, Amerika ... und hier ist noch genau zu scheiden zwischen den technischen Gebrauchsanweisungen, die drüben adaptiert werden, und der schönen Literatur. Wer von den modernen Deutschen ist «weltberühmt»?

Jede geistige Wirkung aus einer fremden Sprachzone ist ein Wunder. Auf diesem Wege geht so viel verloren ... bei den mittleren Autoren alles, bis an den Gürtel steckt selbst noch der große Dichter im Wasser der heimischen Flüsse, selbst Tolstoi reichte die russische Sprache bis zum Bart, aber der Kopf ragte drüber hinaus. Man muß sehr groß oder sehr banal sein, um im andern Land zu wirken.

Wir buchen die Tatsache, daß ein deutsches Werk in eine fremde Sprache übersetzt ist, falsch; das ist ein Anfang, kaum ein Symptom für etwas andres, als daß ein geschäftstüchtiger Übersetzer das Werk «angebracht» hat, daß ein fremder Verleger an die Wirksamkeit dieses deutschen Werks glaubt ... weiter ist zunächst noch gar nichts. Die meisten westlichen Völker sind nicht so neugierig wie die Deutschen, sie haben nicht jene herrliche Unruhe, die in ihrer obersten Spitze Romantik heißt und in ihrer untersten Stufe Nervosität – andre Völker ruhen viel mehr in sich selbst. Daß Herr X in Frankreich gelesen wird, sagt noch nichts aus – die Tiefenwirkung kennen wir zunächst nicht. Ich halte sie für klein; wir wollen uns gern von den Freunden in Amerika oder aus den Ländern des Kontinents belehren lassen, ob heute der deutsche Geist die Leute draußen wirklich maßgebend beeinflußt.

Mit Großfressigkeit ist das nicht zu beweisen, nur zu behaupten. Sind wir uns wieder selbst genug? Merkwürdig, wie isoliert sich der deutsche Geist gebärdet, er, dessen Stärke immer die Universalität gewesen ist. Nur imponieren – nur den

Absatz fördern – unsere geistigen Stresemänner sind Reisevertreter eines großen Hauses mittlerer Qualität. Wilhelm muß wohl mehr gewesen sein als die dem Volk gesandte Geißel Gottes – sollte er vielleicht sein Exponent gewesen sein –?

Wahr ist vielmehr, daß das Hinterland der Deutschen nicht sehr groß ist. Was in Paris berühmt ist, ist in Südamerika berühmt, in der ganzen Levante, in Teilen Asiens. Was in New York gefällt, singt die englische Welt. Was in Berlin einen Erfolg hat, breitet sich langsam aus, kann ein Welterfolg werden, ist aber noch keiner. Chaplin ist weltberühmt. Homer. Ford. Sonst aber gilt die kleine Geschichte, wie André Lebey eines Nachts durch ein Telegramm aufgeschreckt wurde. Das kam von seinem Freunde Pierre Louys, der grade eine Weltreise machte. Und in dem Telegramm stand: «Jean Cocteau complètement inconnu à Tananarivo.» So ist es. Oder, wie es bei Walter Mehring einmal heißt:

«So klein – so klein –
so klein ist meine Stadt.»

Kleine Erinnerungen

«Die Welt ahnt gar nicht, wie groß der diplomatische Tiergarten ist.»

K. v. S.

Da haben also neulich Gerhart Hauptmann und Emil Ludwig das geistige Deutschland in Rom repräsentiert, und der deutsche Botschafter hat sich sehr zurückgehalten, weil er sich als nicht dazugehörig betrachtete. Nun, die Diplomaten, ihre Sitten und Gebräuche sind geheimnisvoll ...

Da war vor etwa sechzig Jahren ein Herr namens Hübner österreichischer Botschafter in Rom und ein von Armin preußischer Gesandter. Worauf sich folgendes begab:

«Hübner leidet an einer furchtbaren Hochmutskrankheit,

sobald Etikettenfragen aufs Tapet kommen. Als er hier von seiner Urlaubsreise vor etwa vierzehn Tagen eintraf, war Arnim bereits seit einer Woche wieder hier. Die Frage war nun die: wer von beiden soll den ersten Besuch machen? Hübner als der später Angekommene, oder Arnim als der dem Botschafter im Range Nachstehende? Sollte der letzte Umstand den Ausschlag geben, so könnte Arnim mit Recht verlangen, daß Hübner ihm seine Ankunft anzeigte, z. B. durch Zusendung einer Visitenkarte. Die verhängnisvolle Karte erschien aber nicht, weil Alexander Hübner die köstliche Theorie aufstellte, daß, da er im August auf Urlaub gegangen sei, ohne sich durch Zusendung von p. p. c.-Karten beim diplomatischen Korps zu verabschieden, er nun auch nicht nötig habe, seine Ankunft durch Kartenzusendung anzuzeigen, vielmehr sich so stellen könne, als sei er gar nicht verreist oder auf dem Lande gewesen. Nun laufen Arnim und Hübner schon seit vierzehn Tagen in Rom herum, ohne sich besucht und gesehen zu haben; und da sie bis jetzt auch noch nicht am dritten Ort zusammengetroffen sind, so will der gute Hohenlohe (Hohenlohe-Schillingsfürst, ein päpstlicher Großalmosenier) morgen eine Gelegenheit herbeiführen, damit Preußen und Österreich wieder zusammenkommen.» – «Es ist doch scherzhaft», fügt der Autor hinzu, «welch winzige Ideen während großer Weltfragen diese Diplomaten bewegen, von denen man noch so häufig wähnt, daß sie furchtbar wichtige Leute sind!»

Die große Weltfrage war die Auflösung des Kirchenstaates, der Brief ist im Jahre 1866 geschrieben, und sein Verfasser heißt Kurd von Schlözer, dessen «Römische Briefe» auf jeder Seite mindestens zwei Aktualitäten enthalten und eine höchst amüsante Lektüre sind. Ich weiß nicht, wie das Verhältnis der Neuraths zu den Schlözers in der heutigen Diplomatie ist, wenn ich aber einen Schlözer gefunden habe, will ich mich melden – bisher waren es alle Neuraths. Denn mit Schlözer wäre die Geschichte Hauptmann–Ludwig nicht geschehen;

dazu hatte der zu viel Humor, zu viel Bildung ... na, wir wollen uns das Herz nicht schwermachen. Immerhin kann ich mir kaum einen Herrn dieses Ressorts vorstellen, der so ehrlich zu sich selbst ist, daß er etwa folgendes schriebe:

«Heute ist orthodoxes Neujahr. Um diese Stunde ist in Petersburg (wo Schlözer vorher war) die ganze vornehme Welt im Winterpalais versammelt, um den Zaren Glück zu wünschen. Die Diplomaten stellen sich gegen zwölf Uhr im Saale Peters des Großen im Halbkreise auf ... Hinter jedem Chef der Mission stehen seine Sekretäre ... im Hintergrund gruppieren sich die Großfürsten und Großfürstinnen mit ihren Hofstaaten, um das welthistorische Schauspiel genau betrachten zu können und keinen Blick zu verlieren, der zwischen den Majestäten und den Angeredeten gewechselt wird.

In solchen Momenten kommt sich der Diplomat, vom Botschafter bis zum kleinsten Attaché, imponierend, gewaltig, als Ausdruck seines Jahrhunderts vor. Wenn dann die Szene abgespielt ist, die Schlitten und Karossen mit den galonierten Kutschern, Lakaien und Jägern vorfahren, die Wachen ins Gewehr treten, alle die Vertreter der Groß- und Kleinmächte sich in ihre dicken Pelze hüllen, ein jeder, in seinem Wagen oder Schlitten zusammengekauert, durch die zwanzig Grad Kälte nach Hause stürmt, in der warmen Stube angelangt, sich seiner Uniform und Orden entledigt, die Zigarre ansteckt, um noch einmal im Geist den jüngst durchlebten hehren Moment sich zu vergegenwärtigen – dann wird ihm wohl ums Herz, und mit der Rechten sich vor die Brust schlagend, stößt er den emphatischen Ruf aus: ‹Du bist doch ein ganz höllischer Kerl!›» –

Ja, das sind sie denn wohl auch. Aber Schlözer war doch eine andere Nummer, von der Politik ganz abgesehen – welche Seite des Blicks! Wieviel Selbstironie – aber laßt uns nicht weich werden. Er sieht sich und seinen Laden immer im Spiegel – konvex, konkav und sehr oft scharf und richtig. «Am Sonntag war Palmenweihe. Das diplomatische Korps hat bei diesen Festen stets so hervorragende Tribünenplätze, daß es aussieht, als würden die Zeremonien und Feierlichkeiten eigens für die Diplomaten aufgeführt.» Wie ja überhaupt davon auszugehen ist: hätten die Diplomaten keine Paßfreiheit, keine Befreiung von den Zoll- und Grenzformalitäten – wahrlich, ich sage euch: die Welt sähe anders aus. Um auf Schlözern zurückzukommen: der kannte sein Metier. Ein Mann, der so über Talleyrand denkt, ragt denn doch über die nicht allzu hohen Häuser der Wilhelmstraße hinaus.

«Dieser alte Talleyrand, dieser mir verhaßte Abgott der diplomatischen Jüngerschaft Frankreichs, Rußlands und unseres guten Deutschlands, diese Inkarnation der Frivolität und Lüge, dessen blasierte, das Menschengeschlecht verhöhnende Aussprüche von jedem dummen Attaché wie Goldkörner eines politischen Evangeliums aufgepickt und, falsch verstanden, im Schnabel geführt werden, dieser Défroqué, an dem leider die Natur so viel Witz, Geist und Verstandesschärfe verschwendet hat –»

Nein, wer so denkt und urteilt, der ist wohl mehr als nur ein Diplomat.

Im übrigen lese man das Buch; es macht viel Freude. Mit den hohen Umzugskosten der Diplomaten, die die Gewerbesteuer der freien Berufe hoffentlich decken wird, muß es damals schon so gewesen sein wie heute: «Arnims», schreibt Schlözer von seinem Chef, «sind jetzt zur Hälfte eingerichtet; 134 große Kisten haben den Weg von München hierher gefunden ...» Na, herzlichen Glückwunsch. Und man erfährt auch sonst allerlei Lustiges – können Sie sich zum Beispiel Liszt, ja ganz recht: der über Papas Klavier hing, können Sie sich den berlinernd vorstellen? Er hat aber. «Wat ick mir dafor koofe», hat er einmal zu Schlözer gesagt. Das war kurz vor der Zeit, wo er die Soutane nahm ...

Was aber Gerhart Hauptmann und Emil Ludwig angeht – so mögen sie sich trösten. Es hätte noch viel schlimmer kommen können. Im österreichischen Botschaftsarchiv zu Rom fand sich ein Erlaß der wiener Staatskanzlei aus dem Jahre 1786, darin wird dem österreichischen Botschafter mitgeteilt, daß sich ein junger Deutscher nach Rom begeben habe, der sehr gefährliche Tendenzen verfolge und daher zu beaufsichtigen sei.

Der junge Deutsche hieß: Wolfgang von Goethe.

Lasset uns die Diplomaten, groß und klein, in unser Nachtgebet einschließen.

Kintopp, Glaube oder Kurpfuscherei

Der Wallfahrtsort Lourdes in Frankreich

«Schwindel –!» – «Ein Wunder! Die Heilige Jungfrau hat ein Wunder getan –!» – «Schwindel! Bluff! Unfug!» – «Unsere heilige Kirche ...» Was ist es nun –?

Die Wahrheit liegt nicht in der Mitte, weil eine Wahrheit niemals in der Mitte liegt – die Wahrheit liegt darüber.

Der französische Wallfahrtsort Lourdes macht zunächst einen etwas rummligen Eindruck. Es ist ein häßlicher Ort, landschaftlich ganz hübsch gelegen; im Sommer, zur Zeit der großen Pilgerzüge stets überfüllt; sein Hauptpunkt ist eine moderne, architektonisch schlechte Kirche, davor ein riesiger, langgestreckter Platz, darum herum viele Krankenhäuser für die Kranken, die dorthin kommen, um in den Quellen, die neben der Wundergrotte in einem Felsen sprudeln, Heilung zu suchen. In dieser Grotte soll der Sage nach im Jahre 1858 die Mutter Gottes einem kleinen Bauernmädchen aus Lourdes, der Bernadette Soubirous, von der noch Angehörige leben, erschienen sein. Das Kind will vierzehn Erscheinungen gehabt haben: die Kirche, die in solchen Dingen äußerst vorsichtig ist, glaubte erst nicht an das Wunder, die Bevölkerung geriet in Erregung; die Kleine hatte im Felsen eine

Quelle entdeckt, die vorher nicht dagewesen war, und nun setzte der Wunderglaube ein. Die «Heilungen» begannen. Heute gehen jährlich über eine Million Menschen nach Lourdes.

Gleich neben der großen Kirche ist ein ärztliches Bureau eingerichtet; wenn Leute behaupten, geheilt zu sein, so werden sie von den dortigen Ärzten, die durchaus ehrbare Männer sind (und nicht etwa von der Kirche bestochen), genau untersucht. Die Untersuchung ist null und nichtig; denn die Ärzte kennen die Kranken nicht aus eigener Anschauung vor der angeblichen Heilung; sie sind auf Atteste angewiesen, können also niemals aussagen, wie sich der Kranke vorher wirklich befunden hat. Es werden etwa zwanzig Heilungen im Jahr von ihnen auf diese unzureichende Weise festgestellt. Die Kirche selbst, sehr klug wie immer, benimmt sich äußerst zurückhaltend; sie verlegt alle Verantwortung auf die Ärzte, und die wieder zucken die Achseln und verweisen bei diesen «Heilungen», die sie sich nicht erklären können, auf das Wunder.

Das vollzieht sich folgendermaßen:

Die Kranken kommen in langen Zügen an: die Eisenbahn, eine Privatgesellschaft, die durch Lourdes ein glänzendes Geschäft macht, gibt ermäßigte Karten aus. In Lourdes selbst werden die Kranken nur von katholischen Schwestern gepflegt, aber nicht ärztlich behandelt, wenn nicht Not am Mann ist. Nun gehen die Kranken an die Grotte, beten dort, dann begeben sie sich zur Wunderquelle (die dem großen Publikum verschlossen ist), und dort werden sie, immer unter den Gebeten der Menge, die man von draußen hört, gebadet. Ich habe das mit ansehen dürfen – es ist unsagbar unappetitlich. Das schmutzige Wasser, in das täglich Hunderte von Personen getaucht werden, wird nur einmal am Tag erneuert; man kann sich denken, wie diese fettige Brühe aussieht. (Daß wenig Ansteckungen vorkommen, schreibt die Kirche gleichfalls der Mutter Maria aufs Konto.) Gottesdienste in der Kirche und unter freiem Himmel wechseln miteinander ab; das Ganze dauert für jeden Pilgerzug etwa drei Tage, den Abschluß bildet eine große Fackelprozession am Abend, dann ziehen die Pilgerscharen wieder ab. Man hört alle Völker: Franzosen, Engländer, sehr viel Slawen, auch Deutsche.

Wunder oder nicht –?

Nach sorgfältiger Lektüre der sehr großen Literatur darf ich sagen: Wenn überhaupt von wirklichen Heilungen gesprochen werden kann, so liegt hier eine raffinierte Ausnutzung der Suggestion vor. Es gibt Krankheitsbilder, besonders unter den Hysterischen, wo die Einwirkung des Willens zweifellos organische Veränderungen hervorruft. Natürlich wächst keinem ein Arm nach; es gibt aber, wie die Psychoanalyse festgestellt hat, eine Flucht in die Krankheit: der Kranke wird mit dem Leben nicht mehr fertig und flüchtet sich in die Krankheit, weil er zu schwach ist, noch gesund zu sein. Es gibt auch solche Kranke, die mit ihrem Leiden eine Beachtung erzwingen wollen, die ihnen sonst nicht zuteil wird ... jeder kennt diese Fälle. Damit verbunden ist sehr oft eine wirkliche Veranlagung zur Krankheit: die Krankheit ist nicht etwa – wie beim Versicherungsschwindel – vorgetäuscht, sondern durchaus echt. Nur sind ihre Keime rein seelischer Natur. Daher besteht die Möglichkeit, auf die Krankheitsursache seelisch einzuwirken, und das geschieht in Lourdes.

Es ist unsäglich viel gelogen worden um diese Heilungen. Die Heilerfolge hat man maßlos übertrieben: man hat Besserungen, die nur tagelang angehalten haben, für dauernd ausgegeben: Krankheitsbilder sind verfälscht worden, die Untersuchungen haben sich auf höchst zweifelhafte Zeugnisse und nicht auf den Augenschein gestützt, was ja auch gar nicht anders möglich ist: dazu müßte man jeden einzelnen Kranken vor und nach der Quellenwaschung untersuchen.

Im übrigen gibt es zwei untrügliche Zeichen dafür, daß hier eine Naturkraft und kein Wunder am Werk ist:

Es gibt erstens keinen Geheilten, der aus Lourdes selbst

stammt. Auf die Einwohner dieser Stadt wirkt nämlich der Zauber der Stätte nicht mehr; sie kennen das alles schon, sie sehen den Apparat jeden Tag schnurren – und es ist außerordentlich bezeichnend, daß Kranke aus Lourdes tagelange Reisen zu einem französischen Wunderdoktor gemacht haben, aber nicht an ihre Quelle gegangen sind.

Das zweite Zeichen: es gibt keine Heilungen im Winter. Im Winter kommen nämlich die großen Prozessionen nicht nach Lourdes, sondern nur einige Einzelpilger; diese einzelnen Leute nun unterliegen nicht der Beeinflussung durch die brodelnden Massen, keine Gebete schwingen sich zum Himmel empor, die eindrucksvollen Kulissen fehlen, die große Geistlichkeit im Ornat ist nicht da ... es fehlt das große Theater von Lourdes. Die Wahrheit ist: es werden keine Wunder in Lourdes getan.

Lourdes, das für viele Kranke wegen der Ansteckungsgefahr und der Anstrengungen auf dem Transport eine Gefahrenquelle ist, Lourdes zu schließen, kann die französische Regierung nicht wagen; dazu ist die Macht der Kirche in Frankreich zu groß.

Die Kirche, dieses Warenhaus der Metaphysik, liefert auch hier nur Massenware. Das äußere Bild ist würdig: man sieht keine Betrunkenen, die Geistlichen benehmen sich ruhig, im Vollgefühl ihrer Macht ... aber was da geboten wird, wirkt doch nur auf Leute, die niemals aus ihrem Kaff herausgekommen sind: auf kleine Fischer, Handwerker aus kleinen Städten, auf die Bauern vom Lande, die Mund und Nase vor so viel Pracht aufsperren ... Wir nennen diese Pracht: Kitsch – es ist unfaßlich, wie man so viel Geschmacklosigkeiten nebeneinander dulden kann. Und das nicht nur in den Ansichtskartenläden, wo man die schauerlichsten Erinnerungen aufgebaut findet – nein, in den Kirchen selbst gleißt es von Gold und Silber und schreienden Farben, Fahnen hängen dort und – wie auch an der Grotte – die Krücken der angeblich Geheilten ... es ist ein böser Jahrmarkt.

Unsere Ärzte haben manche Fehler gemacht, das ist wahr. Ein Teil von ihnen ist rein darwinistisch erzogen: die ältere Schule lehnt alles Seelische ab und will die Krankheiten mechanistisch heilen, so, wie man einen nicht funktionierenden Motor wieder in Ordnung bringt … was falsch ist. Aber immer noch lieber einen guten deutschen Arzt als diesen Rummelplatz des buntesten Aberglaubens. Mit echter Religion hat das nur noch wenig zu tun. Der aufgeklärte Arbeiter wird, um die Welt kennenzulernen, auch dieses zur Kenntnis nehmen, es studieren und sich bessern Dingen zuwenden.

Das Feuilleton mit einem Knacks

«Man muß über alles schreiben können.»
Alter Journalistengrundsatz

In dem winzigen Berzeliipark zu Stockholm gurren die Tauben.

Ein ganzer Schwarm ist «dorthin zuständig», wie die Österreicher sagen, deren Provinzialismen man auf Schritt und Tritt in den deutschen Zeitungen finden kann. Augenblicklich ist große Ratsversammlung auf einem grünen Rasenstück; es ist wie eine Börse – die ältern Tauben gehen umher und erzählen sich Witze, teilen sich die neusten Gerüchte mit und beurteilen die Weltlage; die Damen achten mehr auf das Futter, das man ihnen von den umstehenden Bänken zuwirft … dann gibt es jedesmal ein großes Flügelschlagen, Zusammenballung und Freßkonkurrenz … wer hat nur aufgebracht, daß Tauben sanft seien –? Richtig, die Bibel. Stimmt aber nicht – sie häkeln sich ununterbrochen, sind fuchtig aufeinander, futterneidisch, unverträglich und bösartig um der Bösartigkeit willen …

Da geht zum Beispiel ein schwedischer Taubenmann immer hinter seiner Taube her, sie wackelt voran, kokett mit dem Steiß zwitschernd – er geschäftig hinterdrein; faßt er sie, dann hackt er; dann flieht sie, und er läßt nicht nach, er läßt nicht nach – das ist eine vergnügte Ehe. Zwei andere stehen da, schnäbeln sich, plötzlich bricht eine vehemente Diskussion zwischen ihnen aus, nun fangen auch sie das Laufen an, wie die beiden andern ... nein, sie sind gar nicht sanft und verträglich, die Tauben; sie –

Möchten Sie das eigentlich lesen –? Ich möchte das gar nicht mehr lesen.

Ich weiß doch von Tauben nichts; habe nie welche besessen, nie welche genau beobachtet; ich weiß nicht einmal die verschiedenen Rassen auseinanderzuhalten, geschweige denn kenne ich ihre Namen – ich weiß nicht, wie sich Wildtauben von den zahmen Tauben unterscheiden ... was erzähle ich da –?

Ich lüge um.

Ich mache die Tierwelt menschlich. Ich betrachte alles vom anthropozentrischen Standpunkt aus; sage «Ehe» – Tauben führen gar keine Ehe, es ist ganz anders. Woher will ich denn wissen, daß diese oder jene Bewegung der Vögel das ausdrückt, was sie mir zu sein scheint –? Das ist doch nur die simple Übertragung menschlicher Beziehungen auf Tiere – und die ist fast immer falsch. Tiere kann man nur vom Tier her verstehen. Warum tue ich das nicht –?

Weil ichs nicht kann. Weil mir die Kenntnisse fehlen. Weil ich von Tauben nichts weiß. Dann sollte ich auch nichts über Tauben aussagen – es ist eine Fälschung, ein Spiel, jeder kann das, der nur einigermaßen auf der Schreibmaschine Literaturklavier spielen kann. Witzchen hat er gemacht; über Tauben hat er nichts ausgesagt. «Es ist bei den Tieren wie ...» geschenkt. Man soll eben nicht über alles schreiben können und nicht über alles plaudern. Wer also soll von den Tauben sprechen –?

Der Taubenzüchter. Und der ist in den meisten Fällen ein Esel, wie jeder Fachmann.

Da liegt vor mir die Nummer einer Zeitschrift *Der Sportfischer*. Nun ist das ein etwas geschwollener Titel – die Leute wollen sich als Herrenreiter geben ... wir fischen nicht um der Nahrung willen, das brauchen wir Gott sei Dank nicht – wir fischen nur zu unserm Vergnügen, und das ist eben Sport. Gut.

Nun müßte man doch denken: wenn einer alle Sonntage auf dem Wasser liegt, sich mit Lust und Liebe seine Angelgeräte und Netze zurechtmacht, mit unendlicher Geduld wartend, bis er den Fisch soweit hat, daß er ihn hat –: dann sollte er doch etwas vom Wesen und von der Natur der Fische verstehen. Ja, Hechtsuppe.

Geht in die Staatsbibliothek und laßt euch dreiundzwanzig verschiedene Fachzeitschriften geben ... ihr werdet in zweiundzwanzig dasselbe finden, nämlich dieses:

Zunächst einen unbändigen Stolz auf die Terminologie. Ein Jäger würde ja eher seine Flinte fressen, ehe er von einem Hasen sagte, er habe vier Beine und einen Schwanz. Gott weiß, wie das auf jägerisch heißt. Sie sind alle furchtbar stolz, daß sie zunächst einmal anders sprechen als du – denn daran erkennt man den Fachmann, meinen sie.

Des weiteren sind sie fast alle leicht patriotisch; dieser kleine und große Mittelstand verbindet stets auf das anmutigste Karpfenfang und die Treue zu irgendeinem angestammten Herrscherhaus – meine Sportfischer, zum Beispiel, berichten über die Fischfänge eines bayrischen Prinzen während des Krieges, wo andre Leute noch ganz andre Sachen gefischt haben, und eine Reihe Fotos begleiten das schöne Idyll.

Und sonst geht es eben in diesem Blatt sehr «fischereilich» zu; denn jedes Fach hat heute irgendein schauerliches Eigenschaftswort, um sich mausig zu machen: anders als «tänzerisch» und «sängerisch» tun wirs nicht mehr. Und dann kommen noch ein paar Albernheiten; die Fortsetzung eines Romans, der sicherlich in fischereilichen Kreisen spielt.

Natur –? Echte Liebe zum Tier, denn selbst zum Jagdtier kann man eine Art Liebe empfinden – Verständnis für das Lebende, das man da unter den Händen hat? An keinem Ort der Welt könnte ich weniger über das wahre Wesen der Fische erfahren als hier – hier höre ich nur vom Mechanismus ihrer Tötung, und ich höre die mäßig stilisierten Äußerungen eines umgeschlagenen Geltungsdranges sowie jene fatale Ausschließlichkeit, wie sie eben nur Fachleute hervorzubringen verstehen. «Es ist vielleicht unsern Mitgliedern nicht bekannt», schrieb einmal der Starnberger Seglerverein, «daß unser Mitglied Gustav Meyrink auch ein recht begabter Schriftsteller ist ...» Auf Inseln leben sie.

Am allerschrecklichsten ist – bei Jägern und Ingenieuren, bei Förstern und Gärtnern – der völlige Mangel an Demut, ohne die man nun einmal nichts begreifen kann. Sie sind widerwärtig unfromm, was mit Dogma nichts zu tun hat. Sie meistern die Natur, diese Spießer. Sie wissen alles; haben für alles irgendein ausgekochtes Fachwort parat; können alles; lieben nichts. Man betrachte sich die kitschige Lyrik, wie sie in Ski- und Jagdzeitschriften zu Hause ist; es dreht sich einem der Magen um. Man sollte doch glauben, grade diese, die mit den Geschöpfen der Natur und in der Natur ihre spielerische Arbeit haben, müßten Gott näher sein als einer, der mit seinen Stadtbeinen den Asphalt tritt. Die Städter aber versaufen in verzückten Gefühlen, wenn sie eine Katze auf dem Dach sehen, und beten vor einem Blumentopf, wenn sie nicht grade telefonieren müssen – die Fachleute puffen die Natur in die Seite und sind zu ihr frech. Die Natur schweigt.

Es ist ein Jammer. So wird über die Tauben geplaudert von solchen, die nichts von ihnen wissen – und es wird über sie Fachliches geschrieben von solchen, die lediglich den Mechanismus der Taubenzucht begreifen. Wie weit ist das von der liebevollen Versenkung entfernt, wie wir sie bei dem großen Franzosen Henri Fabre finden!

Die Tiere und die Pflanzen sind für die Fachleute Objekt geworden, gradlinig auszurichten – am liebsten denken sie sich die Hunde geschoren wie die Taxushecken; auch dann, wenn sie der Natur einen freien Auslauf lassen, der von dem Stacheldraht ihres Willens begrenzt ist, wieviel Herrscherdrang ist hier, wieviel Machttrieb – und der stumpf und laut, dreist und mechanisch. Von der Seele wirst du nicht viel zu hören bekommen, wohl aber reichliche Sentimentalitäten, wenn der gesellige Bierabend der Fachvereinigung dazu Veranlassung gibt.

Der Laie möchte gern sehen – aber er hat kein Augenglas. Der Fachmann hat eine Brille und ist blind. Schauen können beide nicht. Die Tauben gurren noch immer, und ich gehe leise davon, als alter Fachmann einen schwedischen Grog zu trinken.

Schmiede und Schmiedegesellen

Berliner Handelsregister Nr. 34970: «Verlag Die Schmiede A.-G. Gegründet und eingetragen 1924. Sitz: Berlin. Vorstandsmitglied Dr. Fritz Wurm und Julius B. Salter. Kapital: 250000 Mark. Domizil: Magdeburger Straße 7. Jedes Vorstandsmitglied ist berechtigt, die A.-G. selbständig zu vertreten.» Lasset uns die Nasen zuhalten und eintreten.

Dieser Verlag hat dem Schutzverband Deutscher Schriftsteller mehr zu schaffen gemacht als acht große Verlage zusammen. Ich habe mir das Material vom Verband ausgeliehen und einige Tage lang, statt Bücher, Akten gelesen. Ich habe folgendes Bild gewonnen:

Der Rechtens zugrunde gegangene Verlag «Die Schmiede» in Berlin ist ein Typus gewesen und zwar der Typus des schlechten neudeutschen Verlages.

Was uns hier interessiert, ist nicht, ob und inwieweit sich die Besitzer der Schmiede strafbar gemacht haben; nicht, ob im einzelnen die Abrechnungen richtig gewesen sind, wie die beiden Verleger behaupten, oder unrichtig, wie die Schriftsteller behaupten; ist nicht, wie lange diese Pseudo-Kaufleute mit ihren Zahlungen im Rückstand gewesen sind … es ist etwas andres.

Hinter diesen Akten mit ihren Zahlungsbefehlen, Schriftsätzen, Buchprüfungen, Zustellungen, Kostenfestsetzungen, Gegenschriftsätzen und Vollmachten schimmert ein Gesicht: das Gesicht des berliner und neudeutschen Geschäftemachers. Und den wollen wir wenigstens aus dem Literaturgeschäft hinauswerfen, wo wir nur können.

Der Künstler mit der Samtjacke hat abgewirtschaftet. In dem Augenblick, wo ein Kunstwerk die Werkstatt verläßt, um auf dem Markt angepriesen zu werden, ist es Ware geworden, und es ist das Verdienst des Schutzverbandes Deutscher Schriftsteller, diese Erkenntnis in alle Kreise der Schriftsteller verbreitet zu haben. Es schämt sich niemand mehr, von seiner künstlerischen Arbeit zu leben, sie auszunutzen, Abrechnung zu fordern … ein Schriftsteller, der diese einfachsten marxistischen Grundbedingungen seines Schaffens hochmütig ignorieren wollte, wäre ein Lügner oder ein sehr wohlhabender Amateur. Die Pflichten des Schriftstellers liegen klar zutage:

Der Schriftsteller darf nicht verlangen, daß sein Verleger nur ein Mäzen sei. Er hat sich nicht allein auf den Verleger zu verlassen; er muß selber das Urheberrecht kennen, daher hat er die Pflicht, die ihm vorgelegten Abrechnungen sauber zu prüfen, und wenn er das nicht kann, muß er einen geschäftskundigen Mann damit beauftragen; der Schriftsteller darf nichts Unmögliches vom Verleger verlangen, er muß also die Marktlage zu beurteilen wissen und die Möglichkeiten seiner geschäftlichen Erfolge erkennen; der Schriftsteller muß organisiert sein; der Schriftsteller sei kein lyrisches Mondkalb.

Das ist er auch nicht mehr. Es gibt – im Gegenteil – eher eine Sorte, die schon wieder zu resch ist; die der falschen

Smartness gewisser Verleger eine ebenso falsche Smartness gegenübersetzt; es sind jene, von denen unsre Verleger oft genug betrogen werden, jene, die nach empfangenen Vorschüssen nichts tun oder doch zuwenig; die, haben sie einmal Erfolg, den Verlegern die Hälse abschneiden – das gibts auch. Im allgemeinen aber ist, wie es nicht anders sein kann, der Autor dem Verleger an geschäftlicher Tüchtigkeit und Erfahrung unterlegen. Ist der Verleger ein Schwein, dann ist der Autor geliefert.

Was mich bei der Lektüre der Schmiede-Akten so empört hat, ist die Gewissenlosigkeit, mit der hier Kaufleute die Interessen der Autoren mit Füßen getreten haben. Wer ist Herr Doktor Wurm? Wer ist Herr Salter? Da kommen also zwei junge Herren zusammen, die ein vages Interesse für die «Kunst» haben, nicht mehr als jeder gebildete Getreidekaufmann auch, Papa gibt etwas Geld, und sie gründen eine Aktiengesellschaft. Nun ist für den Kenner des Handelsrechts kein Zweifel, daß nichts grotesker ist als die Art, mit der alte, längst anachronistisch gewordene Formen der Handelsgesellschaften von Geschäftemachern zu Zwecken ausgebeutet werden, die mit den im Handelsregister niedergelegten auch nicht mehr das leiseste zu tun haben. Die im Handels-Gesetzbuch aufgeführten Gesellschaftsformen sind längst zur Farce herabgesunken; findige Juristen spielen mit diesen Formen, der Schutz der Aktionäre ist ein Witz, aber kein guter, der Gläubigerschutz steht auf dem Papier, und alle diese Gesellschaftsformen dienen in Wahrheit nur einem einzigen Zweck: die Haftung der Unternehmer auf ein Minimum herabzudrücken.

Diese beiden also, durch nichts zum Verlegerberuf qualifiziert, gründen eine Aktiengesellschaft. Vielleicht haben sie zu Beginn gute Absichten gehabt; bei Gott ist kein Ding unmöglich. Sie nahmen alles mögliche auf, Gutes und minder Gutes und dummes Zeug, ein Gesicht hat dieser Verlag jedenfalls nicht gehabt; man hätte niemals sagen können: «Dieses Buch kann nur die Schmiede herausgebracht haben», es hat eben so ziemlich alles dort erscheinen können.

Auch die Propaganda des Verlages ist nicht gut gewesen. Hier setzt bereits eine starke Beschwerde ein, die viele Autoren, denen der Verlag geschadet hat, immer wieder anführen. «Er hat nichts für mich getan.» Nun ist das mit der Propaganda ein eigen Ding: ich glaube, daß sich in diesem Punkte die meisten von uns Illusionen machen: Illusionen über die Möglichkeit, ihre Bücher zu propagieren, und vor allem über die Wirkung einer solchen Propaganda. Man gehe mit seinem Verleger die Kalkulation eines Buches durch, und man wird finden, daß die Grenzen, innerhalb deren er eine gute Propaganda machen kann, ziemlich beschränkt sind. Wieviel Bücher auf Grund von Anzeigen und Prospekten überhaupt gekauft werden, wird man niemals genau errechnen – ich halte den Prozentsatz für klein. Immerhin: Propaganda muß sein, und die Besitzer der Schmiede waren darin nicht sehr stark.

Sie fingen Serien an und ließen sie wieder fallen; sie hatten Manuskripte in ihren Schubladen liegen, die um die entscheidenden Monate zu spät herauskamen; sie waren, mit einem Wort, von jener typischen, wilden Betriebsseligkeit der Berliner erfaßt, die heute einen Vergnügungspark «ganz groß aufziehen», um ihn übermorgen in ein Theater zu verwandeln und nach einer Woche gänzlich zu vergessen. Traffic must be. Das Grausige an diesem ganzen Rummel ist die fürchterliche Unsicherheit seiner Veranstalter; «sie haben», wie ein witziger Autor gesagt hat, «nicht einmal die Sicherheit ihres schlechten Geschmacks». Heute Georg Kaiser und morgen Albert Daudistel, und wenn das nicht sofort einschlägt, und wenn das nicht gleich «der» große Erfolg ist, dann grapschen sie nach etwas Neuem. Treue ist nicht. Beständigkeit ist nicht. Linie ist nicht.

Sie hatten zwei Verlage: eben die Aktiengesellschaft, den Buchverlag – und eine G. m. b. H., den Bühnenvertrieb. Den Buchverlag ließen sie in Wahrheit schon sehr bald links liegen – aber sie haben niemals die Anständigkeit aufgebracht, die Autoren die wahre Lage wissen zu lassen. Gab es im Buchverlag einmal ein Defizit, dann mußte der Bühnenvertrieb herhalten, um es auszugleichen. Das schädigte wieder die Bühnenautoren.

Das mochte noch angehen; aber nun war da die Frage der Tantiemen.

Die eingehende Tantieme gehört dem Schriftsteller nicht, sie begründet nur eine Forderung des Schriftstellers an den, der seine Kunst erst in gängige Ware verwandelt hat, an den Verleger. So hat, wie mir scheint, zu Recht, die deutsche Judikatur entschieden; es sind Versuche im Gange, die Tantieme von vornherein als Eigentum des Autors gelten zu lassen (so daß also eine nicht pünktliche Auszahlung eine Unterschlagung wäre), ich halte das für nicht richtig. Immerhin: Geschützt sind wir nicht sehr gut.

Wir sind, infolge unsrer Uneinigkeit, unsres mangelnden Interesses, infolge der kurzen Zeit, da wir uns überhaupt zusammengetan haben, lange nicht so geschützt wie etwa die französischen Theater-Autoren, die, zum Teil unter viel elenderen Bedingungen arbeitend, durch die Hilfe der Société des Gens de Lettres wenigstens von den Theaterdirektoren nicht so ausgebeutet werden können, wie das bei uns zulande der Fall ist. Die Kontrolle ist dort schärfer. Bei den Buchverlagen ist die Kontrolle schwieriger; wenn sie kommt, kommt sie meist zu spät. In dieser Lücke der Gesetzgebung war die Schmiede verankert.

Und hier nun ist das Gesicht jenes Kaufmannstypus, von dem ich gesprochen habe, ganz deutlich – hier ist er ganz. Was bei der Aktendurchsicht zuallererst auffällt, ist die grenzenlose Dreistigkeit des Verlages, auf Klagen, Anfragen, Mahnungen, Zustellungen, Schriftsätze überhaupt nicht zu reagieren.

Und um dieser Todsünde willen verdient nicht «der Verlag» die Geißelung, denn «den Verlag» gibt es nicht, er ist eine Fiktion. Angeprangert werden müssen dafür die Inhaber: die Herren Wurm und Salter, und es muß ihnen so heimgeleuchtet werden, daß ihnen die Lust vergeht, noch einmal Geschäfte in den Gefilden der Literatur zu machen, wo sie nichts mehr zu suchen haben.

«Die Herren sind in einer wichtigen Konferenz.» – «Im Augenblick ist niemand von den Herren da.» – Briefe: keine Antwort. Postkarten: keine Antwort. Telegramme: keine Antwort. «Was in diesem Laden versaut worden ist», sagte mir der langjährige Lektor der Schmiede, Rudolf Leonhard, «das ist geschehen durch die eine Postkarte, die im entscheidenden Augenblick nicht geschrieben worden ist.»

So waren sie: nachlässig. Gaben sich aber resch, clever, oh, so amerikanisch! «Da chartern wir eben ein Flugzeug –», vielleicht ist dieser Satz in den Verlagsräumen der Schmiede nie gesprochen worden, aber er paßt schön dorthin. Es ist die kindische Freude am Betrieb, am Rummel, am Tempo um jeden Preis, besonders da, wo Stille und Bedenklichkeit hingehörten – es ist Berlin im Licht, wo es am dunkelsten ist. Dieses Gebaren hat in der Tat zwei Wurzeln: eine naive Freude am Apparat, am Herumregieren, am Organisieren (was keinesfalls identisch mit Arbeit ist) und an der Sucht, die Verantwortung zu verschieben, zu verdunkeln, nichtig zu machen. «Ja, das hat mein Sozius ...» – «Leider ist unser Herr, der das bearbeitet, grade nicht ...»

Es gibt ein berliner Theater, an dem dies zur Virtuosität ausgebildet ist; als man Carl Rößler einmal fragte, was denn Herr X. in diesem Betriebe eigentlich mache, antwortete er: «Der ist für den Meineid da.» Einer hat immer nichts gewußt, und der andre ist es nicht gewesen. Auf dieser Basis hat die Schmiede gearbeitet.

Nun wäre dieses Gemisch aus Unfähigkeit, Unsauberkeit, Fahrigkeit und der parvenuhaften Prätention, einen «literarischen Salon» aufzumachen, wo noch nicht einmal eine gute Stube gewesen ist, höchstens ein unerquicklicher Anblick und ein Fressen für den Satiriker, wenn uns alle diese Geschäftsführung nicht viel Geld und noch mehr Ärger, Nerven und Zeit kostete. Die Literaturkaufleute können einwenden: «Wir haben es stets mit Halbverrückten zu tun; wenn Sie ahnten ...» Ich ahne. Und entgegne: «Zugegeben. Die Künstler sind meist etwas neurasthenisch, sehr reizbar und monoman; aber es gibt da eine ausgleichende Gerechtigkeit; die andern sind heute nicht minder verrückt, und wir werden eigentlich immer vernünftiger.» Unter meinen engern Freunden in der Literatur habe ich keinen, dem die Haare gar zu wild in die Stirn fallen. Nein, das ist es nicht. Die Schuld liegt in diesem Falle auf seiten der Verleger Wurm und Salter.

Wo blieb unser Rechtsschutz –?

Der Schutzverband Deutscher Schriftsteller, der sich erfreulicherweise eine Gewerkschaft nennt, ist von Anfang an hilfreich eingesprungen. Seine Mittel sind begrenzt, und durch die Geschicklichkeit der beiden Schmiedelehrlinge wurde der Streit meist dahin geschoben, wohin sie ihn haben wollten –: nämlich in jene falsche und durch nichts gerechtfertigte Verwickeltheit, in jenes Halbdunkel, wo sich heute die Geschäfte abspielen, die das nötig haben. Wenn man sich vor Paragraphen gar nicht mehr herausfindet –: erst dann kann man Steuern hinterziehen, Arreste aufheben, Gläubiger schädigen, erst dann. Es sind jene Geschäfte, die mit einem Telegramm anfangen und mit einem Zahlungsbefehl aufhören – das Tempo verlangsamt sich im Laufe der Zeit zusehends.

Der SDS hat, soweit ich das übersehen kann, einen Fehler begangen. Er hat den Verlag nicht früh genug auf die «schwarze Liste» gesetzt. Mit dieser «schwarzen Liste», die fortlaufend im *Schriftsteller* erscheint, ist es nun nicht einfach. Die Rechtsprechung macht uns da allerhand Schwierigkeiten – ehe wir vor einem Unternehmen warnen dürfen, müssen schon zwanzig von uns auf der Strecke geblieben sein, während große Trusts munter boykottieren, sie machen das nur geschickter. Von den Gerichten ist hier nicht sehr viel zu hoffen. Ich hätte die Aufnahme in die Liste riskiert; es hätte doch einen oder den andern gewarnt. Immerhin: der Verband hat sonst getan, was in seinen Kräften stand – das ist viel und wenig.

Denn Wurm und Salter stehen nicht allein. Da gibt es kleine Verlage in der Provinz, deren Phantasie grade noch ausreicht, fremden Literaturpreisen nachzulaufen – die können geschäftlich so schön berlinern, daß es eine Freude ist. Dieselbe Fahrigkeit; dasselbe Herumtaumeln im Irrgarten der Literatur; dieselbe falsche Eile im Anbahnen der Beziehungen und dieselbe unziemliche Schläfrigkeit bei der Erfüllung ihrer Verpflichtungen – sie richten Hunderte von uns zugrunde. Durch unsere Schuld.

Die Unsitte, Autoren-Tantiemen zuallerletzt zu berücksichtigen, wenn gar keine andre Forderung mehr übrig bleibt, ist bei vielen mindern Betrieben gang und gäbe, von den Theatern schon gar nicht zu reden. Was die Zeitungskorrespondenzen angeht, so steht es damit ähnlich: es gibt ganze Heerscharen von Parasiten, die von uns leben, schlecht abrechnen, noch unpünktlicher bezahlen und sich überhaupt an fremde Arbeit anzecken. Wie sie sich bei den elenden Honoraren, die von fast allen Provinzzeitungen und besonders von den Arbeiterblättern gezahlt werden, noch zwischen Produzent und Verbraucher schieben, ist heiter mit anzusehen. Der Raum, den die Anzeigen der von ihnen belieferten Presse freilassen, wird von uns so ziemlich kostenlos ausgefüllt; noch niemals hat bei diesen Blättern der Posten «Honorar» irgendeine Rolle in der Gesamtkalkulation gespielt. Durch unsre Schuld.

Es ist mir bewußt, daß die Herren Wurm und Salter diese Beachtung nicht verdienen. Aber sie verdienen sie: es gibt sie schockweise und zu Hunderten in unserm Beruf. Aus irgendeinem Grunde ist der Kommissionär von Künstlern häufig nicht ganz stubenrein, und da gibt es alle Arten. Am verächtlichsten erscheint mir die neuberliner Nummer: dieser «fixe» Junge, der in Wahrheit faul ist und nachlässig; ein Yankee aus Posen oder Prag – mit den Händen in dreizehn Geschäften zugleich, maßlos überlastet, überdreht, nichts macht er zu Ende, aber er ist allemal dabei. Wurm und Salter waren Vertreter dieser Spezies; wenn die James Klein heißt, sind sich alle Leute in der Verurteilung einig. Hat der Typus aber ein wenig mehr gelesen, ist er nicht so abgeschmackt aufdringlich und ungarisch gepfeffert, dann wird er ernst genommen. Man sollte diese Leute mit Peitschenhieben verjagen, wo immer man sie trifft.

Die Schmiede ist dahin. Was nun –?

Erstens: der Vorfall soll uns allen zur Lehre dienen. Es muß jeder in einen der Verbände hinein, die uns schützen. Ich habe mit dem SDS gute Erfahrungen gemacht und kann nur zu ihm raten. Das Geld, das wir ihm geben, ist nicht vertan. Damit ist keine Vereinsmeierei verbunden; es ist wie ein Abonnement, und es lohnt sich. Geht zu ihm.

Zweitens: Die Herren Wurm und Salter können den Versuch machen, sich sanieren zu lassen, was ihnen schon ein paarmal geglückt ist – aber immer nur auf kurze Zeit. Die Leute, die an ihnen Geld verloren haben, sind mitnichten zu bedauern; so etwas unterstützt man nicht, wenn man nicht dazugehört. Friede ihrer Pleite. Die Herren Salter und Wurm sind aber nicht um ein Haar besser, wenn sie sich übermorgen «Der Klappschrank» oder «Die Töpferei» nennen – es sind dieselben Leute, es sind dieselben Unarten, es sind dieselben Inkorrektheiten. Das muß verhindert werden.

Wenn sich diese edlen beiden noch einmal in die Literatur oder in den Theatervertrieb begeben, so entziehe man ihnen das Vertrauen. Sie mögen ihre Geschäfte mit andern Bedarfsgegenständen machen. Bei uns haben sie nichts mehr zu suchen. Man versehe sie mit jenem Vermerk, mit dem eine erledigte Sache zu schließen pflegt:

«Zu den Akten.»

Grammophonplatten

Mit allen meinen Buntstiften lese ich, was uns Hans Reimann hier an Platten empfiehlt, und vieles kaufe ich davon. Und dann muß ich mich wundern. Nicht über Reimannen, – nein, über ganz etwas andres.

Die ungeheure Komik an diesen Platten steckt darin, daß jeder eine Lieblingsnummer hat, die fast niemals auf andre zu übertragen ist. «Also das müssen Sie sich kaufen –!» Gehst hin, kaufst. Drehst auf, spielst.

Mirjam, mein Leben, mein Kind, schlaf ein ... wie fern Menschen doch voneinander sind. – Was hat jener nur mit dieser Platte? Ein langsames Gebember, schrille Frauenstimmen – nehmen Sies mir auch nicht übel ... Der andre, tief beleidigt, ab. Altenberg: «Jeder versteht nur seine eigene Poesie.»

Man muß wohl selber die Platten kaufen, was ja bekanntlich kein Vergnügen ist. Aber man muß. Und so habe ich langsam herausgefunden, was mir frommt.

Es ist vor allem der Rhythmus, der mich musikalischen Hornochsen reizt – wenn er so erbarmungslos abschnurrt, das ist schön, und da habe ich einen großen Kollegen bei der Zunft, das ist Strawinsky. «Dies Orchester», soll er einmal gesagt haben, «ist sehr gut; es läuft wie eine Nähmaschine.» Komm an mein Herz! Da ist, zum Beispiel, in Jonnys Triumphlied bei Krenek ein Mittelteil; wie da ein nach Saxophon schmeckendes Cello über dem Plam-Plam singend schwebt, das ist, um in den Apparat zu kriechen. Die Bläser sind eine Kleinigkeit zu laut. (Wahrscheinlich sind sie nicht bei jenem Kapellmeister in die Schule gegangen, der auf jeder Probe bat und flehte: «Leiser! leiser die Bläser! Mein Gott! Noch leiser! Noch viel leiser!» Und da haben sie denn auf der Generalprobe überhaupt nicht mehr geblasen. Und da hat er gesagt: «Sehr gut, meine Herren. Nur ... morgen noch eine winzige Nuance leiser ...!»)

Ja, es ist der Rhythmus und das Piano, blau muß eine Platte sein, und ein Bariton muß sie singen, Cello und klagendes Saxophon – aber nur ja nicht die gelben Trompeten und die hellspitzen Damenschreie ... nichts wie raus.

Und was den «speed» angeht, die Umdrehungsgeschwindigkeit, so hat der Erfinder dieses Apparats zu Emil Ludwig etwas Wunderschönes gesagt, was mir gleich eingegangen ist. Der alte Edison sagte: «Wir stellen instinktiv den Apparat so, daß die Geschwindigkeit etwa dem Rhythmus unsres Herzschlags entspricht ...», eine sonderbare und sehr einleuchtende Bemerkung. Der Herzschlag geht seinen Gang; aber die Neuerwerbungen mißbrauche ich, indem ich sie mir immerzu vortrudele. Das soll man nicht tun; nach dem vierundsechzigsten Mal macht sich eine leichte Abspannung bemerkbar.

Wenn Sie meine Lieblingsplatten hören, dann schlagen Sie die Beine über dem Kopf zusammen. Mir aber erfreuen sie das Herz, und wenn ich meine Lieblinge in der Literatur verarzten muß, dann stehe ich ab und zu auf, kurbele den Kasten an, und dann singen sie:

«A room with a view –»

plim – plam – und beruhigt kehre ich zurück zu den feinen Gedankengängen des Kulturdichters Binding oder zu andern Büchern, die wir liebhaben.

Neues Licht

Dies ist die Vorrede zum «Deutschen Lichtbild 1929/30», das im Verlag Robert und Bruno Schultz, Berlin W. 9, Schellingstraße 12, erscheint. Diese schöne Jahresschau kommt, wie jedes Jahr, auch in diesem Oktober heraus; sie enthält die besten deutschen Fotografien.

«Maler können bekanntlich nicht kieken.»

Deutschland zerfällt in Fachleute und Laien – jene blicken auf diese voller Verachtung herunter, und da jeder einmal Fachmann, neunundneunzigmal hingegen Laie ist, so ergibt sich ein heftig bewegtes Gesellschaftsspiel, dessen Fruchtbarkeit geringer ist, als seine Veranstalter glauben. Es kommt bei diesem Spiel nicht viel heraus.

Daß in diesem fachwütigen Deutschland der Herausgeber eines Fachbuches den Mut hat, einen ††† Laien damit zu betrauen, das Vorwort zu schreiben, darf dankbar angemerkt werden. Um so mehr, als die meisten Fachleute leicht vergessen, daß sie ja alle für den Laien arbeiten, der sich zwar niemals das Recht anmaßen darf, einen Arzt über die Entstehung eines Infektionsherdes zu belehren, der aber ein Recht, ein einziges, besitzt: zu erklären, er sei gesund geworden oder nicht.

Der Fotograf arbeitet, damit der Laie sich seine Bilder ansehe, seine Freude an ihnen habe, sie immer wieder betrachte – erst in zweiter Linie ist die Fachkritik für ihn von Wichtigkeit, die ihn belehrt: er habe mit falscher Belichtung fotografiert, er habe einen falschen Bildausschnitt gewählt, er habe nicht das richtige Papier genommen … Ich habe den höchsten Respekt vor anständiger handwerklicher Arbeit, die wir in der zweiten Hälfte des neunzehnten Jahrhunderts auf allen Gebieten so sehr vernachlässigt haben – aber die handwerkliche Arbeit ist Voraussetzung, nicht Endzweck der Fotografie. Was ist das, die Fotografie?

Kunst –?

Sie war Jahrzehnte hindurch Mitteilung und Gebrauchsgegenstand: Mitteilungsmittel für die illustrierten Blätter, die auf diesem Wege dem Leser kundtaten, daß der Herzog von Pleitonien einen gestutzten Schnurrbart trüge; Gebrauchsgegenstand für den Haushalt, auf dessen Salontisch das dicke leder- oder plüschgebundene Fotografie-Album mit den Goldbeschlägen lag ... das ist Tante Anna als junges Mädchen, ja, war ganz hübsch, damals ... sieh mal, Onkel Emil als Einjähriger! zum Kullern ... und dies ist Großmama, ihre letzte Aufnahme ... den da werd ich mal rausnehmen, der Lümmel hat sich Lisa gegenüber derart benommen! ... das ist die Fotografie gewesen. Dann brach etwas andres herein.

Die Fotografie bekam den malerischen Fimmel. Sie hat ihn noch nicht ganz überwunden.

Gepiekt von dem Ehrgeiz, auch als «Künstler» zu gelten, worunter viel Samtjacke zu verstehen ist, äfften die Fotografen die Malerei: den Impressionismus, später den Expressionismus, gestilt, geballt und gezackt – und die ganze Zeit hindurch die klassizistische Malerei mit schweren Brokatvorhängen und edler Haltung. Das war nicht schön. Ganz allmählich setzt sich etwas andres durch; die Fotografie kehrte scheinbar zu ihren ersten Anfängen zurück, zu jener Zeit, wo unvollkommene Apparate und tastende Entwicklungsversuche eine Wiedergabe von Gewändern, von Fleischtönen und von Licht ergaben, wie man sie zu erreichen erst jetzt wieder in der Lage ist – der Kreis schloß sich, und hier begann etwas völlig Neues.

Die Karikatur dieses Neuen heißt «neue Sachlichkeit» – ein Ding, das insofern keinen ganz richtigen Namen trägt, als es weder neu noch sachlich ist. In ihm ist bei seinen ehrlichen Vertretern jenes «Indianerstaunen über die Zivilisation», wie Karl Kraus das genannt hat; in ihren unechten Vertretern viel

Koketterie, Modelaune, Spielerei – und in allen die Ziellosigkeit dieser Epoche, die nicht mehr ganz mechanistisch ist und noch nicht wieder fromm. Sie parodiert beides.

Das ist in diesem Buche zu sehen.

Denn das Grundgefühl eines Fotografen offenbart sich in seiner Stoffwahl, auch in seiner Stoffwahl – es ist nicht nur diese Auswahl, die den Typus eines Bildes bestimmt. Vielmehr wird er bestimmt von:

Dem Funken, der den Fotografen durchzuckt hat: «Das hier mußt du fotografieren!»; dem Gemisch aus handwerklichem Können und «Gefühl», welchen Bildausschnitt er macht; demselben Gemisch bei der Entwicklung und Bearbeitung des Lichtrohstoffes –: aus alledem kann man erkennen, wes Geistes Kind der Lichtbildner ist.

Also: «Weltanschauung»? Ja und nein.

Nein: wenn es etwa jener schröckliche Versuch sein soll, vage Gefühlsregungen, Philosophieersatz und das Wesen eines Menschen mit diesem Sektierwort zu umkleistern, das so nach Pflanzenbutter schmeckt ... ja: wenn es heißen soll, daß auch die Fotografie nicht aus der Epoche springen kann, sondern daß auch sie ein Bestandteil des geistigen zwanzigsten Jahrhunderts ist. Auch sie.

Ein Lichtbild, losgelöst vom Hersteller, zu betrachten ist ein handwerklich enges Unterfangen. Man kann dann sehen: wie hat er gearbeitet? welche Hilfsmittel hat er verwandt? wie macht er das? was hat er versäumt ...? aber mehr auch nicht. Es gibt eine viel wichtigere Frage, die so selten gestellt wird:

Wer fotografiert?

So, wie es auf der Welt nichts Unpolitisches gibt, so gibt es auch keine unpolitische Fotografie. Unnötig zu sagen, daß hier nicht an Reichstagsfraktionen gedacht ist: ein linksdemokratisches Lichtbild ... nein, das gibt es nicht. «Also wollen Sie sagen, daß es eine katholische Lichtbildnerei gibt?» Ja, das will ich sagen – und denken Sie: auf solchen Bildern brauchte kein Kreuz zu stehen, keine Monstranz und kein Priester, wie man ja überhaupt den Begriff «katholisch» meist viel zu äußerlich nimmt und statt seiner die Kulisse setzt. Doch haben die Russen recht, wenn sie den Klassenstandpunkt auch noch in solchen der Politik scheinbar fernen Gebilden sehen – wir vergessen nämlich immer, daß die bürgerlichen Voraussetzungen Mitteleuropas, auf denen die Kultur des letzten Jahrhunderts gewachsen ist, nicht vom Himmel heruntergefallen sind; solche Voraussetzung ist kein naturhaftes Ding wie der Regen, das Meer und die Blume. Nur die interessierten Verteidiger behaupten, es gehe gar nicht anders … Es geht anders.

Daher denn an den Bildern dieses Buches – wie an allen Lichtbildern – genau zu sehen ist, wer fotografiert hat. Wer fotografiert?

Sieht man von den jüngsten Versuchen der Arbeiterschaft ab, sich eine ihrer Klasse adäquate Fotografie zu schaffen, Versuche, die noch im Stadium des Anfangs stecken, noch sehr stark am Stoff kleben … sieht man von diesen Versuchen ab, so ergibt sich, daß es der kleinere und gehobene Mittelstand ist, der fotografiert. Der Mittelstand fotografiert – die geistige Oberschicht knipst.

Und weil noch bis weit über 1900 hinaus der Mittelstand die Fotografie diktatorisch beherrscht hat, lehnten es der Geistige, der Akademiker, der Professor, der Künstler ab, in diesem Treiben so etwas wie «Kunst» zu sehen – damals vielleicht nicht mit Unrecht. Diesen Standpunkt muß der Denkende heute verlassen. Fotografie ist fixierte, künstlerische Gesinnung.

Wie steht es mit ihrem Niveau?

Die Gebrauchsfotografie des Professionals steht nicht, wie man denken sollte, an erster Stelle – aber gar nicht steht sie da. Das brave Bürgerportrait (1 Dutzend Visit) wankt weit hinter der Zeit, was wohl nach einem tiefen Wort Leo Trotzkis darauf beruht, daß die meisten Menschen Anachronismen ihrer eignen Epoche sind. Der einzige, der wirklich von 1929 ist, dürfte wohl der Kalender sein ... Die Berufsfotografie also krankt daran, daß sie dem Kunden keine Vorschriften machen kann – er macht ihr welche, und so sehen diese Fotografien auch aus. Man gehe durch irgendeine kleinere oder mittlere Stadt und betrachte die Aushängekästen der Fotografen. Ein Lichtbildmann schildert das so: «Niveau Neustadt – Bahnhofstraße. Familienmuff; Einsegnung; Brautpaar mit Gehrock, weißem Binder und hoffentlich geschlossenem Kranz; der Nackedei mit Schafsfell auf dem Tischchen (‹Wie er schon das Köpfchen hebt ...›); Tantes Purzel beim Schönmachen und notfalls Denkmalseinweihung auf dem Markt». Ja, das wollen die Kunden so ... faule Kunden!

Auch der feinere Bildnisfotograf muß, wie sein Kollege, der Portraitmaler, viel herunterschlucken, viel mildern, retouchieren, arrangieren, drapieren ... die Wahrheit wird Rechtens nackt abgebildet. So kommt es, daß der Berufsmann eigentlich von allen diesen am wenigsten Neues gibt – wenigstens nicht in seinem Atelier, wenigstens nicht für den Kunden. Manchmal darf auch er tun, was ihm beliebt – doch das in seiner freien Zeit, außerhalb des Berufs, so gewissermaßen: Immer mach du nur, aber der Ernst des Lebens, lieber Freund, sieht anders aus.

Das bezieht sich vor allem auf die Portraitfotografie, wo der niedere Geschmack des gehobenen Bürgers und auf der andern Seite der Snobismus hohe Wellen schlagen. Erst war der Kitsch süß, dann war er sauer – und heute tut er sich sachlich. Was allerdings diese Erscheinung nicht erschöpft.

Was also der Berufsfotograf wirklich nach seinem Willen und nicht nach dem des Kunden machen möchte, das ist er gezwungen, in seiner freien Zeit zu machen. Und das kostet Geld. Hat er das: Zeit und Geld? In den meisten Fällen nicht – also bleibt er manchmal im Rennen auf den hinteren Plätzen.

So rückt der Liebhaberfotograf in die ersten Reihen: der,

der die Fotografie lieb hat; der das, was er macht, aus Liebe zur Sache macht, zunächst ohne Rücksicht auf Kunden, Wettbewerbe, Preise, Preis und Geld. Unter diesen Liebhabern sind es die Liebhaberinnen, die ihre männlichen Kollegen oft überflügeln – oft, nicht immer.

Unter ihnen allen aber dominiert noch sehr oft die brave Mitte; Leute, für die Ekstase mit einem x geschrieben wird, brave, nette Knaben und junge Damen, mit einem immer ansteigenden Niveau an handwerklichem Können. Über ihnen die Ausnahmen, die Spitzen, diejenigen, die aus dem Können zur Kunst gekommen sind. Kommt Kunst von Können? «Kunst kommt von Sein», hat Alfred Polgar gesagt.

29000 Bilder hat der Herausgeber dieses Jahrbuches durchgesehen; diese hier scheinen ihm die besten zu sein. Blättern wir …

Um das einzig Negative vorwegzunehmen: was auffällt, ist der fast völlige Mangel an Humor. Wenn unsre Fotografen lustig sein wollen, dann sind sie neckisch: ein Kind auf einem Nachttöpfchen zu fotografieren, beweist noch keinen Humor, es ist nur eine Mischung von fataler Niedlichkeit und Unappetitlichkeit, das wollen wir gewiß nicht. Es gibt jedoch einen bildhaften Humor. Beispiel: die Tafel XXII der englischen «Photograms 1927», The Mask and the Man von B. Connell. An der Wand hängt eine freundlich grienende, etwas asiatisch anmutende Maske mit Schnurr- und Kinnbart. Schräg darunter steht ein Mann, der fast ebenso aussieht wie die Maske, sie ist nicht sein Portrait, er ist nicht ihr genaues Abbild, aber sie ähneln sich sehr. Und da freut sich der Mann. Und lacht. Die Maske lacht auch. Und auf einmal springt der Gedanke auf dich zu, was das ist: Nachbilden. Was das ist: ähnlich sein. Was das ist: Bewegtes und Starres, Lebendiges und Pappmaché. Eine merkwürdige Aufnahme, durchleuchtet von einem irdisch glühenden Humor.

Das kann ich hier nicht finden. Was ich finde, ist:

Eine wundervolle Technik, deren Ergebnisse auch dem

Laien, grade dem Laien, eingehen. Wieviel habt ihr gelernt! Was könnt ihr nicht alles! Wie weit seid ihr –!

Ganz vorneweg Hugo Erfurth mit seinen meisterhaft einfachen Bildnissen; Moholy-Nagy, der Unerbittliche: es wird uns nichts geschenkt – kein Pickel, keine Zahnlücke, kein Fältchen; es wird uns viel geschenkt: die Erde. Gesehen durch ein Gehirn. Ganz vorneweg: E. O. Hoppé, der Saubere. Wie blitzblank ist das gemacht, wie sitzt das, wie senkt das Auge sich in die Welt! Das ist ein Großer. Da ist der Bildreporter Erich Salomon, einer, der wirklich «heimbringt», was er gesehen hat – und er hat viel gesehen! Weiter Versuche; Neuland; vollendetes Altland – eine der merkwürdigsten Aufnahmen dieses Bandes ist das Blatt 53, auf dem Hannes Flach einen Frauenkörper fast schmerzhaft real in eine alltägliche Umgebung stellt, das Bild kippelt auf der Grenze – aber die Frau hat gesiegt. Gegenüber – auf dem Blatt 52 von Hinnerk Scheper – schwimmt die neue Zeit; selbstverständlich Bauhaus Dessau, eine zweidimensionale Frau ... Frau: Platz; Stil: Sieg. Dann das beste Frauenbildnis in diesem Band: das Blatt 63 von Walter Süßmann, ein Bild, das ohne Wissen des Objekts vom Objektiv erwischt worden ist – sieh ihr in die Augen, eine Welt leuchtet daraus, ihre, unsre, deine! Blättere ... Und du findest die Flucht des Menschen zu den Tieren; Rudolph Zimmermann und F. Schensky, der Einsame auf Helgoland, Albert Leon im Spessart, Paul Unger, Hedda Walther auf einsamer Höhe! Die ein wenig kühlere Bewunderung der Naturformen, die leicht frigide Feststellung, wie die Pflanzen und Fische aussehen, nur manche Bilder lassen etwas von dem glühenden Eifer ahnen, mit dem sie erjagt wurden – kaum eines von einer glühenden Liebe zur Natur. «Zu klug für die Erde – zu feige für den Himmel.» Wir sind noch nicht fromm. Wir suchen.

In Paris habe ich mir mancherlei internationale Ausstellungen angesehen.

Die Franzosen: aber zu allerunterst. Die Engländer, die

Amerikaner, die Kanadier, die Japaner – zum Teil herrlich, zum Teil böser Kitsch. Die Deutschen: von einer gleichmäßigen Sauberkeit, einem hohen Niveau – wie etwa in diesem Bande, der wohl ein guter Querschnitt durch das deutsche Lichtbild ist. Es geht aufwärts.

Parzellenweis rückt die Fotografie nach vorn; sie erobert. Sieh in sie hinein: auch sie ist ein Spiegel deiner Zeit.

«Ober – Herrr Ober –!»

Schweden ist ein liebes Land; der Gast hat fast nur freundliche Eindrücke. Es fällt leicht, den Schweden Komplimente zu machen: man braucht nur die Wahrheit zu sagen, und es sind welche. Aber eine Sache ist da ...

Sind die Schweden die Franzosen des Nordens? Eine gewisse Ähnlichkeit haben diese beiden Völker; für den, der aus Frankreich kommt, macht es keine Schwierigkeiten, die kleinen Schnörkel im täglichen Umgang zu beschreiben, die chevaleresken Bogen, die die Höflichkeit hier schlägt, bevor es zu irgendeinem Geschäft, einem Meinungsaustausch, einer Auskunft kommt ... die Schweden sind langsame und höfliche Leute, sozusagen Bauern auf dem Parkett. Gut. Aber eine Gattung Menschen gibt es im schönen Schweden, die stellen das Lustigste dar, was ich auf diesem Gebiet jemals gesehen habe. Diese Menschen sind die Kellner.

Bevor ein Schwede Kellner wird, tritt er einer geheimen Kellner-Gesellschaft bei; man darf das gar nicht laut sagen, sonst schreibt es sich Herr Ludendorff ins Büchlein, und wir haben dann neben den Radfahrern noch die Kellner, die an seinen Niederlagen schuld sind ...

Der schwedische Kellnerlehrling wird also im Pikkolostadium in einen düstern Keller geführt, wo rote Fackeln lohen, während eine modrige Feuchtigkeit an den kalten Wänden herunterrieselt (Großaufnahme). Der zitternde Pikkolo wird in einen Kreis bejahrter Oberkellner geführt, mit verbundenen Augen, zwei gekreuzte Gabeln hangen über seinem Haupt, und hier muß er den großen Kellnereid ablegen, der für alle Welt gilt:

«Ich schwöre, sofort davonzulaufen, wenn ein Gast ‹Zahlen!› ruft.»

Das wäre noch nichts Verwunderliches – denn das kennen wir ja alle. Aber die schwedischen Kellner müssen noch einen Zusatzeid leisten. In deutscher Übersetzung lautet er etwa:

«Immer mit die Ruhe.»

Die schwedischen Kellner sind die langsamsten Kellner der Welt.

Wenn du ein schwedisches Restaurant betrittst, ist es gut, wenn du dir den Brockhaus «Amalaswintha bis Badewanne» mitnimmst. Sieh dir erst alle Bilder an; sie sind sehr belehrend. Hast du sie dir alle angesehen, kann es geschehen, daß sich der Kellner oder die Kellnerin naht. Sage ihr, was du willst. Sie lauscht; du fühlst: sie hat kein Wort verstanden – auch dann nicht, wenn du es ihr auf schwedisch sagst. Nach etwa drei Minuten geht auf dem Mond des Kellnergesichts ein Lächeln auf: Aha! Bier und Smörgasbord, ja ja! und «Tack!» – denn die Schweden sind höflich, und ihre Kellner sagen: «Danke!» wenn man etwas bestellt. Gut. Und dann lies du nur: Badewanne bis Amalaswintha, und wenn du einen kleinen Zusatzband bei dir hast, so ist es gut – denn nun erfolgt etwa eine halbe Stunde oder eine ganze Stunde gar nichts.

Was die Kellner dann tun, weiß ich nicht. Ich bin einmal in eine schwedische Küche geschlichen und habe durch die angelehnte Tür gespäht, was sie da treiben. Ich traue mich gar nicht, es zu sagen. Sie aßen! Ein Kellner hat doch nicht zu essen! Was sind das für Sitten! Kellner mit Brille und essende Kellner – das sind perverse Erscheinungen. Sie aßen also – und ich hungerte im Lokal, und so gleicht sich alles im Leben aus. Schwedische Kellner kommen manchmal; aber sie bringen nichts.

Ein Mann hat es einmal durchexperimentiert. Man sagt hier, es sei Frank Heller gewesen, der famose Papa von Philippe Collin; aber ich will das nicht glauben: die Geschichte sieht viel mehr nach Hasse Zetterström aus. Dieser eine also hat seine Bestellungen mit der Stoppuhr in der Hand gemacht; und dem allerlangsamsten Kellner, den er in nordischen Landen gefunden hat, hat er eine Medaille verliehen. Es war dies der Hilfskellner Ole Pettersson in Kopenhagen, womit also die Medaille – Schmach und Schande! – den Schweden verlorengegangen ist! Aber sie werden es schon einholen. Kellner Pettersson benötigte zur Bringung eines gekochten Eies eine Stunde 45 Minuten (genau 1:45:3). Es war eine schöne Leistung, und das ganze Lokal applaudierte.

Ich schreibe dieses in einem stillen Lokal in Göteborg; die Schreibmaschine halte ich auf den Knien, manche Gäste sehen auf und wundern sich – aber niemand sagt etwas. Ich habe vor einer halben Stunde bestellt: kalte Platte; Pilsener aus Schwedisch-Pilsen und einen großen «Bellmann». Bellmann?

Karl-Michael Bellmann (1740–1795) ... kaufen Sie sich, wenn Sie ihn noch bekommen, die bezaubernde Ausgabe seiner Gedichte, die Alfons Woelfle illustriert hat; ein herrlicher und starker und zarter Saufdichter der Schweden. Und ich habe beschlossen, daß man sich nicht immer einen kleinen Schnaps bestellen solle, sondern eben einen «Bellmann», was es bei Gott in der schwedischen Sprache nicht gibt. Nicht gegeben hat. Denn nun hat ein Schwede dieses von mir gehört, und nun bestellt er überall einen «Bellmann», und schon nach der zweiten Bestellung lächeln die langsamen Kellner nicht mehr, und wenn das so weitergeht, werde ich wohl bald den Nobelpreis bekommen, weil es schon gleich ist.

Da kommt der Kellner. Ich werde aufhören, zu schreiben.

Er hat nur gesagt: Ob ich schon bestellt habe. Ich habe gesagt: Ja. Vor einer halben Stunde. Des wundert er sich.

Und nun ist er fortgegangen, und ich sitze da und klappere traumverloren auf meiner Schreibmaschine eine Reihe von Aphorismen. Der erste lautet:

«Das Leben ist eine Wartehalle.»

Woran liegt das –?

Auf der Tagung des Vereins deutscher Eisenhüttenleute in Düsseldorf hat jüngst der Herr Springorum ein Referat gehalten, in dem auch von der Unfallverhütung die Rede gewesen ist. «Er klagte», steht im Bericht, «über die mangelnde Mitarbeit und die Gleichgültigkeit der Arbeiterschaft, die bisher nicht zu überwinden gewesen sei.» (Hier hat der Bericht einen tiefen grammatischen Fehler gemacht.) «Er glaubt eine Ursache hierfür in der Überspannung der sozialen Unterstützung durch Krankengeld usw. zu sehen. Hier sei noch viel zu bessern. Die Bekämpfung der Unfallverhütung in Wort und Schrift, wie sie bisher üblich gewesen, sei in der letzten Zeit einem direkten Widerwillen bei der Arbeiterschaft begegnet.» Ja, woran liegt das?

Es ist ungemein bezeichnend für die Gesinnung, die in deutschen Arbeitgeberkreisen herrschend ist, daß Herr Springorum, der nicht ohne seinen Generaldirektortitel ausgeht, zunächst einmal die doch so kümmerliche soziale Hilfe tadelt, die der Staat den Arbeitern gewährt. Abzuschaffen ist allemal das Krankengeld «und so weiter» – denn, sagt sich der Herr Generaldirektor, wozu wird der Arbeiter noch künftighin aufpassen, wenn er seinen abgesägten Arm doch reichlich bezahlt bekommt? Er bekommt ihn mit Gold aufgewogen. Und wer muß dieses Gold bezahlen? Die Eisenhütten, die von ihrem Reinverdienst bekanntlich zehn Prozent abliefern, wie ihre Angestellten auch ...

Wir wollen dem Herrn Springorum etwas auf die Sprünge helfen.

Der «direkte Widerwille» gegen die Bilder, die man in die Betriebe pappt, ist äußerlich wohl vor allem auf die kindisch-schulmeisterhafte Art zurückzuführen, mit der das gemacht wird. Der innere Grund ist ein andrer.

Kann sich der Generaldirektor nicht denken, daß die Arbeiter müde, müde, müde sind? Daß sie es satt haben, alles miteinander? Daß es das Gefühl der tiefen Hoffnungslosigkeit ist, das den Arbeiter stumpf macht? das tödliche System der «Rationalisierung»? die unterdrückende Wirtschaftspolitik der Arbeitgeber? Herr Springorum kann es sich nicht denken – denn er hat nie an der Kreissäge gestanden. Er hat nicht einmal versucht, sich in die Lage derer hineinzudenken, die dort stehen.

Der deutsche Arbeiter bekommt einen Durchschnittslohn, von dem er grade leben kann, Rücklagen für die Zeiten der Not sind so gut wie ausgeschlossen. Die Bildungsmöglichkeiten sind ihm und seinen Kindern fast ganz verschlossen, der klägliche Ersatz, der hier und da geboten wird, reicht niemals aus, die Kinder in die Höhe zu bringen. Was auf dem deutschen Arbeiter lastet, ist die graue Hoffnungslosigkeit, die Stumpfheit, das Gefühl: «Es kann mit mir nie, nie anders werden – mit meinen Kindern auch nicht; immer wird es so sein, daß ich das ganze Leben, bis ich umfalle, schuften muß, in diesen nassen und muffigen Häusern leben muß, immer.» Daß diese Leute noch die Kraft haben, im Klassenkampf zu stehen, zwingt uns die größte Bewunderung ab.

In dieser Tiefe der Lebenshaltung, die den Konsum fast völlig zerstört, rechnet der Arbeiter so: «Und wenn mir etwas zustößt? Dann bekomme ich Krankengeld; viel schlimmer als hier im Werk kann es mir nicht gehen – eher besser.» Und so hält er gewiß seinen Arm nicht in die Maschine; aber weil er abgestumpft ist durch den Krieg, durch die Inflation, durch das, was jene die Rationalisierung nennen, gibt er viel weniger acht als einer, der so viel erdient, daß er Lust und Liebe zu seiner Arbeit hat. Wo sollen die Chemieproleten, die Kumpels, die Eisenproleten, diese Lust und Liebe hernehmen?

Die hat der Herr Springorum, Generaldirektor und Wirtschaftsführer. Und mit ihm alle jene Hunderte und Tausende, die mehr verdienen, als sie verdienen.

Die Herren Wahrnehmer

Von Briefmarken weiß ich nicht sehr viel. Es gibt so eine dreieckige blaue, wie? ... die blaue Mauritius ...? nun, das ist nicht von Belang. Aber posito gesetzt den Fall: ich artikelte nun über Briefmarken. Und zwar des Sinnes: die teuerste Marke der Welt sei jene deutsche Drei-Pfennig-Marke, die da vor dem Kriege einmal in mehreren Bogen herausgerutscht ist; die Bogen wiesen sämtlich einen Druckfehler auf – da stand nämlich:

DFUTSCHES REICH

– eine der frühesten Prognosen für den Weltkrieg, die historisch nachweisbar sind. Schriebe ich nun, diese Marke sei die teuerste der Welt, was gewiß falsch ist, so wäre es richtig und verständlich, wenn ein Philatelisten-Verband, der das zufällig zur Kenntnis bekommt, sich einen seiner schön bedruckten Briefbogen hernimmt und mir mitteilt: «Sie haben sich geirrt. Diese Marke ist gar nicht so teuer. Laut Senfs Katalog ...» und so fort. Das hat Sinn und Verstand.

Dagegen ist die «Wahrnehmung der Verbandsinteressen» durch die beteiligten Vereine nunmehr zu einem öffentlichen Unfug geworden, gegen den nur dadurch wirkungsvoll protestiert werden kann, daß der Verein jedesmal ohne Antwort, sein Eingriff immer ohne Wirkung bleiben und höchstens einmal dem betreffenden Syndikus oder Sekretär eins auf die Finger geklopft werden muß.

Es ist nicht mehr möglich, zu sagen: «Es gibt in Spanien kleine Gürkchen, die ich in Deutschland noch niemals gefunden habe – etwas sehr Erfrischendes und Wohlschmeckendes», ohne daß der «Reichsverband Deutscher Gurkenbesitzer» in einem feierlichen Schreiben Protest einlegt. Die deutschen Gurken seien viel schöner. Die spanischen seien ein Dreck. Außerdem gebe es in Deutschland überall die spanischen Gurken. Leider. Gott sei Dank … «und denn doch in Wahrnehmung unserer Verbandsinteressen bitten müssen, den schwergeprüften Gurkistenstand, der schon so schwer zu kämpfen hat, durch eine sofortige Richtigstellung …» (Wahrscheinlich wird jetzt ein Schreiben des betreffenden Gurkenverbandes kommen, er heiße anders, und solche Gurken, wie dem seine Gurken …) Und da gibt es kaum ein Blatt, kaum einen Verlag, kaum ein Theater, die nicht gleich, wie Polgar das nennt, «mit eingezogenem Selbstbewußtsein» den Rückzug antreten. Wovor haben sie Furcht?

Vor dem Boykott.

Diese Vereinigungen, vornean die Beamten, danach die Volksschullehrer, haben es mit der Standeswürde, mit den Verbandsinteressen, mit Gott weiß was allem – und sie kämpfen nicht schlecht für ihre falsch verstandenen Ideale. Immer hoch mit dem Minderwertigkeitskomplex! Vom Warenabsatz zu schweigen. Am bösesten wird die Kampagne dann, wenn man der betreffenden Branche die Bedeutung abgesprochen hat – dann geraten sie ganz aus dem Häuschen. Denn in diesem übervölkerten Land der konstanten Arbeitslosigkeit ist das höchste Ideal: die «für die Volkswirtschaft anerkannte Bedeutung der Arbeit» – dahinter kraucht im Gebüsch die Angst vor der Arbeitslosigkeit. Gott segne den Innendienst.

Es muß eine Firma geben, die diesen Verbänden fix und fertig liefert, was sie brauchen. Auf ihren Kongressen, Fachtagungen, in ihren Protesten, in ihren lächerlichen Einmischungen in die Kämpfe des Geistes findet sich ein Vokabular, das standardisiert ist. Man weiß das Zeug alles auswendig: die Wahrnehmung und die Bedeutung und die Volkswirtschaft und das Volksganze und in Anbetracht der Steuerbelastung ... und was der Mensch so nötig hat.

Ganz besonders schön wird das aber, wenn sich diese Sekretäre, die gern Syndici, die Syndici, die gern Direktoren, und die Direktoren, die gern Reichsverbandspräsidenten werden wollen – wenn sich die in Streitigkeiten einmischen, die sie nun aber ganz gewiß gar nichts angehen.

Der Nervenarzt Ludwig Paneth hat in der «Gesellschaft für freie psycho-analytische Forschung» zu Berlin im März dieses Jahres einen Vortrag über «Das Problem der Psychosynthese bei Jung» gehalten, ein Meisterstück leuchtender Klarheit, sauber in der Diktion, voller Überlegenheit und Demut, die Wahrheit zu suchen – die Leser des Vortrages, der in einem Sonderabdruck der *Deutschen Medizinischen Wochenschrift* (Nummer 18; Verlag Georg Thieme, Leipzig) erschienen ist, werden sich dran delektieren. Eine höchst bemerkenswerte Schrift. Ich habe mit Jung meine großen Schwierigkeiten gehabt; vieles war meinem Verständnis ganz entrückt – er schreibt nicht so klar wie Freud, er hat es wohl viel, viel schwerer als dieser, der diesseitiger ist, rationaler ... ein Entdecker hats immer schwer. Dieser Vortrag Paneths zeigt aber auch wenig geübten Alpinisten der Lehre, wie man über die Felsen herüberkommt. Für den Kenner der Materie darf angemerkt werden, daß hier die Genesis einer neuen Zeit liegt, deren Bedeutung man niemals an den Karikaturen ihrer Vertreter ermessen darf: Jung kann nichts für Keyserling und seine Leute – selbst bei jeder guten Ausstellung liegt ein Rummelplatz. Auch wird diese Lehre nicht den «Materialismus überwinden», oder wie diese Schlagworte heißen – aber man kann nicht an ihr vorbei, will man nicht der gradezu furchteinflößenden Plattheit jener «Freidenker» verfallen, die wirklich glauben, die Katholiken beteten Götzen an und alle Religionen seien Ammenmärchen. Solange sich dieser Kampf im Politischen bewegt, hält es schwer, der Religion beizuspringen, weil die politischen Auswirkungen Roms alles andere als erfreulich sind; im Augenblick aber, wo das nach innen schlägt, gehört schon ein sehr großer und hoher Geist dazu, um sich über den Katholizismus zu schwingen, der als Vulgär-Katholizismus leider sacht ins Protestantische abrutscht. Nun, das ist ein weites Feld. Also: Paneth.

Er spricht davon, wie Jung der Auflösung des Ichs, die Freud betreibt, eine Synthese gegenübersetzt – und bei jeder Synthese müsse man nach dem Wohin fragen; nach dem Ziel: was denn da eigentlich zusammengesetzt werden solle. Ich will das, was Paneth sagt, interpretieren. In der Soziologie Simmels ist einmal davon die Rede, daß die meisten Menschen gar nicht «fertig» sind – die meisten sind schwache Skizzen dessen, was im Bereich ihrer eignen Möglichkeit liegt. (Um das wundervolle Wort eines schweren Schizophrenen heranzuziehen: «rasch hingemachte Männerchen».) Dem Schulze ist nicht etwa vorzuwerfen, daß er kein Napoléon, sondern daß er nicht ganz und gar, bis an den Rand, Schulze ist. Mit ein bißchen andern Worten sagt Paneth das auch: Jung wolle durch seine Synthese die Menschen zu sich selber bringen; sie seien so oft mit der Welt zerfallen und allein, weil sie der Welt nichts Fertiges entgegenzustellen hätten – und hieran eben arbeite Jung. Paneth, dessen Klarheit nur noch von seiner Bescheidenheit übertroffen wird, sagt in den einleitenden Worten seines Vortrages: «Sehr vieles und sehr Wesentliches unseres Themas bewegt sich hart an der Grenze des Darstellbaren, zum Teil ist es wohl mit Worten, wenigstens in diskursiver Rede, überhaupt nicht darstellbar.» Und weiter: «Ist es denn aber möglich, außer solchen negativen Bestimmungen auch positiv das allgemeine Ziel der Erziehung – mit welcher die Heilbehandlung auf dieser Stufe zusammenfällt – zu bezeichnen? Sicherlich ist es schwer, nicht zuletzt deshalb, weil die Sprache, wenigstens die deutsche, für Gedanken von so allgemeiner Hoheit kein entsprechendes allgemeines Wortmaterial zur Verfügung stellt, man also immer in Gefahr ist, sich eng oder einseitig auszudrücken.» Für den, der in die

Reden Buddhas auch nur hineingerochen hat, für den, der nur ein einziges Mal das Werk eines chinesischen Philosophen in der Hand gehalten hat, eine Selbstverständlichkeit: definieren Sie einmal exakt, was das ist: das «Tao», oder das «Dvandva» – und Sie werden Ihre Freude haben.

Man wird mir zugeben, daß hier ein geistiger Vorgang zur Darstellung gebracht wird; ein geistiger Kampf, etwas, das sich auf einer sehr hohen Ebene abspielt.

Ich lese das kleine Heftchen zum zweiten, zum dritten Mal – da fällt ein loses Blatt heraus. «Eine Erklärung zu meinem Aufsatz: Das Problem der Psychosynthese bei Jung.» Eine Erklärung? Was ist geschehen?

Auf die dünnen Schälchen chinesischen Porzellans hat sich mit breitem Hintern ein Deutscher gesetzt. Wer? Der Deutsche Sprachverein.

Er nimmt wahr. Er protestiert. Was? «Gedanken von so allgemeiner Hoheit kann man nicht auf deutsch ...?» Das wäre ja ... Nun aber! Auf ihn mit Gebrüll!

Paneth hat das in ritterlicher Weise gelöst; er hat sich wirklich herbeigelassen, diesen Vereinsmeiern, die seine Bemerkungen nicht verstanden haben, denn sonst hätten sie ja nicht protestiert, auseinanderzusetzen, wie ers gemeint habe: In keiner europäischen Sprache, die ihm bekannt sei, könne man das ausdrücken, worum es sich handele – er habe nur auf die asiatischen Sprachen angespielt, und er bitte «solche Leser, die, gleich dem Herrn Vorsitzer des Deutschen Sprachvereins, in jenen drei Worten eine Spitze gegen die deutsche Sprache erblicken sollten, diese Ersetzung vorzunehmen». Und ein höfliches Lächeln. Deutscher Sprachverein schwer blamiert ab.

Es ist beschämend.

Es ist beschämend, weil die Vereinswichtigmacher unser öffentliches Leben auf einen geistigen Tiefstand herunterziehen, der ihm grade noch gefehlt hat. Daß jede Kritik an einem Stand durch diese Burschen ungeheuer erschwert wird, weiß jeder von ihnen geplagte Zeitungs-Redakteur: geplagt von ihnen und vom Verleger, der täglich zweimal die Hosen wechseln muß, wenn solche Briefe einlaufen. Ich halte jede Richtigstellung, jede Verbesserung, mag sie von einer Einzelperson oder von Verbänden kommen (also doch von Einzelpersonen: nämlich von kollektivtrunknen Sekretären), für ersprießlich, solange man etwas dabei lernen kann. Unter den Briefen, die ich so bekomme, sind Leserbriefe von erquickender Gegnerschaft – schreiben die Männer oder Frauen deutsch und nicht beamtisch: ich antworte immer. Wenn aber diese Kegelklubs aller Arten sich erdreisten, sich in Dinge einzumischen, die sie einen Schmarrn angehen, dann werfe man den Brief in den Papierkorb und blase ihnen was. Wobei davon abgesehen werden mag, daß der Deutsche Sprachverein so ziemlich der allerletzte ist, der sich anmaßen darf, die «deutsche Sprache zu vertreten» – denn so etwas Ledernes wie seine Publikationen, so etwas Trostloses von Lehrerdeutsch war noch nicht da. Puristen, die deshalb kein unsauberes Sprachhemd tragen, weil sie überhaupt keines tragen – arme Luder.

Vom Nationalverband Deutscher Offiziere bis zu Herrn Fechter von der *Deutschen Allgemeinen*: es ist immer dasselbe. Unter denen, die Geistesprodukte zu Ware machen, unter den so nötigen Vermittlern des Geistes sind viele rasch hingemachte Männlein. Und wo sind die Männer –?

Fiat

Mussolini, diese ölig-scharfe Frucht aus italienischem Boden, eingeweckt in deutsche Konservengläser, fix und fertig zum Gebrauch für deutsche Landwirte, Landgerichtsräte und Stahlfabrikanten – Mussolini ist drauf und dran, einen moralischen und nun auch gesetzlichen Boykott gegen fremde Autos zu verhängen. Die Italiener sollen sich italienische Wagen kaufen: die seien sehr gut. Verflucht sei, so da anrollt mit einem Hispano oder mit einem Maybach ...! Hm.

Die Fiat-Werke sollen recht gute Wagen herstellen; ich will einmal annehmen, sie seien sogar außergewöhnlich gut. Aber Verbot ausländischer Wagen? Man sollte annehmen, dann wäre es nur konsequent, wenn Herr Mussolini die Ausfuhr der italienischen Wagen ins Ausland verböte. Denn er wird doch den Ausländern nicht etwas zumuten wollen, was er seinen Untertanen verbietet –!

Was Europa zerreißt und ihm diesen fürchterlichen Anblick eines ernsthaften Irrenhauses gibt, ist das wilde Nebeneinander von Epochen, die es gelten läßt: tobsüchtig gewordener Freihandel, nationale Beschränkungen und internationale Trusts, und das alles durcheinander, gegeneinander, unter- und übereinander –: eine Beerdigung mit Faschingszeremonien.

Dort soll die «nationale Idee» regieren, hier die ökonomische; hier beide, dort keine – nicht einmal davon zu sprechen, daß Mussolini wahrscheinlich die Arbeitgeber braucht, weil seine Politik zum Teil mit ihrem Geld gemacht worden ist ... nun dankt er ihnen. Und nun können ja wohl wir andern einen Boykott gegen Fiat arrangieren, und dann wird Fiat protestieren, und dann wird Mussolini den seinen verschärfen, und dann die andern Staaten den ihren ... «Was besteht, ist vernünftig» – sagt Hegel.

Reinigung – aber womit?

Mir ist aufgefallen: es gibt eine ganze Menge sauberer Menschen. Sie waschen sich, zumeist auch da, wo sie sich früher nur ungern und an höhern Feiertagen zu waschen pflegten; sie putzen ihre Sachen ab, sie schrubben oder lassen es tun, sie reinigen, säubern, putzen, machen, tun ... nur:

Wenn man dann nachsieht, womit sie reinigen, dann muß man sich sehr wundern.

Kochen sie ihre Zahnbürsten aus? Reinigen sie ihre Besen?

Waschen sie ihre Staublappen? Säubern sie ihre Kämme? Museen des Drecks kann man dort entdecken, wo man es am wenigsten vermutet: in den Reinigungsinstrumenten. Es ist, als unterlägen jene nur der Zwangsvorstellung, sich zu säubern – aber sie achten nicht darauf, womit sie es tun.

Was auf eine Frage der hauswirtschaftlichen Erziehung hinauslaufen täte – aber freilich: so optimistisch sind wir nicht. Es wird noch lange, lange Jahre dauern, bis Hausfrauen verstehen, was eine vernünftige Normung ist; bis sie Maschinen gescheit für sich arbeiten lassen; bis sie ihren Kram mit Liebe und Verständnis tun. Ich spreche nicht von der Notlage solcher Hausfrauen: ich glaube, daß man fast alles, was sie tun, praktischer, sauberer, schneller und ebenso billig und ebenso teuer machen kann, als es heute geschieht. Aber ich will mich mit der russischen Regierung nicht verfeinden ... wie man früher sagte.

Sich zu säubern ist gut. Die Säuberungsgegenstände reinlich halten ist besser. Sind die immer reinlich? Sie sind nicht immer reinlich. Sehen Sie: der Staat kämmt sich in der Rechtspflege die Schuppen aus dem Haar. Nun sagen Sie selbst –: womit tut er das –?

Einfachheit

Das wollen wir uns immer wieder klarmachen:

Terminologie ist noch gar nichts.

Da ist nun die Formalbildung in die Breite, also nicht in die Tiefe, gegangen, und: «funktionell» – «kulturphysiologisch» – «physiopsychologisch» – «Komplex» – das können sie nun alle. Aber ist damit etwas ausgesagt?

Die Deutschen haben zwei große Grundgesetze entdeckt, und zwei sehr bequeme dazu: sie glauben, eine Sache damit entschuldigt zu haben, daß sie ihren technischen Hergang erklären – und sie halten es für bedeutend, wenn sie eine Binsenwahrheit in das Vokabularium ihrer eingelernten Fachwörter einspannen. Aber es ist nicht viel damit.

Mitunter läßt sich das nicht vermeiden – mitunter bringt es einen weiter.

Aber seit jeder Esel mit ein paar angelesenen Philosophie-Brocken herumjongliert, daß einem ganz angst und bange wird, hat das aufgehört: es ist einfach trivial geworden, platt, alltäglich, nichtssagend und völlig leer. Zur Zeit wird getragen: Soziologie (ganz fürchterlich), Individual-Psychologie, Musik-Philosophie und bei den ganz Feinen: Erkenntniskritik.

Oft habe ich mir die unnütze Mühe gemacht, diesen Kram ins Deutsche zu übertragen – es kam fast immer heraus: «Ignoramus» oder: «a = a», auch hießen diese Wortkaskaden, wenn man sie hatte von sich abrauschen lassen: «Aufgeregte Menschen denken nicht so logisch wie ruhige» oder ähnliche epochemachende Weisheiten. Damit ist wenig getan.

Man sei mißtrauisch, wenn der Autor in dem byzantinischen Stil falscher Wissenschaftlichkeit einhergestelzt kommt. Der Kaiser hat ja keine Kleider ... und unter dem tombaknen Zeug siehst du ein paar jämmerlich dünne Beine und geflickte Unterhosen.

Weil wir grade

von «Kultua» sprechen, wie der Deutsche seine Wasserklosés gern zu nennen beliebt –: da ist mir auf Reisen durch meine Heimat etwas aufgefallen, vielleicht ist es gar nicht richtig ... Was die Welschen sind, so haben die also in jedem noch so kleinen Hotel, in Paris und in der Provinz, in allen Zimmern ein Bidet. In den deutschen Hotels ... ich bin nun also ganz allein gereist, aber ich habe es nirgends gefunden. Da gibt es Badezimmer und Warmwasserleitung, und alles ist schön und gut – aber fast nirgends gibt es Bidets. Sollten die Hotelbesitzer diese Erfindung noch so ansehen, wie Multatuli uns das berichtet hat: als einen «Geigenkasten auf Beinen»? Es ist mitnichten einer. Und da schreiben sie nun so viel von der neuen Zeit und von der Körperpflege und davon, daß Berlin eine Weltstadt ist und Köln auch und Leipzig auch und Bitterfeld auch, ja doch, ihr kommt alle dran – und von dem Rhythmus der Epoche und vom rasenden Tempo: aber Bidets haben sie nicht. Wie wäre es, die Herrschaften zerrissen sich eine Kleinigkeit weniger die Mäuler, um darzutun, wie schmutzig, wie verkommen und wie unsauber die französischen Eisenbahnwagen seien, die es in Wahrheit darin mit jedem deutschen D-Zug aufnehmen, und bauten statt dessen in die Hotels einige Geigenkästen ein? Oder stellten einige in die Zimmer? – Welscher Tand? Hm.

Ich weiß schon, daß es auch andere Sorgen gibt, zum Beispiel die, daß sich die Arbeiter in Tausenden von Betrieben nicht ordentlich säubern können, was immerhin wichtiger ist. Aber weil wir doch grade von der deutschen Kultua gesprochen haben, da meinte ich nur ...

Es gibt aber auch ganz Schlaue.

Zum Beispiel jenen Hotelier aus Gotha, der – in seinem Hotel Mahr – dieses angeschlagen hat:

«Betrifft: Fließendes Wasser!

In den Zimmern meines Hotels befindet sich keine fließende Wasser-Vorrichtung!

Dies könnte als Nachteil ausgelegt werden, erweist sich aber als Vorteil aus hygienischen Gründen. Ganz abgesehen von meinen Erfahrungen als alter Hotel-Fachmann, schon die ständige Kontrolle, ob das Personal trotz strengen Verbots die Nachtgeschirre in die Becken des Waschtisches leert, ist undurchführbar. Ich appelliere an die Erfahrungen des Gastes selbst! Die Tatsache, daß fließendes Wasser eben alles herunterspült, läßt das Waschbecken zu allen Verrichtungen mißbrauchen. Man erspare mir die Einzelheiten.

Das Ideal eines Hotelzimmers!, ein sauberes bequemes Bett, reines Geschirr und Wäsche, im Winter gut funktionierende Zentralheizung ist in jedem einzelnen meiner Zimmer vorhanden.

Aus oben erwähnten Gründen habe ich Warmwasserleitung nur auf dem Korridor jeder Etage einbauen lassen, wo es leicht von jedem Zimmer zu erreichen ist.

Außerdem besorgt das Zimmermädchen sofort warmes Wasser.»

Drei Reisende, die es ja wissen müssen, haben heruntergemalt: Bravo! Sehr richtig! Hurra!

Man erspare mir die Einzelheiten.

Küche in der Hochsaison

«Musch», sage ich, «hast du Papa lieb?» Musch antwortet nicht, sitzt da und tut schlank. Ich überlege blitzschnell, ob ich sie so liebe, wie sie mich zu lieben glaubt – weil wir sonst keine Sorgen haben ... Wir sitzen in Prag in einem Eßladen, der bummvoll ist, die weißen Schaumhauben auf den Pilsenern erglänzen. Das Lokal hat seine acht Meter im Geviert ...

Die Küche nur drei. Es ist eine ganz kleine Küche; Herd, Köchinnen-Kopf und Kellner-Backen glühen. Rufe, Schreie, zornige Befehle – deutsch und tschechisch, das geht alles durcheinander. Der Köchin perlt die Stirn, ihre Haare hängen herunter, einmal wischt sie sich energisch die Nase, zieht hoch, man hört es deutlich durch all den Lärm. Die Kellner schreien, jeder will zuerst bedient werden, um zuerst zu bedienen. Die Küche kocht, sozusagen.

Vorhin sind wird bei der Küche vorbeigegangen; jetzt blicke ich durch Musch und durch drei Steinmauern und eine Wand und sehe die Küche. Die kleine Küche in der Hochsaison, die es überall gibt: auf berliner Bällen, auf großen Überseedampfern, auf dem Brocken und im Tal, an der Mühle, des

Sonntags, wenn die halbe Stadt sich im Kaffeegarten drängt ... überall ist es dasselbe.

Da wird hinten der Kessel des Vergnügens geheizt, damit vorn das Rad der Erholung surrt, der Transmissionsriemen menschlicher Arbeit führt von einem zum andern, und der kleinen Minorität, die die Majorität in diesem Augenblick unterhält, wird rot vor Augen. Sie sehen gar nichts mehr. Über bekieste Wege, wo wochentags die Spatzen piepen, rast ihr hastiger Schritt; sie schaufeln in das rote Küchenloch die Kohlen ihrer Arbeit, die Maschine ist im Gange, das Rad läuft auf höchster Tourenzahl ...

Vorn wissen sie scheinbar nichts davon. Einer sagt «Bombengeschäft – das hier!», aber damit ist es auch aus, und im übrigen ist es da vorn so *selbstverständlich*; so, wie wenn einer sagt: «Ich fliege», während er doch geflogen wird ...

Mehr und immer mehr Leute kommen in das Lokal; die Heizer des Vergnügens arbeiten nun so, wie man noch nie Menschen hat arbeiten sehen; Teller rasseln, Wasser spritzt auf fettige Soßenreste; Deckel klappern, Butter zischt, Kochlöffel fallen, Schreie steigen auf, kreuzen sich, sie rufen, brüllen ... Die größte Energie ist hier auf den kleinsten Raum zusammengedrängt. «Ein Schock! – Mock! – Bock!» Gott weiß, was sie rufen – alle Kessel sieden und zischen mit einem Male auf ... da vorn fangen die ersten Kellner an, zu kassieren.

Langsam, ganz langsam, beruhigt sich der Betrieb in der Küche. Die Schreie werden leiser, seltener; durch das Tellergeklapper ist verständlich, was die erste Köchin zum zweiten Koch sagt; der Chef sieht in die Küche und nickt fast anerkennend, einzelne Gäste stehen auf, grüßen, gehen hinaus ... «Phhh –– », macht die Kaffeemaschine und läßt Dampf ab. Aufatmend trocknen sich die Kellner mit der Serviette die Stirn; der Pikkolo macht ein saures Gesicht, weil er noch angestrengt weiter Tabletts tragen soll, während die andern schon aufatmen – und sind immer mehr Gäste gegangen, bald ist es halbleer, viertelleer, fast ganz leer. Nur wir sind noch übrig.

«Musch, hast du Papan lieb?» frage ich.

«Nein», sagt Musch. «Du frißt zuviel.» Siehst du, Küche – wenn man verliebt ist, braucht man dich selten.

Die Panne

Nein, nicht jene – wo Vorübergehende mit der verbreitetsten deutschen Regung: der Schadenfreude, auf den schraubenlockernden Automann sehen, in jenem Vollgefühl, wozu doch der Nichtbesitz eines Autos gut ist ... diese Panne nicht. Lasset uns von der Licht-Panne sprechen, die immer, immer aktuell ist.

Knips. «Mama! Kein Licht!» – «Wie? Überall? Probier mal!» Knips. Knips. Überall: kein Licht. Was nun?

Na, Krach natürlich. «Skandal. Unerhört! Wirklich – immer geht das Licht aus! Möchte mal wissen, wozu man eigentlich die teuren Rechnungen ...» Irony begins at home – ich weiß nicht, wie ihr seid – ich bin genauso:

Jedesmal, wenn das Licht nicht funktioniert, steigt eine dunkle, magische Wut in mir auf. Warum, weiß ich nicht. Ich schicke meine schönsten Flüche durch die blaue Nacht – an die Adresse des zuständigen Elektrizitätswerkes, dessen Mannen ich mir gern frühstückend, saufend, grölend, in den Armen von Buhldirnen vorstelle – mit allem möglichen beschäftigt, nur nicht damit, ihre Panne zu reparieren. Der Ingenieur ist in diesem Augenblick ein sorgloser Familienvater, der seinem Fritzchen die Briefmarken klebt – aber kümmert er sich vielleicht um meine Panne? Mitnichten. Es ist ein †. Fauchend wird die alte Petroleumlampe hervorgeholt. Da brennt sie. Leise Lyrik zittert über ihrem Zylinder; eigentlich ist dieses alte, gute, gelbe Licht viel schöner als elektrisch, wie? Der Docht knistert, wird, mit Verlaub zu sagen, beschnitten, dann brennt er ruhig, fast unhörbar zieht er das Öl aus der bauchigen Mulde des Glasbehälters ... nun ist es friedlich hell. Diese Lampe – das ist die alte Zeit. Leider stinkt die alte Zeit ein wenig, was man erst merkt, wenn man nach einem Gang ins Freie wieder ins Zimmer kommt. Puh ...! Auch muß ich dabei immer an jenes Liebespaar denken, das unter den traulichen Strahlen der alten Zeit einschlief und als Negerpaar wieder erwachte; die Lampe hatte geblakt, die ganze Nacht hindurch, war dann ausgegangen, und der Ruß hatte sich auf Bett, Gesichter, Nachttisch und Zimmerdecke abgesetzt ...

Dankbar ist man der alten Reserve-Lampe. Das Leben fließt auf einmal friedlicher dahin; die Wut auf die Elektrizitäts-Leute ist halb verglommen; die Arbeit geht wie mit Petroleum geölt, die Uhr tickt langsamer ...

«Licht!» ruft Senta. Nun könnte man doch die Lampe ruhig weiterbrennen lassen – aber es gehört zu den eisernsten Gesetzen der Zivilisation, daß sie dann sofort auszupusten ist; es gibt kein Beispiel in der Geschichte der Völker, wo jemand seine Petroleumlampe noch hat weiterbrennen lassen, wenn er das elektrische Licht anknipsen kann. Knips – ah!

Vergessen Ärger, Fluch und Kriegserklärung an die Elektrischen. Na, eine kleine Panne ... das kann ja vorkommen ... Immerhin: daß das Licht brennt, scheint uns eine Selbstverständlichkeit, denn ein Wunder ist es schon lange nicht mehr, höchstens eine etwas ärgerliche Überraschung, wenn der Mann mit den bunten Zetteln kommt, um einzukassieren, was wir verbrannt haben. So viel?

Gottes Wege sind wunderbar, und ein Elektrizitätswerk ohne eine gesunde Panne im Monat gibt es wohl kaum. Merk: je kleiner das Werk, desto zahlreicher die Pannen. $W : W^2 = 1 : 976$. Ja, das ist so – man kann es nicht beweisen; auf dem Lande pannt das Licht noch viel öfter als in Berlin.

Woran liegt es?

Als einmal in einem berliner Stadtviertel der Strom aussetzte und alle elektrischen Bahnen auf der Straße stehenblieben wie gelähmte Elefanten, da stand ich neben dem Fahrer und sah ihn fragend an. «I», sagte der; «wat en Inschehnjör is, da in die Zentrale – der will doch auch mal einen kippen!»

Daran liegt es.

Cabaret-Kritik

Wer mit einem Unternehmen Geschäfte macht, darf es nicht öffentlich kritisieren; ich verkaufe manche Gedichte an die berliner Cabarets, also kann ich sie namentlich weder loben noch tadeln. Aber eine allgemeine Bemerkung sei gestattet:

Da haben sie sehr begabte Frauen; lustige Komiker; alles mögliche haben sie – aber ein Typus, der beinah gänzlich fehlt, ist der Mann, der einfach nett ist. Den haben sie nicht.

Statt dessen ist da der Tenor ... man lege mich auf einen Diwan und psychoanalysiere, der Analytiker im Rücken, daß die Funken stieben: kaum wird sich dieser Abscheu anders als reinlich erklären lassen. Ist der Cabaret-Tenor nicht abscheußlich? Diese Schmalzstimmen; dieser Charme aus der Bötzowbrauerei; dieses Mäulchengemache und Tönegeziehe ... baubau – das mag man nicht.

Kein Wunder, daß sie ein Zeug singen, das ihnen durchaus adäquat ist. Ich habe keine Zeit, mich damit abzugeben – dies ist nur ein kleiner Notschrei, weil wir sonst keine Sorgen haben. Immerhin wäre es doch hübsch, einmal abends eine angenehme halbe Stunde zu haben, anstatt diese Haarpomade schlucken zu müssen. Gibts nichts anderes? Doch. Aber sie sind taub.

Da hören wir nun jahraus, jahrein die englischen und amerikanischen Platten; wir geben zu, daß es auf die Dauer etwas fade ist, immer wieder «blue» und «sweetheart» und «happiness» zu hören – aber etwas können wir aus ihnen lernen. Daß es eine unfettige, eine schmalzlose Nettigkeit gibt, eine freundliche Tändelei, die nicht den Phallus schwingt, sondern die einfach sagt: Wir sind hier abends zusammengekommen, die Geschäfte sind vorbei – nun wollen wir uns einen kleinen singen.

Dazu brauchte man nicht einmal die Angelsachsen. In Paris gibts das tausendfach – in jedem Cabaret. Kleine Liedchen, gewiß keine Meisterwerke, meilenweit von diesen schrecklichen «Schlagern» entfernt, in denen Spekulationssucht und Idiotie um die Grammophonpalme ringen. Ein paarmal habe ich mir die französischen Texte gekauft; man merkt erst beim Lesen, wie gut sie sind: da sind sie nämlich schlecht, weil sie für den Vortrag geschrieben sind. Und da das Ohr viel weniger und viel weniger schnell aufnimmt als das Auge, so haben diese Chansonniers mit ihrem untrüglichen Instinkt für das, was man mit ästhetischem Wohlgefühl ertragen kann, ein Minimum von Schmalz aufgewendet, um ein Maximum von Charme zu entwickeln. Natürlich gibt es drüben auch Margarine-Lieder, aber feste – doch sind das wieder andere. Wir haben fast nur sie. Zwischen Keß und Schmalzig ist hier nichts.

Könnte aber etwas sein. Klabund hat das gekonnt; Kästner kann es; ihr braucht euer Publikum nur zu erziehen. Ihr braucht es nicht zu erziehen – denn im Grunde versteht es das sehr gut. So blöd liebt ja kein Mensch mehr, wie das in euern Texten vor sich geht («Ich habe heute Premiere bei einer schönen Frau –»); lieber eine Tasse warmes Maschinenöl im Bauch, als dabeisein müssen, wenn die Konfektion lyrisch wird. Auch dies ist Deutschland: zwischen der gepanzerten Radaukomik und dem ranzigen Fett mickriger Gefühle klafft die Leere. Sie sind nicht nett.

Die zweite Tür

Das ist ein tiefes Geheimnis …

Ich sehe zwei ernste Männer mit innerlichen Bärten über einen Plan gebeugt, der eine hat einen beneidenswert spitzen Bleistift in der Hand und erklärt dem andern Mann, der eigentlich einen Vollbart tragen sollte, erklärt also dem andern Sollbart seinen Plan. «Hier, Herr Geheimrat», sagt er, «hier kommt also der Eingang hin, – ich habe mir gedacht: zwei Türen ... wegen des großen Verkehrs ...» Der Geheimrat nickt. Daß sein Ministerium so einen großen Verkehr aufweist, erfreut sein Herz; eine Woge von Unabkömmlichkeit steigt in ihm auf ... Zwei Türen? Genehmigt.

Es wird gebaut.

Grundmauern erheben sich, Karren poltern, Stahlgerüste recken sich steil zum Himmel – es ist alles da. Und da – wenn du genauer hinsiehst –: da sind auch die zwei Türen; noch nicht ganz beendet, aber man kann sie im Rohbau schon ganz gut erkennen. Und dann wird das neue Haus eröffnet, dem Verkehr übergeben, eingeweiht ...

Die Spitzen der Behörden erscheinen, lüften unendlich oft fotografierte Zylinder und schreiten durch weit geöffnete Türen. Reden erschallen und gleiten an den noch feuchten Wänden ab. «Fortab getreu nach dem guten, alten Grundsatz ...» Und dann gehen alle nach Hause. Und nun beginnt eben das Geheimnis.

Jedes solcher, mit Verlaub zu sagen, öffentlicher Häuser hat doch einen Pförtner, nicht wahr? Und der pförtnert da also ... und warum er dies tut, das weiß ich nicht, aber er tut es:

Er schließt erst einmal eine der beiden Türen zu!

Warum? Welch erschröckliches Geheimnis verbirgt sich dahinter? Gibt es einen Geheimbefehl der Weisen von Zion, die, den Untergang des Reiches zu beschleunigen, den Pförtnern befehlen, immer nur eine Tür aufzulassen? Was sage ich –: eine Tür! Eine halbe – denn die eine Hälfte der einen ist auch noch zugehakt, in den Boden gerammt ... und durch den übrigbleibenden Spalt zwängt sich das Publikum, zwängen sich die Menschen, die hinein wollen: in das Ministerium, ins Theater, in den Bahnhof ... alle durch eine Tür. Manchmal auch durch zwei. Niemals aber durch alle Türen, die da sind. Was ist es –?

Es ist – wie so häufig im menschlichen Leben – der Apparat, der sich mausig macht. Es ist die Verwaltung, die nicht nur zeigen will, daß sie auch noch da ist (ach! wir wissen es!) – es ist die Verwaltung, die uns zeigen will, daß es uns gar nicht gibt. «Zugluft!» sagen sie. «Von der Generaldirektion wird uns mitgeteilt, daß aus betriebstechnischen Gründen ...» Glaubts nicht. Das ist es alles nicht. Man sehe sich etwa den pompösen Eingang der berliner Staatsbibliothek an, und man hat genau, was ich meine. Vorn ein stets halb geschlossenes Gittertor, dann im Hauptgebäude mehrere Türen, von denen nur zwei kleine fast widerwillig geöffnet sind. Niemals die mittlere, – die ist wahrscheinlich für den Studenten reserviert, der ein gangbares Buch erbat und es am selben Tage bekam ... Daher ist diese Tür geschlossen.

Aber die meisten dieser Türen sind geschlossen; nur an hohen Fest- und Feiertagen werden sie geöffnet, auf daß der Minister oder der Präsident hindurchschreite und eine Rede rede ... Sonst sind sie zu. Für das mindere Volk sind sie zu. Das Volk hat sich durch die kleinen Pforten zu zwängen. Es ist ein Geheimnis.

Edgar Wallace wird es eines Tages lüften. Es wird sich herausstellen, daß niemand durch die zweite Tür hindurchgehen darf, weil Lord Carvership dem berüchtigten Yeh Ling am 5. April 1919 einen Bandwurm abgetrieben hatte – wie jeder Fachmann sofort sieht: ein Signal, um die berühmten Vier zum Eingreifen zu bewegen ... Yeh Ling wurde im Hyde-Park aufgefunden, verhältnismäßig tot, zu gleicher Zeit starben zwei Verleger von Wallace eines unnatürlichen Rabatts, Miß Tabbersons Ring lag unter der Türschwelle, der alte Carder radierte sich gemächlich die falsche Tätowierung ab ... es ist ein tiefes, tiefes Geheimnis ... und deswegen darf keiner von uns durch die zweite Tür gehen.

1930

Der Kassenscheck

Männer kaufen nicht gern ein. Sie nehmen meist das, was gerade auf dem Ladentisch liegt oder was ihnen der Verkäufer zeigt, sie unterhalten sich zwischendurch mit ihrem Freund, den sie vorsichtshalber mitgenommen haben, der aber auch nicht aufpaßt; dann zahlen sie, verlassen das Lokal, haben das Paket liegenlassen, werden zurückgerufen, gehen und sind zum Schluß froh, wenn sie wieder draußen sind. Draußen sagen sie zum Freund: «Ganz nettes Mädel, die Verkäuferin. Sieht ein bißchen aus wie Tante Emmy.» Was sie dann eingekauft haben, entspricht nicht ganz den Wünschen der Gemahlin ... Männer sind in Trance, wenn sie einkaufen. («Ich aber nicht, Herr Panter!» – Nein, du nicht, du nie.)

In dieser Einkaufs-Trance schlägt manchmal ein Wort an mein Ohr, das mich immer wieder überrascht, wenn ichs höre. Man bekommt doch da so einen kleinen roten Zettel in die Hand gedrückt, mit dem schicken sie einen an die Kasse; es steht drauf, wieviel man zahlen solle ... «Ihr Scheck!» sagen die Verkäuferinnen. Ihr Scheck –?

«Scheck (engl. cheque, auch check), Geldanweisung, bes. Anweisung auf das Guthaben, das jemand bei einer Bank hat, zahlbar bei Sicht ...» Scheckgesetz vom 11. März 1908 ... Reichsgesetzblatt 71 ... Der kanns doch nicht sein ... Scheck?

Habe ich denn in dem Ladengeschäft ein Guthaben? Haben die eines bei mir? Dieser Scheck ist kein Scheck. Ich denke mir das so:

«Kassenzettel» ist kein schönes Wort. Und da hat eines Tages irgendein findiger Kopf dieses schicke Wort «Scheck» aufgebracht, und seitdem hört der rote Zettel überhaupt auf keinen anderen Namen mehr, und die Verkäufer sind froh: es klingt feinknorke. «Ihr Kassenscheck, Herr ...!» – so ein vornehmes Geschäft ...

Verschönerungs- und Wichtigkeitsworte greifen um sich

wie das Feuer – jedesmal, wenn sich einer solche Sprachdummheit ausgedacht hat, bricht die Papageienkrankheit aus. Nehmen Sie Fachwörter – det hebt Ihnen –; richtig angewandt brauchen sie nicht zu sein …

Immerhin hat mein entfernter Bekannter Walterchen, Seelentröster und Rechtsanwalt, für diese Anwendung des Wortes «Scheck» eine juristische Konstruktion geliefert – wofür habe ich ihn lassen Bildung lernen! «Dieser rote Zettel», führte der junge Gelehrte aus, als wir uns Strümpfe kauften, «ist eine Zahlungsanweisung des verkaufenden Fräuleins an die Warenausgabe, und zwar nicht auf Geld lautend, sondern auf Strümpfe.» (Kühn, aber blödsinnig.)

Hier scheint mir der Keim zu einer Preisaufgabe für Universitäten zu schlummern. «Der sogenannte Kassenscheck ist in seiner volkswirtschaftlichen, handelspolitischen und rechtlichen Beziehung darzustellen.» Dergleichen trägt unbedingt zur Veredelung der Sprache bei, und man sollte solche gehobene Redeweise durchaus und überall anbringen. Denn dann wird man in der Lage sein, auch die kleinen Bedarfsgegenstände des Alltags sprachlich zu veredeln. Jeder Hausherr wird dann in den Salon treten und vor allem Besuch zu seiner Frau sagen: «Helene – geh doch mal ins Badezimmer! Die Toilettenschecks sind alle –!»

Deutscher Whisky

Andre Nationen machen das so: Was sie besonders gut herstellen, das exportieren sie, und was ihnen fehlt, das importieren sie. Wenn den Deutschen etwas fehlt, dann machen sie es nach.

Sie haben deutsches Pilsener und deutschen Whisky und deutschen Schippendehl und Germanika-Rum und, neben einigen guten, deutsche französische Parfums, vor denen Ziegenböcke die Flucht ergreifen – sie haben überhaupt alles, weil eine Zollfestung ihr Ideal darin sieht, «vom Ausland unabhängig zu sein». Der nationalistische Wahnsinn verdirbt die Warenqualität.

Denn zu der Albernheit, etwas imitieren zu wollen, was ungeeigneter Rohstoff, mangelnde Tradition und eben jenes gewisse Etwas nicht gestatten, das jedem Volk eigentümlich ist, wollen sie uns nun auch noch einreden, ihre Kopien seien besser als das Original. «Sie wissen doch, daß alle englischen Stoffe in Bunzlau hergestellt werden?» Mit manchen Orientwaren ist das sicherlich so, und so sehen sie ja auch aus – der exportierte Orient hat überhaupt etwas Sächsisches. Lesen Sie nur Edschmids neues Afrika-Buch. Um auf Qualitätswaren zurückzukommen:

Grade, wenn man Deutschland liebt, müßte man doch die innere Unsicherheit verwerfen, die im Schielen nach dem Fremden steckt. Wobei denn diese Hämmel von Fabrikanten das, was die Deutschen nun wirklich können, lange nicht genug herausstreichen – sie haben noch die kindische Überschätzung des Auslandes in den Knochen, nicht etwa seine gerechte Würdigung, und nun ahmen sie ihm nach. In der Frauenmode ist es ihnen nicht geglückt – da sind sie nach wie vor von Paris abhängig. Aber ein von monomanen Geisteskranken ausgeheckter Zolltarif hindert den deutschen Markt, die guten ausländischen Waren zu konsumieren; das geht bis in die Filmbranche herein. Vielleicht werden spätere Generationen lachen, daß der Friedensvertrag von Versailles den deutschen Produzenten den Gebrauch des Wortes «Cognac» untersagt hat – es ist aber mehr als ein nur wirtschaftlicher Vorgang. Wieviel Talmi ist in dieser Wir-Auch-Fabrikation!

Verlang einen Benediktiner. Du kriegst einen, du schmeckst ... und gleich trittst du aus der Kirche aus, so ein Benediktiner ist das. Es ist eben keiner. Und wie man, um einen halbwegs guten Kaffee zu bekommen, in einem deutschen Lokal «Mokka-Doubel» bestellen muß, so muß man ein ganzes Gebet aufsagen, wenn man ein unverfälschtes ausländisches Erzeugnis haben will, für das die Herren Kopisten schon längst etwas gefunden haben, was als deutsches Wort der Kriegszeit in den französischen Sprachschatz übergegangen ist: «de l'ersatz». Über das Kapitel Whisky wollen wir uns gar nicht unterhalten; der gehört schließlich nicht zu den Notwendigkeiten des Lebens, aber ärgern tuts einen doch. Sie haben ihn «in Deutschland auf Flaschen gefüllt und auf den amtlich zulässigen Trinkbranntweinprozentsatz gebracht ...» mitunter ist es gar nicht leicht im menschlichen Leben.

Wir lächeln über die Paßkalamitäten eines Reisenden aus dem achtzehnten Jahrhundert, der von Nürnberg nach Lippe-Detmold fahren wollte. Das Zoll-Europa von heute machts genauso – im Vordergrund. Im Hintergrund ist der ganze Apparat längst vertrustet, kein Mussolini, kein Plakat: «Deutsche, fahrt mit deutschen Opel-Wagen!» können mehr darüber hinwegtäuschen, daß es eine wahrhaft internationale Macht gibt: die Großfinanz, die mit den Grenzen Geschäfte macht und im übrigen auf sie pfeift.

Die Konsumenten pfeifen ihre diesbezüglichen Nationalhymnen.

Bilder auf dem Schreibtisch

Wo die Leute wohl früher ihre Briefe geschrieben haben mögen –? Auf ihren Schreibtischen? Da war kein Platz.

Da stand:

(Bei Verheirateten): Großes Bild von Lisa, kleines Bild von Lisa; großes Bild von Mama und Papa; kleines Bild von Schwiegermama und Schwiegerpapa; Gruppenaufnahme der Kinder; Einzelbilder von Fritzchen, Kurtchen und Kasimirchen; Bild des Vorgesetzten; wenn Tante Jenny zu Besuch kam: einen Tag vor dem Besuch bis eine halbe Stunde nach dem Besuch: Tante Jenny.

(Bei Junggesellen): Hanna, Grete, Margarete, Charlottchen, Claire, Fanny, die Tortilliani; Fräulein Leblanc aus Paris (sagt sie); die Tortilliani in Zivil, Frau von Gelsenbeck, außerordentlich dekolletiert; Änne, Anne, Gertie, Musch.

Wo haben diese Leute ihre Briefe geschrieben? Zwischen dieser Bilderausstellung? Die sich dann auf der golddurchwirkten Decke des Pianos weiter fortsetzte? Sie müssen wohl so geschrieben haben ...

Heute hat sich das geändert. Was steht an Bildern auf den Schreibtischen unserer Zeitgenossen?

Oberster Grundsatz: Je mehr einer zu tun hat, desto leerer ist sein Schreibtisch (Entdecker dieses Grundsatzes: Emil Ludwig). Nur bei Wirrköpfen und Leuten, die ihre Arbeit nicht einteilen können, liegt alles zuhauf: Zeitungspacken, Bücher, Akten, beantwortete Briefe; unbeantwortete Briefe ... sie glauben, das sehe nach Arbeit aus. Es sieht aber bloß nach Unordnung aus. Dann also steht da das Tintenfaß, Füllfeder, Bleistifte, Bürokörbe und Bilder. Bilder? Doch, meist.

Wobei denn festzustellen ist, wie sich, von Künstlern, diesen unordentlichen Bürgern, abgesehen, der Kreis um den Menschen unserer Zeit verkleinert hat: so viel Bilder wie sein Kollege aus den achtziger Jahren könnte er sich gar nicht aufstellen – es käme ihm höchst albern vor. «So stehe ich mit diesen Leuten doch gar nicht ...» Denn aus einem Freundeskreise sind «diese Leute» geworden, und alles ist nun viel nüchterner. Nur nicht sentimental werden. Bilder verstauben.

Mit den Toten ist das etwas anderes. Wer zum Beispiel einen Vater gehabt hat, der ihm zugleich ein Freund gewesen ist –: der soll sich die Erinnerung an ihn, der nicht mehr da ist, nicht nehmen lassen. Manchmal ist so ein Blick zu dem Bild, das den altmodisch gekleideten Mann, braun getönt, zeigt, wie ein Gelöbnis ...

Also gar keine Bilder?

So rigoros gehts meist nicht zu. Doch, da stehen Bilder;

einige Bilder, eins, zwei ... Bei Verheirateten, besonders außerhalb Berlins: die Frau. Das erleichtert dem Eintretenden ein gut Teil Menschengeographie; man weiß gleich, wo und wie ... Was einem das Gesicht des Mannes nicht zeigt, das sagt einem das der Frau. Es ist ja immerhin nicht ganz uncharakteristisch, neben wem man zwölf Jahre, Kopfkissen an Kopfkissen, zu ruhen geruht. («Bitte, wir haben zwei Schlafzimmer, Herr Panter!» – Ja, darüber kann ich mich jetzt nicht so aussprechen ...) Also: die Frau. Und, was ja sehr rührend ist, aber, wie alle Vaterliebe im Gegensatz zur Mutterliebe, immer einen winzigen Schein von Komik hat: Kinderbilder. Aber dann ist es auch aus. Nur eitle Knaben, die auf Hebung ihres Sexualkredits bedacht sind, bauen sich da noch nach alter schlechter Sitte Ludmillan auf, damits auch gleich jeder sieht; damit man es weiß, was er für ein Kerl ist, wen er «hat» ... Ich denke immer von so einem Mann: nun wird er gleich aufstehen und sagen: «Teufelsweib, das!» In Gedanken sagt ers vielleicht.

Ja, was soll da auf den Schreibtischen auch wirklich noch stehen? Die Zeit dieser frauensammelnden Junggesellen ist doch vorüber; der Doktor Brupbacher aus der Schweiz nennt diesen Typus sehr amüsant «Geschlechts-Reisende». Ein Mann von Geschmack baut sich ja nicht ein ganzes Bilder-Archiv von Damen auf, die Trophäen seiner Männlichkeit ... nein, gar nicht. Und die gesamte Kollegenschaft? Hm –

Wir von heute haben da, glaube ich, ein ganz richtiges und gesundes Gefühl. Bilder fördern nämlich die Erinnerung in dem Grade, wie man wohl glaubt; man sieht zum Schluß gar nicht mehr hin. Die Gesichter gehen in die Gewohnheit ein ... gewiß ... aber die wahre Liebe ist es nicht. Die Erinnerung *ohne* Bild arbeitet viel stärker und zuverlässiger, weil sie unzuverlässiger arbeitet. «Die Erinnerung», spricht der Weise, «wirkt wie das Sammlungsglas in der Kamera obskura! sie zieht alles zusammen und bringt dadurch ein viel schöneres Bild hervor, als sein Original ist.» Erinnerung verklärt ... so schön kann keiner, keine sein wie das Bild, das wir uns selber, fern vom Objekt, machen ... Und da sollen wir uns ein Bild aufbauen –? Wer von Hause aus besoffen ist, braucht wenig Wein, und wer sich ein Herz bewahrt hat, braucht keinen Fotografen. Es paßt auch nicht in die Zeit.

Du sprichst so weise, Peter. Du sagst es alles, wie es ist, Peter. Du kluger Peter. Und was steht auf deinem Schreibtisch?

Na ja.

Der kaufmännische Gewinn

Eine der interessantesten deutschen Zeitschriften, das *Börsenblatt für den Deutschen Buchhandel*, war lange Zeit hindurch nur den Mitgliedern des Börsenvereins, den eingeschriebenen Buchhändlern, zugänglich. Nun entwickelt sich das Blatt langsam fort, und diese Entwicklung geht dahin, die Nettopreise, zu denen die Verleger den Sortimentern die Bücher ablassen, auf eine besondere Beilage zu setzen, so daß in den Anzeigen nur der Ladenpreis erscheint. Eine Maßnahme, die lediglich die Buchhändler angeht. Aber da ist noch ein anderes.

Aus welchem Grunde verstecken eigentlich alle Kaufleute der ganzen Welt ihren Verdienst? Es gibt

a) keinen Kaufmann, der die Frage: «Wieviel verdienen Sie daran?» einem Fremden nicht krumm nimmt; und

b) keinen Angestellten, der einem Fernstehenden sagte, was er verdient.

Wenigstens ist das in Europa so.

In Amerika haben sie ja eine uns fast exhibitionistisch anmutende Art, zu sagen, wieviel sie «wert sind» – und vor allem, dich zu fragen, wieviel du wert seiest – wir empfinden das als peinlich. Warum eigentlich? Ich bin in diesen dunkeln Schacht gekrochen, und dies ist es, was ich zutage gefördert habe:

Erste Gefühlsreaktion: Das geht den andern gar nichts an.

Die Reaktion ist besonders scharf, wenn nach dem Verdienst am einzelnen Stück gefragt wird. (Darin unterscheiden sich die Amerikaner gewiß nicht von uns; denn wohl sagt dort ein erfolgreicher Kaufmann, er habe in acht Jahren dreihunderttausend Dollar «gemacht» – aber er sagt gewiß nicht, wieviel er an einem Grammophon verdient.) Also: es geht den andern gar nichts an. Es ist da eine Art Furcht ... der Gefragte wittert Gefahr ... was will jener? ... Was soll das? ... Nichts geht es ihn an.

Zweitens: Angst vor dem Neid. Bei Angestellten leicht erklärlich; vielleicht ist da eine kleine Aufbesserung gegeben worden, zwar keine Überschreitung des Tarifs, aber doch ein Plus, mit reinlichen Mitteln erkämpft ... das brauchen die andern nicht zu wissen. Schon deshalb nicht, damit sie nicht ebensoviel bekommen.

Dieses Argument aber ist beim selbständigen Kaufmann nicht ganz verständlich; gewiß hat auch er den Neid unter Umständen zu fürchten ... aber eine so dicke Gefahr ist das doch nicht, wie mir scheint. Doch er hält hinter dem Berge. Er stellt seine Bilanz unter den Scheffel. Es ist, als schäme er sich, so viel zu verdienen – oder so wenig ...? Auf alle Fälle ist ihm nicht ganz wohl bei der Geschichte; es schmeckt leicht nach bösem Gewissen, was es sicherlich nicht ist – aber manchmal schmeckt es so. Auch mag sich der Kaufmann, wie jeder Mensch, nicht gern einordnen lassen; man sieht ja aus seinem Auftreten ungefähr, zu welcher Vermögensklasse er gehört – mehr aber soll man nicht sehen. Denn auf nichts ist der Massenmensch so stolz wie auf winzige Spuren dessen, was er für Individualismus hält ... Vielleicht, soll sich der andere denken, sind da noch geheime Reserven ... man ist stärker, wenn man nicht ganz und gar erkannt wird. Und dann haben sie eben doch alle Angst vor dem Neid. Was wohl mit einer generellen Kaufmannseigenschaft zusammenhängt: zu jammern. Wenigstens ist auch dies in Europa so; drüben lächeln sie ja noch beim Konkurs, gerade im Konkurs, so habe ich es wenigstens gelernt –, und wenn ich hinüberfahre, will ich Konkurs machen und lächeln. In Europa aber gehen sie umher und raufen sich die Haare aus der Glatze. Es gibt da eine Redensart, die alle Leute zur Verzweiflung bringt. Sag mal, spaßeshalber, zu deinen Freunden: «Sie habens gut!» Dann kriegst du es aber nicht schlecht zu hören. «Ich habs gut? – Lieber Freund, Sie sagen so ... Wenn Sie wüßten ...» und dann gehts los. Wenn man ihn hört, möcht' mans beinah glauben – gleich wird er verhungern, es kann sich nur noch um Minuten handeln. Dann fährt er nach Vulpera.

Drittens: die Steuer. Also das ist ein Argument.

Viertens: ja, es bleibt ein unerklärbares X, ein Rest; etwas, das man nicht auflösen kann. «Wieviel verdienen Sie im Jahr?» Ein unbehagliches Gefühl läuft über die Haut; die Schulterblätter bewegen sich; man will nicht, man will das nicht ... Eine unmögliche Frage.

Das geht mitunter bis zur fixen Idee. Da gibt es in der Generation unserer Väter – und sicherlich auch in der meinen – einen Typus, der seinen wahren Gewinn auch vor den Familienmitgliedern ängstlich verbirgt. Es gibt brave, verheiratete Frauen, die zwanzig Jahre neben einem Mann leben, Kinder von ihm haben, mit ihm reisen – und die nie genau wissen, wie es denn nun eigentlich um seine Geschäfte steht. «Das verstehst du nicht, mein Kind ...!» Statt die Frau – o Kameradschaftsehe! – an den Erfolgen teilnehmen zu lassen, lassen sie sie höchstens an den Sorgen teilnehmen, an den schwarzen Börsentagen und an den Flauten – und das nicht etwa nur, damit sich Charlotte nicht wieder ein Kostüm bestellt – sondern aus allgemeinem, dickem Mißtrauen. «Mißtrauen», hat einer der klügsten Männer gesagt, die ich kenne – «Mißtrauen ist die Klugheit der Dummen.» Und man glaubt gar nicht, wie schlau sich diese Leute vorkommen – man hört sie ordentlich mit den Augen zwinkern vor lauter Gewitztheit! Denn nur sie wissen, und niemand sonst auf der ganzen Welt weiß es, daß hinten in der linken, unteren Schreibtischschublade das Verzeichnis der Aktien liegt, die ihrerseits auf einer zweiten Bank liegen; das Verzeichnis ist sorgfältig stenographiert, und manche Zahlen sind durch Buchstaben ersetzt ... so bald findet sich da keiner heraus! Die Familie schon gar nicht! Die bedauernswerten Frauen also haben keine Ahnung, in welcher Etage des Lebens sie sich aufhalten, und geschieht es, daß der Mann vor ihnen stirbt, dann fallen sie aus allen Wolken. «Wenn ich das gewußt hätte! Aber er hat ja nie mit mir darüber gesprochen ...!» Meist ist es viel weniger, als sie gedacht haben.

Was soll das alles? Warum ist das so? Ich weiß es nicht.

Ein kaufmännischer Gewinn wird – so oder so, meistens so – erarbeitet; er ist, wenn es sich um laufende Geschäfte handelt, unter anderem das Resultat von Nachdenken, Routine, Fleiß, Geistesgegenwart ... Man kann dieses System, wie es da heute steht, verteidigen oder verdammen – aber es ist doch so. Warum schämen sich die Menschen, die sich doch sonst so wenig schämen – wenn es aber um ihren Verdienst geht, werden alle plötzlich sehr schweigsam. Dies ist ein großes Wunder.

«... Sagen Sie ... Herr Panter, was ich Sie fragen wollte ... Was bekommen Sie eigentlich so von der *Vossischen Zeitung*?»

Ja – hm ...

Beim Versicherungsagenten

«Fliegen Sie? Ich meine ... berufsmäßig ... Nein? Spalte achtzehn – setzen wir: nein ... Löwenjagden auch nicht ... gefährliche Filmaufnahmen – nein?»

«Nach welchen ... ich meine: wie machen Sie das, wie teilen Sie Ihre Kunden ein –?»

«Na, also wir nehmen keine direkt gefährlichen Berufe: Einbrecher oder Leute, von denen wir wissen, daß sie sich immer gleich totschießen, wenn bloß mal 'ne kleine Börsenbaisse ist ... Die scheiden überhaupt aus. Dann: die Arbeiter; ja, also da sind wir sehr vorsichtig. Lassen Sie mal 'n Streik kommen, 'ne kleine Demonstration ... schwupps, schießt die Polizei ... nein, da sind wir sehr vorsichtig. Das ist Gefahrenklasse sechs – wird gar nicht genommen oder so hohe Prämien ...»

«Und Gefahrenklasse fünf?»

«Polizeibeamte.»

«Und: vier?»

«Nationalsozialistische Agitatoren. Das ist schon nicht so gefährlich – da ist ja viel Geschrei ... aber die versichern wir noch alle Tage. Kost' natürlich 'ne Kleinigkeit. Dann haben wir vier a, vier b, drei ... zwei – ja – zwei.»

«Wer ist das? Ich etwa?»

«Nein, ich glaube nicht. Das sind die Leute, die von Berufs wegen auf bayerischen Bahnen fahren müssen. Also das ... hm.»

«Und Gefahrenklasse eins – also die unterste?»

«Das ist für Jungens. Also – wenn da mal einer in Fürsorge kommt – wissen Se, wie heute schon die Fürsorge is ... nicha? Es werden ja 'n bißchen viel totgeschlagen ... das kost' auch Zuschlag.»

«Ja ... aber ... wenn nun alles Zuschlag kostet und alles eine besondere Gefahrenklasse ist ... wie ... wie um Gottes willen soll ich mich denn da versichern? Haben Sie denn gar nichts, was normal ist? Ich bin Kaufmann, eine ganz normale Versicherung –? Ohne Zuschlag –?»

«Ohne Zuschlag? Ohne Zuschlag?» (Hier stand der Versicherungsagent auf und sah mich an. Und sprach:) «Ohne Zuschlag? Da müssen Sie schon General werden! Das wär 'n Geschäft ...! Aber, lieber Herr, was wollen Sie? Die Leute lassen sich nicht versichern. Warum? Wenn einer General ist: das ist so gut wie 'ne Lebensversicherung –!»

«Fairbanks ist berühmter als Homer»

Dieser Satz muß in einer amerikanischen Zeitung gestanden haben; wo nicht, wird er dort stehen, wenn diese Zeilen gedruckt werden. Er ist längst fällig, der Satz – er klingt so schön amerikanisch ... Ist er übrigens richtig?

Ich glaube, daß der Satz nicht nur für einen gebildeten Humanisten ein Horror sein dürfte – er ist aus einem ganz anderen Grunde falsch. Häufig genug borgt sich das Turbinenzeitalter seine lobenden Epitheta ornantia aus der antiken Zeit – dergleichen schmückt sehr. Zu Unrecht, zu Unrecht.

Der alte Ruhm ist nämlich vom Künstler selbst erworben worden; niemand stand ihm hilfreich zur Seite; das Managertum alter Zeiten ist wohl noch recht bescheiden gewesen, scheint mir. Gewiß kannte die römische Spätzeit Literaturkabalen, die hat es wohl immer gegeben. Und wer von den Cäsaren dotiert wurde, mochte das mitunter mit sanften Schiebungen erreicht haben. Aber dann war es auch aus. Der Verleger Homers machte keine Reklame.

Und hier sitzt der Fehler aller dieser Vergleiche.

Das Werk eines großen Künstlers wird heute mit ganz anderen Mitteln verbreitet. Ganz deutlich wird das erst bei allem, was für die große Masse, für das Unterhaltungsbedürfnis hergestellt worden ist. Da versagen alle geschichtlichen Maßstäbe.

Der Apparat sperrt den Schlund auf, suchend, wen er verschlänge; er braucht «Stoff»; das investierte Kapital muß verzinst werden. Dichtet, ihr Dichter!, schreibt, ihr Filmautoren!, komponiert, ihr Tonfilmmusiker! Sie dichten; sie schreiben, sie komponieren. Ein kleines Häuflein «Kenner» sitzt um die vorgelegten Manuskripte, Gedichte, Kompositionen ... sie suchen aus, verwerfen, nehmen an, lassen abändern und entscheiden. Los gehts.

Schlägt die neue Sache ein, dann klappert die Mühle am laufenden Band; tausend Reklameagenten machen sich ans

Werk; zwanzigtausend Inserate verkünden einen Ruhm, der erst einer werden soll; dreißigtausend Geschäftsleute sind auf den Beinen, sie telefonieren, kabeln, wirtschaften umher ... Und aus dem brausenden Meer entsteigt – der Star. Von den echten Künstlern sei hier abgesehen; nicht von Chaplin sei gesprochen, nicht von den Prominenten ... gesprochen sei von der leichten Korkware: den Stars der großen Trusts, tanzend auf den Wogen der Konjunktur, ans Licht gehoben nur durch den Apparat. Da sind sie – guten Tag.

Sie sind nicht gewachsen; sie sind gemacht.

Tausend gegen eins ist zu wetten: spielte uns jemand vierundvierzig Lieder vor, darunter die nächsten drei Schlager der amerikanischen Tonfilm-Industrie, so werden auch die gewiegtesten Fachleute der Branche diese drei Schlager nicht heraushören. Die sind zwar in den meisten Fällen nicht viel besser und bestimmt nicht schlechter als der bessere Durchschnitt ihrer Gattung – zum «Schlager» aber werden sie gemacht vom Apparat und von den Massen.

Anmerkung für Neidhammel: Nur «Glück» gibt es nicht. «Mein Walzer wäre genauso schön ...» Das ist nicht wahr. Dein Walzer hat eben nicht «das», er eignet sich nicht so zur Massenverbreitung wie jener; er ist vielleicht um die eine, um die entscheidende Nuance zu gut ...

Erfolge kann man nicht «machen». Es muß schon etwas dasein, was man «machen» will. Ist aber etwas da, dann setzen sich das Lied, der Schauspieler, der Boston ohne den Apparat nicht durch – trägt der Apparat die Leistung, dann wirds was, meistens. Es ist ein eigenartiger Ruhm, dieser da.

Es ist ein Kollektivruhm. Nicht mehr hervorgerufen von einem; nicht mehr einem einzelnen gebührt der Lorbeerkranz, wenn anders man solches Ruhmesgemüse heute noch trägt – eine ganze Gruppe müßte gekrönt werden. Und sie wird es ja auch: in den Marktnotierungen der Börsen. Denn erst die gesamte Gruppe – mit ihren Produktionsleitern, Direktoren, Regisseuren, Hilfsregisseuren, Reklamefachleuten und richtig! den Schauspielern – «macht» den Ruhm jener einen kleinen Melodie, die die Welt erschüttert. Allein gelassen wäre die kleine Melodie hilflos ertrunken.

Daher sind diese amerikanischen Vergleiche falsch. Ein Wettlauf Homer–Douglas Fairbanks ist deshalb nicht fair, weil es in Wahrheit ein Handicap-Rennen ist, das da gelaufen wird – Homer brauchte eine gewaltige Vorgabe. Nein, noch anders: die Größen sind unvergleichbar; man sollte sie gar nicht rennen lassen, sowenig wie ein Rennpferd mit einem Kletteraffen um die Wette laufen kann. Ihre Ebenen sind verschieden. Das ist kein Sport.

Doch schmückt sich der amerikanische Reporter aus dem Jahre 1930 nach Christi Geburt gern mit den Emblemen des Jahres 486 vor Christi Geburt – er fühlt sich gehoben, wenn ers tut, und Millionen seiner Leser, ebenso ungebildet, wie er es ist, glauben ihm. Lasset uns mitnichten so tun. Die Karikatur Amerikas ist noch nicht das Land. Europa hat immer gern gefremdelt: einmal hat es französelt, dann gebritelt, und jetzt amerikanelt es. Diese Vergleiche führen zu gar nichts. Denn Herr Mussolini ist kein Nero, Adolf Hitler kein Scharnhorst, und nur zwischen manchen berliner Theaterdirektoren und den heidnischen Götzenanbetern ließen sich etwaige Parallelen ziehen. Douglas Fairbanks aber ist nicht berühmter als Homer. Er ist nur bekannter.

Spaß mit ernstem Hintergrund

Da sieht man nun so große Annoncen der Grammophongesellschaften in den Zeitungen. Daß sie die wirklich interessanten Platten aus den Phonogrammarchiven nicht vervielfältigen, nur nebenbei; Millionenauflagen sind dabei freilich nicht zu erzielen, aber immerhin ... Sie vertreiben also: «Wenn der Gigolo wieder blüht» und: «Du bist mein Jelängerjelieber ...» und: «Herr Fränkel, Herr Fränkel, ein Sektglas hat keinen

Henkel!» und was der Mensch so braucht. Gut. Aber wo kauft man das?

In den Grammophongeschäften ...? Da kannst du es auswürfeln, was du haben willst, oder losen, oder auch aus den Regalen schießen ... alle diese Systeme führen eher zu einem Erfolg als brav hineinzugehen und zu sagen: Ach bitte – ich möchte gern Electrola Nr. 4711 Richard Tauber «Fächeln, immer nur fächeln» ... Denn dann begibt sich Furchtbares.

Da steht in den allermeisten Fällen ein nettes Kind, kaum konfirmiert, manchmal etwas älter, das sieht dich fröhlich oder auch nicht fröhlich an. Und ein Sinnen kommt in ihre Kinderaugen ... da will einer eine Platte kaufen –! Schau an. Und sie öffnet ihren Mund und spricht: «Das haben wir nicht.» Und dann: «Ja, ich will mal nachsehen.» Dann blättert sie in Katalogen, und die muß man gesehn haben. Und dann findet sie es nicht. Und dann findet sie es, vielleicht. Und dann ist es ausverkauft. Oder ein Ameisenlöwe hat die Platte gefressen. Oder es sitzt grade einer drauf. Und dann soll sie dir etwas andres empfehlen ... Aber ebensogut kannst du dich bei deiner Waschfrau nach Bert Brecht erkundigen oder bei Brechten nach einer guten Waschfrau ... nichts. Und von dieser Ahnungslosigkeit gibt es kaum Ausnahmen – manchmal ist in den großen Geschäften eine vernünftigere ältere Person zu finden, die weiß ein wenig Bescheid.

Und das ist in Berlin so und in Paris so und in Stockholm so und wo immer du willst.

Du willst aber nicht. Und fragst, wie denn das käme.

Gewiß, es gibt größere Sorgen als die, daß einer seine Grammophonplatten sachgemäß kaufen kann. Jedoch verbirgt sich hier eine böse Sache.

Es ist die Faulheit und die Indolenz ... der Angestellten? Ach, nein, Herr Direktor; denn wenn Sie glauben, daß sich die kleinen Mädels und die jungen Leute für ihre 120 Mark auf den Kopf stellen werden, da irren Sie sich. Ich täts auch nicht. Wozu? Um ihre lächerlichen Gehaltserhöhungen von 10 Mark zu bekommen? Und sich selbständig machen? Wer hat denn dazu heute noch Geld!

Und so bleibt es dabei, daß dieser Etat, nämlich der an Gehältern für die Ladenangestellten, auf das Äußerste beschränkt wird. «Es lohnt nicht.» Es scheint auch bei großen Umsätzen nicht zu lohnen, und sicherlich wird jetzt eine Firma angewackelt kommen, die uns erzählt, da gäbe es bei ihr einen oder zwei Angestellte, die bekämen – denk mal! – 250 Mark! Prozente auch? Wohl kaum. Sonst wären sie nicht so desinteressiert.

Wieviel aber muß an diesen Plattenverkaufsstellen verdient werden, wenn selbst diese unsachgemäße und ahnungslose Art des Verkaufs nichts schadet!

Der Kondolenzbrief

Das ist ein heikles Kapitel … Wie sag ichs meinem Leser …?

Nämlich: die einzige Sorte Brief, die auch dem gewandtesten Briefschreiber Beschwer macht, das ist der Kondolenzbrief. Wer kann das?

Fall I: Der Dahingegangene hat uns sehr nahegestanden, die Hinterbliebenen auch. Dann widerstrebt es einem, die tiefsten Empfindungen aufs Papier zu setzen; aus lauter Furcht, Phrasen zu machen, macht man welche – der Empfänger weiß ja alles, was wir sagen wollen … was um alles in der Welt soll man schreiben? Zernagter Federhalter … Pein und Peinlichkeit.

Fall II: Der Dahingegangene ist uns ein guter Freund gewesen, die Hinterbliebenen mitnichten. Dasselbe wie im Fall I – erschwert durch die Tatsache, daß man sich nun vor dem Briefempfänger noch mehr geniert. (Untermelodie: Ihr habt den Mann gar nicht verdient.)

Fall III: Der Tote hat uns nicht nahegestanden; aber «man muß irgend etwas schreiben». Ganz schlimm – fürchterliche

Angstträume werden wach … Sätze aus verschollenen Briefstellern … Pein und Peinlichkeit.

Trost?

Wie wenigen Menschen ist es gegeben, andere zu trösten – es gibt kluge, alte Damen, die es vermögen, Geistliche, die ihren Beruf und die Menschen lieben … der Fall ist also nicht sehr aussichtsreich. Und es ist nicht nur das Faktum, daß die Kunst, Briefe zu schreiben, immer mehr verschwindet – denn wer hätte so viel Zeit? – es ist auch noch etwas anderes.

Der Tod spielt in der Großstadt eine mehr als merkwürdige Rolle. Er wird, wenn man sich die Sache bei Licht besieht, von vielen Leuten verachtungsvoll-gut erzogen ignoriert. Es gibt zwei Schichten.

Die eine macht aus einer Beerdigung eine große, kleinbürgerliche Affäre. Darüber gibt es nichts zu spotten: es ist die Emotion, einmal Emotionen haben zu wollen … die Freude am Schauspiel, das unter dem nördlichen, grauen Himmel selten genug ist … das Geltungsbedürfnis der Familie sowie auch der verständliche Trieb von Privatleuten, einmal im öffentlichen Interesse zu stehen, und zwar in einem, das den anderen Interessen übergeordnet ist. (Prüfe dich ehrlich: bist du als Schulkind nicht – neben und unter aller Trauer – auch ein bißchen stolz gewesen, als du «wegen Trauerfalles» in der Schule fehlen durftest? Du bist ein bißchen stolz gewesen.) In dieser Schicht sind Zahl und Art der Kränze, Grabreden, Gesänge, Todesanzeigen und ihre Formulierung, Beteiligung an der Beerdigung und Kondolenzbesuche von großer Wichtigkeit.

Die zweite Schicht geht über einen Todesfall hinweg, wie etwa darüber, daß in Gegenwart von Damen plötzlich jemand aufstößt: man wendet indigniert den Kopf und hat es nicht gehört. Der Grundbaß aller menschlichen Kreatur: «Du bist gestorben, du – und nicht ich!» wird hier so stark, daß das Pathos ganz erstickt ist und nur noch das Gefühl der Leere nach dem Tode einer geliebten Person dominiert, für die Formalitäten der Trauer bleibt wenig oder gar nichts. Das trifft nicht nur für den Kondolenzbrief zu – es geht noch viel weiter.

Religiöse Menschen finden in der Bestattungsweise ihres Glaubens eine Stütze im Schmerz; wer nicht religiös ist, hat hier zu schweigen. Er darf nur eines sagen: Viele dieser Formen sagen uns anderen nichts; ihre ästhetische Ausgestaltung ist für die Nachahmer nicht unbedingt zu bejahen. Es erscheint mir würdig, wenn in der Trauerhalle eines Krematoriums der Sarg unter Gesang langsam in die Tiefe versinkt... was sich auf den Friedhöfen abspielt, scheint mir zweierlei Fehler zu haben: die Form wühlt im Schmerz der Hinterbliebenen und zerrt an den Nerven – und die Form ist nicht schön.

Man braucht gar nicht das Malerauge des großen Schwarz-Weiß-Zeichners Felix Vallotton zu haben, um die «comique funèbre» zu sehen, die in vielen Begräbniszeremonien steckt ... was überall zu spüren ist, ist eine Unsicherheit dem Tode gegenüber; es ist, wie wenn der Tod zwischen den Großstadthäusern noch keinen Anzug gefunden hätte, in dem er schicklicherweise auftreten könnte ... hier ist etwas nicht in Ordnung. Wobei noch nicht einmal von der architektonischen Verfassung der meisten Friedhöfe gesprochen sein soll, an deren groteske Häßlichkeit sich das normale Auge derart gewöhnt hat, daß man es erst auf die Schönheit der gärtnerisch schönen Friedhöfe hinlenken muß, um es begreifen zu lassen, was hier gesündigt wird.

Dies ist kein Vorwurf und keine Kritik; es ist eine Feststellung. Besserung? Reichsverband für ...? Nein, so geht es nicht.

Wer zerrissen lebt: wie kann der geschlossen sterben? Heinrich Eduard Jacob hat einmal sehr gut gesagt, daß im Abendland das Leid als eine Art lästiger Betriebsstörung gelte – der Tod krönt diese Leben nicht, er bricht sie ab. Und wie sollte wohl für solch einen Vorgang eine befriedigende Form gefunden werden?

Schmutz bzw. Schund bzw. Geldverknappung

Ich bekämpfe den Schund
du bekämpfst den Schmutz
er hat in seiner Jugend nicht
genug geküßt
wir zensieren
ihr seid vom Zentrum
sie nehmen Anstoß.

Die Kulturreaktion schreitet munter vorwärts.

Was von der neuen Filmzensur zu erwarten steht, ist allen Beteiligten klar: die Geschäftsleute fürchten für ihren Laden, die «Erzieher des Volkes» frohlocken, und die andern sehen zu, wie hübsch der alte Metternich im Sakkoanzug aussieht.

Der Zensor aus dem Jahre 1903 trug ein Monokel und war konservativ; der Zensor aus dem Jahre 1930 trägt eine Hornbrille, ist Mitglied der sozialdemokratischen Partei und steht dem Zentrum nahe. Das neue Filmgesetz, ein Monstrum an Gummibestimmungen, ein wahres Kautschukwerk, gibt den Ortsbehörden die Möglichkeit, die Vorführung von Filmen auch dann zu verhindern, wenn die Zensurstelle sie durchgelassen hat. Die Ortsbehörden ... Vorgeschmack gefällig –?

Das Landesjugendamt Düsseldorf belästigt die berliner Prüfstelle für Schmutz und Schund dauernd mit Anträgen, von denen die unsinnigsten heute noch mit sehr vernünftigen Begründungen abgelehnt werden. Das muß aufgefallen sein; denn ein Herr Hans Wingender, «Landesrat bei der Rheinischen Provinzialverwaltung», hat ein Büchlein verfaßt: «Erfahrungen im Kampfe gegen Schund- und Schmutzschriften.» Das sieht so aus:

Das Schundgesetz, sagt die Einleitung, sei weder bös noch neu. «Im Kriege haben Generalkommandos ganze Listen von Schundschriften verboten.» Das war eine schöne Zeit ... Wenn ich mich recht erinnere, ist auch Grellings «J'accuse» darunter gewesen, das die geistige Blockade, die Deutschland über sich selbst verhängt hatte, hat brechen wollen – die Generalkommandos und das *Börsenblatt für den Deutschen Buchhandel* aber waren auf dem Posten, und Richard Grellings Werk wirkte im Ausland. Diese selige Zeit wird von Herrn Wingender schmatzend zitiert. Nun aber hätten wir das neue Schmutzgesetz, zu seiner Ausführung seien die Landesjugendämter berufen, und nun gehts los.

Inserat:

Berlin.

30jähriger Junggeselle, Gehaltsgruppe XI, Doktortitel, 1,70 groß, blond, später Wochenendhäuschen in Vorgebirgsstadt, ersehnt Lichtfreundin, die berufstätig oder von Haus nicht unvermögend ist, zwecks Heirat. Bildangebote unter …

Komisch –? Schwer unzüchtig. Bemerkung des Landesrats: «Das ‹spätere Wochenendhäuschen› ist doch eine zu durchsichtige Lockung und hat wohl mit der Heirat nichts zu tun.» Und das will die deutsche Jugend erziehen.

Sein ernst erhobener Zeigefinger lehrt: Die Schreiber in den erotischen Zeitschriften hätten einen Komplex. (Die neue Zeit ist auch in die Amtsstuben hineingebrochen.) «Aber ihr Komplex läßt sie das Empfinden eines normal denkenden Menschen verlieren. Sogar ernstzunehmende Forscher geraten leicht bei der Abwandlung ihrer Spezialgebiete sexueller Art in diese Gefahr. Ist die Idee erschöpft, dann folgt die Steigerung, Übertreibung und das Spintisieren.» Im Gegensatz zur Zensur, die von vornherein ohne Idee auftritt. Die Gefahr dieser Wichtigtuerei besteht nun darin, daß richtige und gewichtige Argumente gegen die Sexualwissenschaft und die Popularisierung sexueller Themen als Grundlage für staatliche Eingriffe dienen – der Staat spielt hier die Rolle eines wissenschaftlichen oder ästhetischen Polemikers; letztes Argument: die Schupo. Und welche Begründungen!

«Die meisten der in den fünf Nummern enthaltenen Aufsätze sind weder wertlos noch aus sonstigen Gründen zu beanstanden. Dagegen geben einige Abbildungen zu Bedenken Anlaß, und zwar in Heft 16, S. 5. (Königin Karoline von England läßt sich von einem Herrn umfangen; der Rock ist hochgehoben, und die nackten Beine sind sichtbar, eine Hofdame schaut zu.) In Heft 19, S. 11 (ein Herr sieht durchs Fenster zu, wie ein Mädchen sich flöht).» Das aber ist immer noch hübscher mit anzusehen, als wenn ein Landesrat sich die Seele kämmt, und es ist gradezu albern, wie diese Kerle die Fassade eines Hauses abputzen, in dem der Flecktyphus herrscht. Von dem – nämlich von der sozialen Not – wissen sie wenig. Die Fassade, die Fassade! An einer Stelle gibt der Landesrat zu, er betrachte es als seine Aufgabe, «die Verleger zu erziehen», während wir immer gedacht haben, die Jugendämter seien dazu da, die Jugend zu erziehen. Der sicherlich vorhandenen Minderwertigkeit mancher solcher Verleger und Zeitschriften, die noch lange keine so große Gefahr für die Jugend bilden wie mangelnder Schulunterricht auf dem Lande und die Wohnungsnot in der Stadt, steht eine Bureaukratie gegenüber, die auch in den Formen zeigt, wes Ungeistes Kind sie ist. Der Stellvertreter des Leiters der Prüfstelle Berlin, Herr Doktor Kneip, geht in der Abwesenheit seines Chefs daran, die Zeitschrift *Liebe und Ehe* auf die Liste zu setzen. «Doktor Kneip bezeichnete die Zeitschrift *Liebe und Ehe* geringschätzigerweise als Ableger und Konkurrenz der Zeitschrift *Die Ehe*. Schließlich erkundigte sich Herr Doktor Kneip noch nach der Religion und der Staatsangehörigkeit des Hauptschriftleiters, Herrn Molzahn, und wie lange er sich denn schon in Deutschland aufhielte.» Und der hat dem Kneip nicht sofort geantwortet: «Länger als Ihr Kaiser auf alle Fälle»? Welche feingebildeten Erzieher des deutschen Volkes!

Oh, sie können auch Deutsch. Unter den grammatisch inkriminierten Sätzen findet sich zum Beispiel dieser: «Er empfand den fruchtartigen Geschmack ihrer Lippen auf seinem

Munde.» Wobei der Landesrat mit etwas, was in seinen Kreisen wohl als Ironie gilt, hinzusetzt: «Der Lippenstift hatte jedenfalls Zitronengeschmack.» Der Landesrat hat gar keinen.

Die Oberprüfstelle hats so gestrengen Sittenrichtern gegenüber nicht leicht. Einmal wird ihre Stellungnahme «als etwa befriedigend» zensiert, und da hilft es auch wenig, daß man in Berlin heute noch vernünftiger denkt als in Düsseldorf, allwelche Stadt hinwiederum gegen Köln ein Hort der Geistesfreiheit ist. Weist Berlin ab: Düsseldorf läßt sich nicht mürbe machen. «Diese Rechtsprechung hat uns nicht befriedigen können, und wir werden weitere Fälle selbst auf die Gefahr weiterer Ablehnungen beantragen müssen, wenn auch damit nur ein Protest gegen die Aufmachung einzelner Nummern erreicht wird.» Ja, sie werden wohl müssen ...

Damit wir uns ganz recht verstehen: Ich halte auch die ablehnende Entscheidung der Prüfstelle Berlin für richtig, die sich geweigert hat, ein gradezu widerwärtiges Elaborat des nationalsozialistischen *Westdeutschen Beobachters* zu verbieten. Darin wird geschildert, wie Juden unter dem Patronat des kölner Warenhausbesitzers Tietz kleine Mädchen vergewaltigen, eine ebenso unsinnige wie scheußliche Schilderung, illustriert. Verstößt solch ein Zeug nicht gegen das Strafrecht, was einer Auslegung bedarf, um die wir nicht bange zu sein brauchen, dann soll man den *Westdeutschen Beobachter* boykottieren, bekämpfen, befehden – aber verbieten soll man ihn nicht.

Es gibt für alle solche Schriften und ihre amtlichen Bekämpfer ein merkwürdiges Gesetz: sie sind einander adäquat. Der Landesrat über die Abbildung von Mißgeburten: «Ich habe selbst in Hebammenanstalten viele Mißgeburten in Spiritus gesehen. Jedesmal habe ich hinterher einen Kognak trinken müssen. Einer primitiven Frau solche Möglichkeiten vorzudemonstrieren, halte ich für eine Gemeinheit.» Ich versage mir eine primitive Kennzeichnung des komplizierten Landesrats.

Da nimmt es denn kein Wunder, wenn er einem kitschigen

Mädchenbrief anfügt: «Der Mann, der bei diesem Mädel ‹tiefsten Geist und Seele› sucht, wird sicher nur eine Hintertreppenatmosphäre finden.» Im Gegensatz zur Vordertreppe des Landesrats, auf der es so zugeht: «Und wie sie ihren Körper gegen Bezahlung anbietet!» Es gibt da einen alten Dialog: «Du machst mich zur Dirne!» schrie das Mädchen. «Von Geld habe ich kein Wort gesagt», rief der Verführer ...

Der Landesrat repräsentiert die neue Form der deutschen Reaktion.

Er ist Dissident; er ist Sozialist; er zitiert Lenin; er weist auf die Arbeitslosigkeit hin, auf die Notwendigkeit, Jugendheime zu bauen ... «Dann kann später vielleicht das Schundliteraturgesetz überflüssig werden.»

Es ist es heute schon. Es ist nicht nur überflüssig; es ist sinnlos und noch etwas andres.

Ein Staat, der sich zur Verübung solchen Unfugs von Monat zu Monat das Geld zusammenpumpen muß, hat nicht das Recht, die bei ihm eingehenden Steuern derart zu verschleudern. Wer selber derart verschuldet ist, wer sich so in der Hand der Banken, der Industrie und der Großgrundbesitzer windet –: der kümmere sich gefälligst um seine eignen Angelegenheiten.

Der Einwand, die Durchführung des Schmutzgesetzes koste nicht viel, ist falsch. Wie wenig auch immer der Landesrat an Gehalt bezieht –: er ist überzahlt. Er wirkt nichts; er stört nur. Und ist eine Waffe in der Hand jener Kulturreaktionäre, die hinter ihm stehen, die ihn vorschicken, und die er nicht sieht, sowenig wie seine Partei sie niemals gewittert hat. Da taumeln sie von einer verschleierten Pleite zur andern; mit Ach und Krach kommen sie durch – und dann haben sie für dieses Zeug Geld, Zeit und Arbeitskraft übrig! Sie dehnen die Reaktion immer weiter aus. Sie haben den Rundfunk, sie haben die Zeitschriften, sie erobern sich Schritt für Schritt den Film – weil sie in ihrer bösartigen

Dummheit nicht sehen, daß es nur ein, nur ein einziges Mittel gibt, gegen Schmutz und Schund anzukämpfen:

Die Lebensverhältnisse der Kinder zu verbessern und sie geistig gegen minderwertige Produktion zu immunisieren. Das allein wäre Jugenderziehung.

Bahnpolizei

«Herr Rechtsanwalt, wenn ich Ihnen uff die Hühneraugen trete, daß das Blut spritzt, so ist das noch lange keine Körperverletzung.» – «Wenn er nicht so anständig gewesen wäre, so hätte er nicht nur den einen Schlag mit dem Gummiknüppel bekommen!» – Zörgiebels Mannen? Beinah.

Es sind Äußerungen von magdeburger Bahnpolizeibeamten, die nicht etwa ihres Benehmens wegen vor Gericht standen, sondern die, wie das hierorts üblich ist, als Zeugen gegen einen auftraten, den sie verhauen hatten. Aussage stand gegen Aussage – also wurde der «Zivilist» verknackt.

Der bodenlose Unfug, der darin besteht, daß sich jede deutsche Behörde am liebsten eine eigne Polizei halten möchte, um ihre Autorität zu bezeugen, um darzutun, daß ihr die normale Exekutive nicht genüge, um sich aufzublähen, führt zu diesen beschämenden Vorkommnissen. In Magdeburg ist es eine betrunkene Geschichte gewesen ... Wie sich aber in solchen Fällen die Beamten mit dem Gericht in schöner Gemeinschaft benehmen, zeigt auf, daß jenes Element, das unter dem Kaiser eine schmerzliche Scham gewesen ist, noch vorhanden ist.

Die Bahnpolizeibeamten sind angestellte Kleinbürger. Ein strenges Beamtenrecht verbietet ihnen, ihre Energie auf die Durchführung des Klassenkampfes zu verwenden; zum Teil wollen sie den auch gar nicht. Ihre Energie liegt also brach. Das kann kein Mensch ertragen, und so machen sich diese Leute im Dienst wichtig. Bestärkt werden sie darin durch zwei Instanzen.

Die akademischen Schreiber ihrer vorgesetzten Behörde verzeihen zwar niemals, daß ihnen die gehörige Achtung versagt wird – denn die stellt einen Teil ihres Gehalts dar. Bei Übergriffen gegen die «nichtbeamtete Bevölkerung», wie ein Ministerialrat das einmal so schön genannt hat, stehen sie noch für das gröbste Unrecht ein. Das wissen die untern Beamten sehr gut.

Sie wissen aber auch, daß der Autoritätsfimmel am stärksten bei den Richtern ausgebildet ist. Die Unabsetzbaren geben in allen deutschen Strafprozessen zunächst einmal der Autorität recht; wieviel Zivilisteneide eigentlich nötig sind, um einen Beamteneid zu entkräften, ist statistisch noch nicht erfaßt. Einem solchen Prozeß beizuwohnen ist ein schönes, fast sexuelles Vergnügen: Lustempfindungen andrer Menschen haben etwas Bizarr-Aufregendes. Diese Richter fühlen sich mit jedem prügelnden Polizeibeamten solidarisch; dem Volk soll die Autorität erhalten bleiben. Und so kommen diese triumphierenden Freisprüche zustande.

Gegen die viel zuwenig protestiert wird.

Der Deutsche wittert in der fremden Autorität die eigne, die im Bureau, in der Familie, in der Fabrik – und rührt man an die fremde, so fühlt er unmittelbar sich selber bedroht. Immerhin gibt es denn doch eine starke Schicht Menschen, die dergleichen als ekelhaft empfindet. In Magdeburg, wo die Mannen des dortigen Polizei-Präsidenten, des Herrn Bärensprung, munter herumprügeln, regt sich eine sanfte Opposition.

Polizeibeamte sind keine von Gott eingesetzten Autoritäten. Sie haben sich den allgemeinen Gesetzen zu fügen wie du und ich; sie haben die Bahn zu schützen – herumzubrüllen und zu schlagen haben sie nicht. Man leiste bei illegalen Behördenübergriffen ihnen, ihrem System und ihren Richtern Widerstand, wo immer man kann.

«Email»

Ich habe hier einmal einen bösen Schwupper gemacht; daß sich die Setzerkästen nicht gebogen haben! «Emaille» habe ich geschrieben – pfui! Ein guter Leser hat es angemerkt, und ich kroch mit seinem Brief in ein zu diesem Behuf angebrachtes Mauseloch und war eine halbe Stunde ganz klein und häßlich.

Das Wort «Emaille» gibt es nicht. Aber es gibt Wörter, die sind aus Email, nein, aus Zinn, nein, aus Blech, aus billigem, verbeultem Blech. Und weil wir gerade von der deutschen Sprache sprechen, dürfte es an der Zeit sein, einmal ein Wort gründlich zu beleuchten, das sich wie ein ansteckender Pickel in allen Schriftgesichtern ausbreitet. Es ist das Wort «Mensch» – mit den Nebenpickeln: «menschlich» – «Menschlichkeit» – «das Menschliche».

Es gibt kaum noch einen Aufsatz, kaum eine Rede, kein Buch, in dem dieses Modewort nicht zu finden wäre. Sie setzen es vor die Adjektive, um darzutun, daß es sich nicht um Alligatoren, sondern um Menschen handelt: «Er ist menschlich tüchtig»; sie schränken gute und schlechte Noten damit ein: «Er ist als Mensch zuverlässig»; manchmal ist die Vokabel auch ein Lob, was nach den vier Jahren Weltkrieg immerhin einen hübschen Rekord darstellt. Im Französischen erscheint solche Anwendung des Wortes nicht – im Englischen wohl auch nicht. Was haben sie nur –?

Sie dokumentieren damit ein übersystematisches Denken, das zu den allerschwersten Fehlern führt. So sieht die Welt nicht aus – das ist eine Erfindung bureaukratischer Gehirne – es gibt nichts «rein Menschliches». Außer dem Leben des Menschen.

Da haben sie sich ein so bequemes Schema zurechtgemacht: einer ist Richter und Schachfreund und Familienvater und Nationalist. Gut. Und für jeden Kasten bekommt er eine Nummer – und der ganze kleine, der winzige Rest, der da übrigbleibt: – das ist das «Menschliche».

Es hat aber jeder das Recht, den ganzen Kerl so zu nehmen, wie er da ist: als Produkt seiner verschiedenen Tätigkeiten; als Summe seiner Betätigungen; als Schnittpunkt aller seiner Lebenslinien. Untrennbar sind sie – die Trennung ist künstlich. Ein grausamer Strafanstaltsdirektor ist ein grausamer Mensch – ob er zu Hause seinem Kanarienvogel zu fressen gibt und zu seinen Kindern nett ist, ist gleich und ändert nichts, aber auch gar nichts an dem, was er vormittags im Büro mit dem Strafgefangenen getrieben hat. Ein Mensch ist ein Tau, aus vielerlei Fäden gewoben – es geht nicht an, einen, den roten oder den grünen Faden, der sich hindurchzieht, gesondert zu betrachten. Wenigstens führt es zu gar nichts: gewertet wird der Strick. Nicht der bunte Faden. Und das ist recht so.

Wie alle Modewörter hat auch dieses da siebenundachtzig Bedeutungen und zum Schluß keine mehr. (Melodie: «Er ist menschlich schon irgendwie sehr gut.») Der Unfug hat in den letzten Jahren derart überhandgenommen, daß sich ein anständiger Schriftsteller schämen sollte, das Wort noch zu gebrauchen, wenn er es nicht durch den Gebrauch veredelt und neu schafft. In der Tagessprache hat es Bedeutung und Qualität völlig eingebüßt – der weihevolle Klang, mit dem es ausgesprochen wird, steht zu seinem Groschenpreis in keinem Verhältnis. Ein Buch «menschlich» zu nennen, besagt gar nichts – es gibt böse Menschen und gute, und die meisten sind Gemischtwaren. Als Gesamturteil ist das Wort nichtssagend – als abgrenzendes Urteil, das sehr verschmitzt die wahren Niederträchtigkeiten des Objekts aus dem Scheinwerferlicht herausnehmen will, ist es irreführend. Nieder mit dem «Menschlichen»! Es lebe das Sachliche.

«Bismarck als Mensch» – das ist Froschperspektive. Denn seine staatsmännische Tätigkeit machte einen Teil seines ganzen Daseins aus, und der preußische Aberglaube, man könne für die Betroffenen etwas damit entschuldigen, daß man sagt: «Ja, er hat das ja nicht offiziell getan!» ist sehr gefährlich. Man kann viel Unheil damit anrichten und viel Böses verstecken.

Menschliches Leben ist aus einem Stück – so einander widersprechend auch die einzelnen Handlungen sein mögen. Und ist einer im Amt unmenschlich: auch das ist menschlich und gehört dazu und zu ihm.

Lasset uns, o Brüder, dieses Modewort beerdigen, auf daß es nimmer auferstehe. Noch besser: ihr verbrennet es; es ist sicherer. Und die Asche des «Menschlichen» wollet in einen Topf tun –, damit wir in der Preislage bleiben, in einen solchen aus Email.

Kleiner Jubel mit Fransen

Deutsche Unterhaltungslektüre ... das ist wie deutscher Whisky, der schrecklichste der Schrecken. Das Zeug ist deshalb nicht gut, weil sie bei uns fast nie unterhalten können, ohne nach der «höhern» Literatur zu schielen, die ihrerseits gar nicht so hoch ist, wie sie zu sein sich einbildet. Ach, es könnten viel mehr große Autoren bei Knaur für 2,85, mit bunten Bildern für den Zeitungsstand der Bahnhöfe geziert, erscheinen – es wäre gar kein Sakrileg, höchstens eines an der guten Unterhaltungsliteratur.

Sie schrauben sich bei uns zu hoch. Annehmbare und gescheite Schriftsteller mimen die Olympier – je weniger ihnen mit zunehmendem Alter einfällt, desto olympischer werden sie. Die Mitte wälzt Probleme, daß es eine Art hat – aber keine gute. Unten im Souterrain weisen sie den Gedanken weit von sich, mit ihrem Geschreibe den Leuten ein paar freundliche und heitere Abendstunden zu bereiten; sie sind darin sehr deutsch, denn der Deutsche will nicht nur – er will «auch». Die Herren von der Unterhaltungsliteratur wollen auch, wie die Kollegen vom Olymp, dartun, was sie für feine Dichter seien. Neulich haben sie den sonst so gescheiten Ludwig Wolff über Unterhaltungsliteratur befragt; er gab – in der *Literarischen Welt* – eine Antwort, die von Minderwertigkeitskomplexen, von uncharmanter Bosheit und Pike-Pike auf die «Literatur» nur so strotzte. Es war kein schöner Anblick.

Da hätten wir also: «Prinzgemahl» von Philipp Macdonald (bei Th. Knaur in Berlin). Ja, Herren, das ist ganz was anders.

Da ist ein Autor von mittlerer Observanz; der Mann schafft keine Menschen, sondern hantiert, frisch aus dem Kasten, mit glatt lackierten Figurinen, mit kleinen Holzmännerchen, die schon andre vor ihm in der Hand gehabt haben – bewährte alte Puppen. Die hat er also frisch angemalt, und nun spielt er damit. Er kann kleine Geschichten schreiben, und er hat deren sieben geschrieben, eine taugt nichts. Was macht er nun? Er baut einen Rahmen drum herum, ein kleines Theater, er macht eine Kurzgeschichten-Revue. Und wie das gebaut ist, wie das aneinandersitzt, wie es ihm gelungen ist, die Spannung dieses Erzählungswettkampfes – dies der Gedanke seiner Revue – bis zum Schluß durchzuhalten ... wie witzig die kleinen Pointen und wie nett der Schluß ... wieviel Humor ... wie es ihm gelungen ist, durch scheinbare Kritik jede Geschichte, die man mit Freuden zu Ende gelesen hat, scheinbar kaputtzumachen, indem er mit höchst ernsthafter Miene dartut, daß das, was wir da eben gehört haben, nichts tauge, aber auch schon gar nichts ... das ist nun zum Entzükken gar. Diese Leute können eben mehr als die unsern.

Ich überschätze dergleichen gar nicht – es hieße ja, in denselben Fehler verfallen, den wir oben gerügt haben, wenn ich nun den Herrn Macdonald als einen Dichter ausklingeln wollte. Aber gar nicht. Er ist nur ehrlicher als unsre Männerchen.

Man sehe sich die kleinen Zeitungsromane an, die bei uns erscheinen. Von der kleinen Provinz will ich schon nicht sprechen: da machen sie in Vaterland und in Religion und in garantiert indanthrenfarbener Liebe mit Verlobung und dem ganzen Schnäddärädäng.

Wie verlogen aber sind erst die Romänchen, die sich die bessern Herren ausdenken! Welcher Tiefenschmaus! Welches endlose Gerede, weil die Erfindungsarmut der Autoren etwas braucht, um die Spalten zu füllen! Welche Philosopheme! Man hat immer das Gefühl, daß ein älterer Literat nachts auf einem Ball versucht, das Mädchen seiner Wahl mit unendlichem Geschwätz nach Hause zu bekommen.

Er kann nämlich nicht tanzen.

Sie können nicht tanzen. Es sind jene Probleme, für die es gar nicht genug Anführungsstriche gibt – Probleme, die schon bei Herbesthal ihr Ende finden ... die Welt hört nicht zu. (Auch nicht, wenn, wie triumphierend verkündet wird, der Kram ins Englische und Französische übersetzt ist.) Niemand hört zu. Sie schwätzen in einer splendid isolation.

Was den Fall noch besonders verwickelt und die Lektüre dieser ununterhaltenden Lektüre so unleidlich macht, ist der Plapper-Jargon, die Papageiensprache, die sie alle sprechen. Mühelos kann man ein Vokabularium zusammenstellen – es ist für alle das gleiche. Lasset uns gähnen, lieben Freunde. Es sind Individualitäten am laufenden Band.

Lieber ein ehrlicher und sauberer englischer Unterhaltungsroman, als diese Wandervogellyrik, diese falsche Mondänität, die große Welt für den kleinen Moritz und für Frollein Lieschen, Philosophieersatz ohnmächtiger Erzähler. Bildung ist gut. Unterhaltung ist gut. Wie schlecht kann gebildete Unterhaltung sein!

Tell im Tonfilmatelier

Die MIFA beehrt sich, vorzuführen:

Wilhelm Tell

Ein hundertprozentiger deutscher Farben- und Ton-Film mit Reliefwirkung.

Produktion: Erich Pommac
Künstlerische Oberleitung: Generaldirektor Justus Cohn
Gesamtleitung: Arpàd Szégèdin
Musik: Imre Zimches
Beleuchtung: Professor Zeileis
Kostüme: Kasimir Edschmid
Kulissen-Schiebungen: Aros
Bärte: Tristan Bernard
Defizit: Deutsche Bank
Regie: Professor Dr. Max Reinhardt (zur Zeit auf Reisen)
ja, richtig – und
der Text:
Text frei nach dem Original-Drama von Friedrich von Schiller,
bearbeitet von Karl Vollmoeller, Wolfgang Goetz und Thea von Harbou.
Weil aber alles, was auf der Welt geschieht, von einem Herrn Liebmann stammt, so ist auch dieser Text sicherlich von Robert Liebmann.

59. Szene

Wilhelm Tell, ein markiger, hochgewachsener, blonder Mann, also dargestellt von Fritz Kortner, steht finster sinnend an einem Stachelbeerstrauch. Text:

«Was wird hier …? Soll ich … soll ich nicht … Ich bin nämlich der Rächer meines Volkes … dort der Holunderstrauch verbirgt mich ihm … durch diese hohle Gasse muß er … auch ich muß … denn nichtswürdig ist die Nation, die nicht der Brüder denkt im Saargebiet sowie auch der Sudetendeutschen … Ist mein Bogen geladen? Mein Jagdschein … alles da … So lasset uns zuvörderst einen Trunk tun … (Er zieht eine Flasche aus dem Wams und entkorkt sie. Geräusch: mittlerer Pistolenschuß. Er trinkt. Geräusch: Gebirgsbach.)

Ah ... das erfrischte ... Ist mirs doch, als sehe ich mitunter im Geiste junge Burschen vor mir, die, der Sorgen ledig, fröhlich pokulieren ...!»

Lebendes Bild. Drei deutsche Studenten erscheinen mit Recht im Hintergrund und singen, in der linken Hand einen Landesvater, in der rechten einen Salamander: Die Lore vor dem Tore – Geräusch: Männergesangverein.

Der hinterste Hintergrund färbt sich außerordentlich bunt, es erscheint die

Lore vor dem Tore, heute sehr schlecht bei s. Sie will zum Erstchargierten sagen: «Du bist süß!» Man hört: «Du bidd düd!» Sie singt: «Ich bin von Kopf bis Fuß auf Liebä eingäställt ...» Geräusch: Alfred Braun, wenn er heiser ist ...

Die Visiong verschwindet.

Tell: «Still ... man kommt ...!» (Er verbirgt sich.)

60. Szene

Der Vorige. Herr Reichslandvogt Geßler, ein harter kriegerischer Mann: Adele Sandrock, mit etwas Pferd.

Geßler: «Ich bin mir Manns genug. Und was das Volk braucht, ist ein Mann. Siehst du den Hut dort auf der Stange ...? Das war ein Ding! Schießt der dem kleinen Knäblein das Obst vom Kopf! Kompanie ...? Gut, der Mann! (Zum Roß gewandt:) Was wendest du dich zitternd? (Das Roß wiehert. Geräusch: Singende Henny Porten.) Nun, still ... Ich wittere Feinde ringsum ... hier ist nicht gut sein ... Lasset uns entreiten ...»

Ein Pfeil zischt. Geräusch: reißende Bembergseide.

Geßler: «Weh mir – ich bin im Herzen getroffen! Der Pfeil ragt mir hinten wieder raus! Schön durch – wie Elida ... Das war Tells Geschoß!»

Tell tritt murrend aus dem Hinterhalt. (Geräusch: Kegelbahn.) «Ja, das war Tells Geschoß! So sinke denn hin, Versklaver unsres Landes – und frei gebiet ich alle meine Knechte! So sollen alle dahingehen, die gegen die Diktatur für die Pöbelherrschaft wirken ... Schluß mit dem Schmachfrieden von Uznach! Fort mußt du, deine Uhre ... apropos, dort ist ja auch die Lore! So fahr zur Hölle, Vogt! Und frei gebiet ich ... das hatten wir schon –»

Der Vogt bricht jäh zusammen. Geräusch: Alle Neune.

Musik: «Was kommt mir jubelnd zum Halse heraus – das deutsche Vaterland!» Das Volk strömt zuhauf, die gesamte schweizerische Komparserie gruppiert sich um Telln, sie reichen sich die Hände ... Alle treten nach vorn.

Tell (prophetisch, infolgedessen durch die Nase):

«Gott segne unsern deutschen Tonfilm-Murks!
In Staub mit allen Feinden Brandenburgs!»

Fanfaren. Vorhang. Text an der Kasse.

Das böse Gewissen

Jeder Mensch hat seine kleinen Geheimnisse. Jeder Kaufmann verheimlicht, wo er nur kann, seinen Verdienst – wenigstens in Europa tut er das. Die Löwen gehen ins Dickicht, wenn sie sich paaren, nicht etwa, wie die katholische Kirche triumphierend meint, weil sich die guten Tiere, im Gegensatz zu den Bolschewisten, schämten –, sondern weil sie sich in diesem Augenblick wehrlos fühlen. Wenns sehr ernst wird, baut der Mensch einen Paravent um sich auf.

Jeder Staat hat seine großen Geheimnisse. Nicht nur die, die das unentwegt Kaiserlich-Faschistische Reichsgericht mit wilden Spionageprozessen schützt: etwa jeden zweiten Tag wird in Deutschland einer wegen «Verrats» verurteilt – die Staaten haben noch andre Geheimnisse. Eines davon ist die Exekutive, die an den Wurzeln des Staates wacht.

Denn wie kommt es, daß um die Amtszimmer der politischen Polizeiverwaltungen aller Länder eine eigentümliche Atmosphäre weht: ein merkwürdiges Gemisch von Muff und nicht sehr einwandfreien Gerüchen – es ist eine stockig gewordene Luft, wie sie in Bauernstuben gefunden wird, deren Fenster lange Wochen ängstlich verschlossen sind. Ist das überall so –?

Das ist überall so. Überall liegen dicke Riegel vor den Praktiken der Staaten, mit denen sie sich, neben ihren Schulden an die Großfinanz, am Leben halten; die defensive Offensive, die da getrieben wird, ist immer geheim.

Deutschland hat nach dem Kriege zugelernt; seine Polizei kann es zwar noch nicht so schön wie die entsprechenden – natürlich gar nicht existierenden – Organe der Reichswehr ... gegen die Sûreté Générale in Frankreich, gegen deren schmutzige Schwester, die Siguranza in Rumänien, gegen die Polizeiverwaltungen in Italien ist das ja alles noch ein Kinderspiel. Und immer im Dunkel, immer im Dunkel.

Das ist kein Rest atavistischer Scham. Das ist etwas andres.

Es ist das peinliche Gefühl der Beteiligten, die tiefe Unsinnigkeit des «moralischen Staates» zu offenbaren, wenn sie die Türen und die Akten öffneten. Denn hier liegt klar zutage, wie der Staat zwar Ethos und Sittlichkeit von seinen Zwangsabonnenten verlangt, auch in Fällen der Gefahr, grade in Fällen der Gefahr, wie er aber selber auf alle Moral, auf Ethos und auf Sittlichkeit pfeift, wenn es für ihn ernst wird. Dann handelt er so, als ob es für ihn keine Gesetze gebe, und es gibt auch für ihn keine. Seine Not kennt kein Gebot, nicht einmal das von ihm selbst ausgegebene.

Sieht man von den Ereignissen um das Jahr 1919 ab, so kann nicht davon gesprochen werden, daß in Deutschland heimliche Hinrichtungen vorgenommen werden. Zwar berechtigt ein gesetzeswidriger Schießerlaß jeden Polizeibeamten, gegen Fürsorgezöglinge, Handwagendiebe und Radfahrer ohne Laterne die Todesstrafe zu verhängen, aber systematisch, in den Zellen, wird das nicht mehr so einfach exekutiert. Da wird reglementsmäßig schikaniert. Völlig schutzlos sind nur zwei Kategorien: Ausländer und Kommunisten. Kommunistische Ausländer tun gut, sich vor Beginn eines Verfahrens begraben zu lassen – in sämtlichen Ländern. Hier scheint alles erlaubt, hier ist alles erlaubt.

Sanfte Erpressungen; quälende und marternde Haft, ohne Verteidiger, ohne die Möglichkeit, Briefe zu schreiben und Briefe zu empfangen; elende Unterkunft; bohrender Stumpfsinn; Tabakentzug; unbefriedigter Sexualtrieb; Verhöre, Verhöre, Verhöre. Es gehören eiserne Nerven dazu, das zu überstehen.

Und hier ist dem Staat, hier ist den Staaten jedes Mittel recht. Das macht: es gibt in diesen Dingen nicht einmal den Schein eines Rechts; der Ausländer hat, wenn die Verwaltung ihn erst einmal beim Wickel hat, so gut wie keine Möglichkeit, sich zu verteidigen. Wehrlos ist er. Alles, was der Staat beim Privatmann auf das schärfste ahndet, macht er hier in schöner Grausamkeit selber.

Er riegelt aber die Türen vorher zu. Es soll niemand wissen, auf welchen Quadern dieses System von «Sittlichkeit und Gerechtigkeit» ruht, das sich bei Totenfeiern und Denkmalseinweihungen salbadernd seiner selber rühmt, wobei den Ministern das Maul schäumt. Es ist ein ununterbrochener Kleinkrieg, der da geführt wird, und er wird nach sehr einfachen Grundsätzen geführt.

Der Exekutivbeamte höherer Grade hat nur eine Bremsvorrichtung: er schielt auf seinen Vorgesetzten, ob der ihn wohl «deckt». Der deckt ihn immer. Sie decken sich untereinander, in Frankreich, in Italien, in Deutschland und in den USA – kein Popanz von Parlament, keine sogenannte öffentliche Meinung beißt da einen Faden ab. «Dienstliche Erwägungen haben …» – «Eine Nachprüfung hat ergeben, daß völlig im Rahmen der Bestimmungen …»

Und wenn selbst, was unerhört wäre, einmal ein Minister stolpern sollte, weil in seinem Revier ein Fremder halb totgeprügelt, zu Unrecht ausgewiesen, von Frau und Kind getrennt worden ist –: ein Minister geht; die Beamten bleiben. Und sind nur wochentags ihrem Vorgesetzten und sonntags dem lieben Gott verantwortlich, und die lassen beide mit sich reden.

Gegen diese Praktiken der politischen Polizeiverwaltungen ist noch ein bürgerlich-faschistisches Strafverfahren ein Badezimmer an Reinlichkeit. Hinter den heruntergelassenen Rolljalousien der ängstlich bewahrten «Geheimhaltung im staatlichen Interesse» gibt es keine festen Regeln: alles schwimmt; es gibt vielleicht hier und da feststehende Praktiken, die aber beliebig durchbrochen werden können ... das Opfer liegt da wie ein Hund auf der Vivisektionsbank und kann sich nicht rühren. Es kann nur leiden.

Bei manchen Affairen, die durch die Fensterritzen stinken, hat man das Gefühl, daß nichts für die Staatsinteressen getan wird, sondern daß die Beamten ihrem Affen Zucker geben. Was da zum Beispiel mit den «Staatenlosen» getrieben wird, ist eine Schande für diesen lächerlichen Kontinent, dem sie den Horizont mit Fahnenstöcken vernagelt haben. Man hat oft den Eindruck, daß hier einem Baal geopfert wird – die Schreiber sind die Priester, und es sind strenge Priester. Man kann wohl einmal ein Opfer losbitten; dieses Gesindel aber von der tiefen Unsittlichkeit ihres Tuns zu überzeugen, das hat noch niemand vermocht. Der Bildhauer setzt seine Visionen in Ton um – die politische Polizei arbeitet in Menschenmaterial.

Und immer im Dunkel, immer im Dunkel. Es ist ein moralisches Dunkel; niemand wird mehr in Mitteleuropa im Keller bei Fackellicht gefoltert – man braucht allerdings nur zwölf Stunden weit zu fahren, und jeder Balkanstaat könnte, wenn er Mut hätte, dem Besucher zeigen: Unsre Sadisten sind alle in Freiheit, aber sie morden keine kleinen Kinder – wir haben aus ihnen Polizeibeamte gemacht! Gut Naß!

Was aber an gequälten Proletariern durch Europa irrt, ohne

Paß, mit dem falschen Paß, gehetzt und vertrieben, wieviel Leben vernichtet werden, wieviel lebendige Tote durch die Welt taumeln, immer in Furcht und Angst, von den pensionsberechtigten Kopfjägern zu Nutz und Frommen des großen Manitu, des Staates, geschnappt zu werden – und dann wieder ein quälender Transport in menschenunwürdigen Wagen und Eisenbahnabteilen, wieder harte Nächte in dreckigen und verwanzten Lokalen, diesem echten Ausdruck der Staatsidee, wieder Verhöre, Verhöre, Verhöre … Ausweisungen … Abschiebungen … Auslieferungen: das ist ein weites Tränenfeld.

Kein Licht scheint da hinein. Das sittliche Vergehen des einzelnen Beamten ist dabei sehr gering; die Verantwortung ist in lauter klitzekleine Stücke zerteilt, bis sie niemand mehr hat und bis die Kollektivität sie trägt, und diese Verantwortung erscheint nur in Ministerreden. Wieviel Leid ist nötig, damit der Begriff «Italien» lebe! Und das ist in allen Staaten so – in allen, ohne Ausnahme.

Hohl klingt der Boden, auf dem das Staatsauto einherdonnert. Unten, im Dunkel, abgesperrt von den «anständigen Leuten», raschelt es in Akten und schließt an Zellentüren, einer bekommt eine Backpfeife und mancher ein trocknes Todesurteil, das er an sich selber im Chausseegraben eines fremden Landes vollstrecken darf, indem er verhungert … still! es sind die Immertreu-Leute der amtlichen Unterwelt.

Der Staat aber ist der Ausdruck einer sittlichen und moralischen Idee.

Politik und Wirtschaft

«Und wissen Sie, wer an der ganzen Sache schuld ist? Das wer ich Ihnen sagen: die Beamten sind schuld. Oder glauben Sie vielleicht, die Kaufleute sind schuld?»

«Nein.»

«Die Beamten sind schuld. Nur die Beamten. Sehn Sie sich mal diese Verwaltung an – sehn Sie sich das mal an! Sehn Sie da noch was von Treu und Glauben? von Verantwortung? von Rücksichtnahme ...? Es ist reine, als ob wir ihretwegen da sind und die nicht unsretwegen. Oder sind wir vielleicht ihretwegen da?»

«Nein.»

«Sag ich auch. Die Leute ... ich meine ... die Leute müßten ... man müßte jeden einzelnen ... ich meine ... verstehn Sie mich ... jeden einzelnen ... oder glauben Sie vielleicht, da sollte einer 'ne Extrawurst haben?»

«Nein.»

«Sehn Se – *das* ist mein Programm, und da geh ich nicht einen Buchstaben von ab. Nicht einen Buchstaben. Bevor wir das nicht durchgesetzt haben, was ich Ihnen hier eben kurz skizziert habe, vorher wird das nicht besser. Vorher nicht. Glauben Sie vielleicht, daß es vorher besser wird?»

«Nein.»

«Sehn Se mal zum Beispiel in meinem Betrieb. Da reden die Angestellten immer so dicke Töne – die sollten erst mal ... ich meine ... die sollten mal erst unsere Verantwortung tragen. Meinen Sie, es ist einfach? Ich habe erst jetzt wieder acht Mann entlassen. Die Kündigung ist glatt durchgegangen; ich kann mir die Arbeit auch nicht aus dem Boden stampfen. Was? Nein, kann ich nicht. Da hab ich sie eben rausgesetzt.»

«Ja.»

«Sie haben gut reden. Natürlich ... da waren welche dabei, die waren schon jahrelang bei mir ... darauf kann man keine Rücksicht nehmen. Kann man nicht. Kann man heute einfach nicht! Jeder ist sich selbst der Nächste, wie?»

«Ja.»

«Das verstehn Sie nicht. Ich meine ... Jetzt ist da eine faule Sache ... der eine war jahrelang in der Buchhalterei, der hat wohl die Steueraufstellungen zu sehen bekommen

… also für die Steuer … und da hat er neulich eine Andeutung gemacht …»

«Ja.»

«Was wollen Sie damit sagen, Herr? Was wollen Sie damit sagen? Meine Steueraufstellungen sind prima, verstehn Sie mich, primissima, die kann jeder sehen, jeder. Die Steuer kann sie sehen, und ich kann sie sehen, jeder kann sie sehen. Nur eben der Buchhalter – das war nu faul. Wir haben uns aber verständigt; ich hab 'n wieder eingestellt. Trotzdem ich das gar nicht nötig hatte.»

«Ja.»

«Hörn Se mal – Sie sind aber 'n komischer Mensch! Sie ham aber komische Prinzipien … In der heutigen Zeit? Na, hörn Se mal an! Sie sind doch nicht etwa unter die Bolschewisten gegangen! Sie –––»

«Nein.»

«Sie widersprechen sich in einem fort. Vorhin haben Sie Ja gesagt …! Ich kann Ihnen nur das eine sagen: Bevor es nicht besser wird, wird es nicht besser – das ist meine Meinung von der Sache! Und schuld sind die Beamten, die können von uns Kaufleuten noch alle Tage lernen, das sag ich Ihnen, und das ist meine Meinung. Denn wissen Sie, was uns fehlt? Uns fehlt eine Verwaltung, die so ehrlich ist wie wir Kaufleute, und eine Wirtschaft, die so organisiert ist wie die gute alte Verwaltung – und dann sollen Sie mal sehen. Ich bin ein friedfertiger Mensch, aber wenns dann losgeht, da nehm ich die Knarre noch mal auf den Buckel. Ich bin ja Gott sei Dank schon über das Alter raus … aber ich nehm sie auf den Buckel. Und dann holen wir uns unsere Kolonien wieder! Und da machen wir unsere Geschäfte, und was übrigbleibt, das wird verwaltet, und wissen Sie, wer schuld ist an der ganzen Sache? Die Beamten. Und in diesem Sinne habe ich auch gewählt. Denn ich weiß, was ich will – das wissen sie alle, alle –––»

Der Exodus

Da lesen wir manchmal in den Zeitungen:

«Während der Rede des Kommunisten Mittermeyer verlassen die Mitglieder der Regierung und die meisten Abgeordneten den Saal.»

Die Abgeordneten mögen tun, was ihnen Freude macht. Aber die Regierung? Wozu ist eigentlich ein Parlament da?

Jeder Abgeordnete, wer es auch sei, repräsentiert mindestens 60000 Stimmen; die 60000 Leute, die ihn gewählt haben und sosolala seiner Meinung sind, wollen durch ihn im Parlament vertreten sein; er ist ihr Mund. Und wo ist das Ohr –?

Die Regierung glaubt, daß es eine Auszeichnung bedeute, wenn ihre Vertreter geruhen, eine Rede mit anzuhören. Sie irrt. Es ist ihre Pflicht. Ich spreche nicht von den Ausnahmefällen, wo eine ungebärdige Opposition derart schimpft, daß es keinem zugemutet werden kann, zuzuhören. Aber wenn ein KPD-Mann oder ein Nationalsozialist allerschärfste, aber saubere Opposition macht –: wozu habt ihr eigentlich ein Parlament, wenn ihr nicht hören wollt, was Teile der Bevölkerung durch ihre Vertreter zu sagen haben? Es sei dumm? Und ihr wißt es schon? Dann macht die Bude zu. Entweder man hat einen Parlamentarismus oder man hat keinen. Dann macht eine offene Diktatur.

Dieser Parlamentarismus, der längst seine eigne Karikatur geworden ist, erstarrt immer mehr in törichter und leerer Geschäftsroutine. Maßgeblich ist für die Beamten der Regierung nur, was jene Beamten des Parlaments daherreden, die die Mehrheit haben. Der Rest fällt glatt unter den Tisch – so, wie die Meinung der vierzehn Millionen Deutschen, die gegen die skandalöse Fürstenabfindung gestimmt haben, unter den Tisch gefallen und nicht einmal in der Höhe der Abfindung berücksichtigt worden ist. Ist das Demokratie –? Das ist keine.

Dieser Auszug der Kinder Israel erfolgt nun jedesmal,

wenn ein unbequemer Mann auf der Tribüne steht, der keine Mehrheit hinter sich hat, also der Regierung nicht gefährlich werden kann. Solches ist ein Schlag gegen die Wähler.

Bleibt also dem boykottierten Redner nur noch die dünne Zuhörerschaft im Parlament und dann die Presse: der Reichstagsbericht. Und wie sieht der aus –?

Darüber wollen wir Pantern hören.

Fund-Moral

«Wie sagst du, wenn dir die Tante was gibt –?» – Danke schön.

«Was tust du, wenn du etwas gefunden hast –?» – Ich gebe es ab.

Ja, das sind so Kinderlehren ... Wie ist es denn nun in Wahrheit?

Alle öffentliche Moral hängt davon ab, ob die Leute satt zu essen haben oder nicht. Damit fängt es einmal an. Wer – ausgehungert, arbeitslos, verzweifelt – der Versuchung widersteht, wenn er vierzig Mark findet –: der sage es. Sein Name sei gepriesen; ich für meinen Teil getraue mich nicht, andern Leuten die Leviten zu lesen, wenn sie hungrig sind.

Aber wie steht es denn nun, wenn ein Mann oder eine Frau mittlerer Güte etwas findet? Was tun die mit ihrem Fund?

Wenn sie ihn einfach in die Tasche stecken, dann ... nein, das steht gar nicht im Strafgesetzbuch, das muß man erst herauslesen. Die jungen Juristen im zweiten Semester sind sehr stolz, weil sie wissen, daß dies eine «Fundunterschlagung» ist – das beruhigt ungemein. (Siehe jedoch Entscheidungen des Reichsgerichts, Band 19, 38; Band 42, 420 ... siehe lieber nicht.) Also: Fundunterschlagung?

Erster Impuls: Neugier: Was mag das sein? Zweiter Impuls: Abschätzung des Wertes – teils wiegend, teils wägend hält der Finder seinen Fund in der Hand. Tja ... Hier beginnt der Dämon der Habsucht mit dem Engel der inneren Reinheit einen kleinen Tanz ... («Wie können Sie so etwas sagen, Herr Panter! Also ich zum Beispiel ... ich habe neulich in der Untergrundbahn am Halleschen Tor ...» Ja, Sie, gnädige Frau. Sie sind auch ein Engel. Oder Sie sehn wenigstens so aus. Aber verlassen Sie sich drauf: die Welt besteht nicht nur aus Engeln. Das Nähere siehe unter: «Aus den Berliner Gerichten».) Kampf des Teufels mit dem Engel, mit 8-Unzen-Handschuhen, über zehn Runden. Der Teufel tritt gewöhnlich mit einem schweren Handicap an: mit zwei Pfund Gewissensbissen und einer soliden Sache: Wenn es nun rauskommt? So boxen Sie eine kleine Weile, schließlich pfeift der Finder, und ich glaube: gewöhnlich hat der Engel gesiegt, und man gibt den Kram ab. Unentschieden und remis: man legt den Fund wieder hin und hat nichts gefunden. (Doktorarbeit, meinen lieben Eltern gewidmet: was liegt hier vor? Dereliktion ...? Unterschlagung ...? Pfandbruch in Idealkonkurrenz mit leichter Körperverletzung ...? Stelle anheim.)

Man soll wohl abgeben. Es ist anständiger. Außerdem ... haben Sie schon mal was liegen lassen? etwas verloren? Ich habe einmal in Fontainebleau meine Brieftasche mit brav gespartem Reisegeld, zwei Stunden vor der Reise, verloren ... wo, darf man gar nicht sagen, weil es nicht fein ist. Also auf dem Privet. Und als ich es merkte, da tat ich, wie in der Schrift steht: ich zerriß meine Kleider, aber nicht vor Trauer, sondern aus Wut – es war ein scheußlicher Anblick. Und dann klopfte es an die Tür, und es trat ein das Stubenmädchen und sagte, da sei ein amerikanischer Student, ein Zimmernachbar, der wolle mich sprechen.

Er hatte sie. Die Tasche. Ich stand da, begossen wie ein Pudel ... denn nun galt es: es galt, auf englisch danke zu sagen, und außerdem dem Mann ..., nein, das ging nicht ... Ich gab ihm also brav und bieder zehn v. H. für arme Kinder in ... woher stammte der Mann? Ich habe es vergessen. Und er nahm das nicht. Und ich schlich ab. Man soll doch wohl abgeben, was man findet.

Denn der Verlierer hat schon Kummer genug, wenn er seinen Verlust merkt, und man macht, was so selten ist, einen Menschen wirklich glücklich, dem man das Verlorene zurückgibt. Wobei die schulmeisterliche Angewohnheit mancher Finder, den Verlierer nun auch noch ob seiner Unachtsamkeit zu belehren, in einem herrlichen Gespräch Karl Valentins mit Liesl Karlstadt ein für allemal erledigt wird. «Wann soll denn die Frau auf ihr Handtäscherl Obacht geben? Vorher hat sies doch nicht gewußt, daß es ihr gestohlen wird ... Und nachher – nachher wars doch viel zu spät!» – «Dann soll die Frau nicht aufs Postamt gehn, wenn sie nicht Obacht gibt!» dröhnt die Karlstadt. «Dann kriegt's keine Briefmarken», sagt Valentin.

Was findet man denn schon –? Einen Regenschirm; eine Damenhandtasche; eine Aktenmappe ... langweilig ist das.

Was findet man nie –? Einen dressierten Igel. Die schöne Maske der «Inconnue de la Seine» – die suche ich nun schon so lange ... die blaue Mauritius ... nie findet man die Sammlung eines Hof-Pornographen ... schade ist das.

Und die Frage aller Fundfragen stellt sich ja erst in diesem Augenblick, der selten genug sein mag, der aber doch vorkommen kann:

Was tust du, wenn der Fund, so du ihn behältst, dein ganzes Leben ändert? Wenn du also mit der Fundunterschlagung nicht einen Regenschirm mit silberner Krücke, ein neues Vogelbauer, einen Füllfederhalter erwirbst, sondern wenn du 875 647 Mark und 55 Pfennig findest und dich damit zur Ruhe setzen kannst ... endlich deinen Lieblingsbeschäftigungen nachgehen kannst ... morgens nicht mehr so früh aufstehen ... Briefmarken sammeln ... Papageien züchten ... reisen – und du hast die Summe bar vor dir, brauchst also nicht zu befürchten, daß die Sache herauskommt ... alle Scheine durcheinander, kein Nummernverzeichnis ... Porzellandosen sammeln ... zwei Autos ... reisen ... nach den Balearen – und es sind auch noch lauter Dollars! – da stellt sich die Frage der Fragen.

In dubio wird es ja wohl so sein, daß man, wenn man nicht abgibt, einen Kassenboten oder sonst jemand schwer unglücklich macht. Oder daß man einen Kaufmann völlig ruiniert, der so sein Vermögen aus irgendeinem Zufall mit sich herumschleppt. (Das ist neulich vorgekommen: ein Bäckermeister hatte sein Geschäft, also seine ganze Lebensarbeit verkauft, und am Alexanderplatz hat er die Brieftasche verloren.) Ich weiß: es trägt einem nicht viel ein, und ehrlich währt am längsten, bei mir währt es schon sehr lange ... aber man soll doch wohl abgeben.

Nur ... wenn ich eine Ausgabe von Villons Balladen finde: die will ich für mich behalten. Sie sind es gewohnt.

Abreißkalender und kleine Bitte

Unter den dreihundertundfünfundsechzig Abreißkalendern, die nun auf uns herniederrascheln, empfehle ich den «Arbeiter-Kalender 1931» (erschienen im Verlag Carl Hoym, Hamburg–Berlin).

Auch wer kein Arbeiter ist, kann sich den hinhängen. Man soll nicht den Proletarier mimen, wenn man es nicht ist; hier haben sie aber unser aller Sache – alle drei Tage ein Blatt – abgebildet. Gute Tendenz-Fotos, geschickt gemacht, frech, aggressiv und einprägsam. Auf der Rückseite jedes Blattes immer ein höchst lehrreiches Zitat – in kleinen Dosen ist solche Information wenig zeitraubend, man liest das, und man hat etwas davon. Ein guter Kalender.

Mit dessen Anpreisung eine kleine Bitte verbunden sei.

Ich weiß, daß es vielen unsrer Leser, die nicht unter den Millionären zu suchen sind, wirtschaftlich nicht gut geht. Es sind auch gewiß Arbeitslose darunter – und die sind von dieser Bitte natürlich ausgenommen. So schlecht wiederum geht es von den andern keinem, daß er nicht zum Jahresschluß, ohne Rührseligkeit, aber mit kräftigem Herzen, etwas Gutes tun kann.

Ich bin kein Vereinsmensch und mag mich nicht in Dinge mischen, die mich nichts angehn. Wer also bereits eine Hilfs-Institution kennt, die er für gut und sicher hält – der gebe ihr. Wer dergleichen aber nicht kennt, dem kann ich einen Ratschlag geben. Ich gehe mit dem Teller herum und schäme mich nicht. Ihr habt manche Anregung bei uns empfangen, manche Freude und manchen Auftrieb, und ihr habt manchmal, und hoffentlich immer auf Kosten unsrer Gegner, gelacht. Dankbar? Seid nicht uns dankbar.

Die Postschecknummer der Roten Hilfe heißt Berlin 109676. Viele Wenig machen ein Viel.

1931

Die klassische Scheußlichkeit der Sportpreise

Wenn einer, und er kann so schön Tennis spielen, daß die Bälle wie die Flintenkugeln über das Netz schmettern, so schön, daß sich die Raketts biegen und durch die Reihen der Zuschauerinnen ein «Ah –» der Bewunderung läuft ... dann bekommt er einen Preis. Das freut ihn. Uns anderen erscheint solch ein Sportpreis manchmal im Traum –, besonders nach schwereren Eierpuddings, zu denen ein stilloser Wirt uns Rotwein kredenzt hat. Dann tauchen aus dem Dunkel der Nacht die Sportpreise auf: fürchterliche, um und um verzierte Gebilde aus Silber, kein leerer Fleck ist an ihnen; wo der Fuß sein sollte, krümmt sich eine getretene Nymphe, hakenförmige Gebilde umringeln das Ganze, und obendrauf hat der Ornamenten-Vogel noch eins hingeklackst. Das muß so sein –, sonst ist es kein richtiger Preis.

Wer stellt wohl so etwas her? Es müssen Leute sein mit einer gestörten Verdauung und keinem guten Gewissen, böse Menschen, die sich voll Zorn an ihre Arbeit begeben und unter leichten Koliken dergleichen entwerfen. Anders ist das nicht zu erklären.

Vielleicht ist es besonders vornehm, einem Preisträger allemal etwas zu schenken, was er bestimmt nicht gebrauchen kann – das ist eben das Feine daran, würde Andersen sagen. Aber ihm zuzumuten, sich seine Zimmer mit Pokalen vollzustellen, aus denen nur Gespenster trinken können, und auch die nur, wenn sie sich den Hals ausrenken ... das ist doch reichlich viel fürs Geld.

Sportpreise ändern ihr Aussehen nicht. Blättere in alten Zeitschriften, und du wirst da genau dieselben Silbereimer, Pokale, Tafelaufsätze und Schalen sehen ... ich glaube, es sind auch immer dieselben Stücke; wahrscheinlich verkaufen die Gewinner sie heimlich, und dann bekommt sie der nächste. Silber ist geduldig.

Es muß eine geheimnisvolle Krankheit sein. Befallen werden von ihr regelmäßig jene Menschen, die von einer Gruppe dazu ausersehen sind, «unserm lieben und allverehrten ...» ein kostbares Ehrengeschenk zu kaufen. Denn nicht nur die Preise für die Sportleute sind so erhaben schauderhaft, sondern auch die Geschenke, die man ersten Vizepräsidenten, scheidenden Schriftführern, hundertjährigen Filmzensoren und anderen Größen zu überreichen pflegt. Die Kommission begibt sich zu solchem Tun in ein nahe gelegenes Geschäft ... nein, das glaube ich nicht. In Geschäften kann dergleichen unmöglich geführt werden ... die Verkäufer hielten es nicht aus.

Sie begeben sich also in einen düstern Keller. Dortselbst treibt ein geschäftiger Gnom sein Wesen, Tobias Kitschandiewand heißt er; nachts tritt er das gute Silber zu scheußlichen Klumpen, und wenns fertig ist, dann ist es ein Ehrengeschenk. Keine Phantasie der Welt könnte sich ausmalen, was man mit so einem Ding wohl anstellte –, man kann nichts damit anstellen: es schmückt.

Dann kauft es die Kommission; dann prüft es die Gruppe – keiner will sich blamieren, alle finden es sehr schön. Dann naht im Gehrock der rüstige Jubilar, alle räuspern sich, und der Speech donnert auf ihn hernieder. «Fünfundsiebzig Jahre weilen Sie, sehr geehrter Herr Geheimrat, an dieser Stelle – fünfundsiebzig Jahre haben Sie dem deutschen Film zur Sittlichkeit, ja zur Tugend verholfen ... Und so überreichen wir Ihnen denn ...» Und so überreichen sie ihm denn.

Manchmal überleben Jubilare ihr Jubiläum nicht lange – es muß an den Ehrengeschenken liegen. Sportsleute sind abgehärteter.

Ich habe einmal in einer lieben deutschen Stadt die Fotografie eines Ehrengeschenks gesehen, das man dem Direktor eines Gaswerks gemacht hat – ich muß heute noch lachen: so schön war es. Das Ding, das inzwischen verdientermaßen eingeschmolzen ist, war ein silbergeformtes Gewürge, an dem alles, aber auch alles dargestellt war, was überhaupt nur mit Gas zu tun hatte: die kleinen Gnomen, die – husch, husch! – unter der Erde ihr Operettenwesen treiben; die Kohle und die Erde; die Flamme und das Feuer; das Gas und die Göttin des Gases, ich habe aber vergessen, wie die heißt –, es war alles da. Der Jubilar soll das Geschenk gefaßt entgegengenommen haben; jedenfalls sind alle überreichenden Amtspersonen mit dem Leben davongekommen.

Und so legen wir denn der Hochschule für Leibesübungen diese Doktorfrage vor:

«Inwieso haben alle Sportpreise hartkantige Silbergeschwüre, an denen man sich stößt? (Nachgewiesen von Karl dem Großen bis auf die Neuzeit.)»

Zu denken, daß es so schöne Silberarbeiten gibt! So einfache, so edle Stücke! Und wem das zu teuer ist: was machen zum Beispiel die Schweden für schöne Zinnsachen! Wie sauber ist das gearbeitet, wie rein in der Form, wie glatt und karg, ihre ganze Schönheit steckt in den wohlausgewogenen Maßen – und sicherlich gibt es das auch in Deutschland!

Die Sportleute haben etwas Griechisches. Die Sportpreise aber stammen aus dem Barockoko.

Paris in Ordnung

Guten Tag, Paris!

Guten Tag, Herr Fremder!

Ich, ein Fremder? Wo ich doch so lange bei dir . . .!

Guten Tag, Herr Fremder. In Paris gibt es Franzosen oder solche, die es zu sein vorgeben – sie gehören dazu, und das sind keine Fremden. Du aber bist ein Fremder, und wenn du hundert Jahre bei mir lebst. Richtig, es gibt auch einige Pariser, und davon ist die Hälfte aus Korsika. Guten Tag, Fremder. Wie gefalle ich dir? Es ist mir übrigens gleichgültig – aber wie gefalle ich dir?

Unverändert schön. Wenn man so nach zwei Jahren wieder durch deine Straßen geht und alles ansieht ... Du änderst dich nicht. Du wandelst dich – doch du änderst dich, scheinbar, nicht. Die Schutzleute heben den kleinen weißen Stab, der mitunter sehr hart sein kann, genau wie früher; die roten Rubinlämpchen an den Autos blinken auf, dieselben Cafés haben dieselbe Kundschaft, wenn man von den beiden Amüsiervierteln absieht, wo alle Viertelstunde ein neues Lokal aufgetan wird, mit jedesmal ganz anderm Publikum – und alle Monat ist eines eben das schickste, das allerfeinste und das, wohin alles zu gehen hat – heute ist es der «Blaue Engel», wo die wilden Völkerschaften die Verse, in denen sie von Kopf bis Fuß eingestellt sind, mit aufgeweichten Konsonanten mitsingen:

«Isch bin von Kopf bis Fuß
auf Liebe angestellt –»

welch schöner richtiger Fehler!

Heute also ist es der «Blaue Engel», und morgen wird das Ding zweifellos «chez sex-appeals» heißen, denn alles ist vergänglich.

Dieselben Restaurants haben noch dieselben Besitzer, die ernsthaft über ihre Saucen wachen; dieselben Buchläden haben dieselben Leser, und wenn ich zu meiner alten Concierge ginge, so bin ich fest davon überzeugt, daß ihr Mann sie noch prügelt (es gibt eine himmlische Gerechtigkeit), und daß sie noch denselben schwarz-weiß gefleckten Kater hat, und der Kater noch dieselben Flöhe ... es ist alles in Ordnung.

In den Theatern spielen sie noch dieselben Stücke, mit «J'aime, tu aimes, je souffre, tu souffres ...» und wenn es hochmodern zugeht, so sind es gut und gern zehn Vorstellungen gewesen, und auch die Comédie Française steht noch da, weil sich nichts so gut hält wie das ehrwürdige Alter. Dieselbe Seine fließt unter denselben Brücken, dieselben kleinen Blechstimmen der singenden Schauspielerinnen tönen auf den kleinen Bühnen, und nur der Präsident heißt jetzt nicht mehr Doumergue, sondern Doumer, (ça rime sur amer), und sie sind alle, alle noch da.

Bastia ist noch da, dessen Verse immer besser werden – er sagt sie selber auf, mit viel Stockschnupfen und großem Talent. Und der dicke, freche Martini ist Offizier der Ehrenlegion geworden, wohl zur Belohnung dafür, daß er so maßlos unverschämte und witzige Angriffe gegen die Regierung von sich gibt. Republiken muß man schlecht behandeln, dann behandeln sie einen gut.

Alle sind noch da, und neue sind hinzugekommen. Die Falten in den vertrauten Gesichtern sind schärfer geworden, das ist alles. Vieles hat sich gewandelt – die jungen Leute sind wohl anders als ihre Papas, aber das Ganze als äußeres Bild ist geblieben, so, wie es immer gewesen ist. Noch immer ist die soziale Verflechtung dieser Gesellschaftsordnung so unendlich dichtmaschig, daß es für den einzelnen außerordentlich schwer ist, sich hindurchzuwinden – ewig wird es mir ein Rätsel bleiben, wie man in diesem Lande Geld verdienen kann. Die Franzosen indessen verdienen es, aber ihre Hauptkraft besteht doch darin, es nicht auszugeben. Welche Kunst des Geizes! Welcher Zeitaufwand, um dreißig Sous zu sparen! Zeit kostet nichts. Geld kostet viel.

Teurer ...? Ja, Paris, du bist teurer geworden. Ich spreche nicht von deinen Frauen, die, wenn sie nicht nur alles im Schaufenster haben, sich stets sehr vorteilhaft in einen Handel begeben, dessen Regeln genau festliegen und den man mit keinem bösen Fremdwort bezeichnen sollte – doch das ist ein sehr verwickeltes Thema. Das «biftek» (französische Bezeichnung für «unser täglich Brot») steht höher im Preis – die Löhne sind nicht mitgegangen, und dann fehlen die Amerikaner! Die Amerikaner sind nicht da! Ist so viel Glück ausdenkbar! Bei aller schuldigen Sympathie mit dem notleidenden Hoteliergewerbe. Denn wenn die Amerikaner nicht da sind, dann gibt es auch keine Amerikanerinnen, und das ist dann der Himmel auf Erden.

Ja, und die Kolonialausstellung ist eingeweiht, wird jeden Tag einmal eingeweiht, und sie fangen schon an, sie abzubrechen, daß sie wenigstens damit am 15. September fertig werden, denn vorläufig wimmelt es noch von Gerüsten und Baustaub und Arbeitern und Hammergeklopf. Und die Rikschas ... nein, Rikschas gibt es nicht. Man hat sie laufen lassen wollen, doch haben etliche Organisationen gegen die Einführung der «pousse-pousse» protestiert, weil dieses die Menschenwürde verletze. Worüber man auch andrer Meinung sein kann.

Die Sonne scheint. Die Autos rollen. Auf den Fahrdämmen gibt es kleine, mit runden Metallscheiben bezeichnete Übergangsstellen; da müssen die Autos aufpassen, und wenn einer, und er wird da überfahren, dann gilt das nicht, und er hat mit Morgenstern den Trost, daß nicht sein kann, was nicht sein darf. Die Clairons blasen, aber zum Glück wenig. Die Portierfrauen lesen die Post ihrer Mieter. Die Börse brüllt. Neulich ist in einem Nachtlokal ein Franzose gesehen worden – wahrscheinlich wollte er dort die Toilette pachten, denn zu welch anderm Zweck sollte er wohl sonst dahin gehen? Um zwölf laufen alle zu Tisch. Jeder hat vierundvierzig Freunde an Hand, mit denen er des Lebens Herr wird – ohne «combine», ohne einen Dreh wäre das nicht zu machen. Die Hupe gellt. Ein dicker Mann sitzt in einem Hauseingang und raucht über seiner Zeitung. Sein Sohn hat ein Motorrad und ist über Land gefahren, in das alte Frankreich, das ständig ein neues Frankreich wird. Die Frauen sehen eine Spur süßer aus, als sie sind. Nichts ist anders geworden, Paris, es ist alles in Ordnung.

Wann arbeiten die –?

Manchmal, wenn sie mir die Haare schneiden, blättere ich in den illustrierten Zeitungen, die uns vermitteln, wie das Leben, mit Auswahl, aussieht. Da vergeht nun kein Haarschnitt, ohne daß ich Bilder von Festivitäten, Bällen, Routs, Parties, Empfängen und Abendgesellschaften zu sehen bekomme, auf denen (rechts vorn im linken Hintergrund) der Minister Doktor X. zu sehen ist.

Luxus –? Das ist ja dummes Zeug. Die widerwärtige Manier, jedem in der Öffentlichkeit stehenden Mann die Koteletts nachzuzählen, die er ißt, wollen wir nicht mitmachen – das soll nur Goebbeles besorgen, der ohnehin nicht bis drei zählen kann. Aber da ist etwas andres.

Gewiß, diese Männer haben tagsüber viel zu tun. Sie müssen viele Akten lesen, viel diktieren, und, was am ermüdendsten ist, ungeheuer viele Leute empfangen. Nichts macht so müde, wie andre sprechen zu hören, aufzupassen, aufzunehmen, ja und nein sagen zu müssen, entscheiden zu müssen ... Soweit gut.

Aber man muß doch, denke ich mir, von Zeit zu Zeit auch einmal etwas für sich arbeiten! Man kann doch ungestraft nicht immer nur geben; man muß doch auch einmal aufnehmen. Wann tun das diese Männer? Wann arbeiten die –?

Ein praktischer Arzt, der nicht von Zeit zu Zeit einen Kursus zur Erlernung neuer Heilmethoden macht, gerät bald ins Hintertreffen, die Praxis allein tuts nicht. Ein bißchen Theorie braucht jeder. Wann ergänzen diese Minister, Staatssekretäre, Landgerichtspräsidenten, Oberregierungsräte ihr Wissen? Wann arbeiten sie –?

Niemand weiß das. Ich höre Rudi Breitscheid, der so gern möchte und so wenig kann, murmeln: «Er weiß nicht, wieviel grade auf diesen Bierabenden ...» Oh, ich weiß. Diese Politik riecht nach Bierabend; auch ist mir aus andern Ländern bekannt, wieviel und welch wichtige Entscheidungen bei gesellschaftlichen Begegnungen gefällt werden oder doch aus ihnen hervorgehen. Ich weiß, ich weiß. Nur: Mal, einmal muß der Mensch doch auch theoretisch und konzentriert Neues aufnehmen!

Im Sommer? Die Herren sehn nicht so aus. Sie haben so viel «ze tun». Und sie arbeiten so wenig. Es gibt auch eine betriebsame Faulheit.

Und so rollt der Betrieb über sie hinweg, immer weiter, immer weiter. Und leise und bescheiden frage ich mich im stillen Winkel: Wann arbeiten die –?

Tagebuch einer Abneigung

«London», sagte Walter Hasenclever, als er zurückkam, «das ist überhaupt keine Stadt – das ist eine Generalversammlung von Häusern.» Nun, das ist es wohl nicht – aber eine Stadt ist es auch nicht, es ist, vierundvierzig Städte, immer eine an der andern, eine verwickelte, verwinkelte, eigenwillige Sache. Ist London schön –?

Die Frage ist nicht richtig gestellt. Dieser Stadt ist mit dem Impressionismus überhaupt nicht beizukommen. England scheint mir kein Land zum Zusehn – England ist ein Land, in dem man mitmachen muß. Aber ich bin in meinem Leben noch niemals in einem Lande gewesen, wo ich so wenig Lust gehabt hätte, mitzumachen. Auch ohne das, was einer über England gelesen hat, muß er fühlen: dieses Land ist ein großer Klub, mit bestimmten Gebräuchen, Zeremonien, Satzungen – man ist Mitglied, oder man ist es nicht. Ich bin es nicht.

Für den Engländer beginnt der Farbige in Calais. Die Leute sind freundlich, fast alle in ihrer Art hilfsbereit. Doch fühlen sie sich dem Europäer, dem Nichtengländer gegenüber etwa so, wie sich der Weiße vor dem Schwarzen zu fühlen pflegt; es ist da eine Kluft, und keine Brücke der Welt führt hinüber. Es hilft alles nichts. Du kannst es nicht mit Händen fassen, es entgleitet dir, und zurück bleibt diese sonderbare Abneigung, deren ich nicht Herr werden kann, seit ich hier bin. Wie diese Abneigung, die vor und mit den ersten Eindrücken da war, alles färbt! Wie das Resultat schon vorher feststeht, wie ungerecht man ist! Zweimal habe ich auf und davon fahren wollen – aber nichts wie fort! Und dann bin ich geblieben, und ich blicke zurück und frage, doch das Land antwortet nicht. Du hast den Eindruck –: was du hier für dein Geld bekommst, ist, nicht hinausgeworfen zu werden.

Für dein Geld ... Das Land ist teuer, teuer vor allem in jenen Kleinigkeiten, die zwar nicht unbedingt erforderlich sind, die das Leben aber verschönern. Unsinnig und ganz und gar undifferenziert sind die Mieten: jetzt weiß ich endlich, wie es die englischen Bürgerfamilien möglich machen, so viel zu reisen. Sie vermieten ihre Landhäuser sommersüber für viel Geld, für sehr viel Geld. Diese Mieten beginnen bei etwa dreihundertundfünfzig Mark monatlich, Mieten von fünfhundert und achthundert Mark sind durchaus keine Seltenheit. Dafür gibt es dann kleinere und größere Villen, darunter viele, die grauslich eingerichtet sind. Wie überhaupt zu sagen ist, daß der Engländer das, was er auf dem Kontinent für sich verlangt, zu Hause gar nicht hat.

Was er aber hat, sind Qualitätswaren in einer Auswahl, in einer Reichhaltigkeit, von der man sich kaum eine Vorstellung machen kann. Hier habe ich nur einen Rausch bekommen: den Kauf-Rausch. Man möchte ganze Läden auskaufen. In Paris berauscht dich der Frühling, die Stadt, ein schwebendes Nichts – hier berauschen dich zu kaufende Gegenstände. Natürlich ist es unrichtig, wenn da behauptet wird, die englischen Waren seien in Glauchau hergestellt und bekämen nachträglich eine englische Bezeichnung aufgepappt. Das mag für manche Stoffe zutreffen, für die englische Wolle trifft auch dies nicht zu. Es überfällt einen, von der Tabakspfeife bis zur Krawatte, von den Lederkoffern bis zu den Hemden, eine Fülle hochwertiger Waren. Die Preise sind nicht niedrig:

für das, was gegeben wird, nicht hoch. Ein Verständnis für gutes Material herrscht vor, wie wir das nicht kennen. Dazu in den sehr guten Geschäften Londons eine leicht snobistische Betonung des schlichten Handwerks … in dem Hutgeschäft von Lock in der St. James Street sieht es aus wie im achtzehnten Jahrhundert, und es soll auch so aussehn. Ich hatte nie das Gefühl, überteuert zu werden; wenn eine Sache anderswo sechs Schilling billiger ist, dann ist sie eben entsprechend schlechter. Was Qualität ist, das wissen sie. Die Briefmarke klebt. Der Koffer schließt. Der Stahl schneidet. Im übrigen fühlst du in jedem Laden: hinter diesem Lande steht eine Welt.

Das fühlst du auch anderswo.

England ist, für einen Beobachter mit einem Bosheitssplitter im Auge, das Land der alten Weiber. Eine solche Fülle von alten Damen habe ich nirgends sonst gesehn. Sie strömen zuhauf: zu Kirchen-Kongressen, zu Versammlungen, zu Konzerten, ins Theater … mit dieser verwitterten Haut, die wohl darauf zurückzuführen ist, daß der Teint der Engländerin sehr zart ist … da leben sie dahin, und immer sehe ich hinter jeder den Mann, der für sie arbeitet, denn sie arbeiten nicht. Wer arbeitet hier –?

Bei Gott, der Mensch ist nicht für die Arbeit gemacht; das ist ein Vorurteil, von jenen Völkern erfunden, die sich von Natur aus plagen müssen. Nun gut. Aber fahre durch die Villenstraßen Westlondons – wer in aller Welt arbeitet, damit so viele gut leben können? Nicht der Engländer, das ist einmal sicher. Denn so viel gibt es auf dieser Insel trotz allen Exports nicht zu arbeiten. Der Handel? Ja, gewiß. Aber es sind doch in erster Linie fremde, meist farbige Völker, die für diese hier arbeiten – sie haben sie dazu gezwungen, und wenn man denkt, wie rasch so etwas vergessen wird … Das Vermögen, das sich eine Generation um 1850 mit den schlimmsten Gewalttaten von den Fremden erpreßt und zusammengeräubert hat, entfaltet sich im Jahre 1931 milde und sanft-kultiviert.

Die Tochter schreibt gute Romane (in England gibt es Schriftstellerinnen, die nicht die ganze Innung blamieren, sondern die sie heben); ein Sohn sammelt Bibeln, ein zweiter züchtet Blumen und seinen Spleen ... und niemand spricht von dem alten Räuberhauptmann anders als mit dem Ausdruck größter Verehrung. So können sie sich ihre Preise leisten, auf dem Rücken der andern.

England, das ist Venedig. Es ist die mächtige Spitze eines mächtigen Reichs, aufgebaut auf Ländern, die die Engländer erschlossen haben, worauf sich das Wort «erschossen» ganz von selber reimt. Heute, wo es kaum noch nötig ist zu schießen, regieren sie mit jener großen Kunst, alles mit einem Kompromiß zwar nicht zu beendigen, aber doch zu schlichten, eine Kunst, die der Deutsche nie lernen wird. Bei uns heißt es: erst biegen, dann brechen. Der Engländer biegt. Und die andern beugen sich.

Auch die Deutschen beugen sich. Die Anmaßung der Engländer, auf dem Kontinent «Ordnung zu halten», wird als selbstverständliche Basis aller Diskussionen empfunden, während immerhin die Asiaten schon so weit sind, den Engländer zu fragen, was er eigentlich in China verloren habe. Der Deutsche, in seinem grauenvollen antifranzösischen Wahn, fällt geschmeichelt darauf hinein, wenn ein englischer Admiral mit verständnisvollem Gezwinker «Auf die zwei weißen Rassen» anstößt. Und dann geht das Spiel der deutschen Politik weiter, die, nach Bedarf, in London gemacht und verhindert werden kann.

Doch laßt uns nun wieder von den Engländern sprechen.

Die kontinentalen Vorurteile über Engländer sind Vorurteile, und sie sind fast alle falsch.

So reinlich sind sie gar nicht. So hölzern sind sie gar nicht. So praktisch sind sie gar nicht. So großzügig sind sie gar nicht; ihre Polizei nimmt es an Kleinzügigkeit mit jeder europäischen Bureaukratie auf – trägt doch zum Beispiel das Papier für Ausländer die Sparte «Government Service», und da fragen sie dich – dreizehn Jahre nach Kriegsende –, ob du Soldat gewesen bist und wie lange. In Frankreich wird der Fremde das nicht gefragt.

Was ich von den Wohnungen des englischen Mittelstandes gesehn habe, war großenteils schrecklich: Steglitz und demgemäß ein bißchen schmuddlig. Es gibt selbstverständlich bessere Wohnungen, und eine Badewanne haben auch die kleinen alle, aber die ist dreckig. Wir sind gewohnt, uns den Engländer in einem reichen Rahmen vorzustellen, ohne Butler tuts die deutsche Phantasie nicht; von den Bauern in Schottland und den arbeitslosen Kohlenarbeitern wird weniger gesprochen. Mehr von Wimbledon. Diese Maßstäbe sind ganz und gar verkehrt. Aber auch die guten Maßstäbe versagen hier, vielleicht ruft das meinen Widerwillen hervor? Nein, das kann es nicht sein. Da ist wohl noch etwas andres.

So, wie du mit einer Frau nicht befreundet sein kannst, die im Theater nicht über dasselbe lacht wie du ... im englischen Theater ist es ganz furchtbar. Dieses Publikum ist das dankbarste Theaterpublikum, das ich jemals getroffen habe – hier möchte wohl jeder Schauspieler Schauspieler sein. Wie gehen sie mit! wie rauscht es bei jedem zweiten Satz durch das Theater ... und ich sitze dabei und kann nicht lachen und kann mich nicht freuen, mir erscheint das alles albern, kindisch, ohne kindlich zu sein – ich habe dazu überhaupt keine Beziehung. Kenner haben mir versichert, hier seien schöpferische Kräfte der Schauspielkunst am Werke ... vielleicht. Was ihre Musik angeht, so sind sie wohl das sangesfreudigste Volk im weiten Umkreis, aber sie erscheinen mir ganz und gar unmusikalisch. «Das Tragische am mißtönenden Geschrei des Spatzen», hat Hebbel einmal in seinem Tagebuch notiert, «ist, daß es ihn freut und uns unmelodisch klingt.» Ihre Musik hat gar keine Fallhöhe – einmal stand ich auf dem Lande vor einem Häuschen, da sangen sie. Erst hatten sie sich unterhalten. Und sie gingen von der Sprache in den Gesang über wie auf einem Trottoir, der Gesang war ohne Geheimnis, schwunglos, nüchtern, eine Musik ohne Musik. Vielleicht liegt es an meinen Ohren.

Die Ausländer, die hier wohnen, sagen, das sei die klassische Krankheit aller Fremden: erst liebe das Land keiner, nachher wolle keiner mehr fort. Ich will immerzu fort. Man fühlt von den Cricket-Plätzen bis zu den Zeitungen: hier heißt es, alles mitmachen oder abfahren; ein Drittes gibt es nicht.

Mutet uns aber jemand zu, mit diesen englischen Maßen zu messen, die keinem Dezimalsystem angehören und die uns das Leben reichlich erschweren? Dafür gäbe es doch nur einen stichhaltigen Grund, nur einen: mit und bei den Engländern Geld zu verdienen. Ich verdiene aber hier keines. Also sehe ich auch keinen Anlaß, mir dieses Zeremoniell anzueignen, das mir schwerfällig, lästig und nicht angenehm erscheint.

Und es ist ein Zeremoniell, und ein sehr kompliziertes dazu. Das beste Buch darüber, das mir bekannt ist, stammt von Karl Silex und heißt «John Bull zu Hause; Der Engländer im täglichen Leben» (erschienen im Verlag E. A. Seemann in Leipzig). Wer das intus hat, der hats intus – aber ich möchte es gar nicht intus haben. Ich denke, daß man dergleichen einmal sagen darf. Denn:

Das Geprotz der Reiseschriftsteller hat im allgemeinen nachgelassen – die Schule Edschmid ist vorüber. Es ist keine Leistung mehr, nach Bali zu fahren, es ist eine Geldfrage. Und was einer aus seinen Reisen macht, das hängt nicht von der Entfernung ab, kein Talent wächst im Verhältnis der Distanz zum Heimatort. Doch will jeder zweite deutsche Leser noch immer den Reisenden haben, der damit prunkt, daß er, gewissermaßen, das fremde Land besiegt habe: sei es, daß er «denen da» als Deutscher imponiert habe, was meistens gar nicht wahr ist, sei es, daß der Schriftsteller herrliche Beziehungen sein eigen nennt, das hebt den Leser ungemein. Es hängt das mit der tiefen Unsicherheit des Deutschen zusammen, der so gut wie gar keine gesellschaftliche Tradition hat und nun selig ist, sich wenigstens an eine fremde anschließen zu können; dann spielt er Golf in Anführungszeichen. Und ist so englisch, wie es ein Engländer niemals sein wird. Von der Enge, alles auf 1914 zu beziehn, ganz zu schweigen. Der Deutsche ist ein armes Luder: er wundert sich stets, wenn man ihn in fremden Ländern nicht hinter die Ohren haut, und verzeichnet gespitzten Mündchens, ob die fremde Nation auch «deutschfreundlich eingestellt» sei, ein Begriff, den er zu diesem Behufe erfunden hat. Noch heute sehn wir solche Albernheiten bei Reisenden, die nach Frankreich fahren. In Frankreich sind die Deutschen frech; in England sind sie kleinlaut – es imponiert ihnen. So aber kommt man einem Lande nicht nahe.

Die Frage ist hier eine ganz andre. Das erste, was ich getan habe, war, jedes Urteil abzustoppen, oder es doch, drängte es sich auf, deutlich mit meinem Signum zu versehn. Liebe lehrt erkennen, Haß lehrt erkennen –; Gleichgültigkeit nie. Was ist es nur –? In Frankreich wälze ich das Lexikon, weil der Mann im Tabakladen ein Wort gesagt hat, das ich noch nicht kenne. Hier höre ich nicht zu, wenn die Leute etwas sagen – diese Sprache ist mir gleichgültig, und eine Nuance von Widerwillen ist dabei. Was ist es –?

Ein Reisender hat sich gefälligst stets selber zu kontrollieren, er fingiere ja nicht, ein objektiver Aufnahmeapparat zu sein. In jeder Reiseschilderung sind Ressentiments und Liebe gleichmäßig vertreten, wir wollen uns da nichts vormachen. Ressentiment ist es nicht – mir hat keiner etwas getan, und die Unannehmlichkeiten auf der Reise sind hier nicht größer als anderswo, eher kleiner. Doch kommt aus diesen Schaukelpferdaugen kein Strahl des Lichts zu mir herüber – und ich vergelte eine Gleichgültigkeit, die Diskretion sein mag, Stolz, Selbstzufriedenheit und gute Erziehung, alles durcheinander – ich vergelte sie mit Gleichgültigkeit. Das Empire wird ja wohl davon nicht zusammenstürzen. Wie ein Sack, hingesetzt und da steht er, so stehe ich in diesem Lande.

Unheimlich ist das. Eine Informationsreise ist dies nicht,

sie hat nicht den Sinn, etwa die englischen Angestellten-Löhne zu studieren, und so bleibt eine merkwürdige Leere. Die kleinen Härchen auf der Haut richten sich gesträubt auf – was ist es hier? Unter der glatten Fassade, die geschaffen ist, das Leben zu erleichtern, wittre ich eine gebändigte, starke Brutalität – in keinem andern Lande ist die pornographische Literatur des Flagellantismus so groß wie in England. Man fand bei einer londoner Köchin unter ihren versehentlich zurückgelaßnen Sachen einen Haufen von Briefen eindeutigsten Inhalts, den ihr und sich zur Lust ein Verführer geschrieben hatte. Schließlich ist sie dann zu ihm gelaufen. Was besagt das? Nichts, natürlich ... Was ist unterhalb dieser Fassade? Diese Erziehung, die es streng verbietet, Gefühle zu zeigen, scheint die Gefühle verkümmert zu haben, oder sind die im Leben auch so stark wie in dieser außerordentlichen Literatur Englands? Vielleicht. Ich weiß auch, wieviel Lebensklugheit hinter diesen scheinbar albernen Wettergesprächen steckt; wie diese Bräuche und die ein für allemal feststehenden Sitten, die sich nur sehr langsam wandeln, geronnene Weltweisheit sind – sie haben sich als praktisch für das Zusammenleben von Menschen erwiesen, und darum werden sie beibehalten und respektiert. Bei uns fängt jeder für sich immer wieder von vorne an. Und daß es mit dem bis zum Überdruß zitierten «cant» nichts ist, bedarf unter verständigen Leuten keiner Erwähnung; das ist ein Kriegsbegriff wie Heeresbericht oder Papieranzüge. «Der cant», spricht der Weise, «ist die Verbeugung, die das Laster vor der Tugend macht.» Ich weiß das alles – aber immer ist mir hier zumute, wie wenn ich einen zu engen Kragen anhätte.

«Kommen Sie nur auf den Kontinent zurück!» sagen die Anglomanen, «und Sie werden sehn, wie schön England ist!» Ja, wirklich? Ich liebe die Anglomanen nicht. So schön scheint keine Sonne wie in England; so herrlich wird nirgends gelebt, so gut wird nirgends gekocht (und das, also das ist mal bestimmt nicht wahr – Gott segne diese Küche!) – so reich, so mächtig, so wundervoll ... dergleichen reizt; ich habe leise Anwandlungen dieser Krankheit in und für Frankreich gehabt. Gewiß, in England gibt es die mächtigsten Banken der Welt, aber was soll mir das? Man muß mit der Macht der andern nicht protzen. Was also muß man tun –?

Die Wahrheit sagen. Es gibt Leute, die sind unmusikalisch. Es gibt Leute, die haben kein Gefühl für den Norden. Ich für mein Teil verstehe nichts von England, schlimmer: ich spüre nichts. Kein Wind weht, den ich einatmen mag; aus keinem Bach mag ich trinken; von keinem Strand ins Meer laufen; auf keine Wiese mag ich mich werfen und mit den Zähnen die Grashalme ausrupfen: fremd ist mir diese Erde. Sie singt nicht. Sie sagt nichts. Sie nährt mich nicht. Kein Ton in mir schwingt, keine Saite erklingt; ich frage nichts, das Land antwortet nicht, nichts strömt hinüber und herüber, und ich werde froh sein, wenn ich wieder zu Hause bin.

Der kartellierte Zeisig

Bescheiden trippelnd nähert sich unser Herr Zeisig ... *wie? also gut, mein Herr Zeisig ... nein, nähert sich unser Herr Zeisig dem* Bureaudiener *der Andullje-Aktien-Gesellschaft mit beschränkter Haft auf Aktien. Dem Bureaudiener geht der Hintern mit Grundeis; er weiß nicht, ob die Andullje ihm nicht zum nächsten Termin kündigen wird, ein Termingeschäft, das kein tüchtiger Arbeitspender zu verabsäumen pflegt. Doch fragt er den Zeisig grundeisig nach dessen Begehr und tut dann das, was jeder gut geschulte Bureaudiener überall zu tun hat: er läßt ihn warten.*

Der Zeisig *sitzt im Wartezimmerchen und zimmert und wartet. Auf dem Hof schnattern die Schreibmaschinen; man hört, auch wenn man nicht hinhört, wie sie sagen: «Zuunsermgrößtenleidwesendiesezahlungjetztnichtleisten.»* Der Zeisig *nickt – er kennt diese Melodie. Andullje – denkt er.*

Was ist das überhaupt für ein Name? Er ist hierhergekommen, um etwas zu tun, was Zeisige sonst gar nicht machen: er will einen Fühler ausstrecken. Er möchte hören, ob man nicht willens sei, die Kartell-Satzungen zu mildern – die Preise sind zu hoch! Die Andullje könnte, wenn sie wollte ... Wer ist die Andullje? Das weiß man nicht. Es ist eine Art Gottheit, mit einigen irdischen Vertretern, die sich aber meistens vertreten lassen, zum Schluß bleibt dann bloß noch der Bureaudiener übrig, und der kann nichts dafür. Man nennt das eine Interessen-Gemeinschaft. Die Preise sind viel zu ... – «Sie möchten reinkommen», *sagt* der Grundeisdiener, *und* der Zeisig *tut es.*

Hinter seiner Schreibburg residiert Generaldirektor Klempnerskirch, *ein eleganter Wirtschaftsführer von circa 46 Jahren, heute ist es ein bißchen fester, sagen wir: 47. Er hebt seine Augenbraue, das bedeutet: «Ah, der Herr Zeisig!» – er läßt sie wieder sinken, das heißt: «Bitte, nehmen Sie einen Stuhl, aber ohne unser Obligo!»* Der Zeisig *sitzt.*

Generaldirektor Klempnerskirch: Zu unserm größten Leidwesen, mein lieber Herr Zeisig, müssen wir Sie zum nächsten Ersten entlassen.

Der Zeisig: Iche ...

Generaldirektor Klempnerskirch: Entlassen. Die allgemeine Wirtschaftssituation ist für Deutschland derart gelagert, verstehn Sie mich, daß wir wesentliche Rationalisierungsmaßnahmen vorzunehmen uns in die Lage versetzt sehn. Die Lage dauert noch an. Sie werden begreifen, daß es unter diesen Umständen auch für Sie das Beste ist ...

Der Zeisig: Ihr ...

Generaldirektor Klempnerskirch: Unterbrechen Sie mich nicht. Das Unternehmen kann nur gedeihn, wenn alle unsre Mitarbeiter entlassen sind und daher auch ihrerseits Verständnis für die augenblickliche Situation aufbringen. Unsre Einstellung ...

Der Zeisig: Aber ...

GENERALDIREKTOR KLEMPNERSKIRCH: Unterbrechen Sie mich nicht. Die Bereinigung der durch die augenblickliche Krise hervorgerufenen Krise zwingt uns, grade von unsern leitenden Angestellten das Vorletzte zu fordern. Das Letzte fordern wir von unsern Arbeitern. Wie lange waren Sie bei uns im Hause?

DER ZEISIG: Zehn Minuten.

GENERALDIREKTOR KLEMPNERSKIRCH: Was soll das heißen? Wie lange Sie bei uns angestellt sind ...!

DER ZEISIG: Gar nicht. Ich bin hierhergekommen, um mit Ihnen wegen der Kartell-Satzungen zu sprechen. Ich bin gar nicht bei Ihnen angestellt, Herr Generaldirektor!

GENERALDIREKTOR KLEMPNERSKIRCH: Entschuldigen Sie mich, mein lieber Herr Zeisig! Wenn ich einen Menschen seh, entlasse ich ihn – ich bin schon derartig in der Übung ...! Entschuldigen Sie mich, Sie verstehn: die Krise ist gelagert.

DER ZEISIG: Piep. Ich bin also hierhergekommen ... es handelt sich um die Satzungen. Der Zeisig *gluckst, nimmt allen Mut zusammen, dann heraus:* Die Preise sind zu hoch, Herr Generaldirektor!

Dem GENERALDIREKTOR KLEMPNERSKIRCH *fallen die Augen aus dem Kopf; er hebt sie auf und setzt sie wieder ein.* Die Preise sind zu hoch? Ja, was fällt Ihnen denn eigentlich ein? Haben Sie schon mal ein Kartell gesehn, das seine Preise herabsetzt? Immer hoch den Preis –!

DER ZEISIG: Herr Generaldirektor – die Kundschaft kauft nicht mehr. Alle meine Abnehmer sagen mir das. Die Leute sind arbeitslos und können nicht kaufen. Das heißt: kaufen können sie schon, aber sie können nicht bezahlen.

GENERALDIREKTOR KLEMPNERSKIRCH: Sollen sie lieber bezahlen; zu kaufen brauchen sie nicht. Da entlassen wir nun und entlassen, und die Leute wollen immer noch nicht kaufen! Das kann nur börsentechnische Gründe haben.

DER ZEISIG: Steuertechnische vielleicht ...?

GENERALDIREKTOR KLEMPNERSKIRCH: Alles in Deutschland hat steuertechnische Gründe. Lieber Freund, wenn es nach mir ginge, würde ich noch hundert Leute engagieren, damit ich sie am nächsten Ersten entlassen kann. Das wäre gesunde Wirtschaftspolitik! Was wir zum Aufbau brauchen, ist der Abbau – daran ist kein Zweifel. Und da kommen Sie mir mit zu hohen Preisen. *Ein Kopf steckt sich zur Tür herein.* Der Generaldirektor *wird seiner ansichtig und brüllt:* Sie sind entlassen! *Der entlassene Kopf verschwindet.* Kurz und gut, mein lieber Zeisig: es ist nicht daran zu denken. Es sei denn ...

DER ZEISIG: Es sei denn ...?

GENERALDIREKTOR KLEMPNERSKIRCH: Es sei denn, die Regierung entschlösse sich, die Löhne abzuschaffen. Dann könnte man eventuell daran denken, von einer Heraufsetzung der Kartellpreise abzusehn. Aber solange das nicht geschieht, bleiben wir fest, wir und unsre Preise. Merken Sie sich: es kommt nicht darauf an, daß unsre Waren gekauft werden, es kommt darauf an, daß sie hergestellt werden!

DER ZEISIG: Sehr wohl.

GENERALDIREKTOR KLEMPNERSKIRCH: Sie kennen die Grundsätze unsres Kartells: man muß vor allem die Unkosten vermindern. Löhne sind Unkosten. Also. Traurig genug, daß wir überhaupt Arbeiter brauchen! Wissen Sie, was Deutschland werden muß?

DER ZEISIG: Bitte?

GENERALDIREKTOR KLEMPNERSKIRCH: Exportfähig muß es werden. Am besten, man exportierte das ganze Land – das Geschäft möchte ich machen. Was meinen Sie dazu?

DER ZEISIG: Piep.

GENERALDIREKTOR KLEMPNERSKIRCH: Warum sagen Sie in einem fort Piep, Menschenskind?

DER ZEISIG: Ich war früher ein Vogel, Herr Generaldirektor.

GENERALDIREKTOR KLEMPNERSKIRCH: Sie haben einen –! Kommen Sie mir nicht mit Phantastik, Herr – wenn ich das will, lese ich unsre Geschäftsberichte. Was ist –? *Das bezieht sich auf* Fräulein Wagenmitte, *die Privatsekretärin des Generaldirektors. Draußen hat sie soeben einen Teil ihres kärglichen Gehalts, nicht immer geschlossenen Mundes, verzehrt, und dann hat sie sich die Lippen nachgezogen, weil sie etwas Beßres ist, nein, sie ist etwas Beßres, weil sie sich die Lippen nachzieht, und dann ist sie hereingegangen, ein bißchen stören. Sie tuschelt, das hat der Generaldirektor gern.*

Die Wagenmitte: Puschpusch – huschelhuschel – tuscheltuschel …

Der Zeisig *denkt mit dem Solarplexus*: Ob man mal mit der …? Wenn man mal mit der …?

Generaldirektor Klempnerskirch: Schön. Tschuldigen einen Moment, Herr … Herr Zeisig. Bitte schreiben Sie, Frollein. Ähm – an die Zeudag, Magdeburg und so weiter … Innä … Inbeantwortungihreswertenschreibensvomneulichen … Ihnen mit, daß wir eventuell geneigt sind – mm – Ihnen drei Waggon gegen prima … äh … Zeisig, kennen Sie die Liechtensteiner Holding-Gesellschaft?

Der Zeisig, *dessen Gedanken grade der Wagenmitte ganz leise das Hemd hochgehoben haben*: Holding-Gesellschaft?

Generaldirektor Klempnerskirch: Früher eine Dachgesellschaft, jetzt im Keller. Gute Leute; in Deutschland total pleite, also vertrauenswürdig. Kennen Sie nicht? Schreiben Sie, Fräulein Wagenmitte: wir geben nicht. Ich ziehe alles zurück. Nein. Doch nicht. Ja. Doch. Nein. Schreiben Sie: die Andullje liefert, und zwar prompt, und zwar die gewünschten Rohseiden … ich diktiere Ihnen das nachher.

Wie der Generaldirektor «Rohseiden» sagt, fühlt die Wagenmitte, *daß sie im rechten Strumpf ein Loch hat, der Fuß klebt an einer Stelle. Merkwürdig, denkt sie, wer wohl heute Rohseide kaufen kann … Sie entschwindet.*

Generaldirektor Klempnerskirch *sieht ihr nach und sagt*: Müßte man auch entlassen. Also, lieber Zeisig – der langen Rede kurzer Sinn: die Preise sind unantastbar. Erst die

Regierung – dann wir. Vorleistungen gibt es hier nicht! Wir können nicht. Wir müßten Steuern bezahlen; wir hätten unsre Löhne voll ausbezahlen sollen; wir sollten unsre Gläubiger befriedigen –: also haben wir kein Geld. Und Hitler will auch leben. Waren Sie beim Volksentscheid?

Der Zeisig: Ehüm. Nein.

Generaldirektor Klempnerskirch: Sehr unrecht. Das haben wir finanziert, und Sie gehn nicht hin! Hitler ... der ist aus dem Stroh, aus dem die großen Leute gedroschen werden! Wir haben ihn finanziert – das lenkt ab und ist mal auf alle Fälle gut. Hic Rhodos – hic Domino! Sonst finanzieren wir gar nichts. Denn das erste, was ein tüchtiger Geschäftsmann in jeder Krise zu tun hat, ist: Geld anhalten. Nicht auszahlen. Das ist das einzig Wahre. Ich habe mein Geld nicht gestohlen. Meine Arbeiter haben es ehrlich verdient. Preise herabsetzen! Bei dem Diskont?

Der Zeisig: Schließlich haben die Banken ja vorher verdient. Der Absatz ...

Generaldirektor Klempnerskirch: Lieber Freund, wir haben von den guten Zeiten profitiert, jetzt sollen die andern auch von den schlechten profitieren. Absatz! Absatz! Die Industrie hat Dreck am Absatz. Verstehn Sie mich! Die Preise bleiben. Ein Mann – ein Wort. Zwei Männer – vier Wörter. 'n Augenblick mal! *'n Augenblick mal ist eine magische Formel:* der Generaldirektor *sagt es nicht etwa zum Telefon, das geschnarrt hat, weil es zu heiser ist, zu klingeln; er sagt es zum Besucher, der ja nicht klingeln kann. Und telefoniert ausgiebig.* Der Zeisig *freut sich, wie schön rechteckig der Plafond gebaut ist. Als er sich genug gefreut hat, fängt* Generaldirektor Klempnerskirch *das Gespräch erst richtig an.* Dem Zeisig *wird der Plafond langsam oval. Auch schmerzen ihn beim Sitzen seine Hämorrhoiden, die so lästig sind, weil sie kein Mensch richtig schreiben kann. Nun ist der Kirchenklempner soweit.*

Generaldirektor Klempnerskirch: Sie kommen mir

grade so vor wie der Mann, der da vorhin auf Ihrem Stuhl gesessen hat. Sagt der Mann, einer von der Plavag, zu mir, ob ich nicht mein Geld in seine Fabrik stecken will! Ich? Mein Geld? Ich bin doch kein Spieler! Ich trage die Verantwortung, da brauch ich doch nicht noch mein Geld zu riskieren! Der Zeisig *flattert schwach, doch der* Generaldirektor *macht Husch und fährt fort:* Wir brauchen höhere Preise, damit wir billiger herstellen können! Das begreift doch ein Kind! Wir brauchen teure Inlandspreise, weil wir billige Exportpreise haben müssen! Und hohe Zölle, natürlich – damit das Land nicht von fremden Waren überschwemmt wird!

Der Zeisig: Ich bin ruiniert!

Generaldirektor Klempnerskirch: Da kann man nur gratulieren!

Der Zeisig: Was soll ich tun?

Generaldirektor Klempnerskirch: Verschaffen Sie sich eine Geschäftsaufsicht und markieren Sie da den starken Mann, das kann der schwächste! Der Zeisig *will etwas piepen, aber der* Generaldirektor *läßt ihn kein Ei legen.* Und ich sage Ihnen – ich gehe von dem Standpunkt aus: wer nicht ißt, braucht auch nicht zu arbeiten! Wir haben hier, verstehn Sie mich, das Risiko getragen, verstehn Sie mich; wir haben das Risiko getragen, ich habe das Risiko getragen, bis nach der Schweiz hab ich es getragen, und die Anktankte-Staaten sind verpflichtet, verstehn Sie mich, Deutschland Geld zu geben, sonst geht es unter, und jene mit uns! Brüning wirds schaffen, da gibts an der Börse nur eine Stimme, und wenn die Börse was sagt, dann können Sie Gift drauf nehmen; es ist sowieso das einzige, was Ihnen dann noch übrig bleibt.

Der Zeisig: Ist das Ihr letztes Wort?

Generaldirektor Klempnerskirch *hat sich aufgerichtet, ein wenig schräg, die Unterarme sind auf die Sessellehne gestützt, die Faust ist schwach geballt:* Wenn Sie vielleicht glauben, daß sich jemals ein deutscher Industrieller so albern benimmt, wie mich der Herr Hauser hier schildert, da irren Sie sich! Lesen Sie unsre Syndikatsbeschlüsse nach! Wir sind das Mark, was! wir sind die Rückenmärker der deutschen Wirtschaft! Herr Zeisig, ich habe Ihnen nur noch das eine zu sagen, was ich seit Monaten allen Leuten sage: Herr Zeisig, Sie sind entlassen –!

Der Zeisig *riskiert eine zahme Verbeugung, die unbeachtet bleibt, und entflattert. Draußen fällt er beinah über* die Wagenmitte, *die ihn entrüstet von sich abstaubt.*

Auf der Straße vor der riesigen Zwingburg der Andullje steht der Zeisig *und will über den Damm hüpfen. Was müßte man mit diesen Kerlen machen? denkt er. Da naht ein Wagen und fährt ihn beinah um und um. Es ist ein grüner Wagen.* Der Zeisig *sieht ihm gedankenvoll nach. Wenn Sie sich beeilen, können Sie ihn noch stehn sehn –: Tauben- und Jägerstraßen-Ecke.*

Die Kriegsschuldfrage

ist gar keine – für die Welt ist sie längst keine Frage mehr. Jeder deutsche Spezialist könnte zweihundert Artikel fremder Spezialisten zitieren, aber die Massen im Ausland bewegt diese längst erledigte Materie keineswegs. Die Kriegsschuldfrage ist eine lediglich innerdeutsche Sache, erfunden zu Propagandazwecken, erfunden, um vom Wesentlichen abzulenken, nämlich von der Grundfrage alles deutschen Lebens: wer beutet Deutschland aus? Die fremden Mächte nur zum geringen Teil.

Es ist ein beschämender Anblick, das Geheul und Getobe der Studenten zu beobachten, wie sie ununterbrochen auf dieser erledigten und längst entschiednen Frage herumreiten. Es ist, wie wenn man einen Verdauungsvorgang ungeschehen machen wollte. Was wollen sie –? Die Weltgeschichte rückwärts drehen? Aber die antideutsche, zum Teil berechtigte, zum Teil völlig unsinnige Propaganda der Kriegsjahre hat ihre durchgreifende Wirkung getan, und die verständigen und friedliebenden Ausländer schämen sich heute dieses Wahnsinnzustandes und wollen, voller Scham, nicht mehr an ihn erinnert werden. Jede Propaganda auf diesem Gebiet ist wirkungslos und wird es bleiben.

Was Deutschland erreichen kann, liegt auf einem ganz andern Feld. Freilich ist der Vertrag von Versailles, wie jeder Friedensvertrag Diktat des Siegers an den Besiegten, nicht ewig. Doch hat, ein recht alltäglicher Vorgang, dieses Unrecht einen Rechtszustand geschaffen, den man nur mit Gewalt oder durch einen neuen Vertrag abändern kann. Hat Deutschland heute oder morgen diese Gewalt, ihn abzuändern, zur Verfügung? Kein Student will sich das überlegen; noch die lautesten Schreier denken nicht daran, Krieg mit Frankreich zu führen. Sie bilden sich ein, durch Resistenz etwas erreichen zu können, und das ist unrichtig.

Was diesen eingesperrten und sich nur nach Österreich orientierenden Randalmachern immer wieder gesagt werden muß, ist: daß man allein nicht wettlaufen kann. Die andern laufen nämlich nicht mit. Sie verstehen das Geschrei gar nicht; sie werten es vielleicht als das, was es unter anderm auch ist: als ein Zeichen des alten wilhelminischen Ungeistes. Und sie schütteln die Köpfe und leben ihr Leben weiter.

Diese Protestaktionen haben weite deutsche Kreise ergriffen: man kann sich doch von Hitler nicht im Nationalismus schlagen lassen! Man kann. Man muß nur den Mut aufbringen, es zu tun.

Die Schlachten, die in den kleinen Universitätsstädten und in den großen gleichmäßig geschlagen werden, sind von vornherein verloren, soweit das Ausland in Betracht kommt. Es sind Schlachten und Siege gegen einen, der jenen viel verhaßter ist als alle früheren Entente-Staaten zusammen. Gegen einen Deutschen. Gegen den deutschen Arbeiter und Angestellten, der niedergeknüppelt werden soll.

Das da ist ein Komma. So wenig man es als Überschrift verwerten kann, so wenig kann man es, wie wir gleich sehn werden, an einer andern Stelle gebrauchen. Kommen Sie mit auf die Kommajagd –?

Deutsche Interpunktion ist, wenn jeder macht, was er will. Zum Beispiel bei einem der besten Übersetzer aus dem Französischen, bei Ferdinand Hardekopf, so: «Der Alkohol verheert schleichend das Land, und zwar in weit höherem Maße, als die, nur den Konsum der öffentlichen Schankstätten erfassenden Statistiken es erkennen ließen.» Falls es eine Gottheit gibt, die sich mit der Interpunktion befaßt, so wird sie gebeten, ihr Antlitz zu verhüllen. Man lese sich den Satz mit dem Komma vor, und man wird die Spitze hinter «die» fühlen. Und der von mir hochverehrte Hardekopf steht mit diesem Komma nicht allein da. Irgendeine Akademiegröße interpungiert auch so – es ist herzzerreißend.

«Meine, neben diesen äußerlich robusten Bauerngestalten fast schmächtige Figur ...», aber warum muß denn noch dem Auge und dem Atem ausdrücklich kund und zu wissen getan werden, daß dieses dem Substantiv gehörige Adjektiv noch einen Zusatz hat! Es geht doch bei solchen in der deutschen Sprache nicht immer vermeidbaren Längen sehr gut auch ohne Komma, wie diese Beispiele hier zeigen! Ist unser Satzbau noch nicht verzwickt genug? Bei Döblin haben die Kommata die Masern, sie bleiben daher alle zu Hause. Bei Hardekopf wieder hat einer, um das Polgarsche Bild zu gebrauchen, den Text mit der Komma-Büchse bestreut, und jetzt stocken Auge und Atem. Dabei wird das nicht einmal konsequent gehandhabt. Hardekopf schreibt zum Beispiel richtig: «die meiner Verwaltung anvertraute Bewohnerschaft», wobei denn offenbar der bestimmte Artikel nicht durch ein Komma vom Zusatz abgetrennt wird, wohl aber das besitzanzeigende Fürwort. Nein, es ist wirklich nicht schön. Ich warne nur deshalb davor, weil es keine Sprachdummheit gibt, die sich nicht sofort, einer Grippe gleich, ansteckend verbreitet. So hat Döblin etwas Schönes angerichtet: weite Strecken mancher Literatur haben den Kommata-Fraß und die Interpunktionsräude.

Mit allem schuldigen Verlaub. In diesen bewegten Zeiten. Weil wir sonst keine Sorgen haben.

Auf dem Nachttisch

Herr Pietsch, eines von Glaßbrenners himmlischen Geschöpfen, geht außerordentlich besoffen Unter den Linden spazieren. Und rasselt mit seinem Stock eine Ladenjalousie an. «Det kann ick», sagt Pietsch. «Dafor bin ick Mutter.»

Louise Diel «Ich werde Mutter» (bei Carl Reißner in Dresden erschienen). Ja ... Es hat also eine Frau die Gefühle ihrer Mutterschaft beschrieben. Vierhundert Seiten; es steht alles drin, was einer gebildeten Frau durch den Kopf geht, wenn das Kapitel «Schwangerschaft» angeschlagen wird. Ich habe mich bei der Lektüre immerzu geschämt. Kennen Sie das, wenn man sich schämt, weil einer auf dem Podium steckenbleibt? Frau Diel bleibt nicht stecken.

Das Buch ist in der Empfindung sauber, an keiner Stelle kokett. (Die Frau ist verheiratet. Wäre sie es nicht, nie hätte sie den Mut besessen, dieses Buch zu schreiben.) Die dargestellten Gefühle sind wahr, genauso hat die Frau sicherlich gefühlt. Das Buch ist durchaus anständig gemeint. Und es ist von einer so erschütternden Durchschnittlichkeit, daß das Wort Strindbergs als Motto davorstehn sollte: «Wahres Muttergefühl kann nur ein Mann empfinden.» Was wiederum Frau Diel nicht verstehen wird, denn sie liebt doch ihren kleinen Jungen.

Wir werden uns rasch klarmachen, welche Schicht hier spricht, wenn wir das Buch da betrachten, wo es lustig sein möchte. Es ist Geschmackssache: mir verursacht dieser nekkische Familienhumor, der den Arzt durch vierhundert Seiten hindurch «Doktorchen» oder «Doktor» ohne Artikel nennt, etwa jene Gefühle, über die Schwangere mitunter klagen. Ich habe immerzu nachgedacht, warum es beim Zusammenklang meines Nachttisches und dieser Mama einen Mißklang gibt. Jetzt weiß ich es.

Muttergefühle mögen restlos gut sein. Die Beziehung der Geschlechter zueinander ist es mitnichten. Der Partner, sagt ein viel gelesener Kitschfranzose in einem Augenblick der Erleuchtung, der Partner in der Liebe ist immer auch der Feind. Nun waren zum Beispiel die Untertanen der deutschen Landesmutter aus dem Jahre 1910 gewiß keine restlose Freude – sie bekamen ihre Kinder durch Zustellung der Geburtsurkunde oder durch Blütenstaub, jedenfalls nicht auf natürlichem Wege, was man, wenn man sie sah, auch gut verstehn konnte. Doch Gott bewahre uns vor der neuen Ausgabe, für die das alles frei, natürlich, erlaubt, göttlich, menschlich und sonst noch allerhand ist! Das ist ganz furchtbar. Fühlen diese Frauen nicht, wie schamlos sie sind? Sie fühlen es nicht. Es stehen in diesem Buch Dinge, wie zum Beispiel die behaglich angeschnittene Frage, ob man auch während der Schwangerschaft Geschlechtsverkehr pflegen dürfe ... was sagt eigentlich Herr Diel dazu? Findet er das schön, daß seine Frau dergleichen drucken läßt? Ich weiß schon: dem Reinen ist alles rein. Sicherlich. Und dem Flanellnen ist alles Flanell, was gewiß nicht auf die polizeilich gemeldete Frau Louise Diel bezogen werden soll. Eine, die nichts wäre als Hure, wenn die ein Kind bekäme, das ginge nicht gut. Eine, die nichts ist als Mutter, wenn die liebt ... das geht auch nicht gut. Es ist, wie wenn jemand mit Dynamit «Backe, backe Kuchen» macht. Ein Amor, dem seine Mama einen Wickel um den Hals getan hat, damit er sich nicht erkältet.

Eines hat mir einen kleinen Schlag gegeben, das sind die Bildbeigaben des Buches. Sie stammen von Käthe Kollwitz.

Ich kann gar nicht verstehn, daß sie da mitgetan hat. Immerhin: das Buch wird ein beliebtes Weihnachtsgeschenk gebildeter, aber schwangerer Mittelstandsfrauen abgeben.

Über «Berlin, Wandlungen einer Stadt» von Karl Scheffler (erschienen bei Bruno Cassirer in Berlin) wollen wir rasch hinweggleiten. Sein wunderschönes «Berlin, ein Stadtschicksal», das im Jahre 1910 erschienen ist, hat er neu bearbeitet, aber alles, was in dem alten Buch zu Ende formuliert und mit bester Eindringlichkeit gesagt wurde, ist nicht mehr da. Geblieben ist ein Buch über die Museen der Stadt, über ihre Architektur … nirgendwo aber wirken diese Dinge so aufgeklebt wie in Berlin. Ich habe nie verstanden, daß es von Wichtigkeit sein kann, zu untersuchen, wieviel Cézannes dieses Museum hat und wie wenig Liebermänner jenes – das Schefflersche Buch wirkt unendlich vorgestrig, was der Autor keineswegs ist. Es geht allem, was den Berliner von heute brennend interessiert, sorgfältig aus dem Wege und wandelt auf Boskettwegen, die mir auf dem Mond zu liegen scheinen. Mit Berlin hat das Buch nicht viel zu tun.

Drei Kriegsbücher, ein ganzes und zwei halbe.

Das ganze heißt «Im Sturm ums Niemandsland» von dem irischen General Crozier (erschienen bei Paul Zsolnay in Wien). Bereute Roheit, oder: Nächstes Mal machen wir es grade so.

Der Herr General macht sich und uns wenigstens nichts vor. «Auf dem Grunde liegen die zwei toten Deutschen im Stahlhelm, noch immer unbegraben, während zehn Yard entfernt in einem saubern Grab mit grobem Kreuz und frischer Inschrift die menschlichen Überreste des letzten britischen Soldaten der 119. Infanteriebrigade ruhen, der ‹im Kriege gefallen ist, den Krieg zu enden›. Wir lesen die Inschrift: Er starb für sein Vaterland. ‹Was soll mit den zwei Kerlen in dem Loch da geschehn?› fragt Andrews leichthin, ‹ich nehme an, sie starben auch für ihr Vaterland.› – ‹Das schon›, antworte ich, ‹aber unglücklicherweise auf der falschen Seite.›» Das ist Europa, und wir haben dem nichts hinzuzufügen.

Höchstens, daß die britische Nation ihren frühern Welterfolg einem schrankenlosen Nationalismus verdankt, der besonders peinlich schmeckt.

Das Buch hat alle kriegerischen Eigenschaften: es ist stellenweise hochmütig, ungebildet und im Grunde ein bißchen dumm. Wo der Verfasser Ironie gibt, fühlt er das nicht einmal. Wenn er Douglas Haig beschreibt, wie er vorbeireitet, «aufrecht auf seinem Offizierspferd, einen Stahlhelm und eine Gasmaske zur Vorsicht mit sich führend», weil man ja nie wissen kann ... so ahnt er nicht, daß er hier die Karikatur dieser sogenannten Generale aufgemalt hat. Übrigens ist das Buch schlecht übersetzt.

Zwei halbe Kriegsbücher: eines von einem schweizerischen Soldaten, zu lesen braucht man es nicht, aber anblättern und lachen kann man schon. «Marsch im Jura 1916/17» von Max Oederlin (erschienen bei Grethlein & Co. in Zürich). Das Buch ist deshalb so unwiderstehlich komisch, weil dieser Herr Soldat gar nicht gefühlt hat, wie nichtig seine Manöver und Biwakabenteuer neben dem Krieg gewesen sind. Wenn er noch gute Grenzschilderungen gegeben hätte! Nichts davon. Die harten Krieger, die natürlich im Ernstfall genauso gute Soldaten wie die Deutschen gewesen wären, spielen hier schweißgebadet Billard und trinken manches Glas Bier.

Wenn schon von der Schweiz im Kriege die Rede ist, dann halte man sich an andre Zeitdokumente.

«Grenzwachkompagnie 58/III. Lieber Freund! Vier Wochen lang lag ich bei der Ruine Landskron. Es ist in der Nähe von Basel. Von dort aus kam ich ins erste Treffen, weil Franzosen durch das Leimental nach Basel und weiter durch die Schweiz marschieren wollten. Es kam ihnen böse zu stehn. Du kennst meine Ansicht wie ich die Deine. Leider war ich grade auf Patrouille und war der erste, der die roten Hosen bemerkte. Ich hatte nur vier Mann bei mir, was tun? Ich sträubte mich zu schießen, so rief ich die Kerle an, zurückzugehen. Erst verstand die Bande nicht Deutsch, dann kamen sie näher, und plötzlich stoßen sie auf uns. Zwei Kameraden fielen, mich selbst wollte die Gesellschaft lebendig haben. Ich hatte aber keine Lust zum Mitgehen, und Du weißt, ich habe manche Auszeichnung im Schießen geholt. Es ist allerdings ein bitteres Gefühl, schießen zu müssen. Ich glaube nicht, daß es möglich ist, daß die ersten Schüsse treffen können, so besudelt ist man. Zudem kommt man in kalten Schweiß, und erst nach und nach überlegt man genau.»

Das ist zitiert nach den «Kriegsdokumenten», die Eberhard Buchner gesammelt hat (erschienen bei Albert Langen in München, zu einer Zeit, als der Verlag noch nicht nationalistisch war). Diese Bände zu durchblättern, das ist eine sehr nachdenkliche Lektüre. Es wäre möglich, beinah neben jede Meldung die Wahrheit zu setzen; das Ganze wirkt wie das mißtönende Geschrei aus einem Irrenhaus. Eine Fundgrube für Zeitungsleute, die ihre Sache ernst nehmen.

Das zweite halbe Kriegsbuch spielt im sogenannten Frieden und behandelt die «Affaire Zabern». Verfasser ist einer der Beteiligten: der Sergeant Höflich (erschienen im Verlag für Kulturpolitik in Berlin).

Zabern – das ist lange her! Im Jahre 1913 erlaubten sich einige Offiziere Übergriffe gegen die elsässische Bevölkerung, und es ging hoch her: die Presse schäumte, der Reichstag dröhnte, und die Offiziere machten Karriere. Dann zogen alle in den Krieg und hatten Zabern vergessen. Nicht so die Elsässer.

Was der Sergeant in durchaus gemäßigtem Tonfall berichtet, wohlgeschult an kaiserlichen und republikanischen oder sagen wir besser nachkaiserlichen Zeitungen, das zeigt, wie der Apparat immer stärker ist als alle Vernunft. Hier war nun nicht viel Vernunft: so, wenn der Oberst von Reuter, sicherlich nicht einer der schlimmsten, einen Verhafteten anbrüllt: «Wollen Sie gefälligst die Mütze abnehmen vor einem preußischen Oberst!» – wie der Leutnant von Forstner in der Instruktionsstunde sagt ... aber das war schon schwachsinnig, denn grade ein patriotischer Offizier dürfte so etwas nicht sagen: Der Leutnant hatte gelegentlich einer Instruktion über Deserteure geäußert, daß solchen Leuten nichts weiter übrigbleibe, als in der Fremdenlegion Unterschlupf zu suchen. Sie haben dann keine andre Ehre mehr, als unter der französischen Fahne zu dienen. Dann: «Auf diese Fahne könnt ihr scheißen.» Man sollte das auf Fahnen nicht tun.

Der Verfasser, Sergeant Höflich, hatte die Soldaten aufgehetzt, «im Falle der Notwehr» sofort von der Waffe Gebrauch zu machen, als sei geschlagen zu werden für einen Soldaten schimpflicher als für einen andern Menschen – und Forstner hatte hinzugesetzt: «Wenn ihr dabei einen solchen Wackes über den Haufen stecht, schadet das auch nichts, ich gebe euch dann noch zehn Mark Belohnung!» Und Schersant Höflich hinterher: «Und von mir noch drei Mark dazu!» Soweit die kaiserliche Instruktion.

Man kann sich denken, was das im Elsaß, wo die moralischen Eroberungen der Preußen sowieso etwas dünn aussahen, für einen Eindruck machte. «Boche» hörten sie dann nicht gern, aber einen Elsässer «Wackes» nennen – das ist ganz etwas andres. Dann gab es den üblichen großen politischen Klamauk, aber es war ein deutscher Klamauk, und so hatte er keine Folgen. Schant Höflich drückt das in unnachahmlicher Selbstverspottung, deren er sich bestimmt nicht bewußt ist, so aus: «Daß Reichskanzler und Kriegsminister – trotz des mit überwältigender Mehrheit ausgesprochenen Mißtrauensvotums – auf ihrem Posten bleiben durften, ging uns nichts an und war Sache des deutschen Volkes und des Reichstages.» Und so war es denn auch.

Was ist uns das heute noch? Der ahnungsvolle Verleger merkte an, es seien alle Rechte vorbehalten, «auch die der Übersetzung, der Verfilmung und Verwendung für den Tonfilm ...» Das ist es uns heute.

Ludwig Bauer «Morgen wieder Krieg» (erschienen bei Ernst Rowohlt in Berlin).

Das Buch hat ein merkwürdiges Schicksal: soweit ich das übersehen kann, ist es fast ganz totgeschwiegen worden. Warum wohl –? «Emil», sagt ein altes berliner Lied, «Emil mit dem Doppelkinn, du paßt in keene Wieje nich mehr rin!» Dieses außerordentlich gescheite Buch paßt in keine der heute geltenden Kategorien, es ist nämlich mit dem gesunden Menschenverstand geschrieben worden.

Der kommt nicht nur in Sachen Deutschland zu Folgerungen, die nur in Deutschland als fürchterliche Ketzerein gelten. Ich wünschte, eine Hitlerregierung erfüllte wenigstens eine ihrer dreitausend Versprechungen, wenigstens diese eine. Sie rolle die Kriegsschuldfrage noch einmal auf. Was wird sie ernten? Empörung? Grimmigen Widerstand? Innere Einkehr der Feinde, wie diese Nazis glauben, die von Europa nichts kennen? Sie werden auf völlige Verständnislosigkeit stoßen – es wird niemals zu ernsten Verhandlungen kommen, weil es diese Frage nicht mehr gibt. Bauer sagt: «Nehmen wir an, es geschähe ein Wunder, es würden heute zwei Briefe vom Zaren und Poincaré aufgefunden, Anfang Juli 1914 geschrieben, darin stände schwarz auf weiß: wir fallen jetzt über Deutschland her, wir sind glücklich, daß endlich diese Gelegenheit gekommen ist, wir schieben Deutschland die Verantwortlichkeit zu und werden so erreichen, daß alle Welt unser Bundesgenosse wird – nun wohl, was würde dann geschehen? Nichts. Es gäbe eine Sensation, unendlichen Lärm, aber die Mächte würden nicht wieder in Paris zusammenkommen, die alten Grenzen neuerdings herstellen, die Wiedergutmachungen zurückerstatten, die Verträge zerreißen … Denn die Staaten sind nun so, wie sie geschaffen wurden, sie tragen in sich das Recht des Bestehenden. Der deutsche Unschuldsbeweis ist undenkbar, weil es eben keine deutsche Unschuld 1914 gibt; aber sogar wenn er unwiderleglich erbracht werden könnte, würde er nicht mehr bewirken als ein Achselzucken.»

Die Vorschläge, die das Buch macht, um diesen wahnwitzig gewordenen Kontinent zu retten, diese Vorschläge erscheinen mir unzureichend. Eine Propagandastelle etwa gegen die nationale Lüge ... das halte ich nicht für durchführbar. Es ist alles viel zu spät, und man wird das auch niemals tun. Aber die Schilderung des Bestehenden, die Schilderung Europas, so, wie es nun einmal ist, die ist gut gelungen. Es gibt einige deutsche Diplomaten, die wissen Bescheid – sehr intelligent ist der adlige Durchschnitt nicht, aber so dumm ist er wieder nicht, um nicht einigermaßen die deutschen Chancen zu sehn. Sie wissen es. Es gibt Referenten im Auswärtigen Amt, die kennen ihre Verhandlungspartner. Aber gestoßen, geknufft und umbrüllt von den tobenden Stammtischen in Prenzlau und Sangerhausen, in Greiz, Gera und Weimar stehn die Vertreter des Deutschen Reiches im Ausland da wie die Hanswurste: sie sollen etwas erreichen, was niemand erreichen kann. Ludwig Bauer sieht, was kommen wird, erbarmungslos klar – für wen hat er das geschrieben?

Für die Majorität der Deutschen einmal sicherlich nicht.

Für die haben die stärkern Bataillone recht, so sehen sie auch den chinesisch-japanischen Konflikt an – immer feste druff! Doch gilt die Theorie von den starken Bataillonen dann nicht, wenn Deutschland besiegt wird – dann ist Krieg bitterstes Unrecht. Krieg muß sein, aber nur, wenn Deutschland siegt. Wie die dummen Jungen. Und sie freuen sich so, wenn dieser Völkerbund versagt!

Er muß versagen, denn es gibt ihn gar nicht. Bauer setzt auseinander, wie gefährlich die genfer Komödie ist: sie kompromittiert eine gute Idee. Gibt es einen Völkerbund? Es gibt keinen. Das glauben nur noch so brave Pazifisten wie Hans Wehberg – aber die gibt es auch nicht, und so gleicht sich alles im Leben aus. Wir werden uns im nächsten Krieg wiedersprechen.

Der Völkerbund existiert nicht, weil kein Staat auch nur auf ein Partikelchen seiner absoluten Souveränität verzichtet hat – und nur so könnte er entstehen und bestehn. Deutschland hat am allerwenigsten das Recht, ihn zu kritisieren. Wer einen so barbarischen Nationalismus will und bejaht, der mache seinen Krieg und schweige, wenn von Pazifismus die Rede ist.

Ludwig Bauer aber sei allen empfohlen, die sich noch ein Restchen jenes Menschenverstandes bewahrt haben, der heute als Rationalismus und Liberalismus von wild gewordenen Analphabeten angeprangert wird.

Wenden wir uns zum Schluß freundlicheren Dingen zu.

Wenn einer den Schnupfen hat und nicht ausgehn kann oder die Grippe und nicht ausgehn will oder er ist Mutter und kann nicht ausgehn, dann lese er den «Prager Pitaval» von Egon Erwin Kisch (erschienen im Verlag Erich Reiß in Berlin). Das ist ein herrlicher Schmöker! Aus alten Scharteken, aus dem «Pitaval», aus eignen Erlebnissen tut Kisch hier das, was er am besten kann: er erzählt. «Verzähl uns was!» sagen die Kinder, wenn sie sich langweilen. Es ist zu schön. Pracht- und Mittelstück die klassische Darstellung des Falles Redl. Sehr gut, daß er das aufgenommen hat – der Band ist einst bei der seligen «Schmiede» erschienen, deren Inhaber übrigens Schule machen, denn es gibt allerhand Verleger, deren Abrechnungen zu wünschen übriglassen. Was tut der Schutzverband? Er ist uneins miteinander, und so vergeht allen Beteiligten auf das schönste die Zeit. Nein, wir sind keine gefährlichen Arbeitnehmer.

Auf dem Nachttisch liegt noch vielerlei. Aber der Inhaber hat sich in die Kissen zurückgezogen und tut was –? Er schmökert. Er liest E. E. Kisch.

1932

Die Aktenmappe

Heute nachmittag hat sich folgendes begeben: Ich bin mit der Kleinbahn über Land gefahren, zum nächsten Zahnarzt; das ist eine Stunde Fahrzeit. Der Mann hat mir ein Kokainspritzchen gemacht, gebohrt und gehämmert und gezogen und gezerrt, es war sehr schön. Dann schieden wir als gute Freunde, und ich ging, trotz allem, Mittag essen. Dazu trank ich, weil er mir das verboten hatte, zwei Schnäpschen. (Sehr unrecht.) Dann ging ich zum Bahnhof und fuhr nach Hause. Müde ist nicht das Wort. Ich versuchte, einen hochfeinen Gesellschaftsroman zu lesen, der in Hotels spielte, die mich überhaupt nicht hereinlassen – ob es das war oder die beiden Schnäpse, oder das Kokain ... kurz, ich schlief sanft ein. Und wachte erst auf, als das gewohnte Geruckel nicht mehr da war. Ich sah nach dem Namen der Station ... Allmächtiger! Überzieher, Hut, raus. Grade noch ... nein, der Zug hielt noch. Und da sah ich an mir herunter. Und hatte so ein merkwürdiges Gefühl ... Das war nicht mein Überzieher. Der war lila, meiner ist nicht lila. Wie peinlich! Blitzschnell funktioniert das Gehirn: jetzt wird der Zug abfahren, dann gehst du zum Stationsvorsteher, erklärst dem das, der telefoniert an die Endstation, und die Mäntel werden ausgetauscht. Das kann gewiß ... der Zug hielt immer noch. Ich im Zuckeltrab zurück. Mit einem etwas verlegen gemurmelten: «Ich habe da ... entschuldigen Sie ...» zog ich aus und zog ich an; der wahre Besitzer des geraubten Überziehers schlief wohl in einer Ecke, denn die andern Herren grinsten nur etwas teilnahmslos. Raus. Der Zug hielt immer noch. Und da sah ich an mir herunter. Und da hatte ich eine braune Aktenmappe in der Hand! Und das war nicht meine! Denn ich hatte überhaupt keine.

Ich habe sie natürlich zurückgegeben; es war noch Zeit. Aber eine Frage: Nehmen wir einmal an, ich wäre auf der Station nicht bekannt gewesen. Und nehmen wir einmal an, ich wäre arbeitslos. Und nehmen wir einmal an, die Geschichte sei auch noch wahr: wer glaubt einem nachher dergleichen?

Ja, ja ... müde. Und gerade zu Mittag gegessen. Und das Kokain. Gewiß doch. Der Staatsanwalt: «Sind Sie denn mit einer Aktentasche zum Zahnarzt gefahren?» Nein, muß ich da antworten. Der Vorsitzende: «Pflegen Sie denn sonst stets mit einer Aktenmappe zu gehn?» Nein, muß ich da antworten. Nun – das ist alles konstruiert. Zu einem Verfahren wäre es ja nie gekommen – denn ich hätte ja die Mappe gleich beim Stationsvorsteher abgegeben. Ich nehme ja nur einmal dies und jenes an. Und folgere: Wir begehen während des Alltags viele unvernünftige Handlungen. Wir passen nicht auf. Wir tun Dinge, die aber auch nicht den leisesten Sinn haben, jeder von uns. (Daß wir sie nachher gut machen, ist eine andere Sache.) Nun aber: Man soll niemals in einem Gerichtsverfahren Zeugen und Angeklagte von dieser Regel ausnehmen. Und wenn ein Angeklagter oder ein Zeuge solche Dinge vorträgt, die zunächst ganz und gar wahnwitzig anmuten («Sie werden uns doch hier nicht erzählen wollen ...»), dann soll man das erst prüfen. Natürlich gibt es dicke Lügen, die da vorgebracht werden. Was aber die Fehlhandlungen angeht, vor allem die Fehlbeobachtungen ... das geht ins Aschgraue. Seid vorsichtig, ihr Richter! Sei vorsichtig, öffentliche Meinung! Laßt uns vorsichtig sein, alle miteinander! Ich bin jahrelang an einer Tür in unserm Haus vorbeigegangen, ohne sie zu bemerken. Eines Tags bemerkte ich sie. Hätte man mich vor diesem Tag als Zeuge geladen und gefragt: «Ist da unten, an der und der Stelle, eine Tür?» ich hätte unter meinem Eid gesagt: «Nein. Da ist keine Tür.» Geht das nicht jedem manchmal so? Das geht jedem so. Kann jedem so gehn.

Darum, so habe ich mir gedacht, als ich sehr beschämt nach Hause ging, darum sollte man vorsichtig sein, bevor man zu jemand sagt: «Sie lügen! Das ist unmöglich! Sie sind jahrelang an der Tür vorbeigegangen und wollen uns hier weismachen, Sie hätten sie nicht gesehn?» Darum sollte man vorsichtig überlegen, bevor man zu jemand sagt: «Sie fahren da in der Bahn und nehmen eine Handtasche mit, die Ihnen nicht gehört ... und dann wollen Sie uns hier erzählen, Sie hätten das aus Versehn getan? So ein Versehn ist mir noch nicht vorgekommen!» Mir ist es heute vorgekommen.

Expertise

vom Kunstsachverständigen Geheimrat
Professor Dr. Kaspar Hauser

Für Jan Altenburg

Die mir vorgelegten Bilder sind zweifellos Original-Imitationen echter Fälschungen von Van Gogh beziehungsweise seiner Frau.

Das geht schon aus den Farben hervor sowie auch aus den Valeurs. Während die Valeurs in der Jugendzeit des Sammlers diesen einen sogenannten «Schmarrn» angingen, hatte der Sammler während der Blütezeit der Kreugerschen Bildkunst keine andern Sorgen als die Valeurs der ältern italienischen Schule sowie der neuern italienischen Obligationen (gedruckt in Stockholm).

Die Bilder sind also auch falsch. Echt sind, wie so häufig im Kunsthandel, die Preise – diese sind sogar ganz echt. Es ist unfaßlich, wie Kollege Regard de Lunettes (Paris) zusammen mit Mister Twinkle-Eyes (London) diese Bilder auch nur einen Augenblick lang hat für echt halten können. Die Bilder sind echt, also falsch.

Die Bilder müssen echt sein, denn ich habe mich persönlich auf eines der Bilder (Windmühle im Nordatlantischen Ozean) gesetzt und bin kleben geblieben, nämlich beim Kauf.

Die Farben dieses Bildes sind so frisch wie die Bildung eines bessern Kunsthändlers.

Die Bilder müssen daher falsch sein, denn wie schon Geheimrat Justi gesagt hat, wird auf ihnen zu wenig gerungen: es fehlt eben der Ausdruck des Ringens des Künstlers mit seinem Motiv. Kein echter Maler wird mit seinem Motiv, und sei dieses ein Akt, das Ringen unterlassen. Van Gogh war überhaupt ein falscher Maler, also ist Justi echt.

Die in Frage kommenden offenbar doppelt gefälschten Fälschungen sind nicht einheitlich gemalt; sie haben etwas Zweischläfriges an sich. Ich verpflichte mich, wenn ich nur zusehe, wie Van Gogh seine Bilder malt, diese Bilder als unbedingt echt zu erkennen, wobei allerdings der Fall berücksichtigt werden muß, daß Van Gogh mitunter sich selbst kopiert hat, statt andre zu kopieren. Das lag an seinem Geisteszustand: wie pathologisch dieser beschaffen gewesen sein muß, geht ja schon daraus hervor, daß Van Gogh ganz geringe Preise für seine Bilder erzielt hat.

Infolgedessen sind die Bilder echt. Ich befasse mich seit dem Jahre 1372 mit Van Gogh, mein Badezimmer hängt voller angezweifelter Schultze-Naumburgs, und ich kann nur sagen, daß ich noch in den total falschen Bildern einen Geisteshauch der damaligen Börsenkonstellation gefunden habe: die Bilder machen einen durchaus festen Eindruck, gehören also einer vergangenen Epoche an.

Infolgedessen sind die Bilder falsch. Van Gogh hat im ganzen rund zirka 476 Bilder gemalt; davon hängen in der Schweiz 481 – die übrigen sind in deutschem Besitz. Bereits die Prüfung der Fingerabdrücke aller Kunstsachverständigen ergibt, daß keiner von diesen Herren vorbestraft ist. Eine Prüfung der Fälschungen durch das mailänder Blindenheim hat zu überraschenden Ergebnissen geführt; die Expertisen stimmten genau mit denen der hier geladenen Sachverständigen überein.

Infolgedessen sind die Bilder echt. Nur eins weist recht

trübe Farben auf (Veilchenfeld bei Gewitter). Das Bild ist von Van Gogh gemalt worden, als er genau fünfzig Jahre alt war; doch dürfte es sich hier um einen sogenannten falschen Fünfziger handeln.

Infolgedessen sind die Bilder falsch. Ein Tauber kann sehn, was an den Wänden der meisten Kunstsammlungen hängt: das normale Van Gogh-Bild ist eine Kreuzung von einem Spiegel und einer Aktie. Bilder werden um so niedriger gehängt, je höher sie stehen; Kunstsachverständige werden leider selten richtig gehängt.

Der Fälscher hat mehrere seiner Bilder an Laien verschenkt. Es ist und bleibt unerfindlich, was dieser mehr als eigentümliche Schritt eigentlich bezweckt hat. Seit wann geht die Kunst das große Publikum an?

Denn Kritik und Expertise, Sachverständigentum und wahre Sammlerleidenschaft – sie alle hören nur auf eines: auf die Stimme des Herzens, den Kunsthändler und das Gemurmel einer Museumskantine. Und das ist auch alles richtig so. Denn wenn man nicht weiß, was ein Bild kostet: wie kann man dann wissen, was ein Bild wert ist –?

PS. Ich bemerke in letzter Minute, daß ich mich geirrt habe. Die Bilder sind in der Tat echt.

NB. In allerletzter Minute: die Bilder sind so falsch, wie echte Bilder nur sein können.

Neues vom Tage

Der Vorsitzende in dem Prozeß um die Van Gogh-Bilder hat die dienstliche Gestellung eines Würfelbechers beantragt.

Damit dürfte der Streit wohl auf eine für alle befriedigende und vor allem wissenschaftliche Weise beigelegt werden.

Die Unterwelt der Gefühle

Was wir sagen – was wir denken

Anmerkung:

Die *Uhu*-Seite zerfällt durch einen Querstrich in eine obere und in eine untere Hälfte.

Auf der oberen ist die Situation so dargestellt, wie sie sich wirklich abspielt; auf der unteren, etwa lila getönt, in einer schummrigen Traumatmosphäre so, wie die handelnden Personen sich gebärdeten, wenn sie sich ganz frei gehen ließen …

1. Bild

Oben:

Chef, hinter einem Schreibtisch – ernst, aber keineswegs unsympathisch. Vor ihm mit einem Aktenstück ein Prokurist, nicht übermäßig devot.

DER CHEF: «… Na, und was haben Sie nun gemacht?»

DER PROKURIST: «Ich habe den Leuten erklären lassen: Entweder ihr nehmt das Lager so, wie es da ist – oder ihr kriegt gar nichts.»

DER CHEF: «Halte ich nicht für richtig.»

DER PROKURIST: «Herr Direktor – die Leute können zahlen, sie wollen bloß nicht!»

DER CHEF: «Kein Mensch will heute zahlen, und kein Mensch kann heute zahlen. Die Maßnahme war falsch, Ihr Brief war falsch!»

DER PROKURIST: «Nach meinem Gefühl … also … man kann das selbstverständlich auch anders machen …»

DER CHEF: «Natürlich kann man das anders machen.»

DER PROKURIST: «Also schön – machen wirs anders …»

DER CHEF: «Wir schreiben – also das ist ja Wahnsinn, was Sie da haben schreiben lassen! Schreiben Sie einfach: das Lager kann zu den früheren Bedingungen übernommen werden. In einem Monat.»

Der Prokurist: «Ja … das kann man vielleicht auch … Aber wir werden was erleben – ich meine …»

Der Chef: «Wir werden gar nichts erleben, und basta!»

(Prokurist ab)

Unten:

Dieselben Personen, Chef und Prokurist, verachtungsvoll und wutverzerrt einander gegenüber, wild fuchtelnd.

Der Chef: «Daß ich diesen Trottel in meinem Betrieb halten muß …»

Der Prokurist: «Sie Ochse verstehen doch überhaupt nichts vom Geschäft. Wenn Sie mich nicht hätten –»

Der Chef: «Alles bloß, weil mein Schwager diesen Menschen hier reingeschoben hat. Und von dem läßt sich meine Frau den Hof machen! Ich lad ihn nicht mehr ein!»

Der Prokurist: «Keinen Schimmer hat dieser Esel. Nicht eine Kaffeebohne wird hier verkauft – wenn ich nicht wäre.»

Der Chef: «Und blöd! Verärgert einem die Kundschaft mit seiner Arroganz – Briefe schreibt er wie ein Kongoneger. Wenn er bloß erst raus wäre!»

Der Prokurist: «Kommt um halb elf morgens ins Büro und weiß alles besser! Keine Ahnung hat er! Wie der schon aussieht! Wie die Frau diesen Mann hat heiraten können, das ist mir direkt ein Rätsel! Du Hammel, – ich schick den Brief so raus … ich werde die Sache schon besorgen! Kamuff.»

Der Chef: «Wenn er bloß erst raus wäre …!»

Der Prokurist: «Den Mann sollten sie nicht ohne Wärter rumlaufen lassen.»

(ab)

2. Bild

Oben:

Bridgepartie von vier Damen. Spielpause. Alle in angeregter und netter Unterhaltung. Eine sehr schöne Frau; eine sehr häßliche; zwei Durchschnittstypen.

SÜDEN: «Jetzt, wo es vorbei ist, kann mans ja sagen: Sie hätten vielleicht besser nicht gleich reizen sollen!»

WESTEN: «Bridge ist nicht leicht ...»

NORDEN: «Das war schon ganz richtig. Ganz richtig war das. Übrigens – Doktor Hennemeyer ist in Berlin!»

OSTEN: «Kenne ich gar nicht. Ich hab ihn nur einmal flüchtig gesehen ...»

DIE DREI ANDERN: «Soooo –?»

OSTEN (sehr beiläufig): «Ja.»

SÜDEN: «Das Kleid, das Sie da anhaben, ist wieder ganz reizend. Lassen Sie noch immer bei der Düllberg arbeiten?»

NORDEN: «Nein. Das ist ein pariser Modell.»

WESTEN: «Kinder, es ist halb sieben – ich habe noch eine Verabredung – spielen wir weiter!»

Unten:

Dieselben vier Damen – sehr feindselig gegeneinander.

SÜDEN: «Du spielst, meine Liebe – so, wie du alles machst, was du machst ... hervorragend dumm!»

WESTEN: «Ach, jetzt fängt sie wieder mit ihrem Geschwätz nach dem Spiel an! Dabei hat sie keinen Dunst von Bridge!»

NORDEN: «Wenn man so mies ist, soll man sich nicht hinsetzen und andern Leuten Bridge beibringen wollen! Dein Kerl, der Hennemeyer, ist in Berlin! Aber er kümmert sich nicht mehr um dich!»

OSTEN: «Das geht euch einen Schmarrn an. Er wird sich schon um mich kümmern! Übrigens pfeife ich auf den feinen Herrn!»

DIE DREI ANDERN: «Ach, guck mal an! Sie pfeift! Er wird

dir was blasen! Eifersüchtig bist du – auf die Margot! Sie ist jünger. Und eleganter. Und hübscher.»

OSTEN: «Futterneid, meine Damen!»

SÜDEN: «Wo haben Sie denn diesen Ausverkaufsbowel her? Aussehen tun Sie damit –!»

NORDEN: «Und wenn ihr platzt: das ist ein pariser Modell!»

WESTEN: «Das Kleid hat Paris nie gesehn! Und selbst, wenn es eines aus Paris wäre: es weint an dir herunter! Also ich habe die Nase hier voll – noch eine Runde, und dann nichts wie weg!»

3. Bild

Oben:

Junger Mann und junge Dame, er mit Brille – in einem Boot. Er rudert. Sie steuert.

SIE: «Ach –?»

ER: «Ja. Meine Einstellung ist die, daß ich die Natur der Kunst bei weitem vorziehe ... finde ich.»

SIE: «Na, ich weiß doch nicht!»

ER: «Na, zum Beispiel die Musik – hören Sie gern Symphonien?»

SIE: «Ja ... nein ... doch, manchmal ...»

ER: «Also zum Beispiel die Unvollendete von Schumann ... also die ... sehen Sie –»

SIE: «Nein, nicht landen! Wir wollen zurückfahren ...»

ER: «Schon –?»

Unten:

Dieselben beiden Personen; der junge Mann beugt sich stürmisch über die Dame – sie wehrt ab.

SIE: «Huah – ist das langweilig!»

ER: «Jetzt sind wir schon das fünfte Mal auf dem Wasser, und es ist kein Weiterkommen. Wie lange soll das noch dauern? Agathe!»

Sie: «Erstens überhaupt nicht. Zweitens – wenn: mit so einem wie Ihnen?»

Er: «Wunderbar, diese Hände! Und der Hals! Du machst mich verrückt!»

Sie: «Mensch, hör bloß schon mit deinem Gequatsche über Musik auf! Außerdem kannst du nicht rudern!»

Er: «Wo ich doch so gern eine nette Freundin hätte! Agathe!»

Sie: «Na, landen auch noch! Damit er vielleicht wieder liebenswürdig wird! Das hat grade noch gefehlt – Marsch! Nach Haus!»

Er: «Schon? Agathe –!»

4. Bild

Oben:

Vortrag. Ein schöngeistiger Professor; Publikum, das scheinbar andächtig zuhört.

Der Redner: «Ich ersehe aus Ihrer angespannten Aufmerksamkeit, daß Sie mir bis hierher völlig gefolgt sind. Ich komme nunmehr zu den Königsgräbern der achten ägyptischen Königsepoche …»

Das Publikum: «——————————————————»

Unten:

Dasselbe Bild. Der Redner ebenso wie oben – das Publikum: schlafend, flirtend, die Damen schminken sich, einer gibt seiner Nachbarin einen Kuß …

Der Redner: «Ich habe selten einen solchen Auftrieb von Vollblutidioten gesehen! Wozu ihr eigentlich hergekommen seid – das weiß kein Mensch!»

Das Publikum: «Ist das ein Trottel! – Dazu gibt man nun das teure Geld aus! – Langweilig bis dahinaus! – Eine reizende Person, da müßte man mal … – Dieser Lippenstift ist ein Malheur – Krrchch – – Die Leute reden hier so laut, daß man immer wieder aufwacht – Ist der Mann *noch* nicht fertig! – Hübscher Bengel, was starrt er bloß immer diese kleine Person da an; ich bin doch auch noch da! – Wie komme ich bloß hier raus? Hätte ich doch einen Eckplatz genommen! Der Mann hat keine Ahnung! – Krrchch – Das ist doch ... da hinten sitzt doch Lissy und ihr Freund! Lissy! Lissy! – Schrecklich, daß bei solchen Vorträgen immer einer da ist, der redet – Schluß! Schluß! Schluß –!»

Zwecks Lachung

Und wenn man dieser Trostlosigkeit der deutschen Politik entfliehen möchte, nur für ein Viertelstündchen –: da wäre ein Buch erschienen, das, wie es in der Vorrede heißt, «zum Umblättern geeignet ist», und darum handelt es auch von Karl Valentin und heißt «Das Karl Valentin-Buch» (erschienen bei Knorr & Hirth in München. Der Preis ist mir nicht bekannt, aber er ist zu hoch). Es ist ein Bilderbuch, mit sanft irrsinnigen Texten, die von Valentin stammen, sowie mit zwei Aufsätzen über ihn.

Man soll sich seiner Albernheit nicht schämen – die Bilder auf Seite 40 und 41 kann ich nie ansehen, ohne immer wieder so zu lachen, als ob ich sie noch nie gesehn hätte. Das ist aber wirklich erschütternd. Er hat sich als Schwalangschehr fotografieren lassen, er steht da wie ein Apfelbaum im Herbst, gänzlich verblüht, kahl, jedoch in einer Uniform, die ihm etwa zwei Weltkriege zu eng ist, das Gestak der langen Beine wächst aus zwei riesigen Blumentopfstiefeln, es ist ganz ungeheuerlich. Und Valentin als Loreley ... das müßt ihr euch selber ansehn. Worte sagen es nicht, göttlich ist dies Gebild.

Die Bildunterschriften stammen von ihm selber. Zum Beispiel: «Karl Valentin in mimischen Darstellungen.» Erstens: «Schreinermeister.» Zweitens: «Konditormeister» – nicht der leiseste Unterschied, doch der eine hat helle Haare, und der andre hat dunkle sowie einen Kuchen beziehungsweise einen Hobel. In der Mitte: «Feuerwehrhauptmann in Zivil, der in einem Glückshafen einen Blumenstock gewonnen hat», und wenn man das sieht, dann fühlt man: nur so oder ganz anders kann ein Feuerwehrhauptmann aussehn.

Und die Liesl Karlstadt ist fotografiert, seine treue Helferin, von links und von rechts; auch jener herrliche Augenblick findet sich da bebildert, wo sie als Kapellenmeister den Musiker, dem Verstand und Chemisett vorn herausrutschen, zur Rede stellt: «Ja, was seh ich denn da? Sie haben ja gar keine Gläser in Ihrer Brille, Valentin!» – «Seit fünf Jahr schon!» – «Warum setzens denn dann dös leere Gstell auf?» – «Besser is doch wie gar nix.» Und er macht auf dem Bild grade das Gesicht, mit dem er sagt: «Seit fünf Jahr schon!» Ganz dumpf, wie von unter der Erde. Und das von der christkatholischen Kirche verfemte Bild: die Karlstadt als Firmling und er als Vater – lieber Gott, was sie alles mit dir machen! Und manche Bilder sehen aus, als seien sie bei einer Dilettantenvorstellung aufgenommen, und dann steht da plötzlich so ein Satz, wie die arme Reisende den Bahnhofsportier fragt: «Wissens, Herr Eisenbahnbesitzer ...» – Und auf einem Bild sieht man ihn ankommen, mit zwei riesigen Holzlatten, die die Zimmerlampe herunterhauen, es ist vor Weihnachten, und der treusorgende Vater hat für die nächsten zwanzig Jahr «Christbaumbrettln» eingekauft, Holz für die kleinen Hutschen, auf denen der Baum steht, nein, Ordnung muß sein. Einen Baum hat Vater allerdings noch nicht.

Eingeleitet ist das Buch, welches zum Umblättern geeignet ist, von zwein. Der eine, Tim Klein, sagt, es gebe für Aufsätze über Valentin zwei Gefahren: «das Gestrüpp der Metaphysik und das Sichverlieren in Einzelheiten.» Der Berliner habe da ein Wort: «Erzählen Sie keine Opern.» Wir sagen sogar: «Quatschen Sie keine Opern.» Wilhelm Hausenstein, der andre Einleiter, quatscht hier keine Opern; diesmal nur Operetten. Alles hätte so sein sollen wie der erste Absatz, in dem beschrieben steht, wie Valentin das «Meer von Schuckert» auf der Geige vorspielen will, und woran dieses Unterfangen scheitert. Die Herausgeber hatten es so leicht: Alfred Polgar hat diesen Mann (wie so vieles andre) zu Ende beschrieben. Das hätte man nur abdrucken sollen.

Viel schöner als alle gebildeten Texte sind die Bildunterschriften. Unter einem: «Es ist kein Beweis dafür vorhanden, daß nur ein dummer Mensch saublöd ausschaut ...», und wenn man sich kaputt und wieder gesund gelacht hat, dann bleibt noch die Unterschrift zum allerletzten Bild haften, auf dem Valentin hinter einem Tisch steht und den Gegner wild bedroht:

«Sie san net auf uns a'gewiesn, aber mir auf Eahna! Dös müssens Eahna merka!»

Es ist eine völlig närrische Welt, in der dieser da Kaiser, König, Edelmann, Bauer, Sieben, Achte, Neune und Zehne ist – und aus dem Meer dieses Unfugs taucht der Leser auf und blickt auf ein Land, dessen – – – – grade so närrisch sind, aber lange nicht so amüsant wie Karl Valentin.

Eigenhändige Vita Kurt Tucholskys

für den Einbürgerungsantrag zur Erlangung der schwedischen Staatsbürgerschaft

Dr. iur. Kurt Tucholsky Hindås, 22-1-34

Kurt Tucholsky wurde am 9. Januar 1890 als Sohn des Kaufmanns Alex Tucholsky und seiner Ehefrau, Doris, geborene Tucholski, in Berlin geboren. Er besuchte Gymnasien in Stettin und in Berlin und bestand im Jahre 1909 die Reifeprüfung. Er studierte in Berlin und in Genf Jura und promovierte im Jahre 1914 in Jena cum laude mit einer Arbeit über Hypothekenrecht.

Im April 1915 wurde T. zum Heeresdienst eingezogen; er war dreieinhalb Jahre Soldat (die Papiere über seine Militärzeit liegen bei). Zuletzt ist T. Feldpolizeikommissar bei der Politischen Polizei in Rumänien gewesen.

Nach dem Kriege war T. unter Theodor Wolff, dem Chefredakteur des *Berliner Tageblatt*, Leiter der humoristischen Beilage dieses Blattes, des *Ulk*, vom Dezember 1918 bis zum April 1920.

Während der Inflation, als ein schriftstellerischer Verdienst in Deutschland nicht möglich gewesen ist, nahm T. eine Anstellung als Privatsekretär des früheren Finanzministers Hugo Simon an (in der Bank Bett, Simon & Co. in Berlin).

Im Jahre 1924 ging T. als fester Mitarbeiter der berliner Wochenschrift *Die Weltbühne* und der *Vossischen Zeitung* nach Paris, wo er sich bis zum Jahre 1929 aufhielt. Er ist dort Mitglied der «Association Syndicale de la Presse étrangère» gewesen. Seine Carte d'identité liegt bei.

Nachdem T. bereits als Tourist längere Sommeraufenthalte in Schweden genommen hatte (1928 in Kivik, Skåne, und fünf Monate im Jahre 1929 bei Mariefred), mietete er im Sommer 1929 eine Villa in Hindås, um sich ständig in Schweden niederzulassen. (Der Mietvertrag liegt bei.) Er bezog das Haus, das er ab 1. Oktober 1929 gemietet hat, im Januar 1930 und wohnt dort ununterbrochen bis heute. Er hat sich in Schweden schriftstellerisch oder politisch niemals betätigt. Zahlreiche Reisen, die zu seiner Information und zur Behebung eines hartnäckigen Halsleidens dienten, führten ihn nach Frankreich, nach England (Papier anliegend), nach Österreich und nach der Schweiz. Sein fester Wohnsitz ist seit Januar 1930 Hindås gewesen, wo er seinen gesamten Hausstand und seine Bibliothek hat.

T. hat im Jahre 1920 in Berlin Fräulein Dr. med. Else Weil geheiratet; die Ehe ist am 14. Februar 1924 rechtskräftig geschieden. Am 30. August 1924 hat T. Fräulein Mary Gerold geheiratet; die Ehe ist am 21. August 1933 rechtskräftig geschieden. T. hat keine Kinder sowie keine unterstützungsberechtigten Verwandten, die seinen Aufenthalt in Schweden gesetzlich teilen könnten.

Tucholsky hat zu den bestbezahlten deutschen Journalisten gehört. Seit dem Jahre 1931 hat er so gut wie nichts publiziert. Seine in Deutschland befindlichen Vermögenswerte sind laut Bekanntmachung im *Deutschen Reichsanzeiger* vom 25. August 1933 beschlagnahmt worden (Verlagsrechte, Honorare pp.). T. hat ein Konto bei der Skandinaviska Kredit A. B. in Göteborg, seit er in Schweden ist, und ein Konto bei der Schweizerischen Kredit-Anstalt in Zürich, um über Geld auf Reisen verfügen zu können. Er hat keinerlei Schuldverpflichtungen, wie auch die Göteborger Firmen bezeugen können, bei denen er die Einrichtung seiner Wohnung vorgenommen hat und bei denen er seinen Hausbedarf deckt.

Daß T. Angebote von Verlagen und Zeitschriften zur Zeit abgewiesen hat, hängt mit seiner literarischen Entwicklung zusammen.

Tucholsky hat seine literarische Tätigkeit mit einer kleinen Geschichte «Rheinsberg – ein Bilderbuch für Verliebte» begonnen, das im Jahre 1912 in Berlin erschienen ist und heute im 120. Tausend vorliegt. An Büchern hat er bis heute ferner erscheinen lassen:

«Der Zeitsparer». 1913. Vergriffen
«Fromme Gesänge». 1920. Vergriffen
«Träumereien an preußischen Kaminen». 1920. Vergriffen
«Ein Pyrenäenbuch». 1927. 11. Auflage
«Mit 5 PS». 1925. 26. Auflage
«Das Lächeln der Mona Lisa». 1928. 26. Auflage
«Deutschland, Deutschland über alles». 1929. 50. Auflage
«Schloß Gripsholm. Eine Sommergeschichte». 1931. 50. Auflage
«Lerne lachen ohne zu weinen». 1931. 20. Auflage.

Das «Deutschland»-Buch ist im Neuen Deutschen Verlag in Berlin erschienen; «Rheinsberg» bei der Singer A. G. in Berlin – alle anderen Werke bei Ernst Rowohlt in Berlin.

Im Jahre 1913 hat Tucholsky seine feste Mitarbeit an der berliner Wochenschrift *Die Weltbühne* begonnen, die damals noch *Die Schaubühne* hieß; diese Mitarbeit erstreckte sich bis zum Jahre 1931. Dem im Jahre 1926 verstorbenen Herausgeber des Blattes, Siegfried Jacobsohn, verdankt Tucholsky alles, was er geworden ist. Nach dem Tode Jacobsohns hat er das Blatt kurze Zeit selber herausgegeben, um es dann seinem Gesinnungsfreunde Carl von Ossietzky abzutreten.

T. hat sich ferner als freier Mitarbeiter für den sozialdemokratischen *Vorwärts* in Berlin, für die sozialdemokratische *Freiheit*, den *Simplicissimus* und die *Arbeiter-Illustrierte Zeitung* betätigt; er hat gelegentlich im Verlage Ullstein am *Uhu*, an der *Berliner Illustrirten Zeitung* und an der *Dame* mitgearbeitet.

Neben der literarischen Arbeit hat sich T. vom Jahre 1913 bis zum Jahre 1930 als Pazifist schärfster Richtung in Deutschland betätigt. Seine Betätigung in dieser Richtung bewegte sich im Rahmen der Gesetze – er ist nicht bestraft. T. hat in Deutschland und in Frankreich durch zahlreiche Vorträge für die deutsch-französische Verständigung zu wirken versucht; er hat gegen die Kriegshetzerei gearbeitet, wo er nur konnte: mit feinen und leisen Mitteln in der Kunst und mit den gröbsten für die Massen. In diesem Kampfe ist es ihm um die Wirkung zu tun gewesen, und diese Wirkung ist bei Freund und Feind gleich stark gewesen. Da die öffentliche Meinung, wenn die Geschäfte nicht gut gehn, gern alles, was ihr nicht paßt, als «bolschewistisch» ansieht, so wurde T. mitunter als Kommunist bezeichnet. Das ist unrichtig: er war nach dem Kriege Mitglied der unabhängigen sozialdemokratischen Partei, und nach deren Verschmelzung mit der sozialdemokratischen Partei Mitglied der SPD. Andern Partein hat er nicht angehört.

Solange sich T. an Deutschland gebunden fühlte, hat er als Deutscher und in Deutschland das, was er dort für nicht gut hielt, kritisiert. Seine publizistische Tätigkeit hat im Jahre 1931, also lange *vor* der Machtergreifung der Nationalsozialisten, ihr vorläufiges Ende gefunden. Trotzdem wurde ihm zwei Jahre später die deutsche Staatsangehörigkeit aberkannt. Die Aberkennung erfolgte wegen der pazifistischen Tätigkeit Tucholskys; sie hat ihren Grund ferner in einem Angriff, den T. im Jahre 1931 in Versen gegen einen der Führer der Nationalsozialisten gerichtet hat. Die Aberkennung geschah unter Angriffen des deutschen Propagandaministeriums auf Tucholsky, die jedes Maß, das unter zivilisierten Menschen üblich ist, überschritten haben. Eine Antwort auf diese Angriffe ist von seiten Tucholskys nicht erfolgt.

Die Aberkennung der Staatsangehörigkeit beruft sich auf ein Reichsgesetz vom 14. Juli 1933. T. hat sich weder seit diesem Tage noch überhaupt zur Machtergreifung durch die Nationalsozialisten öffentlich geäußert. Die Aberkennung der Staatsangehörigkeit, die als Strafe gedacht ist, stellt also einen Rechtsbruch dar, einen Bruch des obersten Grundsatzes aller Strafjustiz: nulla poena sine lege.

Dr. Tucholsky ist im Begriff, seine schwedischen Sprachkenntnisse zu vervollkommnen. Er hat den Wunsch, die schwedische Staatsangehörigkeit zu erwerben, falls dies zulässig ist.

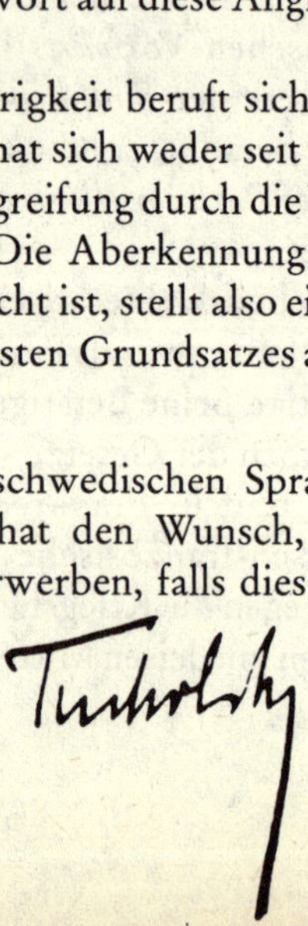

Anhang

Textnachweis

Bei den in dem vorliegenden Ergänzungsband abgedruckten Texten ist in der letzten Spalte die Seitenzahl angegeben. Die nicht aufgenommenen Texte sind mit einem Strich kenntlich gemacht. Für alle Texte ist die Originalveröffentlichung nachgewiesen.
Die nachfolgende Übersicht erklärt die im Textnachweis verwendeten Abkürzungen.

Bücher, Zeitungen, Zeitschriften

8	8-Uhr-Abendblatt, National-Zeitung, Berlin
AIZ	Arbeiter-Illustrierte Zeitung, Willi Münzenbergs Zeitungs- und Verlagskonzern, Berlin
Alman.	Almanach 1920, Buchverlag Rudolf Mosse
And. Zt.	Die Andere Zeitung, Hamburg
Berl.	Die Berlinerin, Ball-Almanach des Vereins Berliner Presse, 1929
BIl.	Berliner Illustrirte Zeitung, Verlag Ullstein
Bl. Heft	Das blaue Heft, Freie Deutsche Bühne, herausg. von Max Epstein
Bl. Vog.	Der blaue Vogel, Russisch-Deutsches Theater, Dezember 1921 bis Dezember 1922, Berlin
Br.	Bremer Volkszeitung
BT	Berliner Tageblatt, Verlag Rudolf Mosse
Büch. Sch.	Die Neue Bücherschau, Berlin, herausg. von Gerhart Pohl
BVZ	Berliner Volkszeitung, Verlag Rudolf Mosse
DAD	Das Andere Deutschland, Hagen/W. und Berlin
Dame	Die Dame, Verlag Ullstein
Dra.	Der Drache, herausg. von Hans Reimann
Dres.	Dresdner Volkszeitung
Dt. Pr.	Deutsche Presse, Berlin; Organ des Verbandes der deutschen Presse
Dt. Rfk.	Der Deutsche Rundfunk
Europe	Europe, Revue mensuelle, Paris
Film	Der Film und seine Welt, Reichsfilmblatt Almanach 1933

Flieger	Der Flieger, Artillerie-Fliegerschule Ost
Frei.	Freiheit, Berliner Organ der Unabhängigen Sozialdemokraten Deutschlands
Frft.	Frankfurter Zeitung
Fried.	Die Friedenswarte, Blätter für internationale Verständigung und zwischenstaatliche Organisation, Berlin
Fr. W.	Freie Welt, herausg. von Felix Stössinger
Funk	Funkstunde, Zeitschrift der Berliner Rundfunksendestelle
Hamb.	Hamburger Echo
Ich	Eine Zeitschrift von und für Menschen, Hamburg
Jg. Paz.	Mitteilungen der Jung-Pazifisten, Jugendorganisation der Deutschen Friedensgesellschaft, Bund der Kriegsgegner
Ju.	Jugend, Monatsbeilage der Volksstimme
Kaho.	Karlshorster Anzeiger
Kunst.	Der Kunstwart, herausg. von Ferdinand Avenarius
LBB	Licht-Bild-Bühne
Lit.	Die Literarische Welt, Berlin
Lose Bl.	Die losen Blätter der «Dame», Gratisbeilage der «Dame», Verlag Ullstein
März	März, eine Wochenschrift, März Verlag, München, gegründet von Albert Langen und Ludwig Thoma
Me.	Die Menschheit, herausg. von Fritz Röttcher, Wiesbaden
Merker	Der Merker. Österreichische Zeitschrift für Musik und Theater, herausg. von Dr. Richard Batka und Richard Specht
Mitt.	Der Mittag, Düsseldorf
Mo.	Der Montag im Osten
Morg.	Berliner Morgenpost, Verlag Ullstein
Neue Gen.	Die Neue Generation, Berlin
NWi.	Neues Wiener Journal
Orplid	Orplid
Östl.	Volkszeitung für die östlichen Grenzlande
Pan	Pan, Wochenschrift, herausg. von Alfred Kerr
Pl.	Die Pleite
Plakat	Das Plakat
Pol. Litt.	Pologne Littéraire, Revue mensuelle, Varsovie
Pr. Tg.	Prager Tagblatt, Prag

RP	Republikanische Presse, Artikel, Information und Feuilletondienste für republikanische Tageszeitungen, Berlin
SB	Die Schaubühne
Schall	Schall und Rauch, Schriftleitung Peter Panter
Schrift.	Der Schriftsteller, Zeitschrift des Schutzverbandes Deutscher Schriftsteller, Berlin
Simpl.	Simplicissimus
Stach.	Das Stachelschwein, herausg. von Hans Reimann, Berlin
Tem.	Tempo, Verlag Ullstein
Uhu	Der Uhu, Das neue Monatsmagazin, Verlag Ullstein
Ulk	Ulk, Wochenbeilage zum Berliner Tageblatt, Verlag Rudolf Mosse
Var.	Das Organ der Varietéwelt
Volk.	Volksbühne, Zeitschrift für soziale Kunstpflege
Vorw.	Vorwärts
Voss.	Vossische Zeitung, Verlag Ullstein
WaA	Die Welt am Abend, Willi Münzenbergs Zeitungs- und Verlagskonzern, Berlin
WaM	Die Welt am Montag, Unabhängige Zeitung, Berlin
WB	Die Weltbühne
Werk Verl.	Arno Holz und sein Werk, Deutsche Stimmen zum 60. Geburtstage, Werk Verlag, Berlin
ZiB	Zeit im Bild
Zirk.	Zirkus Berlin (Die Stadt im Taumel), Bilder Berliner Lebens, Almanach Verlag, Berlin

Buchausgaben

Dt. Dt.	Deutschland, Deutschland über alles, Neuer Deutscher Verlag, Berlin 1929

Abkürzungen des Autorennamens

P. P.	Peter Panter
Th. T.	Theobald Tiger
I. W.	Ignaz Wrobel
K. H.	Kaspar Hauser
K. T.	Kurt Tucholsky

Titel	Autor
Abrechnung	I. W.
Abreißkalender	
Es gibt keine ...	P. P.
Abreißkalender und kleine Bitte	
Unter den...	K. T.
Abstecher nach München	P. P.
Achtung!	I. W.
Max Adalbert	P. P.
Aenn Häusinger	P. P.
Affentheater	P. P.
Aha!	I. W.
Als ich zum erstenmal Rundfunk hörte	
(s. u. Rundfrage)	K. T.
Als Vagabund um die Erde	K. T.
Alte Filme	P. P.
Alte Plakate	I. W.
Alte Schauspieler	P. P.
Alte Wandervögel	I. W.
Alte Zeitungen	P. P.
Am Strande	I. W.
Amüsiervergnügen	P. P.
An die alten Soldaten	I. W.
An die Jungen	I. W.
An Lora	K. T.
Anatole-France-Dämmerung	P. P.
Anekdoten	
Und aber ründet sich...	P. P.
Anekdoten	
Wenn in Berlin ein guter Witz...	anonym
Angenehmes – Unangenehmes. Das Jahrhundert	
des Tieres *(s. u. Rundfrage)*	P. P.
Anglikanische Pastöre	P. P
Antworten	
Betr. Fritzi Massary	Kurt T.
Antworten	
Betr. Hans Landsberg	K. T.

Buch Zeitung Zeitschrift	Nr. u. Seite	Datum	Original-buchver-öffentl.	Seite unserer Ausgabe
WB	16/632	20.4.26		508
WB	51/945	20.12.27		–
WB	51/925	16.12.30		784
Voss.		8.8.26		534
WB	12/457	22.3.32		–
WB	21/576	15.5.19		112
WB	9/285	26.2.20		–
WB	21/590	26.5.21		–
Ich	7/–	Aug./Sept. 21		260
Dt. Rfk.	–/2472			–
Pr. Tg.		9.6.12		–
WB	11/435	16.3.26		–
WB	39/366	18.9.19		123
Voss.		8.4.25		415
WB	25/966	22.6.26		520
WB	12-14/382	25.3.20		156
WB	26/706	30.6.21		–
WB	47/614	13.11.19		–
Kaho.		26.7.20		–
Ju.	8/–	Aug. 1922		306
Manus.				–
Voss.		24.1.25		–
Frft.		20.12.18		–
Dame	25/8	Sept. 1925		–
Voss.		25.12.30		–
WB	32/234	10.8.26		–
SB	41/360	11.10.17		–
WB	11/351	11.3.20		–

Buch Zeitung Zeitschrift	Nr. u. Seite	Datum	Original-buchver-öffentl.	Seite unserer Ausgabe
WB	29/111	21.7.25		–
WB	12/300	13.3.19		–
WB	52/615	26.12.28		–
WB	11/271	6.3.19		–
WB	12-14/383	25.3.20		–
WB	9/325	3.3.25		–
WB	20/574	13.5.20		172
Werk Verl.		1923		–
WB	20/758	15.5.28		609
WB	39/499	27.9.27		–
WB	32/210	6.8.29		–
WB	22/808	2.6.31		–
WB	49/857	8.12.31		814
WB	47/792	20.11.28		–
WB	19/542	6.5.20		–
WB	26/722	19.6.19		–
Vorw.	5/–	9.1.12		–
Uhu	1/19	1927		–
			Dt. Dt.	–
WB	44/712	2.11.26		–
WB	11/279	16.3.22		–
Fried.	7/210	Juli 1926		526
WB	21/775	20.5.30		764

Titel	Autor
Leo Bakst	P. P.
Bakterienkultur	I. W.
Bassermann der Operette	P. P.
Bei Anton Hansen	P. P.
Bei dem Autor der «Garçonne»	P. P.
Beim Versicherungsagenten	P. P.
Beiseite	I. W.
Bekritzelte Programmhefte	P. P.
Ben Akiba	P. P.
Berichtigung	Th. T.
Berlin amüsiert sich!	anonym
Berlin! Berlin!	Iks
Berliner Gefängnisse	I. W.
Berliner Geselligkeiten	P. P.
Berliner Konzertsaison	anonym
Berliner Nachtkultur	tu.
Berliner Rummelplätze	iwr.
Berliner Spielhöllen	I. W.
Berliner Spinnen	P. P.
Berliner Verkehr	I. W.
Bestätigung	I. W.
Besuch bei Paul Morand	P. P.
Bilder auf dem Schreibtisch	P. P.
Bilderbuch	P. P.
Billet an eine junge Dame	P. P.
Bitte, bedienen Sie sich!	I. W.
Blutrache in Leipzig	I. W.
Brief an einen Plakatmaler	I. W.
Brief an Franz Hammer	K. T.
Brief nach Wien	P. P.
Aristide Bruant von Yvette Guilbert *Autorisierte Übersetzung aus dem Französischen von Peter Panter*	P. P.
Buch mit Bildern	I. W.
Bürger-Solidarität	tu.
Burgunder 1928	P. P.

Buch Zeitung Zeitschrift	Nr. u. Seite	Datum	Original-buchver-öffentl.	Seite unserer Ausgabe
SB	12/347	20.3.13		–
BVZ		2.11.19		126
SB	24/25/656	19.6.13		–
WB	26/1023	28.6.27		566
Voss.		22.11.24		–
Simpl.	1/10	1.4.30		750
WB	36/392	7.9.26		–
WB	15/593	12.4.27		–
WB	37/296	14.9.22		–
Dra.		24.12.19		–
Vorw.		28.10.13		–
Fr. W.	1/4	10.1.20		138
Frei.		25.7.20		204
Zirk.	–/71	1920		143
Vorw.		19.8.13		60
Vorw.		28.8.12		44
Fr. W.	38/4	10.10.20		–
BT	121/–	20.3.19		–
Funk	17/514	24.4.27		–
WB	45/739	9.11.26		539
BVZ		1.5.20		167
Dame	6/6	Dez. 1928		639
Voss.	144/–	26.3.30		744
WB	18/715	4.5.26		–
Bl. Vog.	–/36	1921/22		–
BT	554/–	29.10.18		–
WB	35/333	27.8.29		–
SB	12/338	20.3.13		53
WB	4/165	15.2.47		–
WB	2/49	8.1.20		135
WB	9/325	3.3.25		–
WB	23/864	8.6.25		436
Vorw.	210/–	16.8.13		–
Voss.	594/–	16.12.28		–

Titel	Autor
Burschen heraus!	tu.
Buschkämpfer	I. W.
Bußtag	I. W.
Cabaret-Kritik	P. P.
Café-Kultur	I. W.
Camelots	I. W.
Caput Nili	P. P.
Caruso	K. T.
Chauve-Souris in Paris	P. P.
Maurice Chevalier	P. P.
Coda	K. T.
Coletti	P. P.
Corneille auf der Schreibmaschine	P. P.
Coupletvortrag	P. P.
«d'ailleurs»	P. P.
Damals, im Kleinen Theater	P. P.
Damenfrisiersalon	P. P.
Dankbare Lachquittung	P. P.
Dans la rue	P. P.
Darf man nur Deutsch sprechen?	P. P.
«Das alte Heer»	I. W.
Das Auge von Paris	P. P.
Das böse Gewissen	I. W.
Das Buch des Jahres 1919	P. P.
Das Couplet	P. P.
Das deutsche Geschäftszimmer	T. W.
Das Ding, das fliegt	P. P.
Das Fach-Adverbium	P. P.
Das Fehlende	K. T.
Das Feuilleton mit einem Knacks	P. P.
Das Geschäft in Aktien	P. P.
Das große Q	K. H.
Das Hüsterchen	P. P.

Buch Zeitung Zeitschrift	Nr. u. Seite	Datum	Original-buchver-öffentl.	Seite unserer Ausgabe
Vorw.	222/–	22.9.12		–
BVZ		22.5.19		113
Frei.		18.11.20		–
WB	50/889	10.12.29		735
März	10/–	7.3.14		86
WB	17/672	27.4.26		511
WB	22/637	27.5.20		–
Vorw.	246/–	20.10.11		–
WB	1/33	4.1.27		–
Tem.		16.10.28		618
Plakat		Juli 1913		–
SB	16/450	17.4.13		–
Voss.		26.6.24		356
WB	50/892	11.12.28		636
WB	33/259	14.8.28		616
WB	39/362	18.9.19		–
WB	9/227	2.3.22		–
WB	23/642	9.6.21		–
WB	24/830	12.6.24		354
Morg.		25.4.26		–
Frei.		5.12.20		246
Voss.		7.11.26		–
WB	40/511	1.10.30		773
BT	602/–	17.12.19		–
Schall	5/1–2	April 1920		159
Manus.				–
Voss.		6.9.27		572
Voss.		5.7.25		440
			Dt. Dt.	–
WB	31/174	30.7.29		694
WB	39/347	28.9.22		–
WB	16/635	20.4.26		510
BVZ		27.11.21		275

Titel	Autor
Das illoyale Reichsgericht	I. W.
Das Jahr der Bühne	P. P.
Das Kind, das nicht geboren ist	I. W.
Das Kolonialdenkmal	tu.
Das Land der Parzellen	P. P.
Das Leben der Colette	P. P.
Das Leben der Termiten	P. P.
Das möblierte Zimmer	K. T.
Das nervöse München	anonym
Das nervöse Paris	I. W.
Das neue Drama von Gerhart Hauptmann	K. T.
Das Opfer	tu.
Das politische Feigenblatt	I. W.
Das politische Kino	I. W.
Das politische Plakat	I. W.
Das Reich und die Länder	I. W.
Das Reichsamt für…	I. W.
Das Reichsarchiv	I. W.
Das Schaubühnchen	P. P.
Das Schaufenster	K. T.
Das Schlemmerparadies	P. P.
Das Schlingel	P. P.
Das schönste Geschenk	P. P.
Das sprechende Haus	P. P.
Das Stadtgespräch	P. P.
Das Synonymenlexikon	I. W.
Das unvermeidliche Buch	P. P.
Das verwandelte Paris	P. P.
Das Volk	K. T.
Das Zentrum	I. W.
Dem Andenken Siegfried Brycks *(s. u. Von unserem Spezialkorrespondenten)*	P. P.
Demonstrantenbriefe	Kurt
Der Achtstundentag	I. W.

Buch Zeitung Zeitschrift	Nr. u. Seite	Datum	Original-buchver-öffentl.	Seite unserer Ausgabe
WB	18/694	1.5.28		–
Pr. Tg.	61/17	13.3.21		–
WB	3/114	15.1.29		651
Vorw.	116/–	14.5.13		–
Voss.		22.8.26		536
Lose Bl.	5/73	Dez. 1927		587
WB	38/462	20.9.27		575
			Dt. Dt.	–
BT		24.11.19		–
WB	1/6	6.1.25		–
Pr. Tg.	16/6	17.1.12		27
Pan		6.6.12		–
Frei.		5.6.20		186
Frei.		10.5.20		168
WB	35/239	21.8.19		121
Frei.		23.7.22		300
BT	173/–	15.4.20		–
WB	7/273	16.2.26		–
SB	48/1181	27.11.13		–
			Dt. Dt.	–
WB	4/105	26.1.22		–
Pr. Tg.	199/5	24.8.30		–
WB	51/933	18.12.28		–
Tem.		14.12.28		–
Tem.		11.12.28		–
Ju.	19/1916–1918	1914		78
Voss.		19.4.25		421
Voss.		27.7.26		529
			Dt. Dt.	–
WB	27/20	6.7.22		–
Bl. Heft	5/127	1.12.24		–
Vorw.		27.7.14		92
WB	31/165	31.7.24		369

Titel	Autor
Der Affe auf dem Laternenpfahl *von G. de la Fouchardière, übersetzt von Peter Panter*	P. P.
Der alte Fahrer	anonym
Der alte Pagay	P. P.
Der Atlantisfilm	I. W.
Der Bagno-Sträfling erzählt	P. P.
Der berliner Busch	tu.
Der Bühnenmaler	P. P.
Der Bürgergeneral	I. W.
Der Chauffeur	I. W.
Der Clown Grock und Conrad Veidt	K. T.
Der Damenfriseur	P. P.
Der Deutsche im Teeraum	P. P.
Der Dichter der «Weber» bei Ullstein und Mosse	anonym
«Der Diktator» in Paris	P. P.
«Der Dompteur»	P. P.
Der erste Händedruck	I. W.
Der Exodus	I. W.
Der Fahrpreis	P. P.
Der Fall Fall	P. P.
Der französische Sortimenter	P. P.
Der Gefangene, der sang	P. P.
Der General auf Rädern	I. W.
Der gestohlene Briefträger	I. W.
Der Gruß	P. P.
Der Herr Intendant	I. W.
Der Hofmeister	P. P.
Der Hund und der Blinde	I. W.
Der kartellierte Zeisig	K. H.
Der Kassenscheck	P. P.
Der kaufmännische Gewinn	P. P.
Der kleine Buchstabe π	P. P.
Der kleine Mann spricht	P. P.
Der kleine Salon	P. P.

Buch Zeitung Zeitschrift	Nr. u. Seite	Datum	Original-buchveröffentl.	Seite unserer Ausgabe
Voss.		9.7.25		–
Vorw.		10.10.13		71
SB	45/1097	6.11.13		–
Vorw.	335/–	20.12.13		–
Tem.		Nov./Dez.1928		631
Vorw.		11.11.13		–
SB	36/850	4.9.13		–
WB	32/171	5.8.20		208
Frei.	306/2	19.8.22		–
			Dt. Dt.	–
WB	5/151	3.2.21		–
WB	27/37	3.7.24		363
Vorw.	284/–	5.12.11		–
Voss.		13.10.26		–
Voss.		27.1.26		–
WB	41/541	9.10.24		–
WB	49/839	2.12.30		780
Voss.		16.1.25		–
SB	10/290	5.3.14		–
WB	7/269	12.2.29		–
WB	30/85	17.7.19		–
Frei.		27.8.22		318
Mo.		10.10.21		268
Voss.		12.7.29		–
WB	32/164	11.8.21		–
SB	26/27/688	3.7.13		–
WB	22/866	1.6.26		518
WB	38/444	22.9.31		804
Voss.	92/–	23.2.30		741
Voss.		30.3.30		747
Voss.		16.8.24		379
Voss.		8.1.26		–
Tem.		8.10.28		617

Titel	Autor
Der Kleinstadtphilister	I. W.
Der Knochenzerschlager	I. W.
Der Kondolenzbrief	P. P.
Der Lautsprecher	P. P.
Der Lese-Film	P. P.
Der Mann mit der grünen Maske	P. P.
Der Marques de Bolibar	P. P.
Der Maulesel des Papstes	P. P.
Der Meter	I. W.
Der moderne Crainquebille	anonym
Der Mond der Toinette	P. P.
Der Nachwuchs	tu.
Der Naturforscher	K. T.
Der Papagei	tu.
Der Parademarsch im Kino	wr.
Der patriotische Schneider	P. P.
Der Pinscher am Grab	I. W.
Der politische Rundfunk	I. W.
«Der rasende Pegasus»	P. P.
Der richtige Berliner?	P. P.
Der Satz	P. P.
Der Schlager von gestern	P. P.
Der Sieg war zum Greifen nahe!	I. W.
Der silberne Haken	P. P.
Der sinnlose Film	P. P.
Der Staatsanwalt mit dem Zeigefinger	I. W.
Der stille Ort	P. P.
Der streikende Filmkritiker	I. W.
Der Tag der Wahrheit	I. W.
Der T.-I. (Tatsachen-Idiot)	P. P.
Der Teller-Hamlet	P. P.
Der Teller-Philosoph	tu.
Der überalterte Parlamentarismus	I. W.
Der ungeschriebene Roman	K. T.
Der Varieté-Staatsmann	tu.

Buch Zeitung Zeitschrift	Nr. u. Seite	Datum	Original-buchver-öffentl.	Seite unserer Ausgabe
Östl.		8.10.20		231
BVZ		24.2.20		–
Voss.	200/–	29.4.30		756
Voss.		13.2.27		553
Voss.		6.5.27		–
SB	22/23/620	5.6.13		–
WB	46/566	11.11.20		–
Voss.		26.4.28		602
WB	7/177	16.2.22		–
Voss.		14.12.24		–
WB	47/595	18.11.20		–
Vorw.	25/–	30.1.13		52
AIZ	27/2	1929	Dt. Dt.	–
Vorw.	134/–	1.6.13		–
Vorw.	315/–	30.1.13		72
WB	20/739	19.5.31		–
Frei.		2.6.20		184
WB	20/788	18.5.26		513
BT	84/–	15.2.20		–
WB	10/253	9.3.22		–
Voss.		9.7.26		524
Voss.		18.10.25		473
WB	52/658	29.12.21		–
Voss.		2.12.24		397
Voss.		11.3.28		593
Frei.	404/3	26.9.20		226
WB	34/206	24.8.22		–
Vorw.	30/–	31.1.14		–
BVZ		17.12.19		–
WB	34/208	25.8.21		259
SB	2/55	8.1.14		–
Vorw.		28.9.13		–
Me.	49/320	4.12.25		480
Pr. Tg.	93/1–2	4.4.12		–
Vorw.	238/–	13.9.13		63

Titel	Autor
Der verbotene Kaiser Wilhelm	I. W.
Der Vogelladen	K. T.
Der Wallfahrtsort Lourdes in Frankreich *(s. u. Kintopp, Glaube oder Kurpfuscherei)*	I. W.
Der Wanderbursch mit dem Schirm in der Hand	K. T.
Der weiße Rappe	P. P.
Der Wintergarten	P. P.
Der Zauberkünstler	P. P.
Der Zweijährig-Unfreiwillige	I. W.
Dessert-Theater	P. P.
«Deutsch»	I. W.
Deutsche Soldaten in der pariser Oper	P. P.
Deutsche und französische Naivität	P. P.
Deutscher Boxer in Paris	P. P.
Deutscher Kunstschutz	I. W.
Deutscher Sport	
Deutscher Whisky	I. W.
Deutsches Tempo	I. W.
Dichtende Kinder	K. T.
Dichter beantworten die Frage: Erkennen Sie im Tonfilm die Möglichkeit, Ausdrucksmittel dichterischer Mitteilungen zu werden? *(s. u. Rundfrage)*	P. P.
Dichtung	P. P.
Dickes und dünnes Theater	P. P.
Die Ähnlichen	P. P.
Die Aktenmappe	P. P.
Die beiden Bindelbands	P. P.
Die beiden Titel	P. P.
Die beleidigten Hotels	I. W.
Die Berlinerin?	P. P.
Die bezopfte Athene	I. W.
Die böhmische Nachtigall	P. P.
Die Denkschrift	I. W.
Die deutschen Kleinstädter	I. W.

Buch Zeitung Zeitschrift	Nr. u. Seite	Datum	Original-buchver-öffentl.	Seite unserer Ausgabe
BVZ		11.10.19		–
Simpl.	1/20	7.4.13		–
AIZ	28/–	1929		690
			Dt. Dt.	–
SB	15/425	10.4.13		–
WB	36/273	28.8.19		–
Voss.	70/–	10.2.29		655
März	–/899	20.12.13		–
Voss.		17.2.25		–
WB	30/155	24.7.24		–
Voss.		9.11.28		624
Voss.		17.2.26		498
WB	1/33	6.1.25		–
WB	41/402	7.10.20		–
			Dt. Dt.	–
WB	9/330	25.2.30		742
WaM		7.8.22		310
BT		Anfg. Apr. 1914		–
LBB	1/–	1.1.32		–
Voss.		25.12.24		–
Voss.		22.2.25		–
WB	20/675	15.5.24		–
Pr. Tg.	90/4	15.4.32		825
WB	48/646	20.11.19		129
Pr. Tg.	210/5–6	8.9.23		–
Fr. W.	43/2	14.11.20		–
Berl.	–/44	1929		–
BT		11.3.19		–
WB	51/713	16.12.20		–
WB	28/68	14.7.25		444
WB	8/289	23.2.32		–

Titel	Autor
Die Deutschtümelei der Post	I. W.
Die drei Gläser	K. T.
Die eine Zeitung	I. W.
Die Einstellung	I. W.
Die Eva	P. P.
Die Familie	I. W.
Die Festrede	tu.
Die Fratellinis	P. P.
Die Geburt des Antichrist	P. P.
Die Gefängnisschule	K. T.
Die Gesichtsschilder	I. W.
Die Girls	P. P.
Die große Parade	P. P.
Die grünen Säulen	I. W.
Die Hausgeister	P. P.
Die Herren und Damen von III b	I. W.
Die Herren Veranlasser	I. W.
Die Herren Wahrnehmer	P. P.
Die Herztonplatte	P. P.
Die Jahrmarktszeitung	tu.
Die junge Frau	P. P.
Die Keuschheitsgürteltiere	I. W.
Die Kinderhölle in Berlin	I. W.
Die Kinderstube	Ignaz
Die klassische Scheußlichkeit der Sportpreise	P. P.
Die kleinen Revuen	P. P.
Die Konferenz	P. P.
Die Konstantin	P. P.
Die Kriegsschuldfrage	I. W.
Die Küche in der Wilhelmstraße	K. T.
Die Kunst einer Monarchie	K. T.
Die Lautisten	P. P.
Die Leberwurst	I. W.
Die leider nicht absetzbaren Richter	I. W.
Die Liste	P. P.

Buch Zeitung Zeitschrift	Nr. u. Seite	Datum	Original-buchver-öffentl.	Seite unserer Ausgabe
WB	38/454	16.9.30		–
			Dt. Dt.	–
WB	11/279	16.3.22		285
WB	33/270	14.8.24		–
SB	21/22/601	28.5.14		–
SB	41/978	9.10.13		–
Vorw.		1.9.12		–
Voss.		15.6.24		–
WB	33/179	17.8.22		–
			Dt. Dt.	–
WB	2/53	12.1.22		–
SB	41/985	9.10.13		66
WB	40/554	5.10.26		–
WB	43/469	21.10.20		–
Alman.	–/252	1920		150
WB	10/356	4.3.30		–
Frei.		22.8.20		218
WB	43/623	22.10.29		721
WB	12/441	24.3.31		–
Vorw.	259/–	4.10.13		–
WB	44/462	3.11.21		–
WB	13/477	25.3.30		–
Fr. W.	45/2–3	28.11.20		243
Vorw.		2.2.14		–
Voss.	30/–	18.1.31		789
Voss.		25.4.25		423
8	98/–	28.4.23		334
WB	46/583	6.11.19		128
WB	42/609	20.10.31		811
			Dt. Dt.	–
			Dt. Dt.	–
SB	14/407	2.4.14		–
WB	29/65	20.7.22		–
WB	17/653	24.4.28		601
8	113/–	18.5.23		337

Titel	Autor
Die Literatur im Kastanienwäldchen	K. T.
Die Mark Brandenburg in Farbenfotografie	K. T.
Die moderne politische Satire in der Literatur	K. T.
Die Nackttänzerin a. D.	tu.
Die Nation der Offiziersburschen	K. T.
Die «Nazis»	P. P.
Die neuen Troubadoure	P. P.
Die Obdachlosen	P. P.
Die Oberschlauen	I. W.
Die Ordnung	anonym
Die Panne	P. P.
Die Papiere	I. W.
Die patriotische Synagoge	tu.
Die Pensionierten	tu.
Die Phantasielosen	P. P.
Die Platte «De tant d'amour»	P. P.
Die Platte Electrola EG 178	P. P.
Die Reise nach dem Mond	K. H.
Die Réjane in der Reichenbergerstraße	P. P.
Die Republik wider Willen	I. W.
Die Satire der feinen Leute	P. P.
Die Schönheitskönigin	P. P.
Die Skala der Dummheit	K. H.
Die Sorma	P. P.
Die Stadt des Noch	P. P.
Die Stadt Lyon	P. P.
Die Stiftung	I. W.
Die Straße der Republik	I. W.
Die Sühne	K. T.
Die Tarnung	K. T.
Die Tasse	K. T.
Die tätowierte Frau	Wilhelm Bendow und Th. T.
Die tausend Blumentöpfe	P. P.
Die Tscherkessen	I. W.

Buch Zeitung Zeitschrift	Nr. u. Seite	Datum	Original-buchver-öffentl.	Seite unserer Ausgabe
Vorw.		19.4.12		30
Vorw.		22.3.12		29
Dres.	110/–	14.5.12		32
Vorw.		6.3.14		–
			Dt. Dt.	–
WB	23/586	8.6.22		–
WB	12/342	24.3.21		–
Frei.	415/2	2.10.20		230
WB	43/658	27.10.25		476
WB	51/927	16.12.30		–
Voss.	287/–	8.12.29		733
Frei.		3.12.20		–
Vorw.	198/–	25.8.12		–
Vorw.	206/–	4.9.12		45
WB	52/963	23.12.24		–
WB	35/350	1.9.25		–
WB	8/314	22.2.27		556
WB	52/989	29.12.25		485
SB	30/31/757	31.7.13		–
WaA		21.8.22		–
Voss.		28.12.26		–
Voss.	92/–	23.2.29		662
WB	3/113	17.1.28		–
SB	16/451	17.4.13		–
Bl. Heft	4/82	15.11.24		393
Voss.		10.3.25		411
WB	11/399	17.3.31		–
Fr. W.	40/4	24.10.20		–
			Dt. Dt.	–
			Dt. Dt.	–
			Dt. Dt.	–
Manus.				–
SB	37/877	11.9.13		–
BVZ		15.2.20		–

Titel	Autor
Die Unterwelt der Gefühle	P. P.
Die Ursachen	I. W.
Die Veränderlichen	I. W.
Die verbrannte Tänzerin	P. P.
Die verkehrte Welt	K. H.
Die verlegte Sprechstunde	P. P.
Die Verteidigung Berlins	P. P.
Die vom Sterben leben	K. T.
Die Wand	tu.
Die Wehrpflicht	I. W.
Die «Welt»	P. P.
Die Welt auf Schienen	P. P.
Die Zeitlupe *(s. u. Rundfrage: Sechs Dichter sehen durch die Zeitlupe)*	P. P.
Die zweite Tür	P. P.
Die Zwölf auf der Bank	I. W.
Dienstzeugnisse	K. H.
Dieses Bild	K. T.
Diplomaten	P. P.
Dollar = 2000 Mark	I. W.
Doping	tu.
Drei junge Oldenburger	I. W.
Drei neue Bücher (Max Brod, Franz Kafka, Ernst Blaß)	K. T.
Drei Tafeln	P. P.
Drei Wünsche *(s. u. Rundfrage)*	P. P. u. Th. T.
Dreißig Operetten	P. P.
Dumas-Worte (Übersetzung)	P. P.
D'une autre barrière *(A propos d'un article de André Suarès)*	K. T.
Duo/Eine Selbstanzeige	K. T.

Buch Zeitung Zeitschrift	Nr. u. Seite	Datum	Original-buchver-öffentl.	Seite unserer Ausgabe
Manus.				830
BVZ		1.5.19		106
WB	31/189	2.8.27		569
Voss.		4.6.24		–
Die verkehrte Welt		1922		–
Tem.		15.11.28		–
Voss.	208/–	4.3.29		681
			Dt. Dt.	–
Vorw.		22.8.12		43
WB	29/116	17.7.24		367
WB	20/762	14.5.29		684
BVZ		1.9.20		–
Voss.		25.12.26		–
Voss.	295/–	18.12.29		736
WaM		18.12.22		324
WB	23/856	8.6.25		–
			Dt. Dt.	–
Pr. Tg.	130/3	4.6.29		–
Frei.		20.8.22		–
Vorw.		11.8.12		–
WB	30/147	28.7.25		–
Pr. Tg.	26/6	27.1.13		49
Stach.	–/5	1.3.27		–
BVZ		1.6.24		–
8	191/–	21.8.23		–
Voss.		1.10.24		–
Europe	28/503	15.4.25		–
Orplid	2/48	1912		22

Titel	Autor
«eigentlich»	P. P.
Ein Bild sagt mehr als tausend Worte	P. P.
Ein Bummel durch die Welt	P. P.
Ein französischer Drucker	P. P.
Ein Gruß den toten Kameraden, ein Gruß den Opfern der Kriegsparaden ...	K. T.
Ein Haus mit Hosen	K. T.
Ein Indianerbuch der Technik	P. P.
Ein merkwürdiger Fall	P. P.
Ein moderner Humorist: Stephen Leacocks Schnurren	P. P.
Ein Neuer (Heinrich Eduard Jacob)	K. T.
Ein schönes Bild	K. T.
Ein Schrei aus der Not	I. W.
Ein Skandal	P. P.
Ein Stoß Papier	P. P.
Ein Stück von Henry Bernstein	P. P.
Ein Traum am Neckarstrand	K. T.
Eine Blamage	P. P.
Eine Bürgermeisterstochter	anonym
Eine Doktor-Frage	P. P.
Eine Enttäuschung	P. P.
Eine Errungenschaft der Revolution	P. P.
Eine Idee	I. W.
Eine pariser Revue	P. P.
Eine Perle	I. W.
Eine Stelle	P. P.
Eine Yvette Guilbert gilt nichts im eigenen Lande	P. P.
«Einen Augenblick mal, ich komme gleich wieder – !»	K. T.
Einer, der es genau weiß	P. P.
Einfachheit	P. P.
Einfluß der Wohnung auf die Schaffenskraft *(s. u. Rundfrage)*	K. T.

Buch Zeitung Zeitschrift	Nr. u. Seite	Datum	Original-buchver-öffentl.	Seite unserer Ausgabe
Voss.		14.3.28		596
Uhu	2/75	Nov. 1926		542
Voss.		27.11.27		578
Voss.		23.9.28		–
And. Zt.	28/14	17.11.55 (Nachdruck)		–
			Dt. Dt.	–
WB	47/830	23.11.26		–
BT	264/–	11.6.19		–
Voss.		26.7.25		456
Pr. Tg.	137/6–7	19.5.12		–
AIZ	27/2	30.6.29		–
WB	50/686	9.12.20		–
WB	14/393	7.4.21		–
WB	2/78	11.1.27		549
Voss.		30.12.24		–
			Dt. Dt.	–
WB	6/233	5.2.29		–
Frei.		16.10.20		–
Tem.		2.11.28		–
WB	51/740	11.12.19		–
Voss.		1.4.27		–
WB	33/271	17.8.26		–
Voss.		21.5.24		–
Manus.				–
Voss.		27.5.28		–
Tem.		12.11.28		626
			Dt. Dt.	–
WB	41/554	13.10.31		–
WB	47/787	19.11.29		728
BT		6.6.31		–

Titel	Autor
Eigenhändige Vita Kurt Tucholskys für den Einbürgerungsantrag zur Erlangung der schwedischen Staatsbürgerschaft	K. T.
Einheitsbericht	P. P.
Einigkeit	P. P.
Eins, zwei, drei – gsuffa –!	I. W.
Ellen Richter	P. P.
«Email»	P. P.
Emigranten	I. W.
Emil Ludwig in Paris	P. P.
Erfolgreiche Leute	P. P.
Erich Walter	P. P.
Erinnert ihr euch?	I. W.
Erinnerung	P. P.
Erinnerung für die Wahl	I. W.
Erinnerungsstücke von der Kaiserl. Yacht «Kaiseradler»	K. T.
Erklärung *Am 29. Juni dieses Jahres…*	K.T.
Erklärung *Das Acht-Uhr-Abendblatt hat sich am i28. Juli…*	K. T.
Erklärung *Nachdem ich mich überzeugt habe…*	I. W.
Erotika *Dem Graphiker Hellmuth Stockmann…*	I. W.
Erotika *Der preußische Staat…*	P. P.
Erotische Films	P. P.
«Erst muß was passieren»	I. W.
Etwas vom Humor	I. W.
Europa mit dem Ausrufungszeichen	P. P.
Expertise vom Kunstsachverständigen Geheimrat Professor Dr. Kaspar Hauser	K. H.
Extrazug nach Nizza	P. P.

Buch Zeitung Zeitschrift	Nr. u. Seite	Datum	Original-buchver-öffentl.	Seite unserer Ausgabe
Manus.				839
Voss.		19.7.25		448
Frei.	403/2	25.9.20		–
WaM		17.7.22		295
SB	50/1241	11.12.13		–
Voss.	362/–	3.8.30		766
WB	33/270	18.8.25		465
Voss.		26.3.26		–
Voss.	84/–	19.2.29		659
SB	43/1044	23.10.13		–
Frei.		18.5.20		173
WB	14/361	27.3.19		–
BVZ		5.6.20		188
			Dt. Dt.	–
WB	33/176	17.8.22		–
BVZ		7.8.22		–
WB	44/442	1.11.23		–
BVZ		25.4.20		–
SB	23/24/636	11.6.14		90
Schall	7/6–7	Juni 1920		182
WB	52/944	25.12.28		642
Frft.		23.10.18		97
WB	15/552	14.4.25		419
WB	17/633	26.4.32		827
SB	12/346	20.3.13		–

Titel	Autor
«Fairbanks ist berühmter als Homer»	P. P.
Fakir in Paris	P. P.
Faschismus in Frankreich	I. W.
Fauste! Fauste!	P. P.
Fememörder	I. W.
Feste, Justav, Deutschlands Eiche! (Über Roethe)	anonym
Feuerwerk	P. P.
Fiat	I. W.
Film	tu.
Film in der Pariser Oper	P. P.
Film mit Scheibe	P. P.
Filmschau	wr.
Filmschau. Kinodämmerung?	I. W.
Filmzensur auch in Frankreich	P. P.
Fort mit dem Visumzwang!	I. W.
Anatole-France-Dämmerung	P. P.
Frankreich und wir	K. T.
Franzosen untereinander	P. P.
Fratzen an den Mauern	I. W.
Frau Übersee	P. P.
Fremde Völker in Frankreich	P. P.
Friedrich von unten	I. W.
Frommer Wunsch	P. P.
Früh prügelt, was…	K. T.
Fund-Moral	P. P.
Für Ferdinand Bonn	P. P.
Für Hans Siemsen	P. P.
Für wen sind eigentlich die Zeitungen da?	I. W.
Fußtritt eines…?	I. W.
Fütterung der Raubtiere	P. P.
«Ganz Paris»	P. P.
Gefrorenes Blut	K. T.
Gehaltsempfänger	I. W.

Buch Zeitung Zeitschrift	Nr. u. Seite	Datum	Original-buchver-öffentl.	Seite unserer Ausgabe
Voss.	176/–	13.4.30		752
WB	49/882	8.12.25		–
WB	1/7	5.1.26		489
SB	41/986	9.10.13		67
Pr. Tg.		17.4.26		507
Vorw.	104/–	30.4.13		–
WB	30/125	22.7.20		–
WB	43/640	22.10.29		726
Pan	28/815	30.5.12		–
Voss.		20.6.26		–
Tem.		26.10.28		–
Vorw.	327/–	22.10.13		–
Vorw.		12.12.13		–
Tem.		16.12.28		637
WB	34/307	25.8.25		467
Voss.		24.1.25		–
8	181/–	18.8.22		315
Voss.		3.2.26		496
BT	137/–	29.3.19		105
WB	1/11	2.1.19		–
Voss.		20.9.25		–
WB	3/83	20.1.21		–
Voss.	188/–	21.4.29		678
			Dt. Dt.	–
Voss.	283/–	4.12.30		781
WB	6/237	8.2.27		550
WB	6/168	10.2.21		–
WB	21/838	24.5.27		565
Manus.				–
WB	1/30	1.1.20		–
Tem.		18.2.29		658
			Dt. Dt.	–
Frei.	476/7	11.11.20		234

Titel	Autor
«Geistreich»	anonym
Geldverdienen und Glücklichsein!	P. P.
George Grosz als Schriftsteller	I. W.
George Grosz in Paris	P. P.
Geschenkbuch	P. P.
Geschichten	P. P.
Gesichter	K. T.
Gespräch mit dem Osterhasen	P. P.
Gespräche über pariser Theater	P. P.
Gleichzeitigkeit	tu.
Götzen der Maigoto-Neger	K. T.
Grammophonplatten	P. P.
Guckkasten	anonym
Guido Herzfeld	P. P.
Yvette Guilbert	P. P.
Haarmann	I. W.
Hände hoch!	P. P.
Hanns Heinz Vampir	P. P.
Hans Junkermann	P. P.
Harun-al-Raschid	tu.
Haßt der Franzose den Deutschen?	P. P.
Hat Berlin eine Gesellschaft	P. P.
Haus im Neubau	K. H.
Haus mit Granaten	P. P.
Aenn Häusinger	P. P.
Hausmusik	P. P.
Hausse in Ruhm	P. P.
Hégésippe Simon	P. P.
Hehler	I. W.
Helft helfen	I. W.
Hellpach und Hau	I. W.
Herbert der Cinese	P. P.

Buch Zeitung Zeitschrift	Nr. u. Seite	Datum	Original-buchver-öffentl.	Seite unserer Ausgabe
Vorw.		8.12.11		–
Voss.		12.2.26		–
WB	41/583	13.10.25		472
Dame	18/5	Mai 1925		433
WB	43/646	23.10.28		–
WB	29/56	10.7.19		119
			Dt. Dt.	–
BT	155/–	4.4.20		–
Voss.		11.2.25		–
Vorw.		16.8.12		42
			Dt. Dt.	–
WB	34/297	20.8.29		707
Ulk	50/3	13.12.18		–
WB	25/637	22.6.22		–
Pr. Tg.	278/6	22.11.28		–
WB	34/299	21.8.24		–
Pr. Tg.	124/7	31.5.23		–
WB	46/511	17.11.21		273
SB	39/933	25.9.13		–
Vorw.	159/–	11.7.12		40
Voss.		23.3.26		501
Voss.		25.12.25		–
WB	36/365	4.9.24		385
WB	30/159	24.7.24		368
WB	9/285	26.2.20		–
NWi.		19.3.23		331
WB	19/708	12.5.25		429
Tem.		17.10.28		620
WB	9/353	1.3.27		–
Aufruf zur Winterhilfe der Roten Hilfe		Dez. 1931		–
WB	47/809	24.11.25		–
SB	36/850	4.9.13		–

Titel	Autor
Hermann Heijermans	P. P.
Herr Bedel liebt auf dem 48. Grad	P. P.
«Herr Gumpel – schicken Sie mich!»	P. P.
Herr Wichtig	I. W.
Herren und Kerls	I. W.
Herrnfeldtheater: «Eine feine Familie»	tu.
Guido Herzfeld	P. P.
Hochherrschaftliche Wohnungen	P. P.
Arno Holz	P. P.
Arno Holz und sein Werk	K. T.
Hotelunwesen	P. P.
Ibsen und der Nationalconcierge	P. P.
Ich als Reklamefachmann	P. P.
Im Blauen Vogel	P. P.
Im Ruhestand	I. W.
Im weißen Rößl	P. P.
Im Wintergarten	P. P.
Impressionistische Kritik	P. P.
Improvisationen im Juni	I. W.
In der ersten Reihe	P. P.
In einer Bar	I. W.
In Reserve	P. P.
In Zivil	tu.
Ingo	P. P.
Intimer Dialog	Ignaz
Ist das deutsche Buch zu teuer?	P. P.
Ist man schon wieder keusch –?	I. W.
«Ja, früher –!»	P. P.
Jean III. «Vive le Roi –!»	P. P.
Johanna vom Bogen	P. P.
Jubiläum	K. T.
Jugend und Welt	P. P.

Buch Zeitung Zeitschrift	Nr. u. Seite	Datum	Original-buchver-öffentl.	Seite unserer Ausgabe
WB	49/849	2.12.24		–
Voss.	430/–	12.9.29		–
WB	28/59	8.7.20		–
WB	34/312	25.8.31		–
BT	251/–	2.6.19		116
Vorw.	263/–	8.10.13		–
WB	25/637	22.6.22		–
SB	16/451	17.4.13		–
WB	20/574	13.5.20		172
Werk Verl.		1923		–
WB	33/269	16.8.27		570
Voss.		3.4.28		–
WB	42/437	14.10.20		–
WB	13/420	27.3.24		–
WB	44/699	3.11.25		478
WB	21/605	20.5.20		–
WB	3/85	20.1.21		–
SB	19/532	8.5.13		–
WB	49/571	6.12.23		–
Voss.		18.12.27		–
BVZ		4.4.20		158
Voss.		17.3.27		558
Vorw.	188/–	14.8.12		41
WB	50/688	9.12.20		–
Vorw.		9.4.13		–
WB	11/422	12.3.29		–
WB	47/828	23.11.26		–
SB	33/34/133	27.8.14		–
Voss.		14.4.26		
Voss.	106/–	3.3.29		666
			Dt. Dt.	–
Voss.	590/–	14.12.28		–

Titel	Autor
Jules Renard	P. P.
Hans Junkermann	P. P.
Juristen	K. T.
Justitia	I. W.
Justitia mit dem Rotstift	I. W.
Justizirrtümer	ut. [tu.]
Kabarett-Rückblick	K. T.
Kabarett zum Hakenkreuz	P. P.
Kaiserallee 150	P. P.
Kaiserbilder	I. W.
Karl Kraus	I. W.
Katharinentag ohne Kußfreiheit	P. P.
Kino-Zensur	I. W.
Kinomüdigkeit	
Die ‹Erste Internationale Filmzeitung› widmet …	anonym
Kinomüdigkeit	
Gott sei Dank	anonym
Kintopp, Glaube oder Kurpfuscherei	
(s. u. Der Wallfahrtsort Lourdes in Frankreich)	I. W.
Kleine Anzeigen	P. P.
Kleine Berichtigung	P. P.
Kleine Entgegnung	P. P.
Kleine Erinnerungen	P. P.
Kleine Leute	P. P.
Kleine Szene	P. P.
Kleine Wahlnachrichten	anonym
Kleine Zeit	P. P.
Kleiner Brief	P. P.
Kleiner Jubel mit Fransen	P. P.
Kollegen	P. P.
Kölner Rheinbrücke	K. T.
Komische Oper	P. P.
Komm, erschein auf dem Balkone	P. P.
,	
Das da ist ein Komma …	P. P.

Buch Zeitung Zeitschrift	Nr. u. Seite	Datum	Original- buchver- öffentl.	Seite unserer Ausgabe
Voss.		18.3.30		–
SB	39/933	25.9.13		–
ZiB	Jg. XII/4	22.1.14		–
BT	11/–	14.1.19		–
Frei.		17.11.20		–
Vorw.	149/–	29.6.12		–
Var.	VI/241	5.7.13		–
Voss.	302/–	29.6.30		–
BT	276/–	18.6.20		196
WB	46/583	6.11.19		127
Frei.		31.5.20		175
Tem.		29.11.28		629
WB	38/308	16.9.20		221
Vorw.		27.5.13		–
Vorw.		5.5.13		–
AIZ	28/4	7.7.29		690
WB	23/871	5.6.28		–
WB	11/348	11.3.20		–
WB	53/772	30.12.20		–
Voss.	252/–	31.5.29		686
SB	8/230	19.2.14		–
WB	17/457	17.4.19		–
WB	37/415	9.9.30		–
WB	37/304	4.9.19		–
WB	24/913	11.6.29		–
WB	35/311	26.8.30		768
WB	38/476	21.9.26		–
			Dt. Dt.	–
WB	21/540	25.5.22		–
Funk	20/610	15.5.27		561
WB	43/650	27.10.31		813

Titel	Autor
Komödienhaus: Kammermusik	tu.
Konfekt	P. P.
Königsmark	P. P.
Krankheit und Besserung	P. P.
Karl Kraus	I. W.
Kriegsdienstverweigerer	I. W.
Kriegsfilme	I. W.
Kriegshetzer	K. T.
Kritik des Parketts	P. P.
Kritik über den lieben Gott	K. H.
Küche in der Hochsaison	P. P.
Kunst und Kaufmann	anonym
Kunst und Zensur	K. T.
Künstler und Gesellschaft	I. W.
«La Scintillante»	P. P.
Lachen und Lächeln	I. W.
Lachkabinett	P. P.
Lärmschutz	I. W.
Le Brelan de Joie	P. P.
Leo Bakst	P. P.
Liberty begins at home	K. T.
Liebe Schweiz!	I. W.
Liebe Weltbühne	
Hier in Basel …	P. P.
Liebe Weltbühne	
Hier in Berlin …	anonym
Lieber Arthur Eloesser!	P. P.
Lieber Simplicissimus	P. P.
Lieber Vollbart	P. P.
Lieber «Vorwärts»	Kurt
Lieder aus dem Rinnstein	P. P.
Lokales	tu.

Buch Zeitung Zeitschrift	Nr. u. Seite	Datum	Original-buchver-öffentl.	Seite unserer Ausgabe
Vorw.		26.1.14		–
WB	41/386	13.10.21		–
Voss.		2.1.25		–
BT	521/–	3.11.19		–
Frei.		31.5.20		175
WB	21/537	25.5.22		291
WB	5/195	1.2.27		–
Vorw.	58/–	9.3.12		–
SB	41/986	9.10.13		68
WB	23/789	5.6.24		353
Voss.	284/–	5.12.29		731
Vorw.		29.6.13		59
Vorw.		25.4.11		19
WB	40/519	2.10.24		386
Voss.		21.9.27		–
WB	22/829	2.6.25		–
WB	31/116	24.7.19		–
Kunst.	2. Febr. Heft			–
	10/312	1914		
WB	8/295	24.2.25		409
SB	12/347	20.3.13		–
WB	16/627	19.4.27		–
WB	19/712	10.5.32		–
WB	3/117	17.1.33		–
WB	21/779	20.5.30		–
WB	2/72	13.1.25		–
SB	25/26/674	25.6.14		–
WB	26/762	24.6.20		–
Vorw.	38/–	15.2.12		–
WB	44/500	28.10.20		–
Vorw.		8.9.12		–

Titel	Autor
Maud Loti	P. P.
Emil Ludwig in Paris	P. P.
Lunatscharski in Paris	P. P.
«Machen S' halt eine Eingabe!»	P. P.
Machen wirs richtig?	I. W.
Mademoiselle Bourrat	P. P.
Malende Eisenbahner	P. P.
Mappe gegen den Krieg	I. W.
Marinetti in Paris	P. P.
Marionetten der Mode	I. W.
Mathematik der Operette	P. P.
Maud Loti	P. P.
Maurice Chevalier	P. P.
Mauserzeit mit geflügelten Worten	P. P.
Max Adalbert	P. P.
Max Ulysses Pallenberg	P. P.
Maximilian	Th. T.
Mein Schulkamerad Aurioux *Übers. von Peter Panter*	P. P.
Menschenmaterial	I. W.
Meyrink Englisch	Tu.
Michel Simon	P. P.
Mit Roda	P. P.
Mitteldeutscher Aufstand	K. T.
Modehäuser, Mannequins, Neue Einfälle	P. P.
Moissi in Paris	P. P.
Moritz Napoleon	P. P.
Moritz und Max	P. P.
Musiklärm	tu.
Müssen Banknoten häßlich sein?	P. P:
Na also –!	tu.
Nachruf und Aufruf	Kurt
Naturalismus? Naturalismus!	P. P.

Buch Zeitung Zeitschrift	Nr. u. Seite	Datum	Original-buchver-öffentl.	Seite unserer Ausgabe
WB	23/790	5.6.24		–
Voss.		26.3.26		–
Voss.		14.3.26		–
Pr. Tg.	139/5	17.6.23		339
DAD		1.8.25		460
Voss.		14.12.26		–
Tem.		3.11.28		622
WB	20/756	19.5.25		–
WB	29/97	21.7.25		451
SB	38/890	18.9.13		–
WB	21/614	24.5.23		–
WB	23/790	5.6.24		–
Tem.		16.10.28		618
Voss.	308/–	3.7.29		–
WB	21/576	15.5.19		112
SB	41/988	9.10.13		70
Flieger		13.5.17		–
Voss.		25.8.25		–
Fr. W.	48/2–3	19.12.20		252
Pan	1/35	1.10.11		–
WB	6/225	9.2.32		–
SB	15/426	10.4.13		–
			Dt. Dt.	–
Dame	15/2	April 1925		–
WB	44/689	1.11.27		–
SB	32/33/791	14.8.13		–
SB	48/1182	27.11.13		–
Vorw.		22.6.12		39
Tem.		30.1.29		654
Pan		15.8.12		–
Vorw.		13.6.12		–
Voss.		8.10.25		468

Titel	Autor
«Natürlich: Der Einjährige –!»	I. W.
Nebenan, im Schweinestall	I. W.
Nebendiplomatie	I. W.
Neue Bücher (mit Waschzetteln)	Kurt
Neue Sorgen der Bourgeoisie	iwr.
Neue Zeit	P. P.
Neues Licht *Deutschland zerfällt…*	P. P.
Neues Licht *Die Französische Photographische Gesellschaft…*	P. P.
Neues Licht *In Paris…*	P. P.
1918 am Rhein	K. T.
Nie wieder Krieg	I. W.
Noch ein Abreißkalender	I. W.
Noch immer	I. W.
Noch ist es Spaß	K. T.
Noël – Noël	P. P.
Notschrei	P. P.
O alte Burschenherrlichkeit!	I. W.
Ober – Herrr Ober –!	P. P.
Ohne Zensur	P. P.
Opel bringt…	P. P.
Operettenmusik	P. P.
Organisierte Beamte	I.W.
Palais de Danse	P. P.
Max Ulysses Pallenberg	P. P.
Paolini in Paris	P. P.
Paris in Ordnung	P. P.
Paris-Zehlendorf	P. P.
Paris – zehn Minuten vor zwölf	P. P.

Buch Zeitung Zeitschrift	Nr. u. Seite	Datum	Original-buchver-öffentl.	Seite unserer Ausgabe
WB	49/865	4.12.28		634
WB	30/154	27.7.26		533
WB	28/74	10.7.24		365
Vorw.	160/–	12.7.12		–
Fr. W.	30/5	15.8.20		–
WB	5/128	2.2.22		–
WB	35/323	27.8.29		709
Voss.		20.10.28		–
Voss.		4.3.28		–
			Dt. Dt.	–
RP	6/–	29.7.22		304
WB	51/962	22.12.25		–
WB	24/664	16.6.21		–
			Dt. Dt.	–
WB	49/867	4.12.28		–
SB	41/984	9.10.13		64
Fr. W.	23/4	27.6.20		199
Voss.	412/–	1.9.29		716
Voss.		8.4.28		600
WB	14/562	5.4.27		–
SB	44/1072	30.10.13		–
WB	34/213	19.8.20		214
WB	4/116	27.1.21		–
SB	41/988	9.10.13		–
Voss.		11.2.26		–
Voss.	262/–	6.6.31		791
Voss.		18.7.26		–
Tem.		23.10.28		621

Titel	Autor
Pariser Abend	P.P.
Pariser Kammerspiel	P.P.
Pariser Publikum	P.P.
Pariser Tage *Vorgestern. Anatole France über Léon Daudet...*	P.P.
Pariser Tage *Vorgestern gab mir ein Freund...*	P.P.
Pariser Tage *Vorgestern lag Caillaux...*	P.P.
Pariser Theater *Alfred Savoir...*	P.P.
Pariser Theater *Das Pariser Theater...*	P.P.
Pariser Theatertage	P.P.
Pariser Weihnachten	P.P.
Parlamentsberichterstattung	I.W.
Paul Paschen	P.P.
Pazifismus und Nationalismus	I.W.
Pégoud ist abgestürzt!	anonym
Perchoir	P.P.
«Pergamente, die das Leben schrieb»	P.P.
Persius	I.W.
Pirandello in Paris	P.P.
P.L.M.	P.P.
Poincaré spricht	P.P.
Politik im Cabaret	I.W.
Politik und Wirtschaft	P.P.
«Polizei und ...»	I.W.
Polizei und Gericht	tu.
Potasch & Perlmutter	P.P.
Präsentiert das... Gwä!	I.W.
Presseball	I.W.
Pressestellen	I.W.
Prophezeiungen	K.H.

Buch Zeitung Zeitschrift	Nr. u. Seite	Datum	Original-buchver-öffentl.	Seite unserer Ausgabe
Voss.		27.7.28		–
WB	37/428	15.9.25		–
Tem.		8.10.28		–
Voss.		18.1.25		403
Voss.		30.6.25		–
Voss.		9.4.26		–
Bl. Heft	3/66–68	1.11.24		–
Voss.		19.11.26		–
Voss.		10.1.26		–
Pr. Tg.	305/4	25.12.27		584
WB	44/497	28.10.20		–
SB	13/378	26.3.14		–
Jg. Paz.	2/–	März/April 1930		–
Vorw.		28.10.13		–
WB	10/372	10.3.25		–
Voss.		12.8.28		–
WB	18/503	29.4.20		–
Voss.		15.7.25		446
WB	29/904	16.6.25		439
Voss.		26.5.28		613
Schall	7/1	Juni 1920		181
Simpl.	–/405	17.11.30		777
WB	13/473	26.3.29		668
Vorw.		6.3.12		–
WB	20/564	19.5.21		–
WB	45/551	30.10.19		124
WB	6/153	9.2.22		–
Frei.		8.8.20		210
WB	11/436	16.3.26		–

Titel	Autor
Rechenexempel	I. W.
Rechtliche Bedenken	K. T.
Redakteur und freier Schriftsteller	K. T.
Referendarexamen	tu.
Reichswehrsoldaten zweiter Klasse	I. W.
«Reinhardts Volksarmee» – Die Attaché-Kontrolle	anonym
Reinigung – aber womit?	I. W.
Remember! Remember!	P. P.
Jules Renard	P. P.
Repräsentanten	I. W.
Revolutionswerkstatt	I. W.
Richter	I. W.
Ellen Richter	P. P.
Rin in die Escarpins!	anonym
Rostands «Napoleon IV»	P. P.
Rudolf Steiner in Paris	I. W.
Ruf	P. P.
Rührung	tu.
Rumänien, die «Schande Europas»!	I. W.
Rund ums Chat Noir	P. P.
Rundfrage: Als ich zum erstenmal Rundfunk hörte *(s. u. Als ich zum erstenmal Rundfunk hörte)*	K. T.
Rundfrage: Bekenntnisse zu Arthur Holitscher	K. T.
Rundfrage: Dank an die Arbeiterhilfe. Über das Werk der Internationalen Arbeiterhilfe	I. W.
Rundfrage: Das Jahrhundert des Tieres *(s. u. Angenehmes – Unangenehmes)*	P. P.
Rundfrage: Der Geistige und der Sport	P. P.
Rundfrage: Die Krise des Buches, Wege zu ihrer Linderung	K. T.
Rundfrage: Drei Wünsche *(s. u. Drei Wünsche)*	P. P. u. Th. T.
Rundfrage: Einfluß der Wohnung auf die Schaffenskraft *(s. u. Einfluß der Wohnung auf die Schaffenskraft)*	K. T.

Buch Zeitung Zeitschrift	Nr. u. Seite	Datum	Originalbuchveröffentl.	Seite unserer Ausgabe
BVZ		5.8.20		203
Kunst.	8/160	27.8.14		–
Dt. Pr.	–/3	31.3.22		286
Pan	40/1113–1116	1912		–
WaM		15.11.20		238
Tem.		28.12.28		–
WB	45/711	5.11.29		727
Voss.	16/–	10.1.29		–
Voss.		18.3.30		–
WB	29/112	20.7.26		–
WB	36/269	2.9.20		–
Frei.		1.6.20		177
SB	50/1241	11.12.13		–
Vorw.		7.2.14		77
Voss.	517/–	1.11.28		–
WB	27/26	3.7.24		360
WB	4/144	27.1.25		408
Pan		25.4.12		–
		Jan. 1928		–
Voss.		26.9.26		–
Dt. Rfk.	–/2472			–
Büch. Sch.	–/208	Nov. 1927		–
WaA		19.11.27		–
Voss.		25.12.30		–
Voss.	608/–	25.12.28		–
Lit.	30/6	24.7.31		–
BVZ		1.6.24		–
BT		6.6.31		–

Titel	Autor
Rundfrage: Erkennen Sie im Tonfilm die Möglichkeit, Ausdrucksmittel dichterischer Mitteilungen zu werden? *(s. u. Dichter beantworten die Frage)*	P. P.
Rundfrage: Filmkaufleute stehen bei den Schriftstellern in keinem guten Ruf...	K. T.
Rundfrage: 1. Fördert der Rundfunk Musik und Literatur der Lebenden? 2. Genügt Ihnen die bisherige Leistung auf diesem Gebiet? 3. Welche Forderungen stellen Sie noch?	P. P.
Rundfrage: Gewichtige Stimmen zum Londoner Kongreß. Zusammenstellung von Dr. Magnus Hirschfeld	K. T.
Rundfrage: Sechs Dichter sehen durch die Zeitlupe *(s. u. Die Zeitlupe)*	P. P.
Rundfrage: Soll die deutsche Rechtschreibung reformiert werden?	K. T.
Rundfrage: Une initiative du Penclub Polonais. Le prix littéraire de la Société des Nations *(s. u. Une initiative du Penclub Polonais)*	K. T.
Rundfunkgeheimnisse	K. T.
Sa Majesté la Presse	I. W.
Sacco und Vanzetti	K. W.
Scala	I. W.
Schallplatten	P. P.
Schlangenmoos	I. W.
Schmiede und Schmiedegesellen	K. T.
Schmutz bzw. Schund bzw. Geldverknappung	I. W.
Schöne Zeiten	K. T.
Schulkampf	I. W.
Schwarz-gelbe Henker	I. W.
Schwarz-weiß-rote Erinnerungen	I. W.

Buch Zeitung Zeitschrift	Nr. u. Seite	Datum	Original-buchver-öffentl.	Seite unserer Ausgabe
LBB	1/–	1.1.32		–
Film	–/80	1933		–
Dt. Rfk.	36/1145	7. Jg.		–
Neue Gen.	10/286	1929		–
Voss.		25.12.26		–
Lit.	29/30/3	Juni 1930		–
Pol. Litt.	61/6. Jg.	15.10.31		–
Schrift.	1/10	Jan. 1930		–
WB	40/527	6.10.25		–
WB	16/638	16.4.27		560
WB	20/515	18.5.22		–
WB	26/995	26.6.28		–
WB	32/149	10.8.22		–
WB	34/284	20.8.29		698
WB	18/647	29.4.30		759
			Dt. Dt.	–
WB	40/514	1.10.29		–
WB	39/341	23.9.20		–
Hamb.		1922		–

Titel	Autor
Seifenblasen	P. P. nach einer Idee von G. W. Pabst. Ein Spiel
Selber –!	I. W.
Selige Kulis	K. T.
Shaws «Johanna» in Paris	P. P.
Sie lächelt wieder	Ignaz A. Wrobel
«Sie werden am Apparat verlangt –!»	P. P.
Sieben Anekdoten	P. P.
Sieben tolle Tage	P. P.
Michel Simon	P. P.
So schreckliche Szenen	K. T.
Solidarität	K. T.
Sommerliches Berlin	P. P.
Spaß mit ernstem Hintergrund	P. P.
Sport	I. W.
Städte	I. W.
Stammbuchblatt	I. W.
Stammtisch	I. W.
Statistik	K. T.
Rudolf Steiner in Paris	I. W.
Stimmen von der Galerie	P. P.
Stimmungsbild aus dem Reichstag	I. W.
Strafvollzug	I. W.
Stranderlebnis	P. P.
Straßenlärm	P. P.
Stratégie Littéraire. Eine französische Literatursatire	P. P.
Strindbergs «Totentanz»	tu.
Tage in Kopenhagen	P. P.
Tagebuch einer Abneigung	P. P.
Tänzerinnen	P. P.

Buch Zeitung Zeitschrift	Nr. u. Seite	Datum	Original-buchver-öffentl.	Seite unserer Ausgabe
Manus.				–
WB	15/384	13.4.22		–
Dres.		12.2.14		–
Voss.		12.5.25		431
März	–/938	27.12.13		–
Pr. Tg.	169/3	15.7.23		342
WB	42/458	9.10.19		–
SB	36/852	4.9.13		–
WB	6/225	9.2.32		–
			Dt. Dt.	–
Schrift.	8/1–2	1921		264
SB	34/35/825	28.8.13		61
WB	16/594	15.4.30		754
WB	29/107	21.7.25		–
WB	5/116	2.2.22		281
BVZ		9.6.20		194
WB	1/27	6.1.21		–
			Dt. Dt.	–
WB	27/26	3.7.24		360
Voss.	580/–	8.12.28		–
Frei.		18.7.22		–
WB	3/107	19.1.32		–
WB	40/375	30.9.20		229
Tem.		20.10.28		–
Voss.		11.10.25		–
Dres.		1913		–
Voss.		30.6.27		–
WB (Druckfahnen)		10./11.8.31		796
WB	18/487	24.4.19		–

Titel	Autor
Tanzkunst	P. P.
Taschenbuch für Damen	P. P.
Taschenpolizei	I. W.
Tell im Tonfilmatelier	K. H.
T'en fais pas – viens à Montparnasse	P. P.
Theater-Reklame	P. P.
Theobald Tiger bedankt sich …	Th. T.
Theobald Tiger freut sich …	Th. T.
Theorie und Praxis	I. W.
Thersites (von G. Fröding)	Übers. aus dem Schwed.
Tiergeschichten	P. P.
Tip	P. P.
Tote und lebendige Bühne in Paris	P. P.
Toto	K. T.
Tour de France	P. P.
Typographisches	I. W.
Über die Cacteen	P. P.
Über Theaterzensur	K. T.
Um neune ist alles aus	P. P.
Und für Hänschen ein Buch … aber welches?	P. P.
Une initiative du Penclub Polonais. Le prix littéraire de la Société des Nations *(s. u. Rundfrage)*	K. T.
Unser Militär und unsere Presse	I. W.
Unsere Aufgabe	K. T.
Unsere Zeitgenossen, die Raffkes	anonym
Untergrundbahn	K. T.
Unterhaltungsliteratur	P. P.
Varieté *An dieser Stelle sollen fortan …*	P. P.
Varieté *Weil wir grade sonst keine Sorgen haben …*	P. P.

Buch Zeitung Zeitschrift	Nr. u. Seite	Datum	Original-buchver-öffentl.	Seite unserer Ausgabe
WB	29/71	20.7.22		–
WB	12/386	20.3.24		–
WaM		28.11.21		–
WB	36/356	2.9.30		770
Dame	17/16	Mai 1925		427
WB	40/360	6.10.21		–
WB	27/29	1.7.20		–
WB	38/457	22.9.31		–
WB	21/827	25.5.26		516
Manus.				–
WB	16/410	20.4.22		–
WB	3/112	20.1.31		–
Voss.		16.6.26		–
SB	14/399	3.4.13		–
WB	28/65	13.7.26		–
WB	40/551	5.10.26		–
WB	32/147	31.7.19		–
Volk.	1	1920/21		–
WB	14/405	5.4.23		333
Voss.		6.12.27		580
Pol. Litt.	61/6. Jg.	15.10.31		–
Br.		12.12.22		321
Jg. Paz.	2/1. Jg.	März/April 1930		–
BIl.	31/26	25.6.22		293
			Dt. Dt.	–
SB	22/23/619	5.6.13		57
WB	22/606	22.5.19		–
WB	26/723	19.6.19		–

Titel	Autor
Verbotene Plakate	I. W.
Verhinderung der Reisen	I. W.
Verloren	P. P.
Versunkenes	P. P.
Vier Jahre und ein Tag	I. W.
421 Gesichter	Iwro
«Vollmenschen»	anonym
Voltaire im Grünen	P. P.
Vom alten Stamm	P. P.
Vom 9. November 1919 – 9. November 1920	Ein histor. Rückblick von Karl Holtz u. I. W.
Von unserem Spezialkorrespondenten *(s. u. Dem Andenken Siegfried Brycks)*	P. P.
Von unten	K. T.
Vorrede oder: Die Unmöglichkeit, eine Fotografie zu textieren	K. T.
Vorrede zu einer imaginären Clauren-Ausgabe	K. T.
Waffe gegen den Krieg	I. W. [?]
Wahlabend	P. P.
Wahlvergleichung	I W.
Erich Walter	P. P.
Wann arbeiten die –?	I. W.
Warum –?	K. H.
Was ist ein «mittlerer» Franzose?	P. P.
Wat heißt hier Romantik?	Th. T.
Wedekind in Berlin	tu.
Wehrmacht und Sozialdemokratie	I. W.
Weil wir grade *vom Kriege sprechen*	anonym
Weil wir grade *von «Kultua» sprechen*	P. P.
«Weiße Schatten» in Paris	P. P.

Buch Zeitung Zeitschrift	Nr. u. Seite	Datum	Original-buchveröffentl.	Seite unserer Ausgabe
Vorw.		9.3.14		–
WB	11/317	17.3.21		–
Voss.		23.5.26		515
WB	29/114	19.7.27		–
Frei.		6.6.20		190
BT		25.3.19		–
Vorw.	286/–	7.12.11		–
Pr. Tg.		20.12.23		346
SB	19/539	7.5.14		89
Fr.W.	42/4	7.11.20		–
Bl. Heft	5/127	1.12.24		–
			Dt. Dt.	–
			Dt. Dt.	–
Merker	113/426	Juni 1914		–
	–/319			–
WB	18/661	1.5.28		–
WB	48/814	25.11.24		–
SB	43/1044	23.10.13		–
WB	25/932	23.6.31		795
WB	32/220	6.8.29		–
Voss.		29.8.24		382
Pr. Tg.		18.12.23		344
Dres.		18.6.12		38
DAD		10.4.26		503
Ulk	50/3	13.12.18		–
WB	49/853	3.12.29		729
Tem.		10.1.29		–

Titel	Autor
Welthumor	P. P.
Wenn der Henker Wohnung sucht	P. P.
Wenn ich jetzt sterben müßte	K. T.
Wenn irgendwo in Europa	K. T.
Wenn kein Licht ist	P. P.
Wer unterzeichnet den Marloh-Wechsel? *(s. u. Zum Preisausschreiben)*	anonym
Wetten, daß ...?	K. H.
Wie dumm die waren –!	K. T.
Wie lese ich die Zeitung?	I. W.
Wie liest man einen Parlamentsbericht?	K. T.
Wie machen wir einander das Leben leichter?	P. P.
Wie sie starben	K. T.
Wihlanje	P. P.
Wintergarten *Da blühen diesmal ein paar seltene ...*	P. P.
Wintergarten *Das einzige Varieté ...*	tu.
Wintergarten *Die Saison ist aus.*	K. T.
Wintergarten *Es gibt keine deutsche Varieté-Kritik ...*	P. P.
Wintergarten *Es sind diesmal keine «Großen» dabei ...*	P. P.
Wintergarten *Merkwürdig: das Kino langweilt ...*	P. P.
Wintergarten *Und wenn man den ganzen Winter ...*	P. P.
Wintergarten *Wieder, nach den Ferien ...*	P. P.
Wintergarten und Lichtspiele	P. P.
Wir	tu.
Wirtinnen-Verse	P. P.
Wo bleiben deine Steuern –? *Ein Konfektionsschneider ...*	I. W.

Buch Zeitung Zeitschrift	Nr. u. Seite	Datum	Original-buchver-öffentl.	Seite unserer Ausgabe
WB	48/847	1.12.25		–
Tem.		23.1.29		653
Manus.	unveröffentl.	1935		–
			Dt. Dt.	–
Voss.	114/–	8.3.31		–
Pl.		1920		–
WB	34/315	24.8.26		–
			Dt. Dt.	–
WB	28/56	8.7.20		–
Vorw.	61/–	13.3.12		–
Mitt.		9.4.29		677
Vorw.	47/–	7.3.14		81
SB	–/320	12.3.14		–
SB	42/1015	16.10.13		–
Vorw.		14.9.13		–
SB	21/576	22.5.13		55
SB	12/347	20.3.13		–
SB	8/231	19.2.14		–
SB	47/1155	20.11.13		–
SB	17/479	24.4.13		–
SB	38/904	18.9.13		–
SB	51/1267	18.12.13		–
Vorw.	48/–	26.2.13		–
WB	15/415	8.4.20		166
WB	49/875	6.12.27		583

Buch Zeitung Zeitschrift	Nr. u. Seite	Datum	Original-buchveröffentl.	Seite unserer Ausgabe
Frei.	487/1	18.11.20		–
Frei.		19.11.20		–
Voss.	613/–	29.12.28		645
WB	52/743	23.12.20		–
			Dt. Dt.	–
Voss.		7.8.25		462
WB	17/430	27.4.22		288
Dame	12/10	März 1927		–
WB	34/205	24.8.22		–
WB	36/373	3.9.29		719
WB	42/410	20.10.21		–
Frei.		8.12.20		249
Pr. Tg.	278/6	22.11.28		
Vorw.	268/–	15.11.11		20
WB	43/436	27.10.21		–
WB	43/605	23.10.24		388
WB	14/534	3.4.28		598
Voss.		7.3.26		–
Lit.	43/7	24.10.30		–
BVZ		9.11.20		–
Pl.	I, 6	1920		–
Dres.		15.3.13		–
WB	18/683	3.5.32		835
Schall	1/2–5	April 1920		161
SB	34/35/818	28.8.13		–
WB	35/341	1.9.31		–
SB	17/485	23.4.14		–
Voss.		5.9.26		–
SB	14/408	2.4.14		–

Personenregister

Dieses Personenregister läßt Namen unkommentiert, die als bekannt vorausgesetzt werden oder in mühelos zugängigen Lexika auffindbar sind (zum Beispiel Johann Sebastian Bach oder Émile Zola). Versucht wurde bei den zahlreichen Anspielungen auf Namen der Geschichte, dem heutigen Leser durch die Annotation eine Verständnishilfe zu geben.

Inhalt